U0930035

图书在版编目（CIP）数据

济南年鉴. 2019/中共济南市委党史研究院(济南市地方史志研究院)编.——济南：济南出版社，2019.12

ISBN 978-7-5488-3883-8

Ⅰ.①济…　Ⅱ.①中…　Ⅲ.①济南-2019-年鉴　Ⅳ.①Z525.21

中国版本图书馆 CIP 数据核字（2019）第 279667 号

责任编辑　范玉峰　董傲囡

封面设计　宋　悌　赵萌萌

出　版　济南出版社（济南市二环南路 1 号）

网　址　http://www.jnpub.com

印　刷　济南领航数码印刷有限公司

发　行　济南出版社

版　次　2019 年 12 月第 1 版

印　次　2019 年 12 月第 1 次印刷

规　格　210 毫米×285 毫米　16 开

印　张　30

字　数　800 千字

印　数　1-2000 册

定　价　298.00 元

济南年鉴

JINAN YEARBOOK

2019

中共济南市委党史研究院
（济南市地方史志研究院）
编

编辑说明

一、《济南年鉴》创刊于1989年，由中共济南市委、济南市人民政府主办，中共济南市委党史研究院（济南市地方史志研究院）编纂，是每年一卷连续出版的市级地方综合年鉴。

二、《济南年鉴》坚持以马克思列宁主义、毛泽东思想、邓小平理论、“三个代表”重要思想、科学发展观、习近平新时代中国特色社会主义思想为指导，坚持辩证唯物主义和历史唯物主义的立场、观点、方法，全面、系统、翔实地记载济南市经济、政治、文化、社会、生态文明建设诸方面的基本面貌和发展变化情况，为各行各业提供咨询服务，为续修地方志储备资料，为读者了解济南、研究济南提供帮助。

三、《济南年鉴》采用分类编辑法，主体内容划分为类目、分目、条目3个层次。为方便读者检索，在正文后设置综合性主题索引。《济南年鉴（2019）》系创刊以来的第三十一卷。为更好地反映全市基本情况，全书框架结构与往年相比，类目名称、排列顺序、所辖分目均有调整。调整后，正文设30个类目：(1) 特载；(2) 大事记；(3) 济南概貌；(4) 中国共产党济南市委员会；(5) 济南市人民代表大会；(6) 济南市人民政府；(7) 中国人民政治协商会议济南市委员会；(8) 纪检监察；(9) 民主党派和工商联；(10) 人民团体；(11) 外事·侨务·港澳台事务；(12) 法治；(13) 军事；(14) 经济综合与管理；(15) 经济开发园区；(16) 工业·信息产业；(17) 农业；(18) 商贸·旅游；(19) 财税·金融；(20) 交通·邮电；(21) 城乡建设·环境保护；(22) 教育；(23) 科学；(24) 文化；(25) 卫生·体育；(26) 社会生活；(27) 区县；(28) 专记；(29) 人物；(30) 附录。卷首设置反映济南风光、各行各业发展成就和重要活动的彩页。

四、《济南年鉴（2019）》主要记述2018年度济南市行政区域内的大事要闻（卷首彩页除外），资料截止日期为2018年12月31日。对首次在本年鉴中记载的行业、事业或工作，其历史情况略做简要回溯。

五、2018年12月26日，国务院批复同意山东省调整济南市莱芜市行政区划。截至2018年12月31日，两市相关数据未合并，故本年鉴设“专记”栏目，简要记述区划调整前莱芜市2018年经济社会发展基本情况。除此之外，书中所使用的“济南市”“全市”和“济南地区”概念和数据，范围为历下、市中、槐荫、天桥、历城、长清、章丘、济阳8区和平阴、商河2县。“市区”概念，范围系指上述8区。

六、本年鉴的条目由济南市直各部门、各县区和有关的中央、省驻济单位负责撰写，均经过各自单位负责人的审阅。为示负责，作者署名于条目或分目之后的括号内，各单位的审稿人员名单列于卷首。主要数据以统计公报为准，因个别供稿单位统计口径不同等原因，有的数据在不同条目中不尽一致，使用时请注意出处。

济南市勘察测绘研究院编制

审图号：济南S（2019）001号

济南市行政区划图

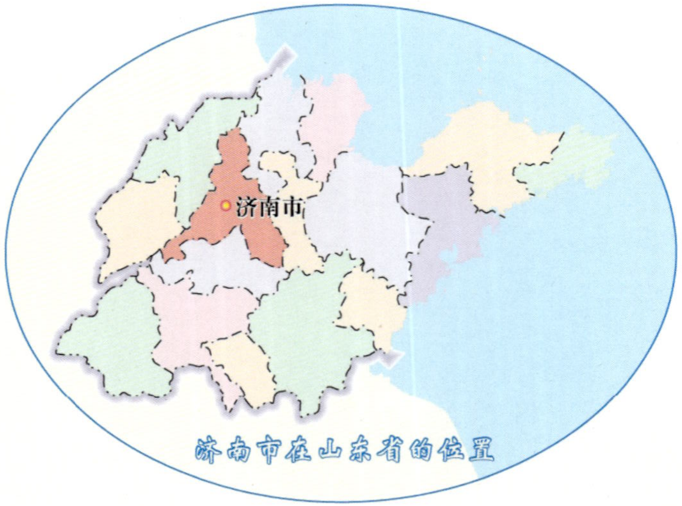

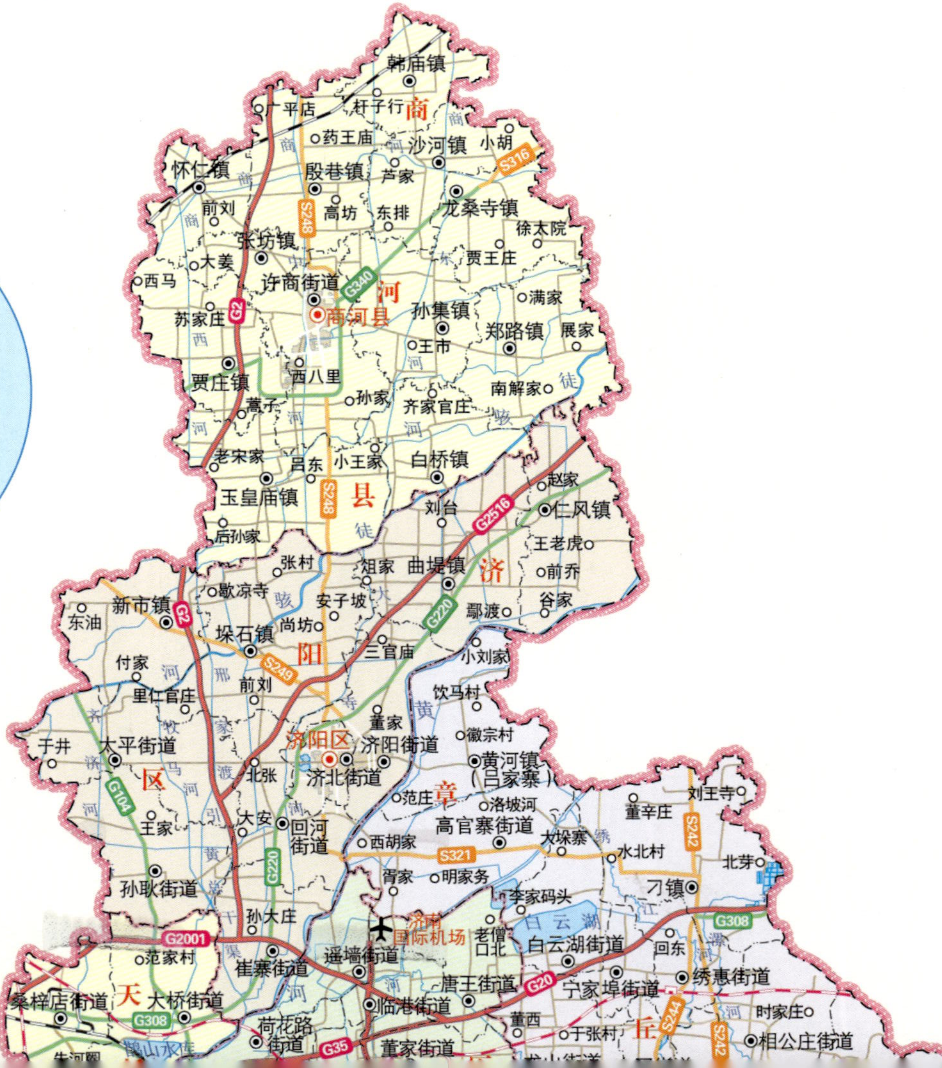

济南市在山东省的位置
济南市
商河县
韩庙镇
广平店
杆子行
药王庙
沙河镇
小胡
怀仁镇
殷巷镇
芦家
前刘
高坊
东排
龙桑寺镇
张坊镇
徐太院
大姜
贾王庄
西马
许商街道
满家
苏家庄
孙集镇
郑路镇
展家
王市
贾庄镇
西八里
孙家
南解家
蒿子
齐家官庄
老宋家
吕东
小王家
白桥镇
玉皇庙镇
赵家
刘台
仁凤镇
后孙家
张村
王老虎
歇凉寺
坝家
曲堤镇
前乔
安子坡
鄢渡
谷家
新市镇
东油
垛石镇
尚坊
三官庙
小刘家
付家
前刘
里仁官庄
饮马村
董家
于井
太平街道
济阳区
济阳街道
徽宗村
北张
济北街道
黄河镇
(吕家寨)
范庄
洛坡河
刘王寺
王家
大安
回河街道
高官寨街道
董辛庄
西胡家
大垛寨
水北村
孙耿街道
背家
明家务
北芽
李家码头
刁镇
孙大庄
济南国际机场
白云湖
老僧口北
白云湖街道
回东
范家村
遥墙街道
崔寨街道
唐王街道
宁家埠街道
绣惠街道
桑梓店街道
大桥街道
临港街道
董西
时家庄
荷花路街道
董家街道
于张村
相公庄街道
G2
G2001
G220
G104
G308
G340
G35
G20
G2516
S248
S249
S316
S321
S242
S244

撰稿单位审稿人员

（以姓氏笔画为序）

丁保国　马志勇　马怀明　马效恩　王　纮　王化峰　王立旭
王永金　王传成　王兆杰　王志军　王利民　王国顺　王国富
王新明　王福君　亓希山　孔　昶　左勇新　卢召民　叶　霖
田　迎　田　明　田海英　司　平　巩　震　朱志恒　朱恒卫
乔　森　任骁瑞　华　巍　华文俊　庄云锋　刘　勤　刘　鹏
刘伟亮　刘延国　刘向军　刘兆河　刘念成　米文芃　汲佩德
祁洪玉　许多兵　许荣利　许洪彦　孙　亮　孙夕良　孙义洪
孙君涛　苏本宽　李　民　李付生　李志平　李国祥　李明强
李学忠　李洪伟　李冠伟　李敬德　李富建　李慎生　杨　勇
杨庆绪　杨志利　吴志东　辛全龙　宋　琳　张　勇　张　倩
张　辉　张　鹏　张子礼　张元玺　张文臣　张心建　张华松
张守强　张良华　张新村　张需东　张端武　张德萍　陈　红
陈宁宁　陈国华　陈思斌　范立山　林　军　周增禄　赵　新
胡家华　秦立华　秦国芬　徐　波　徐冬梅　高　博　郭　威
郭世金　黄　强　阎志强　梁艳玲　扈书乘　韩吉迎　韩振国
董宝珂　傅修琍　焦兆钢　靳　磊　虞　凯　腾永军　翟旭东

大美泉城（孙广　摄）

明湖夜色（孙广　摄）

2018 年 9 月 23 日，省委常委、市委书记王忠林（前左二）到章丘区调研三秋农业生产工作（陈长礼　摄）

2018 年 8 月 2 日，市委副书记、市长孙述涛（前右二）到齐鲁制药有限公司进行调研（范良　摄）

2019 年 8 月 14 日，市人大常委会主任殷鲁谦（前左二）到天桥区调研基层人大工作

（市人大常委会办公厅　供稿）

2018 年 9 月 28 日，市政协主席雷杰（前左二）到高新区调研科技型中小企业发展情况（市政协办公厅　供稿）

2018 年 2 月 8 日，市委副书记苏树伟（左一）走访慰问计生家庭（市卫计委　供稿）

2018 年 8 月 31 日，市委常委和副市级领导与机关干部一起参加习近平新时代中国特色社会主义思想和党的十九大报告理论考试（市委宣传部　供稿）

2018 年 6 月 29 日，中国共产党济南市第十一届委员会第五次全体会议举行，审议通过《中共济南市委关于深入学习贯彻习近平总书记视察山东重要讲话精神，在新时代现代化强省建设中奋力走在前列的意见》（陈长礼　摄）

2018 年，济南市被中组部确定为“全国新时代新担当新作为先进典型”。图为 2018 年 7 月 1 日，庆祝中国共产党成立 97 周年暨全市担当作为“出彩型”好干部 好团队命名大会在龙奥大厦召开（张延民　摄）

在 2018 年文明城市年度测评中，济南市测评成绩在28个省会（首府）、副省级全国文明城市中位列第一。图为泉城志愿者在行动（济南报业集团　供稿）

2019 年 1 月 19 日，为迎接新中国成立 70 周年，济南之春新年音乐会在山东省会大剧院举办（市文联　供稿）

落实“一次办成”改革要求，省市共享共建政务服务大厅（市行政审批服务局　供稿）

2018年9月10日，位于济阳县济北开发区的墨海生物科技及山东台稳精密机械2个项目拿到施工许可证，实现“拿地当天即开工”（济北开发区管理委员会　供稿）

泉城首列地铁惊艳亮相（李东　摄）

北园高架路西延（王锋　摄）

济南轨道交通 1 号线开通运营（轨道交通集团　供稿）

2018 年 10 月，华山历史文化湿地公园正式对外开放（房龙飞　摄）

市中夜景（市中区党史研究中心　供稿）

商河县郑路镇万亩林海康养中心（商河县党史研究中心　供稿）

南部山区乡村道路（李东　摄）

2018 年 2 月 1 日，中国农业银行济南分行支持济南新旧动能转换先行区建设签约仪式在舜耕山庄举行

（农业银行济南分行　供稿）

济南传化泉胜公路港（潘延虎　摄）

2018 年 11 月 5 日，2018 中国•济南华侨华人双创大会召开（市外侨办　供稿）

建设中的新旧动能转换先行区（王锋　摄）

2019 年 8 月 31 日上午，中国（山东）自由贸易试验区济南片区启动建设暨动员大会在汉峪金谷举行。图为汉峪金谷（王锋　摄）

2018 年浪潮集团营收首次突破千亿元大关，图为浪潮济南云计算中心（浪潮集团　供稿）

2018 年 8 月 4 日，全国医药工业信息年会发布 2017 年度中国医药工业百强企业榜单，齐鲁制药集团位列第八位

（齐鲁制药集团　供稿）

公租房选房（王锋　摄）

华山安置片区（王锋　摄）

2018 年 9 月，南部山区开展“访千家、察民情、解民忧、办实事”扶贫解困认亲活动（南部山区管委会　供稿）

拆违拆临治理后的画家村新貌（市环保局　供稿）

百花洲非遗秀（王锋　摄）

2019 年 8 月 23~26 日，第六届济南国际合唱节暨首届中国高校合唱精品博览音乐会在省会大剧院音乐厅举行

（市文联　供稿）

芙蓉街开街（王锋　摄）

2018 山东（济南）国际旅游交易会吸引“一带一路”沿线 28 个国家和地区的境外旅游机构参会（市旅发委　供稿）

建设“大强美富通”现代化国际大都市，2018济南经济综合实力整体跃升！

生产总值 7856.56 亿元

生产总值 7856.56 亿元，增长 7.4%。经济总量跃居全省第二，首次进入“亚洲城市 50 强”。

2018 获评中国企业营商环境十佳城市

“拿地即开工”审批模式在全国复制推广，市场主体增速由全省第十六位升至第一位，被评为“2018 获评中国企业营商环境十佳城市”。

新旧动能转换先行区直管区全面启动建设

新旧动能转换先行区直管区全面启动建设，高端装备制造产业园等八大项目集中开工建设，国际医学科学中心建设快速推进。

承办举办 23 项国际性会议

承办举办儒商大会、青年企业家创新创业国际峰会、首届全国工商联主席高端峰会等 23 项重大国际性会议活动，省外新签约项目投资总额全省第一，引进世界 500 强项目 23 个、大院大所和高端研发机构 103 家，泰山产业领军人才新入选数量全省第一。

金融业增加值 831 亿元

新引进金融机构 88 家，各类金融机构 660 家；金融业增加值 831 亿元，占全市 GDP 比重 10.6%，金融业税收收入 144 亿元；新三板挂牌企业 163 家，均居全省首位。

科技创新居全省首位

高新技术产业产值占规模以上工业总产值的 56%。万人有效发明专利拥有量 29.28 件，入围“全省高新技术企业创新能力百强”企业 19 家，均居全省首位。

社会物流总额增长 13%

国家 5A 级物流企业 11 家、国家级示范物流园区 2 家，均居全省第一位。社会物流总额增长 13%，从全省第五位跃升至第三位。荣获“改革开放 40 年城市物流发展成就奖”。

创新成果加快落地转化

全国首个量子计算与测量标准化技术委员会揭牌，新一代神威 E 级原型机系统在国家超算济南中心正式启用，重汽全球首款无人驾驶电动卡车投入运营。

优势产业加快发展壮大

大数据与新一代信息技术、智能制造和高端装备两大产业主营业务收入均突破 3000 亿元。浪潮、重汽两大企业集团营业收入突破千亿元，新一代信息技术产业集群获评全省唯一支持的支柱产业集群。

对外开放深入推进

被授予全国首个“国家智慧物流创新先行区”。济南东站投入使用，石济客专、济青高铁开通运营；开通济南至巴黎、比利时和赫尔辛基的洲际航线；国际友好城市和友好交流城市达 70 个。

大 事 记

中国共产党济南市委员会

济南市人民代表大会

济南市人民政府

中国人民政治协商会议济南市委员会

纪检监察

民主党派和工商联

法治

军 事

经济综合与管理

经济开发园区

工业·信息产业

农 业

商贸·旅游

财税·金融

城乡建设·环境保护

文 化

卫生·体育

社会生活

区 县

专记

人物

附录

担当省会使命　发挥省会优势
当好新时代全省走在前列的排头兵

——在市委十一届五次全体会议上

(2018年6月29日)

中共山东省委常委、济南市委书记　王忠林

这次会议通过了《中共济南市委关于深入学习贯彻习近平总书记视察山东重要讲话精神，在新时代现代化强省建设中奋力走在前列的意见》《中共济南市委十一届五次全体会议公报》。在审议讨论中，大家踊跃发言、畅谈体会，进一步加深了对习近平总书记重要讲话精神的认识理解。大家一致认为，总书记的重要讲话立意高远、统揽全局，情真意切、语重心长，贯穿着马克思主义立场观点方法，蕴含着马克思主义政治家的远见卓识，充分体现了对山东广大党员干部群众的关心关怀和殷切期望，为我们做好各项工作进一步指明了前进方向、注入了强大动力。大家一致表示，一定深入学习贯彻总书记重要讲话精神，牢固树立“四个意识”，切实增强“四个自信”，坚决维护习近平总书记党中央的核心、全党的核心地位，坚决维护党中央权威和集中统一领导，始终在思想上政治上行动上同以习近平同志为核心的党中央保持高度一致，更加自觉地把总书记重要讲话精神转化为济南的生动实践。

下面，我代表市委常委会，就深入学习贯彻习近平总书记重要讲话精神，深入学习贯彻省委十一届五次全体会议精神，推动省会各项工作走在前列，讲几点意见。

一、牢记总书记的殷切嘱托，坚决担起“走在前列”新使命

在开启新时代、迈上新征程的关键历史节点，习近平总书记亲临山东主持上合组织青岛峰会并视察指导工作，对新时代山东工作作出全方位重要指示，充分体现了对山东工作的高度重视和对山东人民的亲切关怀、深情牵挂，在山东发展史上具有重要的里程碑意义。昨天下午，在省委理论学习中心组集体学习时我谈到，总书记对山东人民深情如海，厚爱如山。总书记这次在山东视察了七天，时间是非常长的，体现了对山东工作的重视，对山东人民的关心和关怀，总书记对山东的视察，给齐鲁大地注入了强大的发展动力，现在街谈巷议还是一直念念不忘总书记对我们的关心、对我们的关怀。总书记的重要讲话，高屋建瓴，思想深邃，博大精深，充分肯定了山东各项工作，进一步明确了“在全面建成小康社会进程中走在前列，在社会主义现代化建设新征程中走在前列，全面开创新时代现代化强

省建设新局面”的目标定位，就推动高质量发展、实施乡村振兴战略、做好保障和改善民生工作、抓好干部队伍建设等作出“四个扎实”重要指示。这是对新时代山东发展的全局考量，是解决山东问题的“金钥匙”，是做好山东工作的总遵循、总定位、总航标。山东走在前列，济南作为省会，必须走在全省前列。我们一定要提高政治站位，从对党忠诚、对总书记和党中央忠诚的高度，进一步认清济南在全省全国发展大局中肩负的重大责任，担当省会使命，发挥省会优势，当好新时代全省走在前列的排头兵。

一是省会有责任走在前列。济南为什么要当好新时代全省走在前列的排头兵？因为我们是省会。省会本身就意味着你应当是排头兵。这就像一家人过日子，省会就是家里的老大哥，老大哥自有老大哥的样子，老大哥自有老大哥的风范。所以省会的定位，决定了我们要走在前列。因为党中央和省委、省政府对我们有很高的期望。总书记在讲话中提到，1992年他在担任福州市委书记期间就到过济南，来和济南结对子、建立友好城市。总书记到中央工作后，曾分别于2008年、2013年到过山东、到过济南，加上这一次，已经是第三次到济南视察。这不仅体现了总书记对山东工作的重视，也体现了对济南工作的重视，在视察浪潮集团时，总书记发表了重要讲话，对浪潮的发展给予了充分肯定。总书记的视察让我们倍感关怀，同时也倍感责任，总书记在视察临别时嘱托我“一定要把济南发展好。”这是总书记对我们的期望。从省委看，今年5月11日，家义书记在我市领导干部会议上强调，济南市要自觉聚焦对标习近平总书记对山东提出的“两个走在前列，一个全面开创”的目标定位，发挥省会优势，担当省会使命，率先走在前列。因为济南广大市民对我们有热切期盼。济南的市民特别盼着济南更好，济南稍微有一点变化，市民就给我们积极鼓掌点赞。市民群众热切期盼有更高的收入、更美的环境、更好的发展机会。要实现这些期望和期盼，我们只有加快发展，走在前列，才能更好地回应和满足人民群众对美好生活的向往。

二是省会有能力走在前列。主要体现在：我们有一个好思路。近年来我们明确提出了“打造四个中心，建设现代泉城”的中心任务，这一思路引领了省会发展。去年，家义书记和龚正省长在视察济南时提出了建设“大强美富通”现代化省会城市的目标定位。我们的发展思路一直很清晰，完全符合省会实际，全体市民、全市上下也都十分认同。所以一个城市只要有了思路，就有了方向，这个城市就有灵魂，就能发展。我们有一支好队伍。济南很大的优势是干部队伍优势。我们的干部队伍要么是从全国或者全省选来的，要么是招考来的，全省的精英集中在济南，济南要发展不好，是最没有理由的。总书记强调，办好中国的事情，关键在党，关键在人。我们有一支好的干部队伍，一定可以办好济南的事，实现走在前列。除了领导干部，我们还有包括像高淑贞同志这样优秀的基层干部。总书记在视察三涧溪村时，对高淑贞的工作当面给予了充分肯定。同时总书记讲到，山东的工作做得是扎实的。这是我们能干好的基础。我们有一个好生态。当前，全市上下精诚团结、凝心聚力，共吹一把号、共唱一个调，目标同向、行动同步，形成了正气充盈的政治生态。

三是省会有信心走在前列。信心来自哪里？信心来自于党中央、总书记的关心关怀。我们在陪同总书记视察时，总书记对济南非常关心，一路上详细询问了济南的历史、泉水保护、生态保护以及济南的发展等很多方面的情况。这是激励我们奋发有为、走在前列的最大动力。信心来自于省委、省政府的鼎力支持。省委、省政府历来高度重视济南的建设发展，特别是去年以来省委、省政府陆续将新旧动能转换先行区、国际医学科学中心等重大战略重大项目部署在济南，包括我们要打造的金融中心、医疗康养名城等，都给予我们极大支持。信心来自于人民群众的充分信赖。广大市民对我们是真心支持，我们都有真切的感受。比如，创建全国文明城市，没有市民全力以赴的支持，是创不成的，入户调查率我们是最高的；再比如，我们实行的烟花爆竹禁放令，实现全面禁放后，当时媒体都很关注，就是因为济南说到就做到了。这些工作成绩的取得一方面靠的是各级干部的执行力，另一方面就是广大市民的响应力，是因为有市民对我们的支持。信心来自于现有的发展基础。当前，济南正处于比较快的发展时期。去年主要经济指标增幅领跑全省、达到了2000年以来最好水平；今年一季度五项主要经济指标增幅均列全省前两位，实现了历史性突破。“走在前列”的新使命，我们有责任扛得起，我们有能力扛得起，我们有信心扛得起。

二、充分发挥省会综合优势，奋力实现“走在前列”新突破

刚才我们审议通过的《意见》，聚焦对标“走在前列”，明确了指标体系、重点任务和工作举措。要实现“走在前列”不是这么容易的，必须把握好几点：第一，“走在前列”是全方位的。就是要在经济建设、政治建设、文化建设、社会建设、生态文明建设这“五位一体”全方位走在前列。第二，“走在前列”是高质量的。要深化供给侧结构性改革，加快新旧动能转换，推动质量变革、效率变革、动力变革，率先实现高质量发展。要比人家好，比人家优，才叫走在前列。第三，“走在前列”是讲速度的。慢慢腾腾、磨磨叽叽，是不可能走在前列的。好比乌龟和兔子赛跑，乌龟再勤奋，它和兔子比还是有差距的，要走在前列，没有速度是不可能的。在《意见》起草过程中我强调，一定要把“走在前列”细化成目标，让干部和市民能触摸到“走在前列”是怎么细化、具体化的，我们决不能当口号喊，否则是实现不了的。刚才我们传达了总书记的重要讲话，在对山东工作的评价中，大家也能感觉到，总书记指出了山东存在的短板，这些短板的存在，说明我们要想走在前列，不是轻轻松松、敲锣打鼓就能实现的，是要求我们加倍付出的。同时，济南要走在前列，我们有优势。具体来讲，就是要实现“十个新突破”。

*（一）发挥省会独特优势，在借势借力发展上实现新突破。*济南作为省会，最大的优势就是省委、省政府所在地，是行政层面上资源最丰富的地方，中央驻鲁机关、省直部门、大量企事业单位总部都在济南，这是全省其他市没法比的，是独特的优势。在济南你可能感觉不到，在其他地市这个资源优势太让人羡慕了。但现在看，这个资源优势我们并没有用好，并没有转化为济南的发展优势。在这里我结合问题提几点要求。一是打好服务牌。我们要切实增强对省级领导机关、省直部门和中央驻济单位的服务意识，不能光等、光靠，要主动争取中央和省在试点布局、政策、资金和项目上的支持。比如，近期省里在编制打造对外开放新高地的方案，结果在最后商量时，方案里基本没有济南的元素。我们不能说省直部门不给你写，而是因为沟通不主动，所以省直部门不知道济南干了什么或者想干什么。省直部门毕竟要看全省，只有我们主动打好牌，积极做好服务，积极做好沟通，积极做好汇报，才能把资源转化为优势。二是打好总部牌。省会很大的一个吸引点就是发展总部经济。省内其他城市的企业发展壮大后，都有把总部迁到济南的意愿。但这一点我们做的也不到位。比如，6月25日，省里召开的央企助力山东新旧动能转换座谈会，来了80多家央企。会议放在济南开，按理说是送上门来的招商引资，各个县区都应盯上去，我们却没有利用好。三是打好金融牌。济南是“一行三局”等区域金融监管机构驻地，有572家金融机构，打造金融中心是完全具备条件、也是可能的。但是我们现在的金融资源还是静态的，只是服务性的，没有真正发挥聚集效应或者放大效应。四是打好共建牌。济南一定要把省直部门和驻济单位当成一家人。我们创建全国文明城市，正是有了省直部门的大力支持，我们的创城才更加顺利。省里的领导同志对我们的工作也很支持，比如这次省里提出要打造对外开放新高地，有几位省委常委同志在发言中讲到，济南一定要借助这个机会，杀出一条血路来，给自己争一个空间。我们不能错失良机，要积极争取省直单位广泛参与济南的建设和发展，借全省之力，全面加强省会建设。

*（二）发挥区位便捷优势，在增强集聚辐射作用上实现新突破。*我们的区位优势非常明显，从全国看，济南承东启西、沟通南北，既处在京津冀协同发展的大战略中，又是北京、上海之间重要的节点城市。四通八达的区位优势决定了济南不仅是天然的物流中心，也具备打造国家中心城市的条件。但这些优势我们也没完全发挥出来，结合我们的优势

和条件，我初步考虑了几点意见。一是北上构筑“金三角”。雄安新区是疏解北京非首都功能集中承载地，而济南距离雄县直线距离仅250公里左右。济南、北京和雄安新区完全可以形成一个互相支持、互动互通的“金三角”，济南作为其中一个角，形成一个拉动互动的格局。承接北京的产业转移或功能疏解，仅有雄安新区是不够的，一般的小城市也承接不了，济南完全有条件。从济南乘坐复兴号至北京只需1小时22分钟，再提速的话也就1小时，同城化是可以实现的。所以我们要主动融入，与北京、雄安构成一个“金三角”。二是南下连接沪杭深。济南要加强与上海、杭州、深圳这些先进城市的交流合作，学习他们的好经验好做法，努力形成优势互补、产业共兴、资源同享、互惠发展的良好局面。三是中间建强都市圈。早在2013年，省委、省政府就确定了建设“1+6”省会城市群经济圈。现在看我们并没有发挥好作用，很大原因就是交通上不能快连快通。要充分发挥核心带动作用，主动加强与圈内其他城市的联系沟通，加快济莱一体化同城化，完善与其他城市产业合理分工和协作配套，推进交通基础设施互联互通，加快区域一体化发展步伐，切实承担起省委、省政府赋予的重要使命。

（三）发挥先行先试优势，在新旧动能转换先行区建设上实现新突破。今年1月3日，国务院国函（2018）1号批复《山东新旧动能转换综合试验区建设总体方案》，明确提出支持济南高水平建设新旧动能转换先行区，赋予我们先行先试的改革权、试验权、先行权，为济南的发展提供了千载难逢的重大机遇，也是我们的重大责任。一要坚持项目先行。要下大气力抓好招商引资工作，抓好载体平台建设，精心筛选一批高端的重量级项目，切实达到引爆效果。要加快推进重大项目落地实施，明天上午，我们要进行全市重点项目建设进展情况半年评议活动，就是对今年年初开工的240个重点项目，给大家摆个擂台，看看半年了到底干得怎么样。二要坚持交通先行。要按照“大强美富通”的要求，全力打造交通枢纽，全面加快齐鲁大道大桥、济泺路隧道、凤凰路大桥等施工进度，争取尽早交付使用，做好济南黄河公路大桥扩建工程前期工作，力争尽快开工建设，助力济南从“大明湖时代”迈进“黄河时代”。三要坚持改革先行。聚焦先行区管理体制和运行机制改革，着力在直管区划转、简政放权、环境打造等方面狠下功夫，积极探索可复制、可推广的路径模式，在全省新旧动能转换中当先锋、打头阵、挑大梁。我们“一次办成”改革的措施已经出台，省里对此也高度关注。改革需要有勇气，如果各个部门不下决心改革，我在这里再强调下，不换思想就换人，绝不能因为一个部门阻挡改革。凡是流程不畅的，希望大家回去以后一定要改到位。要在体制机制上先行，否则先行区是没有意义的。

（四）发挥医疗资源优势，在打造医疗康养名城上实现新突破。总书记强调，“没有全民健康就没有全面小康。”打造医疗康养名城，我们具有明显优势：济南历史上有神医扁鹊；现在拥有驻济三级医院31家，在全国这样的城市也不多；有国际医学科学中心这个平台；有国家健康医疗大数据北方中心提供大数据支持；还有“山泉湖河城”这么好的环境，人均寿命在81岁左右，我们完全有条件将济南打造成医疗康养名城。重点要围绕以下几个方面下功夫：一要高标准推进医学科学中心建设。要加快山东第一医科大学、国家医疗健康大数据北方中心、山东省质子治疗中心等重大项目建设进度，特别是省质子治疗中心项目，省里给予大力支持，要强化服务保障，倒排工期抓落实，确保按时限要求开工建设。要坚持国际化、高端化、特色化的发展方向，抓好招商引资等工作，围绕全生命周期大力引进一系列高端医学项目，形成大项目、好项目扎堆聚集的引爆态势。二要高标准打造济南药谷。发挥龙头企业带动作用，加大对原创药、生物药核心技术研发力度，打造医养综合体，努力构筑起生物医药、医疗装备、健康养生等全产业链条。三要高标准抓好特色康养小镇建设。鼓励各县区结合各自实际做好发展规划，重点抓好商河温泉悠养小镇、平阴玫瑰和阿胶小镇、长清医药种植观光小镇、南部山区森林康养小镇等特色小镇建设，力争到2020年我市特色康养小镇达到10个以上。四要高标准推动医疗卫生事业发展。牢固树立大卫生、大健康的观念，深化医疗卫生体制改革，推动医疗、医保、医药三医联动，健康事业与健康产业有机衔接，全民健身和全民健康深度融合。把济南的医疗康养产业发展起来，既能造福济南人民，也能服务全国人民。

（五）发挥科教资源优势，在科技创新转化上实现新突破。济南现有49所高校，在校大学生73万，每年毕业的大学生16万多人。各类企业研发机构818家，其中国家级企业技术中心27家。这些科教资源，是历史赋予济南的独特资源。但是这些资源我们没有完全利用起来。比如，在优化营商环境动员大会播放的专题片中我们看到，我们孵化出的企业，结果跑到了外地，我们承受了“十月怀胎”的痛苦，却让别人享受了“喜得贵子”的喜悦。围绕这些资源优势，要在以下几个方面下功夫：一要着力加快科研成果转化。要创新体制机制，依托国家科技成果转移转化示范区建设，充分发挥省会科研院所集中的资源优势，强化山东工研院等新型研发转化机构建设，发挥好企业创新主体作用，打造“政、企、研、学、金”一体化的创新创业环境，加快技术研发和成果转化，努力打造全国有影响力的科技成果交易转化高地。二要着力推动创新平台建设。发挥国家超级计算济南中心、量子研究院等平台的作用，进一步做好创新谷等重大创新平台基地建设，打造一批创新社区、转化社区，新建一批海外研发机构，建成信息通信、生物医药等国内一流的科技创新平台，提升重点领域、关键技术创新能力，推动产业链、创新链深度融合。三要着力强化人才队伍建设。总书记强调，“发展是第一要务，人才是第一资源，创新是第一动力。”要加强人才梯队建设和本土人才培养，打通人才引进、使用中的体制机制障碍，加大知识产权保护力度，让各类人才创造力竞相迸发，以人才优势支撑省会竞争优势。

（六）发挥产业完备优势，在腾笼换鸟上实现新突破。我市产业发展基础雄厚，近年来按照总书记“腾笼换鸟、凤凰涅槃”的要求，努力转变发展方式，产业结构不断优化，重汽、浪潮、齐鲁制药等一批龙头企业，以及一批成长型的科技企业，这些年发展得都很好。一季度现代服务业占地区生产总值比重达到60.4%，消费、旅游对经济的拉动作用逐步增强。我们要发挥我市产业基础优势，坚持“高端、高质、高效”原则，按照高质量发展要求，推动产业优化升级。一是大力培育新兴产业。深入实施十大千亿产业振兴计划，制定含金量更高的精准产业扶持政策，建立市级领导牵头、专班推进、规划引领、智库支持、联盟（协会）助力、基金保障的“6个1”推进体系，确保到2020年十大产业全部具备千亿级发展能力，加快构筑具有省会特色的现代产业体系。二是大力推动传统产业转型升级。以工业互联网、“企业上云”为抓手，促进“两化”深度融合，加快物联网、智能制造、增材制造等新技术应用，引领传统制造业加速向智能化、绿色化、低碳化迈进。三是大力扶持新动能。济南有一批值得我们扶持的新动能，比如韩都衣舍的模式、博科的创新模式等。市科技局要认真梳理，拉出清单，做到精准扶持。

（七）发挥都市农业优势，在实施乡村振兴战略上实现新突破。总书记强调“农业强不强、农村美不美、农民富不富，决定着全面小康社会的成色和社会主义现代化的质量”，并要求山东“打造乡村振兴的齐鲁样板”。总书记把乡村振兴战略提到了一个很高的位置，济南有优势、也有责任在实施乡村振兴战略上走在前列。省会农业有省会农业的特点，我们要以大力发展都市精致农业为重点，以产业振兴为突破口，带动农业全面升级、农村全面进步、农民全面发展，努力打造乡村振兴的“泉城样板”。一要让产业旺起来。大力发展设施农业、休闲农业、体验农业、观光农业，振兴壮大章丘大葱、平阴玫瑰等10大特色产业，加强“智慧农业”建设，推动农村一二三产业融合，将农业培育成为有奔头的产业。二要让农村美起来。深入推进美丽乡村建设，大力实施农村人居环境整治三年行动计划，持续推动农村“七改”工程，加快推动基础设施向农村延伸，让农村成为望得见山、看得见水、记得住乡愁的美丽家园。这里特别强调农村“脏乱差”问题，县区的主要负责同志要重视起来。三要让农民富起来。总书记指出，“农业农村工作，说一千、道一万，增加农民收入是关键。”我们要把实现生活富裕作为着力点，通过发展产业、增加就业、盘活资源、等多种渠道，深化农村集体产权制度改革，千方百计增加农民收入，让农民成为令人羡慕的职业。四要让人才活起来。总书记在视察三涧溪村时，除了基层党建等工作，对村里吸引大学生返乡创业也给予了充分肯定。农村没有人才是不行的，要坚持育引并举，一方面注重用好乡村本土人才，加大人才培育力度，造就爱农业、懂技术、善经营的新型职业农民；另一方面实施市民下乡、能人回乡、企业兴乡“三乡工程”，吸引各方面人才尤其是大学生返乡创业，参与乡村振兴。五要让乡风树起来。总书记在村民赵顺利家时，对农村的移风易俗比较关注，并指出“要加强村规民约建设，移风易俗，为农民减轻负担。”要继承发展优秀传统农耕文化，鼓励引导村镇争创全国文明村镇，推进移风易俗，提高乡村文明程度。六要让班子强起来。以建设过硬支部为抓手，实施农村“头雁工程”，把村“两委”班子配齐配强，完善第一书记制度，深化农村基层协商民主，健全自治、法治、德治相结合的乡村治理体系，把农村基层党组织建设成为坚强战斗堡垒。

（八）发挥生态禀赋优势，在提升城市品质上实现新突破。济南具有“山、泉、湖、河、城”浑然一体的独特城市风貌，是享誉中外的泉城，既有以七十二名泉为代表的“冷泉”，也有丰富的“温泉”资源。在陪同总书记视察时，谈到济南独特的自然禀赋，我向总书记汇报，济南除了拥有扁鹊、房玄龄、李清照、辛弃疾等名人名士，李白、杜甫、白居易、蒲松龄、刘鹗、老舍等都到济南游历过，诗圣杜甫留下了“海右此亭古，济南名士多”的名句。1275年马可·波罗在他的游记中这样记述济南，“四周都是花园，围绕着美丽的丛林和丰茂的果园，真是居住的胜地。”老舍在《济南的秋天》中写到，“上帝把夏天的艺术赐给瑞士，把春天的赐给西湖，秋和冬的全赐给了济南。”这么多文人墨客来到济南，说明济南曾经是一座非常宜游的城市，是座很美丽的城市。济南是国家历史文化名城，龙山文化源远流长，儒家文化影响深远，人杰地灵、名士荟萃，济南“山泉河湖城”的独特风貌和深厚的历史文化底蕴，使我们大力发展文化和旅游产业具有明显优势，为打造宜居宜业宜游的现代泉城，奠定了非常好的基础。我们过去美过，现在应当下决心让泉城继续美起来，这是使命也是责任。一要持续擦亮泉城特色品牌。总书记很关心第一泉，这是我们的特色。印度诗人泰戈尔写到，“我怀念满城的泉池，它们在光芒下大声地说着光芒。”要切实把保泉作为重中之重，严格保泉“四线”管控，确保泉群持续喷涌，实施泉水直饮工程，倾力打造独具特色、别有风韵的“泉城夜宴”，加快“济南泉·城文化景观”申遗工作，更加彰显泉城特色风貌，切实让泉水成为济南走向世界舞台的文化名片。二要持续打好污染防治攻坚。济南的空气质量变好了，这也得到了省里领导同志的肯定。我们要牢固树立“绿水青山就是金山银山”的理念，继续深入开展“四减四增”三年行动，坚定不移推进治霾攻坚，统筹抓好治山、治水、治土、治脏等工作，努力满足人民群众日益增长的优美生态环境需要。三要持续开展治堵攻坚。完善提升公共交通系统，加快轨道交通工程建设，确保轨道交通1号线2019年元旦开通运营；优化公交线网布局，加快主干线路大运量交通通道建设，提高公交分担率。完善路网体系，加快推进北园大街快速路西延等快速路建设，尽快打通28条丁字路、瓶颈路，提高路网密度，进一步改善交通微循环。要按照“一段段，一半半”的原则，最大限度地减少工程建设对交通的影响，努力实现城市交通畅通，让群众出行更快捷更舒适。四要持续抓好城市更新。抓好“城市双修”和城市设计全国试点工作，坚定不移推进棚改旧改、“拆违拆临、建绿透绿”“1+5”特色街区综合更新、15分钟社区生活圈打造等工作，全面加强城市重大基础设施建设，进一步提升“四供两排”配套设施水平，努力让城市更好地适应发展需要、满足群众需求。25日晚的强降雨，我市平均降雨量114毫米，市区147毫米，最大的历城217毫米，由于我们应对及时经受住了考验。在这里要感谢各级干部的努力付出。五要持续提升文明素质。以巩固全国文明城市创建成果为抓手，积极培育和践行社会主义核心价值观，扎实推进四德工程建设，深化群众性精神文明创建活动，让文明成为省会最美丽的风景线。

（九）发挥商业厚重优势，在打造对外开放新高地上实现新突破。济南历史上有着很强的重商文化和开放基因，有几个“第一”：目前中国第一个广告商标“白兔捣药”是在济南诞生的，那是在宋代；1904年济南作为内陆城市第一个自请开埠；世界上第一个连锁经营模式是章丘人孟洛川创立的瑞蚨祥。沃尔玛公司的创始人山姆·沃尔顿曾经说过：“我创办沃尔玛的最初灵感，来自中国的一家古老的商号，叫瑞蚨祥。”我们有很厚重的商业文明，就要充分发挥这种对外开放、尊商敬商的传统优势。总书记在重要讲话中明确要求山东打造对外开放新高地。作为省会，我们一定要深入学习领会习近平总书记对外开放重要论述，主动融入国家“一带一路”倡议，努力打造全省对外开放新高地和国家对外开放重要门户城市。一要全力建设开放大平台。着力提升现有平台，积极搭建新平台，加快推进中德中小企业合作区、中日韩三国卫生合作会、中国-中东欧国家地方合作研讨会等平台建设，积极争取举办承办重大国际会议会展，更好地吸引高质量外资和技术，推动企业“走出去”，提高济南的国际知名度和国际影响力。二要全力建设开放大通道。坚持精准发力、靶向施策，以国家内陆港建设为抓手，加快推进铁路、公路、航空、水运综合运输体系提级扩容，构建“米字型”高铁网，加密延长济新欧班列，加快申报国家一类铁路口岸，开辟更多的国际航线，加快保税仓库建设，促进国内外资源要素大进大出、快进快出，加快建设水上、陆上、空中、网上四位一体的开放大通道。三要全力建设开放大环境。坚持对内对外一起开放，坚持内资外资一视同仁，加快构建扩大开放的体制机制环境，特别是要坚定不移深化“一次办成”改革，突出问题导向、目标导向，重点在信息互联互通、流程优化再造、强化督查落实、持续推进创新上下功夫，确保作出的承诺真正兑现、创新的举措不断推出，同时要加大力度持续优化创新创业环境，推动我市营商环境尽快有一个大的提升。

（十）发挥和谐稳定优势，在共建共治共享上实现新突破。近年来，我们始终重视维护社会和谐稳定，治安环境越来越好，连续7年保持命案全破，去年在19个副省级及以上城市的安全城市综合排名中居第3位；“舌尖上的安全”越来越有保证，成为全国首批15个“国家食品安全示范城市”之一；城市温度越来越高，去年我市基本公共服务满意度排在全国第5位。要继续巩固和发展和谐稳定优势，围绕深化社会治理和民生保障工作，着力在共建共治共享上狠下功夫，努力让泉城市民的获得感、幸福感、安全感更加充实、更有保障、更可持续。一是倾情倾力保障改善民生。要牢固树立以人民为中心的发展思想，恪守为民情怀，按照“幼有所育、学有所教、劳有所得、病有所医、老有所养、住有所居、弱有所扶”的“七有”要求，大力发展民生事业，扎实办好年初确定的18件民生实事，切实把工作做到群众惦念和揪心的地方，让泉城市民享有更高品质的生活。二是加大矛盾纠纷排查化解力度。要充分发挥12345市民服务热线大数据平台作用，持续组织开展领导干部大接访活动，全力抓好信访积案集中化解，严格落实“三到位一处理”要求，切实做到“不捂、不躲、不拖、不推、不乱”，确保群众诉求有渠道、情绪能释放、困难有依靠、问题能解决。三是深入推进平安济南建设。完善立体化社会治安防控体系，严密防范和依法打击各类违法犯罪活动，深入开展“扫黑除恶”专项斗争，加大对黑恶势力的打击力度，绝不能在济南形成“坏人神气、好人受气、群众憋气”的现象，对于恶势力犯罪团伙和背后的“保护伞”，露头就打，决不手软；突出抓好重点行业、重点领域、重点企业、重点部位的隐患排查，严格实行销号式闭环管理，坚决防止重特大安全事故发生，确保人民安居乐业、社会安定有序。四是坚决打好脱贫攻坚战。认真贯彻落实党中央《关于打赢脱贫攻坚战三年行动的指导意见》，进一步巩固扶贫成果，提高脱贫质量，确保小康路上一个都不掉队，让全市人民共享改革发展成果。

三、争做新时代泰山“挑山工”，勇于展现“走在前列”新担当

贯彻落实总书记重要讲话精神，实现“六个走在前列”目标，关键在党、关键在人。全市广大党员干部必须始终保持永不懈怠的精神状态和一往无前的奋斗姿态，勇做新时代泰山“挑山工”，努力展现新担当新作为，在“走在前列”中建功出彩。

（一）解放思想抓落实。总书记讲到，“山东人自古就有敢闯新路的传统。”我们要发扬这一传统，坚决消除阻碍发展的思维定式，敢想、敢闯、敢试、敢干，从传统观念的束缚中解放出来，以思想上的破冰实现行动上的突围。省委这次全会公报专门增加一段内容，要求各级党组织要为敢于担当者担当，为敢于负责者负责，理直气壮为担当作为的干部撑腰鼓劲，支持干部敢闯、敢干、敢试。要有一股敢为人先的闯劲。保持锐意创新的勇气、敢为人先的锐气、蓬勃向上的朝气，敢闯敢冒、大胆创新，抢占先机、勇立潮头。要有一股永不服输的拼劲。位居第一不止步，不居第一不罢休，自觉对标先进，干就干最好，争就争第一。要有一股雷厉风行的干劲。坚持干字当头、快干实干，定了的事情马上就办、办就办好，以时不我待、只争朝夕的精神抓好工作落实，绝不允许拖拖拉拉、慢慢腾腾。要有一股永不歇脚的韧劲。以久久为功的定力、滴水穿石的毅力，咬定目标不放松，踏石留印、抓铁有痕，善始善终、善作善成。

（二）建强队伍抓落实。总书记强调，打铁必须自身硬。要狠抓干部队伍建设，努力打造一支信念过硬、政治过硬、责任过硬、能力过硬、作风过硬的干部队伍，更好地肩负起“走在前列”的历史责任。一是在铸灵魂上狠下功夫，打造信念坚定的干部队伍。切实学懂弄通做实习近平新时代中国特色社会主义思想，坚定马克思主义信仰，解决好“总开关”问题。要利用纪念济南战役胜利70周年的时机，大力弘扬爱党爱军、依靠人民、英勇顽强、敢于胜利的济南战役精神，进一步坚定“四个自信”，凝聚正能量。二是在立政德上狠下功夫，打造为民服务的干部队伍。要把明大德作为对党忠诚的一把尺子，旗帜鲜明讲政治，把与党中央保持高度一致，体现到不折不扣贯彻落实党中央各项决策部署的具体行动中。要把守公德作为践行宗旨的一面镜子，不忘初心、牢记使命，带着党性倾听群众心声、带着感情关注群众期盼、带着责任办好民生实事。要把严私德作为禁贪治欲的一剂方子，珍惜权力、管好权力、慎用权力。三是在强本领上狠下功夫，打造勤政务实的干部队伍。要强化调查研究，深入开展“大学习、大调研、大改进”，深入开展“三照三转三改三推”活动。要强化专业培训，加强对党员干部新理念、新知识、新技术的培训力度，提升干部队伍的专业思维、专业素养、专业能力。四是在树导向上狠下功夫，打造敢于担当的干部队伍。要切实“为担当者担当、让实干者实惠”，消除广大干部的后顾之忧，进一步形成“实在实干实绩”的用人导向。要“让无为者让位”，按照不换思想就换人的要求，运用好干部工作调研巡视和“后评估”成果，对不称职的干部及时进行调整，形成优进劣退的干部选任机制。五是在严要求上狠下功夫，打造清正廉洁的干部队伍。要深入推进全面从严治党，把纪律和规矩挺在前面，运用好监督执纪“四种形态”，打好加强作风建设的“组合拳”，推动政治生态持续向好。

（三）对照目标抓落实。这次全会印发的“走在前列”指标体系，选取了6大类、64项具有代表性、可操作性的统计指标，把“走在前列”目标进行了细化、量化、具体化。全市各级各部门要认真对照这一指标体系，进一步强化责任意识和争先意识，锐意进取，逢一必争，全力以赴，切实把所承担的任务落到实处。在省内已处于首位的，要拉升标杆，主动对标全国一流城市，谁是第一，就向谁看齐；在省内位居上游的，要咬紧牙关，全力赶超、勇争第一；在省内排名暂时靠后的，要鼓足斗志、奋起直追，只为成功想办法，不为失败找理由，以更大的决心、更有力的措施，力争每年都能实现名次跃升。

（四）明确责任抓落实。要建立任务明确、责任清晰、协作高效的工作机制。各牵头部门要充分发挥牵头抓总作用，抓紧制定完善所承担任务的具体工作方案和配套措施，拿出任务书、时间表、路线图，切实把责任担起来，把压力传下去，把任务落到位，确保各项工作按时限要求顺利推进。各县区要对照市里的标准和要求，遵循“统分结合、责权明确、务求实效”的原则，明确重点任务，建立指标体系，细化分解责任，形成一级抓一级、层层抓落实的工作格局。各级各部门都要从全市发展大局出发，牢固树立“一盘棋”思想，加强协同，密切配合，凡是涉及多个部门的任务，都要主动跨前一步，形成强大工作合力。

（五）强化督导抓落实。没有督查就没有落实。一是督查要有力。各级督查部门，特别是市委办公厅、市政府办公厅，包括纪委的监督，一定要跟进，“说了算、定了干”，切实加大督查力度，做到重点指标全程监测、重点任务全程调度、重点问题全程督办，及时发现问题，严格督促整改。二是考核要有效。进一步完善综合考核评价机制，注重结果运用，强化激励鞭策，充分发挥考核的“指挥棒”作用。三是问责要严肃。对好的要表扬，对不作为、慢作为、乱作为等情况，要加大追责问责力度，切实形成雷厉风行、快干实干、干就干好的良好氛围。

幸福都是奋斗出来的。落实好总书记重要讲话精神，是我们义不容辞的政治责任。我们要更加紧密地团结在以习近平同志为核心的党中央周围，深入学习贯彻习近平新时代中国特色社会主义思想和党的十九大精神，以排头兵的标准、奋斗者的姿态、实干家的作为，书写济南发展新篇章，倾心倾力走在前列，为打造“四个中心”、加快建设“大强美富通”现代化国际大都市做出新的更大的贡献！

政府工作报告

——在济南市第十七届人民代表大会第一次会议上

(2019年1月27日)

济南市市长　孙述涛

各位代表：

现在，我代表市人民政府向大会报告工作，请予审议，并请各位政协委员和其他列席人员提出意见。

一、2018年工作回顾

刚刚过去的一年，是济南跨越赶超进程中极为重要的一年。一年来，全市上下牢记习近平总书记“两个走在前列、一个全面开创”的殷切嘱托，解放思想、改革创新，雷厉风行、快干实干，全力推进“1+454”工作体系，圆满完成了市十六届人大二次会议确定的目标任务，各项工作成效显著，开创了省会经济社会发展新局面。

（一）坚持咬定发展第一要务不放松，“四个中心”建设实现历史性突破。秉持“一张好的蓝图绘到底”，注重精准施策，强化协同推进，完成了“三年有突破”的既定目标。经济综合实力整体跃升。全市生产总值达到7856.56亿元、增长7.4%，高于全省平均水平1个百分点；固定资产投资增长9.6%，高于全省5.5个百分点，增幅全省第一；一般公共预算收入完成752.8亿元、增长11.2%，税收占比达到82.3%，收入增幅和税收占比均居全省前列；进出口总额增长16.2%，高于全省8.5个百分点。主要指标增幅领跑全省，经济总量跃居全省第二位，首次进入“亚洲城市50强”，直接跻身“全球二线城市”。金融支撑作用明显增强。新引进金融机构88家，各类金融机构达到660家；完成金融业增加值831亿元、占全市GDP比重10.6%，实现税收收入144亿元，均居全省首位；全市金融机构本外币存款余额达到17060.1亿元、居全省首位，本外币贷款余额达到16059.9亿元、增长11.9%；新三板挂牌企业总数达到163家、居全省首位，融资额占全省53.8%。物流辐射效应日益凸显。国家5A级物流企业达到11家、国家级示范物流园区2家，均居全省第一；社会物流总额增长13%，从全省第五位跃升至第三位；研究出台物流专项规划，成功举办2018年中国物流企业家年会，入选国家物流枢纽承载城市，荣获“改革开放40年城市物流发展成就奖”。科技创新活力加速释放。高新技术产业产值占规模以上工业总产值比重达到56%，万人有效发明专利拥有量达到29.28件，入围“全省高新技术企业创新能力百强”企业达到19家，均居全省首位；国家级知识产权保护中心获批建设；国家科技领军人才创新创业基地（济南）正式启用；高新区生产总值突破千亿，在全国168个国家级高新区综合排名由第15位跃升至第11位，居全省第一。济南综合科技创新水平指数及增幅均居全省首位。

（二）坚持推动高质量发展不动摇，新旧动能转换呈现强劲态势。不断改造提升旧动能，大力培育发展新动能，积极创建质量强市示范城市，加快建立符合省会禀赋的现代产业体系。承接动能转换的载体加快布局拓展。450平方公里的新旧动能转换先行区直管区全面启动建设，“三桥一隧”正在强力推进，总投资1500多亿元的高端装备制造产业园等八大项目集中开工建设，储备项目超过200个；45平方公里的国际医学科学中心建设快速推进，国家健康医疗大数据北方中心、山东质子治疗中心等核心项目破土动工，山东第一医科大学将于今年9月实现招生；3.2平方公里的中央商务区“百日会战”攻坚如火如荼，“山、泉、湖、河、城”五座超高层建筑正拔地而起；西客站片区正在规划建设100平方公里的央企总部城，新东站片区正在规划建设100平方公里的省企总部城，内陆港核心区正在规划建设57平方公里的高端物流集聚区，沿经十东路正在规划建设100平方公里的齐鲁科创大走廊，多点支撑、板块联动的新旧动能转换格局初步形成。支撑动能转换的优势产业加快发展壮大。大数据与新一代信息技术、智能制造与高端装备两大产业主营业务收入均突破3000亿元，软件和信息服务业占据全省半壁江山，医疗康养、文旅产业达到千亿规模，重汽、浪潮两大企业集团营业收入突破千亿。现代金融、现代物流、人力资本产业融合发展，新一代信息技术产业集群获评全省唯一支持的支柱产业集群，大数据应用等8个产业集群入围全省首批现代优势产业集群，数量居全省首位。引领动能转换的创新成果加快落地转化。全球首个全国量子计算与测量标准化技术委员会揭牌，量子计算与量子雷达、量子芯片实现产业化；新一代神威E级原型机系统在国家超算济南中心正式启用；重汽全球首款无人驾驶电动卡车投入运营；伊莱特重工直径16米的无缝轧环机打破世界纪录；浪潮服务器市场占有率稳居全球前三，新一代服务器刷新全球最高性能纪录和最佳性价比世界纪录；齐鲁制药位居中国生物药研发50强首位，是全国唯一实现无菌注射剂对日本出口的企业。很多成长型高新技术企业，也都在各自领域科技创新方面释放出强劲活力。

（三）坚持破除瓶颈制约不止步，改革开放迈出坚实步伐。聚焦短板、抓住关键，推动改革开放向纵深发展。重点领域改革成效显著。强力推进行政效能革命，全面实施“一次办成”改革，聚焦营商环境突出问题，创造性实施“立体式”监督、“点穴式”察访、“清单式”整改、“靶向式”问责，“拿地即开工”审批模式被国务院在全国复制推广，市场主体增速由全省第16位升至第1位，总量一举突破80万户。济阳实现撤县设区，国资国企改革深入推进，医药卫生改革取得积极进展，农村产权流转交易市场体系“三台共建”模式向全国推广。我市被评为“2018中国企业营商环境十佳城市”，城市改革热度指数位居全国第五。对外开放深入推进。国际内陆港加快建设，被授予全国首个“国家智慧物流创新先行区”；新东站投入使用，石济客专、济青高铁开通运营；相继开通济南至巴黎、比利时和赫尔辛基的洲际航线，国际通达能力持续增强。全国首个泛北方区域性签证中心挂牌，中国（德国）欧洲境外企业联盟成立，境外企业联盟总数达到5个。国家侨梦苑、中德中小企业合作区等一批合作载体加快建设，国际友好城市和友好交流城市达到70个，全年入境人员增长52.1%，出入境外籍人员增长74%。双招双引成果丰硕。承办举办了儒商大会、青年企业家创新创业国际峰会、首届全国工商联主席高端峰会、中德中小企业合作交流大会、中国济南新动能国际高层次人才创新创业大赛等23项重大国际性会议活动，组织开展了美国硅谷新一代信息技术对接会、英国伦敦产融创新合作高端对话会等20余项对外招商推介活动。明确46个市直部门、投融资集团和派出机构直接参与或服务招商的职责任务，成立8个招商专班，引进市外投资形成固定资产投资增长22%，实际到账外资增长40%以上，总量跃居全省第二位。省外新签约项目投资总额位居全省第一，引进世界500强项目23个、大院大所和高端研发机构103家，泰山产业领军人才新入选数量全省第一，城市创新环境竞争力排名全国第九。

（四）坚持提升功能品质不停歇，城乡面貌焕发崭新气象。深化全国文明城市创建工作，大力实施城市提升十大行动，着力打造与现代化国际大都市相适应的生活品质之城。城市载体快速增加。建筑业增势强劲，各类建筑在建工程总面积首次突破1亿平方米，在全省遥遥领先，为增加城市发展空间、提高容纳能力提供了有力支撑。道路交通日益顺畅。轨道交通1号线提前一年建成通车，圆了泉城人民多年来期盼已久的“地铁梦”。北园大街西延高架提前开通，当年开工当年打通28条瓶颈路，150公里BRT走廊成网运行，一举退出全国十大拥堵城市行列。市容市貌更加整洁。持续开展拆违拆临、建绿透绿，全年共拆除违法建设3428万平方米，建绿透绿150.3万平方米，建成口袋公园、街头游园103处；开工建设山体公园20处，完成35座山体绿化提升项目；“1+5”特色街区综合更新赢得市民点赞，

"一湖一环"景观照明和"明湖秀"项目点亮泉城；完成31条黑臭水体治理任务，华山人水和谐生态治理模式在全国复制推广。生态环境明显改善。坚决抓好中央环保督察反馈问题整改，深入实施大气污染防治十大措施，空气质量良好以上天数达到192天、同比增加12天，在169个城市排名中退出后20，蓝天白云、繁星闪烁渐成常态。文明程度不断提升。我市首部精神文明建设地方法规即将颁布实施，2个社区成功上榜全国100个优秀社区。创新路口管理、建设"公交都市"成效明显，"车让行人""排队上下车"成为泉城一道靓丽风景线，荣获2018中国领军智慧城市称号，人民群众自豪感、荣誉感、归属感大大增强。

（五）坚持以人民为中心的发展思想不偏移，民生社会事业取得显著成效。始终以造福人民为最大政绩，注重把工作做到老百姓最惦念和揪心的地方，全年办理市人大代表建议276件、政协提案558件，全面完成18件民生实事，民生社会事业投入占市级财政支出比重达到76.6%。乡村振兴扎实推进。完成乡村振兴"1+5"规划编制，启动乡村振兴齐鲁样板百村示范行动，1县5镇50个村入选全省乡村振兴"十百千"工程示范创建名单，三涧溪村在打造乡村振兴齐鲁样板中走在全国前列。脱贫任务基本完成。全市916个贫困村全部摘帽退出，17.56万现行市定标准贫困人口实现脱贫。黄河滩区脱贫迁建加快推进，南部山区易地扶贫搬迁顺利完成，与临沂、湖南湘西州、重庆武隆区扶贫协作取得积极进展。富民增收步伐加快。大力推动创业带动就业，发放创业担保贷款7.8亿元，新增城镇就业18.95万人，农村劳动力转移就业5.2万人，城镇登记失业率2.06%、低于控制目标1.44个百分点，城镇居民人均可支配收入增长7.5%，农村居民人均可支配收入增长8.0%。社会保障拓面提质。社会保险参保人数创历史新高，被征地农民社保资金落实率达到90%以上，实施职工医保"二次报销"政策，连续14年提高企业退休人员养老待遇，居民基本养老保险基础养老金实现"八连涨"，国家居家和社区养老服务改革试点深入推进，新增养老服务设施218处。城市低保标准提高到每人每月616元，农村低保标准提高到每人每年4928元。公立医院综合改革成果不断扩大，出院患者次均住院费用持续下降，首批入选全省医养结合示范市。生活条件明显改善。全市棚改安置房开工71351套，其中省级棚改开工46673套，提前超额完成省定任务，备受瞩目的经十一路棚户区改造项目提前竣工入住，创造了"济南速度"。整治改造老旧住宅小区761.5万平方米，既有住宅加装电梯竣工186部、占全省80%以上，彰显了"济南温度"。新建一批室内农贸市场、放心早餐店、社区肉菜店等便民服务设施。完成农村危房改造3254户、无害化卫生厕所改造13.95万户、村庄街巷硬化209个。广大人民群众生活更加便利、更加舒心。文教事业健康发展。出台中心城区基础教育设施三年建设规划，累计竣工中小学幼儿园151所，首次确立幼儿园生均公用经费制度，普惠幼儿园占比达到85.7%，开工中小学幼儿园集中就餐场所129处，实现主城区学校学生就餐和课后延时服务全覆盖，较好解决了家长"孩子上学、就餐管护"的后顾之忧。建设体育活动点3347个，市民健身更加方便。旅游消费总额突破1100亿元，增长13.3%。华阳宫古建筑群修缮工程完成并向社会开放，"泉·城文化景观"列入《中国世界文化遗产预备名单》，章丘焦家新石器时代遗址荣获全国十大考古新发现。成功举办第五届中国非遗博览会、第七届山东文博会、第二届法国尼斯国际体育嘉年华、第六届冬季畅游泉水国际邀请赛，扎实开展国家文化消费试点城市暨文化惠民消费季活动，基层综合性文化服务中心覆盖率达95%以上，让广大群众在家门口享受到了丰富多彩的"文化大餐"。社会大局和谐稳定。打造党风政风行风正风肃纪民主评议与12345市民服务热线、电视问政、电台问政良性互动的"1+3"监督格局，被作为全省深化改革的基层创新做法进行总结推广。12345热线标准化工作引领全国，电视问政品牌效应深入人心，成为推动解决问题、深化作风建设的重要抓手。平安济南建设深入推进，实现273天街面"两抢"零发案，扫黑除恶专项斗争取得阶段性成果，打掉涉黑涉恶组织团伙165个，抓获涉黑涉恶违法犯罪团伙成员1125名。安全生产形势保持总体稳定，较大以上事故实现大幅下降。

食品监测合格率达到97%以上，药品监测合格率达到100%，确保了泉城人民“舌尖上的安全”。双拥共建、民族宗教、人民防空、红十字会、气象地震、应急防灾、妇女儿童、青少年、老龄、残疾人、社会科学、史志档案等工作都取得了新的进步。

过去的一年，也是原莱芜市经济社会发展发生深刻变化、取得显著成效的一年。经济发展量质齐升，全市生产总值突破1000亿元、增长7.2%；实现公共财政预算收入62.6亿元、增长11.7%。支柱产业加快壮大，精品钢、汽车零部件、高端装备制造等重点产业集群实现主营业务收入1860亿元、纳税36亿元，分别增长12%和18%。改革开放持续深化，供给侧结构性改革、投融资体制改革、“放管服”改革取得积极进展。城乡融合发展步伐明显加快，扎实推进环境卫生整治、硬件设施提升、行业卫生管理等工作，集中解决了一批城乡管理的突出问题。民生保障实现新提升，创新实施市民大病补偿制度，全市二级以上医院全部纳入全国异地就医联网结算平台，人民群众在改革发展中得到了更多实惠。

各位代表！一年来，面对复杂多变、风险挑战明显增多的国内外环境，全市上下在市委的坚强领导下，以“功成不必在我、建功必须有我”的担当谋发展，以改革开放创新的精神破难题，以“不靠刮风靠作风”的劲头抓落实，干出了众志成城、昂扬向上的新气象，干出了实实在在、收获满满的新业绩，干出了生机勃勃、充满希望的新天地，济南莱芜区划调整获得国务院批复，在省委2018年度履行全面从严治党责任评议和抓基层党建述职评议排名中均居全省第一，我们实至名归地荣获全国“新时代新担当新作为先进典型”称号！这些成绩的取得来之不易，这是以习近平同志为核心的党中央坚强领导、亲切关怀的结果，是省委省政府科学决策、正确领导的结果，是几大班子精诚团结、通力协作的结果，是广大党员干部顽强拼搏、扎实苦干的结果，是社会各界和人民群众积极参与、鼎力支持的结果。在此，我代表市人民政府，向全市人民，向给予政府工作大力支持的人大代表、政协委员，向各民主党派、工商联、无党派人士、各人民团体，向中央和省在济单位和各类驻济机构，向驻济人民解放军、武警官兵，向参与城市建设的劳动者，向所有关心支持济南发展的港澳台同胞、海外侨胞和国际友人，表示崇高敬意和衷心感谢！

在看到成绩的同时，我们也清醒地认识到存在的问题和不足，主要表现为：省会优势尚未得到充分发挥，辐射力、带动力、影响力还不够强；经济发展的质量效益还不够高，高端制造业的优势还未形成，外向型经济、县域经济、民营经济仍是短板；创新驱动能力有待加强，新经济新动能培育力度还不够大；开放水平与先进城市还有较大差距，国际化程度有待提高；资源环境约束趋紧，治污减霾、生态环境保护任务还十分繁重；民生保障存在一些薄弱环节，涉及群众切身利益的住房上学交通看病养老等方面，还有许多不尽人意的地方；城乡二元结构矛盾突出，城乡居民收入差距仍然较大；许多领域不稳定不确定因素相互交织，防范风险的压力仍然较大；政府职能转变还不够到位，资源要素市场化配置程度不高；部分政府工作人员综合素质还不能适应新的要求，“四风”问题仍然存在，等等。对此，我们一定直面问题、敢于担当，全力以赴加以解决。

二、2019年经济社会发展主要目标和总体要求

2019年是新中国成立70周年，是全面建成小康社会的关键之年，也是省会抢抓区划调整千载难逢历史机遇，奋力向着做大做强省会城市目标迈进的决定性一年。2019年全市经济社会发展的总体要求是：以习近平新时代中国特色社会主义思想为指导，深入贯彻党的十九大精神和习近平总书记视察山东重要讲话、重要指示批示精神，坚持稳中求进工作总基调，坚持新发展理念，坚持推进高质量发展，坚持以供给侧结构性改革为主线，坚持深化市场化改革、扩大高水平开放，紧紧围绕贯彻落实市委确定的“1+474”工作体系，咬定“大强美富通”现代化国际大都市目标不动摇，坚定不移打造区域性经济中心、金融中心、物流中心、科创中心，集中精力打好新旧动能转换、城市治理、双招双引、营商环境、乡村振兴、生态环保和交通枢纽建设攻坚战，坚决守住党风廉政、安全稳定、社会民生和风险防

控底线，加快把济南这个山东龙头扬起来，当好新时代全省走在前列的排头兵！

综合考虑国内外经济形势和省会发展实际，今年经济社会发展的主要预期目标是：全市生产总值增长7.5%左右；一般公共预算收入增长9.5%左右；固定资产投资增长11%左右；社会消费品零售总额增长11%左右；城镇居民人均可支配收入增长7.5%以上，农村居民人均可支配收入增长8.0%左右；城镇登记失业率控制在3.5%以内；居民消费价格涨幅控制在3%以内；单位生产总值能耗下降率及主要污染物减排量达到省控目标。这些目标的确定，体现了落实走在前列的目标定位，贯彻了高质量发展的要求，统筹考虑了我市发展各方面的因素。确定这样的目标，既有利于鼓励广大干部积极作为，又有利于稳定社会预期、提振各方士气，凝聚方方面面的力量更好地自我加压、争先进位。

做好今年的政府工作，必须牢牢抓住省会强势崛起的重大历史机遇。世界正面临百年未有之大变局，我国发展仍处于并将长期处于重要战略机遇期，挑战和机遇同生并存。当前，我们面临着中美贸易摩擦影响、防控风险难度提高、经济下行压力加大等困难，但从我市看，历史的原因我市的经济外向度暂时相对较低，受中美贸易摩擦影响较小，这也同时造就了我们发展省会经济的空间大、机遇多；由于我们前期的主动作为，政府债务水平较低，企业经济风险点也基本化解，防范风险压力相对减轻，这为我们创造了轻装上阵的发展机遇；同时，国家、省对济南支持力度不断加大，做大做强省会城市、发挥省会城市龙头作用的政策效应落地有力。应该讲，省会正处于弯道超车的绝佳时期。机遇不会一而再地眷顾我们，我们一定要善于变危为机，趋利避害、扬长避短，抓住机遇、奋发作为，加快推动省会跨越赶超。必须用心把握稳中求进的工作总基调。“稳”，就是要进一步强化大局意识，守好底线、争取主动，保持好政策、工作的连续性和稳定性，坚定企业发展信心，引导好社会预期。“进”，就是要始终保持永不懈怠的精神状态和一往无前的奋斗姿态，咬定发展第一要务不动摇，咬定以经济建设为中心不动摇，咬定招商引资招才引智不动摇，咬定项目建设不动摇，保持定力、精准发力、持续用力，决不能一味强调“稳”而被动等待、消极作为，一定要瞪起眼睛、鼓足干劲、大干快上！必须始终坚持高质量发展这一根本要求。坚持高质量发展，核心是由单纯地追求经济发展的高速度，转向追求更有效率、更可持续的增长，但绝不是放弃对发展速度的要求。迄今为止，GDP仍然是衡量一个国家地区总体实力的主要指标，在坚持高质量发展的前提下，没有总量的“大”，就谈不上“强”，更谈不上“美”“富”“通”。习近平总书记要求山东、济南走在前列，就是要求我们在确保高质量发展的基础上实现快速增长。我们一定要准确把握“高”与“快”的关系，只要符合五大发展理念的GDP，有多快要多快、有多高要多高。必须紧紧扭住实施新旧动能转换重大工程这个“牛鼻子”。新旧动能转换既是实现省会高质量发展的战略支点，也是赢得区域竞争优势的强力抓手。新旧动能转换没有捷径可走，一条是培育壮大现有企业，加大企业技术改造力度，加快传统产业转型升级步伐，巩固和拓展产品市场占有率。再一条是招商引资招才引智，瞄准城市发展所需要的产业布局，全力以赴招商引资招才引智，通过招项目引团队引人才，通过招人才引团队引项目。招商引资招才引智是最快最直接见效最明显的产业结构调整，也是最好的动能转换。还有一条是着眼长远大力实施创新驱动发展战略，立足省会优势，超前谋划布局实施一批大科学计划和大科学工程，搭建一批科技创新转化平台，转化培育一批科技引领型企业，为未来发展打下坚实基础。必须正确处理令行禁止和探索创新的辩证关系。我们开展任何工作，都必须以贯彻党中央要求为前提，立场坚定、旗帜鲜明，在贯彻落实中央决策部署、省委工作要求上不打折扣、不做选择、不搞变通，确保令行禁止。但是，我们决不能以此为借口，机械执行、照搬照抄、搞上下一般粗，必须在吃透上级精神的基础上，紧密结合济南实际，创造性地抓好贯彻落实。只要有利于强化党的领导，有利于落实新发展理念，有利于维护人民群众根本利益，就要不计个人得失，敢于闯、敢于试、敢于改，推动各项工作不断实现新的突破。

三、强力推动全域一体融合发展

济南区划调整是党中央、国务院和省委省政府，立足全省发展大局，充分发挥区域比较优势，深刻把握区域经济发展规律基础上作出的重大科学决策，这是最大的新动能，对于做大做强省会具有里程碑意义，必将推动省会建设进入一个新的发展阶段。我们一定要牢牢抓住这一重大历史机遇，以对党负责、对人民负责、对历史负责的态度，精准把握融合发展的工作重点、时序步骤和力度节奏，既做“加法”，更做“乘法”，切实做好一体布局、优势互补、融合发展这篇大文章，用忠诚和担当向党中央、向省委省政府、向全体市民交上一份合格答卷。

（一）高质量推进规划融合。围绕架构起世界级城市的大框架、大格局，坚持世界眼光、国际标准、省会特色，聘请国际一流规划团队，对全域空间格局、功能区划、产业布局等进行一体规划，加快作出系统、全面的整体安排。立足发挥空间布局整体优势，把莱芜区和钢城区纳入济南新旧动能转换先行区，作为先行区的“南翼”，编制专门规划，实现产业对接、规划衔接、一体发展，加快打造新旧动能转换的核心引领优势。

（二）高质量推进产业融合。着眼构筑符合省会禀赋的现代产业体系，大力强化产业一体布局，统筹大数据与新一代信息技术、智能制造与高端装备等十大千亿级产业，与莱芜区钢城区精品钢等十五个产业集群，打造一批千亿级产业集群，形成更加合理的国土开发格局和产业发展布局。坚持强强联合、优势整合，将莱芜区钢城区作为“智造济南”的重要节点、“文旅济南”的重要区域、“康养济南”的重要载体、“全域济南”的重要支撑，着力进行“四个一体化”打造。充分发挥莱芜区钢城区生态、交通优势，深度利用济南科技教育优势资源，规划建设高水平的科学园区和国家级精品钢制造基地，加快构筑科技与创业融合的创新创造创富高地。

（三）高质量推进基础设施融合。立足建设国家重要交通枢纽，编制面向未来的交通发展战略规划，强化国际交通枢纽地位。在国际国内交通大格局中，超前谋划建设一批具有标志性的重大工程，强力推进济郑、济滨、济济（宁）、莱临（沂）等重大交通设施建设，构建“米”字型高铁网。把“济莱城铁”及早提上建设日程，争取早立项、早开工、早投用，推动省会都市圈全域轨道交通网加速形成。加快“三环十二射”高速公路、轨道交通以及顺河高架南延快速路、旅游路东延等城市重点交通设施建设，确保轨道交通R3线今年国庆节通车。推进大型交通节点和交通工具之间的有机衔接，推动全域公交一体化。加快济南国际机场扩建工程建设进度，高标准打造4F级机场，推动实施小清河复航工程，打造省会通江达海的“黄金水道”。

（四）高质量推进公共服务融合。聚焦打造宜居宜业宜游宜学的省会城市，优化住房、养老、医疗、休闲、购物等配套设施规划布局。按照标准化、便捷化、普惠性的原则，加大投入保障力度，加强各类公共服务有效供给。按照省会的标准，加快提升莱芜区钢城区教育、文化、医疗、旅游等公共服务设施建设水平和群众生活质量，确保两区与济南原有区“等高对接”，最大程度地释放区划调整的改革红利。

四、2019年政府主要工作任务

当前，省会发展已经站在了新的历史起点上。新起点要创出无愧于时代的新业绩、赢得决胜于未来的新优势。我们要乘势而上、奋发作为，统筹兼顾、突出重点，推动各项工作卓有成效地开展，为加快跨入“万亿俱乐部”、建设国家中心城市奠定坚实基础。

（一）聚焦推进“四个中心”建设，塑造省会辐射带动新优势。坚持实体经济、科技创新、现代金融、人力资本协同发展，制定实施“四个中心”建设行动计划和专项行动方案，推进“四个中心”建设提速增效。

做大做强区域性经济中心。大力发展总部经济。加快央企总部城、省企总部城规划建设步伐，用足用好支持总部经济发展的十大政策，组织开展各种形式的精准招商推介会，主动对接京津冀和雄安新区建设，主动承接北京非首都功能，积极引进上市公司和大型企业总部、区域总部、研发中心以及金融系统内服务类机构和后台服务机构，加快形成我国北方高端产业、科技、人才、现代服务业集聚地，打造央企、跨国公司区域总部基地。大力发展县域经济。强化“项目为王”理念，扎实开展“项目落地建设竞赛年”活动，统筹推进重大项目建设，确保签约项目早落地、落地项目早开工、开工项目早达产。继续强力抓好标准厂房建设，各区县分别建成面积不少于50万平方米的标准厂房，让更多企业实现拎包入住，打造小微企业专业化园区群。有针对性地制定扶持县域经济加快发展的政策措施，让县域经济在省会发展中担重任、挑大梁。大力发展消费经济。把促进消费、扩大内需作为拉动经济增长的主动力之一，积极培育教育、育幼、养老、医疗，特别是文化旅游等消费新热点，扎实开展国家文化消费试点城市暨文化惠民消费季活动，申报全国高品位步行街创建试点，大力发展全域旅游，建设国际旅游目的地。研究制定促进工业产品消费的意见，加大政府采购力度，促进工业经济集群发展和供需有效对接。出台促进消费升级的实施意见，抓好省会商圈提升，创建国家跨境电子商务综合试验区，拓宽国际中高端消费品购买渠道，打造“全国放心消费城市”。

做大做强区域性金融中心。围绕增强金融集聚能力，加快CBD金融城项目建设步伐，完善汉峪金谷配套设施，推进山东新金融产业园二期工程，重点引进财务公司、基金公司、外资银行等金融业态和机构，打造全牌照、全业态金融机构集群，力争金融业增加值达到940亿元、增长8.5%左右。围绕增强金融服务能力，实施产融融合工程，强化政金企合作，引进培育金融中介服务机构，组建大型政策性融资担保集团，通过拨贷联动、风险补偿等方式，引导更多社会资本投入实体经济。加大直接融资力度，支持企业有选择地开展短期融资券、中期票据、中小企业集合票据等债务工具融资，提升创新型债券利用水平。开展企业上市突破年活动，新增境内外上市挂牌企业15家以上，打造资本市场“济南军团”。围绕增强金融抗风险能力，持续优化金融生态环境，设立中小微企业贷款风险补偿资金池，搭建金融风险监测预警平台，加强对小额贷款公司、融资租赁公司、权益类交易场所等地方金融组织监管，确保不发生区域性系统性金融风险。

做大做强区域性物流中心。以建设“路港、空港、保税港、信息港”四港合一的国际内陆港为抓手，深入推进国家供应链体系建设综合试点。加快建设高端物流集聚区，开工建设国际陆港大厦，加快董家铁路货运枢纽建设，设立铁路一类口岸，构建多式联运综合枢纽，在“齐鲁号”欧亚班列运营中确立优势主导地位。突出抓好传化公路港、零点国际物流园、菜鸟物流等重大物流项目，加快保税仓储中心、大数据信息服务等综合配套体系建设。大力发展无车船承运、多式联运、城市共同配送、冷链运输等高端物流及智慧物流，打造区域集散转运中心，社会物流总额增长11%，规模以上物流企业营业收入增长9%，新增规模以上物流企业50家。

做大做强区域性科创中心。发挥企业创新主体作用。建设以企业为主体的自主创新体系，实施高新技术企业梯次成长计划，发挥新旧动能转换基金作用，加大服务支持和资源倾斜力度，高新技术企业总数达到1850家以上，高新技术产业产值增长10%以上。实施企业研发能力提升工程，支持大中型工业企业和规模以上高新技术企业建设研发平台，鼓励企业并购或设立海外研发机构，全社会研发经费增长15%。充分发挥省会高校和科研机构集聚的优势，建设以高校科研单位为引领的基础和应用基础研究体系，鼓励面向省会未来发展和十大千亿级产业的高校科研单位、创新团队、企业及领军人才等联合创新，构建产学研相结合的高效创新转化机制。积极创建国家制造业创新中心，加快高新区争创世界一流高科技园区的步伐。发挥各类科创平台保障作用。积极对接省级100项重大技改项目和20项省级大科学计划、大科学工程及30个科学实验室，提升重塑齐鲁软件园开发平台，着力抓好山东产业技术研究院承建工作和山东工业技术研究院提升工程，推进中科院协同创新中心、深圳先进技术研究院落地，积极对接省直有关部门承建山东大生命科学工程产业技术研究院，以浪潮集团牵头组建现代信息产业技术研究院，以山钢集团牵头组建精品钢产业技术研究院，以济南量子技术团队牵头组建量子产业技术研究院，以国家超级计算济南中心牵头组建超算及人工智能产业技术研究院，以重汽集团牵头组建氢能源及燃料电池应用技术研究院，以天岳公司会同山东大学牵头组建第三代半导体产业技术研究院，以韩都衣舍等优势电商企业牵头创新电子商务孵化应用平台，打造“政产学研金服用”创新创业综合体。发挥成果转化服务体系助推作用。推进科技人才资本化，建立科技金融融合新机制。出台以校地合作项目为核心的扶持办法，促进科研成果在省会孵化转化落地。深入推进国家科技成果转移转化示范区建设，建设中国（济南）知识产权保护中心，鼓励发展创新工场、虚拟创新社区等新型孵化器，大力推动大众创业、万众创新。

（二）聚焦加快新旧动能转换，塑造省会高质量发展新优势。把实施新旧动能转换重大工程作为推动省会高质量发展的总牵引，以更大的力度推动存量变革、增量崛起，切实增强省会经济创新力和竞争力。

推动先进制造业集群发展。济南正处于工业化发展后期，而不是后工业化时期，亟需布局和完善现代产业体系。实施工业强市战略，落实促进先进制造业和数字经济发展的政策措施，加快出台智能制造与高端装备、大数据与新一代信息技术、量子科技、生物医药等产业的细分行业产业发展规划和行动计划，围绕高端装备、先进材料、新能源汽车、精品钢材等先进制造业产业，构建优势制造业产业集群。实施新一轮企业技术改造，大力实施“现代优势产业集群+人工智能”“人工智能+”工程。积极争取工业互联网解析节点落地济南，力争上云企业总数突破1万家，努力打造“济南智造”品牌。

推动现代服务业快速发展。推进软件名城提档升级，全力打造国际会展名城，加快引进国际法律、会计、咨询等高端服务机构，大力发展研发设计、检验检测、人力资本等生产性服务业，促进生产性服务业向专业化和价值链高端延伸。制定出台关于创新发展生活性服务业的意见，大力发展智慧服务、体验服务、定制服务、共享服务、绿色服务、跨境服务等新兴服务形态，促进生活性服务业向精细化高品质转变，形成布局合理、功能完备、优质高效的生活服务体系。

推动新旧动能转换先行区引领发展。突出抓好产业带动，强力推进高端装备制造产业园、国际会展中心等一批重点项目建设，推动京东智能电商运营中心、中科院新经济科创园等一批项目签约落地，高标准规划建设齐鲁科学城。突出抓好基础支撑，在加快“三桥一隧”建设的基础上，再规划建设一批跨河通道，强力推进轨道交通建设，统筹水、电、气、热、通信等增源扩能、布点建站，完善市政道路等基础设施配套。突出抓好地标塑造，高标准规划建设政务服务中心、文化艺术中心、体育活动中心、核心区中央公园，加快申建黄河国家湿地公园，增强先行区的承载力、集聚力和吸引力。

（三）聚焦提高“双招双引”质效，塑造省会快速壮大新优势。坚定不移抓好“双招双引”一号工程，秉持绿色招商理念，聚焦项目高端、产业优质、发展高效，以更大的力度、更实的举措，推动“双招双引”取得更加丰硕的成果。

强化招商引资。注重产业链招商，成立产业招商专门队伍，瞄准香港金融、欧洲智能制造、日韩高新技术产业、美国创新资源等，以全球视野找准产业链上的新技术、新产品，开展专业化精准招商。注重依托国际国内有影响的中介机构、社会组织，发挥全球招商合伙人资源优势，提高招商质量。注重用好亲情纽带，突出抓好校友招商。注重发挥企业以商招商作用，引导支持优势企业实现点对点招商，形成“引进一个、建好一个、带来一批”的良好效应。

强化招才引智。深入实施泉城“5150”引才倍增计划、泉城产业领军等重点人才工程，加快建设济南“院士谷”，引进一批海内外高精尖人才团队，新增院士专家工作站40家，推进国家海外人才离岸创新创业基地建设，争创国家级人力资本产业园。开展“济智回归”行动，新建一批专家公寓、人才公寓、大学生公租房，积极吸纳高校毕业生在济就业，打造年轻人友好城市。深入实施外籍人士“家在泉城”工程，加快建设一批国际学校、国际医院、国际社区，全方位提升国际化人才服务水平。

强化督导考核。明确驻海外机构招商主责，调整驻外办事机构职能职责，把招商引资作为主业，不断壮大招商队伍。建立市级领导包挂推进重点招商项目制度，强化已签约项目的落地。建立科学合理的“双招双引”考核体系，强化考核结果运用，层层传导压力，真正让“双招双引”没有局外人、没有旁观者。

（四）聚焦深化改革扩大开放，塑造省会国际竞争新优势。深化市场化改革，扩大高水平开放，深入落实对外开放40条，把制度创新作为补齐短板、加固底板最根本的改革任务，最大限度地激发各方面创新创造活力。

创新园区体制机制。加快推进园区综合改革，以去行政化为方向，以省级以上开发区、综保区和国际医学科学中心为重点，大力推行“管委会+公司”模式，建立灵活的用人制度和薪酬体系，推动园区实现企业化管理、市场化运作、专业化服务、绩效化考核、特色化发展，让各类园区真正成为改革开放的先行区、创新发展的引领区、“双招双引”的示范区。

深化国资国企改革。健全完善国有资本投资公司、运营公司管理运营方式，推动六大投融资集团向特色化、专业化、市场化国有资本投资运营公司转变。加快国有经济结构调整和战略性重组，大力推进混合所有制改革，推出50个市属国有企业混改项目，激发国有企业内生动力。

深度融入“一带一路”国际合作。加快推进中德中小企业合作示范区、国家侨梦苑等平台建设，积极申建中国（山东）自由贸易试验区济南片区，确保新迁建综合保税区12月底前封关验收。积极参与中国—中东欧国家地方经贸合作示范区建设，推进对外合作平台载体提质升级。着眼在更大的国际国内市场空间内整合要素资源，重点围绕十大千亿级产业，找准技术、资本、人才、市场的互动点，深度融入共建“一带一路”。重点支持浪潮、重汽、齐鲁制药等骨干企业积极开展国际投资、海外研发，推动设计咨询、投融资、建营一体化企业抱团走出去，实现“海外济南”规模跨越式增长。

进一步扩大对外交往。精心承办鲁港通、中国企业500强高端峰会、青年企业家创新发展国际峰会、工商联专业分会、全国工业机器人应用技术技能大赛等重大赛会活动，进一步做大中德中小企业合作交流大会、国际泉水文化景观城市联盟会议、市长国际经济咨询委员会年会、东亚博览会、中国济南华侨华人双创大会、第十届华商企业科技创新合作交流会等特色国际品牌活动，精心举办“外交官走进泉城”系列活动，推动与外国使领馆建立创新合作机制实现新突破。

（五）聚焦提升城市治理水平，塑造省会功能品质新优势。把民生幸福作为城市发展的最高追求，深入推进城市提升十大行动，全面抓好“城市双修”、城市设计全国试点，着力推动城市更新，优化提升老城区，科学开发新城区，加快建设大气秀美、清新靓丽、古今交融、品质上乘的时尚之城。

强化市级统筹。抓好城市规划市级统筹。把规划作为引领城市发展的指挥棒，完善城市规划制度，高质量完成济南城市发展战略规划，对城市建设特别是重大基础设施建设，由市级统一进行规划，形成“市级统筹、分区实施”的工作格局。抓好土地收储市级统筹。成立市土地储备开发主体，强化全市土地资源统一收储、配置、监管，实现土地资源配置“一个渠道进水、一个池子蓄水、一个龙头放水”。按照“总量控制、存量优化、质量提高”的原则，强化土地全生命周期共同监管，探索建立“标准地”制度，加强绩效评价和退出监管，以强度换空间、以空间换品质。抓好财政收支市级统筹。完善预算执行管理机制，全面实施预算绩效管理改革，切实提高市级财政统筹能力，增强资金使用的精准性，集中财力办大事。抓好产业布局市级统筹。根据各区县自身禀赋、产业基础和全市产业总体规划，由市级统筹产业布局，推动每个区县形成自身的主导产业，实现错位发展、特色发展、协调发展，形成“各唱各的拿手戏、各打各的优势牌”的良好局面。

强化分区治理。对历史传承区，坚持“留、改、拆”并举，坚决拆除违章建筑，采取保守治理措施，进行局部修整和功能置换。突出抓好“泉城大客厅”建设，做好泉城特色风貌带规划以及千佛山周边、“一湖一环”周边、历史文化街区城市设计，加强历史建筑保护，大力疏解中心城区非核心功能，集中打造集山、泉、湖、河、城为一体的“城市绿心”。对“三旧”改造区，进行精心设计重塑，解决老城区环境品质下降、空间秩序混乱问题。按照旧村改造市级统筹的原则，妥善处理历史遗留问题，对具有保护价值的传统建筑实施产权回购、有机更新，将符合控制性详细规划的更新项目委托区县实施。加大征收拆迁力度，高标准推进36个棚户区改造项目，开工建设棚改安置房4.4万套，实施358个老旧小区、721万平方米改造整治，既有住宅加装电梯200部。把开展拆违拆临的范围扩大到城乡全域，坚持一把尺子量到底，确保拆除3000万平方米以上的违法违规建设。对新开发区域，研究出台建筑设计导则，完善各类建筑标准体系，保证城市环境、文脉、建筑美学高度契合，确保重要建筑物、构筑物建成“精品工程”，塑造城市新形象。健全城市建设长效机制，突出抓好地下管网建设管理改革，构建现代基础设施体系。大力开展“无违建”街镇创建行动，力争无违建街镇达到50%以上。持续实施建绿透绿，对以经十路为重点的100条主次干道和城市出入口进行改造提升，新建一批街头公园、文化雕塑、景观小品，努力实现一路一景、三季有花、四季常绿、扮靓泉城。

强化精细化管理。既要善于运用现代科技手段实现智能化管理，又要通过绣花般的细心、耐心、巧心提高精细化管理水平，绣出城市的品质品牌。推动城市管理创新转型升级，实行以社区为管理单元、辅以网格化管理的基层管理体制，长效开展社区微治理，有效解决老旧小区乱停车、楼道杂物堆积、生命通道占用、非法张贴小广告等城市顽疾。大力推行路长制，联动开展交通秩序、城市治安、市政设施、城市家具、广告店招、街面秩序、空间立面、环境卫生、园林绿化等综合治理。实施城市亮化提升工程，出台城市灯光管理办法，逐步实现城市照明设施及光亮设施智能管控，建设一座具有独特韵味的“不夜城”。

强化文明城市建设。深化巩固文明城市创建成果，深入实施文明交通行动，大力实施智慧应用“七通”工程，在智慧交通、智慧城管、智慧医疗、智慧警务等领域实施一批智慧民生示范项目，让市民充分享受现代文明成果。充分发挥“泉城义工”“旅游啄木鸟”等志愿服务品牌示范作用，推动文明城市创建向县镇村拓展延伸。扎实开展“书香泉城”创建活动，实施“泉城阅读工程”，建设一批24小时泉城书房，打造一座充满书香味的儒雅之城。

（六）聚焦优化营商环境，塑造省会市场活力新优势。坚持问题导向、需求导向和目标导向，从企业最不满意的地方入手，从群众最期盼的事情做起，锲而不舍推动营商环境持续好转。

大力开展行政效能革命。强力推进“一次办成”改革，在抓好“一次办”的基础上，加大数据资源整合力度，加快实现“一网办”“指尖办”“马上办”。加大对中介机构的扶持规范力度，加快中介机构“进厅上网”。学习借鉴国务院推广的优化营商环境典型做法，切实做到“企业有需要、部门去报到”，充分激发各类市场主体发展活力，确保全年市场主体总量突破110万户。

加快推进社会诚信体系建设。健全企业法人、社会组织、机关事业单位和自然人四个信用数据库，打造横向联通、纵向连接的智能化信用信息共享平台。梳理涉企承诺事项，严格落实对企承诺，将各单位的守信践诺情况纳入政务诚信记录，依法依规处理“新官不理旧账”的问题。制定推出社会信用管理办法，拓宽加大对失信被执行人联合惩戒的范围和力度，努力打造“信用泉城”。

激发民营经济发展活力。全面落实扶持民营经济发展的各项政策，清理废除阻碍统一市场和公平竞争的规定做法，加快培育一批瞪羚、独角兽和平台生态型龙头企业。建立民营企业风险缓释服务机构，用足用好新旧动能转换企业纾困基金。积极引导城商行、农商行等地方金融机构回归本源支持企业发展。聚焦民营企业融资难融资贵等痛点难点焦点问题，充分发挥“1+3”平台作用，向损害营商环境的违纪违法行为亮剑，推进“金牌环境”提升。制定政商交往正面清单和负面清单，构建“亲”“清”新型政商关系。像保护眼睛一样保护民营经济，像尊重科学家一样尊重企业家，召开服务支持民营经济发展大会，表扬激励一批作出突出贡献的民营企业家，大力弘扬企业家精神和新时代儒商精神，切实让企业领跑城市、让市场活跃城市、让政府温暖城市。

（七）聚焦实施乡村振兴战略，塑造省会城乡融

合发展新优势。实施以村庄为单位的乡村振兴工作机制，整合涉农资金，以村为单位统筹安排资金使用方向，逐村摸情况、出思路、定举措，推动省会在打造乡村振兴齐鲁样板中走在前列。

突出抓好规划引领。健全市级主导、区县主体、街镇实施、部门配合、群众参与的规划工作机制，完善实施乡村振兴战略规划；围绕推进新型城镇化，按示范引领、特色保护、改造提升、搬迁撤并等类别，对村庄进行分类管理。搞好单个村庄规划设计，提升街镇建设规划，确保所有保留的村居“一村一本规划”，形成与省会风格风貌相匹配的农村发展新格局，让群众望得见山、看得见水、记得住乡愁。

突出抓好改革驱动。坚持多予少取放活，统筹推进农村土地制度改革，全面完成集体产权制度改革，积极探索承包地“三权分置”有效实现形式，稳慎推进宅基地“三权分置”改革试点。探索推进集体经营性建设用地入市改革，加快壮大农村集体经济。开展资源性资产确权登记颁证工作，深化农村产权流转交易市场体系“三台共建”机制，探索农民专业合作、供销合作、信用合作“三位一体”的农村新型合作体系，不断释放资源要素潜力、激活农村发展动力。

突出抓好产业振兴。坚持质量兴农、品牌强农、科技助农，加快农业新旧动能转换，健全现代农业经营体系，推进一二三产业融合发展。着力打造一批乡村旅游示范镇和精品线路，推动乡村旅游规模化精品化发展。办好中国玫瑰文化艺术节、中国草莓文化旅游节，壮大平阴玫瑰、章丘大葱等“十朵金花”，提升“三辣一麻”“三黑一花”品牌价值，打造都市精致农业特色产业集群。发展壮大农产品加工示范园区、示范企业，以点带面，拉长种养产业链条，补齐农产品深加工短板，让工业牵着农业的手、城市带着乡村走。

突出抓好典型示范。大力实施农村人居环境整治三年行动计划，深入推进农村“七改工程”，推动优质教育、文化、医疗等公共服务向农村延伸，建设一批特色小镇，推动新时代文明实践中心覆盖全市 66%的村居，打造乡村振兴齐鲁样板村 105 个，同步带动建设 100 个示范村，以点带面、步步为营，带动省会逐步实现农业强、农村美、农民富。

突出抓好精准帮扶。推进脱贫攻坚与乡村振兴相衔接、开发式扶贫与保障性扶贫相结合，确保贫困人口“两不愁、三保障”。建立脱贫成效巩固提升监测机制，对已脱贫贫困村、贫困人口“回头看”“回头帮”，积极推进贫困村、贫困户人居环境改善工作。高质量高标准完成黄河滩区迁建年度任务，提升与临沂、湖南湘西州、重庆武隆区的帮扶合作水平，抓好援藏援疆工作。

（八）聚焦加强生态环保建设，塑造省会可持续发展新优势。牢固树立“绿水青山就是金山银山”的理念，深入开展“四减四增”三年行动，狠抓中央、省生态环境保护督察反馈意见整改落实工作，坚决打好污染防治攻坚战，建设“天蓝地绿、山青水秀”的美丽家园。

坚持不懈治霾。深入实施蓝天保卫战三年作战计划，强化工业企业和柴油车污染治理。完善重污染天气应急预案和重点时段减排要求，落实好“蓝绿名单”制度，依法分类处置“散乱污”企业。稳妥推进主城区“退二进三”或“退二优二”，着力加快“外热入济”。统筹推进清洁取暖工作，积极推进煤改电、煤改气工程，切实抓好煤炭消费总量控制。加大工地扬尘和道路扬尘管控，强化“禁烧区”露天烧烤管控，严格落实秸秆禁烧责任制，确保空气质量持续改善。

坚持不懈治水。全面推进“水十条”任务落实，突出抓好老旧城区雨污分流改造，持续做好建成区黑臭水体整治，加快小清河污染治理，确保年底前实现小清河辛丰庄出境断面水质稳定达标。实施小清河生态景观带改造提升工程。扎实开展农村饮水安全两年攻坚行动，突出抓好饮用水水源地环境问题整治。高起点规划建设白云湖、济西、白泉等湿地公园，科学实施湿地保护与修复工程，打造城市“绿肾”和市民休闲胜地。落实《济南市名泉保护条例》，持续开展泉水资源动态监测，科学利用地下水，确保泉群持续喷涌。

坚持不懈治山。按照“共抓大保护、不搞大开发”的原则，进一步实施生态补偿机制，持续推进南部山区自然生态景观保护。认真落实《济南市山体保护办法》，加大城区内158座山体的保护力度，强力推进破损山体治理，绿化提升山体27座，新开工建设郊野公园6处，完成新造林10万亩，推进实施古树名木保护工程，让广大市民的“幸福账单”上增加更多的“绿色收入”。

坚持不懈治土。认真落实“土十条”和土壤污染防治责任制。加强涉重金属行业污染防控和危险废物管理，实施土壤污染治理和修复试点项目。强化畜禽养殖环境监管，减少化肥农药使用量。推进居民小区和公共区域垃圾分类试点，坚决守住土壤环境质量底线，让土地变得更清洁干净。

（九）聚焦保障改善民生，塑造省会和谐稳定新优势。牢固树立以人民为中心的发展思想，围绕“七有”目标，着力解决结构性民生问题、实施普惠性民生工程、办好20件民生实事，坚决守住社会民生、安全稳定底线，打造一座有温度的城市。

千方百计扩大就业。把稳就业摆在突出位置，实施就业优先战略，落实积极就业政策，新增城镇就业12万人，确保“零就业”家庭动态清零。加大创业担保贷款支持力度，创业担保贷款额度从10万元提高到15万元以上。认真完成好军转干部、退役士兵安置任务，建立健全退役军人服务保障体系。实施高校毕业生就业促进计划，加强农民工服务中心和零工市场功能提升。做好城镇就业困难人员和登记失业人员等帮扶工作，努力实现弱有所扶、业有所就。

织密扎牢社保网络。坚持应保尽保、托住底线，巩固全民参保计划成果，提高城乡居民基础养老金，提高职工医保和居民医保待遇水平，建立失业保险金标准与最低工资标准挂钩联动机制，提高城乡低保和特困人员救助供养标准，全面推行“电子社保卡”。实施养老服务设施建设三年行动计划，加快市救助管理站改造、市社会福利院新建项目，新建区县养老中心3处、街道社区和农村养老设施160处。大力发展住房租赁市场，培育发展专业化规模化住房租赁企业，多渠道增加租赁住房供给，为符合条件的外来务工人员、新就业职工等提供租赁住房补贴，让他们感受到城市的关爱和温度。

优先发展教育事业。加快实施第三期学前教育三年行动计划和中心城区基础教育设施三年建设规划，开工建设标准化中小学、幼儿园140所，新增学位13万个。对区县政府履行教育职责开展评价，推行“优质园+”办园模式，推进学前教育普惠发展。推进“义务教育优质均衡发展区县”创建，促进普通高中多样化特色化发展。推动职业教育、民族教育、特殊教育、成人教育、民办教育等健康协调发展。持续抓好师德师风建设，实施校长综合能力提升工程，用教育家校长和高素质教师打造泉城教育品牌，撑起千百万家庭的未来和城市的未来。

持续建设健康济南。围绕建设国际医疗康养名城，加快建设国际医学科学中心，打造医教研融合发展的医学科学高地。加快健康城市、健康村镇建设试点和全省医养结合示范先行市建设，做好国家卫生城市复审工作。加强基层医疗卫生机构标准化建设，支持社会办医，积极开展“互联网+医疗健康”便民服务，推动电子社保卡、电子健康卡“两码合一”，加快推广电子病历，建立疫苗追溯体系。深入挖掘中医药技术，申办第六届中医科学大会，打造“扁鹊故里”品牌。按照“四个最严”的要求，聚焦人民群众关注的婴幼儿食品、网络配餐、互联网制售假药等重点领域，加大整治力度。广泛开展群众性体育活动，推动有条件的学校向社会免费开放体育设施和场馆，办好2019短池游泳世界杯、第四届国际持杖登山大会等赛事，让城市充满朝气、充满活力。

繁荣发展文化事业。高水平举办第八届山东文博会，组织开展“齐风鲁韵”系列演艺活动，办好全国非遗曲艺周，打造全国曲艺演出交流中心。加快规划建设新的市博物馆、科技馆、规划展览馆、档案馆、方志馆、少年宫、国家方志馆冶炼分馆，高起点规划建设非遗展示中心，加快遗产保护立法，推进“泉·城文化景观”申遗，实施文物抢救保护行动。深入开展“扫黄打非”工作，加强网络监管，确保文化市场稳定有序。深入挖掘各类传统文化特色资源，弘扬“济南战役”“莱芜战役”精神，传承好红色基因，开展庆祝建国70周年系列活动，让爱国融入血脉，让信仰激发力量。

优化创新社会治理。树立城市安全观，强化安全生产，实施“雪亮工程”，完善立体化社会治安防控体系，持续开展扫黑除恶专项斗争，保障人民群众生命财产安全，打造“平安济南”，决不让好人受气、坏人神气。推进城乡社区治理创新，推行“全科社区工作者”服务模式，发挥红白理事会、“泉城·爱帮”等阵地作用，广泛开展移风易俗实践活动。扎实开展双拥共建活动，深度推进军民融合发展，大力支持国防和军队建设改革。做好12345市民服务热线、信访、人民调解、仲裁和“七五”普法等工作，支持工青妇等群团组织面向基层一线参与社会治理，努力构筑共建共治共享的社会治理格局。

五、全面建设人民满意的行动政府

最强的力量就是说到做到，最好的落实就是一抓到底。今年是省委省政府确定的“工作落实年”，我们将顺应人民群众期待、适应现代化国际大都市建设要求，坚持只为成功想办法、不为困难找理由，牢固树立整体政府意识，打基础、立规章、抓落实、强督察，推动各项工作落地落细落实。

（一）以高度的自觉强党建。牢固树立“抓好党建是最大政绩”的理念，在加强政府系统党的建设上狠下功夫。坚持用习近平新时代中国特色社会主义思想武装头脑，增强“四个意识”，坚定“四个自信”，坚决维护习近平总书记在党中央的核心、全党的核心地位，坚决维护党中央权威和集中统一领导。深入推进“两学一做”学习教育常态化制度化，巩固提升“三照三转三改三推”活动成果，精心组织开展“不忘初心、牢记使命”主题教育，自觉在推动发展、服务人民中提升工作水平，把忠诚和看齐写在岗位上、刻在事业中。

（二）以法治的思维履职责。全面落实法治政府建设实施纲要，做到“法无授权不可为、法定职责必须为”，加快建设“法治济南”。依法接受市人大及其常委会法律监督和工作监督，自觉接受市政协民主监督，认真听取各民主党派、工商联、无党派人士和人民团体意见，认真办理人大代表议案建议和政协提案，完善行政执法和监督体系，推行重大行政决策民主公开。按照“做过的有规范，没做过的有预案”的原则，加快构建系统完备、科学规范、运行高效的依法行政制度体系，鼓励各级各部门争创国家级社会管理和公共服务综合标准化示范单位，切实做到事事有标准可依、岗位有标准规范、人人按标准履职。

（三）以一流的境界谋发展。教育引导政府系统的广大党员干部，树立攀强进位的雄心壮志，善于跳出济南看济南、站在全省看济南、放眼全国看济南、走向世界看济南，全面开展寻标对标活动，敢于和最好的比、与最强的赛，在更高的参照系中确定发展坐标和定位，从思想到工作、从思路到举措、从推进到成果，横向比较争先进、纵向比较促跨越，勇于争先率先领先，努力实现更好质量、更高效益、更快速度的发展，当好全省走在前列的排头兵。

（四）以变革的精神抓落实。切实强化创新意识，深入落实容错纠错机制，激励干部勇于担当，让政府系统的党员干部从“惯例”中走出来，从“框框”中跳出来，在吃透上级精神的基础上，紧密结合济南实际，创造性抓好贯彻落实。切实强化问题意识，按照“走到听到看到落实到”的原则，增强发现问题的敏锐、正视问题的清醒、解决问题的自觉，凡是群众反映强烈的问题都要严肃认真对待，凡是损害群众利益的行为都要坚决纠正。切实强化执行意识，实行工作项目化、项目目标化、目标节点化、节点责任化，建立推动高质量发展的指标体系和标准体系，强化干部绩效评价和政绩考核，做到凡事有人干、凡事有人管、事中事后有监督。

（五）以严实的作风促廉政。坚定不移推进全面从严治党，严格落实主体责任和“一岗双责”，深入推动全面从严治党走向严紧硬。认真落实中央八项规定及实施细则精神，持续纠正“四风”，坚决破除形式主义、官僚主义。始终保持惩治腐败“零容忍”高压态势，从严查处侵害群众利益的行为，既要干事又要干净，坚决守好廉洁底线。加强重点领域和关键环节审计，加强公共资金、国有资产、国有资源、政府项目、公共资源交易等廉政风险点防控。深入推进政务公开，始终把政府工作放在全社会的“聚光灯”下，提高政府的公信力。

各位代表，时势造英雄，实干开新篇！让我们更加紧密地团结在以习近平同志为核心的党中央周围，在市委的坚强领导下，只争朝夕、锐意进取，雷厉风行、快干实干，为建设“大强美富通”现代化国际大都市而努力奋斗！

1月

1日 水资源“费改税”改革在山东落地。济南鲁冠混凝土有限责任公司许家英到济南市地税局市中分局办税服务大厅，完成纳税申报，税票当场开出。这是全省第一张水资源税税票。

2日 市委常委会召开会议，传达学习全国、全省组织部长会议精神，研究审议《市委常委会议事决策规则》《市委常委会及其成员职责清单》，听取市委党校2017年工作情况及“十三五”主要任务和2018年工作打算的汇报。省委副书记、市委书记王文涛主持会议并讲话；市委副书记、市长王忠林，市人大常委会主任殷鲁谦，市政协主席雷杰，市委副书记苏树伟和市委常委出席会议。

3日 全国人大常委会副委员长、农工党中央主席陈竺率调研组来济考察农工党党务工作和红十字工作情况。市人大常委会主任殷鲁谦；农工党中央常委、山东省委主委，市政协副主席段青英等参加活动。

4日 市政府召开第一次全体（扩大）会议，讨论并原则通过拟提交市十六届人大二次会议审议的《政府工作报告（征求意见稿）》。市委副书记、市长王忠林主持会议并讲话。

5日 省委常委、政法委书记林峰海来济调研，了解基层和群众对政法工作的新要求、新期待，研究谋划新时代政法工作的思路措施。市委常委、政法委书记秦传滨陪同调研。

△ 济南市召开环境总体规划暨“三线一单”专家咨询会。市委常委、副市长徐群出席会议并致辞。

6日 市委、市政府召开全市经济工作暨“四个中心”建设推进大会，总结全市2017年经济工作，安排部署2018年经济工作；传达全国精神文明建设工作表彰大会精神，表扬济南市创建第五届全国文明城市工作先进集体和先进个人。省委副书记、市委书记王文涛主持会议并讲话，市委副书记、市长王忠林就2018年经济工作和“1+454”体系重点任务进行安排部署，市人大常委会主任殷鲁谦、市政协主席雷杰、市委副书记苏树伟和市委常委出席会议。

△ 省委副书记、市委书记王文涛，市委副书记、市长王忠林，市人大常委会主任殷鲁谦，市政协主席雷杰一行调研齐鲁黄河大桥、凤凰黄河大桥建设工作。

7日 中国人民政治协商会议第十四届济南市委员会第二次会议在舜耕会堂开幕。省委副书记、市委书记王文涛，市委副书记、市长王忠林，市人大常委会主任殷鲁谦，市政协主席雷杰，市委副书记苏树伟出席会议。

△ 省委副书记、市委书记王文涛，市委副书记、市长王忠林，市政协主席雷杰在舜耕山庄会见出席市政协十四届二次会议的港澳委员和特邀顾问。

8日 济南市第十六届人民代表大会第二次会议在山东会堂开幕。市人大常委会主任殷鲁谦主持大会开幕式，市委副书记、市长王忠林代表市政府向大会做政府工作报告。

9日 由中铁四局负责施工的石济黄河前特大桥最后一孔32米双线箱梁精准落位，标志着石（家庄）济（南）铁路客运专线项目“正线”全线贯通。

12日 济南市监察委员会挂

牌成立。省委副书记、市委书记、市深化国家监察体制改革试点工作小组组长王文涛，市人大常委会主任殷鲁谦，市委常委、市纪委书记、市监察委员会主任程德智为市监察委员会挂牌。

△ 省委副书记、市委书记王文涛和市委副书记、市长王忠林在舜耕山庄会见英国巴斯市议员马丁·威尔和英国沃萨润公司首席执行官尼尔·瑞克斯等一行。会见结束后，举行中国烯谷——中英济南石墨烯产业园项目签约仪式。

13日 山东与韩国之间有史以来最大的外派劳务项目落户济南，并举行签约仪式，主要涉及厨师外派，总合同额约7亿元。

15日 济宁市委副书记、济宁高新区党工委书记石光亮率济宁市考察团来济学习考察济南高新区体制机制改革的先进经验。市委常委、济南高新区管委会主任王宏志参加活动。

16日 市委召开县区党委书记履行全面从严治党责任和抓基层党建工作述职评议会议。省委副书记、市委书记王文涛主持会议并做点评；市委副书记、市长王忠林，省委组织部副部长兼省委非公有制经济组织和社会组织工委书记刘炳国以及市委常委出席会议。

18日 山东地矿集团黄河新动能产业基地项目战略合作框架协议签约仪式举行。市委副书记、市长王忠林，省国资委主任张斌，副市长吴德生出席签约仪式。

22日 “山东大学齐鲁医学院济南临床学院”揭牌仪式在济南市中心医院举行。

△ 省委副书记、市委书记王文涛和市委副书记、市长王忠林在舜耕山庄会见瑞中友好协会主席托马斯·瓦格纳博士一行。

23日 市政府召开扬尘污染防治工作专题会议。市委副书记、市长王忠林出席会议并讲话。

29日 山东中科科技园项目签约仪式在舜耕山庄举行。市委副书记、市长王忠林，省国资委主任张斌，副市长孙斌出席签约仪式。

△ 省委副书记、市委书记王文涛在舜耕山庄会见西门子股份公司全球副总裁、西门子能源管理集团变压器业务首席执行官娜塔一行。

2月

2日 司法部副部长熊选国一行到章丘区公共法律服务中心、历城区司法局彩石司法所调研，现场观看“12348”山东法网建设运行情况演示，慰问基层工作人员。副市长吴德生陪同调研。

4日 团省委、省青联、济南新旧动能转换先行区管委会在山东大厦联合举办济南新旧动能转换先行区推介会。市委副书记、市长王忠林和团省委书记陈必昌出席推介会。

△ 哈工大机器人（山东）智能装备研究院揭牌仪式在山东大厦举行。市委副书记、市长王忠林和中国科学院院士、哈尔滨工业大学副校长、哈工大机器人集团名誉董事长韩杰才出席揭牌仪式。

6日 中共济南市纪委十一届三次全体会议召开。会议高举习近平新时代中国特色社会主义思想伟大旗帜，学习贯彻习近平总书记在十九届中央纪委二次全会上的重要讲话和中央纪委、省纪委全会精神，总结2017年全市党风廉政建设和反腐败工作，部署2018年任务，进一步推动党的十九大精神贯彻落实。省委副书记、市委书记王文涛出席会议并讲话；市委副书记、市长王忠林，市人大常委会主任殷鲁谦，市政协主席雷杰和副市级领导干部出席会议。

△ 全市农村工作暨扶贫开发工作会议召开。省委副书记、市委书记王文涛出席会议并讲话，市委副书记、市长王忠林主持会议；市人大常委会主任殷鲁谦、市政协主席雷杰和副市级领导干部出席会议。

7日 国务院食安办副主任、国家食药监总局副局长孙梅君率督查组来济督查春节食品安全工作。副市长王桂英陪同督查。

8日 济南市政府—中国通信服务股份有限公司战略合作协议签约仪式举行。市委副书记、市长王忠林出席签约仪式。

△ 市委副书记、市长王忠林到山大华天软件有限公司，走访慰问公司首席技术官、技术研究院院长梅敬成博士。

△ 市委副书记、市长王忠林到济钢集团有限公司慰问企业、劳模和困难职工，了解企业生产经营情况。

10日 市委政法工作暨全市扫黑除恶专项斗争会议召开。

11日 全市安全生产大会召开。市委副书记、市长王忠林出席会议并讲话，市委副书记苏树伟主持会议。

12日 市委常委会召开会议，审议通过《中共济南市委关于加强市委常委会自身建设的意见》。

△ 省委书记刘家义在济南热电南郊分公司看望慰问坚持生产值班的干部职工。

△ 2017年度全面从严治党主体责任落实情况汇报会议召开。省委副书记、市委书记王文涛主持会议并讲话；市委副书记、市长王忠林，市人大常委会主任殷鲁谦，市政协主席雷杰，市委副书记苏树伟和市委常委，市政府党组成员，市委党建工作领导小组其他成员出席会议。

△ 市委副书记、市长王忠林主持召开市政府常务会议，研究县区基本公共服务均等化、涉农资金统筹整合、城乡最低生活保障标准调整、法治政府建设等工作。

△ 省委常委、统战部部长邢善萍代表省委、省政府，到济南西藏中学走访慰问寒假和春节期间留校的藏族师生，并送上节日祝福。副市长王桂英陪同。

△ 副省长任爱荣来济检查节日市场供应情况。副市长李自军陪同。

13日 省委常委、政法委书记林峰海代表省委、省政府来济看望慰问春节期间坚守岗位的政法干警、武警、消防官兵和见义勇为模范。市委常委、政法委书记秦传滨，副市长、市公安局局长吴德生陪同。

22日 省委、省政府在济南召开山东省全面展开新旧动能转换重大工程动员大会。省委书记刘家义出席会议并讲话，省委副书记、省长龚正主持会议；省政协主席付志方，省委副书记、济南市委书记王文涛出席。

23日 市委、市政府举行新旧动能转换先行区有关规划汇报会，研究先行区建设规划。省委副书记、市委书记王文涛主持会议并讲话；市委副书记、市长王忠林，市人大常委会主任殷鲁谦，市政协主席雷杰，市委副书记苏树伟出席会议。

△ 市人大常委会主任殷鲁谦率队视察中央商务区建设情况。市人大常委会副主任谭延伟、巩宪群、孙积港、许强等参加活动。

△ 市政协主席雷杰带队调研督导全市轨道交通建设工作。市政协副主席李好臣、段青英、崔大庸、金德岭、毕筱奇、李继民参加活动。

26日 市委副书记、市长王忠林主持召开市政府常务会议，研究振兴十大农业特色产业、脱贫攻坚、会展业发展、科技成果转化、12345市民服务热线建设、裸露土地绿化等工作。

△ 市委副书记、市长王忠林在山东大厦会见世界经济论坛未来计算理事会共同主席、世界经济论坛人工智能委员会前主席、卡耐基梅隆大学计算机学院副院长贾斯汀·卡塞尔一行。会见结束后，双方共同见证中国重汽集团和新华云图（北京）网络科技有限公司、北京天元智汇管理咨询有限公司的签约仪式。

28日 省人大常委会副主任、省工商联主席王随莲率省工商联调研组到济南新旧动能转换先行区考察调研。市委常委、统战部部长王拥华出席活动。

3月

1日 市委常委会召开会议，传达学习党的十九届三中全会精神。省委副书记、市委书记王文涛主持会议并讲话，市委副书记、市长王忠林传达《中国共产党第十九届中央委员会第三次全体会议公报》，市人大常委会主任殷鲁谦和市委常委出席会议。

8日 省政协副主席唐洲雁带领部分省政协委员、专家来济，就“全面深化改革，激发新旧动能转换活力”进行专题调研。副市长孙斌主持座谈会，市政协副主席李继民陪同调研。

△ 全市组织部长会议召开。市委常委、组织部部长李刚出席会议并讲话。

13日 2018思科大中华区生态系统与合作联盟高峰会在济南举行。

21日 由中国信息通信研究院主办、中国通信标准化协会支持的“OSCAR云计算开源产业大会”在国家会议中心举行。会上首次发布国家政务云综合评估标准和评估结果，济南市成为国内首个通过政务云综合水平“先进级”评估的城市。

22日 全市领导干部会议召开，学习习近平总书记重要讲话，传达学习全国两会精神和3月21日全省领导干部会议精神，对全市学习贯彻做出部署。市委副书记、市长王忠林主持会议并讲话，市人大常委会主任殷鲁谦、市政协主席雷杰通报参加全国两会情况，市委副书记苏树伟和副市级领导干部出席会议。

23 日 市委副书记、市长王忠林主持召开市政府常务会议，研究小清河环境综合整治、裸土覆绿、农村集体产权制度改革、2018 年政府规章制定计划编制等工作。

△ 市委副书记、市长王忠林到济南新旧动能转换先行区调研并察看跨黄桥隧项目建设情况。

△ 济南市建设全省医养结合示范先行市启动会议召开。市委常委、副市长卢江出席会议。

24 日 省委书记刘家义，省委副书记、省长龚正，省政协主席付志方；空军济南基地司令员胡文昌、政委李家勤，省武警总队政委边保民等与干部群众、驻济部队官兵 300 多人，到济南新旧动能转换先行区龙湖组团湿地公园，参加全民义务植树活动。

26 日 中国重汽向香港特区政府交付洗街车仪式在香港举行。这是香港特区政府第一次批量采购欧Ⅵ重卡产品，也是内地品牌欧Ⅵ重卡首次在香港市场实现销售。

△ 全国省级山东商会会长到济南高新区齐鲁创新谷参观考察并参加推介座谈会。省人大常委会副主任、省工商联主席王随莲陪同考察、参加座谈，市委副书记、市长王忠林出席座谈会并致辞。

27 日 全市招商引资工作大会召开。市委副书记、市长王忠林出席会议并讲话，市人大常委会主任殷鲁谦出席会议，市委副书记苏树伟主持会议。

29 日 市委副书记、市长王忠林在舜耕山庄会见 2013 年诺贝尔奖获得者、美国国家科学院院士兰迪·谢克曼一行。王忠林与兰迪·谢克曼共同为“诺奖工作站”揭牌。兰迪·谢克曼与山东大学、天桥区政府、海尔集团签署四方战略合作框架协议。

△ 首批“泉城海归圆梦”导师工作站挂牌成立。市委常委、统战部部长王拥华为首批“泉城海归圆梦”导师工作站授牌。

29～31 日 内蒙古自治区党委常委、包头市委书记张院忠率包头市党政考察团来济考察新旧动能转换、重大项目建设、产业布局规划、优化营商环境、文化旅游产业发展等方面工作。市委副书记、市长王忠林，市政协主席雷杰，市委副书记苏树伟分别陪同参加相关活动。

30 日 以“动能转换、项目为先”为主题的 2018 年全市重点项目春季集中开工暨擂台赛举行。市委副书记、市长王忠林讲话并宣布活动开始，市人大常委会主任殷鲁谦和副市级领导干部出席活动。

△ 济南市召开精神文明建设工作表彰会议，表彰全国、省、市精神文明建设先进集体、先进个人和道德模范。市委副书记、市长王忠林会见受表彰的代表并合影留念。市委常委、宣传部部长、市文明委主任杨峰出席会议并讲话。

△ 华东师范大学济南实验学校和华东师范大学基础教育集团济南教师培训基地落户长清大学科技园。市委副书记、市长王忠林和华东师范大学校长、中国工程院院士钱旭红出席项目签约仪式并为华东师范大学济南实验学校揭牌。

31 日 市委副书记、市长王忠林主持召开济南临空经济区暨遥墙国际机场概念性总体规划专题汇报会。

4 月

2 日 市人大常委会主任殷鲁谦率调研组就“以制度化推进城市精细化管理”课题，实地察看城市道路移交、交通管理以及拆违拆临相关情况并组织座谈。

△ 全市乡村文明行动环境综合整治动员会议召开。市委常委、宣传部部长、市文明委主任杨峰出席会议并讲话。

△ 第十三届中国国际太阳能利用大会暨展览会在济南开幕。

3 日 济南市举行高层次创新创业人才（团队）签约仪式，32 名（个）引进的“5150”创新创业人才（团队）获颁“泉城特聘专家”，52 名本地高层次创新创业人才获颁“泉城产业领军人才”，市财政给予签约的高端人才 1.1 亿元的资金扶持。

△ 加快推进济南国际医学科学中心建设专题报告会举行。市委副书记、市长王忠林出席会议并讲话。

4 日 市委全面深化改革领导小组第十次会议召开，审议通过市委深改领导小组 2017 年工作总结报告、2018 年工作要点以及《关于稳步推进全市农村集体产权制度改革的意见》《关于深化统计管理体制改革提高统计数据真实性的实施意见》。市委副书记、市长、市委深改领导小组副组长王忠林，市委副书记、市委深改领导小组副组长苏树伟和市委深改领导小组成员，市委改革办兼职副主任、专职副主任出席会议。

8 日 市委副书记、市长王忠林主持召开市政府常务会议，研究促进资本市场发展、老旧柴油车报废更新资金补贴、“侨梦苑”建设发展、生活垃圾处理生态补偿、公布济南市首批历史建筑名单有关情况等工作。

9 日 由市政府举办的济南市新旧动能转换基金推介会暨签约仪式举行。市委副书记、市长王忠林出席活动。

△ 济南市第一批考试合格的网约车司机拿到网约车驾驶员从业资格证，开始持证上岗。

△ 省高级人民法院院长张甲天一行到济南市中级人民法院调研。

10 日 第一届癌症精准治疗国际研讨会在济举行。市委副书记、市长王忠林在喜来登酒店会见参会的美国 MD 安德森癌症中心系统生物学系主任戈登·米尔斯教授一行。

12 日 省高级人民法院院长张甲天一行到济南新旧动能转换先行区调研。

13 日 X9008 次集装箱班列驶出山东济南国储铁路场站，开往乌兹别克斯坦，这是济南开行的首趟中亚班列。市委副书记、市长王忠林出席活动。

15 日 省委常委、政法委书记林峰海，市委常委、政法委书记秦传滨出席济南市“全民国家安全教育日”宣传活动。

16 日 中国—中东欧国家地方合作研讨会在济南开幕。中国—中东欧国家合作秘书处执行秘书长、外交部欧洲司司长陈旭和市委副书记、市长王忠林出席开幕式并致辞。

17 日 省人大常委会副主任、党组书记于晓明率省人大执法检查组来济就贯彻实施大气污染防治“一法一条例”情况进行执法检查。市委副书记、市长王忠林，市人大常委会主任殷鲁谦等参加相关活动。

18～19 日 重庆市武隆区党政代表团来济衔接东西部扶贫协作相关工作，并考察相关企业。

21 日 市委“大学习、大调研、大改进”务虚会召开。市委副书记、市长王忠林主持会议，市人大常委会主任殷鲁谦、市政协主席雷杰、市委副书记苏树伟和市委常委出席会议。

△ 济南金融控股集团有限公司与济阳县政府、农业银行济南分行签订《战略合作框架协议》。根据协议，全市首个县区级金控平台将落地济阳，并有不少于 100 亿元意向性信用支持注入。

23 日 济南市庆祝“五一”国际劳动节暨五一劳动奖状（章）工人先锋号命名大会召开。市委副书记、市长王忠林出席会议并讲话，市人大常委会主任殷鲁谦、市政协主席雷杰、市委副书记苏树伟和有关副市级领导干部出席会议。

24 日 济南轨道交通 1 号线举行全线贯通仪式。

24～25 日 全国总工会副主席（兼职）巨晓林率调研组来济调研全国总工会十六届七次执委会议工作部署落实情况和创新工会服务农民工工作开展情况。市人大常委会副主任、市总工会主席孙积港陪同调研。

25 日 市委副书记苏树伟在舜耕山庄会见洪泰基金创始人、洪泰资本控股董事长盛希泰一行。

26 日 石家庄市政协主席刘明轩率调研组来济，就做好新时代人民政协工作进行学习考察。市政协主席雷杰主持召开座谈会。

27 日 助力新旧动能转换国家健康医疗大数据北方中心及产业园建设签约仪式在山东大厦举行。省委副书记、省长龚正，国家卫计委原副主任、中国卫生信息与健康医疗大数据学会会长金小桃，副省长孙继业，市委副书记、市长王忠林出席活动。

28 日 经过 4 个月的整修，济南国际园博园正式对外免费开放。

5月

1 日 省委书记刘家义到浪潮集团调研并看望慰问坚守岗位的一线科研工作者。

2 日 济南市工商行政管理局微信全程电子化登记系统正式开通。济南市成为全省首个实现“微信办照”的城市。

△ 市委副书记、市长王忠林到章丘区宁家埠街道向高村，察看

乡村产业振兴、组织振兴有关情况。

3日 省政协副主席唐洲雁率部分省政协委员、专家来济，就“加快我省新型智慧城市建设”进行专题调研。

4日 “以玫瑰之名、向世界发声”为主题的2018中国玫瑰产品博览会在平阴县开幕。

5日 香港山东商会联合总会博士分会齐鲁参访团一行80人应邀到济南高新区参观考察，并签署共建“海外博士基地”战略合作框架协议，海外博士基地落户济南。市委常委、组织部部长李刚，市委常委、统战部部长王拥华，副市长孙斌出席活动。

7日 副省长任爱荣到山东商河经济开发区、济北经济开发区和济南新材料产业园区进行调研。

8日 全国人大常委会副委员长、全国妇联主席沈跃跃率全国人大常委会执法检查组来济，就贯彻实施大气污染防治法情况进行执法检查。全国人大常委会委员、全国人大环资委副主任委员窦树华和吕彩霞，全国人大环资委委员王军，全国人大常委会委员、全国人大环资委委员程立峰，省人大常委会副主任、党组书记于晓明，省人大常委会副主任兼秘书长齐涛，市委副书记、市长王忠林，市人大常委会主任殷鲁谦参加有关活动。

△ 济南—比利时（列日）货运航线开航仪式举行。该航线是济南国际机场首条洲际货运航线。

9日 市委副书记、市长王忠林主持召开推进济南新旧动能转换先行区建设专题会议并讲话。

△ 全国政协常委、经济委员会主任尚福林率全国政协调研组来济就“发展实体经济、提高供给体系质量”开展专题调研。全国政协经济委员会副主任侯建民、刘利华，省政协副主席韩金峰，市政协主席雷杰参加活动。

△ 全市人才工作领导小组会议召开。市委常委、组织部部长李刚出席会议并讲话。

11日 济南市召开领导干部会议，宣布中央、省委关于济南市主要负责同志职务调整的决定。中央批准，王忠林任山东省委常委、济南市委书记。省委决定，孙述涛同志任济南市委委员、常委、副书记。省委书记刘家义出席会议并讲话。

△ 市政协主席雷杰在舜耕山庄会见市政协常委麦家荣等香港客商一行。

△ 力诺电力集团股份有限公司在全国中小企业股份转让系统（即“新三板”）挂牌。

12日 省委常委、市委书记王忠林到市政务服务中心察看服务提升情况。

14日 市十六届人大常委会举行第十四次会议。会议决定任命孙述涛为济南市人民政府副市长，并决定孙述涛为济南市人民政府代理市长。会议表决通过关于接受王忠林辞去济南市人民政府市长职务请求的决定，并报市人民代表大会备案。

△ 市委常委会召开会议，传达学习省委书记刘家义在5月11日市委常委会会议和全市领导干部会议上的讲话精神，传达学习全国网络安全和信息化工作会议、省委意识形态和宣传思想工作领导小组第一次会议暨省委网络安全和信息化领导小组第四次会议主要精神，研究济南市贯彻意见。省委常委、市委书记王忠林主持会议并讲话，市委副书记、代理市长孙述涛，市人大常委会主任殷鲁谦，市政协主席雷杰，市委副书记苏树伟和市委常委出席会议。

△ 市委理论学习中心组举行集体学习研讨，学习贯彻习近平总书记在纪念马克思诞辰200周年大会上的重要讲话精神。省委常委、市委书记王忠林主持会议并讲话，市委副书记、代理市长孙述涛，市人大常委会主任殷鲁谦，市政协主席雷杰，市委副书记苏树伟和市委常委出席会议。

15日 省委副书记、省长、省总河长、黄河省级河长龚正，到黄河济南平阴段、东平湖巡河巡湖，检查督导防汛工作。市委副书记、代理市长孙述涛参加活动。

16日 济南章丘新旧动能转换创新平台签约仪式在山东大厦举行。清华启迪（山东）国际智慧科技城、北大未名（山东）生物科技城等17个创新平台项目集中签约、落户章丘。省委常委、市委书记王忠林，市委副书记、代理市长孙述涛会见前来参加签约仪式的北京交通大学党委副书记、校长、中国工程院院士宁滨一行。

△ 健康医疗大数据产业创新发展高峰论坛举行，由浪潮集团发起成立的国内首个健康医疗大数据产业生态战略联盟正式揭牌成立。

17日 中国卫生信息技术健

康医疗大数据应用交流大会暨软硬件与健康医疗产品展览会在济南国际会展中心开幕。中国卫生信息与健康医疗大数据学会会长金小桃，中华医学会副会长李五四；省委常委、市委书记王忠林，副省长于国安，市委副书记、代理市长孙述涛，市委常委、副市长卢江出席开幕式。

△ 市委副书记、代理市长孙述涛主持召开全市数字经济发展工作务虚会。

△ 市人大常委会主任殷鲁谦到齐鲁制药有限公司走访调研，落实市委关于开展集中服务企业活动的实施意见，为企业排忧解难。

18 日 省委常委、市委书记王忠林，市委副书记、代理市长孙述涛为“影响济南”经济“十年榜样”“十年先锋”人物获奖者颁奖。

△ 市委副书记、代理市长孙述涛主持召开市政府常务会议，讨论研究济南新旧动能转换先行区总体规划编制、济南国际医学科学中心规划编制等工作。

19 日 省委常委、市委书记王忠林在龙奥大厦会见新华社副社长、秘书长刘正荣一行。

22 日 国务院发展研究中心副主任王安顺率调研组来济调研。省委常委、市委书记王忠林在舜耕山庄会见调研组一行，市委副书记、代理市长孙述涛陪同调研。

23 日 市委副书记、代理市长孙述涛主持召开市政府常务会议，讨论研究《济南市新旧动能转换重大工程实施规划》编制情况、编制“零跑腿”“只跑一次”“你不用跑我来跑”事项清单有关情况、政务公开工作情况等工作。

△ 人社部副部长邱小平一行来济调研农民工工资支付和劳动保障监察执法能力建设工作情况。

△ 省政协副主席韩金峰率调研组来济就“如何培养高素质实用型技能人才”进行专题调研。

24 日 省委常委、市委书记王忠林主持召开营商环境座谈会，围绕打造“十最”营商环境、助推新旧动能转换，听取企业的意见建议。

△ 省委常委、市委书记王忠林和市委副书记、代理市长孙述涛在舜耕山庄会见国家“千人计划”顶尖人才、美国科学院院士、中国科学院上海植物逆境生物学研究中心主任朱健康一行。

△ 省政协副主席、民建山东省委主委郭爱玲一行来济，就加强民营企业家队伍建设进行调研。

25 日 2018 山东（济南）国际旅游交易会在舜耕国际会展中心开幕。

△ 济南市房泽秋志愿服务团组建暨与泉城义工融合发展启动仪式在历下区文化广场举行。

28 日 省政协副主席刘均刚率省政协调研组来济，就“建立污染防控长效机制，加快生态山东美丽山东建设”进行专题调研。

△ 据“2018 年中国国际大数据产业博览会”权威发布，济南市 2017 年大数据发展总指数 37.63，居全国第十一位，较 2016 年攀升 11 个位次；政务数据开放指数 18.25，居全国第五位，较 2016 年攀升 23 个位次，进入全国第一方阵，并获政务数据开放“数开丛生”奖。

31 日 长清黄河公路大桥通车。

6 月

1 日 省委书记刘家义到济南市儿童福利院走访看望孤残儿童。省委常委、市委书记王忠林，市委常委、秘书长蒋晓光和副市长王桂英参加活动。

△ 中共济南市委召开民主协商会议，向市级各民主党派主委、工商联负责人和无党派代表人士就市人代会议程安排和市委拟向市人代会推荐的市长候选人人选进行民主协商，听取意见建议。市委副书记苏树伟出席会议并讲话，市委常委、组织部部长李刚就市人代会议程和人事安排有关情况做说明，市委常委、统战部部长王拥华主持会议。

△ 省委副书记、省长龚正到济南市，看望接受特殊教育的残疾少年儿童和接受义务教育的外来务工人员随迁子女。市委副书记、代理市长孙述涛参加活动。

3～4 日 济南市第十六届人民代表大会第三次会议举行，会议选举孙述涛为济南市市长。

4 日 省委常委、市委书记王忠林和市委副书记、市长孙述涛在舜耕山庄贵宾楼会见中国战略性新兴产业联盟秘书长陈东升一行。

5 日 国务院副秘书长、国家信访局局长舒晓琴来济调研信访工作。省委常委、市委书记王忠林，市委副书记、市长孙述涛，市委副书记苏树伟陪同调研。

△ 市委副书记、市长孙述涛主持召开市政府常务会议，讨论研究物流专项规划、推进国际内陆港建设、全面实行湖长制、下放和整合部分市级行政权力事项等工作。

6日 省委常委、市委书记王忠林走访各民主党派市委、市工商联机关并召开专题协商会。

7日 省委常委、市委书记王忠林主持召开研究济南市城市照明总体规划和中央商务区照明及广告规划专题会议。市委副书记、市长孙述涛，市人大常委会主任殷鲁谦，市政协主席雷杰，市委副书记苏树伟出席会议。

△ 副省长王书坚到山东省实验中学考点，检查2018年夏季高考组织实施工作。

8日 市委、市政府召开“汲取教训 严守规矩 强化担当”警示教育大会。省委常委、市委书记王忠林主持会议并讲话。市委副书记、市长孙述涛，市人大常委会主任殷鲁谦，市政协主席雷杰，市委副书记苏树伟和副市级领导干部出席会议。

12日 市政协就进一步优化全市营商环境到企业开展调研。市政协主席雷杰参加活动。

14日 中共中央总书记、国家主席、中央军委主席习近平到济南高新区，考察浪潮集团高端容错计算机生产基地。习近平结合实物详细了解企业自主研发的高端服务器和大数据、政务云、智慧城市等信息化平台，走进车间察看高端服务器装配生产线，听取企业运用“互联网+”理念打造智能工厂、提高产品质量和生产效率、弘扬“工匠精神”、提高企业竞争力等情况介绍。离开浪潮集团，习近平到济南市章丘区双山街道三涧溪村考察。在村党群服务中心，习近平听取三涧溪村以党建为统领，强化班子建设、推动产业发展、保护生态环境、汇聚人才资源、建设文明村风家风、壮大村级集体经济等情况介绍。习近平十分牵挂村民的居住和生活状况，到村民赵顺利家了解生活生产情况。丁薛祥、刘鹤、何立峰和中央有关部门负责同志陪同考察。省市领导刘家义、龚正、王清宪、王忠林、孙立成等陪同考察。

△ 根据中央和省委、市委关于司法体制改革的安排部署，市人大常委会主任殷鲁谦率队调研全市法院、检察院司法改革工作。

15日 市委常委会召开会议，传达学习习近平总书记在山东考察时的重要讲话精神，研究初步贯彻落实意见。省委常委、市委书记王忠林主持会议，市委副书记、市长孙述涛，市人大常委会主任殷鲁谦，市政协主席雷杰，市委副书记苏树伟和市委常委出席会议。

16日 省委常委、统战部部长邢善萍，副省长孙继业，市委常委、统战部部长王拥华，市人大常委会副主任巩宪群等省市领导，到全市各清真寺走访慰问。

19日 市委常委会召开会议，审议通过《深化“一次办成”改革进一步优化营商环境的若干措施》，听取关于济南市东西部扶贫协作工作相关情况的汇报。

△ 市委副书记、市长孙述涛主持召开市政府常务会议，讨论研究完善农村土地“三权”分置办法、东西部扶贫协作工作相关情况、南部山区生态补偿实施方案编制、开展城市地理国情监测等工作。

20日 全市优化营商环境动员大会召开。省委常委、市委书记王忠林出席会议并讲话，市委副书记、市长孙述涛主持会议，市人大常委会主任殷鲁谦、市政协主席雷杰和副市级领导干部出席会议。

21日 国家发展改革委副主任、国家统计局局长宁吉喆率调研组来济调研。省委常委、市委书记王忠林陪同调研。

△ 省委常委、市委书记王忠林在喜来登酒店会见联想控股股份有限公司董事长柳传志等中关村企业家代表一行。

△ “国家级非遗项目秧歌汇演暨山东商河鼓子秧歌走出去”新闻发布会在北京举行。

21～22日 济南市党政代表团到湖南省湘西州对接扶贫协作工作。湖南省人大常委会副主任、湘西州委书记叶红专，湖南省副省长隋忠诚，山东省济南市委副书记、市长孙述涛参加活动。

22日 北京大学经济学院来济考察，围绕经济发展领域多层次合作有关事宜与济南市进行洽谈交流。省委常委、市委书记王忠林，北京大学经济学院院长孙祁祥，市委常委、市纪委书记、市监察委员会主任程德智，市委常委、副市长徐群，市委常委、秘书长蒋晓光，副市长王桂英参加活动。

23日 省委常委、市委书记王忠林在舜耕山庄会见绿地控股集团董事长、总裁张玉良一行，并出席“中国济南·绿地国际博览城项目框架合作协议”签署仪式。

△ 市委副书记、市长孙述涛率济南市党政代表团到重庆市武隆区对接扶贫协作工作。市委常委、组织部部长李刚；重庆市武隆区委书记黄宗华，区委副书记、区长卢红参加活动。

25日 省委常委、市委书记王忠林在舜耕山庄分别会见中国电力建设集团党委书记、董事长晏志勇一行以及国家电力投资集团公司董事长、党组书记钱智民一行。

△ 市委副书记、市长孙述涛在舜耕山庄分别会见中国中铁股份有限公司总裁张宗言、中国铁建股份有限公司董事长孟凤朝、华为公司中国企业业务总裁蔡英华、中国保利集团有限公司董事长徐念沙、中国化学工程集团有限公司总经理余津勃。

26日 济南城市发展战略规划编制工作领导小组第一次会议举行，标志着济南正式启动新一轮城市发展战略规划编制工作。

28日 湘西州党政代表团来济对接扶贫协作工作，参加济南市东西部扶贫协作产业联盟成立暨社会捐助启动仪式，并实地考察济南的企业、农村。省委常委、市委书记王忠林在舜耕山庄会见湖南省人大常委会副主任、湘西州委书记叶红专一行，出席产业联盟成立暨社会捐助启动仪式并致辞；市委副书记、市长孙述涛陪同湘西州党政代表团考察。

△ 省委常委、市委书记王忠林在舜耕山庄会见中科院院士徐建中一行。双方见证济南先进动力研究所（中国科学院工程热物理研究所济南分所）项目战略合作、共建合作协议签约。根据协议，先进动力研究所落户济南新旧动能转换先行区，这是先行区成立以来签约的首家高端科研项目。

29日 中国共产党济南市第十一届委员会第五次全体会议举行。全会由市委常委会主持。省委常委、市委书记王忠林做讲话。

30日 市委、市政府举行2018年全市重点项目建设进展情况半年展示评议活动。

△ 济南市召开党的基层组织建设工作会议。省委常委、市委书记王忠林出席会议并讲话，市委副书记苏树伟主持会议。

△ 济南市中德交流合作协会成立大会暨“新时代·新经济·新技术”中德经贸技术合作论坛举行。省委常委、市委书记王忠林在龙奥大厦会见出席济南市中德交流合作协会成立大会的嘉宾。

△ 市委副书记苏树伟在南郊宾馆会见全国台企联荣誉会长丁鲲华和各地台协会会长一行。

7月

1日 庆祝中国共产党成立97周年暨全市担当作为“出彩型”好干部好团队命名大会召开。省委常委、市委书记王忠林出席会议并讲话，市委副书记、市长孙述涛主持会议，市人大常委会主任殷鲁谦、市政协主席雷杰、市委副书记苏树伟和副市级领导干部出席会议。

2日 由中国卫生信息与健康医疗大数据学会、中国企业联合会、中国老年保健医学研究会共同主办，济南市政府承办的国家健康医疗大数据北方中心产业合作对接洽谈会在济召开。中国企业联合会、中国企业家协会会长王忠禹，中国卫生信息与健康医疗大数据学会会长金小桃，省委常委、市委书记王忠林，十一届省政协副主席雷建国，市委副书记、市长孙述涛，中国老年保健医学研究会会长高松柏等参加活动。

3日 省人大常委会副主任王随莲率省人大常委会涉台立法调研组，来济进行《山东省台湾同胞投资促进和权益保护条例（草案）》立法调研活动。

4日 省政协主席付志方率调研组先后到浪潮集团、山东量子科学技术研究院、国家超级计算济南中心调研科技创新工作。省委常委、市委书记王忠林和省政协副主席程林、市政协主席雷杰参加活动。

△ “全国公安系统一级英雄模范”张保国授奖仪式举行。

△ 第一届中芬心血管转化医学科技创新与产业高峰论坛在济召开。

4～5日 古巴共产党中央政治局委员、工人中央工会总书记乌利塞斯·吉拉特率代表团来济进行友好访问。中华全国总工会副主席、书记处书记江广平，市委常委、市总工会党组书记雷天太参加活动。

5日 全国政协文化文史和学习委员会副主任丁伟率全国政协调研组来济市，就“提升文艺原创力、推动文艺创新”进行专题调研。全国政协文化文史和学习委员会副主任修福金参加活动。市政协主席雷杰陪同调研。

△ 新组建的国家税务总局济南市税务局挂牌，标志着原济南市国家税务局、原济南市地方税务局正式合并。

5～6日 市委副书记、市长孙述涛率济南市政府考察团赴青岛市学习考察。青岛市委副书记、市长孟凡利陪同。

5～12日 市委副书记苏树伟率济南市代表团赴英国和爱尔兰开展招才引智工作。

6日 全市农村精神文明建设工作现场会在章丘区召开。

10日 全国政协副主席、民革中央常务副主席郑建邦率全国政协调研组来济就“培养造就一支懂农业、爱农村、爱农民的‘三农’工作队伍”开展专题调研。全国政协常委、农业和农村委员会副主任陈雷，全国政协委员、农业和农村委员会副主任张志勇、薛延忠参加调研活动。省政协副主席韩金峰、市政协主席雷杰陪同调研。

△ 海关总署党组书记、署长倪岳峰一行来济调研。省委常委、市委书记王忠林，副省长任爱荣，市委副书记、市长孙述涛分别陪同参加有关活动。

10日 省委常委、市委书记王忠林在舜耕山庄会见美国赛默飞世尔科技公司全球生命科学副总裁米切尔·肯尼迪一行。

11日 全市扶贫工作专题会议召开。

△ 市政府与申万宏源、国开东方战略合作暨平阴玫瑰谷项目签约活动举行。

13日 市委副书记、市长孙述涛在山东大厦会见世茂集团董事局主席许荣茂一行。

14日 全市“深化学习苏浙粤三省经验、当好全省走在前列排头兵”工作会议召开。省委常委、市委书记王忠林主持会议并讲话，市委副书记、市长孙述涛传达山东省党政代表团赴江苏、浙江、广东学习交流会会议精神，市人大常委会主任殷鲁谦、市政协主席雷杰、市委副书记苏树伟和副市级领导干部出席会议。

17日 第四届济南市城乡规划委员会第二次会议召开，审议通过市城乡规划委员会及下设机构组成人员调整、《济南新旧动能转换先行区总体规划》《济南国际医学科学中心规划》《济南市物流专项规划》等事项。

18日 济南国际医学科学中心重点项目集中开工活动举行，包括山东第一医科大学、质子治疗中心、安置二区和三区在内的4个重点项目率先破土动工。这标志着济南国际医学科学中心进入正式建设阶段，标志着济南打造医疗康养名城开始破题起步。

△ 西王集团财务有限公司入驻济南揭牌签约仪式在华美达酒店举行。省委常委、市委书记王忠林与西王集团董事长王勇共同为西王集团财务有限公司揭牌，历下区与西王集团财务有限公司签署入区备忘录。

20日 市委副书记、市长孙述涛在舜耕山庄会见中国海外集团有限公司董事局主席、行政总裁颜建国一行，并出席中海地产集团与济南城建集团有限公司、济南轨道交通集团有限公司签约活动。

△ 山东机场集团新旧动能转换合作项目在济举行集体签约仪式，山东机场投资控股有限公司同时揭牌成立。

21日 省委常委、市委书记王忠林和市委副书记、市长孙述涛在南郊宾馆会见参加中国·济南新动能国际高层次人才创新创业大赛的国内外嘉宾代表。

21～22日 中国·济南新动能国际高层次人才创新创业大赛决赛在济举行。

23日 由山东高速国储物流有限公司运营的首趟“中欧回程班列”顺利抵达济南。

24日 全市招商引资招才引智工作会议召开。省委常委、市委书记王忠林出席会议并讲话，市委副书记、市长孙述涛主持会议，市人大常委会主任殷鲁谦、市政协主席雷杰和副市级领导干部出席会议。

△ 全市生态环境保护大会暨“四减四增”三年行动动员大会召开。

26日 齐鲁交通发展集团与法国电力集团在济举行新能源合资项目签约活动。市委副书记、市长孙述涛出席并见证签约活动。

△ 首届（2018）中国新媒体发展年会签约仪式在龙奥大厦举行。

27日 省委常委、市委书记王忠林在舜耕山庄会见香港金融资产管理控股有限公司执行董事谢炯全和融信集团有限公司副总裁阮友直一行，并见证《济南香港国际金融城项目合作协议》等协议签约。

30～31日　省委常委、市委书记王忠林，市委副书记、市长孙述涛，市政协主席雷杰和市委副书记苏树伟，分别到北部战区陆军、济南军区善后工作办公室、空军济南基地、省军区、武警山东总队等驻济部队领导机关，以及武警济南支队、济南警备区、济南市公安消防支队、济南市公安局警卫处等地走访慰问。

8月

1～3日　日喀则市党政代表团到山东开展援藏回访、招商引资并对接工商联系统对口援藏工作。山东省委常委、济南市委书记王忠林会见西藏自治区副主席、日喀则市委书记张延清一行。

2日　市级投融资平台运行情况专题汇报会召开。

3日　市委常委会召开巡视整改专题民主生活会，学习贯彻习近平总书记关于巡视工作的重要思想，按照党中央关于巡视工作部署要求，对照中央巡视组反馈意见，查摆问题，开展批评和自我批评，坚决推动整改落实。省委常委、市委书记王忠林主持会议并代表市委常委会做对照检查。市委副书记、市长孙述涛，市人大常委会主任殷鲁谦，市政协主席雷杰，市委副书记苏树伟和市委常委出席会议。省纪委、省委组织部有关人员到会指导。

4日　市委副书记、市长孙述涛在舜耕山庄会见中科院院士、武汉大学校长窦贤康一行。

5日　全国量子计算与测量标准化技术委员会（筹）揭牌暨济南量子技术研究院新址启用活动在济南高新区举行。省委常委、市委书记王忠林，副省长孙继业出席活动并讲话；市委副书记、市长孙述涛，市人大常委会主任殷鲁谦，市政协主席雷杰，中科院院士、武汉大学校长窦贤康参加活动。

△　全部采用自主芯片研制的新一代神威E级原型机系统完成研制部署、通过课题验收，在国家超级计算济南中心投入使用。

6日　省委常委、市委书记王忠林在山东大厦会见正威国际集团董事局主席王文银一行，并与副省长王书坚共同见证山东国惠投资有限公司与正威国际集团投资合作协议的签署。

△　省委常委、市委书记王忠林和市委副书记、市长孙述涛在山东大厦会见科大讯飞股份有限公司董事长刘庆峰一行。

△　省委常委、市委书记王忠林在南郊宾馆蓝色大厅会见《今日头条》董事长张一鸣一行。

△　省人大常委会副主任王随莲率调研组来济，就学前教育、城乡义务教育一体化改革发展和乡村教师队伍建设情况进行调研。市人大常委会主任殷鲁谦参加活动。

13日　市委常委、市委书记王忠林，市委副书记、市长孙述涛到山东大学调研。山东大学党委书记郭新立、校长樊丽明，市委副书记苏树伟参加活动。

△　保定市政府考察团来济考察。济南市委副书记、市长孙述涛，保定市委副书记、市长郭建英参加活动。

15日　2018济南与住友商事高层对话会在济举行。省委常委、市委书记王忠林，市委副书记、市长孙述涛会见日本住友商事专务执行役员、东亚区总代表、住友商事（中国）企业集团CEO古场文博一行。

17日　省人民检察院检察长陈勇到济南市人民检察院调研指导工作。市委常委、政法委书记秦传滨，市人民检察院检察长宋文娟陪同调研。

19日　纪念改革开放四十周年暨世界温商助力山东新旧动能转换大会在山东大厦举行。省发改委、济南市投资促进局分别进行项目推介。省人大常委会副主任、省工商联主席王随莲，市委副书记、市长孙述涛参加活动。

20日　全国人大常委会副委员长、民建中央主席郝明金率民建中央调研组来济，开展“加快新旧动能转换，建设现代化经济体系”专题调研。省政协副主席、民建山东省委主委郭爱玲，市人大常委会主任殷鲁谦，市委副书记苏树伟陪同调研。

△　青海省党政代表团一行来济考察。山东省委副书记、省长龚正，青海省委副书记、代省长刘宁参加活动。

21日　省委常委、市委书记王忠林和市政协主席雷杰在喜来登酒店会见省政协住港澳委员考察团一行。

△　第六届城市水安全院士论坛暨全国县镇供水水质监测预警及污染控制技术高级研修班在济召

开。

27日至9月1日 市政协主席雷杰率团赴香港、澳门开展联谊交流，促进济南与港澳两地经贸文化往来、产业金融合作。

29日 济南新旧动能转换先行区集中签约暨重点项目开工活动举行。全国政协副主席、中国科学技术协会主席万钢，省委副书记、省长龚正出席。科技部党组成员、科技日报社社长李平，省委常委、市委书记王忠林，省政协副主席赵家军，市委副书记、市长孙述涛，市人大常委会主任殷鲁谦，省政府秘书长申长友，科技部高新司司长秦勇，市委副书记苏树伟等参加活动。

30日 人社部副部长汤涛率队来济调研技能人才培养和技工院校建设工作。

31日 中央扫黑除恶第5督导组督导工作动员会在济召开，中央扫黑除恶第5督导组组长沈德咏、副组长成平就做好督导工作分别讲话，省委书记刘家义做动员讲话，省长龚正主持会议。

△ 市委常委会召开会议，审议通过《关于建设国际医疗康养名城的意见》。省委常委、市委书记王忠林主持会议并讲话；市委副书记、市长孙述涛，市人大常委会主任殷鲁谦，市委副书记苏树伟和市委常委出席会议。

9月

1日 中国重汽集团召开领导干部会议，宣布市委对集团主要负责人调整意见。省委常委、市委书记王忠林出席并讲话，市委副书记苏树伟主持会议，市委常委、组织部部长李刚和副市长孙斌出席会议。会上李刚宣布市委任免意见：谭旭光任中国重型汽车集团有限公司党委书记、董事、董事长，王伯芝不再担任中国重型汽车集团有限公司董事长、董事职务。

△ 全国首部“政府热线法”——《济南市12345市民服务热线条例》施行。

3日 省委常委、市委书记王忠林和市委副书记、市长孙述涛在山东大厦会见来济出席第二届济南市市长国际经济咨询委员会年会的咨委会成员一行。

△ 省委常委、市委书记王忠林和市委副书记、市长孙述涛在舜耕山庄会见西门子大中华区首席执行官赫尔曼一行，并见证力诺集团和西门子能源管理集团签署有关合同。

4日 全国政协常委、人口资源环境委员会副主任姜大明率全国政协人口资源环境委员会专题调研组来济，就“海洋资源保护开发”问题进行调研。

△ 省委常委、市委书记王忠林在喜来登酒店会见出席第三届国际泉水文化景观城市联盟会议的嘉宾，向嘉宾颁发济南市友好使者证书，并见证有关签约。

△ 第二届济南市市长国际经济咨询委员会年会举行。市委副书记、市长孙述涛出席年会并发表主旨演讲。

5日 省委常委、市委书记王忠林调研基础教育和民办高等教育工作，看望慰问学校教师，代表市委、市政府向全市广大教师和教育工作者致以节日的问候。

5～6日 河北省政协副主席曹素华率调研组来济就“实施乡村振兴战略”和“地下水资源生态保护”开展专题调研。省政协主席付志方、副主席吴翠云和市政协主席雷杰陪同调研。

6日 省委常委、市委书记王忠林，市委副书记、市长孙述涛分别会见来访的瑞中协会荣誉主席托马斯·瓦格纳博士。

△ 市委副书记、市长孙述涛在龙奥大厦会见参加第三届国际泉水文化景观城市联盟会议的佛得角普拉亚市市长奥斯卡·桑托斯、柬埔寨暹粒省副省长尤·索菲尔、埃塞俄比亚阿尔巴门奇市市长艾祖·艾玛克。

7日 省委书记刘家义到济南市秀山小学，走访慰问教师，代表省委、省政府向全省广大教师和教育战线工作者致以节日祝贺和良好祝愿。省委常委、市委书记王忠林，市委常委、秘书长蒋晓光，副市长王桂英参加活动。

△ 济南商标审查协作中心正式挂牌运行，成为全国第四个投入使用的京外商标审查协作中心。

9日 中央扫黑除恶第5督导组组长沈德咏率督导组一行到济开展下沉督导。省委常委、市委书记王忠林和市委副书记、市长孙述涛参加活动。

10日 副市长李自军会见丹麦森讷堡市副市长奥瑟·尼葛德一行。两市签署建立友好合作关系协议书，济南城市投资集团有限公司与丹麦丹佛斯公司签署战略合作协议。

11～12 日　部分驻鲁全国人大代表来济围绕“提升传统产业，改造形成新动能问题”开展专题调研。省人大常委会党组书记、副主任于晓明，市委副书记、市长孙述涛，市人大常委会主任殷鲁谦参加活动。

13 日　第五届中国非物质文化遗产博览会在济开幕。

△　市委副书记、市长孙述涛在舜耕山庄会见 2014 年诺贝尔生理学或医学奖得主爱德华·莫索尔一行。孙述涛与爱德华·莫索尔共同为诺奖工作站揭牌。

△　市政府与中国工商银行新旧动能转换金融服务战略合作协议签约活动举行。

14 日　全国人大常委会副委员长、中华全国总工会主席王东明率中央调研组一行来济就工会工作进行调研。

△　省委副书记、省长龚正到山东省政务服务中心、济南市政务服务中心调研，宣布山东省政务服务中心正式运行；到济南商标审查协作中心调研。市委副书记、市长孙述涛参加活动。

16 日　“纪念伟大胜利 传承红色基因”主题教育活动及纪念济南解放 70 周年座谈会在济南革命烈士陵园举行。省委常委、市委书记王忠林出席活动并讲话，市委副书记、市长孙述涛主持座谈会，市人大常委会主任殷鲁谦、市政协主席雷杰、市委副书记苏树伟和副市级领导干部参加活动。

19 日　农工党山东省委助力济南打造国际医疗康养名城座谈会在舜耕山庄举行。全国政协副主席、农工党中央常务副主席何维出席会议；省委常委、市委书记王忠林，省政协副主席赵家军，市委副书记、市长孙述涛，市政协主席雷杰参加活动。座谈会后，农工党山东省委与济南国际医学科学中心管委会签署《助力济南国际医学科学中心建设合作框架协议》。

20 日　省委常委、省纪委书记、省监委主任陈辐宽来济调研纪检监察工作。市委副书记、市长孙述涛，市委常委、市纪委书记、市监委主任程德智，市委常委、政法委书记秦传滨参加活动。

△　省人民检察院检察长陈勇现场观摩济南检察机关监狱巡回检察试点工作。市委常委、秘书长蒋晓光，市人民检察院检察长宋文娟陪同。

27 日　市委理论学习中心组举行集体学习，深入学习贯彻新修订的《中国共产党纪律处分条例》，认真落实中央巡视组整改要求，在全市进一步营造风清气正、干事创业的良好政治生态和从政环境。省委常委、市委书记王忠林主持会议并讲话；市委副书记、市长孙述涛，市政协主席雷杰，市委副书记苏树伟和副市级领导干部出席会议。

△　全市组织工作会议召开。省委常委、市委书记王忠林出席会议并讲话，市委副书记、市长孙述涛主持会议，市委副书记苏树伟和市委常委出席会议。

28 日　儒商大会 2018“至诚儒商聚泉城”恳谈交流暨项目签约活动在山东大厦举办。省委常委、市委书记王忠林出席活动并致辞、推介，市委副书记、市长孙述涛主持活动，市人大常委会主任殷鲁谦、市政协主席雷杰参加有关恳谈交流会并见证签约活动。新一代信息技术、智能制造、新材料、产业金融等多个行业和领域的 29 个重点项目签约，投资额约 879.8 亿元。

△　2018 世界教育日大会在济开幕。

29 日　儒商大会 2018 在山东会堂隆重开幕。来自国内外工商界、科技界、教育界、文旅界、医疗卫生界、金融界、海外社团及侨界、新生代和青年创业者等 1120 名嘉宾齐聚一堂，共叙儒风乡情，共商合作大计，共享发展机遇。大会由省委副书记、省长龚正主持，省委书记刘家义做主旨演讲。

△　主题为“新经济、新动能、新金融”的儒商大会 2018 现代金融服务产业平行论坛在山东大厦举行。省委常委、市委书记王忠林出席论坛并致辞。

△　儒商大会 2018 现代高效农业发展高峰论坛在山东大厦举行。市委副书记、市长孙述涛出席论坛并致辞。

30 日　山东省、驻济部队暨济南市在英雄山革命烈士纪念塔广场举行公祭烈士活动。省委书记刘家义，省委副书记、省长龚正；北部战区陆军司令员王印芳、政委石晓；济南军区善后办主任吉文明出席活动。省委副书记杨东奇主持。

△　省委常委、市委书记王忠林在舜耕山庄会见国家海关总署副署长张际文一行。

△ 根据国务院、省政府关于济南市行政区划调整的批复和通知精神，市委、市政府正式对外公布济阳区划调整信息，撤销济阳县，设立济南市济阳区。

10月

1日 省委书记刘家义来济调研节日市场供应和便民服务工作。省委常委、市委书记王忠林和市委常委、秘书长蒋晓光参加活动。

7日 省委副书记、省长龚正来济检查节日期间交通保障工作，看望慰问坚守岗位的一线工作人员。市委副书记、市长孙述涛，市政府秘书长尹清忠参加相关活动。

9日 济南市妇女第十四次代表大会在舜耕会堂开幕。

△ 省委常委、市委书记王忠林和市委副书记、市长孙述涛在喜来登酒店会见中国建设银行副行长章更生一行。

9日 省委常委、市委书记王忠林在香格里拉大酒店会见第十二届全国人大科教文卫委员会主任委员、原国家新闻出版总署署长柳斌杰等出席首届中国新媒体发展年会的嘉宾代表。

△ 第24届DNA计算与分子编程国际会议在山东师范大学长清湖校区开幕。市委副书记苏树伟会见与会专家并出席开幕式。

10日 十二届全国政协副主席、国家电子政务专家委员会主任王钦敏来济考察智慧泉城建设情况。省委常委、市委书记王忠林，十一届省政协副主席陈光参加活动。

△ 首届新型智慧城市建设国际峰会在济开幕。十二届全国政协副主席、国家电子政务专家委员会主任王钦敏出席开幕式并讲话；省委常委、市委书记王忠林，副省长刘强在开幕式上致辞；十一届省政协副主席陈光出席开幕式；市委副书记、市长孙述涛主持开幕式，市人大常委会主任殷鲁谦、市政协主席雷杰参加活动。

△ 首届中国新媒体发展年会在济开幕。

△ 省委常委、市委书记王忠林在舜耕山庄会见前来出席第七届山东文博会的斯洛文尼亚驻华大使普瑞泽等嘉宾。

△ 省人大常委会副主任王良率调研组来济专题进行立法调研。市人大常委会主任殷鲁谦参加活动。

11日 第七届山东文化产业博览交易会在济南国际会展中心开幕。省委书记刘家义，省委副书记、省长龚正，省和济南市领导王清宪、关志鸥、王忠林、王良、于杰、赵家军、孙述涛、殷鲁谦等参观展区。

△ 第三届山东省文化强省建设先进市县授牌、第二届“山东省文化企业30强”发布、重点文化产业项目签约仪式在济南国际会展中心举行。

△ 省委常委、市委书记王忠林主持召开城市规划专题会议，研究济南新旧动能转换先行区总体规划、小清河生态景观带总体规划及景观设计和南部山区概念规划及“多规合一”规划。

12日 国务院发展研究中心主任李伟率调研组来济考察。国务院发展研究中心党组成员兼办公厅主任余斌，省委常委、市委书记王忠林，副省长任爱荣，市委副书记、市长孙述涛参加活动。

13日 “国研智库·新旧动能转换泉城论坛2018”在济举行。国务院发展研究中心主任李伟、副主任隆国强、党组成员余斌，省委常委、市委书记王忠林，副省长于国安，市委副书记、市长孙述涛，市委常委、秘书长蒋晓光，市委常委、副市长卢江，市政府秘书长尹清忠出席活动。

15日 济南市工会第十七次代表大会开幕。

△ 省委常委、市委书记王忠林和市委副书记、市长孙述涛在山东大厦集体会见出席“跨国公司（济南）高层对话会——智造名企泉城行”活动的嘉宾。

16日 以“赋能制造，开放共赢”为主题的2018跨国公司（济南）高层对话会——智造名企泉城行系列活动在山东大厦开幕。

17日 湖南省代表团一行到济对接深化济南与湘西扶贫协作工作。山东省委常委、济南市委书记王忠林主持座谈会议并讲话，湖南省副省长隋忠诚，湖南省扶贫办主任王志群，湘西州委副书记、州长龙晓华，济南市委常委、秘书长蒋晓光，市委常委、副市长卢江参加活动。

△ 省委常委、市委书记王忠林到老年人大学、老年公寓调研，看望慰问百岁老人、高龄老人。

△ 省委常委、市委书记王忠林和市委副书记、市长孙述涛在山

东大厦会见全国政协常委、经济委员会主任，中国银监会原主席尚福林。

18 日　省委常委、市委书记王忠林在舜耕山庄会见由英国考文垂市市长约翰·布伦戴尔率领的代表团一行。

△　山东省教育厅与济南市人民政府共建济南大学签字仪式在济南大学举行。

18～19 日　2018 中国（济南）产业金融国际论坛主论坛在山东大厦开幕，论坛主题为“新金融、新动能、新跨越”。诺贝尔经济学奖得主、国内外金融领域的知名专家学者围绕论坛主题，为济南打造产业金融中心，助力新旧动能转换出谋划策。全国政协常委、经济委员会主任，中国银监会原主席尚福林出席论坛。

20 日　2018 年“一带一路”国际合作城市信用联盟高峰会议在济南喜来登酒店举行。会议旨在深入交流中外城市信用建设先进经验，研讨共建共享信用识别服务体系，搭建国际城市互信、诚信互认、信用信息共享的新平台。国家发展和改革委员会秘书长丛亮，省委常委、市委书记王忠林，副省长孙继业出席活动并致辞；市委副书记、市长孙述涛参加活动。

21 日　光明日报社总编辑张政来济到智慧泉城运行管理中心和 12345 市民服务热线运行中心考察。省委常委、宣传部部长关志鸥，省委常委、市委书记王忠林分别陪同考察。

22 日　省中央环保督察整改工作督导组对济南市中央环保督察反馈意见整改工作进行督导。

△　市委副书记、市长孙述涛在喜来登酒店会见美国兰辛市市长安迪·施尔一行。

23 日　省委常委、市委书记王忠林在龙奥大厦会见中科院院士、中国科技大学常务副校长潘建伟一行。

△　市委副书记、市长孙述涛在喜来登酒店会见新加坡贸工部兼教育部高级政务部长、新加坡—山东经济贸易理事会联合主席徐芳达一行。

△　吕梁市委副书记张广勇率考察团来济学习考察济南市在家政服务领域的先进经验和做法。济南市委副书记苏树伟在舜耕山庄会见考察团一行。

24 日　共青团济南市第十七次代表大会在舜耕会堂开幕。

26 日　首届中国·济南人力资本产业高端论坛暨人力资源服务博览会在济开幕。省委常委、市委书记王忠林和副省长于杰出席开幕式并致辞，市委副书记、市长孙述涛出席开幕式并为专家颁发“济南市人民政府特聘专家”聘书。

30 日　省委常委、市委书记王忠林率济南市党政代表团赴深圳学习考察，与广东省委常委、深圳市委书记王伟中，深圳市委副书记、市长陈如桂共同见证《深圳市人民政府、济南市人民政府合作框架协议》签署。

△　由省政府发展研究中心主办的首届乡村振兴（山东）高峰论坛在济举办。

△　济南新旧动能转换先行区创业投资母基金签约仪式在济举行。

31 日　省委书记刘家义在济分别会见前来参加 2018 中德中小企业合作交流大会的中外嘉宾代表。省和济南市领导王忠林、刘强、孙述涛等参加会见。

△　“齐鲁号”欧亚班列在济南、青岛、淄博、临沂四地同步首发。

11 月

1 日　2018 中德中小企业合作交流大会在山东大厦开幕。大会以“智汇中德、赋能未来”为主题，规格之高、与会嘉宾人数之多，为历届中德中小企业合作交流大会之最。工业和信息化部副部长王江平，省委常委、市委书记王忠林，副省长刘强，市委副书记、市长孙述涛，市人大常委会主任殷鲁谦，中国前驻德大使、中德交流合作协会创始人卢秋田，中国前驻法大使、中国国际经济交流中心副理事长赵进军等出席大会。

△　市委副书记、市长孙述涛在舜耕山庄会见芬兰万达市市长瑞特瓦·维亚宁一行。

2 日　2018 中国国际智能制造大会暨第十三届中国智能机器人大会在济举行。100 余位国内外智能制造领域的专家学者齐聚济南，围绕“智启新时代，慧创新动能”主题进行主旨演讲，就智能制造产业发展、行业发展趋势展开交流互动。市委副书记、市长孙述涛出席会议并致辞。

△　济南市科学技术协会第九次代表大会在舜耕会堂开幕。

4日 全市乡村振兴暨脱贫攻坚工作现场会议在章丘召开。

5日 2018中国·济南华侨华人双创大会——科创委员和海外博士走进“侨梦苑”活动举行。省委常委、统战部部长邢善萍出席开幕式并致辞，省委常委、市委书记王忠林出席开幕式并做主旨演讲。

6日 省委常委、市委书记王忠林会见瑞典山特维克集团董事长约翰·莫林一行。

△ 武警山东省总队在济南举行给王成龙烈士追记一等功大会。

7日 出席中华全国工商业联合会主席高端峰会的嘉宾在山东大厦参加峰会恳谈会，深入学习贯彻习近平总书记在民营企业座谈会上的重要讲话精神，共话山东发展，共创美好未来。全国政协副主席、全国工商联主席高云龙，山东省委书记刘家义，中央统战部副部长、全国工商联党组书记、常务副主席徐乐江出席恳谈会并讲话。全国工商联副主席谢经荣、黄荣、鲁勇、王永庆，山东省和济南市、青岛市领导王清宪、邢善萍、王忠林、王随莲、王书坚、任爱荣、孙述涛、孟凡利等参加恳谈会。

△《求是》杂志社社长夏伟东一行到章丘区双山街道三涧溪村调研基层理论学习情况。

8日 首届全国工商联主席高端峰会在南郊宾馆举行。全国政协副主席、全国工商联主席高云龙出席峰会并做主旨讲话，山东省委书记刘家义致辞，中央统战部副部长、全国工商联党组书记、常务副主席徐乐江主持，山东省政协主席付志方、省委副书记杨东奇出席。

△ 省委常委、市委书记王忠林在南郊宾馆分别会见出席首届中华全国工商业联合会主席高端峰会的浙江吉利控股集团董事长李书福和三一集团董事长梁稳根。

9日 全国政协副主席、全国工商联主席高云龙来济调研。省委常委、市委书记王忠林，省人大常委会副主任、省工商联主席王随莲参加活动。

△ 第二届齐鲁国际计算医学暨健康医疗大数据论坛在济开幕。

11日 市委召开民营企业家座谈会。

13日 新华社总编辑何平一行来济，调研齐鲁制药生物产业园。省委常委、宣传部部长关志鸥，市委常委、宣传部部长杨峰陪同调研。

△ 市委副书记、市长孙述涛在舜耕山庄分别会见新华社总编辑何平和法国雷恩市市长娜塔莉·阿贝尔一行。

13～22日 省委常委、市委书记王忠林率团赴英国、西班牙、丹麦访问，围绕新旧动能转换与上述三国开展精准国际合作，推动济南市企业“走出去”，加强在产业升级、科技创新和绿色能源等领域的深度合作。

14日 市委副书记、市长孙述涛主持召开市政府常务会议，讨论研究加快县域经济发展、全面加强生态环境保护坚决打好污染防治攻坚战、推进企业上市、促进私募投资业健康发展等工作。

△ 2018年中国技能大赛——第二届全国智能制造应用技术技能大赛决赛在济拉开帷幕。

△ 全市推进检察公益诉讼工作会议召开。

16日 市委副书记、市长孙述涛在喜来登酒店会见匈牙利埃格尔市市长劳兹洛·哈比斯一行。

20日 省委书记刘家义到济南交警支队详细了解智慧交通建设情况。

△ 市人大常委会主任殷鲁谦率队视察济南市道路交通建设情况。

21日 市委副书记、市长孙述涛到长清区调研黄河滩区居民迁建工作，调度全市滩区迁建工程进展情况，推进黄河滩区迁建工作落实。

△ 市委副书记、市长孙述涛在舜耕山庄会见重庆市武隆区委副书记、区长卢红一行。

22日 市委副书记、市长孙述涛主持召开专题会议，研究部署小清河污染源头治理试点工作，推进实施雨污分流工程，加快构建较为完善的城市排水体系，全力推动小清河污染综合治理工作取得新成效。

23日 市委副书记、市长孙述涛在龙奥大厦会见美国斯坦福大学中国中心主任戴慕珍教授率领的斯坦福大学考察组一行。市委常委、市纪委书记、市监委主任程德智参加活动。

24日 2018（第十六届）中国物流企业家年会在济举行。交通运输部副部长刘小明，省委常委、市委书记王忠林出席开幕式。

26日 平安行·2018——122“全国交通安全日”主题活动在济举行。

30日　省委书记刘家义在济南就新一代信息技术产业重点项目进行调研。

△　正威山东总部及光电子集成电路先导技术研究院项目建设启动。市委副书记、市长孙述涛出席活动，并在活动开始前会见正威国际集团董事局主席王文银。

12月

3日　市委副书记、市长孙述涛主持召开全市经济运行情况调度会。

3～7日　济南代表团赴香港参加2018香港山东周活动，实现签约项目26个、合同外资额167.9亿美元。

4～6日　2018年全市“动能转换比学赶超”项目建设观摩评议活动举行。

5日　香港济南同乡会成立大会暨招商引资招才引智推介会在香港会展中心举行。

6日　省政协副主席韩金峰率调研组来济就民营企业发展进行专题调研。

7日　省委常委、市委书记王忠林带队调研督导济南市扫黑除恶专项斗争工作。

△　山东省高等学校“长青联盟”成立大会在山东师范大学长清湖校区举行。

9日　中华全国总工会党组书记、副主席、书记处第一书记李玉赋率队来济调研省市职工服务中心建设工作。省委副书记、省总工会主席杨东奇，市委副书记苏树伟，市委常委、市总工会主席雷天太参加活动。

10日　济南市高层次人才精准服务大会召开。

11日　西藏白朗县党政代表团来济进行招商推介。省委常委、济南市委书记王忠林在舜耕山庄贵宾楼会见白朗县党政代表团一行。

△　省委常委、市委书记王忠林，市委副书记、市长孙述涛在舜耕山庄分别会见中国科学院控股有限公司董事长吴乐斌、总经理索继栓一行。会见结束后，王忠林与吴乐斌共同为国科控股、济南市政府、山东省科技厅共建产业技术协同创新中心揭牌。

△　中国银行济南分行成立揭牌活动在济南中银大厦举行。

13日　省委常委、市委书记王忠林主持召开党的建设工作座谈会。

△　市委副书记、市长孙述涛主持召开为民办实事工作调度会。

△　全市扫黑除恶专项斗争督导工作动员会在燕子山庄召开。

13～14日　住济全国、省人大代表开展会前集中视察活动。市人大常委会主任殷鲁谦参加活动。

14日　市委副书记、市长孙述涛在龙奥大厦会见国家大气污染防治攻关联合中心院士团队一行。

△　德国费斯托全球生产中心项目“四证齐发暨当日开工”活动举行。市委副书记、市长孙述涛出席活动并宣布项目开工。

15日　省委常委、市委书记王忠林率省市有关单位到临沂市沂水县考察脱贫攻坚和美丽乡村建设工作，并出席2018年度济南临沂两市扶贫协作联席会议。临沂市委书记王玉君，临沂市委副书记、市长孟庆斌，省农业农村厅党组书记、省扶贫办主任崔建海，济南市委副书记苏树伟参加活动。

17日　市委副书记、市长孙述涛主持召开市政府常务会议，研究加快现代金融产业发展、加强通信基础设施建设与保护、城市基础设施配套费征收使用管理等工作。

19日　市委理论学习中心组进行集体学习研讨，深入学习贯彻习近平总书记在庆祝改革开放40周年大会上的重要讲话精神，学习领会习近平总书记关于全面深化改革的重要论述，总结全市改革开放40年来的实践经验。

20日　省委常委、市委书记王忠林率团赴广州考察交流，代表山东省委、省政府和济南市委、市政府走访广东省山东商会，联系在粤创业发展的山东企业家，推介山东、济南发展环境。

21日　全市宣传思想工作会议召开。

25日　省委常委、市委书记王忠林在舜耕山庄贵宾楼会见金砖智库世界金融论坛考察团一行。

△　市委副书记、市长孙述涛主持召开市政府常务会议，研究重点行业重点领域扫黑除恶专项斗争集中行动、停车场建设管理、降低工程建设成本、城乡社区治理、促进数字经济和先进制造业发展等工作。

26日　国务院批复同意山东省调整济南市莱芜市行政区划，撤销莱芜市，将其所辖区域划归济南市管辖；设立济南市莱芜区，以原莱芜市莱城区的行政区域为莱芜区的行政区域；设立济南市钢城区，以原莱芜市钢城区的行政区域为钢城区的行政区域。

△　济南市见义勇为授奖仪式在龙奥大厦举行。于丽等4人被授予“济南市见义勇为模范群体”称号，路在明等4人被授予“济南市见义勇为先进群体”称号，尉新杰、李庆光、贾廷振3人分别被授予“济南市见义勇为先进分子”称号。

27日　民政部副部长詹成付一行来济，调研济南市清理规范行业协会商会收费工作。

28日　2019济南动漫产业创新融合论坛暨发展研讨会举行。

29日　全市工作务虚会召开，围绕“两个走在前列、一个全面开创”目标定位，以问题为导向讨论“今年怎么看”，以目标为导向研究“明年怎么干”，重点围绕“明年怎么干”谈观点、谈对策、谈建议，切实谋划好2019年工作，加快打造“四个中心”，建设“大强美富通”现代化国际大都市。省委常委、市委书记王忠林主持会议并讲话；市委副书记、市长孙述涛，市人大常委会主任殷鲁谦，市政协主席雷杰，市委副书记苏树伟和副市级领导出席会议。

31日　省委常委、市委书记王忠林调研历史文化街区保护提升工作。

（市委办公厅　市委党史研究院）

责任编辑　张　阳

济南概貌

地理·历史

【地理概况】 位置面积。济南位于山东省中部，地理位置介于北纬36°01′~37°32′，东经116°11′~117°44′，南依泰山，北跨黄河，地处鲁中南低山丘陵与鲁西北冲积平原的交接带上，地势南高北低。地形可分为三带：北部临黄带，中部山前平原带，南部丘陵山区带。济南是中国东部沿海经济文化大省——山东省的省会，全省政治、经济、文化、科技、教育和金融中心，重要的交通枢纽。四周与德州、滨州、淄博、泰安、聊城等市相邻。总面积7998平方公里。

自然条件。北部为济阳坳陷、淄博—在平坳陷，南部为鲁中隆起。地层南老北新，南部以古生界灰岩为主，北部以新生界黄土及砂砾沉积岩为主。岩层呈向北倾斜的单斜构造，三组断裂切成块状，奠定了济南的构造基础。地势南高北低，依次为低山丘陵、山前倾斜平原和黄河冲积平原。济南属于暖温带大陆性季风气候区，四季分明，日照充分，全市年平均气温13.9℃。1月最冷，平均气温-1.7℃；7月气温最高，平均气温27.1℃。年平均降水量623.0毫米。济南市河流分属黄河、小清河、海河三大水系。湖泊有大明湖、白云湖等。山区北麓有众多泉群出露，仅市区就有趵突泉、黑虎泉、五龙潭、珍珠泉四大泉群。

自然资源。土地资源，全市有棕壤、褐土、潮土、沙姜黑土、水稻土、风砂土6种土类，其中以棕壤、褐土两大土类为主。矿产资源，主要有煤、石油、天然气、铁、地热和建筑材料等。当地水资源15.9亿立方米，可利用量14.7亿立方米。生物资源，有植物149科，1175种和变种，陆栖野生动物211种。（年鉴编辑部）

【年度气候概况】 2018年，济南年平均气温各季节均偏高；降水量冬季和秋季偏少，春季和夏季偏多；日照冬季和夏季偏多，春季和秋季偏少。年平均降水量801.1毫米，是1951年有气象记录以来第九位多值；全市年平均气温14.8℃，是1951年有气象记录以来第三位高值；全市年平均日照时数2416.9小时，较常年多11.2小时。年内主要灾害性或高影响性天气包括雾霾、大风、寒潮、台风、强对流、春旱、高温。综合评价2018年气象条件总体属于平年（注：数据均来自济南市6个国家级气象观测站，下同）。

气温。全年全市平均气温14.8℃，较常年偏高0.9℃，较2017年偏低0.2℃。各地年平均气温在13.8℃（商河）~15.4℃（市区）之间，各地均偏高，其中章丘偏高1.2℃。最冷月1月，月平均气温-1.8℃；最热月7月，月平均气温28.9℃。年极端最低气温-15.3℃，出现在1月24日（商河）；年极端最高气温37.7℃，出现在6月5日（济阳）。全年≥0℃的积温为5555.1℃，是1951年有气象记录以来第二位高值，较常年多339.2℃，较2017年多37.1℃。全市寒冷日数（-14.9℃≤日最低气温≤-10.0℃）20天，各地在5天（平阴）~20天（商河）之间。全市炎热日数（35.0℃≤日最高气温≤39.9℃）34天，各地在16天（商河）~27天（市区）之间，各地均未出现≥40℃的酷热天气。

降水。全年全市平均降水量801.1毫米，较常年多178.1毫米，偏多29%；较2017年多241.5毫米，偏多43%。年内降水时空分布极不均匀，各地年降水量在659.0毫米（商河）~880.0毫米（市区）之间。各地均较常年偏多，其中济阳较常年偏多41.3%，偏多最为明显。

日照时数。全年全市平均日照时数2416.9小时，较常年多11.2小时，较2017年多29.0小时。各地年日照时数在2362.0小时（市区）~2561.2小时（商河）之间，长清、商河分别较常年少58.4小时、108.5小时，其余各地均较常年偏多，其中章丘较常年偏多110.4小时。各月全市平均日照时数，1月、4月、5月、8月、11月、12月偏少，其他各月月份偏多。

（苏　铁　王金霞）

【主要天气气候事件】 年内出现雾霾、大风、寒潮、台风、强对流、春旱、高温等灾害天气。

雾霾。年内多次出现不同范围和强度的雾霾天气。1月1~2日、13~21日济南市出现范围广、持续时间长、能见度低、空气质量持续重度污染的雾霾天气。4月10日，出现沙尘天气，导致AQI（空气质量指数）高达500，10日19时、20时的PM10浓度达884微克/立方米。5月17日，出现能见度不足500米的大雾，局部地区不足200米，个别时段能见度小于50米，大雾天气导致部分高速封闭。11月24日至12月3日，出现范围广、持续时间长、空气质量持续污染的雾霾天气，其中11月27日至12月2日AQI指数均在200以上，11月27日17时AQI指数达486。

大风。1月8~9日、13~14日出现阵风7~8级的偏北大风。2月7~8日、14日、24日出现阵风7级的偏北大风，13日、26日出现阵风6~7级的偏南大风。3月2~3日、9日、12~14日、26~27日出现阵风7~8级的偏南大风。4月3~4日、6日、22~23日出现阵风7级的偏北大风；2日、8~10日、17~21日、28~29日出现阵风7~8级的偏南大风，其中10日阵风为22.4米/秒（9级）。5月4~5日、14~15日、23~24日出现阵风7~8级的偏南大风。6月27日夜间，市区、长清和章丘出现8~10级阵

济南市2018年各月平均气温

单位：摄氏度

项目＼时间	1月	2月	3月	4月	5月	6月	7月	8月	9月	10月	11月	12月	年
气温	−1.8	1.6	10.5	17.1	21.6	26.9	28.9	27.5	21.2	14.5	8.5	0.1	14.8
距平	−0.1	−0.1	2.9	1.8	0.7	1.1	1.8	1.9	0.0	−0.6	1.4	−0.3	

济南市2018年各月平均降水量

单位：毫米

项目＼时间	1月	2月	3月	4月	5月	6月	7月	8月	9月	10月	11月	12月	年
降水量	3.7	1.4	18.6	58.3	97.0	161.5	141.5	244.1	34.4	20.1	12.3	8.4	801.1
距平	−19.6	−83.0	42.2	107.5	69.3	101.6	−19.3	63.3	−37.4	−36.2	−16.3	44.3	28.6

济南市2018年各月平均日照时数

单位：小时

项目＼时间	1月	2月	3月	4月	5月	6月	7月	8月	9月	10月	11月	12月	年
日照	142.7	194.3	221.2	233.1	234.7	260.7	209.6	203.9	203.1	235.8	126.2	151.8	2416.9
距平	−23.0	31.1	17.3	−5.3	−25.3	23.7	7.9	−3.0	1.7	38.0	−44.3	−7.0	11.2

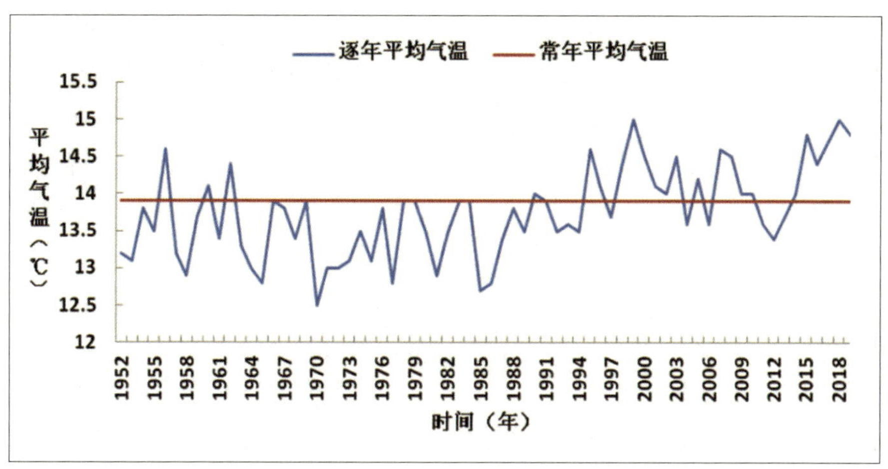

1951~2018年济南市逐年平均气温情况

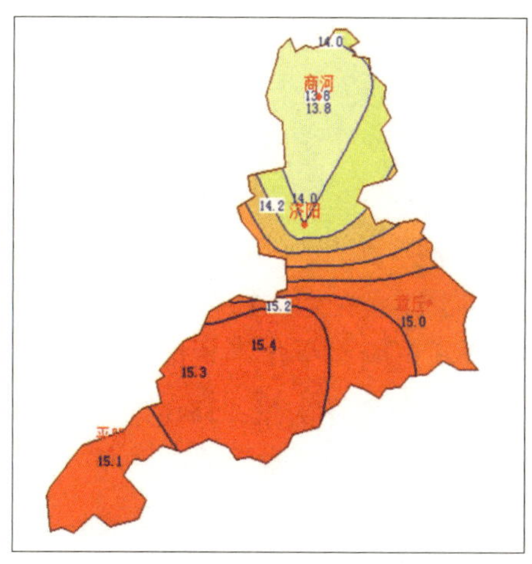

2018年济南市年平均气温分布图

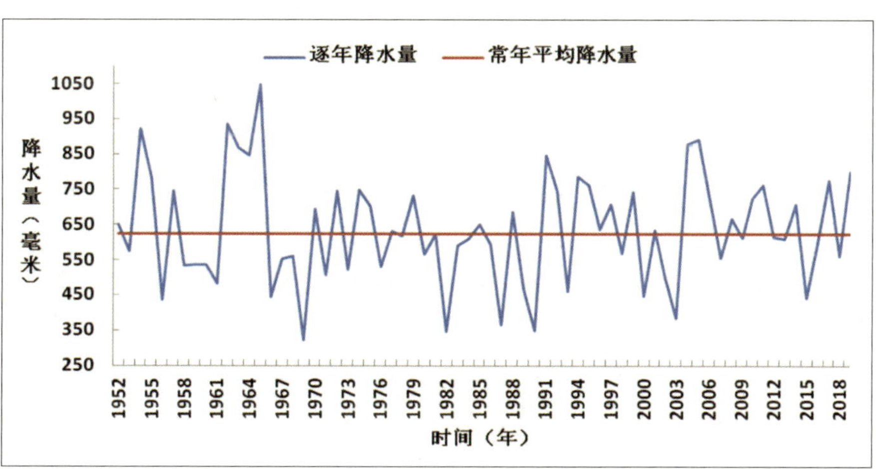

1951~2018年济南市逐年降水量情况

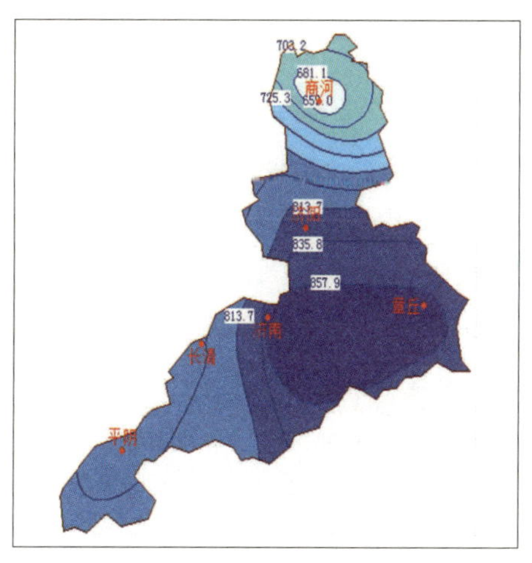

2018年济南市年降水量分布图

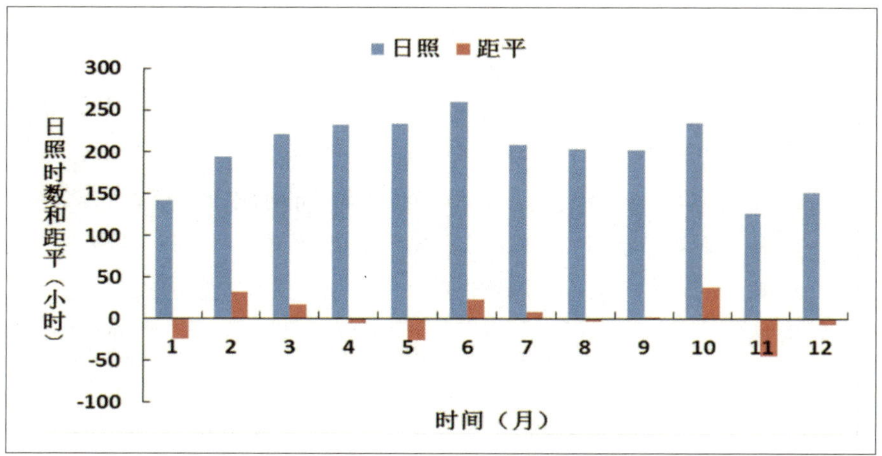

2018年济南市各月日照时数距平情况

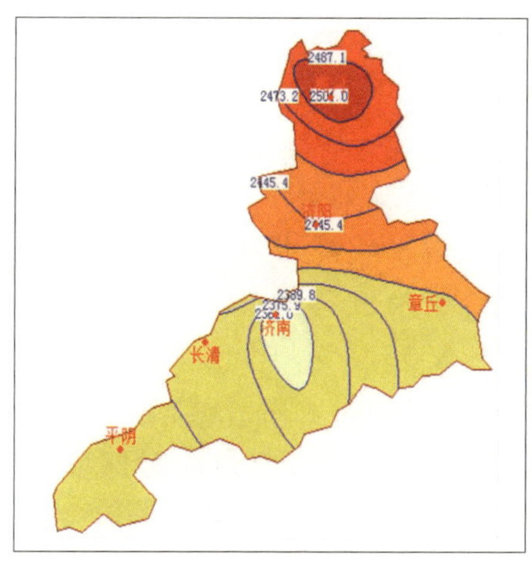

2018年济南市年日照时数距平分布图

风，市区内多处大树被连根拔起。

寒潮。1月22~25日寒潮过程造成降温幅度8~10℃，过程最低气温市区-10.7℃，商河-15.3℃，其他区县在-9.2℃~-14.3℃之间。12月5~8日寒潮过程造成降温幅度8~12℃，过程最低气温市区-8.2℃，商河-12.6℃，其他区县在-6.8℃~-10.9℃之间。12月26~29日寒潮过程造成降温幅度10~15℃，过程最低气温市区-11.6℃，济阳-14.8℃，其他区县在-14.1℃

~-11.3℃之间。

台风。7~8月，先后有3个台风影响济南，受“安比”影响，全市平均降水量22.4毫米，最大降水量57.5毫米（章丘官营）。8月14~15日，受“摩羯”减弱后的热带低压影响，全市平均降水量63.6毫米，最大降水量151.0毫米（平阴洪范）。8月18~19日，受“温比亚”减弱后的外围云系影响，全市平均降雨量138.7毫米，最大降雨量305.5毫米（历城枣林）。

强对流。全年共出现短时强降水21次，最早出现在4月21日，最晚出现在10月9日；1小时最大降水量达80.5毫米，出现在平阴东阿（8月14日8~9时）。4月21日、5月15日、5月16日、6月13日、6月27日、10月8日共出现6次冰雹天气，其中6月13日除主城区外均出现冰雹，济阳最大冰雹直径4厘米。

春旱。2017年10月11日至2018年3月3日的144天里仅有一次日降水量超过2.0毫米，是有气象记录（1951年）以来历史同期连续无有效降水日数第一位。期间全市平均降水量8.1毫米，是1951年有气象记录以来历史同期第一位少值。由于降水偏少，导致全市春季部分农田出现旱情。

高温。全年全市高温日数34天，是1951年有气象记录以来第六位多值。7月13~22日，出现长达10天的连续高温天气，是1951年有气象记录以来历史同期持续时间最长的，期间平均气温31.0℃，是历史同期第一位高值。

（苏　轶　王金霞）

【历史概况】 济南是国务院公布的历史文化名城。因地处古四渎之一“济水”（故道为今黄河所据）之南而得名。据考古发掘资料，远在9000年前的新石器时代早期，已有先民在此繁衍生息。距今4000~4500年前以磨光黑陶为特征的“龙山文化”，系因1928年首次发现于济南东郊龙山镇而被命名。夏代，龙山镇城子崖一带建有较大规模的城市。商周时代，济南为古谭国（东方方国，都城在今城子崖、平陵城一带）地。春秋战国时代，济南属齐国，称“泺”“鞍”“历下”等邑，为齐国西南边陲重镇。秦代，地属济北郡（郡治博阳，即今泰安）。

西汉始置济南郡，郡治东平陵（今济南市章丘平陵城）。汉文帝十六年（前164年），设济南国，首府东平陵。前154年，废济南国，复置济南郡。汉武帝时，济南郡辖东平陵、历城等14县，属青州刺史部。东汉建武十七年（41年），济南郡复称济南国，辖14县，后改辖10县。

魏晋南北朝时期，朝代屡屡更替，济南先后为魏、西晋、后赵、前燕、前秦、后燕、南燕、东晋、刘宋、北魏、东魏、北齐、北周辖境，置郡置国，变化频繁。其间，济南郡治于西晋永嘉年间从平陵（即东平陵）迁至历城。从此，今济南市区成为历代郡国、州府的行政中心。刘宋元嘉九年（432年）在济南郡侨置冀州，济南为州、郡两级治所。北魏皇兴三年（469年），改侨冀州为齐州，辖济南郡、东魏郡、太原郡等6郡35县。

隋开皇三年（583年）撤郡并县，齐州仍治济南，辖历城等10县。大业三年（607年）齐州改称齐郡。唐朝建立后，复称齐州，辖历城、章丘、长清等6县。唐中叶天宝年间，齐州曾一度改称临淄郡、济南郡。五代时期，仍称齐州，先后为梁、唐、晋、汉、周的辖境。北宋，齐州先后属京东路和京东东路。政和六年（1116年），齐州升为济南府，辖历城、章丘、长清等5县。建炎二年（1128年）后，被金朝所据，仍为济南府，辖7县，属山东东路。其间，曾一度为原济南知府刘豫建立的伪齐辖境。元初，改为济南路，直隶于中央中书省。至元二年（1265年），辖棣州、滨州2州及历城、章丘、济阳、商河等11县。金元时期，济南先后为金山东东西路提刑司、元山东东西道肃政廉访司治所，是山东地区的监察中心。

明初，复称济南府，辖泰安、德州、武定、滨州4州及历城、章丘、长清、济阳、商河等26县。洪武九年（1376年），山东最高行政机关“承宣布政使司”由青州迁至济南，济南成为山东省省会，全省政治、军事、经济、文化中心，全国重要的中心城市之一。清初，沿明朝建置。雍正二年（1724年）、十二年（1734年）调整区划，济南府改辖德州和历城、章丘、长清、济阳等1州15县。

民国初年，撤销济南府，置岱北道，辖27县。1914年岱北道改称济南道，辖县未变。1925年改辖历城、章丘、长清、济阳等10县。1929年7月，析历城县城厢及其四郊，正式设立济南市。时济南市面积175平方公里，人口40余万人。1948年9月，中国人民解放军华东野战军解放济南，设立济南特别市。1949年5月复称济南市。

中华人民共和国建立后，经历了漫长的原始、奴隶、封建社会的济南，开始进入社会主义新时代。1958年，历城县划归济南市。其后，章丘、长清县于1978年，平阴县于1985年，济阳、商河县于1990年陆续划归济南市管辖。1994年2月，济南市被正式确定为副省级城市。2016年12月，章丘撤市设区。济南市辖7区3县。2018年9月，济阳撤县设区。2018年12月26日，国务院批复同意山东省调整济南市莱芜市行政区划，撤销莱芜市，将其所辖区域划归济南市管辖；设立济南市莱芜区，以原莱芜市莱城区的行政区域为莱芜区的行政区域；设立济南市钢城区，以原莱芜市钢城区的行政区域为钢城区的行政区域。

济南历史悠长，人才辈出。属今济南市籍的历史名人主要有：中国传统医学的杰出代表、战国时代神医“扁鹊”（本名秦越人），中国古代阴阳五行学说的创始人、战国思想家邹衍，口授今文《尚书》28篇于世的汉代学者伏生，请缨出使南越、为祖国统一事业做出贡献的汉代外交家终军，隋末农民大起义的起义军领袖杜伏威、辅公祏，唐朝开国功臣、一代名相房玄龄和名将秦琼，中国古代三大求法高僧之一唐人义净（俗名张文明），宋代中华词坛“婉约派”代表李清照、“豪放派”代表辛弃疾，金元散曲家张养浩、杜仁杰，宋、辽、金三部正史的总裁官张起岩，明代文坛前“七子”之一边贡、后“七子”之一李攀龙，明《宝剑记》等剧的作者、戏曲家李开先，明万历年间文学为一时之冠的内阁大学士于慎行，清经学家张尔岐，清《四库全书》主要编纂人、藏书家周永年，古文献学家、清《玉函山房辑佚书》的纂辑人马国翰，近代民族实业家、“祥”字号商业的代表人物孟洛川等。（朱佩峰）

【行政区划】 2018年，济南市辖历下区、市中区、槐荫区、天桥区、历城区、长清区、章丘区、济阳区、平阴县、商河县，共设8区、2县，112个街道、29个镇。

历下区辖14个街道，分别是：大明湖街道、千佛山街道、燕山街道、泉城路街道、趵突泉街道、东关街道、解放路街道、建筑新村街道、文化东路街道、甸柳新村街道、姚家街道、智远街道、龙洞街道、舜华路街道。

市中区辖17个街道，分别是：泺源街道、杆石桥街道、魏家庄街道、大观园街道、四里村街道、六里山街道、七里山街道、二七新村街道、舜玉路街道、舜耕街道、王官庄街道、七贤街道、白马山街道、十六里河街道、兴隆街道、党家街道、陡沟街道。

槐荫区辖16个街道，分别是：西市场街道、五里沟街道、道德街街道、营市街街道、青年公园街道、中大槐树街道、振兴街街道、南辛庄街道、段店北路街道、匡山街道、张庄路街道、美里湖街道、兴福街道、玉清湖街道、腊山街道、吴家堡街道。

天桥区辖15个街道，分别是：无影山街道、堤口路街道、宝华街街道、工人新村南村街道、工人新村北村街道、官扎营街道、北坦街道、天桥东街街道、制锦市街道、纬北路街道、北园街道、泺口街道、药山街道、大桥街道、桑梓店街道。

历城区辖19个街道、2个镇，分别是：洪家楼街道、山大路街道、东风街道、全福街道、孙村街道、巨野河街道、华山街道、荷花路街道、王舍人街道、鲍山街道、郭店街道、唐冶街道、港沟街道、遥墙街道、临港街道、董家街道、仲宫街道、彩石街道、柳埠街道、唐王镇、西营镇。

长清区辖7个街道、3个镇，分别是：文昌街道、平安街道、崮云湖街道、五峰山街道、归德街道、张夏街道、万德街道、孝里镇、马山镇、双泉镇。

章丘区辖15个街道、3个镇，分别是：明水街道、双山街道、龙山街道、枣园街道、埠村街道、圣井街道、绣惠街道、相公庄街道、文祖街道、普集街道、官庄街道、高官寨街道、白云湖街道、宁家埠街道、曹范街道、刁镇、垛庄镇、黄河镇。

济阳区辖6个街道、4个镇，分别是：济阳街道、济北街道、回河街道、孙耿街道、太平街道、崔寨街道、曲堤镇、仁风镇、垛石镇、新市镇。

平阴县辖2个街道、6个镇，分别是：榆山街道、锦水街道、洪范池镇、东阿镇、孔村镇、孝直镇、玫瑰镇、安城镇。

商河县辖1个街道、11个镇，分别是：许商街道、玉皇庙镇、龙桑寺镇、贾庄镇、殷巷镇、郑路镇、怀仁镇、白桥镇、孙集镇、韩庙镇、张坊镇、沙河镇。

（李　涛）

【济南莱芜区划调整获国务院批复】 2018年12月26日，国务院批复同意山东省调整济南市莱芜市行政区划，撤销地级莱芜市，将其所辖区域划归济南市管辖。济南区划调整是党中央、国务院和省委省政府，立足全省发展大局，发挥区域比较优势，把握区域经济发展规律基础上做出的重大科学决策，对于做大做强省会具有里程碑意义。

（市政府政研室）

【济阳撤县设区】 2018年6月19日、8月16日，国务院、省政府先后下发文件（国函〔2018〕86号、鲁政字〔2018〕170号），批复同意撤销济阳县，设立济南市济阳区。（参见“区县·济阳区【济阳撤县设区】条目”）

（市政府政研室）

【人口】 年末全市常住人口746.04万人，比上年末增长1.90%。户籍人口655.90万人，增长1.91%。申报出生率14.57‰，申报死亡率6.98‰，人口自然增长率7.59‰。常住人口城镇化率达到72.10%，提高1.57个百分点。（市统计局）

【民族】 济南市共有56个民族：汉族、回族、蒙古族、藏族、苗族、维吾尔族、彝族、壮族、布依族、白族、朝鲜族、侗族、哈尼族、哈萨克族、满族、土家族、瑶族、达斡尔族、东乡族、高山族、景颇族、柯尔克孜族、拉祜族、纳西族、畲族、傣族、黎族、傈僳族、仫佬族、羌族、水族、土族、佤族、阿昌族、布朗族、毛南族、普米族、撒拉族、塔吉克族、锡伯族、仡佬族、保安族、德昂族、俄罗斯族、鄂温克族、京族、怒族、乌孜别克族、裕固族、独龙族、鄂伦春族、赫哲族、基诺族、珞巴族、门巴族、塔塔尔族。汉族人口占大多数，其他民族人数较少。

（市统计局）

2018年，全市地区生产总值7856.6亿元，比上年增长7.4%。其中，第一产业增加值272.4亿元，增长2.5%；第二产业增加值2829.3亿元，增长7.8%；第三产业增加值4754.8亿元，增长7.5%。三次产业比例由上年的4.4:35.7:59.9调整为3.5:36.0:60.5。人均地区生产总值106302元，增长5.7%，按年均汇率折算为16064美元。

四个中心建设成效显著。全年实现地区生产总值7856.6亿元，占全省比重由9.9%提高到10.3%，同比增速达到7.4%，符合7.5%左右的计划目标要求，居全省第二位。完成一般公共预算收入752.8亿元，增长11.2%，固定资产投资增长9.6%，社会消费品零售总额4404.5亿元，增长10%，增速分别居全省第三、第一和第二位。主要指标增速领跑全省，成功跃升为“世界二线城市”，强势跻身“亚洲城市50强”。新引进金融机构88家，总数达到660家，新增上市公司2家，新三板挂牌企业达到163家，金融机构本外币存款余额、贷款余额分别达到1.7万亿元和1.6万亿元，不良贷款率继续保持全省最低水平。新增规模以上物流企业81家，总数达到260家，国家5A级物流企业和国家级物流示范园区分别达到11家和2家，均居全省首位，国际内陆港被授予全国首个智慧物流创新先行区。新增高新技术企业683家，总数达到1547家，新设立研发或成果转化机构103家，21家企业入围全省专利创新企业百强，高新技术产业产值占规模以上工业总产值比重达到56.1%，综合科技创新水平高居全省首位。山东产业技术研究院建设工作启动，占地100平方公里的齐鲁科创大走廊规划建设全面展开。

新旧动能转换全面起势。服务业增加值同比增长7.5%，占地区生产总值比重达到60.5%，现代服务业增加值占服务业增加值比重达到58.2%，总部企业数量突破100家，服务经济主引擎作用更加突出。工业转型升级步伐加快，大数据与新一代信息技术、智能制造与高端装备两大产业主营业务收入均达到3000亿元，重汽集团、浪潮集团营业收入均突破1000亿元，千亿级工业企业实现零的突破。齐鲁制药高居全国生物药研发50强第一位，全国首个量子计算与测量标准化技术委员会（筹）揭牌，量子雷达、量子芯片实现产业化，新一代神威E级原型机系统正式启用。粮食生产再获丰收，菜篮子供应稳定，建成现代农业综合体31个，承包土地规模化经营率达到46%。240个市级重点项目完成投资2958.7亿元，占全年计划的105.1%，在建工程总建筑面积超过1亿平方米，大项目好项目支撑带动作用显著增强。限额以上法人企业网上零售额增长28%，旅游消费总额增长16.4%，消费拓展取得明显成效。

区域发展布局加快优化。济南新旧动能转换先行区储备项目超过200个，总投资1500多亿元的高端装备制造产业园等八大引领支撑型重点项目集中开工，“三桥一隧”项目加快推进，济南市加快从“大明湖时代”迈向“黄河时代”。济南国际医学科学中心4个安置片区建设全面展开，国家健康医疗大数据北方中心签约落地，山东第一医科大学项目加快建设。济南中央商务区5个超高层项目全部开工，在建商业商务载体达到400万平方米，签约入驻总部企业31家。济南高新区地区生产总值突破1000亿元，位居全国高新区综合评价第十一位，富士康晶圆、正威国际光电集成电路等项目签约落地。泉城特色风貌区改造提升扎实推进，宽厚里、泉城路商业街被评为国家级街区。打造市级小微企业创业创新示范基地66个，县域开工建设标准厂房361.6万平方米，建成283万平方米。促进县域经济加快发展的20条政策措施制定实施，有利于城乡区域协调发展的体制机制和政策安排更加健全。

城乡环境面貌明显改善。城市管理和服务精细化水平稳步提高，智慧城市建设经验模式复制推广至全国100余个城市，获2018中国领军智慧城市称号。打通瓶颈路28条，优化开通公交线路69条，改造拥堵点位70处，城市轨道交通1号线、北园高架西延建成通车，交通出行状况大幅改善。新搬迁改造和关停腾退东部老工业区工业企业10家，新增清洁取暖面积1412万平方米，布局空气质量监测微站2000个，报废更新国三老旧柴油车10361辆，空气质量良好以上天数达到203天，同比增加18天，退出全国169个重点城市后20位。河长制湖长制全面推行，小清河清淤工作顺利完成。拆除违法建设3428万平方米，建绿透绿150.3万平方米，开工建设山体公园20处，完成山体绿化提升35座。新造林4902公顷，创建省级森林村居35个、省级森林乡镇4个。农村人居环境整治扎实推进，新试行标准下美丽乡村覆盖率达到18%，同比提高6个百分点。

改革开放实现新的突破。行政管理体制改革深入推进，济阳实现撤县设区。“一次办成”改革成效显著，“拿地即开工”审批模式受到国务院表扬，被评为“2018年中国企业营商环境十佳城市”。人口、法人、电子证照等重点基础数据库基本建成，市级1800项政务服务事项全部纳入网上政务服务大厅管理，12345市民服务热线条例发布施行。国企改革成效突出，25家市属国有一级企业资产总额增长12%，六大投融资集团不断发展壮大。市场主体数量达80.1万户，总量由全省第五位前移到第三位，增速由全省第十六位跃升到第一位。新签约项目694个，总投资10872亿元，实际使用外资178.2亿元，大幅增长41%，新引进世界500强项目23个，承办儒商大会、全国工商联主席高端峰会等重大国际性会议活动23场。新增外贸实绩企业400余家，完成进出口总值825亿元，增长16.2%，对外承包工程营业额40.8亿美元，增长9.3%。济青高铁建成通车，济南至法国巴黎、至比利时（列日）、至芬兰赫尔辛基航线开通，至香港航线实现复飞，对外开放大通道加快构建。中德中小企业合作更加紧密，全国首个泛北方区域性签证中心揭牌启用。

社会民生保障扎实有力。财政用于民生和社会事业支出比重达到76.6%，18件民生实事全面完成。城镇居民人均可支配收入达到50146元，农村居民人均可支配收入达到17924元，分别增长7.5%和8%，居民消费价格上涨2.6%，916个贫困村全部摘帽退出，17.56万现行市定标准贫困人口脱贫攻坚任务基本完成。新增城镇就业18.9万人，新增农村劳动力转移就业5.2万人，分别完成全年任务的189%和104%，城镇登记失业率2.06%。社会保障体系更加健全，企业退休人员养老金连续14年上调，城乡低保标准继续提高，养老服务设施建成218处。新建改扩建幼儿园93所，竣工中小学校58所，开工中小学和幼儿园集中就餐场所129处，主城区中小学实现“食堂+配餐”及“课后服务”全覆盖。新开工棚改安置房71351套，完成全年任务的118.6%，整治改造老旧住宅小区761.5万平方米，既有住宅加装电梯186部，均居全省首位。基层综合性文化服务中心建设和乡村记忆工程扎实推进，晨晚练体育活动点超过3300个，2个社区成功入围全国100个优秀社区行列，民族宗教、群团建设、社会科学、史志档案等工作取得新的成绩。排查安全生产隐患7.5万个，食品药品安全形势总体平稳，防灾减灾设施更加完善，扫黑除恶专项斗争成效明显。军民融合、军转安置、拥军优属等工作扎实推进，军地、军民关系更加和谐交融。

（李忆杉）

中共济南市委员会及所属工作部门

中国共产党济南市第十一届委员会

书　记　王文涛* 王忠林
副书记　王忠林* 孙述涛 苏树伟
常　委　王文涛 王忠林 孙述涛
苏树伟 杨　峰 雷天太
李　刚 程德智 秦传滨
徐　群 蒋晓光
王拥华（女） 王宏志
李怀林
卢　江（女，挂职）

委　员（按姓氏笔画为序）
马玉星 王　平 王　壮
王　毅 王文涛* 王宏志
王拥华（女） 王忠林
王京文 王勤光 毛华铭
尹清忠
卢　江（女，挂职）
史同伟 吕建涛 朱云生
朱玉明 朱传东 刘　科
刘　勤（女） 刘天东
刘程华 孙　斌 孙述涛
孙战宇 苏树伟 李　刚
李光忠 李会宝 李怀林
李季孝 杨　峰 吴兴金
吴承丙 吴德生
宋文娟（女） 宋永祥
张曰良 张洪武
张爱云（女） 陈　勇
郅　颂（女）
国承彦（女） 周云平
赵玉海 赵居安 姜　涛
秦传滨 贾玉良 徐　群
徐春华 殷鲁谦
高淑贞（女） 蒋向波
蒋晓光 韩　伟 韩永军
程德智 焦卫星 谢兆村
靳　磊 雷　杰（女）
雷天太 窦　虎 翟　军

候补委员（按选举得票多少为序）
张慧青（女） 聂　军
倪志纯 傅金峰
刘艳秋（女） 李文峰
李国祥 李国强 宋卫东
高立文 郅　良（女）
何元清 李国强 李本海

秘书长　蒋晓光
副秘书长　吴兴金 李光忠
丁　力 郭志强

市委办公厅

主　任　李光忠
副主任　柏爱学（女） 赵　晖
吕英伟 张向东

市委保密委员会办公室(市国家保密局)

主　任（局　长） 芦　苇（女）
副主任（副局长） 王皋翔*
王　敏（女）

市委督查室

主　任　禚建基
副主任　周卫东* 张　鹏

市委、市政府信访局

局　长　李本海
副局长　王世民 真炳恕 安玉成*
杨学斌 刘玉志 董俊生

市委农村工作办公室

主　任　郭志强
副主任　王申宁 王洪忠 鞠正江
黄延仁

档案局（馆）

党组书记、局（馆）长　孙世平
副局（馆）长　裴　良
祁莉红（女）
崔曰仑 韩吉迎
李　伟
副　馆　长　郭　屹

舜耕山庄

党委书记　何元清（兼）
总经理　（缺）
副总经理　黑伟钰（回族）（聘）
李令红（女）（聘）
张东升（聘）
牛志轶（聘）

市委政策研究室

主　任　李国强（兼）
副主任　王立旭 石　玮 林博斌
高振刚

市委改革办

注：组织机构名单由各相关单位提供，统计时间截至2018年末。* 示2018年内离职。

主　　任　蒋晓光（兼）
兼职副主任　毛华铭* 李国强
　　张曰良*
专职副主任　郭东法　任广锋

市委组织部

部　　长　李　刚
常务副部长　马志勇
副　部　长　姜　杰* 王　壮
　　张　强　李旭东
　　苏本宽　丁林桥
　　宁延学　韩洪强

党员干部现代远程教育中心

主　任　（缺）
副主任　于炳基

市委老干部局

局　长　姜　杰* 苏本宽
副局长　谷博军　李　智
　　仇东升　亢　文

济南老年人大学

校　长　隋志勇
副校长　李晓钟　徐　宁

市委宣传部

部　　长　杨　峰
常务副部长　岳绍红* 孙常建
副　部　长　孙常建* 周鸿雁
　　赫文奎　伊沛扬

△网络文化办公室

主　任　展宝贞

△外宣办

主　任　周　明* 赵　民

精神文明建设办公室

主　任　孙常建（兼）*
　　周鸿雁（兼）
副主任　苏庆勋　曹　湧（女）
　　虞　凯

市委统一战线工作部

部　　长　王拥华（女）
常务副部长　万秀水* 王国顺
副　部　长　李文秀（女）
　　张　鹏　张　勇

市委政法委员会

书　　记　秦传滨
常务副书记　李会宝
副　书　记　姚怀祥　辛全龙
　　孙德龙
政治部主任　杜　娟（女）

社会治安综合治理委员会办公室

主　任　李会宝（兼）
副主任　鹿　霆

法学会

会　长　辛全龙（兼）

市机构编制委员会办公室

主　任　张　强
副主任　许建勇　付道磊　王全民

△市事业单位监督管理局

局　长　李秀美（女）

△市政府行政审批制度改革办公室

主　任　李　民

市委市直机关工作委员会

书　记　姜　涛*
副书记　刘西波　韩　青（女）
　　刘　义　解胜利

市委台湾工作办公室（市政府台湾事务办公室）

主　任　李兆兵* 薛兴海
副主任　罗国金　李　玉　张鲁明

市委巡察办

主　任　魏莉萍（女）
副主任　马国胜

市委巡察一组

组　长　田德昌
副组长　李　勇*

市委巡察二组

组　长　李振国*
副组长　（缺）

市委巡察三组

组　长　侯秉山*
副组长　董悦华

市委巡察四组

组　长　李心宏*
副组长　（缺）

市委巡察五组

组　长　刘吉利
副组长　陈秀中*

市委党校

校　长　王文涛（兼）*　王忠林
党委书记、常务副校长　王　平
党委副书记　扈书乘
副校长　扈书乘　武善欣
　　王旭玲（女）　孔祥敏

市行政学院

院　长　王　平
副院长　扈书乘　武善欣
　　王旭玲（女）　孔祥敏
　　张劲松*

市社会主义学院

院　长　王　平
副院长　扈书乘　武善欣
　　王旭玲（女）　孔祥敏
　　徐艳芳（女）

市委党史研究室

主　任　刘　浩
副主任　綦延辉　高　新　李作顺

济南日报报业集团

党委书记、董事长　孙元文*
　　马　利
党委副书记、副董事长　张　楠
总　编　辑　张　楠
副总编辑　刘　勇* 尹　波*
　　李光明　马　凯
　　单宝珠　樊祥钦
济南日报社社长　孙元文*
　　马　利
济南日报社总经理　郑　凯

市扶贫开发领导小组办公室

主　任　吴兴金
副主任　周培成　商光彦　吴金凯

注：△示副局级单位，下同。

济南高新技术产业开发区工作委员会

书　记　王宏志

南部山区工作委员会

书　记　王道忠

副书记　（缺）

济南新旧动能转换先行区工作委员会

书　记　宋卫东* 　徐　群

济南国际医学科学中心工作委员会

书　记　张端武

（市委组织部）

济南市局以上单位党委（党组）

人大常委会党组

书　记　殷鲁谦

副书记　谭延伟

人民政府党组

书　记　王忠林* 　孙述涛

副书记　徐　群

政协济南市委员会党组

书　记　雷　杰（女）

副书记　李好臣

中级人民法院党组

书　记　张爱云（女）

副书记　仲维威* 　刘延杰

人民检察院党组

书　记　宋文娟（女）

副书记　谭　勇* 　范　芸（女）

总工会党组

书　记　傅金峰* 　雷天太

副书记　傅金峰

共青团济南市委党组

书　记　黄晓广

妇女联合会党组

书　记　刘　勤（女）

科学技术协会党组

书　记　张广勇

文学艺术界联合会党组

书　记　刘　溪

归国华侨联合会党组

书　记　李中赋

社会科学界联合会党组

书　记　高宝继

残疾人联合会党组

书　记　孙君涛

工商业联合会党组

书　记　张　鹏

红十字会党组

书　记　朱兴利

中国国际贸易促进委员会济南市分会（中国国际商会济南商会）党组

书　记　翟旭东

人大常委会机关党组

书　记　覃俊文

副书记　刘　民

市政府办公厅党组

书　记　毛华铭* 　尹清忠

副书记　倪志纯

发展和改革委员会党组

书　记　张曰良

副书记　（缺）

经济和信息化委员会党委

书　记　汲佩德

教育局党委

书　记　王品木

济南职业学院党委

书　记　王春光

副书记　于显坤　石万鹏

济南工程职业技术学院党委

书　记　张慧青（女）

副书记　杨长军　张培方

济南幼儿师范高等专科学校党委

书　记　黄祖杰

副书记　李海平　魏风传*

科学技术局党组

书　记　吕建涛

公安局党委

书　记　吴德生

副书记　王　健

民政局党委

书　记　张洪武

副书记　潘传利*

老龄工作委员会办公室党组

书　记　庞　涛

司法局党委

书　记　谢圣仁

副书记　（缺）

济南监狱党委

书　记　刘敦臣*

副书记　卜海晶

财政局党委

书　记　尹清忠* 　刘大坤

副书记　（缺）

人力资源和社会保障局党委

书　记　王　壮

副书记　郑志友

技师学院党委

书　记　窦进科* 　王振群

副书记　杜喜亮　何惠玲（女）

国土资源局党组

书　记　刘大坤* 　翟　军

副书记　（缺）

规划局党委

书　记　吕　杰

副书记　姜连忠* 　牛长春

城乡建设委员会党委

书　记　蒋向波

副书记　（缺）

城市管理局（城市管理行政执法局）党委

书　记　吕灿华*

副书记　胥嘉印

环境保护局党组

书　记　侯翠荣（女）

城乡交通运输委员会党委

书　记　贾玉良

城乡水务局党组

书　记　翟　军*　姜　涛

农业局党组

书　记　李季孝

副书记　于兆刚

林业和城乡绿化局党组

书　记　王国富

商务局党委

书　记　孙义洪

副书记　李明军

文化广电新闻出版局党委

书　记　李守海

卫生和计划生育委员会党委

书　记　马效恩

副书记　（缺）

中心医院党委

书　记　苏国海

副书记　（缺）

济南护理职业学院党委

书　记　孙世会*

副书记　宋林杰　刘传富

食品药品监督管理局（市食品安全委员会办公室）党委

书　记　刘永浩

副书记　（缺）

体育局党委

书　记　高立文

副书记　李国纲*

审计局党组

书　记　黄厚安

副书记　刘继强

统计局党组

书　记　苑子建

副书记　范坤文*　唐　军

安全生产监督局党组

书　记　李　涛

副书记　周晓冬

民族宗教事务局党组

书　记　于　红（女，回族）

副书记　彭林堂（回族）

旅游发展委员会党委

书　记　郅　良（女）

市人民政府外事侨务办公室党组

书　记　刘艳秋（女）

副书记　田　迎（女）

市人民政府国有资产监督管理委员会党委

书　记　靳　磊

副书记　（缺）

市人民政府研究室党组

书　记　黄贵利

市人民政府法制办公室党组

书　记　白　龙（回族）

人民防空办公室党组

书　记　杨庆绪

副书记　朱传振*

市人民政府金融工作办公室（地方金融监管局）党组

书　记　王　毅*　张　华

住房保障和房产管理局（城市更新局）党委

书　记　徐春华

副书记　丁　宁*

工商行政管理局党委

书　记　杨玉军

副书记　（缺）

质量技术监督局党委

书　记　丁正罡

副书记　（缺）

投资促进局党组

书　记　张　军

市退役军人事务局党组（2018 年 11 月设立）

书　记　潘传利

副书记　潘传利*

市行政审批服务局党组（2018 年 12 月设立）

书　记　孙常建

济南量子技术研究院党组

书　记　（缺）

政务服务中心管理办公室党组（2018 年 12 月撤销）

书　记　孔　杰*

机关事务管理局党组

书　记　高　冰

地震局党组

书　记　王　欣

市政府资金结算中心党组

书　记　林　军

副书记　（缺）

济南住房公积金管理中心党组

书　记　董宝珂

供销合作社党委

书　记　张国松

副书记　黄　波（女）

济南仲裁委员会办公室党组

书　记　张景欣*　王　伟

史志办公室党组

书　记　李经发

济南社会科学院党组

书　记　马军远

副书记　张华松

济南广播电视台党委

书　记　马维嘉*　孙世会

副书记　张子礼

政协机关党组

副书记　高　斌

（市委组织部）

济南市第十六届人民代表大会常务委员会、专门委员会及所属工作部门

主　任　殷鲁谦

副主任　谭延伟　巩宪群（女）

　　　　孙积港　许　强　李胜利

秘书长　覃俊文

副秘书长　刘　民　王永金

王铁志　段迎军

委　员（按姓名笔画为序）

于炳生　马志勇　王永金
王晓春（女）　王铁志
印　东（女）　冯　雷
吕洪涛　刘　民
刘海萍（女）
刘　勤（女）
孙法星　孙贵民　杜　岩*
李全福（回族）
张海昕（女）　张淋生
陈宁宁（女）
卓长立（女）　郑金松
赵　杰　秦　旭
袁淑玲（女）　贾　杰
高淑贞（女）　唐　忠
唐淑英（女）　鹿中华
彭寿谦　傅金峰　蔡　东
臧　浩　魏　军

法制委员会

主任委员　谭延伟（兼）
副主任委员　赵　杰
唐淑英（女）

教育科学文化卫生委员会

主任委员　许　强（兼）
副主任委员　孙法星　彭寿谦

内务司法委员会

主任委员　许　强（兼）
副主任委员　贾　杰
张海昕（女）

民族侨务外事委员会

主任委员　巩宪群（女）（兼）
副主任委员　秦　旭

城乡建设环境保护委员会

主任委员　李胜利（兼）
副主任委员　魏　军　鹿中华

财政经济委员会

主任委员　孙积港（兼）
副主任委员　唐　忠　于炳生
张淋生

农村经济委员会

主任委员　巩宪群（女）（兼）
副主任委员　郑金松　孙贵民

代表资格审查委员会

主任委员　谭延伟（兼）
副主任委员　马志勇　吕洪涛

办公厅

主　任　刘　民（兼）
副主任　李　雷　王益华
孙　伟　苗建国

研究室

主　任　王铁志（兼）
副主任　袁　磊

人事代表工作室

主　任　吕洪涛
副主任　李　彬

法制工作室

主　任　唐淑英（女）
副主任　张　瑞　赵之祥

教育科学文化卫生工作室

主　任　孙法星
副主任　诸葛利　孟祥勇*

内务司法工作室

主　任　张海昕（女）
副主任　金丽霞（女）

民族侨务外事工作室

主　任　秦　旭
副主任　常　宁　刘德国

城乡建设环境保护工作室

主　任　鹿中华
副主任　冷少华

财政经济工作室

主　任　于炳生*　王　毅
副主任　彭子钢

预算工作室

主　任　张淋生
副主任　朱贺之

农村经济工作室

主　任　孙贵民
副主任　王金宗

（市人大办公厅）

济南市人民政府及各工作部门、市属副局级以上机关事业单位

济南市人民政府

市　长　王忠林*　孙述涛
副市长　徐　群　卢　江（女）
吴德生　王京文
王桂英（女）　李自军
孙　斌
秘书长　毛华铭*　尹清忠
副秘书长　倪志纯　侯翠荣（女）
韩振国　相振谨
谭　伟　肖　辉
杨永斌

市政府办公厅

主　任　倪志纯（兼）
副主任　孟　帅　张　蓉（女）
刘大永　廖建宁（女）
刘念成

应急管理办公室（市政府总值班室）

主　任　张德萍（女，回族）
副主任　刘佃东

督查室（热线办）

主　任　张海灵
副主任　张玲华（女）　田　兵

△市政府口岸办公室

主　任　蒋友和

△打击走私办公室

主　任　赵云华

驻北京办事处

主　任　崔志强
副主任　王　庆

△驻上海（厦门）办事处

主　任　于庆利

△驻广州（深圳）办事处
主　任　孙宜武
△驻青岛（烟台）办事处
主　任　来　震
△信息中心
主　任　刘春贵
发展和改革委员会
主　任　张曰良
副主任　接素梅（女）
唐晓群* 姬　锋　张　琛
谢　堃　李冠伟　张　倩
总经济师　金　岩
△市项目建设推进办公室（市重大建设项目稽查办公室）
主　任　李光辉* 张曰良
副主任　李光辉
△发展规划研究室
主　任　马　骏
△市服务业办公室
主　任　罗　讯
△物价局
局　长　刘永生
副局长　唐富强
△粮食局
局　长　葛殿起
副局长　贾立春* 张铁石　裴政岭
工商行政管理局
局　长　王建森
副局长　杨先杰　邱　锐　姜　森
马怀明
总经济师　孙建忠
总会计师　闫一大
△企业注册局
局　长　王圣水
△公平交易局
局　长　何玉明
质量技术监督局
局　长　丁正罡
副局长　王万春　邢兆辉　苑圣毅
孙邦勇　贾继刚
总工程师　杨福涛
△市质量技术监督局稽查局
局　长　黄凯东
投资促进局
局　长　张　军
副局长　王喜东　党文庆　郭依坤
经济和信息化委员会
主　任　汲佩德
副主任　赵炳跃　丁　毅* 黄　杰
姜　华　郭衍友
王明波（回族）* 朱　牧
孙久峰
总工程师　黎　毅
△离退休干部局
局　长　朱新民
△经济运行局（市政府煤电油气运保障办公室）
局长（主任）　盛顺吉
△无线电管理办公室
主　任　李　雪（女）
△市经济和信息化综合行政执法支队
支队长　张怀功
△中小企业发展办公室
主　任　李荣贵* 李　琦
△市政府节约能源办公室
主　任　尹衍忠
△市物流办公室
主　任　夏　庆
教育局
局　长　王品木
副局长　王　诚　任泽焕　赵辉强
孟凡海　方　辉
总督学　王学东
科学技术局
局　长　吕建涛
副局长　刘德志　王　芳（女）
陈启璋　闫循民
市创新型城市建设推进委员会办公室
主　任　吕建涛（兼）
副主任　贾文涛
总工程师　于海波
△知识产权局
局　长　王西申
△济南科技创新促进中心
主　任　张振敏
地震局
局　长　王　欣
副局长　丛京彬　张　勇　郭世金
总工程师　徐　波
公安局
局　长　吴德生
政　委　王　健
副政委　窦庆福
副局长　王宗岩　张　军　陈　刚
△政治部
主　任　贾延昭
△指挥部
主　任　赵　新
△经侦支队
支队长　张海涛
政　委　张亦农（女）
△治安支队
支队长　李保建
政　委　李海峰
△监所管理支队
支队长　张　卫
政　委　丛建华
△刑警支队
支队长　王　辉
政　委　张　健
△交警支队
支队长　曹凤阳
政　委　段富勇
△特警支队
支队长　刘宜武
政　委　张仁骏
△巡警支队

支队长　吕红艺
政　委　肖　军
△高新分局
局　长　刘庆勇
政　委　董为民
△人民警察培训学院
院　长　侯雷英（女）
政　委　李立东*
△历下区分局
局　长　云廷华
政　委　初吉兵
△市中区分局
局　长　刘　刚
政　委　王建平
△槐荫区分局
局　长　张新华
政　委　张　涛
△天桥区分局
政　委　刘宜璞
△历城区分局
局　长　陈　晨
政　委　张福新
△长清区分局
局　长　郑　宏
政　委　王纯阁*　李立东
△章丘区分局
局　长　赵延军*　王纯阁
政　委　张振峰
民政局
局　长　张洪武
副局长　成文元　杜红波
苏　楠（女）　李越千
拥军优属拥政爱民领导小组办公室
主　任　张洪武
副主任　李乃芳*
△社会组织管理局
局　长　张少林（女）*　张鲁宁
市老龄工作委员会办公室
主　任　庞　涛
副主任　张良华　戚克春
司法局
局　长　谢圣仁
副局长　王翠香*（女）
周　瑛　皇甫庆森
陈其军
政治部主任　（缺）
市普法教育依法治市领导小组办公室
主　任　谢圣仁（兼）
副主任　石　颖
济南监狱
监狱长　刘敦臣*
政　委　（缺）
副政委　卜海晶
副监狱长　霍永利　牟英俊
赵新明*　时胜利
侯启福
纪委书记　王筱雁（女）
△济南第二监狱
监狱长　赵新明
政　委　张传征
△泉城公证处
主　任　刘景学
财政局
局　长　尹清忠*　刘大坤
副局长　周之勇　车夕奇　王宏伟
李玉诚
总会计师　李学友
总经济师　丁国春
市政府投融资管理办公室
主　任　尹清忠*　刘大坤
△市非税收入管理局
局　长　（缺）
△市财政国库支付局
局　长　李　磊*
△市农业综合开发办公室
主　任　刘佩禄
人力资源和社会保障局
局　长　王　壮
副局长　郑志友　窦进科　徐卫民*
王振群*　王福君　杨富基
姜秀志
劳动就业办公室
主　任　窦进科
社会保险事业局
局　长　郑志友（兼）
技师学院
院　长　杜喜亮
△公务员局
局　长　高文波
△外国专家局
局　长　张　宾
△人才服务局
局　长　（缺）
△劳动保障监察支队
支队长　谢咸民
△劳动人事争议仲裁院
院　长　郭　震
国土资源局
局　长　刘大坤*　翟　军
副局长　许瑞波　付　英（女）
刘　霞（女）　许宗生
总工程师　马振海
总规划师　贾吉同
△土地储备交易中心
主　任　孙　凯
△征地办公室
主　任　（缺）
△国土资源执法监察支队
支队长　李　军
△土地综合整治服务中心
主　任　王　震
△济南市不动产登记中心
主　任　刘　公
规划局（城市规划委员会办公室）
局　长　吕　杰
副局长　王秀波　刘　卫　王　科
林海铭

总规划师 牛长春

△市城乡规划编制研究中心

主 任 戴淑虹

△市规划局高新分局

局 长 冯桂珍

市城乡建设委

主 任 蒋向波

副主任 金德岭 孙文国 吴 力 武兆军 盖 敏（女） 马全安

总经济师 闫卓然

△公用事业局

局 长 冯勋业

△园林管理局

局 长 刘建东

住房保障和房产管理局(城市更新局)

局 长 徐春华

副局长 陈 红（女） 李胜伟 宋道勇 马 琳* 张恒志 程学峰

△济南市保障住房管理中心

主 任 孙 康

城市管理局

局 长 吕灿华

副局长 韩 军 黄爱民 秦国芬（女） 曹 明（女）

市城市管理行政执法局

局 长 吕灿华（兼）

政 委 胥嘉印

副局长 王 伟 尼志坚* 苏伯林 张德山 许 强

△市城市管理行政执法支队

支队长 张德山（兼）

△济南市数字化城市管理中心

主 任 阴洁伟

环境保护局

局 长 侯翠荣（女）

副局长 翟立哲 秦立华 杜世勇 阴 浩

总工程师 孟克非

△市环境监察支队

支队长 谢 强

△市环保局高新区分局

局 长 钱毅新

城乡交通运输委员会

主 任 贾玉良

副主任 孙志刚 罗卫东 张宝文 姚福林 杨 勇 张冠群（兼）* 王兆杰（兼）

总工程师 姜春华

△交通战备办公室

主 任 于建芳（女）

△公路管理局

局 长 孙志刚

△运输管理办公室(市地方海事局)

主任（局长） 毛贤强

市城乡水务局

局 长 翟 军* 姜 涛

副局长 巩振茂 李广华 李百全 杨 波 赵承忠 亓子明

总工程师 王学军

南水北调工程建设管理局

局 长 张体伦

副局长 高 民 张庆昕

△市供排水检测中心

主 任 贾瑞宝

农业局

局 长 李季孝

副局长 李建生* 王奉光 周增禄 赵建民 李新军

总农艺师 刘继冰

总经济师 赵玉堂

△畜牧兽医局

局 长 付良玉

△市农业科学研究院

院 长 刘德金

林业和城乡绿化局

局 长 王国富

副局长 郑兆亮 张清春 张传喜 曲国庆 崔家新* 仇裕岭 高树金

总工程师 王良庆

△森林公安局

局 长 亓新华

商务局

局 长 孙义洪

副局长 李明军 梁旭斌 张 娟（女） 滕志超 胡吉忠 李晓军

总经济师 张承喜

△离退休干部局

局 长 仇 可

△国际商务促进中心

主 任 胡家华

文化广电新闻出版局

局 长 李守海

副局长 崔大庸 罗明军 孙 亮 庄 岩 郭象峥 孙 静（女） 于 茸（女）

△市文物局

局 长 于 茸（女）（兼）

△市文化市场综合行政执法局

局 长 靳 磊

广播电视台

台 长 马维嘉* 孙世会

总编辑 张子礼

副台长 曹 进* 许 莉（女） 马 利（女）* 温 健 迟 蕾（女）

卫生和计划生育委员会

主 任 马效恩

副主任 杨玉华（女） 张振民 马丽霞（女）* 侯廷成 徐配印 李学忠（兼）

齐先文

中医药管理局

局　长　马孝恩

专职副局长　米宽庆

△医务工会

主　席　张晶卉（女）

△深化医药卫生体制改革领导小组办公室

主　任　成昌慧

△爱国卫生运动委员会办公室

主　任　马红薇

△市保健办公室

主　任　张令军

食品药品监督管理局（市食品安全委员会办公室）

局　长　刘永浩

副局长　赵金民　王道祥　李学忠　刘金宏　王玉强

体育局

局　长　高立文

副局长　刘　新　刘　岩（女）　吴志东　冯　毅

审计局

局　长　黄厚安

副局长　刘继强　丁小玲（女，回族）*　李传凤（女）　仪红军　张传堂　于　洋

总审计师　仪红军（兼）

△经济责任审计办公室

主　任　吴冬梅

统计局

局　长　苑子建

副局长　崔瑞宁（女）　吕历源　张瑾国　谈友军　李士营

总统计师　蔡精辉（女）

△统计执法监察支队

支队长　刘东涛*

社会经济调查局

局　长　唐　军

副局长　王广俊*

国家统计局济南调查队

队　长　范坤文*　崔　刚

副队长　王广俊*　乔　森

安全生产监督管理局

局　长　李　涛

副局长　周晓冬　李成革　常英俊*　王联华　张　磊

△安全生产监察支队

支队长　赵福森*　杨　平

民族宗教事务局

局　长　于　红（回族）

副局长　任立新　黄庆涛

旅游发展委员会

主　任　郅　良（女）

副主任　任晓策　魏晓林　闫险峰　任骁瑞

国有资产监督管理委员会

主　任　靳　磊

副主任　董　黎　齐春明　谢红兵　张振江　王志军

△企业离退休干部局

局　长　宋广英

法制办公室（市行政执法监督局）

主任（局长）　白　龙

副主任　李泰吉　石丽华（女）*　李在生

副局长　王春平

市政府金融办公室（市地方金融监督管理局）

主　任　王　毅

副主任　郦　弘　李洪伟　张新波

市政府外事侨务办公室

主　任　刘艳秋（女）

副主任　刘学东　赵子龙　张士平　李兴春　王云国　庞　龙

市政府研究室

主　任　黄贵利

副主任　刘　勤（女）　徐龙义　刘庆需　管圣喜

人民防空办公室（民防局）

主　任　杨庆绪

副主任　亓　峰　张鲁玉　刘建伟　马成龙

总工程师　戈　山

济南高新技术产业开发区管理委员会

主　任　王宏志

副主任　寇　梅（女）　黄元俭　张金龙　高如同　李怀东

国家信息通信国际创新园管委会

主　任　王宏志

副主任　黄　涛　李世新　陈西武

南部山区管委会

主　任　王道忠

副主任　文东河　曲永伦　王　平

纪工委书记　关中秋

济南新旧动能转换先行区管理委员会

主　任　宋卫东

副主任　秦光强　李　咏*　崔延涛　张　勇

纪工委书记　张亦农

济南国际医学科学中心管委会

主　任　张端武

副主任　白　涛　张士东（兼）　李建华　张　济

济南住房公积金管理中心

主　任　董宝珂

副主任　徐评云　张培礼

总会计师　徐朝晖

史志办公室

主　任　李经发

副主任　杜加臣*　牛继兴

中国国际贸易促进委员会济南市分会（中国国际商会济南商会）

会　长　翟旭东

副会长　王　钟　张　伟（女）　张　喆

供销合作社
理事会主任 张国松
监事会主任 黄 波（女）
理事会副主任 冷俊义 刘景涛
齐玉鹏
刘筱筠（女）
监事会副主任 石宁红（女）
马裕涛
政府资金结算中心
主 任 林 军
副主任 苗兴臣 潘荣庆 王 鲁
市政务服务中心管理办公室（2018年12月撤销）
主 任 孔 杰
副主任 段明心* 安纪文
马学凯（回族）
市行政审批服务局（市政务服务管理办公室）（2018年12月设立）
局 长（主 任）（缺）
副局长（副主任）石丽华 陈秀中
机关事务管理局
局 长 高 冰
副局长 王 伟* 宋爱军（女）
徐 毅 董怀敏 李书新
牛世亮 费克迎
△行政事业资产管理办公室
主 任 毕毅斌（回族）
市社会科学院
院 长 马军远
副院长 张华松 王国庆 马黎明
济南市城市建设集团有限公司
董事长 李国祥
总经理 李培杰
副总经理 安玉坤 黄 蓓
史海成 许为民
徐文东 林 华
总会计师 范天云
济南市城市投资集团有限公司
董事长 聂 军
总经理 李全升
副总经理 高 烈 张 伦
董文湖 武 伟
殷光伟 马 莹（女）
赵铁灵
白 冰（满族）
总会计师 马 莹（女）（兼）
总工程师 姜建生
济南轨道交通集团有限公司
董事长 陈思斌
总经理 王伯芝
副总经理 潘 军 杨晓东
周建国 丁 强
修春海*
总会计师 丁 强
济南文旅发展集团有限公司
董事长 修春海
总经理 方连庆
副总经理 张广宇 潘大波
崔家新
总会计师 侯端云（女）
中心医院
院 长 苏国海
副院长 汪运山 肖凌凤（女）
李 云 王树美（女）
济南护理职业学院
院 长 宋林杰
副院长 朱荣清 尹守峰
吕金凤（女）
仲裁委员会办公室
主 任 王 伟
副主任 魏玉良 刘昌国 朱志恒
济南职业学院
院 长 于显坤
副院长 冯笑军 马保山
尹元华（女）
济南工程职业技术学院
院 长 杨长军
副院长 李爱芹（女） 徐运国
李秀英（女）
济南幼儿师范高等专科学校
校 长 李海平
副校长 魏风传 丁家德 马 健
市国税局（2018年7月撤销）
局 长 杜 锋
副局长 商 鹏 刘清鑫
杨文斌* 巫颐凯
杨新华 丛 琳（女）
总审计师 尉常杰
总经济师 张 峻
总会计师 孙家平
△市国税局高新技术开发区分局
局 长 王 灏
市地税局（2018年7月撤销）
局 长 张志明
副局长 张吉茂 王利民
孔 静（女） 牟 新
总经济师 赵 刚
总会计师 付春梅
△稽查局
局 长 张丙良
△直属征收局
局 长 刘 荣
△高新技术产业开发区分局
局 长 刘增军
市税务局（2018年7月成立）
局 长 杜 锋
副局长 张吉茂 商 鹏
王利民 刘清鑫
孔 静（女）
巫颐凯 杨新华
丛 琳（女） 牟 新
总经济师 张 峻
总会计师 孙家平
总审计师 尉常杰
△高新技术产业开发区分局
局 长 刘增军
气象局

局　长　阎丽凤（女）
副局长　周　军　杨志利
　　　　孙延延（挂职）

黄河河务局

局　长　崔宝卫
副局长　张需东　赵建勇　宋振利
　　　　俞宪海

（各相关单位）

政协第十四届济南市委员会及工作部门

主　席　雷　杰（女）
副主席　李好臣　段青英（女）
　　　　崔大庸　金德岭　刘梦海
　　　　毕筱奇　李继民　王伯芝
常务委员（按姓氏笔画为序）
　　　　丁小玲（女）　丁保国
　　　　于　虹（女）　万秀水
　　　　马　平　马效恩　王文生
　　　　王玉亮　王传秋　王建森
　　　　王品木　王钢城　王振华
　　　　王继东　王　萍（女）
　　　　王彩霞（女）
　　　　王翠香（女）
　　　　叶　霖（女）
　　　　付修琍（女）　白秋生
　　　　毕秀玲（女）　刘作宗
　　　　刘　佳（女）　刘　新
　　　　刘　燕　刘　霞（女）
　　　　衣光军　米俊伟
　　　　阮师漫（女）　牟国营
　　　　孙君涛　孙　蓉（女）
　　　　麦家荣　杨永辉　杨庆绪
　　　　杨晓刚　杨　捷（女）
　　　　李中赋　李　成　李会宝
　　　　李季孝　李树忱　李轶锋
　　　　李景全　李慎生
　　　　时华勤（女）
　　　　佘静雯（女）　宋全成
　　　　宋　蔚（女）　张元玺
　　　　张成如　张华松
　　　　张红凤（女）　张怀成
　　　　张　泉　张家起　张景欣
　　　　张鲁军　张　鹏　张殿岭
　　　　张端武　陆建林
　　　　陈小莉（女）
　　　　陈　静（女）
　　　　邵　莉（女）
　　　　林海铭　欧润光　岳绍红
　　　　侯建国　段　林　姜　杰
　　　　耿国玉　袁大川
　　　　徐冬梅（女）　徐征和
　　　　徐春华　徐　琳　高　斌
　　　　唐玉秋（女）　陶书同
　　　　黄淑玲（女）　黄　斌
　　　　崔　刚　盖守岭
　　　　梁志银（女）　韩　平
　　　　韩吉书　傅志清　潘荣庆
　　　　魏宗明
副秘书长　高　斌　李慎生
　　　　　傅志清　朋　星
　　　　　毕玉平

办公厅

主　任　高　斌（兼）
副主任　翟宏国　丁　伟*　高　琳
　　　　李志宏

研究室

主　任　李慎生（兼）

委员活动工作室

主　任　周玉萍（女）
副主任　陈文忠

提案委员会

主　任　乔　谦
副主任（按姓氏笔画为序）
　　　　丁保国　朱传东　刘作宗
　　　　孙义洪　孙元文
　　　　高肖玉（女）　郭志强

经济科技委员会

主　任　韩明东
副主任（按姓氏笔画为序）
　　　　马　平　史同伟　任　民
　　　　李会宝　李会芹（女）
　　　　李季孝　宋卫东
　　　　祝春华（女）
　　　　黄淑玲（女）
　　　　靖淑兰（女）

人口资源环境委员会

主　任　张福俭
副主任（按姓氏笔画为序）
　　　　吕灿华　朱茂丽（女）
　　　　华文俊（女）
　　　　刘　霞（女）
　　　　孙　远　张端武
　　　　郅　良（女）　高立文
　　　　蒋向波

社会文教委员会（社会法制委员会）

主　任　张　岩（女）
副主任（按姓氏笔画为序）
　　　　王化峰　王孟杰　王品木
　　　　刘　新　米俊伟　牟国营
　　　　郑志友　姜录臣　崔　刚
　　　　谢圣仁

港澳台侨和外事委员会

主　任　苏　峰（女）
副主任（按姓氏笔画为序）
　　　　刘艳秋（女）　李中赋
　　　　李兆兵　宋全成　张元玺
　　　　陈小莉（女）
　　　　梁志银（女）

文史资料委员会

主　任　张玉峰
副主任（按姓氏笔画为序）
　　　　叶　霖（女）　刘　浩
　　　　许延廷　李　铭　张华松
　　　　岳绍红　高宝继　翟旭东

（市政协办公厅）

中共济南市纪律检查委员会及所属工作部门

第十一届纪律检查委员会

书　记　程德智
副书记　赵玉海
　　　　范立山　刘　军
常　委　魏莉萍（女）　李敬德
　　　　满　斌　刘兆华
　　　　赵寿娟（女）
秘书长　刘兆华
委　员（按姓氏笔画为序）
　　　　于炳基　马志勇
　　　　王　欢（女）　王　健
　　　　王　琳　史宏捷　白承君
　　　　吕灿华　刘　军　刘广东
　　　　刘友祯　刘玉志　刘吉利
　　　　刘延杰　刘兆华　刘海峰
　　　　刘家勇　齐怀栋　阴法义
　　　　孙义俊　苏　涛　李　强
　　　　李旭东　李晓磊　李敬德
　　　　陈　敏　苗金祥
　　　　范　芸（女）　范立山
　　　　周鸿雁　郑玉岭　赵　博
　　　　赵玉海　赵寿娟（女）
　　　　赵洪芹（女）　唐　军
　　　　鹿海滨　董国瑞　程新民
　　　　程德智　谢圣仁
　　　　路建玲（女）　满　斌
　　　　魏志胜　魏莉萍（女）

济南市监察委员会

主　任　程德智
副主任　赵玉海　范立山　刘　军
委　员　李敬德（兼）
　　　　满　斌（兼）
　　　　刘兆华（兼）
　　　　阴法义　郑进毅

办公厅

主　任　牛力强

组织部

部　长　（缺）

宣传部

部　长　张亦农

政策法规研究室

主　任　王树刚

党风政风监督室

主　任　陈庆宏

信访室（举报中心）

主　任　（缺）

案件监督管理室

主　任　（缺）

第一纪检监察室

主　任　桑逢德

第二纪检监察室

主　任　（缺）

第三纪检监察室

主　任　（缺）

第四纪检监察室

主　任　（缺）

第五纪检监察室

主　任　（缺）

第六纪检监察室

主　任　王　蒙

第七纪检监察室

主　任　于克霖

第八纪检监察室

主　任　（缺）

第九纪检监察室

主　任　（缺）

第十纪检监察室

主　任　（缺）

第十一纪检监察室

主　任　（缺）

案件审理室

主　任　李红雨

纪检监察干部监督室

主　任　马丽媛（女）

市纪委市监委派驻纪检监察组

派驻第一纪检监察组

组　长　苏　涛
副组长　侯守清

派驻第二纪检监察组

组　长　韩　英（女）
副组长　王　勇

派驻第三纪检监察组

组　长　孙义俊
副组长　袁　冰

派驻第四纪检监察组

组　长　王　琳
副组长　刘加星

派驻第五纪检监察组

组　长　刘友祯
副组长　王金岭

派驻第六纪检监察组

组　长　郭尚兰（女）
副组长　李　强

派驻第七纪检监察组

组　长　李炳锋
副组长　沙卫平

派驻第八纪检监察组

组　长　李海燕
副组长　董立银

派驻第九纪检监察组

组　长　卢国栋

派驻第十纪检监察组

组　长　尹希芳
副组长　梁宗义

派驻第十一纪检监察组

组　长　李　庆
副组长　李　忠

派驻第十二纪检监察组

组　长　张振礼
副组长　张　伟

派驻第十三纪检监察组

组　长　杨　斌
副组长　闫来智

派驻第十四纪检监察组
组　　长　郑玉岭
副组长　刘大海
派驻第十五纪检监察组
组　　长　于晓辰
副组长　王卫东
派驻第十六纪检监察组
组　　长　杨照军（回族）
副组长　李　兵
派驻第十七纪检监察组
组　　长　张贵芳（女）
副组长　王　旭
驻市人大机关纪检监察组
组　　长　陈　敏
驻市政协机关纪检监察组
组　　长　李晓磊
副组长　董国瑞
驻市教育局纪检监察组
组　　长　吴云霞（女）
驻市公安局纪检监察组
组　　长　程新民
驻市环保局纪检监察组
组　　长　王瑞云
驻市审计局纪检监察组
组　　长　宋修海
副组长　曲学良
驻市城乡交通运输委纪检监察组
组　　长　高　峰
驻市国资委纪检监察组
组　　长　芦　青
驻市人民法院纪检监察组
组　　长　王　宏
驻市人民检察院纪检监察组
组　　长　李树平

（市纪委）

济南市中级人民法院

院　　长　张爱云（女）
副院长　仲维威[*]　刘延杰　孙永一
　　　　宋　蔚（女）
　　　　郑　玉（女）
政治部主任　冯　媛（女）
执行局局长　杨　雷

（市中级人民法院）

济南市人民检察院

检察长　宋文娟（女）
副检察长　谭　勇[*]　范　芸（女）
　　　　张　生　韩　清
　　　　衣光军

民主党派

中国国民党革命委员会济南市第八届委员会
主任委员　王伯芝
副主任委员　衣光军　臧　浩
　　　　王东晨
　　　　唐玉秋（女）
　　　　姚虎明
秘　书　长　王化峰
中国民主同盟济南市第十三届委员会
主任委员　崔大庸
副主任委员　华　巍　张怀成
　　　　印　东（女）
　　　　王钢城　张殿岭
　　　　张爱波（女）
秘　书　长　李会芹（女）
中国民主建国会济南市第十三届委员会
主任委员　王建森
副主任委员　刘　燕　杜　岩
　　　　王传秋
　　　　王翠香（女）
　　　　杨　捷（女）
　　　　丁保国
秘　书　长　孙　罡
中国民主促进会济南市第十届委员会
主任委员　金德岭（回族）
副主任委员　陈学中
　　　　刘海萍（女）
　　　　徐　琳　潘荣庆
　　　　叶　霖（女）
秘　书　长　寇佃法
中国农工民主党济南市第十一届委员会
主任委员　段青英（女）
副主任委员　段　林　白秋生
　　　　时华勤（女）
　　　　孙　蓉（女）
　　　　逄曙光（女）
秘　书　长　华文俊（女）
中国致公党济南市第六届委员会
主任委员　王桂英（女）
副主任委员　毕玉平　刘作宗
　　　　袁淑玲（女）
　　　　张元玺　张春清
秘　书　长　张元玺（兼）
九三学社济南市第十一届委员会
主任委员　刘梦海
副主任委员　牟国营
　　　　陈宁宁（女）（驻会）
　　　　侯建国
　　　　付修琍（女）
　　　　王文生
秘　书　长　陈宁宁（女）（兼）

（各民主党派）

人民团体

济南市总工会第十六届委员会
主　　席　孙积港[*]　雷天太
常务副主席　傅金峰
副　主　席　徐其东[*]
　　　　于　虹（女）
　　　　李兴家　戚淑斌
　　　　蒲玉全

经费审查委员会主任 丁希录*
刘明忠

共青团济南市第十六届委员会

书记 黄晓广
副书记 王友进* 徐冬梅（女）
王玺 孙华
孔庆松（挂职）

济南市妇女联合会第十三届执委会

主席 刘勤（女）
副主席 刘雅涵（女）
王萍（女）
徐蓓（女）

济南市工商业联合会第十四届执委会

主席 李景全
常务副主席 张鹏
副主席 靖淑兰（女）
刘延国 王道国
韩光美（女）
孔令磊 盖守岭
张成如
李燕（女）
李茂年 于大卫
尚兴军 陆建林
林擘 邢乐成
申作伟 牛余刚*
张英正
孙倩（女）
裴忠毅
秘书长 孙国栋

济南总商会

会长 李景全
副会长 张鹏 靖淑兰（女）
刘延国 王道国
韩光美（女） 周荣来
程克红 秦光霞（女）
张静文 刘永新
梁志银（女） 赵强
杨中辰 王新敏（女）
王安中 郑伟 李和龙
滕善明 于冰 谢清森
韩震 邢宪卿 孙武虎
潘杰 李华珍（女）
张士森 林思敏 刘春
刘长燕（女）
刘薇（女） 滕林行
秘书长 孙国栋

济南市科学技术协会第八届委员会

主席 刘梦海
副主席 张广勇 路来良 韩平
曹永明* 胡辉（女）
李武 王东

济南市社会科学界联合会第四届委员会

主席 杨峰
副主席 高宝继 陈居忠 郭涛

济南市文学艺术界联合会第五届委员会

主席 张望
副主席 刘溪 蒋济东 王振范*
兼职副主席 邓宝金（女）*

济南市归国华侨联合会第八届委员会

主席 李中赋
副主席 米文芃（女，回族）
张永华（女）* 刘作宗
杜斌* 董一鸣

济南市台湾同胞联谊会第七届理事会

名誉会长 吴远潮
会长 袁大川
副会长 张玲（女，高山族）
聂爱华（女）
刘栋
韩晗（高山族）
高雁（女） 叶江
秘书长 徐波

济南市残疾人联合会第六届执行理事会

理事长 孙君涛
副理事长 刘曰泉 程立杰
沈永强 刘红卫（女）

济南市红十字会

会长 王桂英（女）（兼）
常务副会长 袁淑玲（女）
副会长 朱兴利 孙宝占
刘鹏
秘书长 李宁（女）

济南市计划生育协会

会长 卢江（女）（兼）
常务副会长 郭农建
副会长 潘玲（女）*
赵莹（女）

（各人民团体）

责任编辑 张阳

中国共产党济南市委员会

综 述

【全市党组织和党员概况】 2018年底，中共济南市委员会有委员64人，候补委员11人；常委会由14人组成，设书记1人，副书记2人。辖各级党委（党组）1481个，党总支1772个，党支部22824个。共有党员469858名。其中，预备党员5706名，占1.21%；女党员127104名，占27.05%；少数民族党员6499名，占1.38%。1921年7月至1949年9月入党的1680名，占0.36%；1949年10月至1966年4月入党的21407名，占4.56%；1966年5月至1976年10月入党的53176名，占11.32%；1976年11月至2002年10月入党的213584名，占45.46%，2002年11月以后入党的180011名，占38.31%。35岁以下的85405名，占18.18%；36岁至55岁的188503名，占40.12%；56岁以上的195950名，占41.7%。大专以上文化程度的235542名，占50.13%；高中（中专）文化程度的119296名，占25.39%；初中以下文化程度的115020名，占24.48%。公有制单位在岗职工党员149411名，占31.8%；非公有制单位在岗职工党员40131名，占8.54%；农牧渔民党员123366名，占26.26%；离退休人员党员117883名，占25.09%；其他人员33656名，占7.16%。（周晓楠）

【贯彻落实习近平新时代中国特色社会主义思想】 市委印发《关于进一步深化学习习近平新时代中国特色社会主义思想和党的十九大精神的通知》，开展“大学习、大调研、大改进”和“三照三转三改三推”活动，规范理论学习中心组集体学习等学习形式，组织全市4.3万余名党员干部参加理论闭卷考试，举办各级报告会460多场，听众达15万人。围绕贯彻习近平总书记视察山东重要讲话和对山东工作重要指示批示精神，研究制定“六个走在前列”目标体系（在推动高质量发展上走在前列，大幅提升经济综合实力和区域影响力；在提升城市功能品质上走在前列，让省会的天更蓝、星更亮、路更畅、山更青、水更秀、城更美；在实施乡村振兴战略上走在前列，实现乡村面貌明显改观，脱贫攻坚任务全面完成；在保障和改善民生上走在前列，让人民群众的精神文化生活更加丰富，日子一年更比一年好；在创新社会治理上走在前列，社会既保持和谐稳定又充满旺盛活力；在抓好干部队伍建设上走在前列，形成正气充盈的政治生态，造就一支忠诚干净担当的干部队伍）及64项具体指标，明确“发挥十大优势，实现十个新突破”的具体措施。强力推进中央巡视反馈意见整改落实，对巡视组反馈给济南的问题照单全收，细化为6个方面33项具体问题进行整改，全部取得阶段性成效。（市委办公厅）

【加强干部队伍建设】 坚持“实在实干实绩”选人用人导向，对122个区县、市直单位、市管企业领导班子开展“后评估”；推荐表扬175名“出彩型”好干部、152个“出彩型”好团队，一次性提拔15名“出彩型”街镇党（工）委书记任市管副职。加强干部专业能力训练，全年举办各类专题培训班36期，培训干部7000余人次。加大正向激励力度，在全国率先以立法形式出台《济南市绩效管理条例》，对43个“好”等次的市管班子和258名“优秀”等次的市管干部进

行通报表扬。济南市被中组部确定为8个全国“新时代新担当新作为先进典型”之一。（市委办公厅）

【开展党风廉政建设和反腐败斗争】 市委制定出台《关于落实全面从严治党主体责任的实施意见（试行）》，开展全面从严治党述职评议工作，层层压紧压实管党治党政治责任。落实中央八项规定及实施细则精神，采取市、区县两级联动，自查与异地交叉察访相结合的方式，开展形式主义官僚主义专项整治。持续保持惩治腐败高压态势，开展扶贫及民生领域腐败、涉黑涉恶腐败等专项整治，查处侵害群众利益的不正之风和腐败问题。开展营商环境和城市提升等专项巡察，推进巡察全覆盖。（市委办公厅）

【深化“一次办成”改革】 在全省率先出台《深化“一次办成”改革进一步优化营商环境的若干措施》，推出商事登记、项目审批等7个方面35条改革措施。在全国首创的“拿地即开工”审批模式，被国务院大督查作为可复制的经验在全国加以推广。在全省率先实施企业简易注销登记改革，下半年平均每个工作日新登记市场主体超过1100户，市场主体增速由全省第16位升至第1位，总量突破80万户。济南市获评2018中国企业营商环境十佳城市。（市委办公厅）

【推动制度创新】 成立制度创新指挥部，制定年度改革任务、重点改革任务、改革试点任务3套台账，逐项明确牵头市领导、责任单位、工作标准和完成时限。承担的75项国家级、67项省级改革试点顺利推进，全市出台实施各类改革文件85件，年初确定的210项改革事项和重点推进的35项改革任务基本完成。济阳实现撤县设区，国资国企、医药卫生、农业农村等重要领域和关键环节改革均取得积极进展，济南城市改革热度指数位居全国第五位。

（市委办公厅）

【市委全委会】 中国共产党济南市第十一届委员会第五次全体会议，于6月29日举行。出席全会的有市委委员58人、候补市委委员11人。市纪委常委、市监察委委员和有关方面负责同志列席会议。市第十一次党代会代表中部分基层一线代表列席会议。全会由市委常委会主持。省委常委、市委书记王忠林做讲话。

全会以习近平新时代中国特色社会主义思想为指导，全面贯彻落实党的十九大精神，深入学习习近平总书记视察山东重要讲话精神，深入学习贯彻省委十一届五次全体会议精神，审议通过《中共济南市委关于深入学习贯彻习近平总书记视察山东重要讲话精神，在新时代现代化强省建设中奋力走在前列的意见》。

【市委常委会】 2018年，中共济南市委员会常委会召开会议49次。市委常委会深入学习贯彻习近平新时代中国特色社会主义思想和党的十九大精神，深入学习贯彻习近平总书记视察山东重要讲话和对山东工作重要指示批示精神，按照“两个走在前列，一个全面开创”的目标要求，全面落实省委、省政府决策部署，围绕加快打造“四个中心”、建设“大强美富通”现代化国际大都市，团结带领广大党员干部群众，抢抓机遇、乘势而上，各项工作都取得新进展、实现新突破，奋力书写了省会现代化建设新篇章。

【市委重要专题会议】 2018年，济南市委召开的重要专题会议有：全市党管武装工作述职会议、2017年度县区党委书记履行全面从严治党责任和抓基层党建工作述职评议会议、全市档案工作会议、市老龄委全体（扩大）会议、全市农村工作会议、2018年全市春节慰问老干部暨情况通报会、2018年党外人士迎春座谈会、2018年各界人士迎春茶话会、全市安全生产大会、2017年度全面从严治党主体责任落实情况汇报会议、新旧动能转换先行区规划工作汇报会、全市开展“大学习、大调研、大改进”工作会议、市扶贫开发领导小组第八次（扩大）会议、全市招商引资工作大会、市委理论学习中心组集体学习专题辅导报告会、济南市庆祝“五一”国际劳动节暨劳动模范先进工作者“五一”劳动奖状（章）工人先锋号命名表彰大会、全市城市提升工程座谈会、济南市精准扶贫慈善捐款动员暨慈善工作会议、全市优化营商环境动员大会、全市党的基层组织建设工作会议、庆祝中国共产党成立97周年暨全市出彩型好干部好团队命名大会、全市“深化学习苏浙粤三省经验 当好全省走在前列排头兵”工作会议、济南市城乡规划委员会会议、全市招商引资招才引智工作会议、全市乡村振兴工作会议、市委深化改革领导小组会议、市扶贫开发领导小组会议。

2018年济南市委重要文件选目

文件名称	发布文号	发布日期	施行日期
中共济南市委关于印发《中国共产党济南市委员会常务委员会议事决策规则》的通知	济发〔2018〕2号	1月3日	发布之日
中共济南市委、济南市人民政府关于印发济南市“四个中心”建设2018年度目标任务的通知	济发〔2018〕4号	1月6日	发布之日
中共济南市委、济南市人民政府关于印发济南市五项重点工作2018年度目标任务的通知	济发〔2018〕5号	1月6日	发布之日
中共济南市委关于济阳撤县设区工作的决议	济发〔2018〕6号	1月16日	发布之日
中共济南市委、济南市人民政府印发《关于支持非公有制经济健康发展的若干政策措施》的通知	济发〔2018〕9号	2月9日	发布之日
中共济南市委、济南市人民政府关于深化投融资体制改革的实施意见	济发〔2018〕10号	2月9日	发布之日
中共济南市委、济南市人民政府关于进一步完善产权保护制度依法保护产权的实施意见	济发〔2018〕13号	2月24日	发布之日
中共济南市委关于落实全面从严治党主体责任的实施意见(试行)	济发〔2018〕18号	3月29日	发布之日
中共济南市委、济南市人民政府关于稳步推进全市农村集体产权制度改革的实施意见	济发〔2018〕21号	5月3日	发布之日
中共济南市委、济南市人民政府关于印发《深化“一次办成”改革进一步优化营商环境的若干措施》的通知	济发〔2018〕23号	6月19日	发布之日
中共济南市委、济南市人民政府关于深入推进东西部扶贫协作和对口支援工作的意见	济发〔2018〕27号	7月18日	发布之日
中共济南市委、济南市人民政府关于印发《济南市乡村振兴规划(2018—2022年)》和5个工作实施方案的通知	济发〔2018〕33号	9月1日	发布之日
中共济南市委、济南市人民政府关于建设国际医疗康养名城的意见	济发〔2018〕34号	9月4日	发布之日
中共济南市委、济南市人民政府关于印发《新时期产业工人队伍建设改革实施方案》的通知	济发〔2018〕35号	9月8日	发布之日
中共济南市委、济南市人民政府印发《关于开展质量提升行动加快质量强市建设的实施方案》的通知	济发〔2018〕36号	9月8日	发布之日
中共济南市委、济南市人民政府关于深入推进安全生产领域改革发展的实施意见	济发〔2018〕37号	9月8日	发布之日
中共济南市委、济南市人民政府关于撤销济阳县设立济阳区的实施意见	济发〔2018〕39号	9月30日	发布之日
中共济南市委、济南市人民政府关于印发《济南市加强污染源头防治推进“四减四增”三年行动方案(2018—2020年)》的通知	济发〔2018〕41号	11月25日	发布之日

续表

文　件　名　称	发布文号	发布日期	施行日期
中共济南市委、济南市人民政府关于打赢脱贫攻坚战三年行动实施意见	济发〔2018〕43号	12月4日	发布之日
中共济南市委、济南市人民政府关于印发《济南市打造对外开放新高地构建开放型经济新体制的若干措施》的通知	济发〔2018〕45号	12月24日	发布之日
中共济南市委、济南市人民政府关于全面加强生态环境保护坚决打好污染防治攻坚战的实施意见	济发〔2018〕46号	12月24日	发布之日

（市委办公厅）

【概况】 2018年，市委督查室开展决策督查85项，办理各级领导批示交办事项1180件，督促办理人大代表建议18件、政协提案77件，编发督查报告400余期。

突出督查重点。先后围绕新旧动能转换、城市品质提升、营商环境优化、乡村振兴、扫黑除恶、污染防治、棚改旧改、拆违拆临、城区基础教育设施建设、交通基础设施建设等加强督促检查，以重点工作落实推动全市各项工作全面落实。围绕乡村振兴，实地查看10个涉农区县49个村、农业企业和农业示范园的工作落实情况，查找困难问题，提出对策建议，为领导决策提供重要参考；围绕污染防治，组织对扬尘治理情况开展多轮实地督查，发现问题现场督促整改，对整改不力的单位实施挂牌督办；围绕拆违拆临，通过强力督查督办，卧虎山水库一级水源保护区内存在20多年的画家村46宗别墅于7月全部拆除完毕。

强化实地督查。围绕市委重大决策部署落实和社会普遍关注、群众反映强烈的突出问题，组织实地督查，加大暗访和复核力度。对解决难度较大、办理周期较长、涉及多个部门的事项，通过联合督查、现场办公、召开专题协调会等方式，推进工作落实。7~8月，组织督查干部利用下班时间，分头对市内各区重要路段、街头小巷进行持续暗访，巩固全市占道经营集中整治成果。10月，针对山大二院周边建筑垃圾清理和周边楼顶乱搭乱建问题，单独安排工作人员先后3次深入现场暗访核查，拍照留存工作进度，及时反馈承办单位，督促整改，促使14万平方米的建筑垃圾和楼顶乱搭乱建在7天内整治完毕。

广泛“借力借智”。实行“特聘督查员”制度，从经济、法律等多个社会领域，聘请责任心强、社会接触面广、善于调查研究的15位市民为“特聘督查员”，围绕优化营商环境、提升城市品质等发现问题、提出建议50余项。实行“兼职督查员”制度，将督查工作与干部挂职、基层调研等工作结合起来，赋予挂职干部“兼职督查员”的职责，要求其围绕基层、群众最关心最直接最现实的问题开展调研督查，将共性问题上升为督查事项，推动问题解决。市委办公厅9名挂职干部累积形成调研报告60余篇，协助社区解决各类问题200余个。实行“专家督查员”制度，邀请民主党派中的专家学者，借助其专业优势和技术能力，参与全市重大经济活动、民生工作的督查。10月启动后，先后邀请各领域专家参与督查督办活动7人次。

（张启龙）

【概况】 市委组织部以学习宣传贯彻习近平新时代中国特色社会主义思想和党的十九大精神为主线，全面贯彻落实新时代党的建设总要求和新时代党的组织路线，围绕中心、服务大局，为加快建设“大强美富通”的现代化国际大都市提供坚强的组织保证。

坚持用习近平新时代中国特色社会主义思想武装党员干部。市直机关累计开展集中学习800余次，召开务虚会281次，开展调研3435次，形成调研报告1218个。发挥各级党校、行政学院主渠道作用，把习近平新时代中国特色社会主义思想作为主课，纳入各类主体班次中心内容，全市累计举办专题学习班次360余期，县处级以上干部全部达到5~7天的学时要求。发挥“灯塔—党建在线”作用，组织全市党员进行在线学习和答题；利用“泉城党建”手机平台跟进宣传习近平总书记系列重要讲话精神，党员关注和点击逾400万人次。

坚持以党的政治建设为统领。牢固树立“四个意识”，干部选拔突出政治标准，基层党组织建设突出政治功能，人才工作突出政治引领、政治吸纳，在干部教育培训中把“四个意识”作为首要内容，在领导班子政治建设中把树立“四个意识”作为首要任务。加强党章的学习贯彻，分级分领域对全市2万多个基层党组织开展学党章用党章情况监督检查。严格党内政治生活，年初成立28个督导组对市管领导班子民主生活会进行全流程把关、全覆盖督导，全市20645个基层党组织全部召开组织生活会，460143名党员参加民主评议。强化党的宗旨教育、优良传统教育和政德教育，组织市、县（区）两级党校60余个主体班次开展党性教育。推进长清区大峰山党性教育基地建设，由“新展馆、烈士陵园、独立营旧址”组成的“一馆一园一旧址”的基地格局基本建成。推动落实全面从严治党主体责任，出台《中共济南市委关于落实全面从严治党主体责任的实施意见（试行）》《关于健全完善述职评议考核制度落实各级党委书记抓基层党建工作责任的实施意见（试行）》等文件，指导全市各级党委（党组）全部建立基层党建“问题清单”“任务清单”“责任清单”，累计实施书记突破项目1223个，开展党建材料造假问题等专项督查50余次。

打造高素质专业化干部队伍。树立重实干重实绩的用人导向，选拔敢于负责、勇于担当、善于作为、实绩突出的干部，一次性提拔15名“出彩型”街镇党（工）委书记任市管副职。强化科学精准选任，健全完善“四看一听”选任机制，完善干部调研巡视制度，打造干部选任全过程、全链条制度体系，研究制定市管干部选拔任用工作规程及实施细则、领导班子和领导干部综合考察评价机制。开展干部工作“后评估”，累计对区县、市直单位、市管企业122个领导班子进行“后评估”，掌握优秀市管干部403人、优秀年轻干部595人、其他年龄段优秀干部525人、优秀专业化干部86人、“出彩型”干部144人、工作一般和能力较弱的市管干部24人，建立“狮子型”“专家型”“苗子型”“老黄牛型”“四型”干部储备库，实现“后评估”结果与市管干部日常调整、优秀年轻干部选拔培养“一号工程”、递进培训跟踪培养、破格提拔、能上能下、年度考核等次评定、评先树优“七个无缝对接”，并总结形成“后评估”制度研究报告和工作机制实施办法。持续加强干部专业能力训练，全年累计牵头举办各类专题培训班36期，培训干部7000余人次。突出实践锻炼，加大异地任职、岗位交流力度，分别从各区县和市直有关部门选派160人分9个方向进行交流锻炼。推进优秀年轻干部培养选拔“一号工程”，年内累计提拔重用优秀市管年轻干部26人，在干部调整中占比25.9%。结合后评估工作，从市直单位提拔9名“80后”优秀副处长任街道办事处主任。精心组织事业单位引进优秀人才工作，311名来自北京大学等知名高校的人选被录用。做好优秀年轻干部递进培训跟踪培养工作，出台《关于优秀年轻干部递进培训跟踪培养的实施意见（试行）》，全年选调186名优秀年轻干部参训。鼓励干部新时代新担当新作为，对38个“好”等次的市管班子和258名“优秀”等次的市管干部进行通报表扬。在“七一”表彰全市担当作为“出彩型”好干部175人、好团队152个，并开展“召开一次命名大会、组织一次巡回报告、提拔一批好干部、召开一次澄清正名大会”等“十个一”活动。加强干部监督管理，用好提醒、函询、诫勉手段，严格落实领导干部个人有关事项报告制度，在全市开展干部任职回避和干部“裙带关系”、家族势力等问题集中整治。

强化基层党组织建设。做好村（社区）“两委”换届选举，印发指导性文件33件，培训工作人员3.8万人次。严格落实候选人资格县乡联审制度，累计审查3.97万余人次，排除或劝退1656人。排查整顿换届重点难点村196个，公开曝光典型案例25起。推进抓党建促乡村振兴，研究制定《济南市乡村振兴战略规划（2018-2022年）》和5个实施方案，部署实施“十大行动、五大工程、五大计划”，以乡村组织振兴促全面振兴。实施“头雁培育”工程，全市累计举办农村“两委”干部培训班178期，培训25334人次，1334名35岁以下优秀人才在换届中进入“两委”班子。深化提升支部“一加三”工作，全市255个空壳村全部脱壳。实施组织振兴样板培树计划，开展乡村振兴“十百千”示范创建工程，全面推进村级组织活动场所标准化建设，通过打造20个重点示范点带动全市提升改造场所200余个。开展扫黑除恶专项斗争，召开全市组织部门专题会议3次，组织开展3轮集中督导，对全市2.7万余名村（社区）“两委”成员逐一审查，对存在涉黑涉恶问题或受过刑罚的全部予以劝退或免职，打击处理“村霸”12名。制定出台从严管理监督村（社区）干部实施办法，推行村（社区）干部因私出国（境）证件街镇统一管理。统筹推进各领域党建工作。在农村，深化过硬支部建设，推行村党组织“评星定级”；强化第一书记和大学生村官工作，新调整选派第一书记256名，新选调大学生村官65名。在城市社区，持续深化社区党建标准化建设，研究制定社区“两委”专职成员工作报酬、参加社会保险、缴纳住房公积金和面向优秀社区党组织书记招聘事业单位人员等一揽子制度，累计协调拨付城市社区党组织群众工作经费2020万元、社区综合服务设施用房改造提升财政奖补资金2000万元。在“两新”组织，持续推进“两个覆盖”，指导各区县打造楼宇、园区党建特色项目23个，累计拨付53家市级“两新”组织党建示范点创建对象扶持资金530万元。在国有企业，研究制定《关于进一步加强和改进新时代国有企业党的建设的若干意见（试行）》等系列文件，建立起国企党建“1+N”制度体系。在机关，召开全市机关党的工作会议，继续推动在职党员到社区报道，全市1435家单位的2.7万名在职党员先后到社区报道，累计协调解决各类问题3500余项。研究制定《关于进一步从严做好发展党员工作的有关规定（试行）》，稳妥开展失联党员规范管理和组织处置工作，做好军队退役人员党员教育管理，加大对在京流动党员和人才市场流动党员党组织业务指导力度，持续提升基层党员队伍质量。

人才队伍建设。运用市场化手段提升人才工作质量，举办首届中国·济南人力资本产业高端论坛暨人力资源服务博览会，策划举办首届济南海外高层次人才创新创业大赛，并对参加决赛的96个项目实施“96工程”助推落地。加快推进人才体制机制改革，推动“人才新政30条”“高校20条”落实落地，相继出台35项实施细则和配套文件。优化提升重点人才工程，实施泉城“5150”、泉城产业领军等重点人才工程。组织开展第十二批济南专业技术拔尖人才和第七批济南市青年学术技术带头人推荐选拔，确定拔尖人才126名、青年学术技术带头人87名。制定发布2018年全市重点产业人才需求目录，与84个高层次创新创业人才（团队）签订合作协议。加快推进人才载体平台建设，做好山东产业技术研究院筹备工作，高标准规划建设济南院士谷，启动三年行动计划，集聚高端人才。（韩　林）

【优秀年轻干部选拔培养】 从全市换届“后评估”发现的优秀年轻干部和年轻干部递进培训班优秀学员中，选派年轻处（科）级干部，分营商环境先进地区、上级机关、基层一线、扶贫攻坚前沿等9个方向开展上挂下派双向交流。从部分区和市直部门增派8名处科级优秀年轻干部，分赴湖南湘西州和重庆武隆区开展扶贫协作工作。坚持“使用是最好的培养”的理念，在全市市管干部调整中，严格按照“拟提拔重用年轻干部不少于15%”的要求，累计提拔看得准、潜力大的优秀年轻干部占提拔重用市管干部的19%，全市45岁以下的市管干部152人，占全市市管干部的7.1%。在区县和市直部门中层干部日常调整中，实行年轻干部选配专项预审制度，在中层干部调整备案中，年轻干部比例超过30%。注重区县和市直部门年轻干部双向交流，共交流市管干部85人，其中提拔交流35人。实行遴选招录，事业单位引进优秀全日制博士研究生、“211”高校全日制硕士研究生和“985”高校全日制大学本科生311名，其中研究生189名、本科生122名。同时制定《关于扩大事业单位引进优秀人才数量的建议方案》，对在面试中表现优异但未被录用的、“四个中心”建设急需的相关专业人才，再优选安排到相关事业单位工作。做好选调优秀高校毕业生到基层工作，录用选调生152人。对接省选调生优选计划，在做好济南市27人录用工作的基础上，面向省委组织部推荐的未录用优秀差额考察人选，对16名有意愿来济工作的，安排到相关事业单位工作。持续推进优秀年轻干部“3年轮训”计划，全年培训干部5500余人次，优秀年轻干部占比超过60%，并参加国家级干部院校、国内外知名高校和泉城干部大学堂等高端培训平台专题培训。研究制定新形势下加强选调生培养选拔管理工作的实施意见，对年轻选调生进行一对一“结对子”培养。举办新录用选调生和往届选调生培训班，与浙江大学、上海交大等知名高校合作举办培训班5期，培训选调生300人。制定出台“人才新政30条”，推出高层次人才分类认定办法、引进人才落户实施细则等配套文件，有95名济南市“5150引才计划”入选人才校地“双跨”，175名医务人员兼任高校博导硕导，310余名高校院所专家教授被市委、市政府授予济南专业技术拔尖人才、泉城特聘专家等称号。从山东大学、省科学院选派67名优秀科技人才到区县、产业园区挂职，推动“校地双创”。

（张永康）

【正向激励机制完善】 抓好干部教育，先后实施“三照三转三改三推”活动，组织各级各部门到苏浙粤沪等先进地区学习考察，实施优秀年轻干部递进培训跟踪培养计划。坚持好干部标准和“实在实干实绩”导向，探索构建事前“调研巡视”、事中“四看一听”、事后开展“后评估”选人用人工作闭环，提高选人用人质量。注重典型引领，开展“出彩型”好干部、好团队表彰活动。率先在全国制定《济南市干部正向激励实施办法（试行）》及实施细则，出台破格提拔、年度考核结果运用、干部职工疗休养等多项制度文件，特别是以立法形式出台《济南市绩效管理条例》，破解基层干部工资待遇“倒挂”难题。围绕“敢干事”，健全落实容错、纠错、防错和诬告陷害信访举报行为查核处理“四位一体”制度体系。围绕“能干事”，针对提升干部尤其是年轻干部专业能力，出台年轻干部工作“1+2”文件，即优秀年轻干部培养选拔、干部工作“一号工程”、递进培训跟踪培养实施意见，全面提升优秀年轻干部能力素养。9月，济南市被中组部确定为8个全国“新时代新担当新作为先进典型”之一。相关经验做法被中组部和新华社、人民日报、中央电视台等9家中央主要新闻媒体40余次宣传报道。（庞光亮）

【干部工作全过程管理】 制定实施《关于坚持“实在实干实绩”导向，从严从实做好干部选拔任用工作的意见》，出台配套文件，加强干部工作全过程管理。开展事前调研巡视。2016年起对全市10个县区和116个市直单位开展干部工作调研巡视，对市管班子和干部进行“立体画像”“全面体检”，累计谈话12800多人次，收集整理意见建议5000多条，形成干部清单，并将调研巡视成果充分运用到区县换届干部调整中。实行事中“四看一听”：看实绩、看公论、看关键时刻表现、看巡视督导和纪检监察等掌握的情况，充分听取单位党委（党组）主要领导和分管领导意见。事后开展“评估”。1~5月，派出10个工作组对10个县区和98个市直单位、14个市管企业领导班子进行事后评估，对换届工作进行“回头看”，累计谈话11970人次，共掌握优秀市管干部403人、优秀年轻干部595人、其他年龄段优秀干部525人、优秀专业化干部86人、“出彩型”干部148人、工作一般和能力较弱的市管干部24人，并以此为基础形成年度全市重大课题《济南市干部考核评价“后评估”制度研究》课题研究报告。

（庞光亮）

【组织系统中央巡视反馈意见整改落实】 制定下发《中共济南市委组织部关于中央第七巡视组巡视反馈意见的整改落实工作方案》，明确5个方面、15小项、59条整改措施、70件具体事项，逐条逐项明确责任人、责任处室和完成时限。成立由部长任组长、常务副部长任副组长、其他部领导班子成员和市纪委派驻纪检组组长为成员的部巡视整改工作领导小组，对整改工作“每日一调度、一周两报告”。派出督导专员到10个区县委组织部现场督导巡视整改工作，确保整改工作落细、落实、落到位。

（孙　峰）

【选人用人巡察检查】 在全市组织

部长会议上，通报结合市委第一、二轮巡察，开展选人用人专项检查发现的问题，部署全市开展自查自纠，督促有关单位整改落实。结合市委第三、四轮巡察，成立检查组，对34个市直单位开展选人用人专项检查，查阅处科级干部调整纪实档案436卷，抽查干部档案306卷，发现问题131个，提出整改建议170条，督促有关单位压实选人用人责任，规范干部选拔任用程序，有效提高有关单位选人用人质量。（谢奕真）

【“圈子文化”“码头文化”等专项整治】 1月，根据省委组织部关于省委巡视发现涉及组织工作突出问题开展专项治理的要求，部署开展干部任职回避制度自查自纠和干部“裙带关系”、家族势力问题集中整治，组织全市副处级以上、各县副科级以上、各国有企业中层以上领导干部全面排查，并签订责任书，承诺自觉抵制各种歪风邪气。8月，根据全省统一部署，开展“好人主义”“圈子文化”“码头文化”专项整治，通过采取加强教育引导、严肃党内政治生活、端正用人风气、加大排查整治力度、加强基层党组织建设等措施，营造良好的政治生态。（谢奕真）

【济南大峰山党性教育基地建设】 为贯彻落实习近平总书记“把红色资源利用好、把红色传统发扬好、把红色基因传承好”的重要指示精神，市委、市政府研究决定，依托大峰山革命根据地旧址，集中力量建设济南市第一家综合性党性教育基地——济南大峰山党性教育基地。3月正式开工建设，10月投入试运行，建成以“一馆一广场一园一旧址”为基本框架，以中共长清县委旧址、马套村、西李村、刘成德事迹展览馆等12处教学点为补充的教学参观格局。至年底，接待各类培训团队40余批次，培训各类人员3600余人次。（参见“区县·长清区【济南大峰山党性教育基地】条目”）

（郑　伟）

【习近平新时代中国特色社会主义思想学习培训】 市委组织部会同市委统战部、市委党校在已连续举办9期市管领导干部集中轮训班的基础上，将学习贯彻习近平新时代中国特色社会主义思想作为首要政治任务，抽取45个市直部门进行专项督查，指导督促各区县和市直部门按照干部管理权限对县处级干部进行集中培训，确保全市1.3万余名县处级以上干部按要求达到5~7天集中培训学时要求。将习近平新时代中国特色社会主义思想作为各部门（单位）开展干部教育培训的总遵循和总指导，将其列入全市各类统筹管理班次的必修内容，纳入市委党校（济南行政学院）主体班次。坚持读原著学原文悟原理，组织主体培训班次学员将《习近平谈治国理政》第一、二卷和《习近平新时代中国特色社会主义思想三十讲》等书籍作为必读书目，在学懂弄通做实上下功夫。丰富集中教育、交流研讨、互动教学等多种培训形式，组织教师开展教学理论公关，构建符合济南市实际的课程培训体系，提高学习效果。（郑　伟）

【泉城干部大学堂】 年内，“泉城干部大学堂”专题讲座紧扣全市发展战略和中心任务，瞄准高端性、前瞻性、专业性定位，用活用好国际国内各行业、各领域前沿权威专家、党政干部、名企高管等高端智库人才资源，为市委市政府重大决策、重点任务提供专家建议、智库方案、经验支持。全年举办“泉城干部大学堂”12期，邀请来自清华大学、中国科学院、中国社会科学院等地的多名专家学者为学员授课，学员来自各县区、各市直部门、企事业单位，共6000余人次。

（郑　伟）

【发展党员工作】 研究制定《2018年发展党员指导性计划》，通过单列计划、重点支持等方式，着力加大在3年以上未发展党员村、“两新”组织、高知识群体中发展党员的力度，进一步优化发展党员结构。做好中央巡视反馈问题整改，指导各区县对3年以上未发展党员村进行全面摸排，并通过安排镇街党员干部联系帮包、探索建立农村先锋党支部等方式，化解存在问题。举办2018年度发展党员和党费工作培训班，首次将市属高校党委、市律师行业党委、市注册会计师行业党委党务干部纳入培训范围。研究制定《关于进一步从严做好发展党员工作的有关规定（试行）》，从严格把握党员标准条件、从严推荐确定入党积极分子、从严发展基层组织班子成员近亲属入党等8个方面细规定，以提高新发展党员质量。开展党的十八大以来发展党员调研排查工作，指导各市管党（工）委通过审阅党员档案、召开座谈会、健全完善台账名册等方式，对2013年以来发展党员工作，特别是对基层党组织执行发展党员程序、贯彻发展党员纪律、整理保管党员档案等情况进行全面排查梳理，并对发现的问题逐一整改。组织各市管党（工）委对2017年以来发展党员工作进行全面自查自纠，在此基础上，以入党志愿书编号为依据，随机抽查部分县区、机关事业单位和企业新发展党员档案，并对存在问题逐一反馈。

（张　昭）

【组织开展“大学习、大调研、大改进”】 3月16日，全市“大学习、大调研、大改进”工作会议召开。3月底，动员部署工作落到支部。抓实“大学习”，筑牢思想根基。各级党委（党组）理论学习中心组聚焦习近平新时代中国特色社会主义思想和党的十九大精神、全省全面开展新旧动能转换重大工程动员大会上的讲话精神等内容，采取集体学习、专家辅导、座谈交流等方式，广泛组织党员参与学习。市委理论学习中心组举行2次集体学习专题辅导报告会、2次集体学习研讨。市直机关理论学习中心组开展学习研讨800余次，召开务虚会281次，调研3435次，形成调研报告1218个，开展主题党日活动4065次，各部门（单位）主要负责同志、领导班子成员上党课300余次。抓实“大调研”，摸透基层实情。全市各部门各单位立足部门实际，深入基层、群众、企业、农村，普遍组织开展“走基层、转作风、促提升”大走访大调研活动，确定调研课题2427个。抓实“大改进”，推动高质量发展。各级各部门各单位查摆各自差距和不足，开展问题整治工作。市“大学习、大调研、大改进”领导小组办公室梳理出党的建设、学习调研、干部思想作风、推动高质量发展、新旧动能转换、推进乡村振兴、民生保障7大类38项需要重点解决的问题，分5个督导组，到全市各县区各部门各重点企业开展调研督导，与市直机关工委联合，分7个督导组，对市直机关进行督导检查。加强宣传，市级媒体刊播各类稿件1318篇。

（张　昭）

【城市社区党建标准化建设】 贯彻落实市委《关于推进城市社区党建标准化建设的实施意见》要求，出台系列配套文件和具体措施。着眼构建区域统筹共建格局，在街道、社区推行兼职委员制度，吸收5200余名驻区单位党组织负责人担任，创新“工委+专委”工作模式，依托街道党工委建立基层党建、城市管理、社会事务等专业委员会。立足加强社区干部队伍建设，开展城市社区“两委”换届选举工作，牵头组织社区专职工作者考试，吸引大批优秀人才通过考试、依法选举进入社区“两委”班子。按照每个社区6职标准，配齐配强“两委”专职成员，为每个社区配备1名专职副书记。加大城市基层党建投入保障，实施社区用房改造提升三年行动计划，组织区县对已建成住宅小区社区工作服务用房情况进行排查，出台《济南市城市社区综合服务设施用房改造提升财政奖补资金使用管理办法》，从市财政列支2000万元，对新建、改扩建、购置工作服务用房的社区给予资金奖补，全市新增社区用房面积超过12万平方米。出台《关于确定城市社区“两委”专职成员工作报酬、参加社会保险和缴纳住房公积金的实施办法》，比照本地事业单位同类人员工资水平落实社区“两委”专职成员工资待遇。提升基层协商民主工作，开展专题调研，梳理形成100个基层协商民主工作案例。依托“街道—社区—网格—楼院”四级组织体系，由各级党组织牵头建立居民议事厅、民主议事会、楼院长杂谈会等协商议事机构1450多个，有效解决老旧小区供气供暖、街区路面改造、物业管理纠纷等各类问题1.8万余件。《人民日报》以《“最大公约数”这样求解——济南建两千三百多个协商议事机构，让群众有事好商量》为题进行整版报道。

（赵大伟）

【非公有制经济组织和社会组织党建工作】 印发《中共济南市委非公有制经济组织和社会组织工作委员会委员单位及其职责分工》，调整理顺市、县两级“两新”组织工委管理体制，成立市非公有制经济组织党委、市社会组织综合党委，完善集体领导、分工负责、定期协商、协调联动机制。印发《关于专项推进提高非公有制经济组织和社会组织党的组织和工作覆盖质量的工作方案》，召开专题会议部署推进，压实区县、街镇主体责任。汇总分析组织关系在市人事代理党委、区县人才服务中心和社区的

"两新"组织党员"三个台账",采取龙头领建、区域统建、行业联建、规范组织关系转接、选派党建指导员等措施,推动新建立"两新"组织党组织458个。严格规范组织设置、组织生活、工作机制,对已建立的"两新"组织党组织设置情况进行梳理排查,对设置不规范、质量不高的及时进行调整规范。抓实重点领域党建工作,聚焦加强律师行业党建工作开展专题调研,召开全市律师行业党建工作会议。对全市互联网企业进行集中摸排,建立工作台账、精准分类指导。强化基础保障,印发《济南市非公有制经济组织和社会组织党建工作经费使用管理办法(试行)》,市财政每年列支1000万元经费专项支持"两新"党建工作,以区县为单位按照每个新建党组织2000元的标准拨付启动经费,对市级"两新"组织党建示范点创建对象分别拨付10万元工作扶持资金。创新楼宇园区党建工作,以税收亿元以上楼宇、省级以上园区为重点,推动建立区域性党组织和党群服务中心,打造楼宇、园区党建特色项目23个。印发《关于开展非公有制经济组织和社会组织党建工作示范点创建工作的实施意见》,打造52家市级两新组织党建示范点。

(赵大伟)

【抓党建促乡村振兴】 制定《济南市乡村组织振兴工作实施方案》,推进乡村组织振兴。创新党组织评星定级工作机制,出台专门意见,细化明确5个星级等次、25项评价指标和33条"扣分红线",对五星级党组织授牌表扬,对实绩突出的村干部发放"星级补贴"。创新带头人队伍优化提升机制,以"选贤引能"为重点,推进农村带头人队伍新老更替;以区县为单位建立后备人才库,加强递进培养、人才储备;对43个无合适人选村,选派机关干部到村任职。集中攻坚集体经济空壳村,探索组织联建、产业联合、区域联手,提升支部"一加三"工作,全市集体空壳村全部"脱壳",3万元以下的薄弱村比上年减幅41.1%。全面落实村级组织运转经费保障政策,市以上列支补助资金2.26亿元,较上年增幅26.2%,村干部待遇报酬、办公经费大幅提升。在浙江大学、山东大学举办乡村振兴示范示范培训班,带动各级举办培训班180余期,对2.2万余名村"两委"成员实现培训全覆盖。开展乡村振兴样板村集中宣传活动,宣传报道三涧溪、马套等村经验做法,营造学先进、赶先进、争先进的浓厚氛围。

(吴修直)

【第一书记抓党建促脱贫攻坚】 新一轮调整选派第一书记532人,其中45岁以下占80.3%,实现916个贫困村和273个软弱涣散村第一书记全覆盖。在上海交大举办全市优秀第一书记示范培训班,带动各区县把所有第一书记全部轮训一遍。加强第一书记临时党组织建设,提升第一书记自我教育管理能力;指导成立100多个专家顾问团队,组织300多名农技专家、农民合作社负责人等为第一书记提供指导服务。出台《关于规范完善市直部门(单位)选派第一书记有关待遇的通知》,将第一书记派驻补助提高到每月1500元、工作经费提高到每年2万元。落实派出单位项目、资金、责任"三个捆绑"要求,投入帮扶资金8900余万元。及时总结先进经验,在新闻媒体开设"第一书记在基层""第一书记风采录"等专栏,刊发先进事迹20余篇。开展任职期满市派第一书记考核工作,对实绩突出、群众满意的19名第一书记评定为"好"等次;依托信息化平台,抽查检查180名第一书记在岗履职情况。坚持每季度调度通报一次帮扶工作、开展一次观摩评比,为每名第一书记建立实绩档案。评选出20名担当作为"出彩型"第一书记;全市100名脱贫攻坚突出个人中,第一书记占33人。 (吴修直)

【村和城市社区"两委"换届选举及后续工作】 制定村居干部正面标准和20种"不得""不宜"负面情形,建立候选人资格县乡联审制度,区县纪检监察、组织、公检法等部门对3.97万名参选人员逐个进行资格审查,取消和劝退有意参选人员1656人。成立3个巡回督导组,覆盖所有镇(街道),走遍所有重点难点村。建立健全电话、网络、接访"三位一体"24小时专人值守平台,对重点信访事项实行领导包案、销号管理,全部妥善解决。出台预防和查处拉票贿选《暂行办法》,明确28种"负面清单",编印《通告》在每个村张贴公示,制作动漫片等在各类媒体滚动播发。市县设立违纪违法查处组,查处拉票贿选案件23起、干扰破坏选举秩序案件33起。全市

4547个行政村、652个城市社区全部完成“两委”换届，按期换届率100%。换届后，全市所有村全部建立村务监督委员会，健全下属委员会及各类配套组织，全面开展村规民约修订工作，指导建立健全协商民主、“四议两公开”、党务村务财务公开等制度，确保基层运行健康规范有序。（吴修直）

【基层组织建设领域扫黑除恶专项斗争】 成立专门领导小组，制定《工作方案》《职责分工》等4项政策指导文件，召开全市组织部门推进扫黑除恶专项斗争专题会议，组织部到镇村一线开展3轮集中督导。全面开展人选质量“二次体检”，对全市2.7万余名村（社区）“两委”成员情况进行再审查、再把关，存在涉黑涉恶问题、受过刑事处罚的全部清退。整顿软弱涣散村党组织，排查确定党组织软弱涣散村273个，全部选派第一书记，明确423名县乡领导包挂，安排283名街镇机关干部负责，坚持一村一策，推动基层有黑扫黑、无黑除恶、无恶治乱，年底前全部实现整顿转化。建立从严管理监督干部长效机制，在全省率先出台从严管理监督村（社区）干部的《实施办法》，建立请销假、个人重要事项报告等26项制度，明确“十不准”负面清单和6种问责办法，强化对基层干部全方位管理约束。发挥基层党组织政治功能，采取“主题党日”及张贴公告、入户宣传等多种形式，发挥党员带头作用，铲除黑恶势力滋生蔓延土壤。

（吴修直）

【人才发展体制机制改革】 实施人才支撑乡村振兴行动计划，制定出台《济南市推动乡村人才振兴工作方案》，定期召开工作调度会议，督促推动各区县、各部门实施乡村人才振兴行动计划。做好齐鲁乡村之星和泉城乡村之星培养选拔工作，继续加大对各类农业农村人才的培训、管理、服务力度。以“人才新政30条”“高校20条”为核心，出台35个涵盖引进、培育、激励、服务等的“全链条”实施细则，制定打造对外开放新高地、支持实体经济、引进总部经济等人才保障政策，出台企业家、金融、卫生、教育、文化等人才队伍建设政策6个。加大顶尖人才集聚，出台顶尖人才助力新旧动能转换“一事一议”办法，最高给予5000万元资助、6000万元市级引导基金股权投资支持。开展2018年泉城“5150”引才倍增计划和泉城产业领军人才支持计划申报工作，遴选高层次人才89名，支持资金11950万元。支持驻济高校、科研院所科研创新，启动“高校20条”57项补助认定评审，发放补助7376万元。设立4.3亿元市级人才发展专项资金，比2017年提高4倍。加强精准服务打造人才发展新生态。开展“一对一”服务，制定出台《济南市高层次人才精准服务体系建设实施细则》，打造绿色通道服务、窗口服务、专员服务和服务金卡“四位一体”高层次人才精准服务体系，截至年底，发放服务金卡1088人。实施人才安居工程，研究起草济南市人才安居工程实施办法，政府企业多方投资，建成人才公寓9100多套；2018年对企业引进的2127名博士、硕士，分别按照每月1500元、1000元的标准发放租房和生活补贴1286.5万元。

（谭玉珺）

【探索打造山东产业技术研究院】 市委、市政府成立山东产研院建设指挥部，由市级领导组成专班强力推进课题研究、选址建设、院长选聘等各项准备工作。7月23~27日，市委常委、组织部部长李刚带队赴南方先进城市考察学习，并参考省发改委、省科技厅关于新型研发机构建设有关意见，结合山东实际，研究提出承建山东产研院方案。该承建方案被省委、省政府主要领导圈阅。9月25日，《学习先进经验，建立山东产业技术研究院，推动构建协同创新新体系》被列为省制度创新第一批15个重点项目之一。11月前后，在多次研讨、修改、完善的基础上，研究起草《关于建立山东产业技术研究院推动创新发展的指导意见》。12月11日，省推动制度创新工作领导小组召开专题答辩会，听取《指导意见》有关情况的汇报，12月16日，提交省政府常务会议审议通过。12月22日，省委全面深化改革委员会原则通过该《指导意见》。

（谭玉珺）

【首届中国·济南新动能国际高层次人才创新创业大赛】 为实施人才引领发展战略，市委、市政府举办首届“中国·济南新动能国际高层次人才创新创业大赛”。大赛以“创新创业·筑梦泉城”为主题，聚焦大数据与新一代信息技术、智能制造与高端装备、生物医药与医疗康养等3个领域，重点引进高精尖缺的海外高层次人才（团队）。预赛于5月10日启动，在澳洲、美洲、欧洲3个海外赛区进行分站赛，从382个报名参赛项目中，择优遴选96个优秀项目晋级济南决赛。决赛于7月21~23日在山东大厦举办，来自比利时、澳大利亚、日本的4位院士，以及来自25个国家、96个参赛团队的152名海外选手参加决赛，其中院士团队项目5个，首席科学家、知名教授、高级研究员团队项目47个，博士、硕士学位人员比例达95%以上，决赛评出18个获奖项目。赛后，市委提出实施“96工程”推动项目落地，截至年底，落地项目40个，洽谈推进的项目35个。

（谭玉珺）

2018年7月21~23日，首届中国·济南新动能国际高层次人才创新创业大赛在山东大厦举办
（市委组织部供稿）

【首届中国·济南人力资本产业高端论坛暨人力资源服务博览会】 10月26日，济南市委、市政府主办的首届“中国·济南人力资本产业高端论坛暨人力资源服务博览会”在山东大厦举行。来自中国人事科学研究院、中国对外服务工作行业协会的有关领导及国内外人力资源及经济领域专家学者、国内外知名企业高管、国内知名人力资源服务机构代表等共358人参加活动。论坛以“新产业、新动能、新机遇”为主题，市委、市政府为10名海内外院士和知名专家学者颁发“市政府特聘专家”聘书；主题论坛邀请新加坡人力资本领导力学院高级副总裁孙永昇，罗兰贝格大中华区副总裁、全球合伙人康伯涵，中国商业文明研究中心发起人秦朔做主题演讲；聚焦人力资本产业政策与服务、人力资源服务共享与技术、国企改革转型升级3个主题，举办3场平行论坛。设置博览会展区，邀请21家国内外知名人力资源服务机构参展并现场组织小型路演。市人才办与中国人力资源行业排名第一的上海外服集团在人才引进培养、人才政策评价、人力资源服务等方面签订战略合作框架协议，并与中国人力资源智库联盟达成共识，把济南市作为人力资本产业和人力资源服务的重点发展城市。（谭玉珺）

【全市干部人事档案集中管理】 采取“建管分离、分级负责”方式，在市直部门、区县共设立14个干部人事档案管理中心，对全市在职干部档案进行集中管理。组织开展市干部人事档案管理中心建设工作，从全市范围公开考选4人专职从事干部人事档案管理工作；创新研发自动化档案存取设备和档案库房环境管理系统，建成可容纳7万卷干部人事档案的智能档案库房。

（周晓楠）

【打造全市组织系统“云组工”综合分析应用平台】 以满足组织工作业务需要、提高工作效率为着力点，利用一年时间初步建成全市组织系统“云组工”综合分析应用平台。在平台建设过程中，相继研发干部信息管理系统、党建信息管理系统、人才信息管理系统等7大系统、129个子系统，组织设计干部信息智能搜索、人物关系图谱、云资料共享中心等多个独创功能系统，为领导班子和干部队伍建设提供内容丰富、信息准确、分析全面的数据服务，实现对组工业务的全覆盖。

（周晓楠）

【完善经济社会发展综合考核和重点工作专项考核】 坚持立法先行，研究制定《济南市绩效管理条例》，经山东省人大常委会批准，2018年11月正式颁布实施。严格清理规范，规范考核项目，简化考核程

2018年10月26日，首届中国·济南人力资本产业高端论坛暨人力资源服务博览会开幕（市委组织部供稿）

序，考核工作实行统一领导、统一标准、统一时限，建立向本级人大常委会汇报绩效管理工作情况的制度，绩效考核结果依法向社会公开。坚持强化重实干重实绩的导向，遏制过度留痕，只保留中央明确规定的留痕事项。完善考核指标体系，由围绕“五大发展理念”变为按照全面建成小康社会、全面深化改革、全面依法治国、全面从严治党“四个全面”设置指标体系架构，同时将市管企业纳入综合考核范围，实现考核对象全覆盖；加大对实体经济的考核力度，进一步降低房地产投资等不可持续指标权重，引导金融产业服务实体经济；结合先行区建设实际，进一步完善新旧动能转化考核办法。注重精准考核，创新考核评价方式方法。改变以往功效系数法为主的计分方式，推行目标考核，按照“三年有突破”的目标要求，选取生产总值、工业增加值等经济社会发展关键指标，采用目标法计分，科学设定挑战值。加强日常考核调度，建立日常考核工作台账，并将考核得分按一定权重计入综合考核结果。围绕各区县发展特点，新设特色发展指标，由区县从“优势提升”“短板突破”中任选2项工作进行申报。强化激励约束，优化综合考核奖励方案，在区县和市直部门（单位）设置考核达标线，考核得分超过达标线且约束性指标未出现严重问题的，均为达标等次，并给予适当物质奖励。为鼓励争先进位、干事创业，在市直部门（单位）增加3个“进位显著奖”。强化创新创优导向，“泉城创新奖”由原来加2分改为加3分。注重向基层一线倾斜，建立层级系数、职务系数和获奖等次系数有机结合的奖励机制，区县直部门奖励比市直部门上浮一定比例，乡镇街道奖励比区县直部门再上浮一定比例。同时在优秀个人名额分配、干部提拔任用等方面，优先考虑基层艰苦一线人员。济南市考核工作的经验做法受到上级部门关注和社会各界好评。《完善三个体系，充分发挥考核指挥棒作用》《济南：用项目考核激励干部“自奋蹄”》等文章先后在《党员干部之友》、人民日报客户端刊发，《济南市运用考核机制推动创新创优的做法、成效及启示》得到省委组织部肯定。

（车　腾）

【党员教育(远程教育)】推进“灯塔”平台学用工作，组织实施为期7个月的“灯塔—党建在线”党的十九大精神和习近平新时代中国特色社会主义思想学习竞赛活动，全市参与竞赛答题党员超过1153万人次；实现党员组织关系在“灯塔”平台网上转接，全年各基层党组织在e支部发布“三会一课”、主题党日等内容13.6万多条。省、市、区三级机关企事业单位党组织联系历下、市中社区党组织试点工作进展顺利，开展活动100余次。举办党建和组织工作专题培训4期，培训全市管理员1200余人次。“泉城党建”手机平台累计发稿8000余篇，党员关注和点击量全年突破600万人次。联合济南广播电视台，制作50期《时代风采》党建电视栏目，宣传“出彩型”党员干部的风采；组织拍摄制作的陈叶翠、高淑贞、马套村等13部作品，在2018年度全省优秀党员教育电视片评比中分获特别奖和一、二、三等奖，获奖质量和数目位居全省前茅，成为全省唯一获得两个特别奖的市（全省共10个特别奖）。

（李星辰）

【市县机构改革】 组建改革领导和工作机构。市委编办提请成立市委深化地方机构改革协调小组及办公室，先后召开2次协调小组会议、5次协调小组办公室会议，提请市委召开3次书记专题会、4次常委会，研究部署、统筹推进全市机构改革工作。抽调精干力量组建工作专班、实行集中办公。坚持政策学习、调研测算、方案拟订同步推进，市、区县、镇街三级改革同步谋划，各项工作有序推进。

做好机构改革准备工作。听取、汇总市领导和有关部门意见建议1032条，成立15个课题组就改革有关事项开展调研，开展部门“三定”测算，以此为基础，研究起草市级机构改革方案和实施意见。其中，市级改革方案经过9次大的修订完善，并与中央深化机构改革协调小组办公室地方机构专题组“三上三下”汇报沟通。方案和意见既认真落实党中央决策部署和省委工作要求，在党政主要机构设置和职能配置上同中央和省级机关保持基本对应，又突出济南特色，把机构改革与市委谋划推进的全局性、战略性重点工作结合起来，围绕军民融合发展、城市管理、园林和林业绿化、投资促进、行政审批服务、大数据、口岸和物流、民营经济发展等重点工作，谋划设计“自选动作”。

统筹推进市县机构改革落实落地。按照上级要求，先行组建市和区县行政审批服务局、退役军人事务局。12月6日，《中共济南市委办公厅济南市人民政府办公厅关于推广经济发达镇改革试点经验深入推进镇（街道）行政管理体制改革的实施意见》印发。12月12日，市委深化地方机构改革协调小组印发《关于区县机构改革的指导意见》。先后召开4次区县机构改革专题会，及时调度进展情况，督促指导工作落实。

【放管服改革】 持续深化“最多跑一次”改革。市级57个部门公布“最多跑一次”事项1165项，其中“零跑腿”168项、“只跑一次”948项、“你不用跑我来跑”49项；市级全部依申请事项拆分为1992项“颗粒化”办理项，减少办事环节，精简申请材料，减少承诺完成时限，较好地解决群众和企业到政府部门办事难、办事慢问题。

创新工程建设项目“拿地即开工”审批模式。印发《济南市工程建设项目“拿地即开工”审批模式的实施意见（试行）》，优化审批流程，压缩审批时限。开展市级行政权力事项下放工作，将工程建设项目涉及的71项市级权力事项“全链条”下放至六区，提高审批效能。国务院第五次大督查给予肯定，列入典型经验通报表扬；中央电视台、《大众日报》、山东广播电视台分别给予宣传报道。

推进简政放权。适应上级权力事项调整下放情况和全市经济社会发展实际需要，开展行政权力事项动态调整。完成市级中介机构和技术性服务机构摸底工作，保留并公布中介服务（收费）项目56项。在济南高新区、明水开发区开展“证照分离”改革试点，有效破解“办照容易办证难”“准入不准营”问题。全力推进向新旧动能转换先行区放权工作，与有关方面就下放权力事项目录达成一致意见。

【重点领域改革】 综合执法改革。围绕分权、瘦身、下沉、强体目标，从划分市区执法权限、精简优化执法队伍、改革镇街执法体制、整合各类执法资源等方面入手，完成市县乡三级执法机构职能整合；针对实际存在的突出问题，采取健全完善协作配合机制、提升执法人员素质能力、效能评估、改革宣传4个方面的措施，较好地实现了变“上下一般粗”为“上下一头粗”、变“多个大盖帽”为“一顶大盖帽”、变“管得着看不见”为“看得见管得着”、变“群众有意见”为“群众很满意”4个转变，执法案件办结率和满意度均为100%。

重点领域机构管理体制改革。完成济南新旧动能转换先行区管委会、济南国际医学科学中心管委会更名，调整南部山区管委会（党工委）领导职数。总结复制济南高新区经验，借鉴雄安新区等先进做法，在济南新旧动能转换先行区实行“大部门制”，设置综合管理部、产业发展部、建设管理部、综合执法部、社会事业部，采取扁平化管理、企业化运作和全员“岗位聘任+绩效考核”模式，由管委会根据工作需要提出人员控制数，不再核定编制，建立完善“人员能进能出、干部能上能下、待遇能高能低”的管理制度。协助做好先行区代管区域划转工作，将大桥、孙耿、崔寨、太平街道办事处及所属事业单位划归管委会代管，激发先行区创新活力和发展动力。

事业单位改革。聚焦重点领域改革，探索其他组织利用国有资产举办、不纳入机构编制管理“四不像”机构事业单位法人登记，将市投资促进中心、市邮政业安全中心、山东省工业技术研究院3家单位登记为事业单位法人，释放事业单位发展活力。完善配套政策，推动生产经营类事业单位转企改制和承担行政职能事业单位改革。强化公立医院、科研院所法人治理结构改革，指导并完成单位章程及管理权责清单备案，出台5个配套政策，做好外部监事培训、履职评价、走访调研等工作。深化事业单位绩效考核，实现考核全覆盖，持续强化考核结果运用，差异化给予物质奖励，凸显考核正向激励和负面约束作用。在全市3168家事业单位全面推行业务范围清单化管理，共公布清单事项12053项、子事项32506项。推进事业单位“双随机、一公开”监管，按时完成546家市属事业单位法人年度报告公示。

【机构编制管理】 优化调整重点领域机构编制事项，为15所新建中小学、公办幼儿园核定编制850名；对急救、救助两类机构编制情况进行摸底测算；对公益二类中职学校和技师学院实行人员控制总量管理。立足于优先保障重点领域、基层一线工作需要，做好用编进人计划管理和引进优秀人才、公费医学生、师范生等专项计划审核、申报工作。加强机构编制实名制管理，定期进行网上公示。完成大部门制改革评估和市群团机关评估工作，选取市环境保护网格化监管中心等10个单位开展机构编制事项跟踪问效，对长清区和市商务局、市教育局等21个部门主要负责人开展机构编制管理和执行情况审计。

（秦　伟）

【离退休干部党建工作】 突出党性教育，通过专题辅导、网络课堂、微信党课、主题党日等形式，开展离退休干部党员日常学习活动。5月，举办全市离退休干部党员“不忘初心、牢记使命”专题辅导报告会。“七一”前后，组织全市离退休干部党支部以“初心·使命”为主题上党课、召开组织生活会，开展全市离退休干部党建知识竞赛。11月，举办全市离退休干部党支部书记主题党日活动实践培训班。调整充实市委离退休干部工委班子成员，制定《中共济南市委离退休干部工作委员会工作规则（试行）》，召开第一次全体委员会议。制定印发《关于做好离退休干部党组织工作经费保障和离退休干部党组织书记工作补助发放工作的通知》《关于进一步规范离退休干部党支部收缴、使用、管理党费工作的通知》等，并督促落实到位。开展“组织力提升年”活动，着力解决基层离退休干部党建工作不平衡、不充分、不规范的问题。开展“大学习、大调研、大改进”，形成专题调研报告。在全市创新开展共享式离退休干部党员活动室建设，建成第一批48个共享式离退休干部党员活动场所（市级1个、区县43个、市直单位4个），建立电子地图，为319个离退休干部党组织、1.2万余名离退休党员解决阵地需求问题。依托市老干部活动中心建设“济南市离退休干部共享式党建活动基地”暨“济南市离退休干部主题党日活动中心”，为有需求的离退休干部党组织提供过组织生活的规范化场所。指导各县区推进试点工作，平阴县老干部党支部驿站、天桥区枫叶红本色家园等建设项目取得显著成效。打造共享式退休干部党建活动阵地作为创新创优项目，得到省市有关领导肯定，中组部、山东卫视和《中国老年报》《山东老干部工作》《济南日报》等多次给予宣传推广。

【老干部服务保障】 将抗战、解放战争时期参加革命工作的离休干部护理费标准提高至2500元，离休干部公用经费、退休干部公用经费分别提高至4000元、500元，离休干部年度医疗费定额提高至每年8万元，将离退休干部年度福利标准调整至每年不超过1600元；市属离休干部定点医院从24所增至33所，新增9家医疗护理机构；

门诊诊察费按照一定标准纳入统筹记账，提高查体费用标准，增加查体项目。全市各级完成走访慰问老干部工作，拨付专项救助款物，春节前对261名特困离休干部及遗属进行帮扶救助；调整走访慰问易地安置离休干部为每年一次，4~5月，集中走访慰问济南市易地安置在外地的离休干部；做好八一建军节走访慰问移交地方政府服务管理的军休干部、走访慰问亲历济南战役驻济老战士、重阳节走访慰问市级老同志等工作。调整改进康复休养工作，由老同志所在单位组织调整为由老干部局统一组织，并调整休养时间。开展“面对面、户户到”专题走访调研，精准掌握离休干部工作待遇、医疗保健、生活服务等信息。调整山东三塑集团有限公司等12家企业的131名离休干部管理服务关系至有关区委老干部局，提高改制企业离休干部的管理服务水平和质量。开展为离退休老同志送“生日祝福”、安装贴心“一键通”等特色活动，“一键通”在线用户达2715户。

【组织引导老干部发挥作用】 组织召开全市春节慰问老干部暨情况通报会。印发《关于在全市离退休干部中开展‘同心同行，共建泉城’主题活动的通知》，开展“泉韵晚风·银龄送暖”志愿服务活动、“点亮微光·老干部在行动”提升文明素质活动等主题活动。开展老干部发挥作用工作创新项目评选，41个项目参评，11个项目获通报表扬。到10个区县采访典型20余个，9个先进典型在《济南日报》“泉城老干部风采”专栏做重点宣传。依托市关工委做好关心下一代工作。市关工委联合市文明办、市教育局、市党史研究室开展“传承红色基因，争做时代新人”主题教育活动，提高广大青少年爱党、爱国、爱市、爱家的家国情怀，“济南革命烈士陵园”被中国关工委确定为“全国关心下一代党史国史教育基地”；联合市教育局、市司法局开展中小学生“学宪法、讲宪法”演讲比赛；联合市农业局编印《济南市青少年农业科普教育基地指南》，济南市开展的青少年农业科普教育活动得到中国关工委肯定。指导区县开展“鼓乡发展，银龄助力”活动、“与社区同行，为党旗增辉”活动等主题活动，指导天桥区提升“枫叶大篷车”老干部志愿团阵地建设，打造区县正能量特色品牌。

【离退休干部文化养老】 市委党校老校区整体交付老年人大学办学使用，济南老年人大学面积达到4.33公顷，建筑面积达4.5万平方米。统筹市、区两级老年教育资源，推动老年教育进基层、进社区，初步构建以市老年人大学为统领、区老年人大学为补充、社区老年大学为延伸的老年教育格局。召开全市老年大学工作座谈会，对加强老年大学工作进行安排部署。推进区域性“开放式”活动室建设，全市建成区域性开放式活动室29个，设计发布“济南市区域性开放式老干部活动室”电子地图。研究制定《关于加强全市区域性“开放式”老干部活动室（中心）建设的意见》，对区域性“开放式”老干部活动室（中心）活动开展、基础设施建设、奖励补助经费管理使用进行规范。历下区建立41所社区老年大学、打造“十分钟”教学圈，历城区、济阳区在基层社区老干部活动场所方面均取得较大突破。举办第六届“泉城乐”系列文体活动、全市离退休干部纪念改革开放40周年·济南解放70周年专场文艺演出和书画展等活动。

【信息技术服务】 为离休干部安装集医疗救助、家政等服务于一体的“贴心一键通”，为老同志提供即时服务。市政协创建“小李服务”微信公众号和微信党支部，以说身边人、讲身边事、发身边图的形式加强教育引导。章丘区建立亲情服务站，开通服务热线，为离退休干部及时联系医疗、家政服务。平阴县依托全县智慧健康医疗大数据技术平台，离休干部家庭成员、签约医生团队、老干部局服务人员手机中安装“百灵健康”App软件，可随时调阅老同志的基本信息、诊疗记录、影像化验、健康档案等内容，打造多方联动的离休干部智慧医疗服务体系。

（刘利祥）

【概况】 2018年，市委巡察机构坚守政治巡察定位，组织开展2轮巡察，对37个市直部门单位和企业党组织开展常规巡察或“回头

2018年8月7日，十四届市委第四轮巡察工作部署会议召开，启动新一轮巡察
（市委巡察办 供稿）

看”，对南部山区135个贫困村开展扶贫专项巡察，对营商环境和城市提升开展专项巡察。巡察期间，开展谈话5318人次，受理来信来电来访2109件，查阅各类资料13.3万份，发现问题683个，移交问题线索397条，立案107起，给予党纪政务处分97人。

【加强巡察工作组织领导】 市委把巡察工作作为履行全面从严治党主体责任的具体抓手，市委常委会、市委书记专题会召开5次会议，专题听取巡察工作汇报，研究部署巡察工作；市委巡察工作领导小组抓好组织实施，召开4次会议，听取巡察汇报、部署工作任务、研究成果运用，确保巡察工作扎实有效开展。中央和省委五年规划出台后，市县两级常委会、市委巡察工作领导小组会议22次集中学习《规划》，领导小组组织巡察干部开展学习培训；按照中央和省委要求，市委对《中共济南市委巡察工作规划（2017～2021年）》和《中共济南市委巡察工作实施办法》进行全面修改，健全完善17项配套制度，明确十一届市委巡察工作的路线图、任务书，推动巡察工作规范有序开展。

【突出政治巡察】 把“两个维护”作为巡察工作根本政治任务，在政治高度上突出党的领导，在政治要求上抓住党的建设，在政治定位上聚焦全面从严治党，把焦点对准领导干部的政治立场、政治忠诚、政治责任，把政治纪律和政治规矩摆在首位，着力发现“四个意识”不强、“四个自信”不坚定、贯彻上级决策部署不力、有令不行有禁不止、拉帮结派等问题，盯住“关键少数”，查找政治偏差，充分发挥政治“显微镜”和“探照灯”作用。9月上旬，部署开展十一届市委第四轮巡察，同步部署开展选人用人、意识形态工作责任制专项检查，形成全面巡察、立体监督的整体工作布局。

【巡察方式方法创新】 探索提级巡察，把巡察利剑直插基层。在市委第三轮巡察中，采取提级巡察的方式，安排1个巡察组对南部山区管委会所辖135个贫困村开展扶贫领域专项巡察，发现问题326个、问题线索108条，立案31起，党纪政务处分24人。开展专项巡察，靶向聚焦重点热点问题。市委第四轮巡察，安排两个巡察组分别对全市营商环境和城市提升开展专项巡察，并从市人社局、民政局等部门抽调6人，成立2个专项检查小组，对第四轮巡察的8个市直部门单位和6个投融资平台涉军维稳工作进行检查。另外，抽调8人成立4个专项检查小组，编入市委巡察组开展意识形态工作责任制专项检查。尝试交叉巡察，破解“熟人社会”难题。9月，部署安排历下、市中、槐荫、章丘、济阳、商河等6个区县开展一轮交叉巡察，采取“一托二”的方式，对6区县的12个部门单位党组织进行巡察，济南电视台等多家媒体进行宣传报道。坚持开展“回头看”，形成持续监督态势。第三轮巡察中，安排2个组对市文广新局、济南老年人大学开展“回头看”，对问题没“见底”的再“见底”，整改不扎实的再督促，持续放大震慑效应。

【巡察问题整改落实】 市委巡察工作领导小组成员参加巡察反馈会

议，压实被巡察党组织主体责任和主要负责人的第一责任。对能立即整改的问题及时汇总，建立台账挂牌销号，边巡边改事项全部整改落实。建立问题线索办理情况定期调度机制，坚持每月一调度一汇总，夯实纪检监察机关和有关部门的问题线索处置责任。对群众反映强烈、涉及金额较大、影响恶劣的县处级及以下干部的重要问题线索，由市纪委机关提级办理，确保有效处置。市委第三轮巡察移交问题624个，年内整改完成510个，建章立制391件，立案43起，党纪政务处分30人。推进源头治理，在全市开展不担当不作为慢作为、党建材料造假等7个方面的突出问题专项治理。把中央巡视反馈问题整改落实情况作为监督重点，推动被巡察单位落实中央巡视整改要求。

【开展区县巡察】 坚持市县两级同规划、同安排、同部署，在机构设置、人员配备等方面层层传导压力，明确完成时限，压实区县党委主体责任，全面提升基层党内监督力度。各区县主动对标对表，县区委书记自觉扛起组织开展巡察工作“第一责任人”责任，推动各项工作有效落实。加大对区县巡察的指导力度，组织10个区县开展业务培训1000余人次，选派区县巡察干部到省委巡视机构和市委巡察组挂职锻炼。各区县共巡察243个部门（街镇），发现问题3110个、党员干部问题线索881条，立案131起，给予党纪政务处分97人，移送司法5人，向有关部门提出意见建议134个。

（王　翔）

【概况】 2018年，全市宣传思想战线紧扣主题主线，把握举旗帜、聚民心、育新人、兴文化、展形象的使命任务，推进理论武装工作，营造主流舆论强势，巩固提升文明创建成果，持续推动文化事业产业蓬勃发展，落实意识形态责任制，为加快打造“四个中心”，建设“大强美富通”的现代化国际大都市提供坚强思想保证和强大精神力量。

理论武装扎实深入。加强和改进党委（党组）中心组学习，持续深化对习近平新时代中国特色社会主义思想的学习，组织市委中心组集体学习研讨14次，组织4.3万余名机关党员干部集中考试。举办宣讲报告会1000多场次，干部群众30多万人次参加。研究制定全市关于加快构建中国特色哲学社会科学的实施意见，围绕“改革开放40周年”“王尽美同志诞辰120周年”等重要历史节点设立专项研究课题，开设系列网络理论访谈节目《讲习时间》，各媒体平台综合点击量超过30万人次。

主流舆论更加强劲。聚焦习近平新时代中国特色社会主义思想，做好习近平总书记视察山东、庆祝改革开放40周年、纪念济南解放70周年、新旧动能转换、城市十大提升工程等重大主题、重大活动的正面宣传。积极主动、妥善做好长春长生疫苗案等突发事件应急舆情处置工作。媒体融合深度推进，“爱济南”新闻客户端入选首届中国新媒体发展年会最具影响力主流媒体新闻客户端十强榜，济南广播电视台荣登第八届中国电视满意度博雅榜全国城市十强榜。开通济南市人民政府新闻办公室网站，出台《济南市新闻发布工作管理办法》《关于进一步加强和改进泉城文化走出去的实施方案》，拍摄《泉城夜宴》等系列城市形象宣传片，城市美誉度、对外传播力持续提升。

文明创建常态长效。巩固提升文明城市创建成果，持续放大文明城市品牌效应，制定《济南市深化文明城市创建工作三年行动计划（2018~2020）》《济南市文明行为促进条例》，做好2018年度全国文明城市复查测评，在28个省会（首府）、副省级全国文明城市测评中再次名列第一。开展市民文明素质提升十大主题活动，组织“中华泉城家文化节”家风家教家训主题系列等活动，市民文明素质明显提升。推进新时代文明实践中心建设，出台《济南市新时代文明实践中心建设工作试点工作方案》。加强农村精神文明建设，全面推进农村环境综合整治，开展“争创出彩人家，共建美丽乡村”活动，乡村文明程度大幅提升。加强和改进未成年人思想道德教育，开展“扣好人生第一粒扣子”主题教育活动，做好“新时代好少年”选树推荐和学习宣传。

核心价值广泛弘扬。组织开展“纪念伟大胜利，传承红色基因”

主题教育活动，举办纪念济南解放70周年座谈会、山东省暨济南市庆祝改革开放40周年主题摄影展。做好上合青岛峰会、儒商大会2018公益广告主题宣传工作。推进四德工程建设、学雷锋志愿服务等活动；设立大型公益宣传平台《榜样》，推出张保国、高淑贞等一批具有全省、全国影响的重大典型；评选第六届全市道德模范60名，4人荣登“中国好人榜”，33人荣登“山东好人榜”，3人当选“山东好人之星”。推动济南战役纪念馆、大峰山红色教育基地、山东党史陈列馆、辛弃疾纪念馆改陈布展、改造提升。

文化发展精彩纷呈。制定《关于推动济南市文艺事业繁荣发展的实施意见》，召开“文艺精品工程”表彰座谈会，实施文艺精品工程，编制《济南市重点文艺作品创作生产目录（2017~2019年）》，杂技《高椅》《杆上技巧》《蹬人》连获国际大奖。组织放歌新时代系列文化惠民活动，举办第五届文化艺术惠民展演活动、纪念济南解放70周年等系列文化活动，推进国家文化消费试点城市暨文化惠民消费季工作。出台《传承发展中华优秀传统文化工作方案》《济南市戏曲进校园活动工作方案》，开展“非遗就在你身边”非遗纪录片征集展映活动，启动戏曲进校园活动。出台《济南市文联深化改革方案》，抓好国有文化企业改革和公共文化机构法人治理结构改革。成立文化旅游产业专班，设立文化产业专家智库和文化产业联盟，研究制定《济南市文化产业发展规划（2018~2022）》和《关于在新旧动能转换中做大做强文化创意产业的实施意见》，推进一批重点文化产业项目。举办第七届山东文博会、第五届全国非遗博览会、首届中国新媒体发展年会。7个区县获评第三届文化强省建设先进市县。

意识形态管控有力。做好中央巡视反馈意见整改工作，设立市委意识形态和宣传思想工作领导小组，调整充实市委网络安全和信息化领导小组，对8个市直部门单位开展专项巡察检查。强化意识形态阵地管理，加强媒体内部管理，建立新节目审批备案制度，严格新闻播音中级职称评审。加强网络舆情监控处置，编辑上报《每日网情》300余期，《舆情晨报》《舆情夕报》180余期，网讯专报200余期；完成上合青岛峰会、习近平总书记视察山东等重大政治活动舆情保障任务。持续开展“净网”“秋风”“清源”“固边”“护苗”网络治理专项行动，开展“扫黄打非”专项行动。（张　胜）

【抓好党委（党组）理论学习中心组学习】 制定《市委理论学习中心组2018年集体学习方案》，印发《全市县级以上党委（党组）理论学习中心组2018年理论学习安排意见》，明确市委和各级中心组学习主题、学习内容。全年市委理论学习中心组集体学习14次，专题举办市委中心组读书班。市委中心组成员每人负责1个重大课题，全年市委中心组成员撰写重点调研报告和理论文章40余篇，到市委党校、基层单位讲党课、做报告30余场。（殷宏鹏）

【意识形态工作责任制落实】 市委切实履行主体责任，市委常委会2次专题研究意识形态工作，2次向省委专题报告并在全市党内一定范围通报。将意识形态工作责任制落实情况纳入市委巡察工作，成立由市委主要领导任组长的市委意识形态和宣传思想工作领导小组，建立全市意识形态工作联席会议制度。印发《关于将意识形态工作情况纳入领导班子和领导干部考核的实施意见》。印发《关于报送2018年度拟举办的全市性以上哲学社会科学报告会、研讨会、讲座、论坛等活动计划的通知》《关于加强哲学社会科学报告会、研讨会、论坛、讲座、培训等活动集中排查的通知》，加强对相关活动的备案管理和排查。做好中央巡视反馈问题整改落实，坚持快速整改、从严从实整改，整改工作取得初步成效。

（殷宏鹏）

【全市机关党员干部理论考试】 8月30~31日，全市机关党员干部集中参加理论考试，市委常委和副市级领导以普通党员身份与机关干部一起参加考试。主要以习近平新时代中国特色社会主义思想和党的十九大报告作为考试内容，组织党员干部在线学习和模拟考试，推动党的创新理论成果进一步入脑入心。（殷宏鹏）

【理论宣讲】 讲师团全年立足宣讲主业，创新宣讲方式，学习宣传贯彻习近平新时代中国特色社会主义思想、党的十九大和省及市十一次党代会精神，组建党员干部宣讲团、专家宣讲团、百姓宣讲团、五老宣讲团“四支队伍”，开展系列宣传宣讲活动，累计举办各级报告会820余场，现场听众达53万余人次。举办3期“学习十九大、奋进新时代”知识竞答活动，打造“泉城微讲”微信公众号主阵地，制作融媒体专题网页《讲习时间》栏目，持续打造“天下泉城大讲堂”；举办“中国梦·新时代”第六届百姓宣讲比赛、培训、巡讲和百姓讲习班等系列活动，编印出版《中国梦·新时代》《永不褪色的翠叶：追记齐鲁时代楷模陈叶翠》等书籍4000余册；举办第八届“书香泉城”全民阅读节等活动，编辑出版《泉城论坛》12期，连续被评为全省基层理论宣讲先进单位。

（毕敬亮）

【学习宣传贯彻习近平总书记视察山东重要讲话和重要指示批示精神宣传报道】 细化报道方案，统筹网上网下，综合运用消息、评论、开设专题专栏等多种报道手段，做好习近平总书记视察山东重要讲话、重要指示批示精神的新闻报道工作。宣传全市党员干部和人民群众以习近平新时代中国特色社会主义思想为指导，全面贯彻落实党的十九大精神，在习近平总书记重要讲话精神的鼓舞激励下，改革创新、砥砺奋进，干在实处、走在前列，以实际行动推动习近平总书记重要讲话精神在济南落地生根、开花结果的生动实践。（钱海潮）

【中央和省媒体发稿取得新突破】 组织协调人民日报、新华社、中央广播电视台、中央电视台、光明日报、经济日报、大众日报、山东广播电视台等中央和省主要主流媒体，围绕全市工作中涌现出的闪光点、出彩点、创新点，在重要版面时段刊播大量有分量、有质量的新闻报道，展示济南开放、自信、文明、现代的城市形象，提升济南在海内外的知名度和美誉度。

（钱海潮）

【纪念济南解放70周年系列活动】 协调各级各有关部门单位，组织策划全市纪念济南解放70周年系列活动。组织举行“纪念伟大胜利，传承红色基因”主题教育活动及纪念济南解放70周年座谈会，完成济南战役纪念馆改陈布展、改造提升工作，组织推动全市开展形式多样、丰富多彩的群众性文化纪念和主题教育活动，在全市营造纪念济南解放70周年的浓厚氛围。

（刘　冰）

【全市庆祝改革开放40周年系列活动】 代拟印发《中共济南市委关于庆祝改革开放40周年活动的通知》，组织做好山东省庆祝改革开放40周年系列报告会在济南市的活动。配合有关部门做好中央“改革开放先锋模范人物”组织推荐，协调制作报送中宣部伟大的变革——庆祝改革开放40周年大型展览《改革开放40年百城纪事》济南市城市专题片，协调有关部门做好“改革开放40年感动山东人物和最具影响力的事件”组织推荐评选等工作。（刘　冰）

【重大典型学习宣传】 先后向中宣部、省委宣传部推荐济南市机械化清扫大队第一作业中队副中队长释秀武评为“全国岗位学雷锋标兵”、济南市公安局历下区分局东关大街派出所评为“全省学雷锋活动示范点”、济南市第四人民医院心血管内科一病区护师开文评为“齐鲁最美青年”。会同市司法局确定山东省律师协会原名誉会长、众成清泰律师事务所原主任王广仁先进事迹为全市重要先进典型，会同市教育局、卫计委等组织评选推荐省市“最美教师”“齐鲁最美健康卫士”等。确定济南市公安局特警支队排爆中队负责人张保国先进事迹为全市重大先进典型，会同市公安局等组织中央、省、市新闻媒体开展集中宣传，推荐当选2018年全国“最美退役军人”，被省委宣传部确定为“齐鲁时代楷模”组织学习宣传。会同市委组织部组织做好全市“出彩型”好干部、好团队先进事迹报告会。编辑出版《永不褪色的翠叶：追记齐鲁时代楷模陈叶翠》。（刘　冰）

【第七届山东文化产业博览交易会】 10月11~15日，第七届山东文化产业博览交易会在济南国际会展中心举办。文博会以“新时代、新动能、新创意、新发展”为主题，设置文化改革发展、港澳台及国际、文化科技等九大展区，汇聚1253家国内外客商，主会场参观人次突破20万人次。文化产品现场成交额3亿元、意向合约订单突破40亿元；共推介300个文化产业项目，投资总额7283.8亿元，融资总额1511亿元，均创历史新高。

（王平平）

【首届中国新媒体年会】 10月10日，首届中国新媒体年会召开。年会汇集中央主流媒体、全国省级媒体、省会城市媒体等高端主流媒体，吸引政府新媒体机构代表、企业新媒体机构代表、知名自媒体人、专家和新媒体教育工作者代表等700余人参会，成立全国新媒体联盟，新媒体年会永久落户济南。

（王平平）

【文化产业载体建设】 重点抓好文化园区、企业和项目“三大载体”。建立完善《济南市文化产业集聚区动态管理办法（试行）》，规范集聚区管理服务检查考核各项工作，推动济南国际创新设计产业园、新世纪珠宝古玩城、百花洲等文化产业园区提高水平，规划建设济钢、重汽等老旧工业厂房文化创意产业园区。抓好济南新旧动能转换先行区文化产业项目、华谊兄弟电影城、山东省自然博物馆、商河秧歌大赛全国展示中心等项目落地和建设跟踪服务工作。（王平平）

【文化产业融合发展】 以文化与科技、金融、旅游等产业的融合发展为重点，推动文化产业转型升级。推动文化与科技的融合发展，申报国家文化与科技融合示范基地，浪潮集团已通过初评。推动文化与金融的融合发展，建立山东（济南）文化金融服务中心，解决文化企业融资难题。推动文化与旅游产业融合，华侨城绣源河文旅综合体、明水古城等文化旅游项目开工建设。百花洲、宽厚里、芙蓉街历史文化民俗风情街等文化街区人气渐旺。

（王平平）

【提升城市对外影响力美誉度】 做好济南城市形象品牌推广，通过组织拍摄城市形象宣传片《泉城夜宴》，开设济南市政府新闻办公室网站，举办“济南城市形象宣传用语、形象标识（Logo）”征集和开展“新时代·新泉城”摄影作品征集等活动，不断提高济南城市形象和对外传播力。加强对外文化交流，举办“相聚泉城、五洲同乐”——庆祝改革开放40周年驻济外国友人联谊会，组织赴匈牙利宣传推介访问团等活动，依托济南市的国际友好城市，宣传济南改革开放成就，对外讲好济南故事，扩大济南国际形象和影响力。建设济南市政府新闻办公室网站，成为全市打造全省对外开放新高地和对外宣传新高地的主要传播平台。

（苏　里）

【“中国作家济南行”活动】 5月12~15日，山东省作家协会指导，中共济南市委宣传部、济南日报报业集团、济南市文化广电新闻出版局、济南广播电视台、济南市文学艺术界联合会主办，舜网承办，组织开展“揽阅湖光山色·抒怀天下泉城”中国作家济南行活动。邀请张炜、月关、夜神翼等34位国内具有较高人气和影响力的部分传统作家、网络作家到济南进行创作采风、交流研讨。（苏　婷）

【概况】 巩固提升文明城市创建成果。制定出台《济南市深化文明城市创建工作三年行动计划（2018~2020）》，印发《2018年济南市精神文明建设工作要点》，全面提升精神文明建设工作水平。依托专业机构研发文明城市建设管理大数据平台，提高文明城市建设管理效率和精准度。组织开展创建全国文明城市工作先进集体先进个人表扬工作，组织实施市级文明城市创建工作模拟测评。调整充实市创城工作领导小组成员，印发《全市文明城市创建“攻坚月”活动实施方案》。完成37类1235个实地测评点上报工作，制定创城迎评工作方案。

推进文明素质提升行动。8月10日，市文明委召开全市“爱泉城讲文明树新风”市民文明素质再提升行动推进会。编印《济南市市民文明行为读本》，印发《爱泉城、讲文明、树新风——让泉城因您的文明之举更加美丽》倡议书，各级各单位成立志愿劝导队，开展文明行为宣传和不文明行为劝导活动。推进《文明行为促进条例》立法工作，市人大常委会已研究通过。选树宣传道德模范和身边好人，制定印发《关于表彰第六届全市道德模范的决定》，对评选出的60名第六届全市道德模范进行命名表彰。截至年末，全市有6人荣登“中国好人榜”，50人荣登“山东好人榜”，6人当选“山东好人之星”，97人荣登“济南好人榜”。

志愿服务工作。加强对志愿服务工作的指导和协调，初步建立起市、县区、街道办三级管理体系，制定志愿服务测评体系及责任标准。依托行业系统组建各类专业化志愿服务队伍，成立志愿服务培训基地，有效提升志愿者队伍的能力和水平。加强志愿服务岗（站）建设，建成志愿服务站点2100余个，其中固定服务站1510个、流动服务站600余个，注册志愿者近100万人。

未成年人群体道德建设。围绕培育和践行社会主义核心价值观，开展“扣好人生第一粒扣子”主题教育等活动。开展“新时代好少年”评选活动，济南市赵守杰、庄泰、刘宗一、刘宇恒、张珂欣5人被推选为全省“新时代好少年”。获山东省第五届“国学小名士”经典诵读电视大赛优秀组织奖。加强乡村学校少年宫建设，实现全市范围内符合条件的农村学校市级以上乡村学校少年宫项目全覆盖。协调教育、财政、人社、审计等部门，落实文明校园与文明单位享受同等奖励待遇，推进文明校园创建和管理规范化、制度化。

农村精神文明建设。召开全市乡村文明行动环境综合整治工作会议、全市农村精神文明建设工作现场会议，对全市城乡环卫一体化工作、加强农村红白理事会建设及促进移风易俗等工作进行部署。组织14个村开展乡村文明行动“百镇千村”建设示范工程第六批省级项目建设，会同市财政局评选第五批市级“百镇千村”建设示范工程项目16个，打造2个文化特色示范镇和14个“乡村文明家园”建设示范村（居）。出台《全市深化文明村镇创建工作实施方案》，推动文明村镇创建工作提升。牵头编制全市乡村文化振兴实施方案，抓好相关工作推进落实。

（范立振　刘　玲）

【表扬2017年度全国文明城市创建先进集体和先进个人】 1月6日，在全市经济会议暨“打造四个中心，建设现代泉城”推进会上，市委、市政府印发《关于表扬创建全国文明城市工作先进集体和先进个人的决定》，授予市委宣传部等9个单位为“创建全国文明城市工作突出贡献单位”，省纪委机关等77个单位为“创建全国文明城市工作优秀单位”，山东大学等340个单位为“创建全国文明城市工作先进单位”；张永华等82人为“创建全国文明城市工作先进个人”并记二等功，高冰洁等208人为“创建全国文明城市工作先进个人”并记三等功，任军等648人为“创建全国文明城市工作先进个人”并记嘉奖，杨国华等52人为“创建全国文明城市工作先进个人”，刘传峰等1000名市民群众为“创建全国文明城市工作模范市民”。

（刘　玲）

【新时代文明实践中心建设试点工作】 11月28日，市委办公厅、市政府办公厅印发《济南市新时代文明实践实践中心建设试点工作方案》（济办发〔2018〕37号）；12月10日，济南市新时代文明实践中心建设工作推进会暨济南市新时代文明实践中心、济南市志愿服务联合会成立大会在济南日报报业大厦召开，济南市新时代文明实践中心和济南市志愿服务联合会正式成立。截至年末，历下区、章丘区作为省级试点，已建成乡镇（街道）文明实践分中心30个、村级文明实践站（所）424个；其他区县也都确定1~2个街镇进行试点。

（范华阳　刘晓建）

【“2018年度最美志愿者、最佳志愿服务项目、最佳志愿服务组织、最美志愿服务社区”先进典型评选活动】 根据各县区和市直有关部门（单位）推荐，全市有8人获评省级“最美志愿者”，9个项目获评省级“最佳志愿服务项目”，9个组织获评省级“最佳志愿服务组织”，9个社区获评“最美志愿服务社区”。全市有108人当选市级“最美志愿者”，97个项目当选市级“最佳志愿服务项目”，93个组织当选市级“最佳志愿服务组织”，72个社区当选市级“最美志愿服务社区”。

（范华阳　刘晓建）

【2018年度文明单位、文明村镇、文明社区评选复查】 对2018年度新申报的省级文明单位和2017年度表彰的省级文明单位进行考核排序；对拟推荐申报的省市级文明单位候选名单，征求相关部门意见；在市属媒体上进行公示，公示无异议后，市文明委进行专题研究，确定推荐复查名单。2018年，新增省级文明单位73个、市级文明单位132个，复查合格省级文明单位575个、市级文明单位1038个。组织开展2018年度文明村镇、文明社区推荐评选和复查工作。新增省级文明村镇43个、市级文明村镇153个，复查合格省级文明村镇144个、市级文明村镇771个；新增省级文明社区11个、市级文明社区42个，复查合格省级文明社区167个、市级文明社区185个。（叶金全）

【农村精神文明创建活动】 配合省第三方对第五批“百镇千村”建设示范工程项目建设进行实地检查认定、审核绩效评价。组织14个村开展乡村文明行动“百镇千村”建设示范工程第六批省级项目建设。联合市财政局，评选第五批市级“百镇千村”建设示范工程项目16个，打造2个文化特色示范镇和14个“乡村文明家园”建设示范村（居）。出台《全市深化文明村镇创建工作实施方案》，加强文明村镇的日常考核，省、市委托第三方进行实地检查认定，确保75%的村达到县级以上文明村标准。推动移风易俗工作，开展道德模范、身边好人、好儿媳、好公婆、星级文明户等评选表彰活动，推动形成农村文明新风。（叶金金）

【高淑贞被授予“济南市道德模范”称号】 1996年，高淑贞听从组织和群众召唤，到太平村任党支部书记，经过5年艰苦创业、拼搏奋斗，将一个穷村、弱村变成富裕村、和谐村。2004年，高淑贞再次临危受命，到三涧溪村任党支部书记；短短几年时间，高淑贞将三涧溪村变成了远近闻名的富裕村、先进村、文明村。三涧溪村先后获“全国民主法治示范村”“全国平安家庭创建先进示范单位”“山东省文明村镇”“济南市民主法制示范村”等称号。2018年6月14日，习近平总书记到三涧溪村考察期间，对三涧溪村以党建为统领，强化班子建设、推动产业发展、保护生态环境、汇聚人才资源、建设文明村风家风、壮大村级集体经济等工作情况给予充分肯定。为表彰先进、树立典型、引领风尚，充分发挥模范人物在公民道德建设中的示范带动作用，在全市形成拼搏奋斗、担当有为的强大力量，市文明委决定，授予高淑贞“济南市道德模范”称号。（赵尚豪）

【97人荣登2018年度“济南好人榜”】 2018年，济南市继续开展“我推荐我评议身边好人”活动。经组织推荐、严格审核、投票评选、审批公示等评选程序，王绍斌等95名个人和“7·11”献血救治群体等2个群体入选2018年度“济南好人榜”。（赵尚豪）

【概况】 2018年，全市统一战线系统围绕中心、服务大局，巩固共同思想政治基础，开展“大学习大调研提升行动”“聚合力促发展助力行动”“广交友大交流连心行动”，打造民主党派“7+”支持平台工作品牌、省会民营企业家素质提升工作品牌、泉城海归圆梦工作品牌、新的社会阶层人士“1+6+N”工作品牌、党外代表人士队伍建设“1523”工作品牌，做好宗教工作，全面完成年度目标任务。“打造‘7+’支持平台、提升多党合作制度效能”经验做法在全省统战部长会议做交流，市委统战部获全国统战信息工作二等奖、全省统战信息工作突出贡献奖、实践创新成果奖，全市2018年度经济社会发展综合考核先进单位、2018年经济社会发展综合考核泉城创新奖等。

【巩固共同思想政治基础】 把学习贯彻习近平新时代中国特色社会主义思想和党的十九大精神作为主轴主线，强化思想政治引导，市级党政班子成员发挥示范带头作用，每位成员联系3名党外朋友，支持民主党派、无党派人士开展“不忘合作初心、继续携手前进”主题教育活动，在党外知识分子中开展“跟党迈进新时代、同心共筑中国梦”主题教育活动，在新的社会阶层人士中开展坚持和发展中国特色社会主义主题教育活动，在非公经济人士中开展“不忘创业初心、接力改革伟业”理想信念教育活动，统一战线广大成员共同团结奋斗的思想政治基础更加坚实。以纪念中共中央发布“五一口号”70周年为契机，与市级各民主党派、无党派人士共同策划组织“五个一”系列活动，引导党外人士感党恩、听党话、跟党走。开展“全市统一战线庆祝改革开放40周年”系列活动，组织“讲统战故事·话改革开放”主题征文活动，举办全市统一战线庆祝改革开放40周年暨济南解放70周年摄影图片展。

【开展“三大行动”】 开展“大学习大调研提升行动”。通过采取支部讨论学、讲堂专题学、讲坛交流学、一线实践学、观摩促进学、培训提升学等“六学”途径，提高统战干部和统战成员队伍素质。开展“走基层、转作风、促提升”综合调研，深入各区县、部门、企业、高校调研，重点解决“人、问题、办法”3个方面内容，摸清各领域成员数量结构，梳理问题29项，提出改进措施35条。

开展“聚合力促发展助力行动”。建立驻济高校发挥统战优势助力省会发展联席会议制度，8~12月，驻济高校37项科研成果在济转化落地，合同金额1.19亿元。打造建言献策、信息共享等“八大平台”，成立“六大专家助力团”，构建助力新旧动能转换和乡村振兴战略的载体。建立“济南民企‘新动能’招商引资项目库”，搭建“1+X”以商招商平台，成立青岛济南商会、北京济南商会、香港济南同乡会、广东省山东济南商会等4家异地商会，积极参与首届儒商大会、首届全国工商联主席高端峰会的协调组织工作，助力双招双引。起草市委、市政府《关于支持非公有制经济健康发展的若干政策措施》，编印《新时代民营经济政策汇》，通过组织召开新闻发布会、专场解读会、免费赠送等形式，推动惠企政策宣传全覆盖。

开展“广交友大交流连心行动”。出台《市委统战部与党外人士联谊交友实施意见》，通过谈心交心、联合调研、携手行动、走访慰问、关爱帮扶、蹲点服务6种方式，市委统战部22名处级以上干部与66名党外人士联谊交友。

2018年5月4日，由中共济南市委统战部主办、民革济南市委承办的“风雨同舟七十载，携手共话新时代”——济南市统一战线纪念中共中央发布“五一口号”70周年诗歌朗诵会举行
（民革济南市委 供稿）

【五大品牌创建】 打造民主党派“7+”支持平台工作品牌。即打造团结引导、学习交流、知情明政、协调保障、智力支撑、成果转化、社会服务平台，提升民主党派服务经济社会发展的能力和水平。组织党外人士开展“围绕中心、深入一线、凝识汇智”系列考察调研活动4次，党外人士22条建议获市委、市政府主要领导批示，3条被中央统战部《零讯》采用。组织党外人士考察调研市法院、市检察院工作并召开情况通报会，支持民主党派、无党派人士履行民主监督职能取得新突破。支持帮助市级各民主党派围绕全市重点工作、重点任务开展考察调研活动73次，形成参政议政调研报告88篇，被中央和省级有关媒体采用信息185篇。

打造省会民营企业家素质提升工作品牌。通过集训拓学、名家导学、观摩磋学、实训带学、出国访学等途径，培养一支高素质的省会民营企业家队伍。年内举办主题讲座5次，25名企业家到5个实训基地进行为期1年的实训学习。

打造泉城海归圆梦工作品牌。启动9个“泉城海归圆梦”导师工作站，举办导师沙龙、导师论坛等活动，40余名青年学员进站参观学习，为青年归国留学人员创新创业提供全方位支持服务。围绕人工智能、清洁取暖城市、数字创意等开展调研，成果以多种形式转化。

打造新的社会阶层人士“1+6+N”工作品牌。“1”即以市委加强新的社会阶层人士统战工作实施意见为统领；“6”即6项重点工作：设计并注册“新智聚济”品牌，成立济南市新的社会阶层人士联谊会，建立首批3个实践创新基地和挂职锻炼基地，依托济南大学在全省成立首家理论研究基地，搭建网上交流平台“泉城e联新”，分2批建立13个“新智聚济·党旗红”党建工作示范点；“N”即推动形成市区联动、以点带面、竞相推进的工作局面。

打造党外代表人士队伍建设“1523”工作品牌。通过健全“一套机制”，实施“五个一批”，推进“同心培训”“同心提升”双百工程，突出区县三套班子、政府工作部门及法检两院、市属高校党外干部配备等“三个重点”，大力培养选拔党外干部。加大党外代表人士培养力度，举办培训班37期，选派37名党外干部开展挂职锻炼。首次组织调研组到10个区县和20个市直部门开展党外干部调研访谈，召开各类座谈会44个、访谈干部596名，在全市上下形成党内干部、党外干部同等对待、同等重视、同等重用的“三个同等”思想共识。

【宗教政策法规宣讲】 开展宗教政策法规大宣讲活动，宣讲79场次、128个镇（街）、4837个村（社区）、8380人次，市委常委会、市委理论学习中心组2次专题学习习近平总书记关于宗教工作重要论述，宣讲工作走在全省前列，省委统战部在全省通报表扬。推动解决宗教领域重难点问题，做好全国“两会”、上合组织青岛峰会等重要时间节点工作，维护全市政治安全和宗教领域和谐稳定。

（桑立恒）

【概况】 2018年，市委政策研究室完成各类综合文稿500篇，其中市委文件30件、重要讲话240篇、调研报告及其他文稿230篇，编发《决策参考》《济南改革》40件，有8篇调研报告获评全省党委政研系统年度优秀调研成果一、二等奖，省、市领导批示30余人次，出版《济南通讯》12期，编发稿件180余篇。

【综合文稿起草】 完成市委重要文件的起草，主要有：《中共济南市委常委会2018年工作要点》《中共济南市委改革办关于全面学习贯彻落实党的十九大精神坚定不移将改革推向深入的通知》《关于学习贯彻落实刘家义同志在十一届省委全面深化改革领导小组第六次会议上讲话的通知》《关于成立重点任务指挥部进行集中攻坚的工作方案》《中共济南市委全面深化改革领导小组工作规则》《中共济南市委全面深化改革领导小组专项小组工作规则》《中共济南市委全面深化改革领导小组办公室工作细则》《优化营商环境“一次办成”改革35条措施》《打造对外开放新高地40条措施》等。

完成市委领导重要讲话稿的起草，主要有：在市委全会、市纪委全会、深化改革领导小组会和全市经济、农村、组织、基层党建、政法、扫黑除恶专项斗争、城市提升、深化监察体制改革、双招双引、优化营商环境、生态环境保护、工青妇科协、工商联主席峰会、儒商大会、新型智慧城市建设国际峰会、中德中小企业合作交流会等会议上的讲话；省委和市委常委会、民主生活会、理论学习中心组学习会等会议材料。

完成市委领导交办的其他综合材料的起草，主要有：向中央巡视组上报各类材料资料1000件。撰写关于深入贯彻落实习近平总书记对济南市重要讲话重要指示精神及省委对济南工作部署的情况报告、关于学习贯彻山东省全面展开新旧动能转换重大工程动员大会精神情况的报告、十八大以来济南市全面深化改革落实情况评估报告以及履行全面从严治党责任、基层党建责任、述责述廉、纪检监察、意识形态等重要工作情况报告；完成中央环保督察组在济期间、中央和省委领导来济调研等材料；完成市委领导调研、市委重要新闻等材料。

【调查研究】 研究出台《中共济南市委关于深入学习贯彻习近平总书记视察山东重要讲话精神，在新时代现代化强省建设中奋力走在前列的意见》；参与《加快总部经济发展研究》《济南规范深化基层协商民主建设研究》《举全市之力推进济南新旧动能转换先行区建设研究》等重大课题研究；研究提出以实施党政机构改革、深化“一次办成”改革、推进新旧动能转换、打造对外开放新高地、突破科技创新体制的思路建议；对照苏浙粤成功经验，提出推进政务服务网络平台建设、工程建设项目审批、科技体制创新、省市合作共建、信用信息平台建设、建立省市领导干部双向交流挂职制度、建立完善激励干部干事创业奖励制度等12项制度创新的意见建议；针对中央巡视反馈济南副省级城市功能作用发挥不够问题，研究提出发挥省会优势打造区域经济发展高地、完善枢纽功能增强集聚辐射能力、先行先试建设新旧动能转换先行区、发挥资源优势打造国际医疗康养名城、强化创新驱动建设区域性科技创新中心、积极腾笼换鸟提升产业发展能级、加强交流合作打造对外开放新高地7项整改措施以及9类总计69条政策需求；研究形成《深化“一次办成”改革，进一步优化营商环境的若干措施》，在全省率先出台深化“一次办成”改革的35条措施；形成《关于建立山东产业技术研究院推动创新发展的指导意见》《深化改革开放，奋力走在前列——济南40年改革开放综述》《关于调动基层干部干事积极性的调研报告》；向省委报送改革典型案例和优秀调研报告23件，其中《济南市市中区在动力变革中隆起数字经济产业高地》《济南市高新区“七系并进”打造省会研发中心》上报中央改革办；《推动全面从严治党向基层延伸》《关于〈济南市营商环境调查报告〉反映问题的整改措施的报告》《让数据多跑路，让纳税人少跑腿》《市公安局借助信息化手段积极深化中小学校园安保机制改革》《落实基层党建制度，严肃党内政治生活》《济南高新区深化干部人事制度，激发干事创业创新发展新动能》获市委领导批示；《我市实行图审流程再造数字化联审跑出改革加速度》《立说立行先行先试，市规划局正式启动标准地出让与告知承诺制试点审批工作》等典型经验在全市推广。

【改革工作】 学习贯彻中央和省委全面深化改革委员会会议精神，筹备召开6次全市深改领导小组会、2次全市改革工作专题会议，审核改革方案和汇报议题等材料30多项，研究调度上会议题40多项，有关改革方案征求领导小组成员意见500多人次。印发《济南市委全面深化改革领导小组2018年工作要点》以及年度改革任务台账和重点改革事项，统筹推进11个专项领域改革工作。推进各领域重大改革229项，发展壮大农村集体经济试点等75项国家级和67项省级改革试点进展顺利。市委政研室牵头制定全市优化营商环境领导小组及其办公室的方案。中国体改研究会发布的2018年第三季度改革热度指数，济南市在省会城市和直辖市中位居第五位，济南市改革经验受到省委高度肯定。

【智库建设】 做好决策研究专家咨询工作，制定《济南市委决策研究专家智库工作细则（试行）》《济南市委决策研究专家智库课题研究管理办法（试行）》；策划7项前瞻性、专业性较强的课题，委托专家开展定向研究；组织专家参加全市经济工作暨“四个中心”建设推进大会、全市营商环境大会等重要会议，参与重大决策咨询论证和实施第三方评估，并为市委确定的重大课题调研提供有力的智力支撑。

【党刊编辑】 坚持正确政治方向和舆论导向，聚焦习近平新时代中国特色社会主义思想，做好学习贯彻党的十九大精神、习近平总书记视察山东重要讲话精神宣传报道，组织改革开放40周年、济南解放70周年、新时代新作为新篇章等系列重要专题宣传，宣传贯彻省委工作要求和市委工作部署，宣传报道全市打造“四个中心”、建设“大强美富通”现代化国际大都市的思路举措以及干在实处走在前列的生动实践和成功经验。加强和改进编辑出版基础工作，探索和规范运行机制和工作方式，提高编辑能力和整体质量。

（张国强　刘立东　张　峰
聂洪尉　徐金阳）

【信访工作责任制落实】 坚持把信访工作作为重要民心工程和“一把手”工程，在全市范围内构建责任明确、层级清晰、运转协调的信访工作领导体系。推进党政领导干部接访下访，将定点接访与重点约访有机结合，改变在接访大厅坐等群众来访方式，结合领导分工，筛选重点信访事项提报领导约访，形成“倾听诉求、现场会商、律师参与、全程录像、出具书面意见、各方现场签字、及时交办督办、限时处理上报”的工作模式。完善视频接访、联合接访、集体会商工作机制。对涉及多个部门、诉求交叉、处理难度大的来访事项，现场召集责任单位集体会商；建立远程视频接访会商系统，市领导带头通过视频系统听取群众诉求，进行视频会商，搭建高效的高层次矛盾化解平台。适时采取分级督查、专项督查、重点督查工作模式，把向市委市政府领导筛查推送重点案件与市信访局分组督查、区县跟进督查相结合，构建立体式督查工作体系。组织专班调查城建领域历史遗留问题，形成领导小组，推动房产办证、学校配建、配套设施续建等问题逐步破题解决。针对“房闹”、民工工资拖欠、广电网络系统历史遗留问题、“国3”大货车区域限行、城市拆迁补偿安置、化工类企业开办手续不完备等问题，通过组织专题调研、专家论证等方式，弄清症结，提出完善政策建议，服务领导决策，促成问题成批解决。发挥应急处突牵头作用，三级“两会”等重大活动期间，坚持每日开门接访与驻京、驻省值班会场分流接待相互衔接，全员值守备勤，确保稳定。

【信访源头治理和业务管理】 持续开展地毯式滚动排查，专门成立排查协调处，调动社会资源，充分利用公安预警信息资源，融合基层网格、热线数据、信访业务等信息渠道，不间断调度更新、分析处理涉访信息，按不同等级分类建档、核查并落实化解措施。牢固树立“一次办好”理念，严格按照信访事项办理规程要求，建立健全初信初访动态管理、联合接访、视频接访、信访听证、心理干预、分析研判、访调对接、诉访互动机制，初信初访一次性办结率85%。推进“互联网+信访”，建立并升级纵向联通市县乡、横向联通两级政府部门、覆盖全部信访形式和业务流程的网络平台。聚焦容易引发信访矛盾纠纷的重点领域，通过信访信息、人民建议征集、网友留言等多种渠道，加大信访隐患研判和信访形势分析力度，服务市委市政府决策。聚焦城市提升工程、营商环境改善、农村扶贫攻坚，特别是在新旧动能转换先行区建设中，开展重点工作信访稳定前置处理，先后选派21名干部进驻市委巡察、济钢产能调整、房产证办理、拆违拆临、环保督察、扫黑除恶、重点群体维稳等工作专班，超前介入，推进信访矛盾化解。

【信访法治化建设】 推行诉访分离和依法分类处理工作，完善信访与调解衔接、信访与诉讼互动机制，及时将大批涉法涉诉类、民商事信访事项导入司法程序或通过调解方式解决。市信访局与市司法局配合，协调安排8家律所轮值参与来访接待，聘请优秀律所担任法律顾问，重点参与市级领导接访、疑难案件调查、信访听证、积案评议等工作，大批复杂信访问题得到化解。在巩固完善重点信访事项“第三方”评查和信访工作市民巡访工作模式的基础上，培育、指导和帮助热心市民助力信访工作。依法规范信访秩序，推进依法逐级走访，压实属地化解稳定责任，完善处置预案，健全部门协作和到省驻京联合值班机制；制定《关于规范信访事项档案管理，建立健全A、B卷宗的实施办法》，推动对信访活动中违法行为的证据固定和依法处理工作。完善信访工作目标考核管理制度，严格落实《济南市信访工作责任制实施细则》，改革信访考核办法，引导各级将工作重点放在攻坚克难、方法创新、责任落实上。

（王　政）

保密工作

【保密工作组织领导】 市委保密委员会召开扩大会议，传达全国、全省保密工作会议精神，印发《市委保密委员会2018年工作要点》，对全年工作进行安排部署，并对市委保密委组成单位、组成人员进行调整，新增市委宣传部、市发改委为保密委成员单位。

【保密宣传教育】 构建以手机客户端为载体的保密宣传平台，在全市推广“保密观”微信公众号，在《保密法》修订纪念日向全市移动手机用户发送保密宣传教育公益短信。组织市直机关、单位播放保密警示片、文献片200余次。完成全市“七五”保密法治教育中期检查工作。借助高校专业教育平台，探索加强全市专兼职保密干部系统培训新模式。11月与湖南大学国家保密学院联合举办第二期全市保密干部培训班，全市66名专兼职保密干部参加并通过结业考试。开展授课、一对一保密指导、登门服务100余次，3000余人接受培训和服务。制作新版保密宣传计算机屏保程序，在全市机关单位2万余台办公计算机上安装。

【保密管理】 开展全市保密自查自评和专项督查工作，对10个区县和市直82家单位保密自查自评开展情况、涉密人员管理、定密管理、计算机网络管理等16个方面工作进行专项督查，全部合格。组织全市各级党政机关和涉密单位“十三五”规划贯彻实施情况中期检查，对12家机关、单位进行专项督查。组织开展网络安全专项保密检查，对部分重点单位的涉密信息系统进行保密检查。参加高考、学业水平考试、法律职业资格考试、畜牧兽医考试等国家统一考试的试卷保密室检查、考务人员保密培训、联合保障值班等工作。对全市开展重要军事设施周边环境安全保密问题整改落实工作进行专项督查，8月底全部整改到位。开展规范性文件清理，对1978~2017年间以中共济南市委保密委员会、中共济南市委保密委员会办公室、济南市国家保密局或与其他部门联合印发的6000余份文件逐一进行梳理，决定废止24件、宣布失效24件，并通过正式文件向全市各级机关单位公布。做好涉密资质单位保密审查管理和对机关单位的指导培训工作，完成7家单位申请涉密载体印制资质审核工作，协助省保密局，对160余家涉密资质单位“双随机”抽查进行服务督导。

【保密技术防护】 加强涉密信息系统分级保护管理，调整济南市涉密信息系统审批工作领导小组，加强对全市涉密信息系统审批工作的领导。转发省保密局《关于进一步加强涉密网络测评审批和风险评估管理工作的通知》和《关于加强电子政务内网建设保密管理有关事项的通知》，下发《关于加快涉密网络测评审批工作的函》，督促各相关单位加快涉密网络测评审批工作进度；完成对市委组织部、市检察院涉密信息系统测评审批工作，并颁发使用许可证。转发省涉密专用信息设备“安全保密管理规定”“采购实施办法”及“设备名录（第一期）”，规范涉密专用信息设备的采购、使用和管理。开展涉密专用计算机应用示范，对涉密专用计算机严格登记、规范管理。做好市县两级保密自查自评信息管理平台建设，制定《济南市保密自查自评信息管理平台建设方案》，向各区县和市直机关单位转发省局通知并提出配备安装要求。提升技术能力，做好支持保障工作。对各区县主要领导办公场所及会议室提供保密技术检测服务，指导各区县保密技术装备配备。保障市直公共机构废旧公文回收工作，建立商品回收体系，累计监销纸质涉密载体30吨，销毁其他介质涉密载体180件，安全无事故。

（孙文振）

【学习贯彻宣传习近平新时代中国特色社会主义思想和党的十九大精神】 市委党校把学习贯彻宣传习近平新时代中国特色社会主义思想和党的十九大精神作为首要政治任务，开办领导干部讲坛，邀请市委常委和机关领导干部到市委党校做专题辅导讲座。完成12期党的十九大专题学习班2800余名省管、市管干部培训任务。组织安排全市党校系统教师骨干力量深入机关企事业单位、街镇、村居开展理论宣讲230余场。参与录制新闻媒体专题访谈7次，发表相关理论文章10余篇。

【“名师”工程建设】 改革教师教学质量考评办法，将考评内容划分为政治纪律、问题导向、理论阐述、讲课艺术4个方面，并把政治纪律设为一票否决项。制定名师培养计划，根据重点急需学科发展需要和教研人员不同特点，有针对性地制定个性化培养方案，重点加强对年轻教师的培养力度。改革评聘办法，53人晋升岗位或等级，14人完成续聘。开展首届名师评选，选出校内名师16人、市内名师6人、省以上名师3人，并特聘41名校外专家进入名师库。教师中有享受国务院特殊津贴专家1人，济南市终身拔尖人才1人，市青年学术技术带头人1人。

【“名课”工程建设】 继续深化教学供给侧改革，采用调研、分析、研讨、竞赛等多种方式改进授课方式，提高授课质量。评选出6堂名课，选拔出5堂预选精品课作为重点打造课程。以“优化营商环境”为主题的项目参与式教学课，邀请市政协调研组参加教学活动，创新打造“精准建言”平台，济南电视台给予宣传报道。

【“名库”工程建设】 加强智库建设，制定完善《优秀科研年度评比办法》《学术规范条例》《社会调研管理办法》《市情研究课题管理办法》和《全市党校系统优秀科研

2018 年 9 月 4 日，济南市委党校秋季开学典礼举行　　（市委党校　供稿）

成果评奖办法》等一系列制度办法。改进市情研究课题确定方式，推出新课题均事先征求市委政研室意见。重大课题推荐、重大科研活动评审和重点研究任务结题等方面引入第三方评价机制。举办首期“新型智库高端学术讲坛”，召开科研系列专题讲座，扩大社科界影响力。

【教学培训】　全年举办各级各类班次 81 期，培训学员 6461 人。其中主体班次 33 期，培训学员 1803 人；计划外班次 48 期，学员 4658 人。培养在职研究生 123 人，29 名应届毕业生全部顺利通过答辩。突出主业主课，专门设置习近平新时代中国特色社会主义思想、党的十九大和习近平视察山东重要讲话精神教学模块，精心打造 13 个专题课程，主体班次党的理论课程课时量达到总课时的 50%。首次举办优秀中青年干部和优秀年轻干部递进培训班，上半年分为经济金融和规划建设 2 个专业，下半年分为社会治理和乡村振兴 2 个专业，提高教学的针对性和实效性；举办“四个中心”建设专题研讨班、应急管理专题培训班等，并将新旧动能转换专题培训班列入干训计划，培训更加贴近济南经济社会发展实际需要。前往长清大峰山、山东省党史陈列馆、济南大槐树机厂等开展专项调研，整合本地红色资源，筹备建立具有济南特色的党性教育基地。

【科研工作】　全年立项课题 36 项，其中省部级课题 11 项；取得各类研究成果 170 余项，其中在国家级刊物发表论文 9 篇，副省级以上刊物发表论文 75 篇，出版著作 2 部，获市以上领导批示批转调研咨询成果 12 项；获校外各类社科优秀成果奖 28 项，其中省部级成果奖 5 项。承担市委“济南规范深化基层协商民主”重大调研课题组、市委组织部“支持新旧动能转换先行区发展的人才政策研究”课题组的相关科研工作；调研起草“北跨携河”发展战略、新旧动能转换等专题调研报告；参与市委市政府两办文件《济南文明城市建设三年行动计划》的起草工作等。

【校园建设】　实施校园绿化提升工程和灯光亮化工程，移栽苗木 1250 株，清理土层建筑垃圾 4478 平方米，更换种植土 4155 平方米，依据整体规划完成 LED 光源设备改造。按照全市统一要求，对垃圾进行分类处理。抓好校园文化建设，设计党校 VI 标识，建成开放校史馆，启动文化广场建设项目，并对党校楼宇道路进行命名。推进信息化项目建设，实现校园内网与中央党校内网的互联互通，并可通过终端协议进行视频会议，完成校园网的改版升级和办公自动化系统的开发应用。图书馆新建“济南名泉”“党在济南”等特色数据库。

（张　娇）

党史工作

【地方党史研究】　完成《中国共产党山东省济南市历史（1949~1978）》出版工作，全面、客观记述 1949~1978 年济南市社会主义革命和建设探索实践历程和经验总结。征编出版《济南市改革开放实录》（第四、五、六辑），收录稿件 42 篇、85 万余字。完成中央、省委党史研究室部署的改革开放实录征编稿件的修改工作，完成《红色齐鲁 365》济南选题初稿，共 41 篇，约 10 万字。

【党史宣传教育】 联合市委办公厅开展“清明节祭英烈”主题活动，制作“济南战役东线作战纪实展览”，多次到学校、社区巡展。面向广大市民，先后举办“纪念济南战役胜利70周年大型历史图片展”“济南战役参战老战士抒怀书画展”“纪念济南解放70周年革命文物展”和纪念王尽美同志诞辰120周年活动。开展“红色文化进校园、企业、农村”等活动。按照增强原创性、研究性、实效性、宣传性的思路，高质量办好《济南党史》。改版党史网络公共平台“中共济南历史网”并正式上线。

【红色资源挖掘和革命遗址遗迹保护利用】 实地调研中共济南市委、市政府成立旧址和济南战役山东兵团指挥所纪念地、张北华居住旧址、章丘县第一届县委旧址、章丘县抗日民主政府成立旧址、长清大峰山党性教育基地等23个革命遗址遗迹，形成《南部山区革命遗迹遗址等红色文化遗产现状及保护利用》等调研报告。会同市文广新局、南部山区管委会，协调资金，对3处重点红色文物进行整修保护。初步完成《济南战役参战老战士口述史》资料整理工作，约58万字。编辑整理《济南战役亲历记》《济南战役英雄故事选》读本，共10万余字。形成《传承红色基因，续写新时代篇章》《讲好济南故事，传承红色基因》《伟大胜利，烛照未来——写在济南战役胜利暨济南解放70周年之际》《王尽美思想、实践、精神》《改革创新铸伟业，砥砺奋进谱新篇——济南市改革开放实践与发展历程》等10余篇专题资政文章。

【大党史工作格局构建】 与市委宣传部、济南电视台联合制作“纪念济南解放70周年特别策划”五集专题片，与山东省电视台合作摄制纪念邓恩铭专题节目。与济南日报社联合开办《壮阔东方潮，昂首再出发》专栏，集中宣传改革开放40年的生动实践、光辉历程、辉煌成就和经验启示。联合市委宣传部面向社会公开征集2018年党史系列课题，举办两次课题学术研讨会，结题研究文章68篇，其中优秀课题18篇，研讨成果在《济南日报》发表，形成论文成果概要呈阅件供市委、市政府领导参考。参与涉及党史重大题材的展览、影视作品的制作和审读。参与济南战役纪念馆改陈布展工作，完成展陈大纲修订，对申报的图文版式稿和讲解词审读把关。

【《中国共产党山东省济南市历史(1949~1978)》出版发行】 历经十余年编纂，五易其稿，经市委审定批准后，《中国共产党山东省济南市历史（1949~1978)》于2018年5月正式出版发行。全书共四章、42万余字，全面、客观记述1949~1978年间济南市社会主义革命和建设探索实践的风雨历程，着重反映这一时期全市各个领域的主要活动、重要事件、重要任务及重大成就，深刻总结这一时期革命和建设事业发展中的曲折历程和经验教训，为新时代济南建设提供历史智慧。

【纪念王尽美同志诞辰120周年系列活动】 6月13日，纪念王尽美同志诞辰120周年系列活动在龙奥大厦举行。活动分两阶段举行。举办“不忘初心、牢记使命——济南共产党早期组织创建暨王尽美邓恩铭生平业绩手绘作品展”，展出反映济南党组织早期活动的手绘图画

2018年6月13日，“不忘初心、牢记使命——济南共产党早期组织创建暨王尽美邓恩铭生平业绩手绘作品展”在龙奥大厦举办
（市委党史研究院　供稿）

作品50幅，弥补了相关党史图片资料的空白；举办“不忘初心，砥砺前行——纪念王尽美同志诞辰120周年理论研讨会”，专家学者围绕学习王尽美事迹进行交流，为“不忘初心、牢记使命”主题教育提供丰厚历史滋养。

（廉胜杰）

市委市直机关工委工作

【概况】 市直机关工委和机关各级党组织贯彻落实全面从严治党要求，推进机关党建各项工作，为推动全市中心工作提供有力保障，机关党的建设质量进一步提升。机关党组织书记述职评议考核工作在全国党建研讨会做经验交流，310余个先进集体或个人受到全国、省、市级表彰。

思想政治建设和理论武装工作。开展“灯塔—党建在线”十九大精神学习竞赛、宪法法律网上知识竞赛等系列活动，举办全市层面辅导报告会5场；坚持列席巡听、定期通报制度，指导各单位开展理论中心组学习1690次，举办各类讲座、辅导报告等800余场次，领导干部上党课300余次，教育培训机关党员10万余人次。制定《关于认真贯彻落实党委（党组）意识形态工作责任制的实施意见》，对9个单位举办的全市性哲学社会科学报告会进行审核，对17个单位2016年以来举办的93场次哲学社会科学报告会、研讨会等进行排查。组织开展百姓宣讲进机关、担当作为“出彩型”好干部先进事迹报告会等系列活动160余场次。“济南机关建设”网站累计访问量突破205万次，微信公众号推送信息1000余条。

基层党组织建设。制定《关于市直部门（单位）机关党组织机构设置及党务干部配备的意见》，严格执行基层党组织按期换届台账管理制、提醒督促制、派员参与制、新任职党务干部谈心谈话制等管理制度，62个直属党组织完成换届、班子调整及成立机关纪委工作。把握区划调整和机构改革的有利时机，深入各直属机关党组织，督促推动各部门党组（党委）压实主体责任，全面落实有关规定。对基层党建工作、重点任务落实情况实行全覆盖调研督导，全面检查各直属党组织、基层党支部学习教育档案，发现并反馈问题200余条，派员列席80余个部门领导班子民主生活会。梳理市直机关党组织组织建设问题清单，重点对党建材料造假、失联党员规范管理和组织处理工作进行专项治理。制定《市直机关党建工作综合考评办法（试行）》，组织104个直属党组织书记向工委述职、1300余个基层党支部书记向机关党委（党总支）述职。培养选树“过硬党支部”185个，评选党建工作创新案例35个。

党风廉政和纪律作风建设。开展“汲取教训、严守规矩、强化担当”专题教育，召开市直机关警示教育大会，开展市直机关党内法规制度知识竞赛，1万余名机关党员参加答题。印发《关于进一步严明机关工作纪律的通知》，组织工作纪律专项检查、抽查。做好执纪审查和案件审核审理，收到案件线索9起，处结案件8起，给予党内警告处分1人，留党察看2人，开除党籍4人，组织处理1人，对2个基层党组织3人进行问责；审核审理案件54起，给予党内警告处分27人，党内严重警告14人，开除党籍处分13人。

2018年3月14日，全市机关党的工作会议在龙奥大厦召开　（李庆海　摄）

服务中心工作。开展“济南走在前列，机关争做表率”主题实践活动，组织党员干部深入基层、重点工程、项目一线开展活动300余场次。推进“大学习、大调研、大改进”和“三照三转三改三推”工作，市直机关开展调研3435次，形成调研报告1218个，召开务虚会281次，开展主题党日活动4065次，制定改进工作标准400余条，改进制度规范100余项。指导各单位公开承诺事项258项并全部完成，对40个优秀项目进行通报表扬。推进机关党组织联系社区工作，机关各级党组织开展共建共享活动200余场。推进党员领导干部联系贫困户工作，4063名副处以上党员干部开展入户走访6390人次，帮扶款物折合人民币849.53万元。对市直机关636名困难党员和困难职工进行救助帮扶，发放救助金及物资68.5万元。开展文化进机关活动、泉城党员干部家风分享会、机关青年榜样分享会等群众性创建活动，增强群团组织凝聚力和活力。

2018年8月6日，市委市直机关工委举办市直机关党组织书记培训班

（张延民　摄）

【机关党建工作突出问题专项治理】3月23日，市直机关党建工作专题会议召开，以“大学习、大调研、大改进”推动机关党建工作存在问题的整改落实。梳理市直机关党组织组织建设问题清单，重点对党建材料造假、失联党员规范管理和组织处理工作进行专项治理。督促各基层党支部严把政策程序，审慎做好党员规范管理和组织处置工作；加强基层党组织规范建设，对照《关于从严落实基层党组织建设和党员教育管理的五项制度》《关于开展市直机关党建材料造假问题专项治理工作实施方案》等要求，细化治理任务，明确工作重点、责任人员和完成时限；推进机关党建工作责任制落实；加强考核管理、追责问责，督促机关党组织专职副书记认真履职，落实好党建制度、重点任务。

【基层党建述职评议考核】1月17日至2月1日，全市分级开展基层党建述职评议考核工作。按照《市直机关党建工作综合考评办法（试行）》，104个直属党组织书记向工委述职、1300余个基层党支部书记向机关党委（党总支）述职。围绕履行党建责任实事求是讲问题、述思路，结合纪检监察、巡视巡察反映的情况，现场逐一点评、开展测评，推动述职评议考核严述实评。以述评促整改，汇总梳理反馈共性问题，个性问题点对点提出，督促各部门（单位）列出问题清单、责任清单、整改清单，加强督导检查，强化结果运用，以述职评议推动基层党建全面进步、全面过硬。

【市直部门（单位）公开承诺践诺】为转变机关作风，提高行政效能，回应社会关注、群众关切，市级机关工委指导各单位研究确定258项年内推进的重点项目、拟办实事，在《济南日报》、济南机关建设网站进行公示。对公开承诺事项及时进行督促检查，确保各项承诺按时兑现、落到实处，对40个优秀项目进行通报表扬，实现机关党建工作与全市中心工作、部门业务工作同频共振。

【基层党组织规范化建设】加强过硬党支部建设，制定出台《关于加强市直机关基层党支部标准化规范化建设的实施意见》，专题培训机关党支部书记600余名，狠抓副市级以上党员领导干部所在支部示范化建设，培养选树“过硬党支部”185个，评选党建工作创新案例35个。

（张　颖）

扶贫工作

【概况】 2018年，全市扶贫工作以精准为核心，以“N+扶贫”为路径，整合政策措施，加大资金投入，强化工作举措，狠抓任务落实，剩余贫困人口1613人实现脱贫，老峪村、积米峪村实现搬迁入住。截至年底，全市916个贫困村全部摘帽退出，基本完成17.56万现行标准下贫困人口脱贫任务，脱贫攻坚取得明显阶段性成效。

【产业扶贫】 完善相关制度，制定财政专项扶贫资金项目管理和公告公示制度实施细则，进一步明确资金分配使用、项目组织管理、公示公告公开等方面的监管要求；在全省率先出台项目收益分配使用管理指导意见，进一步明确利益联结和带贫减贫长效机制，为区县、镇街和村级收益分配管理提供指南。在全市范围内对扶贫项目进行资金使用绩效评价，跟踪资金流向，发现问题不足，提升项目资金使用效益。建立产业扶贫项目ABCD分类管理机制，对A、B类运营状况良好项目加强后期监管，做好风险防控，确保长期稳定收益；对C、D类劣质项目重点关注、分清责任、提质增效；对于项目失败和无法挽回损失的，移交有关部门依法依规处理。2016年以来，产业扶贫累计投入8.75亿元，实施产业扶贫项目1909个（2018年项目44个），其中光伏发电项目952个、特色种养加项目647个、乡村旅游项目25个、电商项目10个，累计实现收益9700多万元。

【脱贫政策】 在市委、市政府“脱贫攻坚40条”基础上，着眼扶贫工作长效机制建设，进一步充实完善脱贫攻坚政策框架体系。根据中央和省关于打赢脱贫攻坚战三年行动意见精神，结合全市实际，制定济南市《关于打赢精准脱贫攻坚战三年行动实施意见》，明确脱贫攻坚任务目标和政策措施。出台《关于在全市推行孝善扶贫助力脱贫攻坚的实施意见》，设立孝善扶贫基金，市、区县合计投入1200万元，撬动各类社会资金6200万元，3.21万名贫困老人受益，实现符合条件贫困老人全覆盖。制定《关于在全市推行扶贫专岗的指导意见》，根据贫困人口劳动能力强弱和劳动意愿，创新设置互助照料、村务服务管理、产业辅助三大类扶贫专岗1.01万个，累计实现贫困人口就地就近就业3.8万余人次。

【扶贫资金投入】 全年争取省级及以上财政专项资金4534万元，市级财政安排专项扶贫资金2亿元（含易地扶贫搬迁资金4892.05万元）。推动区县整合涉农资金11.14亿元，用于精准扶贫。积极撬动金融资金助力脱贫攻坚，截至年底，全市累计发放小额扶贫信贷3.19亿元，带动建档立卡贫困户7000余人。

【行业扶贫】 完善医疗精准扶贫，修订完善并制定出台新的《济南市医疗精准扶贫暂行办法》，取消门诊和住院帮扶病种限制；开通定点医疗机构“一站式”结算系统，实现“先诊疗、后付费”和“一站式”即时结算；对高血压等10种慢性病患者，给予免费用药帮扶，对行动不便的患者送药上门，累计实现医疗帮扶11.4万人次。做好教育资助帮扶，全面实施建档立卡农村贫困家庭学生从学前教育到高等教育全资助，累计资助2.3万余人次、4600多万元；市扶贫办专门出台文件对贫困户子女2018年度高中毕业生高等教育入学和初高中毕业生职业技能培训给予一次性补助，共补助学生340人、157.4万元。强化基础设施建设，916个贫困村扶贫道路建设完成，393个贫困村完成饮水安全改造，新建、提升372个贫困村文化大院，建成贫困村“五小水利”工程490处。全面推进危房改造，开展建档立卡享受政策贫困户危房改造情况拉网式检查，全面摸排疑似危房并建立台账，加大工作督导，确保改造落实。

【社会扶贫】 广泛动员社会各界参与脱贫攻坚，1100余家工商企业、商会协会、社会组织以签约结对、村企共建等形式帮扶贫困村，投入帮扶资金2亿余元。倡导社会捐助，将“慈心一日捐”全部用于脱贫攻坚，连续3年发动各级各部门和社会力量共同开展帮助贫困群众过暖冬过好年活动，累计投入资金1.33亿元，救助农村建档立卡特困家庭，惠及贫困群众9.8万人次。开展济南—临沂扶贫协作，结成街镇、村居、村企帮扶对子78对，

济阳区插花式扶贫新市镇产业园 （市扶贫办　供稿）

支援各类资金1.33亿元，签约协作项目16个，累计完成投资4.26亿元。开展典型示范活动，举行全市社会力量助力脱贫攻坚先进单位先进个人座谈会，对20家民营企业、10家社会组织和10名个人予以通报表扬。

【贫困基础信息完善】 6月，组织开展全市建档立卡问题整改和数据信息调整补录工作，针对2018年巡视巡察、审计调研、考核评估等发现的错评、漏评、错退方面存在的问题，认真进行核查整改、逐条核实。8月，组织开展全市贫困户数据信息质量提升行动，通过区县数据互查、家庭收支算账、全面信息比对、脱贫稳定性评估等措施，全面提升贫困信息数据质量。做好2018年度扶贫对象动态调整，把线下信息采集作为动态调整工作的关键，突出做好入户前的部门会商信息共享、入户时的责任人落实、入户后的信息研判3个关键环节，确保第一手资料全面、真实、准确、可靠。

（仰万里）

责任编辑　张　阳

综述

【市十六届人大及其常委会】 济南市第十六届人民代表大会于2017年1月选举产生，有代表名额504名。各选举单位分别召开人民代表大会、军人代表大会，选举出市十六届人大代表499名。二次会议时有代表499名，二次会议以来，1名代表去世、2名代表调离、1名代表辞去代表职务，补选2名市人大代表；三次会议时有代表495名。截至年末，市十六届人大常委会实有组成人员39名，其中主任1名、副主任5名、秘书长1名、委员32名。（张 鹏）

【代表工作】 市人大常委会举办市人大代表培训班，对部分市十六届人大代表及各县区人大常委会有关人员共约120人进行集中业务培训；委托各县区人大常委会、济南警备区政治工作处以代表团为单位，对市人大代表有计划地进行培训。为驻济全国人大代表参加十三届全国人大第一期代表学习班做好组织服务工作。以“发挥人大代表作用，助推四个中心建设”为内容，号召代表建言献策，全年各级代表开展活动150余次，提出意见建议50余条。按照便于组织开展活动的原则将驻济64名省人大代表划分为4个小组，每组确定第一召集人、召集人及联络员各1名，并在第一召集人所在县区确定建立代表小组活动室，制订活动制度，为闭会期间省代表开展活动、发挥代表作用提供保障。（尹相华）

【调研视察】 组织驻鲁部分全国代表及专家教授来济围绕“提升传统产业，改造形成新动能问题”开展专题调研。将驻济省代表按照辖区和人代会期间的分组分成4个调研组，分别对提升政府效能优化营商环境、新旧动能转换及保障改善民生情况等开展调研。组织开展督查重点项目建设活动，由市人大常委会副主任谭延伟任组长，部分驻济全国、省及市人大代表为成员的重大基础项目建设专项监督工作组，深入到济青高速改扩建、跨黄河铁路公路大桥等重点建设项目一线开展调研视察，提出意见建议，督促工程尽快完工。组织部分全国、省、市代表对全市营商环境进行明察暗访，对存在的问题和意见建议进行梳理。（尹相华）

【联系代表制度】 坚持主任接待日、常委会组成人员集中联系代表、固定联系代表三项制度，听取代表意见建议，帮助协调解决相关问题，共接待代表10余人次。在集中联系代表活动中，全市150余名人大代表参加活动，提出书面建议12件、口头建议150余条。全年有30多名常委会组成人员通过到代表单位走访调研、邀请代表参与视察检查等形式，听取所固定联系代表的意见建议。加强代表对常委会工作及全市重点工作的参与，每次常委会邀请3名市代表列席会议，全年共邀请18名代表列席有关会议。推荐省代表参加省政府信访事项听证员50人次，组织市代表200余人次参加立法座谈会、调价听证会、执法检查、行风测评、电视问政等社会活动。（尹相华）

【人大代表倾听社情民意】 安排人大代表到市热线办或县区热线办轮流接听热线。9月下旬，集中组织市内5区部分市人大代表接听12345热线，倾听社情民意。指导社区代表工作站建设和运行，搭建代表活动平台，创造条件让代表深入基层群众，了解社情民意。

（尹相华）

【代表建议办理】 市十六届人大二次会议以来，代表们共提出建议283件，涉及城市管理、基础设施建设、民生事业、治堵治霾、县域经济发展等多个方面。通过与有关单位分析研究后，经代表建议管理信息系统及时转交70个承办单位办理。从办理情况看，已被采纳、问题已经解决的190件，占总数的67%；正在解决和列入计划准备解决的87件，占总数的31%；因客观条件限制，暂时无法解决的6件，占总数的2%。代表建议面复率达100%，代表满意率和基本满意率达99.6%，一批群众关心的热点和难点问题得到较好的解决。为提高办理实效，人代会期间组织市发展改革委、市公安局等6个单位对10位代表提出的建议进行当面答复，收到良好效果。（尹相华）

【济南市第十六届人民代表大会第二次会议】 1月8~12日在山东会堂举行。会议应到代表499名，实到代表484名。会议听取和审议市长王忠林所做的市人民政府工作报告，市人大常委会主任殷鲁谦所做的市人大常委会工作报告，听取市中级人民法院院长张爱云所做的市中级人民法院工作报告，听取市人民检察院检察长宋文娟所做的市人民检察院工作报告，审议济南市2017年国民经济和社会发展计划执行情况与2018年计划草案的报告、济南市2017年预算执行情况和2018年预算草案的报告，会议通过上述报告。选举64人为出席省第十三届人民代表大会代表，选举程德智为济南市监察委员会主任，补选马志勇为济南市人大常委会委员。

会议收到代表提出的议案20件，根据《中华人民共和国地方各级人民代表大会和地方各级人民政府组织法》和《济南市人民代表大会代表议案处理办法》关于议案处理的规定，市人大有关专门委员会对议案进行审议，大会主席团决定均作为代表的建议、批评和意见，由市人大常委会办事机构交有关机关或组织研究处理。

【济南市第十六届人民代表大会第三次会议】 6月3~4日，在南郊宾馆举行。会议应到代表495名，实到代表475名。会议选举孙述涛为济南市市长。

【常委会会议】 市十六届人大常委会第九次会议 1月4日举行。会议听取并审议市政府提请的有关人事事项。表决通过关于接受周云平辞去济南市人民政府副市长职务请求的决定；表决通过市政府提请的人事事项，决定任命卢江、孙斌为济南市人民政府副市长。

市十六届人大常委会第十次会议 1月12日举行。会议听取审议并表决通过市监察委员会提请的人事事项，任命济南市监察委员会副主任、委员。

市十六届人大常委会第十一次会议 2月27日举行。会议集体学习省十三届人大一次会议精神和刘家义书记参加济南团审议政府工作报告时的讲话精神。会议听取市政府关于《济南历史文化名城保护规划（2015~2020年）（草案）》；听取并表决通过市人大常委会代表资格审查委员会关于补选市十六届人大代表和个别代表的代表资格变动情况的报告，听取市人大法制委员会关于《济南市城市建筑垃圾管理条例（草案）》审议结果的报告，表决通过《济南市城市建筑垃圾管理条例》。会议还表决通过关于提请通过济南市第十六届人大常委会代表资格审查委员会副主任委员的报告，表决通过市人大常委会主任会议和市政府提请的人事事项。

市十六届人大常委会第十二次会议 3月27日举行。会议传达学习习近平总书记参加十三届全国人大一次会议山东代表团审议时的重要讲话和十三届全国人大一次会议精神。

市十六届人大常委会第十三次会议 4月27~28日举行。会议听取审议关于济南市2016年度市级预算执行和其他财政收支审计查出问题整改情况的报告、市政府关于济南市城市更新工作情况的报告、市政府关于济南市商事制度改革和工商管理工作情况的报告、市政府关于济南市侨务工作情况的报告、市政府关于济南市义务教育均衡发展专题询问有关问题整改情况的报告、市政府关于《济南市12345市民服务热线条例（草案）》的说明。会议还听取市法院、市检察院提请任免的人事事项，书面印发济南市第十六届人民代表大会常务委员会关于《济南市历史文化名城保护规划（2015～2020）（草案）》的决议等文件。

市十六届人大常委会第十四次会议 5月14日举行。会议听取市委常委、组织部部长李刚代表市委做的有关人事事项的说明，听取审议市委常委、副市长徐群代表市政府做的有关人事事项的报告。会议通过投票表决，决定孙述涛为济南市人民政府代理市长。会议表决通过关于接受王忠林辞去济南市人民政府市长职务请求的决定。

市十六届人大常委会第十五次会议 5月29日举行。会议表决通过济南市人民代表大会常务委员会关于召开济南市第十六届人民代表大会第三次会议的决定，决定济南市第十六届人民代表大会第三次会议于2018年6月3日在南郊宾馆举行。

市十六届人大常委会第十六次会议 6月27~28日举行。会议传达学习习近平总书记在山东考察时的重要讲话精神。会议听取审议市政府关于济南市政府投融资管理工作情况的报告、市人大常委会执法检查组关于检查全市贯彻实施《济南市山体保护办法》情况的报告、市法院关于全市法院司法改革工作情况的报告、市检察院关于全市检察机关司法改革工作情况的报告、市人大法制委员会关于《济南市12345市民服务热线条例（草案）》审议结果的报告、市人大常委会主任会议关于《济南市人大常委会关于修改〈济南市城市绿化条例〉等3件地方性法规的决定（草案）》和《济南市人大常委会关于废止〈济南市机动车排气污染防治条例〉的决定（草案）》的说明，听取并表决通过市政府、市法院、市检察院提请任免的人事事项。

会议表决通过《济南市12345市民服务热线条例》、济南市人民代表大会常务委员会关于修改《济南市城市绿化条例》等3件地方性法规的决定、关于废止《济南市机动车排气污染防治条例》的决定。

市十六届人大常委会第十七次会议 8月29~30日举行。会议听取审议市政府关于济南市2018年上半年国民经济和社会发展计划执行情况的报告、市政府关于济南市2017年度市级预算执行和其他财政收支情况的审计工作报告、市政府关于济南市2017年市级决算和2018年上半年预算执行情况的报告、市人大财经委员会关于济南市2017年市级决算和2018年上半年预算执行情况的审查报告、市政府关于济南市2018年地方政府债券收支安排及市级预算调整方案的报告、市政府关于全市小清河污染治理有关情况的报告，对小清河污染治理有关情况进行专题询问。听取审议市政府关于全市优化营商环境推进“一次办成”改革工作情况的报告、关于济南市与斯洛文尼亚马里博尔市及埃塞俄比亚阿尔巴门奇市建立友好城市关系议案、市人大常委会执法检查组关于检查全市贯彻实施《中华人民共和国食品安全法》情况的报告、市中级人民法院关于全市法院执行工作情况的报告、市人大常委会主任会议提请的关于《济南市人民代表大会常务委员会关于济南新旧动能转换先行区行政管理事项的决定（草案）》的说明、市人大教科文卫委员会关于《济南市文明促进条例（草案）》的说明。

会议表决通过市人大常委会关于批准济南市2017年市级决算的决议、关于批准济南市2018年市级预算调整方案的决议、关于济南市与斯洛文尼亚马里博尔市及埃塞俄比亚阿尔巴门奇市建立友好城市关系的决议、关于济南新旧动能转换先行区行政管理事项的决定。

市十六届人大常委会第十八次会议 9月10日举行。会议听取审议并表决通过市政府提请的有关人事事项。

市十六届人大常委会第十九次会议 10月31日至11月1日举行。会议听取审议市政府关于《济南市国民经济和社会发展第十三个五年规划纲要》实施情况中期评估和部分指标调整方案的报告、关于济阳撤县设区区划调整有关情况的报告、市政府关于社区治理创新工作情况的报告、关于济南市企业类国有总资产管理工作情况的报告、关于济南市2018年市级预算调整方案的报告、关于发展省会现代化农业情况的报告、关于济南高新区建设发展情况的报告，听取市人大常委会主任会议关于《济南市绩效管理条例（草案）》的说明、市政府关于《济南市户外广告设置管理条例（修订草案）》的说明，听取有关人事事项的报告。

会议表决通过市人大常委会关于批准《济南市国民经济和社会发展第十三个五年规划纲要》部分指

标调整方案的决议、关于济阳撤县设区有关事项的决定、关于批准济南市2018年市级预算调整方案的决议，表决通过《济南市绩效管理条例》和有关人事事项。

市十六届人大常委会第二十次会议 12月20日举行。会议听取审议市政府关于市十六届人大二次会议以来代表建议办理情况的报告、关于济南市2017年度市级预算执行和其他财政收支审计查出问题整改情况的报告、关于济南市2018年市级预算调整方案的报告、市检察院关于公益诉讼工作情况的报告、市人大内务司法委员会关于加强检察公益诉讼工作的决议（草案）的说明、市人大法制委员会关于《济南市文明促进条例（草案）》审议结果的报告，听取市法院、市检察院提请的有关人事事项。会议还审议了市法院、市检察院、市人大常委会人事代表工作室关于市十六届人大二次会议以来代表建议办理情况的报告。

会议表决通过济南市人民代表大会常务委员会关于批准济南市2018年市级预算调整方案的决议，表决通过济南市人民代表大会常务委员会关于加强检察公益诉讼工作的决议，表决通过《济南市文明行为促进条例》，表决通过市法院和市检察院提请的有关人事事项。

（张　鹏）

【概况】 2018年，市人大常委会完成制定《济南市城市建筑垃圾管理条例》《济南市12345市民服务热线条例》，废止《济南市机动车排气污染防治条例》，修改《济南城市绿化条例》《济南市城市供水条例》《济南市矿产资源管理规定》和制定《济南市人民代表大会常务委员会关于济南新旧动能转换先行区行政管理事项的决定》《济南市绩效管理条例》的立法工作。

关于规范性文件备案审查工作和法律法规征求意见工作。按照监督法和省、市有关规范性文件备案审查规定的要求，全年共接收市人民政府报送备案的规范性文件32件。协助全国人大常委会和省人大常委会完成《中华人民共和国刑事诉讼法》《山东省新旧动能转换促进条例》等18件法律法规的征求意见工作。

【概况】 2018年，市人大常委会共任免政府组成人员、市人大常委会办事机构和工作机构工作人员、监察委员会组成人员、市中级人民法院和市人民检察院工作人员99人（次）。

【人事任免名单】 1月4日，市十六届人大常委会第九次会议表决通过，决定任命：卢江为济南市人民政府副市长、孙斌为济南市人民政府副市长。决定接受：周云平辞去济南市人民政府副市长职务的请求。

1月12日，市十六届人大常委会第十次会议表决通过，任命：赵玉海、范立山、刘军为济南市监察委员会副主任，李敬德、满斌、刘兆华、阴法义、郑进毅为济南市监察委员会委员。

2月27日，市十六届人大常委会第十一次会议表决通过，任命：王毅为济南市人大常委会财政

2018年济南市人大常委会公布的地方性法规目录

法规名称	公布时间
《济南市城市建筑垃圾管理条例》	2018年3月29日
《济南市12345市民服务热线条例》	2018年7月27日
济南市人民代表大会常务委员会关于废止《济南市机动车排气污染防治条例》的决定	2018年7月27日
济南市人民代表大会常务委员会关于修改《济南市城市绿化条例》等三件地方性法规的决定	2018年7月27日
济南市人民代表大会常务委员会关于济南新旧动能转换先行区行政管理事项的决定	2018年9月21日
《济南市绩效管理条例》	2018年11月30日

经济工作室主任。免去：于炳生的济南市人大常委会财政经济工作室主任职务。决定任命：张华为济南市人民政府金融工作办公室（济南市地方金融监督管理局）主任（局长），决定免去：王毅的济南市人民政府金融工作办公室（济南市地方金融监督管理局）主任（局长）职务。

4月28日，市十六届人大常委会第十三次会议表决通过：曹强为济南市中级人民法院审判员。免去：仲维威的济南市中级人民法院副院长职务，殷庆东的济南市中级人民法院审判员、行政审判庭副庭长职务，郎家涛、吴荣瑞、蔚立超、顾广义的济南市中级人民法院审判员职务。免去：谭勇的济南市人民检察院副检察长职务，郑进毅、吴红的济南市人民检察院检察委员会委员职务，肖敏的济南高新技术产业开发区人民检察院检察委员会委员职务，邢明的济南市城郊地区人民检察院副检察长、检察委员会委员、检察员职务，颜炳岱的济南市城郊地区人民检察院检察委员会委员职务。

5月14日，市十六届人大常委会第十四次会议表决通过，决定任命：孙述涛为济南市人民政府副市长。决定接受：王忠林辞去济南市人民政府市长职务的请求。根据主任会议的提请，济南市第十六届人民代表大会常务委员会第十四次会议表决通过，决定：孙述涛为济南市人民政府代理市长。

6月28日，市十六届人大常委会第十六次会议表决通过，决定免去：毛华铭的济南市政府秘书长职务。任命：魏群为济南高新技术产业开发区人民法院副院长、审判委员会委员、审判员，王磊为济南高新技术产业开发区人民法院审判员。免去：部业福的济南市中级人民法院审判委员会委员、审判员职务，王周江的济南市中级人民法院审判员、民事审判第四庭副庭长职务，任艳亮的济南高新技术产业开发区人民法院审判委员会委员、审判员职务，贾承建的济南高新技术产业开发区人民法院审判员职务。免去：刘春的济南市人民检察院检察委员会委员、检察员职务，陶济生、郑进毅、吴红、吕洪宾、乔广瑞、刘冰剑、赵松涛、姜振华、高传令、吕飚、王中锋、陈延喜、潘连振、张勤、戴子华、向兵、牛春野、董杨、位健、于维禄、赵永臣、徐俊峰、夏彬、徐娅维、景立忠、张元祥、李浩、孙学武、许泉、毕朝暾、刘慧慧的济南市人民检察院检察员职务，肖敏、俞学林的济南高新技术产业开发区人民检察院检察员职务，颜炳岱、孙化进、庄衍玲的济南市城郊地区人民检察院检察员职务。

9月10日，市十六届人大常委会第十八次会议表决通过，决定任命：尹清忠为济南市人民政府秘书长、刘大坤为济南市财政局局长、翟军为济南市国土资源局局长、姜涛为济南市城乡水务局局长。决定免去：尹清忠的济南市财政局局长职务、刘大坤的济南市国土资源局局长职务、翟军的济南市城乡水务局局长职务。

11月1日，市十六届人大常委会第十九次会议表决通过，任命：潘世英为济南市第十六届人民代表大会城乡建设环境保护委员会委员。决定任命：于红为济南市民族宗教事务局局长。免去：董福明、蒋济民、辛丕华的济南市中级人民法院审判委员会委员、审判员职务，杨芳艳的济南市中级人民法院审判委员会委员职务，车言江的济南市中级人民法院审判员、民事审判第一庭副庭长职务，孔蕾的济南市中级人民法院审判员职务。免去：冉新胜的济南市人民检察院检察员职务。

12月21日，市十六届人大常委会第二十一次会议表决通过，任命：梁猛为济南高新技术产业开发区人民法院审判员。免去：刘长立的济南市中级人民法院审判委员会委员、审判员职务，钟淑健的济南市中级人民法院审判委员会委员、审判员、审判监督第一庭庭长职务。任命：刘文传、孙勤、周金涛、颜景涛为济南市人民检察院检察员，刘涛为济南市城郊地区人民检察院检察员。

（田文懿）

【检查贯彻实施《济南市山体保护办法》情况】 6月上旬，市人大常委会召开执法检查组全体会议，听取市政府关于全市贯彻实施《济南市山体保护办法》工作情况的汇报，并分5个小组，赴有关县区采取实地检查与随机抽查相结合等方式进行检查。6月27日，市十六届人

大常委会第十六次会议听取审议市人大常委会执法检查组关于检查全市贯彻实施《济南市山体保护办法》情况的报告。（袁方梁）

【检查贯彻实施《中华人民共和国食品安全法》情况】 7月25日，市人大常委会成立执法检查组，对全市贯彻实施食品安全法情况进行检查，执法检查组听取市政府关于全市贯彻实施食品安全法情况的汇报，市人大常委会主任殷鲁谦对执法检查做出批示并进行动员部署。7月26日至8月7日，常委会领导分别带队，分5个组赴10个县区，实地察看食品生产加工企业、农畜产品生产加工基地、食品流通企业和市场、餐饮服务单位和食品安全监管监测单位16家，通过询问、听汇报等多种形式，全面了解食品安全法贯彻实施情况。各县区人大常委会受市人大常委会委托，在各自行政区域内开展食品安全法执法检查，撰写自查报告。市十六届人大常委会第十七次会议听取和审议了《济南市人大常委会关于检查全市贯彻实施〈中华人民共和国食品安全法〉情况的报告》。（唐晓蓓）

【专题询问】 8月30日，市十六届人大常委会第十七次会议结合听取市政府关于小清河污染治理情况专项工作报告进行专题询问，5位市人大常委会组成人员从中央环保督查小清河问题整改落实情况、小清河水环境质量情况等7个方面的问题提出询问，市环保局、城乡水务局等4个部门负责人先后回答询问。

市政府高度重视专题询问有关意见建议，多次召开会议研究小清河污染治理工作，加大污水处理能力建设，年底新增污水处理29.1万吨，污水处理标准进一步提升。（袁方梁）

责任编辑　王　炜

济南市人民政府

重要会议与决策

【重要会议】 市政府第一次全体（扩大）会议。1月4日召开，讨论并原则通过拟提交市十六届人大二次会议审议的《政府工作报告（征求意见稿）》。市委副书记、市长王忠林主持会议并讲话。市委常委、副市长徐群，副市长吴德生、王京文、王桂英、李自军出席会议。会议要求要切实抓好一季度开门好的工作，抓好安全生产、治霾治堵、民生社会保障、信访稳定等工作，抓好节日期间廉政工作，强化各项保障。

市政府第二次全体（扩大）会议。8月9日召开，学习贯彻习近平总书记视察山东重要讲话精神。按照市委十一届五次全会要求，安排部署当前和今后一个时期的重点任务。市委副书记、市长孙述涛出席会议并讲话。市委常委、副市长徐群，副市长吴德生、王京文、王桂英、李自军、孙斌出席会议。

（赵　超）

【重要决策决定】 济南市人民政府文件：

1月10日，济南市人民政府印发《关于餐饮质量安全提升工程的实施意见》（济政发〔2018〕1号）。文件从指导思想、工作目标、主要任务、重点工作、保障措施5个方面做出部署。意见指出：到2020年，全市食品安全水平和产业发展水平应与全面建成小康社会的标准要求相适应。

6月1日，济南市人民政府印发《济南市进一步促进资本市场发展行动计划》（济政发〔2018〕13号）。文件指出：要以组织开展“企业上市推进年”活动作为推进产业金融中心建设的重点工作，推进全市优质企业通过改制、上市、挂牌加快进入境内外资本市场，利用资本市场平台实施兼并重组、直接融资，同时发挥资本市场优化资源配置的功能作用，全面提升济南市产业结构优化升级和经济发展水平。该计划自2018年1月1日起施行。

11月9日，济南市人民政府印发《济南市低碳发展工作方案（2018~2020年）》（济政发〔2018〕24号）。方案明确：要把绿色低碳发展作为生态文明建设的重要途径和新旧动能转换的重要抓手，培育壮大绿色低碳新动能，优化低碳发展新格局，做好“低碳+”文章，通过试点示范全面推动绿色发展、高质量发展，力争到2020年，全市单位地区生产总值二氧化碳排放比2015年下降20.5%，到2025年左右碳排放达到峰值。

12月25日，济南市人民政府印发《济南市城市基础设施配套费征收使用管理办法》（济政发〔2018〕33号）。文件规定：凡在本市范围内国有土地上以及政府批准的集体土地上新建、改建、扩建各类房屋建设项目的单位和个人均应依据该办法缴纳城市基础设施配套费。该办法自2019年1月1日起施行，有效期5年。《济南市人民政府关于印发济南市城市建设综合配套费征收管理办法的通知》（济政发〔2003〕3号）同时废止。

济南市人民政府办公厅文件：

1月17日，济南市人民政府办公厅印发《济南市城市绿线管理办法》（济政办发〔2018〕4号）。文件内容有17条，分别从城市绿线的划定标准、管理原则及保障措施等方面做出明确规定。该办法自2018年1月17日起施行，有效期至2023年1月16日。

4月2日，济南市人民政府办公厅印发《济南市促进会展业发展的若干措施》(济政办发〔2018〕9号)。文件分别从打造自主品牌展会、引进高端品牌展会和知名会展机构、优化行业发展环境、深化交流合作、推进展馆建设运营、加强会展人才培养等方面提出一系列扶持措施。该文件自印发之日起施行。

4月17日，济南市人民政府办公厅印发《全面深化“零跑腿”“只跑一次”“你不用跑我来跑”改革实施方案》(济政办字〔2018〕41号)。文件要求：各级各有关部门尽快梳理、编制并公布群众和企业到政府办事 “零跑腿”“只跑一次”“你不用跑我来跑”事项目录，组织编写服务指南，并做好组织实施工作。

7月26日，济南市人民政府办公厅印发《济南市工程建设项目“拿地即开工”审批模式的实施意见（试行)》(济政办发〔2018〕21号)。文件进一步明确审批服务基本流程，实施范围包括全市新建、改建、扩建的社会投资工程建设项目及取得可行性研究报告批复的政府投资工程建设项目。

8月3日，济南市人民政府办公厅印发《开展十大重点任务攻坚战深入推进审批服务便民化的实施意见》(济政办发〔2018〕23号)。意见指出：要以群众和企业到政府办事需求为导向，对标城市最优营商环境标准和世界银行营商环境评价指标体系，推动更多政务服务事项线上线下办理程序便捷化高效化。

8月6日，济南市人民政府办公厅印发《济南市中心城教育资源优化配置的实施意见》(济政办发〔2018〕24号)。意见指出：居住区教育设施必须与居住人口规模相对应，并应与首期住宅同步规划、同步征收、同步拆迁熟化、同步建设、同步投入使用。 (赵紫玉)

【文电办理与会议活动】 全年审修制发各类公文850件，办理批办件3922件、领导阅知件（含信息、简报）2万余件，分送各类文件、信函2.5万余件，用印登记1200余（件）次；完成10年（2007~2016年）档案进馆工作，累计移交档案资料9000余份。全年组织承办市政府全体会议2次、全市性政府会议94次、市政府常务会议34次。编发《济南政务信息》《济南政务信息专报》《济南政务信息特刊》《济南政务信息热线专刊》448期、2400条（篇)；被省政府办公厅采用信息382条（篇)，成绩居全省17市前列；直报国务院办公厅信息成绩居全国直报点城市第一名，得到国家、省、市领导批示87条（篇)。

(孙九庆 丁兆方 卞学光)

【政务督查】 全年督办《政府工作报告》确定的重点工作任务273项，督办市政府常务会议决定事项25次；开展市政府重要工作专项督查35项，编发督查通报46期；办理市政府主要领导批示事项1592件，完成批示事项办理专报105期。办理、答复省建议提案44件，督办市人大代表建议268件、政协委员提案581件。完成迎接国务院第五次大督查有关工作，督办国务院督查组交办事项50余项，济南市“‘加减并重’，加快工程建设项目开工”做法作为国务院第五次大督查发现的典型经验做法，受到国办通报表扬。

(钱磊磊 黄敬宗)

【政务公开】 印发《关于进一步做好政务公开工作的通知》，推进决策、执行、管理、服务、结果公开。编制《济南市2018年政府信息公开工作年度报告》，全年主动公开政府信息365180条，实现年度“十一连增”，办结政府依申请公开1465件。打造政府门户网站、微博、微信“三位一体”公共服务体系，强化内容建设，门户网站日均访问量达30余万次。全年政府

2018年济南市人民政府文件选目

文　件　名　称	发文字号
济南市人民政府关于餐饮质量安全提升工程的实施意见	济政发〔2018〕1号
济南市人民政府关于加强市区清除冰雪工作的通告	济政发〔2018〕2号
济南市人民政府关于公布市政府领导成员工作分工的通知	济政发〔2018〕3号
济南市人民政府关于进一步推进涉农资金统筹整合的实施意见	济政发〔2018〕4号

续表

文件名称	发文字号
济南市人民政府关于印发济南市推进基本公共服务均等化“十三五”规划的通知	济政发〔2018〕5号
济南市人民政府关于印发济南市“十三五”深化医药卫生体制改革规划的通知	济政发〔2018〕6号
济南市人民政府关于开展“绿满泉城·美丽济南”城乡绿化行动的实施意见	济政发〔2018〕7号
济南市人民政府关于开展第三次土地调查的通知	济政发〔2018〕8号
济南市人民政府关于明确商品煤质量指标要求的通告	济政发〔2018〕9号
济南市人民政府关于章丘白云水库工程占地区禁止新增建设项目和迁入人口的通告	济政发〔2018〕10号
济南市人民政府关于印发济南市2018年国民经济和社会发展计划的通知	济政发〔2018〕11号
济南市人民政府关于公布政府规范性文件清理结果的决定	济政发〔2018〕12号
济南市人民政府关于印发济南市进一步促进资本市场发展行动计划的通知	济政发〔2018〕13号
济南市人民政府关于印发济南市加快国家科技成果转移转化示范区建设促进科技成果转移转化行动计划的通知	济政发〔2018〕14号
济南市人民政府关于调整城区及市区部分建制镇(街道)驻地国有土地基准地价的通知	济政发〔2018〕15号
济南市人民政府关于修正《济南市十大千亿产业振兴计划》部分条款的通知	济政发〔2018〕17号
济南市人民政府关于印发济南市政府合同管理办法的通知	济政发〔2018〕18号
济南市人民政府关于进一步促进生物医药产业发展的补充意见	济政发〔2018〕19号
济南市人民政府关于进一步加强外埠转入机动车管理的通告	济政发〔2018〕22号
济南市人民政府关于印发济南市低碳发展工作方案(2018~2020年)的通知	济政发〔2018〕24号
济南市人民政府关于建立残疾儿童康复救助制度的通知	济政发〔2018〕25号
济南市人民政府关于印发济南市打赢蓝天保卫战三年行动方案暨大气污染防治行动计划(三期)的通知	济政发〔2018〕26号
济南市人民政府关于印发济南市市长质量奖管理办法的通知	济政发〔2018〕27号
济南市人民政府关于印发济南市进一步推进企业上市工作若干措施的通知	济政发〔2018〕28号
济南市人民政府关于继续执行《济南市人民政府关于进一步规范经营性国有建设用地使用权出让工作的意见(试行)》的通知	济政发〔2018〕29号
济南市人民政府关于进一步促进私募投资业健康发展的实施意见	济政发〔2018〕30号
济南市人民政府关于印发济南市加快现代金融产业发展若干扶持政策的通知	济政发〔2018〕31号
济南市人民政府印发关于落实国土资源节约集约示范省创建工作的实施方案的通知	济政发〔2018〕32号
济南市人民政府关于印发济南市城市基础设施配套费征收使用管理办法的通知	济政发〔2018〕33号
济南市人民政府关于划定我市高污染燃料禁燃区明确高污染燃料种类的通告	济政发〔2018〕34号

门户网站发布政务信息42641条、视频信息10575条，微博济南发布7300条，政务微博发布1103条。直播2018年“直面问题、践行承诺”政务面对面40期，制作发布图解专题29期，被相关媒体转载8527次；图文直播11场新闻发布会，开展重要政策、重点项目规划等调查征集57期。 （姚 芳）

行政审批服务

【概况】 2018年12月12日，市委研究通过《济南市推进相对集中行政许可权组建市行政审批服务局改革方案》；12月26日，市行政审批服务局挂牌成立。主要职责：职责范围内的行政许可事项办理，对进驻政务服务大厅的各部门审批服务工作及人员进行指导、监督和管理，提供相关政务服务和便民服务，所涉审批服务事项统一使用行政审批服务专用章。2018年，市政务服务中心管理办公室（简称管理办）落实全市优化营商环境动员大会精神，按照深化“一次办成”改革、深入推进审批服务便民化的总体部署和任务要求，创新审批机制，提升服务质量水平。

结合省市共享共建政务服务大厅工作，对市行政审批服务大厅按“综合受理、分类审批、统一出件”模式进行改造提升，由过去的“一事跑多窗”变为“一窗办多事”。制定印发《“一窗受理”管理运行办法（暂行）》，对各级政务服务管理机构、综合受理窗口、职能部门的工作职责，首席代表业务审批权限，以及前台综合受理、后台分类审批、统一窗口出件等工作流程做出明确和规范。创新设置“马上办”综合受理窗口，纳入市国土资源局、公安局、食品药品监管局、卫计委、安监局等各部门的46项审批服务事项，在申请人提交申请材料齐全、符合法定条件的情况下，实现受理即办理，证照立等可取、一次办成，有效减少企业和群众现场办理等候时间，日均办件400多件。

【工程建设项目“拿地即开工”审批模式】 制定出台《济南市工程建设项目“拿地即开工”审批模式实施办法（试行）》（济政办发〔2018〕21号）及其配套文件。按此模式，工程建设项目全流程审批要件从所需375个压减到50个以内，全过程办理时限较以前压减50%以上，全部实行“一窗受理、集成服务”。截至年底，有148个项目进入市“拿地即开工”审批。

【建立审批服务新机制】 先后制定出台《济南市工业企业“零增地”技术改造项目建设承诺制实施办法》《济南市企业投资建设项目“多评合一”运行管理办法（试行）》《济南市建设项目“联合测绘”管理办法（试行）》等政策文件，为全市工程建设项目审批和管理体系建设改革探索新路。

【规范公共资源交易行为】 启动公共资源交易标准化创建工作，建立健全公共资源各项交易制度和平台运行内控制度，优化服务流程，促进交易服务规范化、管理标准化。加强见证服务，推进电子化进程，实现整个交易流程、服务过程全程留痕。与新旧动能转换先行区管委会、国际医学科学中心管委会、轨道集团等单位汇通衔接，确保重点工程、民生工程优先进场交易。全年公共资源交易中心进场交易项目7684个、交易金额1689.38亿元，创历史同期最高水平，蝉联全省“十佳”市级公共资源交易中心称号。 （王 晖）

应急管理

【概况】 2018年，市政府应急办始终坚持“以人民为中心”的工作理念，做到关口前移、未雨绸缪，创新体制机制，强化“互联网+”技术运用，聚焦重点谋突破，围绕难点促提升，提升突发事件的现场处置能力和信息管理水平，以民生、防汛、社会安全为工作重点，创新工作思路，注重应急组织、预案、演练、宣传等体系建设，在全国省会城市中率先打造空地立体救援模式，创造性地推动全市应急管理工作迈上新台阶，步入科学化、制度化、规范化发展的新阶段。全年协助市委、市政府领导成功处置“4·17”森林火灾扑救、“8·4”阳光100小区污水处理装置故障维修、“11·12”平阴碳素厂仓库爆炸等多起突发事件，得到省、市领导的高度肯定，被市政府授予“4·17”森林火灾扑救工作突出贡献奖。

【应急体系建设】 调整市突发事件应急管理委员会，统筹协调指挥全市突发事件应对工作；按照不同突发事件的专业类别，协调组建28个专项应急指挥部；建立健全应急法规体系，出台《济南市人民政府关于进一步加强应急管理工作的意见》《济南市突发事件信息管理办法》等。整合各区县应急办、防汛办、公安等相关视频监控11700余路，基本覆盖全市大部分公共安全重点区域。强化舆情监测及信息报送，将12345市民服务热线、110、119、120及市属各大媒体、供电公司等涉及民生热点问题的单位纳入突发事件信息直报点。建立信息发布多种渠道，研发信息报送系统，联合市广播电视台组建“济南应急广播”。全市建立物资储备库9个，储备应急物资105种；规划建筑面积6000平方米的救灾物资储备仓库，确定19家应急救灾物资供货供应商；在市急救中心、市疾控中心建立卫生应急库。提高紧急运输保障能力，建立应急绿色通道机制，提高突发事件现场及周边道路交通组织管控能力。建立应急体系卫星通信资源统筹使用机制，提升公众通信网络基础设施防灾抗毁和恢复重建能力，协调运营商建立通信保障快速响应队伍。

【基层应急管理】 依托区县、街镇、社区三级应急救援力量，组织建设全市基层应急志愿者队伍；市政府成立由52名相关领域专家学者和行政人员组成的应急专家组，提高基层突发事件处置能力。督促、指导各区县、单位和街镇居（村）委开展应急演练，组织开展高速公路救援、地震应急疏散等大型演练，联合市人防办、市教育局组织全市大中小学校开展防空防灾应急疏散演练2500余场次。培训基层应急管理干部1000余名，提高突发事件现场处置和应急救援能力。按照省应急管理示范点建设有关标准，持续推进基层应急示范点建设，市级已完成三批计共71个应急示范点的命名。

【空地立体救援“济南模式”】 市政府应急办积极探索以航空救援为代表的空地立体救援模式，为探索建立一套安全、快速、实际、实效的空地立体救援体系，先后组织“安全2018”京沪高速隧道空地闪电联合救援、大岭隧道空地立体救援联动演练，通过空地联勤联动，济南市空地立体救援的体系不断完善。2018年10月30日上午，由济南市政府主办、市应急办牵头协调，在济南市奥体中心北广场举行济南市救援直升机备降场授牌仪式暨应急装备展示活动，这标志着空中应急救援正式纳入济南市应急救援体系，这在全国省会城市中属于首创。在“济泰交界处4·17森林山火”扑救工作中，调配2架护林直升机飞赴火灾现场，有效控制了火情；3月13日，协调启动直升机紧急救援程序，成功援救跌落在章丘玉泉山山谷的北京女童，这也是山东首例直升机参与山区意外事故应急现场救援，空地立体救援模式在实战中屡建奇功。

【“4·17”森林火灾扑救】 2018年4月17日18时35分，泰安市岱岳区下港镇吕家村北发生火情蔓延至济南市南部山区西营镇藕池村，省委、省政府以及市委、市政府领导高度重视，第一时间赶到火灾现场，建立现场指挥部，成立消防、卫生救援、通信保障、后勤保障等工作组，调集森林消防专业队、部队、武警、消防、民兵预备队全力扑救，组织中国移动济南分公司建立临时通信基站；按照市主要领导要求，连夜协调安徽合肥等待转场的2架护林直升机参与灭火作业，为扑救工作的全面胜利发挥了突出作用。积极协助市领导研究制定“分割火场，各个击灭，空地协作，定点清理”的扑救总方针，建立健全统一组织、高效精干、信息畅通、反应快捷、保障有力的指挥体系，有效保障了南部山区人民群众生命财产安全。6月4日，市政府应急办被市政府授予“4·17”森林火灾扑救工作突出贡献奖。

【应急预案编修】 为做好2018年应急预案编修工作，市政府应急办组织召开专题工作会议，对预案编修工作进行部署和审修。明确有关部门为预案主要牵头制定修编单位，要求在2018年9月17日前完成市级专项应急预案的修编工作。印发《关于督导应急预案编制修订工作的通知》，对现行预案进行修订和完善，要求各专项预案牵头单位依照《中华人民共和国突发事件应对法》相关规定，做好事件分类分级、明确职责、细化应急响应流程。将编修工作完成情况列入

2018 年度应急管理工作考核内容，对预案修编工作进行专项督导。截至年底，济南市有突发事件总体应急预案 1 个、自然灾害类专项应急预案 6 个、事故灾难类专项应急预案 15 个、公共卫生类专项应急预案 3 个、社会安全类专项应急预案 6 个，各专项应急预案已修订完善、完成审核并汇编成册。

（市政府应急办）

民政工作

【概况】 2018 年，全市民政事业费共投入 27.6 亿元，其中省级财政投入 15.5 亿元、市级财政投入 12.1 亿元。完成市政府为民办实事项目，新建养老服务设施 218 处、农村社区服务中心 126 处。山东济南养老服务中心全面投入运营，市救灾仓库投入使用。推进“一次办好”改革，梳理行政权力事项 66 项，向社会公布民政证明事项 29 项，将 36 项行政处罚、3 项行政强制列入上网运行目录管理。对 30 余件社会组织行政处罚案件进行合法性审查，出具并审核 24 件信息公开申请。加强民政政策创制和理论研究，参与编制《“十三五”基本社会服务规划》，8 篇调研文章在省民政厅获奖，连续 7 年蝉联优秀组织奖。加强社工人才和志愿者队伍建设，全市持证社工达 5255 人，各级“和谐使者”达 109 名，实名注册志愿者达 93 万人。

【基层民主建设】 完成新一届村（社区）“两委”换届选举任务，对 2.7 万余名村“两委”班子成员进行培训。开展换届“回头看”活动，从严对当选人员进行“二次体检”，净化村级“两委”班子。深化村（社区）协商民主，制定《济南市村（社区）协商民主工作实施细则》，8 月 24 日《人民日报》整版专题报道济南市基层协商民主经验。历下区甸柳新村街道第一社区、天桥区工人新村南村街道西区社区工作法入选民政部“全国 100 个优秀社区工作法”。

【社区建设】 起草全市《关于深入推进城乡社区治理的实施意见》，完善城乡治理政策体系。推进社区治理服务创新，出台 12 个社区治理指导性文件，在全省率先实现社区综合服务用房建设“五个同步”。启动老旧小区社区综合服务用房建设三年行动计划，改善提升 51 处老旧小区社区综合服务用房。在全省率先落实社区专职工作者工作报酬比照事业单位工资水平确定，并全部落实“五险一金”。推行“全科社区工作者”服务模式，实现社区服务“前台一口受理，后台分工协同”。

【双拥工作】 指导长清、章丘等 5 区县通过双拥创城年度考评。开展节日走访慰问，市领导带队走访驻济部队；走访亲历济南战役老战士 404 名，慰问 330 个立功军人家庭。举办随军家属专场招聘会，做好随军家属安置和生活补助发放工作，协调市教育局对 143 名现役军人子女落实中考加分政策。

【社会组织管理】 创新社会组织登记模式，简化社会组织法定代表人离任审计和注销清算报告审计程序，将登记时限缩短到 5 个工作日，实现“全程网办”“一次办成”，全市社会组织总数达 7963 家。建成社会组织服务（孵化）平台 193 处，入驻社会组织 705 家，开展第五批社会组织评估工作，引导社会组织积极参与东西部扶贫协作。强化社

2018 年 2 月 2 日，全市民政工作会议召开 （杨勇 摄）

2018年2月5日，济南市·湘西州劳务扶贫协作座谈会在舜耕山庄举行，济南市人社局与湖南省湘西州人社局签订2018年两地劳务扶贫协作协议

（市人社局　供稿）

会组织监督管理，年检社会组织749家，“双随机、一公开”抽查36家，责令限期整改62家，列入异常名录95家、严重违法失信名单31家，依法履行撤销程序28家，综合监管率达95.3%。开展整治非法社会组织专项行动，劝散取缔非法社会组织58家。开展社会组织集中排查整治，清理规范行业协会商会涉企收费，有序推动行业协会商会脱钩，规范社会团体换届选举和行业协会商会负责人任职。强化社会组织党建，成立中共济南市社会组织综合委员会，新建社会组织党组织35个，指导4家市级“两新”组织开展党建示范点创建，指导18家社会组织进行党支部换届。

【地名管理】　主动服务“拥河北跨”发展，完成济阳撤县设区。规范区划地名服务，以市政府办公厅名义印发《市区道路命名工作规则》，《济南市地名管理办法》修订列入市人大立法调研项目，新命名地名214处，设置路牌公益广告3000余幅。第二次全国地名普查数据通过国家验收，完成9条界线联检任务。

（李　涛）

人事管理

【概况】　2018年，全市职工养老、医疗、失业、工伤、生育保险参保人数分别达331.66万人、241.54万人、158.29万人、220.47万人、163.97万人，居民养老、医疗保险参保人数分别达244.76万人、408.14万人，均创历史新高。被征地农民参保工作实现突破，落实社保资金34.07亿元。

【人才队伍建设】　完善创新人才政策体系。配合市人才办制定出台济南市高层次人才分类认定、引进人才落户等配套细则。制定《济南市高层次人才精准服务体系建设实施细则》《关于进一步深化职称制度改革优化专业技术人才发展环境的实施意见》。完善职称管理方式，建立以同行专家评价为基础的业内评价机制，合理下放职称评审权限；逐步将“定向评价、定向使用”制度扩大到基层所有职称系列。

高层次人才引进培养。累计引进国家级重点人才114人、泰山系列人才627人、泉城特聘专家678人、外国专家项目26个、外国专家105人、海外留学人才2700余人，全市专业技术人才总量达45万人。实施因公出国（境）培训项目25项，培训252人；开设“泉城国际大讲堂”，邀请外国专家举办专题讲座20期；聚焦新旧动能转换、乡村振兴等国家战略，实施县镇供水水质监测预警、企业上云CIO领军人才培养等高级研修项目。

技能人才队伍建设。济南市选手获第四十五届世界技能大赛省级选拔赛12个项目第一名，10名选手入选国家集训队。举办第二届全国智能制造应用技术技能大赛，驻济选手获4个一等奖、4个二等奖、2个三等奖。市技师学院新校区投入使用，在校生达1.4万人，被评为山东省技工教育特色名校、国家级高技能人才培训基地。全市技能人才总量达113万人，其中高技能人才32万人。

优化公共人才服务。有专家工作站128家、博士后设站单位62家。完善留学人员创业载体孵化功能，新建化学分析合成公共服务平台。济南留学人员创业园入选2018年度省级留学人员创新创业示范园，济南成为全省唯一拥有2家省级留学人员创新创业示范园的城市。设立“高中（毕业）出国留学人员专户”，解决高中（毕业）出国留学人员档案存管问题。

人力资源服务。对全市人力资源服务机构进行“双随机”现场监督检查，加强人力资源服务机构诚信建设。举办骨干企业研修班和从业人员法律知识培训班。济南高新人力资源产业园开园运营，燕山园区营业收入70多亿元、税收突破5000万元。

【人事管理】 创新进人机制。实行“阳光考录”，开展本土人才定向招录，全市各级机关新招录公务员328人。创新事业单位工作人员公开招聘方式，市教育局直属学校探索实行先面试、后笔试、再教学能力考察的招聘方式，市属8所公立医院及高校实行自主招聘，组织市、县区面向重点高校引进优秀毕业生635名。

强化培训考核。开展培训15期，培训人员1150余人次。设立公务员平时考核奖，较好地解决“干多干少一个样、干好干坏一个样”的问题。

人事制度改革。研究出台《关于支持和鼓励事业单位专业技术人员创新创业的实施细则》；推进事业单位绩效工资改革，激发事业单位人员干事创业活力。会同市委组织部联合印发《面向优秀社区党组织书记招聘事业单位人员实施细则（试行）》，拓宽社区党组织书记发展上升渠道。协调市直有关部门，完成年度改革任务37项，其中重点改革4项、国家级改革试点3项。

2018年11月14日，2018年中国技能大赛第二届全国智能制造应用技术技能大赛决赛在山东济南拉开帷幕

（市人社局　供稿）

考试安全工作。建成300个省级标准化考场和市级人事考试指挥平台，实现指挥平台与标准化考场的联通，将社保查询、毕业证真伪辨认纳入考试报名环节。全年安全顺利组织50项人事考试，涉及考生38.8万人。

军转安置和服务工作。妥善安置军转干部。联合山东大学对260余名学员开展集中培训，对市直部门、公安系统专业不对口干部开展专项培训。

【公共服务】 推进“一次办成”改革。人社“三跑”清单事项全部进入市政务服务平台运行，精减各类申请材料222份，优化业务流程46项，累计压缩业务事项办理时限459天，市本级服务事项网上可办率达63%。优化简化7大类100多项窗口服务指南。

基层平台改造。提升改造19个镇街人社服务中心，四级服务体系更加完善。推行“一窗受理”“一站办理”综合柜员制，打造“网上人社”“智慧人社”。人社基本公共服务综合标准化试点被市委、市政府列为争创国家级标准化示范重点项目。

行风建设。组织开展窗口单位服务大提升专项行动，评选表扬21个“优质服务窗口”。举办7期基层平台服务提升培训班，将2003名窗口单位工作人员轮训一遍。开展基层平台开放日活动，邀请党代表、人大代表、政协委员、新闻记者、社区群众代表，深入全市35个窗口单位观摩考察人社服务。

（毛可超）

【概况】 市机关事务管理局坚持以习近平新时代中国特色社会主义思想和党的十九大精神为指引，围绕

机关事务工作高质量发展这一主题，深化改革、细化管理、优化服务，为市级党政机关高效规范运转提供有力保障。做好巡察组反馈问题整改，有针对性地在机关日常管理、财务管理、资产管理等方面制定、修订完善24项规章制度，推动机关事务工作再上新台阶。

餐饮服务机制调整。组织餐饮服务项目招标，新引入服务企业4家，促进良性竞争，调动餐饮服务企业积极性；进一步丰富饭菜花样品种，延长服务时间，提升餐饮品质和服务质量；更新改造餐厨设施设备，优化就餐环境，提高保障能力。

物业安保服务。完成龙奥大厦公共区域WiFi二期建设，实现G区所有公共区域和全部餐厅WiFi覆盖；开展大厦监控系统升级改造，全部更新为数字监控系统并在重点部位增加监控点位，基本实现监控无盲区，监控图像的清晰度和监控系统的存储能力大大提高。

环境整修。以城市提升工程为契机，对市政务服务中心进行整修，重新铺设沥青路面7000平方米、花砖人行道1000平方米，对东广场外侧人行道、楼体景观灯进行改造提升；坚持为民便民利民，在市政务服务中心配备移动充电宝312个并实行1小时免费充电，安装个人征信自动查询机。

【省级政务服务中心进驻及政务服务热线整合】 省级政务服务中心进驻市政务服务中心及省市政务服务热线整合改造是省、市深化“放管服”改革和“一次办成”改革、优化营商环境的重要保障措施。市机关事务管理局以用房调整为突破口，带动整个房屋调整工作依次展开；完成铁路系统2家下属企业租用房屋的调整工作，为省级政务服务中心提供办公场所4000多平方米；在保证政务服务热线24小时正常运行的前提下，快速、优质地完成省市政务服务热线整合改造工程，得到市热线办认可。

【节约型机关建设】 行政事业资产实现保值增值。本着兼顾经济效益和社会效益的原则，按照相关规定，出租房产优先考虑教育、医疗等公益机构，既支持了民生事业发展，又实现长期稳定收益；重新修订房屋出租管理规定，完善房屋出租定价方式，出租效益进一步提高，全年实现资产运营收益8846万元，确保了国有资产保值增值。进一步提高公务用车利用率。完成全市党政机关公务用车信息管理平台建设，基本实现省、市、县三级互联互通；分级分类对公务用车安装车载终端，完成公务用车标识修改，将监督电话统一为市民服务热线电话12345，便于群众监督；做好市属事业单位公务用车制度改革取消车辆处置工作，共取消车辆457辆。完成《济南市公共机构节能监督考核办法》的修订并以市政府办公厅文件印发。逐步推进党政机关垃圾分类工作，实现全市党政机关垃圾分类全覆盖。做好节约型公共机构示范单位创建工作，全年创建国家级节约型公共机构示范单位4家、省级节约型公共机构示范单位6家、市级节约型公共机构示范单位31家。

（姚成刚　燕鸿韬）

【概况】 2018年，济南市史志办公室发挥史志工作“存史、资政、育人”职能作用，认真履职尽责，推出一批史志成果。《济南年鉴(2017)》获山东省优秀史志成果评选优秀年鉴奖，《历乘》(明崇祯校注本）获山东省优秀史志成果评选优秀旧志整理成果奖，《清、民国济南笔记游记八种》获山东省优秀史志成果评选优秀地情研究成果奖。

《济南年鉴（2018)》出版发行。全书近100万字，内容涉及全市各区县和170多个部门、单位，全面、系统、翔实地记载了济南市2017年度政治、经济、文化、社会诸方面的基本面貌和发展变化情况，是一部服务现实、服务社会的重要工具书。10个区县全部按时限要求完成2018卷综合年鉴的编辑出版，市、区县两级综合年鉴“一年一鉴全覆盖”目标成果得到进一步巩固和提升。

《济南市12345市民服务热线志》出版发行。为纪念“热线”开通10周年，市史志办牵头编纂出版《济南市12345市民服务热线志》，全书30余万字，是一部全面宣传济南热线风采的文化成果，也是一次推动部门志、行业志编纂的有益尝试。

《济南名士多》出版发行。为更好彰显济南城市魅力，市史志办编辑出版《济南名士多》。该书选取200余位在济南出生成长或者客居、游历的历史人物进行详细评析，为挖掘、弘扬济南名士文化发挥了作用。

方志馆建设。加快方志馆建设是市政府确定的2018年全市重点工作之一，市史志办发挥牵头作用，层层推进落实，与市直有关部门密切配合，编制完成项目建议书并上报，各项前期工作进展顺利。

《济南史志》编纂发行。全年编辑出版4期，共30余万字。其中，第二期为“纪念五三惨案九十周年”专刊，第三期为“纪念济南战役胜利七十周年”专刊，用大量新的史料对历史事件进行了更多解读。

完成上级部门部署的任务。全年为《中国地方志年鉴》《山东年鉴》《山东史志年鉴》《山东解放区志》和《抗日根据地志》等上级志书完成济南部分的撰稿任务15万字，在更高层面、更大范围对济南进行宣传介绍。

史志工作宣传。年内，“济南史志”微博、微信公众号正式上线运营，成为全面展示济南历史文化名城魅力的重要窗口。做好史志成果电子书制作及上网，年内完成5部1000余万字电子书的制作与上传，为市民提供更加便捷、广泛的文化服务。

【道光《章丘县志》和光绪《章丘县乡土志》出版】 2018年1月，由济南市章丘区史志办整理编辑、天津古籍出版社出版的道光《章丘县志》和光绪《章丘县乡土志》简体点校精装本面世。道光十三年(1833年)，知县吴璋任总纂，刑部主事翰林院庶吉士吴县曹楙坚纂修《章丘县志》，共16卷。光绪三十三年（1907年），知县杨学渊任总编，乡绅高钟璐、孟继笙为总纂，编纂《章丘县乡土志》。章丘区史志办以山东省图书馆藏本为底本，聘请专家进行点校，形成便于大众学习传播的古典乡土教材，展现章丘源远流长的历史文化，彰显章丘千年古县、济南东部新区之魅力。

【嘉庆《平阴县志》(点校本）出版】 2018年1月，嘉庆《平阴县志》（点校本）由中国文史出版社出版发行。嘉庆《平阴县志》成书于清嘉庆十三年（1808年），平阴县令、南昌举人喻春林主修，邑人、戊子解元、曾任砀山知县之朱续孜主编，全书共29卷，近30万字，除卷首设图外，主要记述星野、疆域、城池、赋役、山川、里社、风俗、物产、灾祥、艺文等。该志为平阴县新发现的旧志版本，改写了既往嘉庆《平阴县志》仅有4卷本、4万字的记载，并通过山东大学专家鉴定，是迄今为止所发现的字数最多的一部平阴旧志，同时也是唯一绘有平阴八景图的旧志，对其整理出版具有重要意义。

【《前阮二村志》出版】 2018年5月，平阴县锦水街道编纂委员会编纂的《前阮二村志》出版发行。该志上限自前阮二村有文字记载起，下限至2017年6月底。全书23万字，图片450幅，设建置区划、地理环境、人口和计划生育、村党组织及群团组织建设等11篇，另收录村名的由来、大事记、附录等相关资料，全面客观记述前阮二村自建村以来的历史，展现村庄政治、经济、文化等方面的真实面貌，是前阮二村有史以来第一部完整的村志。

【《玉皇庙镇志》出版】 2018年9月，庞佃军任主编的《玉皇庙镇志》由齐鲁电子音像出版社出版发行，全书53万字。《玉皇庙镇志》以中国名镇志为标准，在突出玻璃产业特色的基础上，全面记述了玉皇庙镇的自然、政治、经济、文化的发展变化和社会历史与现状。

【庆祝改革开放40周年史志成果展】 2018年12月5~7日，由济南市史志办公室主办的史志成果展在龙奥大厦举行。展览设置市和区县两个展区，分24个展览主题，涵盖地方志、年鉴、史志期刊、古籍文献、方志馆建设等多个方面，展示各类史志成果60多种，全面展示了济南市改革开放40年来的伟大成就和沧桑巨变。展览期间，参观者还获赠史志书籍和资料。

【“济南史志”微博微信公众号上线】 为全面展示济南市历史文化特别是史志文化的魅力，利用微博、微信等新媒体面向民众提供更加便捷的信息服务，10月10日，济南市史志办公室官方认证信息发布平台——“济南史志”微博、“济南史志”微信公众号正式上线运营。截至年底，“济南史志”微博发布信息80余条，“济南史志”微信公众号发布文章和信息50余篇，阅读量6000余人次，成为全面展示史志工作成果和动态、展示济南历史文化名城魅力的重要窗口。

（市史志办公室）

南部山区管委会

【概况】 2018年是南部山区管委会完全独立运转的第一年，各级党组织和广大干部群众全面开创南部山区生态保护、绿色发展新局面，争当新时代全市生态文明建设排头兵。

改善生态环境。出台《济南市南部山区生态补偿实施方案》，全省首个区域性生态补偿机制落地并将实施；树立全域规划理念，“多规合一”规划已形成初步编制成果并通过专家评审。全面落实“河长制”，主要河道全部配齐区、街镇、村三级河长。扩建仲宫污水处理厂，成为全市首个出水水质达到类地表Ⅲ类的污水处理厂。开展清河行动和水域治理，南部山区已成为全市河流水功能区水质最好的区域之一。实施凤凰山梯子顶山体绿化提升项目，实施鸭西线与省道327线拆违透绿景观工程、省道103线和327线绿化提升工程。打好蓝天保卫战，抓好建筑工地和渣土运输管理，道路扬尘得到有效遏制；加快清洁能源替代，实施气代煤改造。

推进拆违拆临。把拆违拆临摆在压倒性位置，其中拆除的“九久红”职工培训基地，为全市单体体量最大的违法建筑。推进环保督察问题整改，对画家村地上建筑物全部拆除；全面启动卧虎山水库一级水源保护区内基本农田面源污染整治，对看护房全部进行拆除。坚持“即拆、即清、即绿”，全年完成青龙峪片区、黄金洞片区、画家村等建绿透绿精品工程。

优化农业产业结构。全面完成农村集体产权制度改革任务。采取公司+合作社+基地运营模式，通过政府引导、市场运作、群众自愿、典型示范，打造金刚纂村、核桃园村、葫芦峪村中药材种植示范基地，推进农业产业供给侧结构调整。

2018年8月24日，“九久红”违建全部拆除完毕　　（南部山区管委会　供稿）

改善人居环境。开展城乡管理提升百日攻坚行动，建立和不断完善网格化管理体系和城乡管理综合考评机制，在全市城乡环卫一体化工作考评中获第二名。完成10个市级美丽乡村示范村和50个达标村创建工作，完成危房改造、厕改，人居环境得到极大改善。

完善基础设施建设。保障济泰高速项目建设，坚持靠上协调督导，听取群众诉求，优化建设环境，保障项目顺利实施。“四好农村路”建设取得初步成效，完成村级公路安全生命防护工程和村级公路网化县工程。

持续发展社会事业。坚持保基本、兜底线，加大对低保、残疾等困难群体帮扶力度，推进医疗健康扶贫，新建幸福院和养老服务中心8处、社区服务中心9处。公开招考教师缓解南部山区师资缺员问题，全面实施校长职级制改革，多所学校分别成为市级领航学校、新优学校和特色学校。推进公共卫生服务均等化，开展基本公共卫生服务工作。

加强社会治理。基层综治中心示范点建设稳步推进，建设街镇标准化综治中心、村居标准化综治中心。推进“四德”工程建设，实现行政村全覆盖。市场监管工作取得新成效，优化营商环境，激发市场活力。自觉接受人大、政协和社会监督，完成村级律师、基层法律服务工作者聘用，实现村级法律顾问全覆盖。

【脱贫攻坚】 坚持问题导向，打造扶贫问题整改“于科模式”，为南部山区探索出一条扶贫问题全面发现、全面整改的有效途径。实施投资收益扶贫，所得收益覆盖所有贫困户。打造“孝善南山”，设置扶贫专岗，完成享受政策贫困户危房改造任务，改造量居全市第一。对因病、因灾等原因出现的临时性、突发性贫困人口实行应急救助，让他们切实感受到党和政府的温暖。发挥第一书记抓党建促脱贫作用，完成老峪、积米峪村易地扶贫搬迁项目，逐步实现脱贫与宜居宜业同步。

【乡村旅游】 规划设计“泉乡慢谷”“泉乡药谷”和“唐营溪谷”3条乡村旅游精品线路，对“泉乡慢谷”线路进行改造提升。民宿旅游初具规模，打造“不二木居”、柒舍、安子峪等一批民宿项目，为南部山区乡村休闲旅游注入新活力，南部山区旅游发展模式正由“景区观光”为主的低端游向“深度体验”式的高端游转变。

【南部山区政务服务中心】 南部山区政务服务中心于2017年9月开始试运行，经过2018年的发展，已基本能满足辖区企业群众办事需要。政务大厅有2层办公区域、总面积480平方米，有工作人员32名。内设6个功能区，市场监管局、生态保护局、社会事务局、组织人事局、规划发展局、综合执法局、公安分局、消防大队8个部门进驻，有21个窗口为企业、群众提供163项业务的办理。

（屈振尧）

【概况】 济南新旧动能转换先行区规划面积1030平方公里，携黄河发展、沿两岸布局，共涉及市内5个区、21个街道、699个村居。其中，大桥、崔寨、孙耿、太平4个街道由先行区管委会直管，总面积450平方公里，有308个村居，常住人口约30万人。

2018年1月3日，国务院对《山东新旧动能转换综合试验区建设总体方案》做出批复，明确指出支持济南高水平建设新旧动能转换先行区，先行区建设上升为国家战略。3月28日，先行区总体规划正式面向社会公示。5月23日，市委常委会和市政府常务会研究通过先行区管委会体制机制建设实施方案和代管区域划转工作方案，先行区管委会设综合管理、产业发展、建设管理、综合执法、社会事业5个行政管理部门和3个投资促进部及纪工委监工委。6月6日，经市编办批复，管委会正式去“筹”，开始独立运转。7月9日，大桥、崔寨、孙耿、太平4个办事处整体划归先行区管委会直接管理。8月30日，济南市第十六届人民代表大会常务委员会第十七次会议审议通过《济南市人民代表大会常务委员会关于济南新旧动能转换先行区行政管理事项的决定》，并于9月21日经山东省第十三届人民代表大会常务委员会第五次会议批准通过，管委会在先行区直管区域具备独立行使市级管理权限的主体资格。

坚持规划先行。立足“世界眼光、国际标准、山东优势、泉城特色”，引进国内外顶尖规划设计团队，全面完成先行区总体规划和九大类50余项专项规划编制工作，精心组织开展都市阳台、山东科学城、会展片区等重点区域规划设计和孙耿、太平小城镇城市设计，构建“南城、中镇、北乡”的规划控制区空间格局。

坚持招商先行。研究编制《先行区产业发展规划》，明确新一代信息技术、智能制造与高端装备、新能源、先进材料、数字创意五大主导产业和中科院新经济科创园、国际会展中心、数字经济产业园、山东科学城等经济园区，为产业集聚发展搭建良好平台；制定出台《先行区促进产业发展十条政策》，紧盯科技含量高、投资强度高、质量效益高、产业关联度高、具有自主知识产权的好项目、大项目，实施精准招商。累计引进高端优质项目27个，总投资约1785亿元（含外资17亿美元）。

坚持征迁先行。全力推进空间结构重塑，以拆促建、以拆保建、边拆边建。启动全部4个街道征地拆迁工作，同时启动引爆区西安置区、孙耿安置区等安置区建设；启动引爆区市政道路一期等5条市政道路和G104大桥路段、G309、原S101等衔接“三桥一隧”骨干道路建设，部分道路完成路面施工，具备局部通行能力。

坚持改革先行。按照“企业化管理、市场化运作、专业化服务”方向，构建适应高质量发展、新经济壮大、新动能集聚的开放高效的组织架构，优化营商环境、推进效能革命，形成体制机制优势。

【《济南新旧动能转换先行区总体规划(2018~2035)》草案公示】 3月29日，草案编制完成，经专题审议和专家论证后，正式向社会公示。济南新旧动能转换先行区辖区范围横跨黄河两岸，总面积约1030平方公里，规划以规划控制区（先行区的黄河以北区域）为重点，从研究区（1794平方公里）—先行区（1030平方公里）—规划控制区（733平方公里）三个层次进行规划与研究。按照国务院批复的山东新旧动能转换综合试验区建设总体方案，济南将实施北跨东延、携河发展，在黄河沿岸高起点、高标准、高水平规划建设国家新旧动能转换先行区，集聚集约创新要素资源，发展高端高效新兴产业，打造开放合作新平台，创新城市管理模式，综合提升基础设施和公共服务水平，建设现代绿色智慧新城。

【《“中国济南·绿地国际博览城”项目框架合作协议》签署】 6月23日上午，省委常委、市委书记王忠林在舜耕山庄会见绿地控股集团董事长、总裁张玉良一行。市委常委、副市长徐群，市委常委、秘书长蒋晓光参加会见。会见结束后，举行《“中国济南·绿地国际博览城”项目框架合作协议》签约仪式。

【济南先进动力研究所项目落户先行区】 6月28日，省委常委、市委书记王忠林在舜耕山庄会见中科院院士徐建中一行。市委常委、秘书长蒋晓光，副市长吴德生参加会见。会见结束后，双方举行《济南先进动力研究所（中国科学院工程热物理研究所济南分所）项目战略合作协议》签约仪式。在市政府与中科院热物理所签署战略合作协议后，济南先行区也与中科院热物理所签订共建合作协议。济南先进动力研究所项目将在济南新旧动能转换先行区选址建设，这是济南先行区成立以来签约的首家高端科研项目，也是先行区加快推进科创中心(CID)建设的重要引擎。

【先行区集中签约暨重点项目开工活动举行】 8月29日，先行区集中签约暨重点项目开工活动举行。集中开工的8个项目包括高端装备制造产业园、山东科学城、国际会展中心、黄河公园一期、泉水浴场、市政道路及管线工程、安置西区一期、引爆区基础设施工程。全国政协副主席、中国科学技术协会主席万钢，省委副书记、省长龚正出席。科技部党组成员、科技日报社社长李平，省委常委、市委书记王忠林，省政协副主席赵家军，市委副书记、市长孙述涛，市人大常委会主任殷鲁谦，省政府秘书长申长友，科技部高新司司长秦勇等参加活动。 （王善龙）

【概况】 规划体系基本形成。济南国际医学科学中心（以下简称医学中心）坚持世界眼光、国际标准、高点定位，秉承生产、生活、生态“三生融合”理念，强化顶层设计的战略定位和宏观指导，先后启动实施12项规划编制工作。采取国际招标确定世界知名设计公司——日建设计株式会社承担概念规划，德勤咨询负责战略规划和产业规划，并全票通过市规委会审批。前期启动的战略规划、产业规划和招商研究、综合交通、市政设施、生态环境、地下空间、城市设计等专项规划和空间拓展等12大类30余个专题已陆续结题，多规合一的规划体系基本形成。

拆迁安置工程。医学中心共涉及44个行政村、1个社区，需整体搬迁改造22个村、1个社区，涉及村民住宅约1万户、3.8万人。截至年底，集体土地房屋征收共完成21个村、9700余户拆迁，国有土地房屋征收共完成1160户。山东省淡水养殖研究院、济南市淡水养殖所、济南市技师学院铁高校区等国有单位均已签订收储协议。安置回迁工作进展顺利，50万平方米的安置一区计划2019年9月投入使用，安置拆迁居民3170户；安置保障二、三区项目高起点规划，高质量建设，总建筑面积125万平方米。

“双招双引”工作。医学中心始终把招商引资、招才引智作为园区发展的“源动力”，高标准推动招商引资工作开展，在谈项目57个，19个项目已经完成签约，预计总投资175亿元；与华润、复星等大型企业集团和飞利浦、美国纽约州立大学石溪分校等国际机构建立战略合作；在美国休斯敦医学中心设立人才工作站，引进肿瘤、心血管等方向国际人才团队5个，另有一个中外合作健康产业基金项目总规模100亿元；精准医学孵化器顺利启动，已签约入驻项目64个，注册资本金7.13亿元，引进人才团队5个，正在筹建中的院士工作站3个；医生集团登记注册推进顺利，在医学中心注册国内外医生集团38个。成功举办大数据产业对接会，与19家企业签订投资合作框架协议，38家项目单位签署合作意向；与韩国保健福祉部、韩国驻青岛总领事馆建立以中韩保健医疗合作交流会为主要载体的合作机制。

重点项目建设。把项目建设当作医学中心规划发展的重中之重，推动项目建设稳步推进 。7月，举行重点项目集中开工活动，山东第一医科大学、山东省肿瘤医院质子临床研究中心和二区、三区安置房等核心项目开工；9月，国家健康医疗大数据北方中心存储中心开工建设。基础设施项目依次展开，10条交通要道完成立项和设计工作，融合冷、热、电的“三联供”能源站建设列入规划选址，与济南电力公司签订合作协议，用现代电网建设为园区提供保障。国家人类遗传资源公共服务平台山东创新中心通过科技部验收，项目一期实验室、样本库即将在孵化期内投入使用并承接国家任务。与北京大学多次商讨，就在医学中心设立北京大学健康医疗大数据国家研究院济南分院达成意向。引进加拿大全球药物商业化中心，合作设立中加夸克资本济南医学城产业基金，并引进国际一流药物、医疗器械项目4个。11月9日，举办第二届齐鲁国际计算医学暨健康医疗大数据论坛，中美计算医学创新中心、《计算医学》杂志正式入驻医学中心。

【加快推进济南国际医学科学中心建设专题报告会】 4月3日，以“健康济南·创新先行”为主题的加快推进济南国际医学科学中心建设专题报告会召开。市委副书记、市长王忠林出席报告会并致辞。中国工程院院士、国际欧亚科学院院士程京，中国工程院院士、山东省肿瘤医院院长于金明，市委常委、副市长卢江出席报告会。来自临床医学、医学教育、城市规划、产业经济、知名央企等方面的院士、专家学者，围绕济南国际医学科学中心发展定位、战略步骤、实施重点、规划发展等进行探讨交流、出谋划策，取得良好效果。

【国家健康医疗大数据北方中心产业洽谈会】 7月2日，由中国卫生信息与健康医疗大数据学会、中国企业联合会、中国老年保健医学研究会共同主办，济南市人民政府承办的“国家健康医疗大数据北方中心产业合作对接洽谈会”在济召开，吸引130余家企业、43家机构约500人参会。中国企业联合会、中国企业家协会会长王忠禹，中国卫生信息与健康医疗大数据学会会长金小桃，省委副书记、省长龚正，省委常委、市委书记王忠林，市委副书记、市长孙述涛等出席会议。洽谈会上，国家卫生健康委与山东省政府、济南市政府签署共建国家健康医疗大数据北方中心合作框架协议。山东省、济南市分别成为我国首家被国家卫生健康委授予健康医疗大数据的采集、存

2018年11月9日，第二届齐鲁国际计算医学暨健康医疗大数据论坛在济举行

（济南国际医学科学中心　供稿）

储、开发利用、安全保障、开放共享、管理、互联网+服务及运营等权责的试点省、试点市。签约标志着国家健康医疗大数据北方中心进入实质性建设阶段，济南市成为全国首个启动国家健康医疗大数据中心建设的试点城市。

【济南国际医学科学中心重点项目集中开工】 7月18日上午，济南国际医学科学中心重点项目集中开工活动在项目施工现场举行，包括山东第一医科大学、质子治疗中心、安置二区和三区在内的4个重点项目率先破土动工，4个项目占地面积230余公顷、建筑面积183.9万平方米，总投资226亿元。市委副书记、市长孙述涛主持开工仪式。省委常委、市委书记王忠林，副省长孙继业，省卫计委主任袭燕等出席活动。

【中韩保健医疗合作交流会】 9月3~5日，2018中韩保健医疗合作交流会在济举行。会议由韩国保健福祉部、韩国驻青岛总领事馆、韩国保健产业振兴院主办，大韩贸易投资振兴公社青岛代表处、济南国际医学科学中心管委会承办。超过100家中韩医疗机构和医疗企业、逾300位人员参会。通过该次会议，中韩两国将进一步落实2017年在济召开的《第十届中日韩卫生部长会议联合声明》精神，在肿瘤早期筛查及防治诊疗、慢病防控、高端医美、妇幼保健、医药和医疗器械研发等领域展开深入合作。

【国家健康医疗大数据北方中心存储中心开工】 9月5日上午，国家健康医疗大数据北方中心存储中心项目开工活动在施工现场举行。存储中心项目位于济南国际医学科学中心项目选址西北部，总建筑面积约14万平方米，投资约15亿元，终期建设规模20000机架，包括1栋监控中心、4栋机房楼以及变电站等机电配套。机房楼地上8层、地下1层，高度近60米。项目分2个阶段建设，先期启动建设规模4万平方米、5000机架，投资约3亿元；第二阶段建设预计2019年开始。

【第二届齐鲁国际计算医学暨健康医疗大数据论坛】 11月9日，第二届齐鲁国际计算医学暨健康医疗大数据论坛在济举行。论坛由山东省科学院、国家人类遗传资源中心、美国纽约州立大学石溪分校、济南国际医学科学中心管委会、济南市卫生和计划生育委员会、济南市科学技术局、山东省计算中心（国家超级计算济南中心）主承办。论坛围绕计算医学、大数据与生物医学、人工智能、下一代测序技术、计算医学材料等方向，邀请20位科学家及相关领域有突出研究成果的专家介绍自己的新发现、新理论、新成果，吸引300余名业内专家参会。在这次论坛上，国家人类遗传资源山东创新中心、中美计算医学创新中心、《计算医学》杂志集中揭牌并落地济南国际医学科学中心。 （毕仙雨）

责任编辑 王 炜

中国人民政治协商会议济南市委员会

【中国人民政治协商会议第十四届济南市委员会】 市政协十四届委员会于2017年4月换届产生，由30个界别组成。截至年末，有委员499名，其中常委90名。下设办公厅、研究室，以及委员活动工作室和提案、经济科技、人口资源环境、社会文教（社会法制）、港澳台侨和外事、文史资料6个专门委员会。

【全市政协系统党建工作座谈会】 12月21日召开。市政协党组书记、主席雷杰出席会议并讲话，市政协党组副书记、副主席李好臣主持会议。会议学习贯彻习近平新时代中国特色社会主义思想和党的十九大精神，学习贯彻全国、全省政协系统党的建设工作座谈会精神，对全面贯彻新时代党的建设总要求，坚定不移坚持党的领导，努力开创新时代全市政协系统党的建设工作新局面进行安排部署。

【重点提案远程协商督办】 4月25日，市政协首次以视频远程协商座谈会的形式，就市政协常委麦家荣提交的《加强济港金融领域深度合作，助推济南区域金融中心建设》提案，开展重点提案督办活动。市政协主席雷杰参加活动。委员们实地调研山东金融资产交易中心有限公司，听取有关负责人关于交易中心的情况介绍。协商座谈会在市高新区设立主会场，在美国和中国香港、澳门、台湾地区以及市政协机关等地设立分会场，通过视频会议、远程协商的方式征求提案人及部分委员、顾问、侨胞代表意见。提案主办单位市金融办，会办单位市委组织部、市投促局分别介绍提案答复情况，并与在各分会场参会的市政协委员、顾问、侨胞代表进行面对面互动交流。

【人民政协报社调研采访组来济采访“商量”平台建设情况】 11月15~17日，人民政协报社党组副书记、副社长张宝川带领采访团来济调研政协工作，特别是“商量”平台创建工作。采访组深入察看“商量”档案资料，对市政协开展商量工作进行全面了解和系统梳理，分别到济南高新区观摩第十一专题现场商量、在济南电视台小演播厅现场观摩第十一专题集中商量，在宽厚里走访参加“商量”的群众代表，调研“商量在槐荫”活动开展情况。11月17日上午，市政协主席雷杰会见张宝川一行，并接受人民政协报社调研组专访。

【文史资料工作】 为庆祝念改革开放40周年，征集出版《与济南改革开放同行》专辑图书，共32万字；向省政协推荐改革开放纪念史料40篇、近14万字。与市非遗中心合作征编《品读济南非遗（上下册）》，共40万字；与市老龄办合作征编《孝行济南》，共30万字；针对2019年计划选题的《济南乡村记忆》图书，展开预调研和史料征集；创新《济南文史》品牌，全年出版4期季刊和1期“济南战役遗址”专刊，共20万字；与市档案局合作，举办纪念“五三惨案”90周年图片展。利用开展“地名文化保护”商量积累的素材，协调专家，配合济南电视台拍摄制作《探访辛弃疾故居》《小地名大文章》2部专题片。

（张　婧）

【概况】 根据《2018年度政协协商工作计划》，全年完成1次全委会、2次专题议政性常委会议、2次专题协商会、4次双月协商座谈会等重点协商工作，完成9个专题“商量”，积极推进对口协商、界别协商、提案办理协商、立法前协商，形成的协商成果得到市委、市政府的高度重视，许多建议被纳入决策程序。

【政协第十四届济南市委员会第二次会议】 1月7~11日召开。会议应出席委员500人，实到485人。会议听取并审议批准雷杰代表十四届市政协常委会所做的工作报告和崔大庸代表十四届市政协常委会所做的提案工作报告。与会委员列席市第十六届人民代表大会第二次会议，听取并讨论市政府工作报告和其他有关报告。会议还审议通过市政协十四届二次会议各项决议及关于市政协十四届二次会议提案审查情况的报告。大会共收到提案576件，立案569件。其中，委员提案492件，各民主党派、工商联、政协各专门委员会、各界别和界别组集体提案77件。大会共收到大会发言72篇，其中口头发言12篇。会议期间，委员们通过提案、小组讨论、大会发言等形式，重点围绕加快打造“四个中心”，建设“大强美富通”的现代化国际大都市和改善民生等协商议政。大会闭幕时，市政协主席雷杰主持会议并讲话。

【常务委员会会议】 第五次会议 1月10日召开。应到100人，实到91人。市政协主席雷杰主持会议。会议听取政协第十四届济南市委员会第二次会议情况的综合汇报，审议通过政协第十四届济南市委员会第二次会议关于常务委员会工作报告的决议（草案）、政协第十四届济南市委员会第二次会议关于常务委员会提案工作报告的决议（草案）、政协第十四届济南市委员会提案委员会关于市政协十四届二次会议提案审查情况的报告（草案）、政协第十四届济南市委员会第二次会议政治决议（草案）、政协第十四届济南市委员会常务委员会2018年工作要点。

第六次会议 5月25日召开。应到100人，实到71人。市政协主席雷杰主持会议并讲话，市委副书记苏树伟到会听取意见建议并讲话。大会发言围绕“建立健全长效工作机制，全面打赢脱贫攻坚战”进行专题议政。审议通过《关于建立健全长效工作机制，全面打赢脱贫攻坚战的建议案》，审议通过关于免去江林政协第十四届济南市委员会秘书长职务、撤销其政协第十四届济南市委员会委员资格的决定。

第七次会议 10月27日召开。应到99人，实到74人。市政协主席雷杰主持会议并讲话。市政府副市长孙斌到会讲话。会议传达学习全国政协习近平总书记关于加强和改进人民政协工作的重要思想理论研讨会精神、全国和全省政协系统党的建设工作座谈会精神。大会发言围绕“加大培育扶持科技创新型中小企业力度，大力推进实体经济发展”进行专题议政。审议通过《关于“加大培育扶持科技创新型中小企业力度，大力推进实体经济发展”建议案》。

【专题协商会】 “稳妥推进城市更新”专题协商会 4月25日召开。市政协主席雷杰主持会议。李军、刘霞、吕兆毅、张怡、徐天祥、刘明翠、张华松等市政协常委、委员、专家，围绕引领济南城市更新、创新土地利用方式、创建城市更新济南模式、实现城市形象提升、建设有生命的历史文化名山、整治老旧小区“生命线”、重视历史文脉接续打造泉城特色街区等方面发言，提出意见和建议。副市长王桂英到会通报全市城市更新工作情况，听取委员、专家建议。

“优化营商环境，提升城市核心竞争力”专题协商会 8月1日召开。市政协主席雷杰主持会议。邢乐成、任民、施乾平、陈静、吴学军、翟世标、李丽7位市政协常委、委员、专家，围绕转变思想观念、落实省市好政策提升服务水平、关注企业需求、打造法治化营商环境、着眼于制度创新、注重发挥商会作用、精准优化营商环境等方面发言，提出意见和建议。副市长孙斌到会听取建议。

【双月协商座谈会】 “多措并举，大力推进全市科技成果转化”双月协商座谈会 5月31日召开。市政协主席雷杰主持会议并讲话。李军、刘作宗、甘宜梧、张成如、杨美红、窦景、蒋作栋7位委员围绕科技成果转化的平台建设、数据共享、金融服务、政策环境、人才队伍等提出意见建议。

“挖掘黄河文化，加快建设黄河国家湿地公园，助推新旧动能转换”双月协商座谈会　6月28日召开。市政协主席雷杰主持会议并讲话。刘德增、张华松、李成、张怀成、王睿、李铭、常德军等在座谈会上发言，4名市政协委员、专家提交书面发言。委员和专家学者们围绕发掘黄河历史文化资源，高标准打造黄河国家湿地公园，突出公园的“黄河性”“文化性”“山东性”，走文旅融合之路、生态发展之路等提出建议。

“高标准打造济南国际内陆港”双月协商座谈会　9月14日召开。市政协主席雷杰主持会议并讲话。会上，段青英代表调研组做主题发言，郑州经济技术开发区新兴产业服务局负责人应邀专门到会做经验介绍，颜正华、马建华、葛金田、颜军、彭志忠、高荣海5名市政协委员、专家发言，从科学制订规划、健全体制机制、加强平台建设、借力新旧动能转换先行区建设、推进跨境电商发展、建设铁路物流大通道等角度，为高标准打造济南国际内陆港建言献策。

“促进学前教育健康发展，提高幼有所育水平”双月协商座谈会　11月16日召开。徐宾、黄祖杰、吕凌云、崔宝山、程艳侠、张小永、王延安等委员、专家，从建设未来教育体验中心、提升师资队伍

2018年“商量”开展情况一览表

时　间	主　题	承办单位	协办单位	协作部门
2018.3	建绿透绿，为城市更新擦亮底色	人口资源环境委员会	济南日报报业集团 济南广播电视台　市中区政协	市城市更新局 市林业和城乡绿化局
2018.4	夜宴来了	提案委员会	济南日报报业集团　济南广播电视台 历下区政协	市旅游发展委 济南文旅发展集团 济南天下第一泉风景区管理中心
2018.5	乡村振兴，让农村美起来	社会文教(法制)委员会	济南日报报业集团 济南广播电视台　章丘区政协	市委农办　市农业局 市发展改革委
2018.6	拥抱母亲河　迈向新时代	文史资料委员会	济南日报报业集团　济南广播电视台 天桥区政协	济南黄河河务局 济南新旧动能转换先行区
2018.7	生活垃圾分类，你准备好了吗?	经济科技委员会	济南日报报业集团 济南广播电视台　市中区政协	市城市管理局 市商务局
2018.8	优化公交线网，让市民出行更便捷	港澳台侨和外事委员会	济南日报报业集团　济南广播电视台 历下区、槐荫区政协	市城乡交通运输委 济南市公交总公司
2018.9	守望地名里的乡愁	文史资料委员会	济南日报报业集团　济南广播电视台 历下区、槐荫区、历城区政协	市民政局 市规划局
2018.10	幼有所育　点亮未来	社会文教(法制)委员会	济南日报报业集团　济南广播电视台 市中区、槐荫区、平阴县政协	市教育局　市规划局 市城乡建设委
2018.11	让瞪羚企业多起来、强起来	人口资源环境委员会	济南日报报业集团　济南广播电视台 济南高新区政协工作室	市经信委 市财政局

素质、精心开发学前教育课程、全面治理幼儿园“小学化”、不断优化办园条件、有效破解家园共育难题等方面提出意见建议。

（张　婧）

【提案工作】 2018年，广大政协委员和政协各参加单位围绕中心、服务大局、关注民生，共提出提案581件，立案572件。这些提案紧扣经济转型升级、聚焦省会城市建设、致力民生福祉改善，为推进党委政府科学民主决策、促进全市经济社会发展发挥了重要作用。在提高提案质量方面，通过加强委员培训、印发提案选题、寄发党政重点工作信息、组织委员走进党政部门等多种渠道，引导提案者增强精品意识。为推进提案办理工作，市委、市政府、市政协开展联合审查、联合交办、联合督办，承办单位办理程序日趋规范，办理实效逐步提高。搭建省、市、区县政协上下联动的提案办理协商新平台，围绕旅游、金融、劳务市场搬迁、公厕管理等方面提案，三级联动，同步协商。制定出台《关于推进提案公开工作的意见》，运用新媒体平台公开提案内容和答复内容，接受社会公众监督。提案办理中期，组织召开全市政协提案工作座谈会；办理后期，组织承办单位开展提案办理工作“回头看”；运用网络评议平台组织提办双方进行“背对背”评议，开展“一优两先”评选工作，提案质量、办理质量实现双提升、双促进。

【调研视察】 市政协紧扣全市中心工作和大局，聚焦“四个中心”建设“两年有看头”和“453”工作体系，全年开展50余次调研视察，召开20余次协商议政活动，组织专家学者和政协委员深入调查研究，积极建言献策，形成17份建议案、调研报告、信息专报，市委、市政府领导批示多次，为党政决策提供了重要参考。

关于“建立健全长效工作机制，全面打赢脱贫攻坚战”的建议案。委员建议：推动脱贫攻坚与乡村振兴战略深度融合；有效推进财政涉农资金整合；发挥市场导向作用，强化产业支撑；完善金融扶贫政策；激发干部群众内生动力，加强基层扶贫队伍建设；拓宽社会扶贫渠道，建立社会力量参与扶贫引导机制；加大医疗扶贫力度；健全南部山区生态补偿机制，促进城乡共同繁荣。

关于“加大培育扶持科技创新型中小企业力度，大力推进实体经济发展”建议案。委员建议：科学制定科技创新型中小企业发展规划，营造良好产业发展环境；完善扶持政策体系，多措并举促进政策落地；精准发力，帮助科技创新型中小企业破解融资难；加大协作力度，完善科技创新型中小企业服务体系；重视人才支持，培养和引进高层次人才。

关于积极稳妥推进城市更新的建议。委员建议：树立国际视野，加强顶层设计；突出泉城特色，接续历史文脉；坚持以人民为中心，提高市民获得感幸福感；推动发展动力变革，促进新旧动能转换；坚持法治思维和法治方式，规范和保障城市更新健康运行。

关于大力推进全市科技成果转化的建议。委员建议：发挥政府引导作用，加大政策支持力度；发挥企业主体作用，不断增强创新意识，加快科技成果转化步伐；发挥高校、科研院所作用，加大科技成果转移转化力度；发挥社会中介组织作用，助力科技成果转化；建立完善服务平台；完善多元投融资体系；强化引智招才，建设科学的专业化梯次人才队伍。

关于“进一步优化营商环境，提升城市核心竞争力”的建议。委员建议：健全优化营商环境政策配套体系；加强政务服务数据集成和共享应用；着力构建产业链生态圈；建立服务企业发展直通车制度；营造更加良好的人才发展环境；打造增强城市吸引力的新载体。

关于高标准打造济南国际内陆港的建议。委员建议：强化顶层设计，建立强有力协调推进机制；突出重大工程，集中力量打造多式联运示范区；抓紧功能创建，着力提高内陆港核心竞争力；创新要素供给，有效破解土地、资金等约束难题；重视产业培育，做大做强陆港偏好型产业。

【集中服务企业活动】 按照市委统一安排，市政协副主席李好臣、段青英、崔大庸、金德岭、刘梦海、毕筱奇、李继民、王伯芝分别承担4家企业的集中服务任务。通过实地察看企业生产经营和发展情况，详细了解企业发展中面临的突出问题，听取企业对党委政府工作的意见建议，切实为企业发展排忧解难，进一步改善企业发展的环境。

【政协委员集中培训】 为进一步提高政协委员履职水平，建设一支“懂政协、会协商、善议政”的委员队伍，以开展“高端培训+专项培训”为切入点，分期分批组织委员进行集中培训。借助全国政协培训中心高层次的学习平台，组织2批60余名委员到全国培训中心北戴河培训基地参加培训；借助中组部指定高校平台，开展“个性化”专项培训。5月20～26日，围绕“新旧动能转换”工作，组织50名市政协委员赴浙江大学进行专题培训；11月15～21日，组织市政协各界别活动组召集人及省、市、区三级部分政协委员赴中国人民大学学习培训；5月8～10日，组织新任住济省政协委员36人参加为期2天半的十二届省政协新任委员培训班。

（张　婧）

【概况】 根据市政协常委会2018年工作要点和市政协年度协商计划安排，确定以“建立健全长效工作机制，全面打赢脱贫攻坚战”作为监督性议题。5月25日，市政协围绕“建立健全长效工作机制，全面打赢脱贫攻坚战”召开专题议政会议，就监督性议题开展协商议政。会后，市政协将委员、专家的意见建议进行梳理，形成监督意见，经主席会议研究审议后，报送市委、市政府。

【社会监督活动】 市政协十四届二次会议以来，共推荐110名委员参与社会监督活动。其中，推荐37名委员参加市委市政府主办、市纪委承办的“直面问题、践行承诺”《政务监督面对面》《作风监督面对面》大型电视问政直播节目，20名省、市政协委员担任市政府信访事项听证员，10名市政协委员参加济南新旧动能转换先行区总体规划征求意见座谈会，1名市政协委员参加市机动车停放服务收费管理座谈会，3名市政协委员参加济南市家室纠纷解决机制改革工作推进会议，6名市政协委员参加公务员面试监督工作，20名市政协委员参加2018年市直部门（单位）服务基层服务发展评价工作，7名市政协委员参加济南市“七五”普法中期检查工作，2名市政协委员参加济南市天然气价格上下游联动暨核定配气价格听证会，4名住济省政协委员参加省财政厅走访座谈活动。

【社情民意信息报送】 全年收集市政协委员和市级各民主党派、工商联及各县区政协社情民意信息1000余条，向上级政协和市委、市政府领导整理报送300余条，其中全国政协采用5条；市领导批示10人次，深化布局加速量子信息产业新动能实现、以更大力度参与E级计算机建设等建议得到市领导批示和有关部门落实。首次获评全国政协2016~2017年度反映社情民意信息工作先进单位，获评省政协2016~2017年度反映社情民意信息工作先进单位并获个人二等功奖励。对2017年度社情民意信息工作进行表彰，共评选出13个先进单位、17名先进个人和20篇优秀社情民意信息。

（张　婧）

【全国副省级市政协第八次信息工作座谈会】 7月12~13日，由全国政协办公厅研究室信息局主办，济南市政协承办的全国副省级市政协第八次信息工作座谈会在济举办。市政协主席雷杰出席开幕会并致辞，全国政协办公厅研究室巡视员杨朝晖主持开、闭幕会，省政协研究室主任魏余秀、市政协副主席毕筱奇出席会议。15个副省级市政协30余名代表参加会议。会上，全国政协办公厅研究室通报2017年信息工作座谈会以来副省级市政协反映社情民意信息工作情况，宁波、南京、厦门、成都、青岛、济南6个副省级市政协进行典型发言；市政协重点介绍贯彻落实习近平总书记“有事好商量、众人的事情由众人商量”重要指示精神，通过“商量”平台推动社情民意信息工作创新发展的做法；审议通过《全国副省级市政协第八次信息工作座谈会会议纪要》。

【与港澳联谊交流】 8月27日至9月1日，市政协主席雷杰率团赴香港、澳门开展联谊交流，促进济南与港澳两地经贸文化往来、产业金融合作，助推“双招双引”工作。代表团召开“双招双引”推介座谈会，出席澳门济南青年商会第一届理监事就职典礼，分别召开住香港、澳门政协委员恳谈会，拜访中央人民政府驻香港联络办公室、驻澳门联络办公室，拜访港区省级政协委员联谊会、香港济南联谊总会、香港济南同乡会（筹）、澳门济南联谊会等，走访住港澳政协委员、委员企业等，促成市金融部门与香港金融企业签署4项战略合作协议，揭牌成立济南金控集团子公司——全程国际金融控股有限公司。与香港金利丰金融集团、香港金融控股集团就在济设立分支机构达成共识，与香港贸发局就来济举办“一带一路”沙龙具体事宜进行洽谈，与澳门大学就两地加强青年人才引荐合作事宜进行沟通交流，与商汤科技就来济建设研发基地进行交流探讨，与澳门安信通公司就济南北方机器人基地建设具体事宜进行对接。

【对外联谊】 助推济南与香港金融领域深度合作，与市投资促进局、市金融办联合承办“济南香港金融服务专题对接会”，邀请20多家香港知名金融企业，与济南市40余家企业进行交流，形成15个金融意向合作项目。协助市金融办召开“济南企业赴港上市座谈交流会”，邀请香港金融机构专家就内地企业赴港上市问题进行辅导讲座，推动济南市“企业上市推进年”活动开展。助力全市双招双引，举办“济南市政协助推‘双招双引’工作推介洽谈会”，宣传推介济南市招才引智政策、重点招商领域和项目。通过委员、顾问引介美国、荷兰等企业来济考察创新孵化产业园、科学实验仪器产业基地和心血管治疗中心合作项目。加强与港澳台地区委员、顾问和社团的友好交流，年内共接待来自港澳和全国政协、各地市政协考察团和友好人士200余人。

【纪念改革开放40周年暨济南解放70周年书画展】 9月26日举办。市政协主席雷杰出席开幕式。书画展以济南政协书画院书画师和各区县政协委员中的书画家为创作主体，以纪念改革开放40周年暨济南解放70周年为主题，以深入贯彻落实党的十九大精神为主线，共展出200余幅主题鲜明、品味高雅、艺术精湛的作品。

【济南、东营、济宁3市政协举办书画联展】 经济南、东营、济宁3市政协协商，共同举办“纪念改革开放40周年书画联展”。从10月29日开始，先后在东营市、济宁市、济南市举办3场联展。11月10日，书画展在济南市美术馆开展，共展出来自3市书画家的130幅作品。市政协主席雷杰，副主席李好臣、刘梦海会见来自东营市、济宁市的书画家。市政协副主席毕筱奇出席开幕式并致辞，东营市政协主席陈泽浦、济宁市政协主席张继民出席活动。

（张　婧）

【政协第十四届济南市委员会常务委员会工作报告摘要】 报告从6个方面总结2017年的工作：一是加强学习，夯实团结奋斗的共同思想政治基础；二是务实建言，聚焦“四个中心”建设履职尽责；三是履职为民，推动共建共享美好生活；四是开放包容，增进社会各界大团结大联合；五是探索创新，推进政协协商民主广泛多层制度化发展；六是强基固本，全面建设“为民政协、务实政协、开放政协”。报告从5个方面阐述2018年主要任务：一是坚持用习近平新时代中国特色社会主义思想凝聚共识，二是聚焦“四个中心”建设“三年有突破”积极协商议政，三是顺应新时代要求加强和改进政协民主监督，四是围绕大团结大联合广泛凝心聚力，五是着眼提高履职能力加强政协自身建设。

【政协第十四届济南市委员会常务委员会2018年工作要点】 《工作要点》分为8个部分28条：一是坚持用习近平新时代中国特色社会主义思想凝聚共识，二是聚焦“四个中心”建设“三年有突破”积极协商议政，三是围绕推动共建共享美好生活献计出力，四是加强和改进政协民主监督工作，五是推进政协协商民主广泛多层制度化发展，六是扎实做好团结联谊工作，七是深入推进各项经常性工作，八是加强政协自身建设。

【政协济南市委员会关于加强和改进委员界别活动组开展工作的意见】 为更好地发挥各委员界别活动组在打造“为民政协、务实政协、开放政协”中的重要作用，根据《政协章程》和有关规定，结合工作实际，制定意见。一是委员界别活动组工作要求，二是委员界别活动组工作任务，三是委员界别活动组工作制度，四是委员界别活动组组织保障。

【政协济南市委员会关于建立政协智库的意见】 为进一步提高政协履职建言的能力和水平，决定建立市政协智库，制订意见。一是总体要求，二是主要任务和工作方式，三是智库组成和运作，四是组织领导和工作保障。

【政协济南市委员会办公厅关于推进提案公开工作的意见】 为加强人民政协协商民主建设，加强和改进人民政协民主监督工作，就推进提案公开工作提出意见。一是提案公开工作的重要意义和基本原则，二是提案公开工作的程序和方式，三是提案公开工作的组织领导。

【市政协聘任港澳台侨特邀顾问方法】 为进一步拓宽市政协对外交往渠道，加强海外联谊工作，汇聚更多的港澳台同胞和海外华侨华人共同致力于现代泉城建设和政协事业发展，市政协将聘任有影响的港澳台同胞和海外华侨华人为“济南市政协港澳台侨特邀顾问”。依据《中国人民政治协商会议章程》《政协济南市委员会委员履职工作规则》等有关规定，制定办法。一是聘任原则，二是聘任条件，三是聘任程序，四是权利与义务，五是联系与服务，六是退出和解聘。

（张　婧）

责任编辑　王　炜

纪检监察

综　述

【中共济南市纪律检查委员会】 截至2018年末，中共济南市纪律检查委员会共有委员45人，其中常委9人。合署办公的中共济南市纪律检查委员会、济南市监察委员会内设20个室（厅、部），2个事业单位（廉政教育中心、信息中心）；17个综合派驻机构、10个单独派驻机构；机关在编人员154人，事业单位在编人员18人（廉政教育中心12人，信息中心6人），派驻机构在编人员110人。市委巡察办设在市纪委，为市委巡察工作领导小组日常办事机构，共有在编人员12人，市委巡察组编制在市纪委人员13人。

【学习贯彻习近平新时代中国特色社会主义思想和党的十九大精神】 市纪委常委会围绕《习近平谈治国理政》《习近平新时代中国特色社会主义思想三十讲》、习近平总书记视察山东重要讲话和重要指示批示精神等开展研讨交流，组织集体学习18次，带动全市纪检监察系统在学思践悟中树牢“四个意识”，坚定“四个自信”，做到“四个服从”“两个维护”。把坚定执行党中央决策部署和省委、市委工作要求作为严明党的政治纪律和政治规矩的具体检验，推动脱贫攻坚、环境保护、营商环境、城市提升等重大决策部署执行落实，从严查处落实不力背后的责任问题、腐败问题、作风问题，确保令行禁止、政令畅通。把中央巡视组反馈问题整改作为“四个意识”的试金石，制定8项牵头整改任务和11项参与整改任务清单，开展监督检查55次，下发督办函31份。对中央巡视组转交件优先排查、优先处置、优先核查，共收到转交的初次举报件698件，办结696件，给予党纪政务处分441人，组织处理210人，移送司法机关29人。全市共查处存在违反政治纪律行为41起、41人，其中市管干部3人。

2018年1月12日，济南市监察委员会成立。图为市监委领导班子成员面对宪法庄严宣誓 （市纪委　供稿）

【济南市监察委员会成立】 1月12日，济南市监察委员会挂牌成立。省委副书记、市委书记、市深化国家监察体制改革试点工作小组组长王文涛，市人大常委会主任殷鲁谦，市委常委、市纪委书记、市监察委员会主任程德智为济南市监察委员会挂牌，标志着济南市全面推进国家监察体制改革试点工作迈出关键性的一步。

1月12日，在市第十六届人民代表大会第二次会议上，经法定程序选举，程德智当选为市监察委员会主任。根据程德智提名，在随即召开的市第十六届人民代表大会常务委员会第十次全体会议上，表决任命赵玉海、范立山、刘军为市监察委员会副主任，李敬德、满斌、刘兆华、阴法义、郑进毅为市监察委员会委员。

2018年2月6日，中共济南市纪委十一届三次全会召开，传达学习中央纪委、省纪委全会精神 （市纪委 供稿）

【监察体制改革】 全市共从检察院系统划转编制292个，转隶人员230名。市纪委市监委实现执纪监督和审查调查部门分设。1月12日，市十六届人大二次会议选举产生首任市监察委员会主任，任命市监委副主任、委员。市、区县11名监委主任均全票当选，依法定程序任命23名监委副主任、45名监委委员。畅通纪法贯通、法法衔接渠道，与市政法机关制定8项衔接配合制度。探索全要素适用12项调查措施，建立指定办理、问题线索管理处置办法、留置工作规范等制度规定。坚持审查调查与安全工作一体推进，抓住走读式谈话和留置两大安全重点，实行市、区县纪委常委、监委委员驻点值班制度，建立公安机关留置看护监管机制，全市采取留置措施48人，移送司法机关32人，实现办案安全“零事故”。全面推进监察工作向功能区和基层延伸，3个市属功能区监察工作委员会和141个镇（街道）监察室全部挂牌运行，其中全省首家镇（街道）监察室于10月19日在济阳区济北街道揭牌。稳步推进“清莲苑”留置中心建设。

（王树刚 伊蓓蓓 王蒙蒙）

【市纪委十一届三次全会】 2月6日召开。出席会议的有市纪委委员44人，列席171人。省委副书记、市委书记王文涛出席全会并讲话。市委常委，市人大常委会、市政府、市政协领导出席会议。全会由市纪律检查委员会常务委员会主持。全会学习贯彻习近平新时代中国特色社会主义思想，全面落实党的十九大精神，按照十九届中央纪委二次全会、省纪委十一届三次全会和市委部署，总结2017年全市纪检监察工作，部署2018年任务，审议通过程德智代表市纪委常委会所做的《以习近平新时代中国特色社会主义思想为指导，坚定不移推进全面从严治党向纵深发展》工作报告。

（王树刚 伊蓓蓓 王蒙蒙）

【夯实管党治党政治责任】 市纪委协助市委开展主体责任落实情况专项检查，召开“汲取教训、严明规矩、强化担当”警示教育大会，组织区县党委书记向市纪委全会述责述廉，市纪委常委与40个单位的48名党政正职进行廉政谈话；组织全市纪检监察系统述职述责民主评议，召开区县纪委书记、派驻纪检监察组长、市管国企市属高校纪委书记3个层面座谈会，持续传导管党治党责任压力。严格落实请示报告制度，主动向省纪委省监委和市委请示报告重大问题、重要事项。聘请28名老同志和部分市以上人大代表、政协委员、党代表为党风廉政建设监督员。对党的领导

2018年6月8日，全市“汲取教训　严守规矩　强化担当”警示教育会召开
（市纪委　供稿）

弱化、党的建设缺失、全面从严治党不力等问题严格责任追究，全市共实施党内问责931起，问责党组织634个，问责党的领导干部395人，通报曝光典型问题335起。发挥党风廉政教育宣讲团作用，开展主题宣讲72场次，受教育党员干部1万余人次。建立关爱回访机制，开展2018年“暖冬行动”，对因失职失责受到处分处理的党员干部和公职人员，通过谈心帮扶帮助卸下包袱，重整行装再出发。全年市纪委共回复党风廉政意见860人次。

【“四风”纠治】 落实中央八项规定及其实施细则精神，贯彻落实习近平总书记关于纠正“四风”、加强作风建设重要指示精神，以市委办公厅、市政府办公厅名义印发《关于集中整治形式主义官僚主义的实施意见》，全市共查处违反中央八项规定精神问题370起，处理609人，给予党纪政务处分459人。查处形式主义、官僚主义问题108起，处理191人，给予党纪政务处分104人次。组织拍摄优化营商环境明察暗访纪实片，针对曝光问题一次性问责155人，通报曝光典型问题30起、106人。落实容错纠错、澄清保护和查处诬告陷害机制，旗帜鲜明地支持和保护干部干事创业积极性。会同市委组织部召开长清区领导干部大会，对不实信访举报调查结果进行通报并当场澄清，央视《焦点访谈》点赞济南市创新举措。建立督导检查、媒体监督、纪委问责“三位一体”推进机制，打造党风政风行风民主评议与12345市民服务热线、作风监督面对面（电视问政）、作风监督热线（电台问政）良性互动的“1+3”监督格局，对193条问题线索进行直查快办，瑞典韦斯特拉市和聊城市、日照市等来济南学习经验。

【群众身边“微腐败”整治】 加大对群众反映突出问题的整治力度，查处民生资金、“三资”管理、征地拆迁、教育医疗、低保养老等领域的违纪违法行为。督促市扶贫办、审计、财政等重点职能部门强化对专项扶贫、行业扶贫、产业扶贫等方面的监督检查，保障精准扶贫政策落实到位。全市共查处侵害群众利益的不正之风和腐败问题1351起，处理1676人，给予党纪政务处分894人，组织处理784人次，移送司法机关65人。其中，查处扶贫领域腐败和作风问题370起，处理425人，给予党纪政务处分132人。组建市、区县两级扫黑除恶问题线索筛查专班，完善落实问题线索双向移送和办理结果反馈机制，对全市公安机关2016年以来侦办的涉黑涉恶问题逐案筛查。制定《关于对扫黑除恶专项斗争中不担当不作为问题进行集中整治的意见》，严格落实“两个一律”要求，优先处置涉黑涉恶腐败问题线索，对复杂疑难线索实行提级直查，对公安机关在侦案件同步介入核查，对区县和有关职能部门开展专项督导。全市纪检监察机关共初核涉黑涉恶问题线索302件、413人，立案112件、164人，给予党纪政务处分139人，其中查处“保护伞”问题68件、73人。

【惩治腐败】 完善反腐败工作协调机制，加强党委对反腐败工作的全过程、常态化领导。开展越级信访专项整治，排查化解风险隐患，确保全国和省市“两会”、上合组织青岛峰会等期间的政治安全。坚持无禁区、全覆盖、零容忍，聚焦不收敛不收手、问题线索反映集中、群众反映强烈、政治问题和经济问题交织的腐败案件，紧盯重点领域和关键环节，严惩贪污贿赂、利益输送等职务违法和职务犯罪，精准有力惩治腐败。全市纪检监察机关共受理信访举报9014件次，处置问题线索10198件，立案4779件，处分4686人，其中立案查处市管干部37人、县处级干部243人。成立追逃追赃工作专班，追回外逃人员4人。

【监督巡察】 运用信访受理、线索处置、约谈提醒、谈话函询、廉政档案等方式，推动日常监督与执纪问责、审查调查相衔接。坚持思想教育、政策感化、纪法威慑相结合，运用监督执纪“四种形态”处理9230人次。制定《谈话函询了结问题线索抽查复核办法（试行)》，对不如实说明回复、边谈边犯、边询边犯的依规依纪依法严肃处理。把握政治巡察定位，市委巡察机构组织2轮巡察，对37个市直部门单位党组织开展常规巡察或“回头看”，发现问题683个，移交问题线索397条。指导6个区县开展交叉巡察。各区县党委巡察机构巡察部门（街镇）243个，发现问题3110个，移交问题线索881条。赋予市纪委派驻机构监察权限。市纪委派出派驻机构2018年共处置问题线索2000件，立案686件。加强对市管企业、金融机构和市属高校纪委工作的领导指导和检查监督，督促转职能、转方式、转作风，提升监督水平。

（王树刚　伊蓓蓓　王蒙蒙）

责任编辑　张　阳

【概况】　截至2018年底，济南市各民主党派共有市级组织7个，基层组织280个，7个民主党派共有成员6808人。各级工商联已有各类商会227个，实现乡镇（街道）基层商会的全覆盖；会员总数已达1.76万个。

【主要工作】　2018年，围绕重大决策和重点工作，组织市级各民主党派开展各类政党协商活动76次，其中会议协商18次，书面协商58次。市委、市政府主要领导主持或参加政党协商活动4次，市委其他领导出席或主持政党协商活动14次。市委、市政府主要领导批示协商建议51篇次，先后协调市纪委、市法院、市检察院、市发改委等13家单位对市级各民主党派、工商联和无党派人士提出的意见建议进行反馈。工商联组织首届全国工商联主席高端峰会，做好世界温商助力山东新旧动能转换大会、2018儒商大会协调配合工作，开展“云+111”惠企政策专场解读活动。

（桑立恒）

2018年2月2日，民革济南市委举办纪念中国国民党革命委员会成立70周年暨表彰大会，全市300多名党员齐聚一堂，共庆民革华诞　（民革济南市委　供稿）

中国国民党革命委员会济南市委员会

【概况】　全年发展38名新党员，平均年龄37.8岁。其中，中级以上职称14人，硕士以上4人，具有民革政党特色和有一定代表性的人士21人。年内，高新区总支部成立。截至年底，全市有党员666人，有总支部6个、支部31个。

思想建设。民革济南市委以学习贯彻中共十九大精神为主线，利用纪念中共中央发布“五一口号”70周年等契机，持续开展“不忘合作初心，继续携手前进”主题教育活动。召开主委会、全委扩大会议集体学习习近平总书记重要讲话、重要指示精神及中共十九届三中全会、中共济南市委十一届五次全会等精神。继续开展“学中共十九大精神，走多党合作之路”主题教育活动。举办纪念民革成立70周年暨表彰大会，承办全市统一战线纪念中共中央发布“五一口号”70周年诗歌朗诵会。全年先后推荐近百人次参加市委统战部、省民革等部门举办的培训班，130余人次参加自主举办的参政议政、社情民意信息等培训。响应民革中央关于创建示范支部活动的号召，内建民革党员之家，外建社区服务基地，全方位推动基层组织工作。

参政议政。制定《关于开展“大调研”做实参政议政的工作安排》，先后开展10次“大调研”活动，形成10份高质量调研报告。其中，《建立智能政务系统，打造济南政务新形象》《关于加快推进我市医责险实施的建议》，得到市政府主要领导批示。在市政协十四届二次会议上，民革市委共提交大会发言和集体提案10件，大会发言《大力发展工业互联网，为我市先进制造业提供新动能》得到市政府主要领导批示，被列为市政协重点提案。衣光军在省政协会议上提交的《关于加快济南临空经济区建设的建议》，受到媒体关注。在民革市委上报的民意信息中，民革中央采用2篇，省政协采用77篇，省民革采用155篇；3篇信息被中央统战部《零讯》采用，4篇信息被全国政协采用。其中，孔凡勇《关于加强氨酚羟考酮使用监管的建议》由全国政协转报国家医药监督管理局，得到国家医药监督管理局的函复，这在全国民革信息报送工作中尚属首次。民革市委社情民意信息在市各民主党派、工商联考核中连续6年蝉联第一，被民革山东省委评为参政议政工作、社情民意信息工作2项先进集体，3名党员获评民革山东省委参政议政工作先进个人，18名党员获评社情民意信息工作先进个人。

服务社会。开展扶贫、助学、义诊、助老等活动，全年累计捐款捐物价值27.8万元。持续开展“同心法律”服务活动，同心法律服务团坚持定期到社区、乡村开展普法宣传和免费法律咨询服务。发挥优势，打造“民革义工”新品牌，建立7家社会服务实践基地。

为贯彻落实中共济南市委“大学习、大调研、大改进”活动意见，响应民革中央“举全党之力抓参政议政”的号召，2018年4月13日，民革济南市委启动“大调研”活动并进行参政议政工作研讨 （民革济南市委 供稿）

【拍摄制作《五三》纪录片】 在“五三”惨案发生90周年之际，在市委统战部和有关部门的支持下，民革济南市委会历时近半年，查阅史料，走访济南“五三”惨案纪念碑建碑过程见证者，拍摄制作了《五三》纪录片，向烈士致敬，向民革前辈致敬。该片于5月3日当天在济南电视台新闻频道专题播放，并在民革中央团结网、山东统一战线、泉城统战等微信公众号推送。

【民革济南市企业家联谊会成立】 11月27日，民革济南市委召开企业家联谊会成立大会。会议宣布《民革济南市委关于成立“民革济南市企业家联谊会”和机构成员任命的决定》，民革济南市委副主委、山东众成清泰律师事务所副主任姚虎明被任命为民革济南市企业家联谊会会长，同时任命副会长5名、常务理事10名、秘书长1名、副秘书长3名。

（刘 妍）

【概况】 全年发展盟员70人，平均年龄38.2岁。截至年底，全市有盟员1442人。其中，中高级以上职称1147人，占79.5%；教育、文化、科技、医卫界盟员987人，占68.5%；政府部门172人，占12%。8月，撤销铁路局支部，成立铁路局总支，下设局机关支部和东站支部；撤销天桥区支部，成立天桥机关一支部和二支部；成立护理学院支部。全市共有基层组织90个，其中基层委员会6个、总支6个。2018年，获评民盟中央“民盟思想宣传工作先进集体”。

思想建设。学习贯彻习近平新时代中国特色社会主义思想和中共十九大精神、习近平总书记对山东工作的重要指示精神、习近平在纪念改革开放四十周年大会上的讲话精神。开展“不忘合作初心，继续携手前进”主题教育，举行庆祝济南民盟成立70周年暨民盟济南画院成立书画展。民盟市委举办“上海、嘉兴红色教育专题培训”，40余名盟员赴中共一大会址、南湖革命纪念馆、黄炎培故居纪念馆等地参观学习。

参政议政。在市政协十四届二次会议上，民盟济南市委提交集体提案9篇，包括大会发言1篇、交流材料4篇、集体提案4篇。其中，大会发言《持续提升省会城市品质，助力城市更新工作发展》得到市政府主要领导批示，大会交流材料《关于加强明府城保护与更新的建议》被列为主席重点督办提案。精选盟内外专家学者10人组建参政议政专家智库，为参政议政工作提供智力支持和服务。召开盟内企业家“推动非公经济发展，助力新旧动能转换”座谈研讨会和优化营商环境座谈会，为全市新旧动能转换和打造金牌营商环境道实情、建良言。全年提交社情民意信息233件，其中90件分别被民盟中央、省政协、民盟省委、市政协采用。

社会服务。发挥界别优势，不断丰富和发展农村教育“烛光行动”。民盟市委帮助盟员开展的乡村爱心助读活动，自2016年至2018年底，累计为家长推送家庭教育和亲子阅读报告40余场，举办活动100余场，发动捐赠图书近6万册，民盟市委支持助读活动资金达4万元，近万人受益。民盟济南市委联合民盟西宁市委在青海省开展“教育精准扶贫，学乐云烛光行动”，盟员以企业名义捐赠了价值1500万元的教育教学软件。

【庆祝民盟济南地方组织成立70周年暨民盟济南画院成立书画作品展】 10月26日，庆祝民盟济南地方组织成立70周年暨民盟济南画院成立书画作品展在济南博物馆开幕，共展出民盟省市委及兄弟党派书画家们的近百件优秀作品。民盟市委主委崔大庸致开幕辞，民盟山东省委副主委董利忠、中共济南市委统战部副部长张勇应邀出席开幕式并为民盟济南画院揭牌。

【“学乐云烛光行动”捐赠仪式在西宁市举行】 7月10日，“学乐云烛光行动”捐赠仪式在西宁市青藏铁路花园学校举行，盟员企业山东百格服务外包集团有限公司联合山东省百格教育发展基金会、杭州博世数据网络有限公司向西宁市四区三县140所中小学捐赠总价值1500万元的备课授课教学软件140套、智慧课堂平板电脑420台。

（朱　戈）

【概况】 全年发展会员76人，平均年龄38.92岁。截至年底，全市有会员1381人，其中中高级以上职称的603人，经济界会员1162人。全市有基层组织60个，其中总支7个（下辖29个支部）、直属支部24个。设立经济、企业、理论研究、人资环、财政金融、文化教育、法制、艺术、妇女、老龄10个专门委员会。

思想建设。把学习贯彻习近平新时代中国特色社会主义思想作为首要政治任务，加强学习培训。市委会班子成员积极参加中心组学习和民建上级组织、中共济南市委统战部举办的专题培训班。各总支、支部以座谈交流、实地参观、调研走访等形式开展专题学习30余次。参加市委统战部举办的纪念中共中央“五一口号”发布70周年“五个一”系列活动。报送“深化政治交接，弘扬优良传统，推动新时代统一战线和多党合作事业实现新的更大发展”课题研究文章13篇，其中11篇被民建省委评为重点理论课题达标成果；报送“工匠精神”研究文章3篇，其中1篇获民建中央课题成果二等奖、1篇被民建省委评为重点理论课题达标成果。各类媒体采用稿件606篇（幅），其中新华网、人民政协网、中央统战部网站、民建中央网站等省级以上媒体采用302篇。市委会被民建省委评为理论宣传调研工作突出先进单位。对新会员进行培训，加深对民建的认识和了解，增强参政党意识；推荐市委会领导班子成员、各基层组织负责人、骨干会员参加各类培训班60余人次；组织骨干会员40余人赴重庆开展专题培训。

参政议政。市委会班子成员参加中共济南市委、市人大、市政府、市政协、市委统战部组织的协商会、座谈会和系列调研活动20余次，围绕关系济南市经济社会发展的重要课题建言献策。在市政协十四届二次会议上，提交集体提案8件，政协委员提交个人或联名提案46件。市委会以《加大金融创新力度，推动科创企业发展》为题做大会发言，得到市委主要领导批示，6件个人提案被市政协评为优秀提案。全年收到社情民意109件，报送79件。其中，《裁判文书上网不宜实名制》的建议被全国政协采用，《标本兼治让顺风车悲剧不再重演》的建议被民建中央采用，《关于建立健全建设单位委托工程质量检测管理的建议》等20件建议被省政协采用，《关于在政府采购中建立见证律师机构库的建议》等38件建议被民建省委采用，《关于对英雄山立交桥进行更名的建议》等44件建议被市政协采用。

服务社会。市委会引导各基层组织和会员，依托“思源·天使四叶草”爱心公益品牌，持续开展各类公益活动，累计捐款捐物50余万元。“思源·天使四叶草”公益活动呈现出系列化、专业化、特色化的新特点，品牌影响力和知名度进一步扩大，民建中央网站、联合日报等媒体对部分活动进行了宣传报道。

2018年9月28日，民建济南市委举办“思源·天使四叶草”走进军营大型文艺演出

（民建济南市委　供稿）

【强化专委会建设】 按照规模服从效果、发挥常委作用、专委会和基层组织不交叉任职、实行动态管理等原则，完成各专委会的调整，形成经济、企业、理论研究、人资环、财政金融、文化教育、法制、艺术、妇女、老龄10个专门委员会。在人员上，重点吸收热心会务、履职能力强，特别是近几年参政议政成绩突出的会员；在规模上，除艺术委员会外，其余专委会成员数量控制在15人左右，进一步明确专委会出参政议政精品提案的职责。

【服务改革发展】 民建济南市委会调动参政议政骨干力量，开展调查研究，形成《关于培育壮大“隐形冠军”企业的建议》，以“直通车”形式报中共济南市委，得到市委主要领导重视和批示；形成《践行公交优先发展理念，推动公交都市建设》提案，得到市政府主要领导肯定。市委会领导班子成员带队，围绕“产业大数据发展”“文化产业发展”“培育我市饮食文化”等课题，分别组织企业委员会、文教委员会、高新区总支、直属十一支部，赴贵州、杭州、武汉、长沙等地开展调研，并邀请会内外专家和相关职能部门开展专题研讨，形成调研报告，作为集体提案提交市政协十四届三次会议。市委会被民建省委评为参政议政工作先进单位。

（闫金奎）

【概况】 全年发展会员72人，平均年龄38.75岁。截至年底，全市有会员1062人。其中，中高级以上职称797人，占75.05%；教育、文化、出版界会员749人，占

2018 年 9 月 28 日，民进全国副省级城市“不忘合作初心，继续携手前进”主题教育活动专题研讨会在济南开幕　　（民进济南市委　供稿）

70.52%；科技、医卫、政府部门及其他 313 人，占 29.48%。新建长清、大智教育集团 2 个支部，调整基层组织领导班子 3 个。全市共有基层组织 62 个，其中总支 6 个、基层支部 56 个。2018 年，获“民进全国宣传思想工作先进集体”称号。

思想建设。学习贯彻习近平新时代中国特色社会主义思想和习近平系列重要讲话精神、中共十九大精神、全国“两会”精神。组织参与市级各民主党派纪念中共中央“五一口号”发布 70 周年等活动。开展“大学习、大调研、大改进”相关活动 30 余次，参与会员 500 余人次。推荐 15 名会员参加市委统战部、省委会举办的各级各类培训班；推荐 17 名会员作为群团组织、特约人员、行风监督员人选；依托重庆厚重的统战历史和多党合作传统教育资源，首次在异地举办骨干会员培训班；举办新会员培训班，对 54 名新会员进行培训。

参政议政。多次参加中共济南市委、市政府、市政协举行的党外人士座谈会、情况通报会、专题议政会，围绕全市党风廉政建设和反腐败工作、经济社会发展和“四个中心”建设等提出意见建议。在 2018 年全市各级“两会”上，共提交建议、提案 109 件，其中在市政协会议上提交大会发言 4 件、集体提案 13 件。大会口头发言《实施各类人才定制计划，为“四个中心”建设插上翅膀》，得到中共济南市委主要领导批示。3 件提案被评为市政协十四届一次会议优秀提案。就新旧动能转换、乡村振兴、国际医疗康养名城、法检两院工作等进行实地调研；参与市级各民主党派联合调研工作，赴杭州、湖州等地围绕实施乡村振兴战略进行实地考察；组织开展政协委员界别组活动，就乡村振兴工作赴章丘区进行调研。制定《民进济南市委关于进一步加强参政议政责任体系建设的实施意见》，出台《关于进一步加强和改进反映社情民意信息工作的意见》。全年报送社情民意信息 144 篇，1 篇被全国政协采用、4 篇被民进中央采用、26 篇被省政协采用。

服务社会。重点打造“春联万家”活动品牌，进企业、社区、军营、学校，送去新春祝福；举办“传统文化进校园，携手同心共筑梦”——书法进校园活动。历下总支在“同心服务社区”活动基地举办“开明公益讲堂”和优秀电影展

2018 年 1 月 18 日，民进山东省暨济南市 2018 年春联万家活动启动仪式在高新区遥墙街道办事处遥墙村举行　　（民进济南市委　供稿）

播，天桥总支成立“同心联盟”文艺服务队、教育辅导队，章丘区总支开展“情满章丘·送温暖”活动，历城总支与山大社区开展“携手同行·共建共享”活动，市中总支开展文化共建活动，槐荫总支开展“聚力新槐荫，共创新家园”活动；教育委员会开展“家庭教育进校园”，文化出版委员会组织“弘扬四德文化”活动，妇委会开展“六一儿童节”慰问，和老龄委开展“助老爱老”活动。

【承办民进全国副省级城市主题教育活动专题研讨会】 9月28日，民进全国副省级城市“不忘合作初心，继续携手前进”主题教育活动专题研讨会在济开幕。全国人大常委会委员、监察与司法委员会副主任、民进中央副主席兼秘书长高友东，中共济南市委常委、统战部部长王拥华，民进山东省委专职副主委郭永军出席开幕式并致辞，市政协副主席、民进济南市委主委金德岭主持开幕式。来自全国15个副省级城市及部分特邀城市民进市委负责人围绕主题教育活动进行探讨和交流。

（乔　军）

【概况】 全年发展新党员64人，平均年龄38岁；新建高新区一支部、高新区二支部、市直四支部3个支部。截至年底，全市有党员1019人，其中中高级以上职称745人，占73.1%；医药卫生行业、人口资源生态环境界别560人，占55%；教育、科技、政府部门及其他459人，占45%。全市共有总支6个、基层支部42个。

思想建设和组织建设。农工党济南市委会把学习贯彻习近平新时代中国特色社会主义思想和中共十九大精神作为思想建设主线，继续开展“不忘合作初心，继续携手前进”主题教育活动。农工党山东省委、济南市委、临沂市委在费县联合举办纪念“五一口号”发布70周年“传承红色基因”文化下乡活动。对全市基层组织进行全面摸底梳理，建设“农工党员之家”。在上海复旦大学举办基层组织负责人暨骨干党员培训班，50人参加培训；举办基层组织负责人、骨干党员培训班和新党员培训班。

参政议政。主委段青英在全国政协双周座谈会上，以《打造新时代“一懂两爱”村级干部》为题做发言。多次参加中共济南市委、市政府、市政协举办的党外人士座谈会、专题议政会，围绕乡村振兴、轨道交通、中央商务区建设等重点工作建言献策。在市政协十四届二次全会上，提交题为《充分发挥优势、加快军民融合发展》的大会发言，还提交了《关于加快推进我市“窄马路、密路网、推广街区制”试点区域建设的建议》《关于重性精神障碍患者加强管理和救助的建议》等提案。举办参政议政骨干、社情民意信息员培训班。在上报的社情民意信息中，农工党中央采用8篇、全国政协采用8篇。

社会服务。全年市委会组织各类社会活动41次，参与农工党员580余人次，受益群众29000余人次，捐款捐物价值70余万元。响应农工党中央和山东省委号召，市委会组织党员参加贵州大方县的助力脱贫工作，2人被评为农工党中央定点扶贫先进个人，9人被农工党山东省委评为定点扶贫先进个人，市委会被农工党山东省委评为“2019年度全省扶贫攻坚先进集体”。农工党员杨文法为济南国际医学科学中心先后招商引进山东莅安领航医疗设备有限公司、山东金艾特医疗科技有限公司、安华艺能医疗影像科技（北京）有限公司、山东国艳健康科技有限公司、上海建麾信息技术股份有限公司、国药控股鲁岳医疗科技（山东）有限公司和山东德渡生物技术有限公司。

【农工党济南市委成立60周年纪念大会】 9月20日，农工党济南市委成立60周年纪念大会在舜耕山庄会堂举行。市政协主席雷杰，市委常委、统战部部长王拥华，农工党省委驻会副主委吕善勇、王军和秘书长付军等出席大会。大会回顾了农工党济南市委会成立60年以来取得的丰硕成果，向多年来关心支持参与济南市农工党事业发展的老党员、老同志颁发荣誉证书，对先进基层和个人进行表彰。

（邢介叁）

【概况】 全年发展致公党员37名，

其中博士6人、硕士9人，中高级职称21人，具有“侨海”特色30人，平均年龄38.1岁。截至年末，市委会辖总支部6个、支部14个，致公党员539人。历城区总支部被致公党省委评为组织建设工作先进集体，42名致公党员被致公党省委评为优秀党员。

思想建设。采用多种形式学习贯彻习近平新时代中国特色社会主义思想和中共十九大精神；通过纪念“五一口号”发布70周年座谈会、多党合作优良传统教育等活动，巩固多党合作的思想政治基础。对3个专门委员会组成人员进行增补；召开党内监督工作推进会，推进党内监督工作制度化、规范化。领导班子成员8人次参加各级各类培训，选送致公党员参加市级进修班和专题学习班38人次，举办各类培训班培训200余人次。

参政议政。致公党济南市委领导参加济南市召开的党外人士座谈会、民主协商会、情况通报会和视察活动18次，就有关重大事项，提出意见和建议。受聘担任特邀监察员、监督员、审计员的党员，认真参加执法检查监督、行风政风评议等活动。组建由13名党内外专家组成的参政议政专家库。在市政协十四届二次会议上，提交大会口头发言1件、书面发言3件、集体提案6件。《加强自然保护区规范化建设与管理》《关于加快发展我省智能制造产业的建议》被选为省政协大会口头发言和集体提案。集体提案《关于开展海外人才离岸创新创业工作的建议》、刘作宗个人提案《关于加快推进我市生活垃圾分类的建议》、张元玺个人提案《关于加强我市危险废物环境管理的建议》被评为市政协十四届一次会议优秀提案。40余件社情民意信息被中央统战部、致公党中央、省政协、致公党省委、市政协采用，《发挥金融机构作用，助力我市乡村振兴》得到市政府主要领导批示。市委会被致公党中央评为致公党参政议政工作先进集体，史会剑被评为致公党中央参政议政工作先进个人，《关于加快新兴服务业发展的建议》《关于依法规范和监管网络募捐的提案》《关于推进实施行政执法公示制度的提案》被评为致公党中央参政议政优秀成果。

服务社会。致公党济南市委协助北欧致公协会访问团赴高新区考察调研，联合致公党山东省委向奥地利维也纳中文教育中心和匈牙利佩奇大学孔子学院捐赠2所“致公书屋”，联合致公党山东省委为市中区党家中学、陡沟小学等中小学捐建10所致福书屋，联合济南致信公益发展中心为章丘区南明小学捐建1所致福书屋。开展为寿光灾区捐助活动，其中袁武杰向寿光市慈善总会捐献善款和救灾物资价值34万余元。市委会和天桥区支部被致公党省委评为社会服务工作先进集体，省立医院支部获致公党省委社会服务贡献奖，高新区二支部被致公党省委评为海外联络工作先进集体。张立敬被中国侨联和国务院侨办评为全国归侨侨眷先进个人，张春清获评泰山学者特聘专家，毕玉平、徐麟被聘为济南市人民政府参事，李成当选全国风景园林硕士优秀指导教师，韩吉书当选“2018年度齐鲁乡村之星”，张立敬、程文文被评为2017“影响济南”年度创业精英。

【致公党第八届副省级城市暨第五届省会城市党务工作联席会议】 5月29日，中国致公党第八届副省级城市暨第五届省会城市党务工作联席会议在济召开。全国人大常委会委员、华侨委副主任委员、致公党中央副主席曹鸿鸣，中共济南市委常委、统战部部长王拥华，致公党山东省委秘书长孙晓筠出席开幕式并致辞，致公党济南市委主委、副市长王桂英主持开幕式。来自全国20个副省级及省会城市的致公党地方组织代表齐聚济南，围绕“新时代民主党派专委会建设”进行探讨和交流。

（张贵军）

【概况】 截至年底，全市共有九三学社社员691名，平均年龄53.9岁，其中有中高级职称的559人，占社员总数的80.9%；科学技术界318人、占46%，医药卫生界103人、占14.9%，政府机关87人、占12.6%。社员中有省人大代表1名、省政协委员3名，市人大代表4名、市政协委员23名，区级人大代表、政协委员合计56名。九三学社济南市委（以下简称“社市委”）被九三学社中央组织部评为2018年度九三学社先进集体。

思想建设。学习习近平总书记在全国政协十三届一次会议界别联组会上的重要讲话精神，学习习近平在全国“两会”上系列重要讲话精神。社市委主要领导参加中共济南市委召开的纪念中共中央发布“五一口号”70周年座谈会等活动。在《人民日报》《联合日报》等市级以上媒体发表文章21篇，社市委获九三学社山东省2017年度思想宣传工作先进集体二等奖，社市委机关撰写的《履行职能谋发展，建言献策促和谐》获社省委2017年思想宣传工作优秀作品新闻报道类一等奖和2017年全市统战理论调研宣传“四新工程”优秀宣传成果二等奖。班子成员先后赴湖南大学、古田干部学院和各级社会主义学院参加党外人士进修班。副主委付修琍代表社市委，在九三学社全国副省级城市第十二次工作联席会上做题为《创新方式，促进活力，推进青年工作走上新征程》的发言。9月17日，社市委在中山大学举办基层骨干培训班；11月，社市委组织基层负责人赴九三学社发源地——重庆开展传统教育。全年派出成员50余人次参加各级社会主义学院举办的民主党派代表人士进修班。

参政议政。在市政协十四届二次会议上，副主委付修琍代表社市委做题为《关于强化统筹推进加快大数据产业研发应用的建议》大会口头发言，社市委共提交大会发言5篇、集体提案10篇。分别由洪之旭等4人执笔的4篇课题中标九三学社中央参政议政课题，牟国营执笔的文章中标省委统战部课题，付修琍撰写的文章中标九三学社山东省委参政议政课题。全年报送各级社情民意信息378篇，社中央采用1篇、省政协采用12篇、社省委采用30篇、市政协采用46篇。社市委获评2013~2017年度社中央参政议政工作先进集体，2人获评社中央参政议政先进个人。4月，社市委调研组赴南京开展“乡村振兴战略”专题调研；5月，赴长清区开展调研，最终形成《关于我市实施乡村振兴战略的几点意见建议》。

社会服务。在商河县许商街道开展2018年“爱之光”白内障复明公益计划，为患者提供免费手术。社市委班子成员及历下区委员会、市中区委员会、高新区委员会、长清区支社的部分成员为潍坊灾区合计募捐近14万元。邀请全国政协委员、九三学社中央科普工作委员会副主任朱定真，九三学社中央科普工作委员会委员胡小方教授，分别在珍珠泉宾馆和历城二中做《地球气候的健康与人类健康》和《力学在军事科学及航空航天中应用》的讲座。

【参政议政取得突破】 5月，社市委提交《积极申办国家级智能制造一类大赛，推动济南智造产业发展》的建议，通过中共济南市委统战部《议政建言专报》直通车形式报市委、市政府，先后被市委、市政府主要领导签批。经过市委、市政府和相关部门争取，社员蒋作栋全力配合，第二届全国智能制造应用技术技能大赛于11月在济举办。市委统战部编写的信息《九三学社济南市委建议市政府成功举办智能技能大赛》，被中共中央统战部《每日汇报》刊发。

【“爱之光”社会服务品牌】 11月6日，九三学社济南市2018年“爱之光”白内障复明公益计划在商河县许商街道卫生服务中心举行。中共商河县委书记陈勇、市委统战部副部长李文秀参加启动仪式。社市委和6位社员献出爱心捐助，筹集了手术车所需资金及医疗耗材费用。活动发起人——社市委副主委、山东省立医院眼科主任医师牟国营教授，带领专家团队，在3天时间内为商河县60余位白内障患者提供免费手术。“爱之光”白内障复明公益计划自2014年开展以来，已为省内多个地市和西藏自治区的2200名白内障患者进行复明手术。

【培训教育】 9月17日，社市委在中山大学举办的基层骨干培训班举办，来自全市的50名成员参加。培训班既有案例式教学，又有互动式交流，激发学员的学习积极性和主动性，达到解放思想、学习取经、拓展思路、推进工作的效果。11月，社市委组织基层负责人赴九三学社发源地——重庆开展传统教育，回顾建社历程，追寻先贤足迹，接受精神洗礼。

（程　亮）

济南市工商企业联合会

【概况】 思想建设。开展“不忘创业初心、接力改革伟业”理想信念教育活动，被列为创城百件实事之一。加强非公党建，成立市非公有制经济组织党委，建立非公党建直接联系点制度和跟踪走访服务机制。学习习近平总书记民营企业座谈会精神，连续召开3次企业家座谈会。开展诚信宣言、参与城市提升工程“十大行动”倡议、援助寿光灾区等活动。开展民营企业集中采访活动，联合14家省市媒体对济南市优秀民营企业和集中采访宣传报道。

组织建设。贯彻落实中央、省委、市委决策部署和巡视整改工作，开展“大学习、大调研、大改进”，建立领导干部联系企业制度，探索建立部门协商机制。实行企业家副主席（副会长）和常委轮值工作机制，推动服务提升和商会建设。召开市工商联十四届二次执委会，加强商协会指导引导和服务，在主管商协会开展社会组织集中排查整治专项行动，推动北京济南企业商会、青岛市济南商会、广东省山东济南商会、香港同乡会成功注册并成立。

参政议政。全国政协副主席、全国工商联主席高云龙在济调研期间，组织2家商会和6家民营企业进行座谈交流，企业家有关建议得到全联领导重视。组成联合调研组，围绕产业互联网助推新旧动能转换课题，赴贵阳、武汉等地进行学习调研，形成调研报告供领导参考。在市政协十四届二次会议上，提交口头发言1篇、书面发言1篇、集体提案5件，口头发言《降低企业成本、激发企业活力，促进经济发展提质增效》得到市委、市政府主要领导批示。

服务经济建设。助力新旧动能转换先行区建设，邀请全国省级山东商会会长、港台商务考察先遣团等来济参观考察，搭建“1+X”以商招商平台。推动招商引资工作，配合世界温商助力山东新旧动能转换大会、2018儒商大会等活动，协助引进并落地过亿元招商项目5个，完成招商任务。推动政策落实，与市委统战部联合汇编赠送“政策汇”，牵头市直14个部门首次举办政策专场解读会，开展“云+111”惠企政策宣讲专场解读活动，参与“企业点单服务”活动。创新金融服务，与济南农商银行达成战略合作，推介“政银保”等专业金融产品，为全市446家民营企业提供贷款服务38.4亿元。深化法律服务，印发法律刊物500余册，推进商会人民调解工作，在20余家商（协）会建立“济南总商会人民调解委员会联络站”，成功调解纠纷200余起。推进省会民营企业家素质能力培养提升工程，先后举办市工商联主席（会长）专题研修班、济南市民营企业青年卓越人才培训班。发挥专业服务团队优势，指导六大专业服务团队建立联动机制，开放引领团队牵头成立全球贸易大数据中心，研究开发的民营企业涉税优惠服务平台，通过省市税务部门验收。推动民营企业“走出去”，先后组织参加中国—中东欧国家地方合作研讨会等经贸会，与重汽集团联合主办“商行中东欧商务交流合作会”等活动，与全国44家友好商会建立常态化联络。精准扶贫助力乡村振兴，先后举办5次“一元爱”精准扶贫公益活动，组织贫困村第一书记与云莱

2018年11月8日，以“坚持改革开放，坚定发展信心”为主题的首届全国工商联主席高端峰会在济南举行 （市工商联 供稿）

园公司达成合作协议，在湘西成立工商联系统推动东西部扶贫协作产业项目开发的首家企业，与重庆市武隆区工商联签署对口帮扶战略合作协议。

首届全国工商联主席高端峰会服务。履行首届全国工商联主席高端峰会执委会办公室牵头职责，制定会务工作实施方案，协调各项筹备工作。共接待来宾560余人次，举办济南市推介会等5项活动，安排210余组招商“一对一” 对接活动和6场济南市主要领导会见活动。在山东新旧动能转换试验区建设项目签约仪式上，签约项目8个、总投资额828.57亿元，列全省第一位。

【首届全国工商联主席高端峰会召开】 11月8日，由全国工商联、山东省人民政府主办，济南市人民政府承办的首届全国工商联主席高端峰会在济召开。峰会以“坚持改革开放，坚定发展信心”为主题。全国政协副主席、全国工商联主席高云龙做主旨讲话，山东省委书记、省人大常委会主任刘家义致辞，中央统战部副部长、全国工商联党组书记、常务副主席徐乐江主持会议。浙江吉利控股集团董事长李书福、新希望集团董事长刘永好、东岳集团董事长张建宏、新奥集团董事局主席王玉锁、北京叶氏企业集团董事长叶青、汉能移动能源控股集团董事局主席李河君发表主旨演讲。大会还举行了山东新旧动能转换试验区建设项目签约仪式，25个签约项目投资总额1029.8亿元，山东省外合同投资额751.6亿元。

（张攀峰 姜庆鲁）

责任编辑 张 阳

济南市总工会

【概况】 2018年，市总工会辖10个区县总工会以及高新技术产业开发区总工会、南部山区总工会、国际医学中心总工会，16个局（委）工会和16个大企业工会、1个产业工会。全市有基层工会组织17463家，涵盖法人单位91880家。建会单位职工2208211人，其中女职工807785人；工会会员2180357人，其中女会员799580人。工会专职工作人员13652人，兼职工作人员31869人。市总工会机关内设10个部室，总编制56人，下属4个事业单位。

【市工会第十七次代表大会】 10月15日，济南市工会第十七次代表大会开幕。大会全面总结济南市工会十六大以来的工作和经验，明确全市工会工作指导思想和目标任务，团结动员全市广大职工为加快打造“四个中心”，建设“大强美富通”现代化国际大都市做出贡献。省委常委、市委书记王忠林，市委副书记、市长孙述涛，市人大常委会主任殷鲁谦，市委副书记苏树伟出席开幕式；山东省总工会党组书记、常务副主席刘贵堂应邀出席开幕式；会议由市委常委、市总工会主席雷天太主持。

2018年10月15日，济南市工会第十七次代表大会开幕 （市总工会 供稿）

【助力经济社会发展】 开展建功立业竞赛。全市各级工会组织共开展竞赛活动1万多项，参赛职工100多万人次，济南市中央商务区、轨道交通、二环快速路3个重点工程列入全省示范性重点工程劳动竞赛项目；有15个先进单位、50个先进集体和27名先进个人获评省富民兴鲁劳动奖状、工人先锋号和省富民兴鲁劳动奖章。弘扬劳模精神培育“济南工匠”。聚焦先进制造业、现代服务业、战略性新兴产业和传统手工业中优秀技艺传承者，评选出30名“济南工匠”。开展“百万职工大练兵”主题活动，组织多种形式的职工技能竞赛。开展促进就业和扶持创业工作，会同政府部门组织开展“春风行动”“民营企业招聘周”；深化“工字号”创业工程，对10家4A级“工字号”创业基地进行检查验收和命名，各级工会共培植“工字号”创业基地365家。夯实工会工作基层基础。组建全省首家市级物流产业工会，启动全省货运司机入会集中行动。济南市家庭服务业、饮食业联合工会组建工作稳步推进，推进联系引导劳动关系领域社会组织工作，指导县区工会实现破题。

【维护职工合法权益】 指导督促企业与农民工签订劳动合同，协同政府部门开展农民工工资支付专项检查行动，参与修改《济南市保障农民工工资支付工作考核办法》。落实《山东省基层工会经费收支管理实施细则（试行）》，结合全市实际出台实施意见，保障职工基本福利待遇。做好行业性工资集体协商要约和区域性工资集体协商要约工作，提请市人大对全市贯彻执行《山东省企业工资集体协商条例》情况进行执法检查，完成第三期济南市总工会专职集体协商指导员聘用工作。与市法律援助中心签订合作协议，办理职工法律援助案件179件，援助202人；设立13个县级及乡镇（街道）工会法律援助工作站，创新法律援助渠道。发挥职代会民主管理作用，坚持企业改制方案提交职代会审议，职工裁减和安置方案提交职代会审议通过。国有及国有控股企业、事业单位已实现厂务公开全覆盖，已建会非公企业动态建制率达95%。做好职工队伍稳定工作，处理职工信访案件近200件，结服率100%。

【精准施策扶危助困】 制定实施参与乡村振兴服务农民工十项行动方案，推动将农民工纳入职工大病互助保障项目，为农民工送心理健康公益巡讲20多场次。扶持有创业意愿和能力的农民工实现返乡自主创业。扶贫与扶智相结合，市总工会及部分区总工会向对口扶贫单位湘西州工会捐赠价值百余万元的书籍，支援建设“泉湘职工书屋”。健全完善全市建档困难职工精准帮扶平台、专项资金使用管理办法和档案管理办法，加大帮扶力度，特困职工数由4600户下降到1440户。全市两节送温暖活动救助困难职工、困难农民工、困难劳模，救助特困职工子女金秋入学等活动成效显著。开展走访慰问活动600多次，慰问职工10万多人，受到社会好评。

2018年6月1日，全市职工“争做出彩好职工，建功泉城新时代”演讲比赛决赛在龙奥大厦举行，全市干部职工500余人现场观看比赛（市总工会　供稿）

【提升普惠服务水平】 保障职工“政治健康”。引导广大职工学习贯彻习近平新时代中国特色社会主义思想，组织党的十九大精神劳模宣讲（济南站）活动；举办全市职工“争做出彩好职工，建功泉城新时代”主题演讲比赛，推荐优秀选手参加全省职工演讲比赛，包揽前两名，济南市职工代表在全国职工演讲比赛中夺得第一。保障职工“身体健康”。持续深化“查保促”群众性安全生产活动，全市开展“查保促”活动企事业单位1.9万家，参与职工85万人，查出安全隐患2.9万项，整改完成2.7万项；推进职工大病互助保障项目，1207家单位的26万名职工加入职工互助互济，发放大病互助保障救助金433.5万元，救助患病职工1540人，形成济南模式。保障职工“心理健康”。在全省率先行动，把重点工作一线、承担急难险重任务的干部纳入疗休养范围，组织3017名一线干部职工和农民工参加疗休养活动；全市共建立20个职工心理健康服务站（点），组织举办116场职工心理健康讲座。

（侯　羚）

共青团济南市委员会

【概况】 截至2018年末，团市委有委员45人、候补委员25人，机关下设7个部室，编制27人。下属济南市团校（青年学院）、济南市青少年宫、济南市志愿者工作指导中心 3 个正县级事业单位。全市有基层团委 674 个、团总支 728 个、团支部 16410 个，专职团干部 888 名、团员 29 万名、少先队员 66 万余名。年内依规发展团员 2.55 万人。全年共有 83 个青年集体、67 名青年典型获得省级及以上称号，济南市少先队辅导员赵青在共青团十八届一中全会上当选为团中央常委。

加强青少年思想引导。开展“不忘初心跟党走”“我的中国梦”主题宣传教育活动，开展各种宣传教育和实践活动 2189 场，动员青少年参与“青年大学习”20 期，累计在线学员近 40 万人次。深化 2018 年“共青团与人大代表、政协委员面对面”活动，围绕省会青年社会组织创新发展主题献计献策。深化青年社会组织“伙伴计划”，打造共青团主导的青年社会组织工作平台，组织全市青年社会组织“青社学堂”，加强社会组织骨干培养。推动全市青少年事务社工工作发展，专业社工队伍规模达 390 人。实施新兴青年群体“筑梦计划”，开展沙龙、比赛、培训班等示范活动，凝聚新兴领域青年群体。

拓宽服务青少年发展渠道。加强青年职业引领，开展“匠心传递”泉城导师带徒活动，评选市级“双能手”120 名。举办十佳少先队员评选，少先队工作稳步走在全国前列。举办志愿者骨干、基层志愿者、校园志愿者培训班 9 期，培训 2000 余人。针对服刑青年、拆迁与失地青年、艾滋病易感高危青年等重点青少年群体开展专项调研，结合调研成果设计开展“回归指南针”服刑青年帮教引导志愿服务项目，年内服务服刑青年 1000 余人次。

助力新旧动能转换。举办青年企业家创新发展国际峰会 2018 济南恳谈会、青年企业家济南商贸考察等活动，邀请国内外 50 余位嘉宾合作恳谈、参观考察，促成青商学院等 3 个项目现场签约。开展全市青年创新创业投融资活动，举办主题论坛，打造市属、团管的青年双创投融资平台。推送 6 家驻济青年双创企业，挂牌“山东青年创新创业板”。开展“百校千企送岗”活动 4 场，签约 2000 余岗位，服务万名大学生。

2018 年 10 月 24 日，共青团济南市第十七次代表大会在舜耕会堂开幕

（团市委　供稿）

服务乡村振兴。选派金融挂职干部 7 名，服务农村创业青年 800 名。举办农村青年致富带头人培训班，培训农村青年 1200 人次。启动乡村“好青年”选培工作，市县乡村四级层层选树，评选各级好青年 4500 余名。开展“小泉娃关爱”“金晖助老”等结对帮扶活动，累计发放扶贫物资 107.57 万元，资助贫困学生、留守儿童等 4300 余名。

参与城市提升工程。助力全国文明城市建设，依托社区青年志愿服务站开展便民利民、文明宣传志愿服务，动员志愿者 2 万人次在社区青年志愿服务站累计提供志愿服务 6.12 万小时。组织 2000 余名青年志愿者完成儒商大会、非遗、文博会等全市性大型赛会志愿服务工作。与 887 电台合作开展“小小啄木鸟”绿色承诺接力行动，开展环保实践 1000 余次、植树活动 10 场，发动青少年 1.5 万人，植树 5 万余棵。

【共青团济南市第十七次代表大会】 10 月 24 日上午，共青团济南市第十七次代表大会在舜耕会堂开幕。会议回顾总结十六次团代会以来全市团的工作，明确今后五年的奋斗目标和主要任务，选举产生共青团

2018 年 5 月 4 日，济南市纪念五四运动 99 周年暨“弘扬五四精神、传承红色基因”青春宣讲活动在龙奥大厦启动　　（团市委　供稿）

济南市第十七届委员会，努力把全市共青团工作提高到一个新的水平，为建设“大强美富通”现代化国际大都市贡献力量。省委常委、市委书记王忠林到会讲话；市委副书记、市长孙述涛，市委副书记苏树伟出席会议；团省委书记陈必昌代表团省委到会致贺词；市妇联主席刘勤代表群众团体向大会致贺词。10 月 25 日下午，召开团市委十七届一次全会，选举产生团市委第十七届委员会常委和书记、副书记。黄晓广当选为共青团济南市第十七届委员会书记，徐冬梅、王玺、孙华、孔庆松、王元虎、孙成键、滕飞当选为副书记。共青团济南市第十七届委员会常务委员会由 12 名委员组成。

【共青团湘西州委考察团来济考察交流】 7 月 19~20 日，共青团湘西州委考察团来济考察交流。考察团一行先后到章丘区、重汽集团、历下区、市青少年宫等地进行参观考察，了解济南市青年创新创业、基层团组织建设、青年活动阵地建设等情况。

【“青年企业家创新发展国际峰会 2018”济南恳谈会】 8 月 7 日下午，“青年企业家创新发展国际峰会 2018”济南恳谈会在舜耕山庄贵宾楼举行，以“动能转换济南先行”为主题，围绕实施新旧动能转换重大工程、推动高质量发展，共商合作、共谋发展。

省委常委、市委书记王忠林出席并致辞，市委副书记、市长孙述涛主持会议，市人大常委会主任殷鲁谦、市政协主席雷杰出席。恳谈会上，市政府与共青团山东省委签署海右青商学院合作协议，推动人才引进、人才培养、科技创新、实习见习等领域的合作；济南新旧动能转换先行区管委会与洪泰资本控股有限公司及其下属公司签署洪泰智造（济南）创新中心项目战略合作框架协议、新旧动能转换基金战略合作框架协议。

2017 年度济南市杰出青年岗位操作能手

（按姓氏笔画为序）

王　璐　山东省实验中学数学备课组组长
王金晨　山东中烟公司济南卷烟厂卷包车间电气维修工
孔　杰　济南新旧动能转换先行区管委会投促局工作人员
白　静（女）　济南众诚社会工作服务中心总干事
刘　东　中国重汽集团变速箱部装配钳工
李东泽　中国石化济南炼化公司炼油一部焦化装置高级工
杨　夺　中建五局山东公司工程师
杨国伟　济南广播电视台电台音乐广播主持人
郭建波　济南市汇泉小学一级教师
骆　双（女）　济南市市中区泉润学校一级教师

2017 年度济南市杰出青年技术创新能手

（按姓氏笔画为序）

刘　备　山东康德源农业科技有限公司中级农艺师
刘宏威　中国重汽集团技术发展中心高级工程师
刘燕京　山东三箭集团管理五项目公司主任工程师
刘　媛（女）　济南市英雄山风景区管理处工程师
朱　勇　浪潮集团有限公司云服务产品部工程师

李晓磊　国网济南供电公司变电检修室技术员
宋迎新(女)　济南市半导体元件实验所技术主管兼碳化硅技术总监
宋　蕊(女)　济南市公安局刑事科学技术研究所理化检验室副主任科员
侯　伟(女)　济南市供排水检测中心工程师
商文念　山东电力工程咨询院有限公司变电土建室高级工程师

(侯贺森)

济南市妇女联合会

【概况】　截至2018年末，市妇联辖区县妇联10个和高新区妇联、南山区妇联，乡镇（街道）妇联143个、社区妇联662个、村（居）妇代会4551个，市直妇委会11个、民主党派妇委会7个。市妇联机关设行政处室6个，市妇儿工委办公室设在市妇联，总编制32个。下属单位1个：济南市妇女儿童活动中心。

加强思想引领。开展“巾帼心向党、建功新时代”主题教育活动，宣传习近平新时代中国特色社会主义思想和党的十九大精神，引领广大妇女自觉团结在党的周围。打造“出彩人家、舞动泉城”“不忘初心、唱响济南”等文化活动品牌，传递向上向善巾帼正能量。弘扬济南女性“坚强如山、甘于奉献、敢闯敢干、善良质朴”四种优秀品质，开办“出彩讲堂”，持续深化“巾帼大宣讲”活动。举办济南市各界妇女纪念“三八”国际妇女节108周年活动，选树三八红旗手（标兵）、三八红旗集体、巾帼建功标兵等先进典型。

服务经济社会发展。开展“泉水人家”女性双创活动和巾帼文明岗创建活动，与市人社局联合开展“春风行动”，提供就业岗位3.6万个，推荐好项目90余类。做强“阳光大姐”巾帼家政服务品牌，全年培训2.37万人，安置18.1万人次。围绕实施乡村振兴战略，打造“出彩人家”创建工作品牌，完成市级示范户1.08万户、示范村213个、示范镇（街）10个的创建任务。做好“第一书记”包村扶贫、湘西州扶贫协作工作，加强女性就业创业合作和困难妇女儿童帮扶工作，开办家政技能骨干培训班，助力精准扶贫、精准脱贫。

妇女权益维护。发挥妇联系统四级信访网络、妇女维权服务团、妇女维权e线通平台作用，开展妇女信访代理工作，形成维权与维稳相结合长效机制。指导建立覆盖10个区县的首批“婚姻家庭辅导中心”，开展“幸福护航”婚姻家庭辅导行动。举办泉城普法大讲堂基层巡讲16场，受益妇女3000余人，开展“建设法治济南·巾帼在行动”法治宣传教育活动等，提升妇女群众法治素养和依法维权意识。整合社会资源，重点帮扶“两癌”贫困母亲、春蕾女童、留守儿童、困难妇女儿童家庭。开展“爱心妈妈陪伴福娃”行动13场，为孤残儿童提供关爱服务。

家庭文明建设。常态化开展寻找“最美家庭”活动，评选表扬“最美书香”“最美教子”“最美孝老”“最美绿色”“最美军警”五类“最美家庭”200户。举办济南市家庭教育工作培训班，成立家庭教育讲师团，开展“母亲素质提升工程”“亲子读书”公开课等活动，提升家教水平，促进儿童健康成长。新建市妇女儿童活动中心广电东城幼儿园、领秀公馆园、南十字星园3处幼儿园，服务功能进一步增强。举办2018年国际家庭日济南市“家庭家教家风”展，以好的家风支撑起好的社会风气。

【市妇联十三届八次执委会议】　3月14日，市妇联召开十三届八次执委会议。会议审议并通过市妇联主席刘勤所做的《坚定跟党走，勇当排头兵，团结带领全市妇女为“打造四个中心，建设现代泉城”贡献力量》的工作报告，替补、增补了市妇联十三届执委。

【济南市妇女第十四次代表大会】　10月8日，济南市妇女第十四次代表大会开幕。省委常委、市委书记王忠林，市委副书记、市长孙述涛，市人大常委会主任殷鲁谦，市政协主席雷杰，省妇联党组副书记、副主席魏艳菊到会祝贺。会上，宣读了全国妇联发来的贺信，市总工会代表人民团体向大会致辞，王忠林和魏艳菊讲话。市妇联主席刘勤代表济南市妇女联合会第十三届执行委员会向大会做题为《巾帼心向党、建功新时代，团结凝聚全市妇女为建设“大强美富通”现代化国际大都市而努力奋斗》的工作报告。选举产生新一届市妇联执委和领导班子，建立起专兼挂结合的班子队伍。

【全国妇联专题培训班在济举办】11月26~28日，全国妇联“贯彻落实习近平总书记重要讲话精神，找准妇联定位，促进巾帼家政健康发展”专题培训班在济南市举办。主要学习习近平总书记系列重要讲话精神，研究探讨新时代巾帼家政健康发展的目标、路径和任务，邀请相关领域专家对家政服务政策、标准化知识与实践等内容进行详细解读。

济南市三八红旗手标兵

（按姓氏笔画为序）

冯桂萍　济南市农业局生态产业处处长

任迎春　山东盈德律师事务所执行主任

牟晓丽　天桥区宝华街道党工委副书记、办事处主任

范岚岚　中国重汽集团技术发展中心动力设计院项目经理

赵新玉　商河县人民医院重症医学科护士长

高心乐　中国石油化工股份有限公司济南分公司油品车间操作员

隗　娜　共青团市中区委员会办公室副主任

董继红　历下区解放路街道历山路社区党委书记、居委会主任

解晓霞　和远智能科技股份有限公司总经理

潘晓芳　济阳县崔寨街道办事处妇联专职副主任席

（刘婷玮）

济南市归国华侨联合会

【概况】 2018年，市侨联坚持党建带侨建，不断增强侨联组织的政治性先进性群众性；动员引导侨界力量参政议政，督促侨界代表委员履行职责，服务大局，侨界代表委员履职能力不断提升。依托海外侨团侨领，在美国、匈牙利、捷克、巴基斯坦等国家和地区设立海外侨驿站10家。编印《济南市侨联工作制度汇编》，制定公布“零跑腿”“一次办好”事项清单，提升为侨服务水平。年末，市侨联获评省级文明单位。

坚持“老侨新侨并重”“国内海外并重”，认真履行职责，建设侨胞之家，真诚为侨服务。完善“主席接待日”制度，面对面听取侨界群众意见建议；开展走访老侨活动，解决困难，慰藉心理；举办“迎新春联谊会”“海外侨胞泉城行”“侨界女性国学经典诵读”等活动；开展侨星志愿服务活动，提升服务侨界的能力水平。实施文化惠侨，持续开展“四季联谊活动”，组织世界华人学生作文大赛和侨界贡献奖评选活动，创新开展“侨联书架”进校园活动，促进文化交流，展示侨界风采。夯实基层组织建设，创新实施“侨驿站工程”，增强市区工作联动，推进基层“侨驿站”建设，驻济高校、企业和社区“侨驿站”建设取得新突破，已达11家。

【双招双引】 履行全市外事、人才、招商引资、统战工作领导小组成员单位职责，聚焦“侨梦苑”、先

2018年9月12日，济南市侨界庆祝改革开放40周年座谈会召开

（市侨办　供稿）

2018年11月11日，市侨办组织侨界女性共同诵读国学经典　（市侨办　供稿）

行区建设等经济社会重点工作开展活动。全年立足新旧动能转换、康养名城及侨梦苑建设，树立全市侨联"一盘棋"思想，邀请海外侨团侨领20余批次来济考察洽商；9月，完成"儒商大会"有关工作。引导各区县侨联挖掘侨界资源，助力全市双招双引，做实"新侨创新创业基地"。深化"侨汇泉城"人才资源库建设，覆盖面已达80多个国家和地区，在全市对外交流合作中特色作用初步显现。

【海外侨胞故乡行】 为庆祝中国侨联成立60周年，9月23日，市侨联承办"海外侨胞故乡行——走进山东济南"活动，来自世界20多个国家和地区的60余位海外侨领和侨胞参观考察济南市历下区明府城片区。作为"海外侨胞故乡行——走进山东"活动的一部分，市侨联积极配合，把济南的历史文化和泉城特色推介给山东籍侨领侨胞。

【第三届"伟龙助学金"捐赠仪式】 2月9日，举办第三届"伟龙助学金"捐赠仪式。"伟龙助学金"创办人、市政协委员、香港恒丰H&F国际珠宝有限公司总经理林伟龙捐资2万元，用于救助济南市侨界贫困学生。林伟龙先生与其母亲陈吟挥女士是爱心侨商，自捐资38万元扩建平阴侨心小学以来，坚持每年为品学兼优的学生发放助学金、奖学金，累计金额达15万余元。

（邱文锴）

责任编辑　王　炜

外事·侨务·港澳台事务

外事

【概况】 出台《济南市外事工作五年规划》，召开十一届济南市委外事工作领导小组第一和第二次全体（扩大）会议，加强外事工作统筹协调。全年促成国有企业出访团组467批，接待沿线国家来访团组193批1563人次。

服务新旧动能转换。与市委组织部共同筹建"海外共享办公室"，引进重点海外领军人才和创新创业团队11个，促成中英石墨烯研究院等一批合作项目。服务全市部门区县企业开展对外交流，全年派出出访团组781批2107人次。

构建对外开放新平台。全年举办承办各类国际活动39场，承办外交部"中国—中东欧国家地方合作研讨会"，承接外交部"第十三届欧洲外交官研讨班"。新建13对友好合作城市关系、2对友好城市关系，友好关系总量达70对；友城以色列卡法萨巴市获全国友协颁发的"对华交流合作奖"，济南市获"优秀友城合作奖"。筹建全国首个区域性签证中心，首批吸引7家签证机构入驻，授权签证国家达30个。

提升外事服务管理水平。出台服务国企教育领域因公出访政策，教学科研人员出访批次和人数分别增长12.5%和26.85%；推行护照审批签证一体化服务，累计为1320位企业人员办理APEC商务旅行卡，因公出国管理工作经验做法被外交部《外事管理》在全国推广。加强海外领事保护，妥善处置领事保护事件、涉外案件，建立健全领事保护处置机制，创新开展预防性领事保护工作。

推动民间对外交往。借助全国友协中外地方政府交流展示平台，出席第三届中非地方政府合作论坛等国际会议，成为城地组织亚太区理事会会员，扩大了济南国际知名度和影响力。发挥"友城奖学金"作用，全年接收友城留学生86名，发放奖学金95万元，授予60名外国友人"济南市友好使者"证书。

【友好往来】 1月6~8日，印度马哈拉施特拉邦社会公正与救济部长巴多里等一行10人访问济南。中国驻孟买总领事馆副领事王蕾陪同访问。

1月10日，德国SBA公司规划师库泽曼一行2人访问济南，市委副书记、市长王忠林，市委常委、副市长徐群会见客人并听取济南新东站规划建设情况汇报。

1月10~17日，英国巴斯市议员马丁·威尔等一行3人访问济南，考察市高新区投资营商环境以及石墨烯产业发展情况。省委副书记、市委书记王文涛，市委副书记、市长王忠林会见代表团。

1月21~24日，瑞中协会主席瓦格纳等一行9人访问济南。省委副书记、市委书记王文涛，市委副书记、市长王忠林会见代表团。

1月28日至2月4日，市委宣传部组织访问团一行6人赴德国、捷克访问。

1月29日，西门子股份公司全球副总裁、西门子能源管理集团变压器业务首席执行官娜塔等一行9人访问济南。省委副书记、市委书记王文涛会见代表团。

2月2日，加拿大列治文市代市长区泽光率该市工商界实业家一行13人访问济南。副市长李自军会见代表团。

2月26~27日，世界经济论坛未来计算理事会共同主席、世界经济论坛人工智能委员会前主席、卡耐基梅隆大学计算机学院副院长贾斯汀·卡塞尔等一行7人访问济南。市委副书记、市长王忠林，市委常委、高新区管委会主任王宏志，副市长李自军会见代表团。

3月9日，澳洲联邦银行集团副行长科恩琼克一行3人访问济南。副市长孙斌会见代表团。

3月20日，美国康宁翰建筑设计集团董事长詹姆斯·席德尔代表团一行访问济南，与济南国际医学科学中心、市中区及平阴县就开展规划建筑设计合作进行座谈。

3月29日，2013年诺贝尔奖获得者、美国国家科学院院士兰迪·谢克曼一行访问济南，为“诺奖工作站”揭牌，与山东大学、天桥区政府、海尔集团签署四方战略合作框架协议。市委副书记、市长王忠林会见代表团。

4月9~11日，以美国MD安德森癌症中心系统生物学系主任戈登·米尔斯教授为团长的美国生物医药专家代表团一行9人访问济南。在济期间，市委副书记、市长王忠林会见代表团，市委常委、济南高新区管委会主任王宏志与市委常委、副市长卢江分别与代表团举行工作会谈。

4月19日，比利时东弗兰德省副省长玛蒂·凡霍雯一行访问济南。

4月23日，济南国际合作信息发布平台之中美医药教育恳谈会在济举行。

4月24日，“第三届中国—东盟青年论坛”活动在山东大学开幕。

5月8~10日，澳大利亚驻广州总领馆商务领事林英华一行2人访问济南。

5月9日，斯洛文尼亚马里博尔市市长安德烈·菲斯塔维克率代表团访问济南。

5月16~17日，澳大利亚传奇媒体集团董事长布朗温·伯恩斯一行3人访问济南。

6月1~8日，济南市政府代表团访问保加利亚、匈牙利，围绕深化友城工作进行交流。

6月27日，日本电气株式公司中国总代表塚本武一行访问济南。

6月30日，济南市中德交流合作协会成立大会暨“新时代新经济新技术”中德经贸技术合作论坛在济举行。

7月4~5日，古巴共产党中央政治局委员、国务委员会成员、工人中央工会总书记乌利塞斯·吉拉特一行4人访问济南。中华全国总工会副主席江广平，市委常委、市总工会党组书记雷天太陪同参观考察。

7月5~6日，韩国驻青岛总领事馆总领事朴镇雄、日本驻青岛总领馆副领事绀野纱佑里、蒙古国工商会会长秘书德雅等一行16人访问济南，参加2018东亚博览会暨第六届韩国商品博览会。

7月17日，法国特大航空首席运营官雷米一行6人访问济南，出席济南巴黎直航旅游包机开通仪式。

7月18日，澳大利亚南澳州贸易、旅游与投资部长李麒伟一行42人访问济南。市委副书记、市长孙述涛会见代表团，副市长王桂英参加活动。

7月26日，法国电力集团中国区总裁傅楷德一行7人访问济南，与齐鲁交通发展集团签署新能源合作协议。市委副书记、市长孙述涛出席签约仪式。

8月1日，加纳国家典礼局局长艾哈迈德·穆罕默德·哈桑一行4人访问济南。

8月15~18日，“欧洲外交官研讨班”在济举办。

9月3~6日，第二届济南市市长国际经济咨询委员会年会在济举行。市委副书记、市长孙述涛出席年会并发表主旨演讲。

9月4~8日，组织举办第三届国际泉水文化景观城市联盟会议暨泉水“朋友圈”圆桌对话会。

9月9~11日，丹麦森讷堡市副市长奥瑟·尼葛德率团访问济南，与济南市签署两市建立友好合作关系协议书，进一步推动双方在智慧供热、绿色区域能源系统等领域的交流合作。

9月16~23日，市委常委、副市长徐群一行5人访问德国、瑞典。

9月18~26日，市委常委、宣传部部长杨峰率济南市代表团访问美国、墨西哥。

9月19日，日本驻青岛总领事中原邦之一行访问济南，市委副书记、市长孙述涛会见代表团。

9月23~30日，副市长王桂英一行5人访问白俄罗斯、芬兰，进行招才引智洽谈及交流活动。

10月4~11日，市委常委、组织部部长李刚一行6人访问挪威、意大利。

10月17~19日，英国考文垂

市市长约翰·布伦戴尔一行6人访问济南。

10月21~23日，美国兰辛市市长安迪·施尔一行访问济南。市委副书记、市长孙述涛会见代表团。

10月29日至11月2日，芬兰万达市市长瑞特瓦·维亚宁一行11人访问济南。

10月30日，市委副书记、市长孙述涛会见DONA基金会主席罗伯特·卡恩博士和中国科学院院士梅宏博士一行，共同见证济南市人民政府与DONA基金会全球MPA中国联合体签署框架合作协议，正式确定Handle全球辅根节点落地济南。

10月31日，德国五金工会巴伐利亚州分会主席朱尔根·韦斯勒一行10人访问济南。市委常委、市总工会主席雷天太，省总工会副主席李臻等陪同参观西门子济南变压器有限公司并座谈。

11月5日，微软全球副总裁、首席经济学家迈克尔·施瓦兹先生一行5人访问济南，探讨微软与济南的合作。

11月5日，2004诺贝尔化学奖获得者、以色列理工学院教授阿弗拉姆·赫什科一行14人访问济南，参加“第十六届国际新药发明科技年会暨2018年济南国际新药人才成果交流大会”。

11月6日，瑞典山特维克集团董事长约翰·莫林一行9人访问济南，商讨瑞典山特维克集团上海总部搬迁事宜。

11月12~16日，法国雷恩市市长一行30人访问济南。

11月13~22日，省委常委、市委书记王忠林一行6人访问英国、西班牙、丹麦。

11月15~18日，匈牙利埃格尔市市长劳兹洛·哈比斯一行5人访问济南，签署友好合作城市关系协议。

11月19日，俄罗斯州长委员会一行5人访问济南，推动地方政府交流合作。

12月2~8日，市人大常委会副主任谭延伟率团访问波兰、希腊。

12月5日，济南市与希腊泽黑洛市签订友好合作意向书，建立友好合作城市关系。

12月10~14日，瑞中协会荣誉主席瓦格纳博士一行4人访问济南，推动水务合作。

12月11~18日，市政协副主席段青英一行4人访问法国、中国香港。

12月19日，古巴驻华大使米格尔·安赫尔·拉米雷斯·拉莫斯一行4人访问济南，参观高新区药谷展厅、银丰生物集团。

12月19日，马来西亚民主行动党资深领袖、伊斯干达公主城区国会议员林吉祥一行17人访问济南，与浪潮集团洽谈。

【中国—中东欧国家地方合作研讨会在济举办】 4月16~17日，“中国—中东欧国家地方合作研讨会”在济举办。中国—中东欧国家合作秘书处执行秘书长、外交部欧洲司司长陈旭，市委副书记、市长王忠林出席研讨会开幕式并致辞。中东欧国家驻华大使、商务参赞，奥地利、白俄罗斯、希腊、欧盟及欧洲复兴开发银行等观察员代表，中东欧国家商会及企业代表，京、津、冀、鲁、豫、黑、吉、辽8省外办及企业代表，济南市外侨办等部门及企业代表共计200余人参加研讨会。

【济南市中德交流合作协会成立】

2018年4月16~17日，中国—中东欧国家地方合作研讨会在济举办

（市外侨办　供稿）

2018 年 9 月 4~6 日，第三届国际泉水文化景观城市联盟会议开幕式暨泉水城市“朋友圈”圆桌对话活动在济举行 （市外侨办 供稿）

6 月 30 日，济南市中德交流合作协会成立大会暨“新时代·新经济·新技术”中德经贸技术合作论坛举行。市委常委、济南高新区管委会主任王宏志出席会议并为协会揭牌，副市长李自军致辞，市政协副主席、中国重汽集团董事长王伯芝参加活动。中德交流合作协会是致力于中德合作的各领域专家、企业家和社会活动家自愿联合、共同组成的民间性、开放性、综合性、自主性的社会团体。

【第三届国际泉水文化景观城市联盟会议】 9 月 4~6 日，第三届国际泉水文化景观城市联盟会议开幕式暨泉水城市“朋友圈”圆桌对话活动在济举行，来自 20 个国家的泉水友好城市代表团团长，以及部分国内外专家参加活动。省委常委、市委书记王忠林会见与会嘉宾，并向嘉宾颁发“济南市友好使者”证书。市委副书记、市长孙述涛出席活动并做主旨演讲。

【市友协第二届理事会会议】 10 月 12 日，济南市人民对外友好协会第二届理事会会议召开，副市长李自军出席会议并讲话，省外侨办党组副书记、省对外友协常务副会长张继刚参加会议。

会议审议通过市友协第二届理事会会长、常务副会长、副会长、秘书长人选，推举名誉会长、海外名誉副会长，审议通过《济南市人民对外友好协会章程》，市外侨办负责人做《市友协第一届理事会工作报告》。

（张志国 程 路）

【概况】 出台《济南市侨务工作五年规划》。在 17 家“侨梦苑”中率先推出《关于推进济南“侨梦苑”建设发展的若干扶持政策》，引进大项目 100 多个，总投资额 384.2 亿元。对涉侨行政权力事项实行流程再造，办理回国定居、归侨侨眷证、三侨考生身份认证等 35 件，走访慰问贫困归侨侨眷 205 户。

【全市侨务工作会议】 1 月 31 日，全市侨务工作会议在龙奥大厦召开。会议传达学习上级会议精神，安排部署 2018 年全市侨务工作重点任务。省委副书记、市委书记王文涛和市委副书记、市长王忠林会前做出批示，对全市侨务工作提出要求。副市长李自军出席会议。

【2018 中国·济南华侨华人双创大会】 11 月 5 日，由中央统战部侨务事务局、中共山东省委统战部、济南市人民政府主办，济南市人民政府外事侨务办公室承办，以“新动能、新平台、新跨越”为主题的 2018 中国·济南华侨华人双创大会——科创委员和海外博士走进“侨梦苑”活动举行，来自海内外近 200 名知名侨商侨领、中国侨商投资企业协会科创委员会委员、海外高层次专业人士参加活动。省委常委、统战部部长邢善萍出席开幕式并致辞，省委常委、市委书记王忠林出席开幕式并做主旨演讲。市委常委、组织部部长李刚，市委常委、秘书长蒋晓光，市委常委、统战部部长王拥华出席开幕式。中国香港亿荣投资公司和商河县等 6 个项目进行现场签约。

（张志国 程 路）

【概况】 全年接待港澳团组13批167人次，推动促成中国香港港龙航空集团开通香港—济南直飞航线。

【中国香港全港各区工商联代表团来济访问】 1月13~15日，中国香港全港各区工商联卢锦钦等一行24人访问济南。期间，到济南绿地中心进行考察，并就济南绿地中心项目及绿地企业服务平台现有功能及运营模式进行详细讲解。7月4日，中国香港全港各区工商联会长卢锦钦一行再次访问济南。省委常委、市委书记王忠林会见代表团。

（张志国　程　路）

【概况】 2018年，市委台办对台工作取得新进展。围绕“双招双引”，全年参加鲁台经贸洽谈会、儒商大会、济南中央商务区（香港）招商引资推介会等重点经贸活动20个；全市新注册台资项目150个，项目总投资额16.5亿美元；引进中国台湾台稳精密制造、保健品化妆品公共服务平台、中国台湾联电集团、中国台湾世芯电子、平阴富利康陶瓷纤维滤筒等项目。开展“法律顾问进台协、法律服务进台企”活动，帮助台资企业解决困难和问题，全年妥善处理台商投诉协调9件、求助事项50余件。9月11日，为台籍学生白尹豪发放济南市第一张中国台湾居民居住证，全年共办理中国台湾居民居住证189件。

全年全市各类赴中国台湾交流团组203批726人次，来济参访中国台湾团组72批945人次。有11项交流项目被评为2018年度全省优秀对台交流项目，第十五届“齐鲁风·两岸情”活动入选2018影响济南年度文化事件。济南护理职业学院与中国台湾大仁科技大学、辅英科技大学就人才培养、师资队伍建设等签订合作意向书；山东英才学院与中国台湾近20所大学建立合作关系，举办“海峡两岸大学生创意设计大赛”，海峡两岸16所高校的17支代表队齐聚济南，打造济台两地高校交流新品牌；举办“海峡两岸暨香港中学生文艺营”“台湾青年志工公益交流夏令营”“齐鲁风·两岸情”优秀中学生中华文化研习营等品牌交流活动，海峡两岸300余名专家学者和青年师生参加互动交流。赴台举办“泉城古韵·情牵两岸—济南市非物质文化遗产展示展演”活动，扩大了济南在岛内的影响力。

开展基层党务交流，促进城市间合作，组织3批基层党务与社区管理参访团到中国台湾有关县市交流。举办“济南基隆邻里节”“台属亲情摄影展”“济南台湾亲情座谈会”等系列活动，深化民间社团的合作，强化山东籍台胞的故乡亲情。

与中国台湾旺旺中时传媒集团联合制作《天下泉城·美丽济南》电子画册，浏览量达85万人次；与台中广播开展合作，在岛内发布《泉城夜宴》城市形象宣传片及稿件30余篇，介绍济南景观名胜、人文特色以及经济社会发展、城市建设，提升了济南市在岛内的美誉度。

（赵世经）

2018年7月5日，第二届鲁籍学生齐鲁情夏令营在济南大学开营

（市委台办　供稿）

【高层交流】 1月25日，市委常委、高新区管委会主任王宏志，副市长孙斌会见联华电子董事局主席洪嘉聪一行。5月27日至6月1日，副市长王京文率团赴中国台湾开展精致农业考察交流。6月1日，市人大常委会主任殷鲁谦会见中国台湾基隆市“议会议长”宋玮莉，进一步推动基隆与济南各领域交流合作。6月30日，副市长李自军出席“以新旧动能转换为契机，深化济台产业合作发展”重点园区推介会，对接投资需求，做好投资服务。7月3~8日，市委常委、副市长卢江率济南市医疗健康产业交流团赴台交流考察，重点围绕加强济台在医疗健康及相关领域的交流合作开展洽谈。8月31日，省委常委、市委书记王忠林会见国民党副主席郝龙斌，就加强济台两地交流合作深入交换意见。9月2日，副市长李自军在舜耕山庄会见中国台湾上市柜公司协会考察团一行，推动济南市与中国台湾上市柜公司协会的交流合作。

（赵世经）

【济南市台湾同胞联谊会】 截至年底，济南市有台籍同胞76户109人，其中高山族同胞16户25人、回台定居台胞10人；济南地区去台人员亲属（简称台属）4000余户、2万余人。市台联所辖县（市）区及山东大学、济南大学台属或台侨属联谊会共12个。

强化思想政治引导。组织理事会成员、机关干部和住济台胞台属学习领会中共十九大及十九届二中、三中全会精神以及习近平总书记系列重要讲话精神。召开会长办公会、七届四次理事（扩大）会议，学习贯彻中共十九大精神，传达学习中共济南市委十一届三次全会精神等。组织台胞台属参加市委统战部开展的“学习十九大共话新时代”诗歌朗诵及庆祝改革开放40周年主题摄影活动；与市委统战部、市级各民主党派机关联合举行朗诵会纪念“五一口号”发布70周年；利用传统媒体与新媒体宣传台联工作，全年有11篇工作通讯被《全国台联》《山东台联》等刊登。

参政议政。围绕经济社会发展的重点工作和推动两岸关系和平发展的热点问题建言献策，反映广大台胞台属、台商台生的呼声。台联界别政协委员参加济南市公安局出入境管理处调研座谈，参加市评议办和济南电视台联合举办的“直面问题、践行承诺”电视直播问政节目。全年提交各类议案、提案8件，撰写调研报告2篇。

服务联谊工作。贯彻落实中央六部委《关于进一步解决部分定居台胞生活困难问题的通知》精神，开展全市定居台胞基本情况普查和生活状况调查，做好帮扶特困台胞工作。全年帮助4户特困家庭申请到全国台联对口帮扶补助，11位台胞申请到全省困难补助。全年接待台胞台属来电、来访20多人次，帮助解决各类问题9件次。为13位70岁以上老台胞庆贺生日，为24位60岁以上台胞订阅《健康指南》杂志；利用传统节日走访看望老台胞、台胞遗属、困难台胞及台属50多户；关心青少年台胞的成长和学习，落实好台籍考生加分照顾政策等。按照全国台联要求，开展济南市两岸婚姻及婚生子工作专题调研，形成调研报告。

台胞台属代表人士队伍建设。按照市委统战部要求，推荐1位台籍代表参加市妇女第十四次代表大会，推荐5位青年台籍代表参加市青联第十二届代表大会，推荐12位台胞参加全国台联千人夏令营、全国台联系统优秀青年台胞培训班及全省台联培训班等。举办2018年济南市台胞台属培训班，市台联理事和中青年台胞台属50多人参加培训。

（张　丰）

责任编辑　王　炜

【概况】 2018年，全市政法系统坚持把重要节点安保维稳工作作为重中之重，把握工作规律，强化工作措施，着力解决源头性基础性问题，开展排查安全隐患防范四类风险专项行动，从严从细从实做好保安全护稳定各项工作，圆满完成全国两会、青岛峰会等重要节点安保维稳任务。开展扫黑除恶专项斗争，开展十大重点行业重点领域和农村地区扫黑除恶专项行动，全市打掉涉黑犯罪组织4个，恶势力犯罪组织、团伙156个，抓获团伙成员1121名，查封、冻结、扣押涉黑涉恶资产3亿元，108名涉黑涉恶犯罪嫌疑人投案自首，一审判决16件127人，人民群众知晓率和满意度均达90%以上，取得扫黑除恶专项斗争阶段性成效。依法严厉打击盗抢骗、非法集资等各类刑事犯罪，侦破各类刑事案件7103起，批捕1877人，逮捕1873人。组织开展打击电信网络诈骗及经济金融领域犯罪专项行动，强化对治安乱点和重点部位源头管控，破获涉众型经济犯罪案件146起，挽回及避免经济损失5亿元。推进赵晋案涉案房地产纠纷化解处置工作，采用“人民调解+司法确认”方式化解纠纷，诚基中心、卓越时代广场、万豪中心已登记办理退房退款手续5727套，各项工作进入收尾阶段，多年“老大难”问题基本解决。

【服务改革发展】 自觉把政法工作融入全市经济社会发展大局，市委政法工作会议对政法机关服务保障经济社会发展做出安排部署，先后召开服务新旧动能转换、优化营商环境、解决执行难、产权保护等专题会议，研究具体任务措施。出台《关于服务保障新旧动能转换重大工程的意见》，召开全市政法机关服务新旧动能转换推进大会暨法治保障研讨会，成立济南市法学会新旧动能转换先行区法治保障专业研究会，服务全市高质量发展的举措更实、效果更好。主动服务四个中心建设，组建法律服务团、设立警务室，深入拆违拆临、征地拆迁现场一线提供政法服务，重拳打击强揽工程、非法阻工和扰乱施工秩序等违法犯罪行为，妥善处理各类突发事件200余起。拓展“互联网+”警务模式，推行出入境管理智能化办证等创新举措，打造全省首家无人化全时运转智慧警局，解决服务群众最后一公里和24小时服务值守问题，被列为全国示范基地之一。全面优化提升政法系统营商环境，按照“一次办成”要求，坚持刀刃向内，下大气力解决政法系统内部影响营商环境的突出问题，有效服务高新技术产业培育、基础设施建设、高端人才引进、知识产权保护等工作，努力为全市经济社会发展提供优质高效的法治服务和坚强有力的政法保障。

【风险隐患管控】 坚持防范为主，针对拆违拆临拆迁、金融风险等重点领域，建立重点社会风险会商研判机制，防止特定利益群体“维权”活动转化为社会稳定风险。推进多元化纠纷解决机制改革，进一步健全各类人民调解组织，共设立人民调解工作室56个，有人民调解组织5400多个、人民调解员18700多人。全市化解信访积案230余件，维护了社会稳定。强化重点物品管控，从生产、存储、运输、销售、使用等各个环节，对枪支弹药、危化物品、管制刀具、散装汽油等实施严密管控。加大寄递物流行业监管，对全市389家寄递企业、1万多家物流企业开展全覆盖隐患排查摸底，寄递物流3个100%落实情况明显好转。以防火、防爆、防交通事故为重点，加大安全生产监管力度，落实各项安全生产规章制度和措施，有效防范各类重特大事故发生。

【社会治理创新】 组织开展“基层基础建设年”活动，完善“党委领导、政府负责、社会协同、公众参与、法治保障”的社会治理体制，打造共建共治共享的社会治理格局。建成区县综治中心11个、街镇综治中心141个、村居综治中心5223个，社会治理平台逐步完善。推动网格化服务管理全覆盖，11个区县（含高新区）初步完成网格编码工作，全市共划分13926个网格，配备专兼职网格员20154名、网格长9265名。把雪亮工程纳入智慧城市建设整体规划，编制“云、管、端、用”的建设规划，部署完成全市雪亮工程一总两分平台和全市社会资源共享交换平台，整合接入社会面视频监控资源3.7万路，重点单位视频监控1200多路。开展“平安单位”星级创建工作，打造平安医院、平安学校、平安银行、平安企业等一系列平安品牌，平安单位数量上升到900多家，命名首批18家五星级“平安单位”，实现封闭式单位连续6年零发案，以单位“小平安”促进社会“大和谐”。加大见义勇为行为表彰力度，邢兆峰获第十三届“全国十大见义勇为英雄司机”称号，杨震、苏超、佟帅获2018年“山东省见义勇为模范”称号。

【政法工作改革创新】 举办“新时代枫桥经验的济南实践”泉城法治论坛，成立新时代“枫桥经验”专业研究会，推动“枫桥经验”在济南创新实践、推广提升。推进诉调对接工作，全市两级法院全部建立诉调对接中心，在金融消费、保险、劳动争议、物业管理、医疗卫生等纠纷多发领域开展诉前调解，有效化解一大批矛盾纠纷，引导6000余件纠纷当事人选择诉前调解。围绕“基本解决执行难”，开展执行攻坚行动，建立多部门参与的联动工作机制，推动信息平台对接，实现对被执行人银行存款、工商登记、证券交易、不动产、车辆等信息的全方位网络查控，共受理执行案件53715件，执结48916件，同比分别上升45.92%和34.46%。深化公共法律服务，创新开展“法治六进”活动，推动“法治六进”实现领域、重心、方式、载体、格局“五个提升”，全面优化“一村（社区）一法律顾问”工作，为全市5200多个村居社区配齐法律顾问，实现法治教育、法律服务、依法治理全覆盖，推动全社会形成办事依法、遇事找法、解决问题用法、化解矛盾靠法的社会风尚。

（谢庆录　王　力）

【概况】 建立法治政府建设白皮书新闻发布制度，制定法治政府建设考核指标体系；审查修改地方性法规确保项目2项、政府规章确保项目3项；落实政府法律顾问工作制度，为济南国际医学科学中心等政府重大决策提供法律意见和法律论证，累计办理法律事务67件；狠抓规范性文件合法性审查，事前审查170件，清理496件；加强行政执法监督，审查57个部门政务服务事项1194项，接收复议申请2204件，办理行政应诉551件。

【法治政府建设】 成立由市长任组长的全市法治政府建设领导小组。召开市委市政府新闻发布会，发布《济南市2017年度法治政府建设白皮书》。落实法治政府建设考核制度，继续完善《法治政府建设三年行动计划主要任务措施工作台账》，部署安排全市法治政府建设年度重点工作任务，推出30项工作措施。印发《济南市法治政府建设考核计分办法》，细化考核指标。研究制定法治政府建设评价指标体系，将评价内容分为有执法权的行政机关、无执法权的行政机关和县区法治政府建设三大类。落实政府法律顾问工作制度，为政府重大决策提供法律意见和法律论证，共办理法律事务67件。完成市政府第二届法律顾问换届工作，遴选20名政府法律顾问和60名专家库成员。以市政府办公厅名义印发《济南市政府合同管理办法》，规范全市机关事业单位合同管理、合法性审查程序，建立合同编码登记、备案等制度。

【行政应诉工作】 全年办理行政诉讼案件2643件，处理2018年之前结转的行政诉讼案件227件。各类行政案件中，房屋征补（拆迁）类1008件、公安类303件、土地类273件、司法行政类201件、工商类137件、城乡规划类107件、劳动和社会保障类102件、不动产登记83件，该8个领域案件较集中，占总数的83.77%。在2018年法院审结的1993件行政应诉案件中，审判结果为裁驳裁撤的498件，占24.99%；判决驳回诉讼请求的1057件，占53.04%；判决确认合法有效的59件，占2.96%；判决驳回赔偿请求的26件，占1.30%；判决赔偿或补偿的11件，占0.55%；判决改变行政行为的312件，占15.65%；行政机关败诉率为16.20%。

（王智辉）

【概况】 2018年，全市公安机关以“打造最安全城市，建设最满意过硬队伍”为目标，坚定落实“1+345”目标责任体系，坚持实干、实战、实绩，坚持法治、精治、共治，公安工作实现新发展，人民群众安全感、满意度实现新提升，全市社会治安大局持续稳定，“安全泉城”品牌越筑越牢。有246个集体和1829名民警受到上级表彰，特警支队张保国被人社部、公安部授予“全国公安系统一级英雄模范”称号，交警支队获评山东省庆祝改革开放40周年感动山东群体。

重大安保万无一失。升级完善十九大安保成功经验，妥善处置到省市群体访，圆满完成上合组织青岛峰会等一系列重大安保维稳任务和习近平总书记到济视察等210批次重大警卫勤务，1360场次重大活动万无一失。

专项打击驾驭局势。聚焦公安部七大专项行动，坚持精准打击、合成打击、延伸打击，聚力打防、打治、打建结合，纵深推进扫黑除恶专项斗争“济南战役”，持续开展“三区三圈”治安秩序净化提升行动，刑事立案同比下降5.4%，全市日均刑事警情不足50起，八类案件破案率87.6%，连续8年命案全破，街面“两抢”301天零发案，破获经济案件273起，挽回经济损失6595.8万元；反诈中心预警劝阻群众1万余人次，避免损失3.3亿元；查处治安案件7.4万起；成功规劝济南市唯一百名红通逃犯王清伟回国投案自首。

基层基础筑牢支撑。将基层基础三年攻坚列为全局“一号工程、系统工程、全警工程和社会工程”统筹推进，城区“1+2+N”、行政村“一村一警务助理”全部完成，90%以上街镇无命案，50%以上村居（社区）无刑事案件；加快构筑即往、即时、即将全维感知体系，实现重点人员、重点群体、重大风险隐患的敏锐感知、精确预警、及时处置；开展“执法规范标准化建设年”，制定出台各类制度、规范、意见36件，与检法司联合会签执法文件16件，市局和10个县（区）级公安机关全部建成案件受理大厅，设立受立案登记窗口173个，狠抓受立案制度改革，落实首接责任制，推动实现由“规范执法”到“执法规范”转变。坚持改革强警、科技兴警，全局20个创新创意项目推广应用，城市交通大脑正式上线启用。

服务发展赢得民心。深化“放管服”改革，人才落户“门槛”进一步降低，推出多项引智引才便利政策，全市新增落户人数同比增长25%；连续推出34项便民利民交通服务举措。坚持服务民生发展三大理念，出台《服务保障新旧动能转换先行区建设的意见》《服务民营企业发展18条工作措施》。

【上合峰会安保维稳】 全市2万余名公安民警、消防官兵、辅警队员全面停休，以最高标准、最高要求、最严措施，完成上合峰会安保任务。特别是选调1600余名精锐骨干力量赴青执行主场安保任务，历经34天高强度、高压力、高风险实战检验，取得“防爆安检零隐患、交通指挥零失误、巡防管控零差错”最优成绩，国务委员、公安部部长赵克志对市公安局民警认真负责、警容严整的勤务标准给予充分肯定，副省长孙立成点赞“济南交警的形象和标杆就是这次峰会的形象和标杆”，市局被省公安厅授予最高等次的突出贡献奖。

【扫黑除恶专项斗争】 贯彻落实济南市扫黑除恶专项斗争领导小组和上级公安机关的要求，严打严防黑恶违法犯罪，全市治安环境持续净化，群众安全感满意度不断增强，扫黑除恶专项斗争取得重大阶段性胜利。期间，共打掉涉黑恶犯罪组织团伙 165 个，其中涉黑组织 4 个、恶势力犯罪集团 22 个、恶势力团伙 22 个、其他涉恶犯罪团伙 117 个，抓获团伙成员 1125 名，查封、冻结、扣押涉黑恶资产 3.1 亿元，111 名涉黑恶犯罪嫌疑人主动投案自首。9 月 6 日，全省公安机关扫黑除恶专项斗争山东战役电视电话会议召开，全市公安机关明确目标任务，发挥大兵团作战优势的科学战法，持续不断将专项斗争向纵深推进。

【全省首家无人化全时运转智慧警局】 推动大数据、云计算和人工智能等先进前沿技术与警务工作的深度融合，打造全省首家无人化全时运转智慧警局和智慧微警运营平台，形成以高科技应用为核心的网上网下双模式智慧警局：网下，引进证件申领自助机、可移动迎宾声控机器人、触摸一体机、人脸识别相机等高科技设备，提升实体大厅无人化办理水平；网上，做强智慧微警运营平台，健全网上办理工作机制，丰富业务服务模块，深化“互联网+”科技提升，驱动智慧警局高效运转。实现全时服务群众、高效采集信息和拓展公安业务预约办理范围，做到警务事项“应上尽上、全程在线”，最大限度简化流程、最大程度解放警力、最大力度革新机制，推动警务工作模式转型升级，先进理念和创新思路得到公安部一所充分肯定，列为全国示范基地之一。

【严打食品药品环境违法犯罪】 将食品药品环境安全工作作为“打造最安全城市”的重要内容和优化营商环境的实际行动，固化提升一体化打击模式，增强打击精度、广度和深度，创新立体化综合防控体系，将防控工作向基层、企业、社区延伸，完善常态化联合执法机制，强化联动执法的广度和深度，严打食药环领域违法犯罪，维护全市食品药品环境安全。全市公安机关共破获食药环领域违法犯罪案件 89 起，打击处理犯罪分子 171 人，挽回经济损失 1.5 亿元，成功破获省内首起国内加工生产、走私欧美销售的特大跨国生产销售假药案等一大批有影响的大案要案，发起集群战役摧毁 6 处全国性犯罪网络，得到公安部、省公安厅充分肯定。

【“我创新、我出彩”第二届警务创意创新大赛】 10 月 11 日，市公安局举办“我创新、我出彩”——第二届警务创意创新大赛。坚持“全警创业、万警创新”，以解决公安工作和队伍建设中遇到的各类难题、制约瓶颈问题为出发点，以确保创新成果能用、管用、实用为落脚点，持续深入开展警务微改革、科技微创新活动。活动中，广大民警辅警发挥聪明才智，打造了一批“立得住、推得开、可复制、效果好”的优秀创新成果。各单位秉持好中选优的原则，共推荐参赛项目 52 个，大赛评出一等奖 5 名、二等奖 10 名、三等奖 15 名、优秀组织奖 5 个。

【服务保障新旧动能转换先行区建设】 围绕先行区的重点工作，制定《关于服务保障新旧动能转换先行区建设的意见》，出台搭建绿色通道、擦亮安全名片，强化精准防控、强化精准打击，严打涉污违法犯罪、加强联合执法巡查，优化户政服务、优化交通管理、优化消防安全监管、创新寄递物流管控，健全矛盾化解机制、健全预警处置机

融入社区深化群众服务（市公安局 供稿）

制等12条服务举措，为新旧动能转换先行区建设创造安全稳定的治安硬环境和优质高效的服务软环境。

【出入境证件办理“只跑一次”便民服务】 6月，在全省率先实现群众办理出入境护照等业务“只跑一次”，方便了办事群众。全市共审批签发中国公民因私出国（境）申请61.6万件次，同比增长22%，全市出入境窗口通过“绿色通道”为群众加急办证700余人次；办理外国人签证、居留许可、居留证项目变更5000余件、口岸证件1100余件。出入境管理局“只跑一次”的做法，被省公安厅改革办作为典型经验在全省公安机关推广。

【服务保障民营企业发展】 为深入贯彻习近平总书记在民营企业座谈会上的重要讲话精神，按照市委、市政府决策部署，制定出台坚持审慎谦抑、坚持善意包容、坚持公平公正、坚持规范文明，坚决扫黑除恶、严打经济犯罪、健全执法机制、加强治安净化、深化警企协作、创新风险预警、护航网络安全，落实“一次办成”、深化“放管服”改革、拓宽落户渠道、优化出入境服务、推行智慧警务、做细交管服务、加强信息共享等18条服务民营企业工作措施，为民营经济发展、民营企业振兴营造更加公平正义的法治环境、安全稳定的治安环境和优质高效的服务环境。

【交通管理便民利民服务新举措】 围绕城市道路提速、窗口服务、交通违法处理等方面，相继推出26条优化营商环境和便民利民服务新举措。新举措推出以来，车驾管窗口办事时间由平均5分钟缩短至3分钟，办事时间平均节省30%，线上业务办理比例达37%，群众满意率达99%以上。

景区秩序安全稳定 （市公安局 供稿）

【居住证办理“一次办成、立等可取”】 为全面提升流动人口服务管理水平，最大限度地缩短居住证办结时限，市公安局于2018年8月在全市范围内实现居住证申领“一次办结”，将居住证制证周期由先前10个工作日缩短为立等可取、现场发证，在全国、全省打造了具有济南特色的流动人口服务管理“品牌”。新举措实施以来，全市已有23万名流动人口现场领取了居住证；全年全市流动人口通过手机申报信息105万条，达到流动人口信息采集总量的85%。

【“三区三圈”治安秩序净化提升行动】 2018年4月，为期三年的“三区三圈”治安秩序净化提升行动结束，实现常态化运行。3年来，市公安局党委应势而为，全市公安机关求变谋变、善做善为、创新创优，“平安济南建设”深入推进，全市刑事立案下降49.3%，刑事警情下降31.9%；八类案件下降36.4%；街面“两抢”累计711天“零发案”，公交车连续3年“百日零发案”，命案连续8年全破。2017年，参评并获全市创新创优一等奖，被评为泉城创新奖。

【张保国被评为“齐鲁最美警察”“全国公安系统一级英雄模范”】 张保国，男，1964年9月出生，中共党员，济南市公安局特警支队作训处副调研员。他自1999年参加公安工作以来，始终怀着对党和人民的无限忠诚，对公安工作的无限挚爱，坚持战斗在排爆安检最前沿，以挑战“死神”的实际行动模范践行着对党的事业的忠诚与执着。他曾获中国青年五四奖章，被评为全国优秀人民警察、山东省十大杰出青年、全省公安系统模范人民警察、济南市道德模范，荣立个人一等功1次、二等功5次、三等功3次。2018年2月9日，在省委宣传部、省公安厅、大众报业集团、省广播电视台联合主办的“齐鲁最美警察”宣传活动中，张保国当选“齐鲁最美警察”；同年5月29日，人力资源社会保障部、公安部联合授予张保国“全国公安系统一级英雄模范”称号。

【侦破“9·29”特大非法经营假烟案】 2018年1月19日，在省公安厅统一指挥协调下，多地联动、协同作战，历时近4个月，成功侦破“9·29”特大非法经营假烟案。专案组先后驱车上万公里，辗转广东、河南、辽宁、江西等省，在充分掌握该犯罪集团人员信息、交通工具、组织情况、上线下线等证据线索后，统一调警行动，一举打掉一涉及全国10余省市非法生产、运输、销售假冒香烟的犯罪集团，捣毁制假窝点1处，抓获涉案人员7人，其中5人被刑事拘留、2人被移送审查起诉，查缴涉案车辆4辆，查获假冒香烟45960条，价值300余万元。

【打掉胡德华、钟利国黑社会性质组织】 2018年3月，市公安局收到群众举报胡德华团伙涉黑恶犯罪的线索后，抽调精干力量成立专班，开展走访摸排、调查取证等侦办工作。经查，犯罪嫌疑人胡德华自2001年开始，先后拉拢、接济多名前科人员，逐步形成较为固定的犯罪组织；利用威胁、殴打等暴力手段，实施多起寻衅滋事、敲诈勒索、聚众斗殴、强迫交易、非法拘禁等暴力犯罪案件，作恶欺压残害群众；以暴力威胁等方式强占、独占建筑工程，插手民间债务纠纷，非法占有企业资产获取巨额经济利益，严重破坏了全市正常的生产生活秩序，造成极为恶劣的社会影响。通过精心研判、集中攻坚，先后对82人采取刑事强制措施，向检察机关移送起诉黑社会性质组织成员24人，查明各类刑事案件23起、违法事件3起，冻结犯罪嫌疑人胡德华、钟利国等人银行存款870余万元，查封其名下房产、土地22处价值2亿余元。

（朱孟亮　赵增旭）

【概况】 全市检察机关始终坚定检察工作正确政治方向，目标定位更加明确，工作质效全面提升。两级院有29个集体、52名个人受到市级以上表彰，涌现出全国检察机关一等功集体、全国检察机关一等功个人、首届“齐鲁最美检察官”等一大批先进典型。

护航省会经济社会发展。组织开展打击金融领域犯罪、防范涉众型经济犯罪等专项监督活动，依法办理案件173件；严惩各类破坏环境资源保护犯罪52人，督促关停非法排污企业23家，复耕土地20余公顷；依法严惩敲诈勒索、强迫交易、侵犯知识产权等影响经济发展环境的犯罪182人；依法办理损害农业发展、影响农村稳定、侵害农民权益等案件45件。提供“三农”法治服务43场次；在先行区设立检察服务站，精准实施服务116件次；开展“服务保障企业家权益，助力新时代济南战役”专项活动，畅通检企服务绿色通道，覆盖民营企业5000余家，依法办理侵害民营企业合法权益案件34件。

推进扫黑除恶专项斗争。针对重点地区、领域、行业日常监管制度中存在的漏洞，提出检察建议25件，最大限度挤压黑恶势力滋生空间。共批捕279人、起诉180人，依法办理李鲲鹏等19人组织领导参加黑社会性质组织案、张学文等16人恶势力犯罪集团案、王广文等37人恶势力集团案、李守兴等8人恶势力团伙案等一批典型案件。

维护社会和谐稳定。严厉打击刑事犯罪，共批捕2456人、起诉5837人，办理涉及17个省市、制贩毒品3.95吨的“2·06”特大网络涉毒案等重大敏感案件；批捕起诉非法吸收公众存款、非法集资、电信诈骗等犯罪246人；批捕起诉制售有毒有害食品犯罪67人。落实宽严相济刑事政策，依法对犯罪情节轻微的初犯、偶犯等不批捕382人、不起诉257人，促成刑事和解218件，最大限度减少社会对立面。健全矛盾纠纷多元化解机制，妥善处理群众诉求2862件，全面对接12345市民服务热线，办结转办事项152件，连续10年实现涉检进京零上访。落实检调对接机制，两级院全面建成12309检察服务中心，制定出台便民服务10条意见措施。开展“法治六进”“四下基层”等活动，组织普法宣传180余场，为因案致贫的26户家庭提供司法救助，解决民生困难213件。

【检查监督】 构建与其他执法司法部门良性、互动、积极的工作关系，自觉在办案中监督、监督中办案，出台《侦查活动违法行为和纠正方式指南》。构建检察机关诉前主导机制，加大对有案不立、有罪不究等问题的监督力度，监督立案55人，追捕、追诉203人；落实罪刑法定和证据裁判规则，监督撤案42件，对认为确有错误的刑事裁判提出刑事抗诉33件。纠正各类刑罚执行和监管活动违法273件；纠正不当减刑、假释、暂予监外执行172人；加强对社区矫正的法律监督，纠正脱管、漏管、虚管120件；推动改变“一押到底”惯性执法模式，办理羁押必要性审查案件232件，“尹某某羁押必要性审查案”被评为全国精品案件。受理审查民事行政监督案件371件，提出、提请民事行政抗诉62件；办理各类执行监督、诉讼违法监督、虚假诉讼监督案件107件；聚焦医疗卫生、环境保护、公共安全等行政执法重点领域，提出检察建议247件。2018年，两级院主动向人大报告工作26次，邀请人大代表、政协委员视察调研、参加案件评查、听庭评议等638人次，公开程序性案件信息8471条、法律文书4196份，确保检察权在阳光下运行。

2018年5月3日，“梦之航”未检法治教育基地启动仪式在槐荫区检察院举行
（市检察院　供稿）

【公益诉讼】 在全省率先出台支持检察机关依法开展公益诉讼意见的基础上，组织召开全市检察公益诉讼推进会。全市检察机关依法提起公益诉讼18件，提出行政诉前检察建议171件。把国有资产保护作为工作重点，督促相关行政主体追回国有财产损失1.04亿元；督促治理污染土壤100公顷，清理违法堆放建筑生活垃圾1100余万立方米，补种树木12000余棵。

【未成年人司法保护】 开展“法治进校园”“梦想检察官”“关爱祖国未来”检察开放日等活动，组织法治教育巡讲122场次。依托学校、社区等单位建成青少年法治教育基地11个，有2.2万余人次接受教育，帮助38名未成年人回归社会。创新“网络+未检”模式，与法援在线合作搭建专门平台，实时提供专业的未成年人法律咨询和法律援助服务。开展危害校园安全犯罪专项活动，严惩侵害未成年人犯罪266人；落实未成年人刑事诉讼特殊保护，提供法律援助147人，落实犯罪记录封存97人。

【职务犯罪检察工作】 与市监察委联合制定案件衔接工作机制，出台济南市检察机关办理职务犯罪案件工作实施办法。共受理监察委移送职务犯罪案件59件72人，审查逮捕35人；提前介入调查58次，起诉62人，法院判决40人。

【高新区检察院构建“检校+”新型合作机制】 高新区检察院联合社会事务局成立青少年法治教育实践中心，旨在整合社会法治教育资源，推进法治教育与法治实践相结合，构建学校、社会、家庭三位一体青少年法治教育体系。上线运行“检察护蕾”微信平台，包括图文资讯、典型案例、咨询预约3个版块；在办公区设立晨曦工作室和心理咨询中心，组建法治宣讲团，立足学校、学生和家长的实际需求分类制定更具针对性的法治教育专题。先后走进辖区20余所学校，面向11300余名学生开展法治宣讲，使“法治进校园”活动更加贴近学生实际、贴近家长心理、贴近普法需求。

【城郊地区检察院举行检察建议公开宣告】 10月23日，为贯彻落实全省检察长研讨班暨检察建议规范化建设现场会精神，加强检察建议的监督刚性，提升检察建议的质量水平，城郊地区检察院就加强监狱安全监管工作向驻济各监狱公开宣告送达检察建议，这是全市首例以公开宣告方式送达检察建议。在宣告仪式上，检察人员向驻济8所监狱公开宣读检察建议书，并就问题事实、调查取证情况和检察建议依据进行多媒体示证，各监狱负责人现场签收检察建议书。检察建议作为检察机关履行法律监督职责的基本手段之一，是使用范围最广，最能体现监督属性、践行双赢多赢共赢理念的法律监督手段。

【商河县检察院创建12309新型律师服务平台】 商河县检察院在“律师服务室”工作的基础上整合律师资源，以打造“温度检察”为目标，以服务群众诉求为中心，以12309检察服务中心为依托，建立良性互动的检律合作模式，打造职能优化、规范高效、开放透明、亲民便民的律师服务平台，持续优化律师参与案件的工作方式，使律师参与诉讼案件的作用更加显著。全年共接待律师78人次，律师申请阅卷32次，认罪认罚律师参与33次，为当事人提供法律援助2次，得到群众的普遍认可。

（巩国贤）

审　判

【概况】 2018年，全市法院按照“工作有亮点，在全省有地位、全国有影响”的思路，围绕中心服务大局，全面加强审判执行工作，服务省会经济社会高质量发展，为经济社会发展提供司法保障。中院审判管理、民商事审判、知识产权审判、新闻宣传等工作受到最高法院和省法院表彰，涌现出“全国法院办案标兵”“全国法院先进个人”“全省法院先进个人”等一大批先进典型。全年受理各类案件166053件，结案161987件，同比分别上升34.43%、19.76%，收结案数均创历史新高。其中，中院受理案件23655件，结案23973件，同比分别上升10.57%、7.21%，收结案数、结案率均列全省首位。

【刑事审判】 参与“平安济南”建设，依法惩治刑事犯罪，审结一审刑事案件4252件，判处罪犯5383人。开展扫黑除恶专项斗争，审结黑恶势力犯罪案件19件126人，对88人判处财产刑，判处罚金552.4万元。胥英杰等7人、王广文等10人涉恶势力犯罪案件入选全省法院十大典型案例。审结故意杀人、抢劫、贩卖毒品等严重刑事犯罪案件664件；审结非法集资、电信网络诈骗、“套路贷”等涉众型经济犯罪案件314件；审结贪污、贿赂、渎职等职务犯罪一审案件132件，依法审理安徽省原副省长周春雨案、青岛市政协原副主席李学海案、济南市政协原秘书长江林案等一批大要案。实行圆桌审判模式，邀请社会调查员、心理咨询员参与审判，审结未成年人犯罪案件63件88人，非监禁刑适用率46.59%。严格减刑假释案件办理程序和标准，实行远程视频开庭，增强工作透明度，办理减刑假释案件4007件。

【民事审判】 依法保障和服务民生，审结一审民事案件37046件，审结教育、医疗、住房、交通等涉及群众切身利益的纠纷案件5094件。依法惩治污染环境、破坏生态的违法行为，审结一审环境资源案件521件，稳妥处理绿色发展基金会提起的2件环境公益诉讼案件。贯彻中央决策部署，支持军队“全面停止有偿服务”改革，149件涉军停偿案件全部如期办结。加大司法救助力度，缓减免诉讼费607.62万元。

【商事审判】 审结一审商事案件37285件，结案标的额385.88亿元；审结涉及物权、股权等纠纷案件1645件；审结银行借款、民间借贷、借款担保等纠纷案件6207件。发挥知识产权司法保护作用，审结一审知识产权纠纷案件2264件。中院被最高法院评为“全国法院知识产权审判先进单位”。支持企业探索创新，深入齐鲁制药、力诺集团、宏济堂制药等企业走访调研，主动了解企业司法需求，提供法律指导和司法服务。服务保障新旧动能转换，加大“僵尸企业”处置力度，审结破产清算案件48件，完成市属国有困难企业“破产一批”的任务，21户关联“僵尸企业”有序退出市场。

【行政审判】 依法履行司法审查职责，审结一审行政案件3360件。推进行政机关负责人出庭应诉，促进行政争议的解决，行政机关负责人出庭应诉率达60%。支持“放管服”改革，发布行政审判白皮书，编发案例等指导资料，主动为政府处置重大事件提供法律参考意见，就城市更新、集体土地征收等提出司法建议，有效避免或减少行政纠纷，为全市重大项目建设提供有效法律服务。审结国家赔偿案件6件，使合法权益受到侵害的群众得到有效救济。

【执行工作】 开展“基本解决执行难”攻坚战。全市法院受理执行案件55262件，执结53926件，同比分别上升48.48%、41.1%；执行到位标的额107.37亿元，同比上升23.48%。依法适用强制执行措施，罚款436.78万元，拘传2505人，司法拘留1511人。联合检察、公安、司法行政机关开展打击拒执罪专项行动，将218名被执行人移送追究拒执罪。公开曝光3761家被执行单位、14354名被执行个人，并在招标投标、融资信贷、资质认证、消费等方面进行限制，限制出境49人次，限乘飞机、高铁61964人次，5570名被执行人迫于压力履行义务。持续开展规范执行行为专项行动，加大专项整治力度，提升执行规范化水平；加强工作督导，中院院长与执行局长、基层法院院长签订责任状，推动责任落到实处。在最高法院组织的第三方评估过程中，得到上级法院和有关专家的高度评价。

【立案信访和审判监督】 进一步优化营商环境，按照“一次办好”改革要求，推出“一次告知”、网上立案、网上缴费、网上调卷等10项具体为民便民利民措施。立案工作实现“线上线下一并运行”，网上立案率达50%。畅通群众诉求表达渠道，实行院领导带班接访、阅办来信、首接负责制等制度，信访总量同比下降28%，完成三级两会、上合组织青岛峰会等重大敏感时期安保维稳任务。抓好12345市民服务热线办理工作，5937件事项全部办结。发挥二审和再审的纠错功能，中院审结二审案件10526件，改判和发回重审1802件；审结再审案件398件，改判和发回重审53件。

【司法责任制改革】 开展第二批员额法官入额工作，为基层补充员额法官53人。实行团队办案模式，建立法官、法官助理和书记员责任清单，强化各类人员责任，提高办案效率。员额法官人均办案309件，同比上升20.41%。入额院庭长带头办理重大、疑难、复杂案

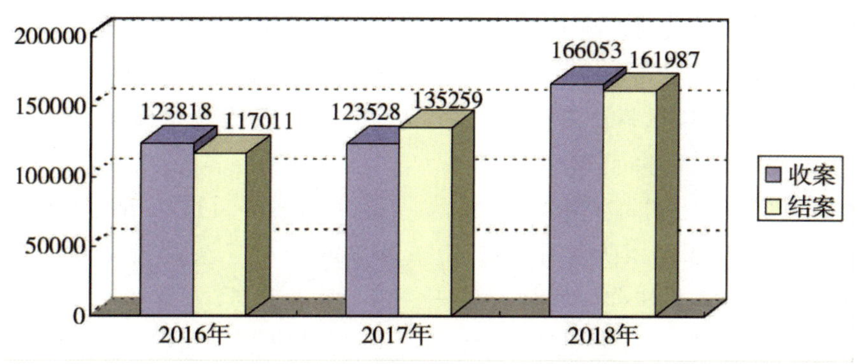

2016～2018年全市法院收案、结案情况

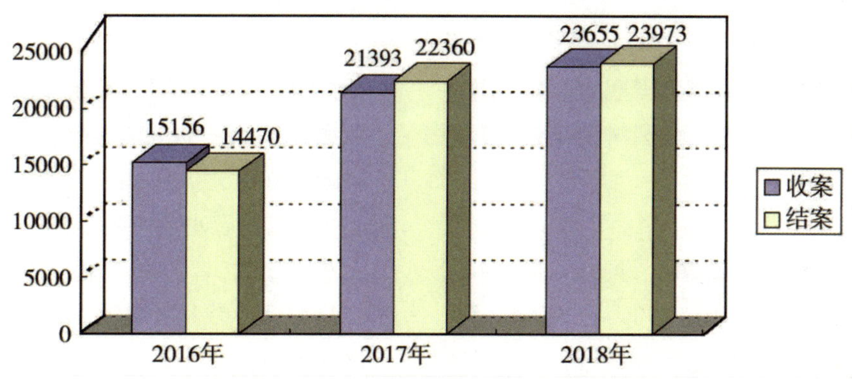

2016～2018年济南中院收案、结案情况

2018年4月27日，济南中院召开新闻通报会，向社会公布《济南市中级人民法院敦促被执行人依法履行义务的通告》，通报全市"打击拒执罪十大典型案件"

（市中级人民法院　供稿）

件，办案数占全部案件的45.07%。统筹做好综合配套改革，推进法官、法官助理单独职务序列管理改革，完善绩效考核办法，逐步推进内设机构职能优化。

【完善审判管理机制】 实行岗位目标量化管理，将结案任务层层分解，逐项细化到每个季度、每个月，落实到每个团队、每名法官。推进"分调裁"工作，实行简案快审、繁案精审，简易程序适用率71.73%，同比上升4.36个百分点。健全完善合议庭、专业法官会议、审判委员会等5项工作制度，强化院庭长的监督管理职责。中院被最高法院评为"全国法院审判管理优秀单位"。

【诉讼制度改革】 推进认罪认罚从宽制度试点工作，构建侦、诉、审、执一体化沟通协调机制，实行阶梯式从宽量刑方法，审结认罪认罚案件2584件，占刑事案件总数的43.02%。依法简化此类案件诉讼程序，15日以内审结率84.34%，当庭宣判率90.89%。推进家事审判方式改革，建立符合家事案件特点的审判模式，设立离婚冷静期，实行家事调解、家事调查、心理疏导等制度，审结一审家事纠纷案件11198件，调解率58.74%。章丘法院被最高法院评为"家事审判方式改革试点先进单位"。及时总结试点做法，编写办案指引和审判指南，为推进诉讼制度改革贡献济南智慧。

【矛盾纠纷多元化解】 落实《山东省多元化解纠纷促进条例》，在诉讼服务中心建立人民调解室、律师调解室和诉调对接中心，与证监局、中小投资者服务中心对接合作，与劳动仲裁机构建立劳动人事争议裁审衔接机制。创新诉调对接工作方式，引导26244件纠纷当事人选择诉前调解方式解决纠纷。运用司法确认程序，依法确认6000余件人民调解协议效力。

【社会治理创新】 参与社会治安防控体系建设，做好青少年犯罪预防、回访帮教、社区矫正等工作。开展"七五普法""法治六进"活动，举办普法讲座、法律咨询260次。开展扫黑除恶、"基本解决执行难"专题宣传活动，办好济南电视台"现在开庭"、山东商报《拍案·法官故事》、济南日报《法院周刊》等媒体合作栏目，在全国各级媒体发表稿件4000余篇。

【智慧法院建设】 推行电子卷宗随案生成，推广法信、智审等辅助办案系统应用，实现审限内提速，平均办案周期缩短12天。完善流程信息、庭审直播、裁判文书、执行信息、微博直播等全方位公开平台，及时发布审判流程信息和执行信息，公开裁判文书88349篇。入驻微博微信等9个传播平台，形成济南法院新媒体发布方阵，官方微博连年被评为"全国十大法院系统微博"，影响力居全国中级人民法院首位。济南中院被最高法院评为"全国法院司法宣传先进单位"。

（贾　琦）

【概况】 整合法律服务资源，为新旧动能转换、开放型经济、双招双引等全市重点工作提供服务保障。

坚持发展“枫桥经验”，推动诉调对接、访调对接，依法化解处置房地产纠纷重点案件。开展律师调解试点，设立商会、协会人民调解组织，法治化营商环境明显优化。启动公共法律服务标准化建设，省级示范中心达7个，“流动直通车”达8台，12348热线月接听突破7000件，法律援助突破9200件，5200多个村（社区）实现法律顾问全覆盖。深化“温暖法援”品牌建设，作为全国6个城市之一，开展“法援惠民生关爱残疾人”法律维权试点。成立全省首家合作制公证处，新增环境损害类司法鉴定机构3家，组织首次国家统一法律职业资格考试，参考人数和通过率继续在全省排名第一。律师、公证、司法鉴定等法律服务业主要指标在全省首位度继续巩固提高。开展扫黑除恶专项斗争，济南监狱不断优化考核机制，第二监狱实现首批押犯，社区矫正开展重大节点集中点验、公检法司联合检查，完成“青岛峰会”等重大节点维护社会稳定任务。

2018年，有1人被司法部评为新时代最美法律服务人，2人被分别聘为全国、全省十大调解专家；2名个人、2个党组织被市委命名为“担当作为出彩型好干部好团队”。王广仁律师作为全市重要典型进行宣传，市委政法委发出向荣记司法部集体一等功的历下区司法局学习的通知，司法行政队伍形象持续向好、社会影响不断扩大。

【深化“法治六进”工作】 对12个区县（含高新区、南山管委会）、40个重点市直单位“七五”普法和“法治六进”工作进行检查，在全省率先成立宪法宣讲团，参加全省宪法知识竞赛获冠军。召开新时代依法治村专题研讨会，全国普法办在章丘区蹲点调研。槐荫区被评为全国法治县（市）区创建活动先进单位，全国法治区县达6个、民主法治示范村（社区）20个。“法治六进”创新举措代表司法局参加市直部门综合考核“创新创优”项目的专家评审，获得好成绩。在中央广播电视总台《中国城市营商环境报告2018》“法治环境”评价维度中，济南市位列36个城市第二名，7个评价维度获最佳。10月19日，省委副书记杨东奇带队，省司法厅厅长解维俊等到济南检查“七五”普法中期工作。杨东奇对济南市“法治六进”工作给予充分肯定，指出济南市抓住创新发展这个关键，积极探索由“法律六进”向“法治六进”转型升级，在全省探索了更好服务大局的新路径。

【济南市人民调解工作获司法部表彰】 5月10~11日，司法部在温州召开全国人民调解工作会议。市司法局基层工作处、市医患纠纷人民调解委员会、槐荫区司法局被表彰为全国人民调解工作先进集体，范艳平、高伟、刘强、游其昌、张梅瑞、王其欣、石茂芝、吴伟8人被表彰为全国人民调解工作先进个人。

【李荣凯被聘为全国调解专家】 6月1日，司法部举行全国人民调解专家颁证仪式。市电视台《有话好好说》人民调解委员会调解员李荣凯被选聘为全国人民调解专家，是全省唯一一位、司法部选聘的10名全国人民调解专家之一。

【全市人民调解工作会议召开】 6月6日，全市人民调解工作会议在槐荫区召开。市委常委、政法委书

2018年7月26日，市政府第二届法律顾问（专家库成员）聘任仪式暨政府法律顾问工作会议召开　（裴洪鸿　摄）

2018年12月13日，全市坚持发展“枫桥经验”实现矛盾不上交暨司法所工作会议召开 （张成学 摄）

记秦传滨出席会议并讲话，副市长吴德生主持会议。市法院院长张爱云、市司法局局长谢圣仁分别做工作报告。会议总结交流工作经验，表扬全市人民调解工作先进集体60个、先进个人120名，参观槐荫区4个现场，对坚持和发展“枫桥经验”，全力推动新时代人民调解工作创新发展进行安排部署。

【调解赵晋案涉案房地产纠纷】 12月，市司法局选派优秀人民调解员、擅长房产案件律师、基层法律服务工作者等90余人，分期分批培训，统一调解原则、程序和标准，共调处赵晋案涉案房地产纠纷5709件，涉及购房者5700余户，标的额达25亿元。

【环境损害司法鉴定业务全覆盖】 2018年，济南市全面开展环境损害司法鉴定管理工作，围绕中央坚决打好污染防治攻坚战的决策部署，研究确定准入登记条件，组织环境损害鉴定人准入岗前考试，组织开展专家现场评审，依法登记设立环境损害司法鉴定机构4家，准入登记环境损害司法鉴定人67名，实现环境损害司法鉴定业务全覆盖。

【成立全市首家合作制公证处】 9月10日，全市首家合作制公证处——济南市高新公证处正式投入运营。设立合作制公证处，有利于提高公证的质量和服务水平以更好地满足新时代人民群众对公证法律服务的需求，标志着济南市公证体制改革取得新突破。

【首届国家统一法律职业资格考试顺利开局】 2018年，是建立施行国家统一法律职业资格考试制度的第一年，也是首次组织实施国家统一法律职业资格考试的开局之年，实施机考的首考之年。改革后实行一年两考，分为客观题计算机化考试和主观题纸笔考试两个阶段。济南市作为全省第一、全国特大考区之一，累计11000余人次参加两阶段考试，近2000人申领拿到国家统一法律职业资格证书。

【济南第二监狱完成首批押犯任务】 12月28日，山东省济南第二监狱完成转型后首批押犯任务，新监狱正式启用。收押任务的完成标志着济南第二监狱正式完成转型，为进一步优化全省监狱押犯布局打下基础。

（王智辉）

仲裁

【概况】 全年受理仲裁案件1955件，受案标的额41.8亿元，比2017年分别增长39.5%、38.8%。截至年末，共审结案件1499件；其中调解与和解615件、裁决884件，创下单月承办案件290件的历史记录。年内，获评山东省精神文明单位、山东财经行业平台建设奖、市直机关档案工作示范协作组。

【提升办案质量】 仲裁服务推行“一次办成”效能革命，不仅做到“一次办成”，更要做到“一次办好”，为民营经济健康发展提供“亲”“清”仲裁服务。全年组织5期共计500多人次的仲裁员培训，组织90名法律执业者参加仲裁员选聘考试，建立起仲裁员队伍动态管理考核机制。新招聘8名办案秘书充实到一线工作岗位，其中5人具有法律职业资格，为提高办案质量和效能提供人才支撑。修订《裁决书核阅办法》，对仲裁裁决案件核阅范围和核阅程序进行优化，缩短仲裁案件审理时间。参与财产权益民事纠纷易发高发多发的物业服务、生活消费、金融消费、交通事故赔偿、医疗纠纷、工程建设等领域，化解矛盾争议，全年共调解案件486件，其中物业类案件217件、房地产案件211件、其他类型案件58件，调解成功168件，最大案件标的额2700万元。成立全省首家金融仲裁院，9月1日《济南仲裁委员会金融仲裁规则》施行以来，受理银行业金融纠纷仲裁案件标的额达5088万元，已审结案件均在仲裁庭组成后的45天内结案。

【市仲裁委列入“法信通”平台联动单位】 1月31日，在2018山东金融业新媒体精准传播论坛上，“法信通·山东省失信被执行人曝光台”举行联动单位授牌仪式，济南仲裁委员会正式列入“法信通”平台联动单位。“法信通”是在省委宣传部指导下，于2017年7月20日，由山东省高级人民法院、山东省互联网传媒集团大众网等单位打造的全国第二家老赖曝光台，是惩戒失信行为、弘扬诚信美德的立体化传播平台。

【《济南仲裁委员会金融仲裁规则》发布】 为公正及时解决当事人之间的金融纠纷，根据《中华人民共和国仲裁法》，依照《济南仲裁委员会仲裁规则》和其他有关法律规定，结合金融争议的特点，8月17日，经济南仲裁委员会四届二次全委会讨论通过《济南仲裁委员会金融仲裁规则》，自9月1日起正式施行。9月4日，济南仲裁委员会、山东省银行业协会、大众网共同举行济南仲裁委员会金融仲裁规则发布会。

【济南仲裁调解联盟成立】 10月23日，济南仲裁委员会与山东省工商业联合会、山东省银行业协会等11家单位在山东传媒大厦举行成立大会，共同发起成立济南仲裁调解联盟。济南仲裁调解联盟的宗旨是构建大调解格局，推广调解理念、交流调解经验、共享调解技巧、优化调解团队，探索程序更为简便，方式更为灵活，能够高效快捷地解决商事纠纷的调解机制，推动调解服务质量和效率的提高，充分发挥调解在现代社会纠纷化解体系中的作用。

【山东金融仲裁座谈会举行】 12月17日，济南仲裁办联合山东省银行业协会，以“化解金融纠纷、维护金融安全”主题，在山东大厦举行山东金融仲裁座谈会，来自省银行业协会、山东省内各地市仲裁机构的负责人及国内部分仲裁专家，驻济金融机构相关负责人以及律师、金融仲裁员等百余人参加座谈会。

（韩凤雏　刘启超）

责任编辑　王　炜

军事

济南警备区

【概况】 2018年，济南警备区坚持以习近平强军思想为统领，着眼建设与省会地位相适应警备区，思想政治建设成效明显，战备训练工作扎实推进，国防动员能力稳步提升，休干机构改革圆满落地，全面从严治党持续深化，各项建设保持良好发展态势。

强军思想建设。突出学好习近平新时代中国特色社会主义思想和强军思想，开展“传承红色基因、担当强军重任”主题教育，抓好军委主席负责制经常性学习，听从指挥的思想根基更加牢固。打好意识形态领域斗争主动仗，保持部队集中统一和纯洁巩固。结合纪念改革开放40周年、济南解放70周年，持续深化国防教育“五个一”活动，联合地方有关部门寻访革命英雄、追忆红色传承，开展国防知识竞赛、军事技能比武等主题实践活动。

备战打仗应急准备。定期召开议战议训会议，重心在战、中心居中导向更加鲜明。坚持常态备勤、实战练兵，修订完善应急方案预案，严密组织战备值班执勤，有效遂行“千条沟”地域森林灭火、青岛“上合”峰会安保维稳、日遗化武运输沿途警戒等重大任务。开展群众性岗位练兵比武活动，组织首长机关封闭集训、新大纲业务骨干暨民兵教练员集训等活动。投资480余万元升级改造市应急作战指挥所，引接量子通信以及“天网”等情报信息系统，实现市、县两级固定与机动指挥音视频通联，应急应战能力显著提升。投资100余万元整修体能训练馆、模拟射击馆等，推进理顺市民兵训练基地权属关系。

国防动员转型建设。成立民兵调整改革军地领导小组，联合出台《关于加强和规范基层专职人民武装干部队伍建设的意见》，投入1000余万元升级基层办公场所、配套应急器材。研究制定济南市国防动员建设“十三五”规划和后备力量建设“十三五”规划，开展潜力资源数据全面普查、专项核查。抓好民兵组织调整改革和党管武装工作制度落实。依托浪潮集团、重汽集团等行业系统、高新

2018年4月18日，济南警备区组织民兵应急分队参加济南千条沟地域山火扑救任务 （济南警备区 供稿）

技术企业组建民兵分队。完成济南市兵员征集任务，征兵量化考评位居全省前列。

休干机构调整改革。推进老干部服务保障体制调整改革，稳妥做好干休所转隶交接、整合归并、调整组建，完成干休所转隶接收任务。组织干休所领导班子交接，调整组建所部和服务站，建立健全各类组织，规范老干部服务保障。组织法律援助、健康义诊和巡回慰问演出等特色服务，创办《老干部工作简报》，服务保障质量明显进步。

后装综合保障。研究制定警备区《财务管理规定》和《车辆使用管理规定》，坚持用法规制度规范后勤管理秩序。警备区 166 个（含人武部、干休所）、驻济部队 1148 个停偿项目全部关停。组织营区营房设施升级改造，改善办公生活条件。抓好全区违规占用公寓房、库房清理整治工作。组织全区报废弹药调运，完成报废弹药调运任务。

2018 年 7 月 12 日，济南警备区组织“传承红色基因、担当强军重任”主题教育参观见学活动。图为参观临沂地区大青山胜利突围纪念馆，组织重温入党誓词活动

（济南警备区　供稿）

【驻济部队停偿工作调度会】 2 月 12 日，市政府召开驻济部队停偿工作调度会，市委副书记、市长王忠林，副市长吴德生等领导及有关部门主要负责人出席会议。会议听取驻济部队停偿工作推进情况汇报，有关部门主要负责人介绍各职能部门停偿项目推进情况并做表态发言，王忠林明确下步做好驻济部队停偿工作需要把握的重点问题，并要求全力配合支持部队在规定时间完成好此项工作。2018 年度，济南警备区 166 个（含人武部、干休所）、驻济部队 1148 个停偿项目全部关停，善后工作全部清零。济南警备区被山东省军区表彰为全面停止有偿服务先进单位。

【民兵应急分队扑灭山火】 4 月 17~21 日，济南警备区出动 10 个民兵应急连、20 个民兵应急排，动用各型车辆 80 余辆、各类灭火器材 1766 件，连续奋战 4 昼夜，完成济南千条沟地域山火扑灭任务，检验了新组建民兵队伍的实战化水平，济南民兵得到山东省和济南市通令表扬。

【市国防动员委员会成员单位联络员会议】 4 月 4 日上午，在济南警备区召开济南市国防动员委员会、人民武装委员会联络员会议。会议学习上级有关文件精神，部署民兵组织调整改革、国防动员建设规划计划撰写和动员潜力调查等工作。

【民兵组织调整改革】 按照紧贴任务、符合实际、布局合理、保障打赢的原则对民兵组织进行调整改革，优化力量体系，创新管理模式，强化保障措施。通过调整改革，全市民兵形成突出“两域”（部队驻地和阵地地域、重要目标防护地域）、贯穿“两线”（交通主线、黄河沿线）、遍布“四级”（市、县、镇、村）的民兵力量体系。

【征兵工作】 2018 年，济南市征兵工作适应发展新常态，融入管理新体制，探索工作新举措，高标准高质量完成新兵征集任务。济南警备区被山东省军区表彰为全省征兵工作先进单位。

【“传承红色基因、担当强军重任”主题教育活动】 4 月 18 日起，警备区组织“传承红色基因、担当强军重任”主题教育活动，教育活动区分 4 个专题，贯穿全年。重点组织“和平积习大起底大扫除”“向老红军、老八路、老解放学习”“合编合心合力大谈心”“纪念济南解放70周年‘五个一’（举办一次演讲比赛、组织一次知识竞赛、展播一批红色故事、进行一次走访慰问、组织一次图片展）系列活动”。

【大学生主题演讲比赛】 5月4日下午，驻济高校大学生“泉城国防杯”主题演讲决赛暨“寻访身边红与绿”主题实践活动颁奖在山东师范大学长清湖校区举行。年初，济南警备区政治工作处联合市委宣传部、市教育局、市民政局，在驻济44所高校部署开展“寻访身边红与绿”主题实践活动和“爱我国防”主题演讲比赛。活动共收到文字、视频、书法等作品近2000篇（部、幅），调动激发了高校大学生弘扬传统、尊崇军人的自觉性和爱我中华、强我国防的使命感。

【开展大学生军事技能比武活动】 11月30日至12月2日，济南警备区政治工作处联合市委宣传部、市教育局、市双拥办在济南市长清区国际园博园开展以“传承红色基因、助力强军梦想”为主题的济南市第四届大学生军事技能比武活动。驻济高校共有22支大学生代表队参赛，比赛内容主要为定向越野和攻防对抗两大项。通过这一活动，增强了当代大学生赓续红色血脉、矢志强国兴军的政治热情，提高了大学生的国防观念和军事技能。

【“强军杯”系列文体活动比赛】 7月16~18日，山东省军区“强军杯”系列文体活动济南片区比赛在八一文体馆举行，比赛分为篮球、乒乓球和台球3个项目，有5支队伍、100余名运动员参加比赛，济南警备区代表队囊括篮球、乒乓球和台球3个项目第一名。9月25~29日，山东省军区“强军杯”系列文体活动决赛在省军区机关举行，济南警备区获优秀组织奖，篮球比赛获亚军、乒乓球比赛获体育道德风尚奖，济阳县人武部周俊龙获台球比赛亚军。

【扶贫日活动】 10月16日，济南警备区到警备区帮扶村济阳县垛石镇米桥村组织开展“助力精准扶贫、共建美丽乡村”活动，警备区司令员徐守华大校、政委李怀林大校、副司令员李铁军大校参加。活动主要包括村碑揭牌仪式，参观扶贫项目建设，走访慰问贫困家庭，开展义诊活动，签订共建协议，捐赠帮扶资金，为大学生发放助学金。

【招考文职人员考试保障工作】 全军首次面向社会公开招考文职人员统一考试于8月26日开考，济南警备区承担设置在济南市天桥区汇文实验学校的第135考场58个考室2017名考生的考务保障工作。济南警备区出动警车5台、救护车2台、无线电监测车1台，抽组监考员116名、保障人员56名与有关部门人员配合，完成了考试保障任务。

（刘　强）

2018年5月3日，武警济南支队开展主题大团日活动　（武警济南支队　供稿）

【概况】 2018年，武警济南支队坚持以习近平强军思想为根本指导，贯彻武警部队和山东总队党委指示精神，各项工作推进有力有序，部队全面建设呈现新局面。组织“学训词、铸军魂、开新篇”专题教育和党委中心组带机关理论学习，打造新“五小”阵地推进理论

武装大众化深入化，研究成果获总队一等奖。组织开展“传承红色基因，担当强军重任”主题教育，建立“三课一评”督导机制，参加总队“四会”政治教员比武，获1个十佳、2个优秀的好成绩。突出经常性思想工作和心理工作落实，预防工作微电影《迷途》获武警部队优秀奖。持续开展“卫士风采”系列文化活动，足球队在总队强军杯比赛中勇夺冠军。宣传报道工作富有成效，全媒体上稿量名列前茅，烈士王成龙先进事迹影响深远。政治工作部被总队表彰为先进政治机关。积极适应全面从严治党新常态，加强各级党组织先进性纯洁性建设。落实民主集中制，抓好十九大精神和军委主席负责制学习。抓好两级党代会、三级党建会精神学习，召开支队第一次党代会。支队纪委被总队表彰为先进纪检监察集体。

2018年11月6日，武警济南支队举行王成龙烈士追记一等功大会

（武警济南支队　供稿）

【军事练兵备战】　坚决贯彻训令要求，党委带头打响军事训练“第一枪”，每月分析中心工作建设形势，紧盯训练场、教练员两块短板，组织2个波次“和平积弊大起底大扫除”活动，组织专勤专训、“魔鬼周”训练、新兵教育训练和在队训练，军事考核总评成绩由半年倒数第二跃升到年终第六名，特战分队比武取得第三名。开展警卫和留置勤务专项清理整治，制定作战勤务值班室运行规范，执勤一中队被总队表彰为正规化执勤标兵中队，武装押运勤务组织与实施经验被总队推广，连续29年执勤无事故。先后完成重大警卫勤务16起、省市“两会”和中超联赛安保19起、武装押解押运253起。1人被武警部队表彰为维稳先进个人。

【基层发展基础建设】　抓好经常性基础性工作落实，常态化开展“学职责、尽职责”和“组织建设规范周”活动，修订完善《按纲考评办法》，实行常委轮换包片，各级争先创优的积极性进一步提高，执勤一大队被武警部队表彰为首届基层建设标兵大队，执勤一、三大队被总队表彰为基层建设先进大队，执勤二中队被总队表彰为基层建设标兵中队。开展“查找问题、解决问题”和“条令年”活动，落实巡查检查制度，召开正规化建设现场会，规范基层日周月季工作，四个季度破解难题中两次在总队做经验介绍。2人被武警部队表彰为“百日安全竞赛”先进个人。开展“大学习、大调研、大改进”活动，搞好专题和仪式教育，办好暖心惠兵实事，官兵干事创业的氛围不断浓厚。在士官队伍中开展“岗位大练兵、比武砺精兵”活动，总队影视专业兵比武获第二名，1人获全军士官优秀人才奖三等奖。

【后装保障】　以重大任务为牵引，健全“一组三队”和基层战勤编组应急保障力量体系，优化战备物资储备布局，加强专业队伍训练演练，开展“深入学大纲、岗位大练兵、专业大比武”活动，总队比武获团体第二名、2个单项第一名。完成武警部队后勤“两化”集训现场会课目演示任务，后装保障能力在各项任务中得到锤炼检验。坚持把精细管理贯穿后装工作全过程，修订完善党委理财、结算报销、工程建设、物资采购、车辆派遣等制度规定。坚持“基层至上、士兵第一”，财力物力持续向基层倾斜，投入60余万元升级改造军械库室，筹措580万元用于营房改造，加大伙食监督管理力度，做好卫生防病工作，官兵执勤训练工作生活条件进一步改善。推进后勤领域“清仓归零”专项清理整治，按时完成7处项目停偿。保障部被总队表彰为先进保障机关。

（刘　磊）

【概况】 2018年，济南市健全防空警报报知体系，填补警报器安装真空、清除报知盲区，全市音响覆盖面积增加80余平方公里。新型人防指挥中心试点工程进展顺利，形成通信全时全域、信息互联互通的应急保障能力，市级“三位一体”人防指挥所体系全面建成。加强单建人防工程建设，为全面提升城市防护水平奠定基础；防空地下室建设面积保持匀速高位增长，结建人防工程报建率、报审率、报监率居全省前列，构建起城市综合防护体系。组织全市第二十次防空防灾警报试鸣日活动，同步进行防空防灾应急疏散演练。3月20~22日，组织济南人防机动指挥系统协同训练；9月18日，组织开展济南人防重要目标防护指挥信息保障综合演练，检验了人防备战练兵的整体成效。

【人防平战结合工作】 优化调整平战开发由商业经营向社会民生转换，规划建设近2000平方米的便民市场，给周边市民带来生活便利。加快人防纳凉点功能改造和环境提升，增强市民娱乐休闲新体验，全市人防纳凉点增至6处。利用公园、广场、市政道路、学校操场等公共空间资源，选址建设地下过街通道、地下停车场、地下购物等公益性人防工程，积极对接城市建设，完善社会服务功能，提升城市品质，努力打造贴近民生、服务群众的惠民便民工程。

【推进融合深度发展】 坚持与“城市所需”融合，推进同步规划结合建设。持续对新旧动能转换先行区、城市轨道交通、CBD等重大项目、重点工程开展人防规划衔接，全面落实“城市新区全域设防、轨道交通全线设防、重要目标重点设防”规划要求。坚持与“发展所急”融合，全面落实“一次办成”目标改革措施。全面推行一次申报、一门受理、承诺服务、限时办结“一站式”服务；人防设计审查并入施工图设计文件联合审查，由串联改为并联，审查时间缩短5~7个工作日；全面梳理人防行政许可审批事项清单，审批时限缩短50%以上，所有行政审批事项实现“一网通办”“最多跑一次”。

【人防工程平战转换演练】 12月14日下午，人防工程平战转换示范演练实训活动在济南市清源路地下车库人防工程举行。全市人防系统70多名干部职工和志愿者进行防空警报信号发放、战时通风设备三防转换、战时水箱检修储水、战时防护防化设施设备使用操作等科目的演练实训。通过实施平战转换，参训人员进一步熟悉了组织流程、掌握了操作要领，提高了人防工程平战转换组织水平，加强了人防备战打赢能力建设。

（汲广耐　徐鲁东）

责任编辑　王　炜

经济综合与管理

【概况】 战略研究。编制完成《济南市新旧动能转换重大工程实施规划》，构建形成新旧动能转换重大工程“10+4”推进体系，筹办第二届国研智库·新旧动能转换泉城论坛，新旧动能转换重大工程加快实施。提出《济南市关于打造对外开放新高地的报告》《济南市打造对外开放新高地的若干措施》，得到省委、省政府及省直有关部门支持。提出《中共山东省委山东省人民政府关于支持济南高质量发展更好发挥副省级城市功能作用的若干政策（代拟稿）》，争取65项省级权力事项下放济南。完成“十三五”规划纲要实施中期评估工作，提出保障后两年规划目标任务落实的思路建议。围绕“北跨东延”区划调整、区域性经济中心建设等重大战略，完成14项重点课题研究，一批重大建议成功转化为省、市两级决策部署。

计划执行。加强经济运行月调度季分析，协调落实区域性经济中心建设年度目标任务，2018年全市地区生产总值增长7.4%，增速由全省第五位移到第二位，占全省比重由9.9%提高到10.3%，实现全年经济社会发展主要目标。组织开展集中服务企业活动，全市筛选确定重点企业超过1000家，一批企业反映强烈的困难和问题得到解决，市场主体活力持续释放。推动企业上规入库，新增重点服务业企业143家，服务经济主引擎作用继续增强。

产业发展。研究制定《济南市鼓励总部经济发展的若干政策》，在北京举办政策推介会。促进十大千亿产业发展，编制完成《济南市先进材料产业发展专项规划》，制定《济南市支持宽禁带半导体产业发展的若干政策措施》，会同市卫计委提出《关于建设国际医疗康养名城的实施意见》，协调兑现支持平台型企业发展专项资金900万元。争取获批国家地方联合工程研究中心1家、省级工程实验室（工程研究中心）15家，浪潮集团申建国家云计算装备产业创新中心取得阶段性成果。推动军民融合深度发展，新增国家级、省级经济动员中心6家。

项目建设。全年受理行政审批事项1404个。推进重点项目建设，为41个项目协调解决用地指标553.93公顷，为118个项目协调解决信贷资金210.2亿元，协调妥善处置阻工案（事）件81起，240个市级重点项目年度投资计划完成率达105.1%，带动全市固定资产投资增速连续三年保持全省首位。争取中央、省预算内资金37亿元，帮助西城集团发行债券33亿元，39个重点项目列入省新旧动能转换优选库、10个项目列入2019年省重点项目。核准投资项目招标方案240个，审批政府投资项目初步设计概算58个，审减政府投资30亿元，政府投资项目决策委员会组建工作稳步推进。强化交通基础设施建设，济南综合交通枢纽发展战略规划编制完成，机场扩建和“米”字型高铁网规划建设扎实推进。

区域统筹。推动中心城区改造提升，支持一批重大片区改造和基础设施项目建设。提出促进县域经济加快发展20条政策措施，协调落实区帮扶县资金8000万元，推动县域建成标准化厂房288万平方米，支持平阴县、商河县加快发展的政策措施加快完善，有利于区域协调发展的政策安排更加健全。编制完成《济南市乡村振兴战略规划》和5个工作实施方案，提出《济南市农村人居环境整治三年行动方案》，争取1区、5镇、50村列入省乡村振兴“十百千”工程示范创建。做好经济协作和对口支援工作，完成援藏、援疆以及扶贫协作湖南省湘西州、重庆市武隆区等任务。

生态环保。做好中央环保督察组督察反馈意见整改工作，完成160家无立项化工企业整改任务。新搬迁改造和关停腾退东部老工业区工业企业10家，部分大企业外迁工作有序展开。严格实施能源增量和煤炭减量管理，省下达的济南煤炭总量控制年度任务超额完成。编制形成《济南市清洁能源取暖规划》《济南市加氢站发展规划》，“外热入济”工程稳步推进，可再生能源发电装机规模增加到83.8万千瓦。制定全市生态文明建设目标评价考核办法、低碳发展工作方案和适应气候变化行动方案，重要国家级试点持续深化。

深化改革。持续推进审批制度改革，实现审批权限一次性下放、审批服务一个窗口对外、审批事项“一次办成”，完成国务院大督查迎查有关工作。公共资源交易项目办理流程环节由7个压减至3个。汇编《济南市支持实体经济高质量发展政策清单》。持续完善社会信用信息平台，联合奖惩系统在全市50个部门、12个区县推广使用，“信用+旅游”服务上线运行，济南市被评为全省首批社会信用体系建设示范城市。公务用车改革、行业协会商会脱钩等改革任务基本完成，启动市级党政机关公务用车保障平台建设。

扩大开放。举办“一带一路”国际合作城市信用联盟高峰会议，“一带一路”国际合作城市信用联盟成立。加强对上汇报争取，济南综合保税区迁建获国务院批复。应对中美贸易摩擦影响，提出针对性对策建议，推动全市外贸进出口增长16.2%。制定十大千亿产业招商指导目录，完成双招双引考核任务。加大利用外资工作力度，清洁供暖大气污染防治项目获得亚洲开发银行贷款4亿美元，济南高新控股发行境外债券2.5亿美元。

民生保障。破解黄河滩区迁建各项难题，争取省级以上投资41.8亿元、市级资金4亿元、专项债券9.3亿元、低息贷款额度20亿元，外迁安置工程全部开工，旧村台提升、临时撤退道路改造、护城堤建设等工程稳步推进。完成西营镇老峪村、积米峪村易地扶贫搬迁工作，光伏扶贫项目累计建成714个，总装机规模4.3万千瓦，年收益达到4828万元，惠及建档立卡贫困户7600多户。做好社会民生服务保障工作，完成18件民生实事。公开政务信息1257条，办理12345市民服务热线工单近700件，办理过程满意率、办理结果满意率100%。（李忆杉）

【经济体制改革】 落实中央、省供给侧结构性改革各项部署和济南市“三去一降一补”任务，推进东部老工业区工业企业搬迁改造和关停腾退。修改完善《济南市东部老工业区搬迁改造重点工程行动计划（2018~2020年）》并报国家发改委获得批准。推进工业企业搬迁。关停腾退工业企业10家，累计搬迁关停66家，提前完成政府工作报告年度任务，超额完成到2021年搬迁改造、关停腾退62家企业的计划目标。降低电价水平，减轻企业负担。落实省物价局降低工商业电价水平相关要求，分3次降低工商业用户电价，下调幅度10%。按照《山东省物价局关于明确临时接电费和自备电厂有关价格政策的通知》精神，清退全市临时接电费。上报《关于余热、余压、余气自备电厂暂免政策性交叉补贴和系统备用费的请示》，减免全市“三余”自备电厂系统备用费和交叉补贴减轻电费负担。根据省物价局省环境保护厅《关于燃煤发电机组环保设施自主验收后环保电价执行有关事项的通知》，申请济南市5家企业，19个发电机组执行环保电价。出台《中共济南市委办公厅济南市人民政府办公厅关于加强企业家队伍建设的意见》。

推进国有企业改革。推进平台类集团公司市场化转型，做好六大集团资产调整划转工作。深化平台整合调整工作，逐步将154亿元的资产调整到相应投融资集团。加强投融资规划引导，出台市属企业投融资管理办法，防范金融风险。制定《市属企业投融资监督管理办法》及负面投资清单、《市属企业发展战略和规划管理办法》。以发展混合所有制经济为突破口深化国有企业改革，加快股份制改造，推动国有企业改制上市。济南金控集团、济南重工股份与亚财资本控股共同发起设立济南金控国际融资租赁有限公司，启动济南城建集团有限公司混改和济南金衢公路勘察设计研究有限公司、济南金诺公路工程监理有限公司整合重组，济南二机床入选国务院国资委国企改革“双百行动”企业。企业资产证券化步伐加快。制定《关于加快市属国有企业上市推进资产证券化工作的指导意见》，配套出台《市属国有企业上市三年行动计划（2018~2020年）》，分行业、分层次、分梯队建立10家以上拟上市企业后备资源库，形成“储备一批、改制一批、辅导一批、申报一批、上市一批”的上市企业梯次培育机制和推进格局。推进国有企业历史遗留问题解决，基本完成“三供一业”分离移交等国企办社会改革任务。全市国有企业职工宿舍区“三供一业”分离移交641220户，全部签订移交协议，基本完成管理职能移交和资产划转。优化市属企业经济增加值考核，创新市属企业负责人考核与薪酬管理。修订完善《市属国有企业负责人经营业绩考核与薪酬管理暂行办法》，引导企业落实新发展理念。起草企业领导人员契约化管理和职业经理人制度，在元首集团、市投资控股集团权属企业开展职业经理人试点，市场化聘用3人分别任二级公司总经理、副总经理。规范市属企业法人治理结构和集团管控模式，加强企业管理。压缩企业管理层级，出台《市属国有企业压减管理层级的实施意见》，利用两年时间将企业管理层级压缩在三级以内。出台以管资本为主加快推进职能转变的实施意见，印发国资监管权力清单，厘清国资监管权责边界。制定国资监管权力清单、责任清单、监事会监督事项清单，制定配套工作流程，简化办事程序，提高工作效能。

深化商事制度改革。按照省政府和市政府“证照分离”改革试点工作部署，4月1日，在高新区和章丘明水经济技术开发区开展“证照分离”改革试点。印发《关于切实做好“证照分离”改革试点组织实施相关工作的通知》，明确各部门职责任务和时间节点。依托市事中事后监管服务平台，开发“证照分离”改革工作模块，加强“双告知、双反馈、双跟踪、双随机、双评估、双公示”六个方面的工作，实现数据互联互通。推出一批新的涉企证照事项纳入“多证合一”。印发《关于印发全市实施“多证合一”登记改革工作方案的通知》等文件，在“三十一证合一”的基础上，将公安、商务等部门的14项涉企证照事项整合到营业执照上，实现“四十五证合一”。落实国务院“放管服”改革要求，建设全市事中事后监管服务平台，初步形成大归集、广覆盖、大监管、严惩戒的事中事后监管新格局。推进随机抽查与信用监管、智能监管、综合监管相互联动，强化结果运用，根据市场主体信用情况，采取针对性强的监督检查方式。出台济南市“标准化+”发展规划，起草《济南市“标准化+”发展规划（征求意见稿）》。参与创建全国标准化综合改革试点工作。印发《济南市人民政府关于贯彻落实鲁政字〔2018〕125号文件深入开展国家标准化综合改革试点工作的通知》。全市重点项目中，平阴孔村新型城镇化标准化试点、济南绣惠施家崖村美丽乡村标准化试点、社区矫正教育帮扶标准化试点、济南城市公共交通服务标准化试点等4个项目通过验收。全国量子计算与测量标准化技术委员会已获批筹建。组织申报国家级章丘大葱创新平台和曲堤黄瓜创新平台。浪潮集团等信息技术企业承担的全国云计算技术标准创新基地申报材料已上报国家标准委。市12345市民服务热线办公室召开座谈会，研究《公共服务热线规范》立项为国际标准的相关工作。国家标准委发文批准济南二机床集团有限公司承担建设国家高端装备制造业（数控机床）标准化试点。在完成济南市人力资源和社会保障基本公共服务综合标准化试点的基础上，组织筹备申报国家级标准化示范项目。济南市政务服务国家级社会管理和公共服务综合标准化试点获批建设后，市政务服务中心管理办公室成立领导小组和办公室，召开试点启动大会。济南传化泉胜公路港物流有限公司省级服务业标准化试点已初步完成园区规划、园区服务等两部分标准的梳理工作；济南市质监局机关党建标准化试点、阳光大姐智慧养老服务标准化试点已立项为2018“山东标准”建设项目。引导鼓励具有技术优势或自主知识产权的企业参与国际、国家标准的研制。全市共新增国家标准24项，总数达到353项。

深化科技体制改革。完善以绩效为导向的财政支持制度。探索偿还性资助、风险补偿、贷款贴息、后补助等方式支持科技成果转化，提高项目承担单位科研项目经费使用自主权，提升财政资金的使用效益。加快国家科技成果转移转化示范区建设。成立济南市国家科技成果转移转化示范核心区建设领导小组，出台《济南市加快国家科技成果转移转化示范区建设促进科技成果转移转化行动计划》《关于促进高校和科研院所协同创新和成果产业化的若干政策（试行）实施细则》《济南市技术转移转化服务机构管理办法（暂行）》等系列文件。实施科技企业孵化器专业聚焦行动计划，成立济南科技企业孵化器发展联盟及济南众创空间发展联盟。全市科技对外开放实现历史性突破，海外孵化器总数达4家、海外研发机构达30家，欧盟板块和欧美亚网状布局基本形成。推进知识产权服务业集聚区建设，建立“专利导航”产业发展工作机制。出台《关于促进济南市知识产权服务机构发展的指导意见》，完成《专利导航济南市创新发展质量评价报告》；实施主导产业专利导航分析，首批开展“济南市量子通信产业专利导航”“绿色智能厨房电器产业专利导航”两个专利导航项目。国家知识产权局同意在济南建设知识产权保护中心。全市新增国家知识产权示范优势企业15家、贯标企业163家。实施重大科技创新工程。实施推进量子、数创公社、工研院三项重点工作。成立济南量子科技产业智库，推进济南量子科技产业规划编制。工研院基金成立济南新旧动能转换海投基金，与英国索尔福德大学合作设立海外孵化器。与美国科学院院士、中科院上海植物逆境生物学研究中心主任朱健康教授合作开展植物基因编辑技术产业基地项目，打造济南植物基因编辑公共技术平台和产业基地。出台《2018年济南市科技发展计划编制指南》，设立企业创新研发专项、社会民生专项。建设农业科技园区。历城区省级农业科技园区抓好果树推广选育发展建设；长清区省级农业科技园区抓好大棚蔬菜发展建设；章丘区省级农业科技园区抓好核桃深加工发展建设；济阳区省级农业科技园区抓好蔬菜种苗发展建设；平阴县省级农业科技园区抓好中药材发展建设；商河县省级农业科技园区抓好温泉花卉发展建设。长清区、济阳区、商河县的省级农业科技园区完成省级第一批农业科技园区现场考察和答辩验收工作。健全科技创新平台体系，完善各类创新平台布局。优化创新创业孵化载体。全市科技企业孵化器达47家，各级孵化器共有在孵企业1800家，孵化器总面积102万平方米。全市众创空间达186家。建成国家、省级企业重点实验室16家。省部共建齐鲁工业大学“生物基材料与绿色造纸”国家重点实验室获批建设。推进山东产业技术研究院建设。研究提出承建产研院方案，已获批。《学习先进经验，建立山东产业技术研究院，推动构建协同创新新体系》入选省推进制度创新首批重点项目。

完善对外开放体制机制。推进构建开放型经济新体制综合试点试验工作。围绕探索开放型经济运行管理新模式、各类开发区（园区）协同开放新机制、推进国际投资合作新方式、建立质量效益导向型外贸促进新体系、金融服务开放型经济新举措、各类高端开放载体协同发展新格局六个方面，总结形成试点试验案例53个。推广落实国务院发布的自贸试验区改革试点经验和商务部公布的国家各部委自行复制推广改革试点经验事项。根据省委、省政府《关于推进新旧动能转换重大工程的实施意见》中“在济南、青岛、烟台三市，依托国家级新区、国家级经济技术开发区、国家级高新技术开发区和海关特殊监管区域，充分借鉴自贸试验区改革试点经验，加快体制机制创新”要求，省厅函发《关于商请争取政策措施的函》，市商务局向市编办、金融办、发改委等市直部门及高新区、新旧动能转换先行区管委会等38个单位征集意见，20个单位提报142条拟申请国家支持的相关政策措施。深入推进开发区体制机制创新，做好部分行政权力下放开发区工作，完善开发区建设发展考核评价办法。各开发区普遍扩大管辖范围，明确园办关系，调整部门设置，财政全部独立并与区县分享，部分行政权力已下放到开发区。各开发区实行全员聘任制、KPI绩效考核体系和底薪+绩效工资（奖金）的薪酬制度，扩大充实招商机构和队伍，重新策划产业定位。济南市开发区改革走在全省前列，被省商务厅作为典型推广。研究制定加快跨境电商发展的意见。出台《济南市促进外贸稳定增长若干措施》。济南跨境电子商务综合服务平台已完成建设，与海关总署统一版平台完成对接和数据测试工作。济南综保区建成跨境电子商务监管中心，基本实现“清单核放、汇总申报”方式办理跨境电商一般出口报关手续。跨境电商龙头企业加快布局。跨境物流体系逐步完善。济南邮政口岸实现鲁中西十一地市国际邮件直封、直飞，开展国际邮快件、货物快速通关等综合服务。加快推进中日韩服务贸易（济南）创业创新园建设。委托商务部研究院亚洲研究所编制《中日韩服务贸易（济南）创业创新园战略实施方案研究》，组建招商运营团队，开展园区建设推进和招商推介工作。园区重点打造的园区接发包平台和人才培训平台已开发完成。园区已满足山东省服务贸易特色服务出口基地标准（其他特色服务出口园区内某类领域服务出口企业3家（含）以上或服务出口额超过30万美元以上）。深入推进国际贸易单一窗口推广应用。实现用海关统一标识展示和规范命名以及主要报检功能全覆盖和“单一窗口”企业报关报检资质一次注册。新上线机电产品自动许可证申报、海关特殊监管区管理、保税物流管理、加贸申报等系统。济南航空口岸上线试点空运舱单。“单一窗口”主要申报业务覆盖率80%以上，超额完成年度目标任务。开通“单一窗口”全国统一服务热线95198。加大新型业态扶持，支持一达通建设北方原产地证签证中心。扩大原产地证书申请人范围，简化备案手续，降低通关成本。给予山东一达通公司原产地证双抬头和信用审单等措施，实现对一达通公司原产地证书即报即审。深化外资管理体制改革，强化外商投资项目事中事后监管。对外商投资实施准入前国民待遇加负面清单管理。按照“非禁即入”的原则，严格执行企业项目管理负面清单制度，负面清单以外项目一律实行备案制，不设置任何前置条件。进一步简化流程，压缩申报资料，推动网上申报预审业务，严格落实法定备案期限，实现外商投资企业办理手续“最多只跑一次腿”。构建“互联网+政务服务”管理新模式，落实外商投资企业商务备案与工商登记“一口办理”，实现商事登记全程电子化。坚持提质增效，抓好“放管服”改革。在下放至高新区、章丘区的基础上，下放审批权限至三个县和四个省级开发区，完成所有下放工作。市财政安排资金1.2亿元对全市外商投资企业实际到账外资进行奖励，共计惠及64家外商投资企业。完善走出去服务和风险防范体系。围绕开展国际产能合作，政府、银行、信用保险机构和企业逐步形成“3+1”促进国际产能合作工作机制平台。引导电力设备、建筑、钢铁、水泥、民用太阳能灯行业生产能力加快境外转移合作。建立“抱团出海，资源共享”发展模式，建立俄罗斯（中亚中东欧）、中国香港（亚洲）、苏丹、迪拜、德国五个企业联盟，共同开拓国际市场。完善风险保障工作机制，形成风险保障平台，促进企业境外发展。综合运用内保外贷、外保外贷、投资保险、融资担保等方式，为走出去企业提供融资增信服务。通报发布海外安全风险预警信息，加强部门协调配合，做好境外突发事件应急处置工作。设立企业“走出去”风险补偿金，对“走出去”企业购买人身财产保险、融资贷款等进行补偿。

其他改革。完成行业协会商会与行政机关脱钩。8月，联合工作组向各协会商会主管单位下发脱钩工作批复，除12家因承担特殊职能或申请延期脱钩的协会商会外，其他协会商会根据批复要求陆续办理注销、重新注册等相关手续。完成国有企事业单位公务用车制度改革。出台《济南市市属事业单位公务用车制度改革实施方案》和《济南市市属国有企业公务用车制度改革实施方案》。对事业单位和市属国有企业进行车改培训，完成5个直属事业单位车改实施方案的批复、345个部门属事业单位和1个省属垂直管理事业单位车改实施方案的批复备案工作。在24个参改国有企业中除1家企业因特殊原因推迟报送方案外，其他企业的车改实施方案全部批复完成。推进公共资源交易平台优化建设，出台《济南市人民政府关于印发济南市公共资源交易目录的通知》。稳妥推进增量配电业务改革试点项目。成立推进工作组，确定改革试点项目增量配电网规划和实施编制单位，收集相关电网资料，开展规划的编制工作。（王　卫）

【固定资产投资】 全市固定资产投资保持稳定增长态势，全年固定资产投资比上年增长9.6%，分别高于全省、全国5.5个和3.7个百分点，增速位居全省十七城市第1位。第一产业投资增长9.8%，比上年同期增速提高3.4个百分点；

第二产业投资下降10.1%，比上年同期增速回落26.5个百分点；第三产业投资增长14.3%，比上年同期增速提高1.7个百分点，二产投资下降明显，一产、三产增速呈稳定增长态势，投资结构进一步优化。（梁　强）

【省重点建设项目】 2018年，全省确定110个省重点建设项目，济南负责推进的项目分别为：浪潮软件集团有限公司云平台建设与应用推广项目、山大地纬软件股份有限公司软件研发生产基地建设项目、齐鲁制药有限公司生物技术药物产业化建设项目、济南永信新材料科技有限公司生物质纤维非织造新材料智能制造项目、中国重汽集团济南动力有限公司汽车曲轴箱智能制造项目、北辰机电设备股份有限公司新能源装备生产基地项目、济南绿地山东国际金融中心（IFC）项目、济南市济泺路穿黄隧道工程、山东能源重装集团莱芜高端装备制造园区项目和山东莱钢鲁碧绿建新材料产业基地一期项目。项目总投资145.48亿元，年度计划投资41.25亿元，全年累计完成投资45.87亿元，超额完成年度投资计划。（甘　锋）

【市重点建设项目】 全市240个市级重点项目中，实体经济项目152个，总投资6915亿元，年计划投资1712亿元；城建管理项目88个，总投资3592亿元，年计划投资1104亿元。240个重点项目完成投资2959亿元，年计划完成率105.1%，已开工项目237个，开工率98.8%，有36个项目竣工。（朗咸勇）

【政府投资项目初步设计概算管理】 市发改委全年评审批复济南市北园大街快速路西延建设工程、济南市济泺路穿黄隧道工程、济南市邢家渡灌区续建配套节水改造（第五期）工程等49个政府投资项目的初步设计概算，与原申报概算的324.45亿元相比，综合审减概算27.72亿元，综合审减率为8.54%，在保证项目使用功能的前提下，提高政府资金的使用效率。（朗咸勇）

【企业债券发行】 12月14日，主承销商中信证券股份有限公司，向中国境内机构投资者发行33亿元企业债券，这是济南市有史以来规模最大的企业债券发行融资，共有53家机构参与认购，认购倍数2.1倍，发行利率4.63%，期限10年，每年付息一次，到期一次还本。本期债券所筹资金19.8亿元用于济南西部西城会展中心项目，13.2亿元用于补充营运资金。本期企业债券创下多项省市企业债券发行之最，是山东省2018年度规模最大、利率最低的企业债券，比同期银行贷款利率低0.27个百分点，节约财务成本0.891亿元。（马永振）

【防范化解企业债券领域重大风险】 开展2018年度企业债券存续期监督检查和本息兑付风险排查，对辖区内已发行、仍处于存续期的6家共计122亿元总规模的企业债券组织专项检查，对存续期债券总体情况、债券募集资金投入领域情况、募投项目运营效益情况和企业债券本息兑付压力及风险状况等进行排查，对企业债券可能存在的风险问题早识别、早预警、早发现、早处置，维护债券持有人合法权益。通过排查，6家发债企业2018年共需偿还债券本金19.3亿元，利息6.05亿元，本息合计25.35亿元。根据风险排查情况，济南市发债企业均能够按照企业债券还本付息计划和时间安排，按期偿还企业债券本息，无债券违约风险。（马永振）

【公共资源交易综合管理】 按照决策权、监督权、执行权既相互制约又相互协调的要求，建立济南市公共资源交易管理工作联席会议制度。4月，将相关市直单位和设有分中心的区县纳入联席会议成员单位，加强全市公共资源交易管理工作的组织领导。济南市人民政府印发《关于印发济南市公共资源交易目录的通知》，以清单化、目录化方式明确应进入市公共资源交易平台的8大类共171项交易项目，将公车拍卖、国有房屋租赁等新兴交易门类纳入目录管理，进一步明确进场项目应由各县区政府、各行业监管部门负责监管，为规范公共资源交易管理提供重要依据。9月，市发展改革委会8个行业主管部门联合印发《关于简化公共资源交易项目办理流程的通知》，优化简化中标通知书发放流程，办理环节从7个减至3个，实行中标通知书网上防伪打印，同时对落实容缺受理、健全诉求机制、完善平台建设等方面提出要求。全市完成公共资源交易项目13003个，交易金额3095亿元，交易量和交易额双创

历史新高。（张　娜）

【济青高铁开通运营】 12月26日，济青高铁开通试运营，济青高铁是国家《中长期铁路网规划》“八纵八横”高速铁路网中青银通道的重要组成部分，也是中国第一条以地方为主投资控股建设的高速铁路。全线设济南东站、章丘北站、邹平站、淄博北站、临淄北站、青州市北站、潍坊北站、高密北站、胶州北站、青岛机场站、红岛站共11站，设计时速350公里，从济南东站出发，最快只需1小时40分钟就能抵达青岛北站。此外，石济客专齐河至济南东段，济青高铁济南东至济南西联络线同时开通运营，济青高铁与石济客专、京沪高铁实现联通，构成连接济南、青岛间多个中心城市和通达山东沿海烟台、威海、日照各中心城市的快速客运主通道。（吴　建）

【创新平台建设】 新增1家国家地方联合工程研究中心，15家单位获批省级工程实验室（工程研究中心），获批数量居全省首位，新增43家企业市级工程实验室、6家企业工程研究中心。全市拥有省级以上企业研发机构总数达384家。

（焦　然）

【可再生能源发电】 全市可再生能源发电装机总容量84万千瓦。其中，生物质发电装机13万千瓦、太阳能发电装机24.5万千瓦、风力发电装机46.5万千瓦。国瑞商河一期风电场项目、国电投商河风电场项目、济南热电北部生物质热电联产项目等项目开工建设，章丘九顶山风电场项目建成并网。

（马志鹏）

【鼓励总部经济发展】 出台《济南市鼓励总部经济发展的若干政策》，加快打造央企和跨国公司在中国北方的总部基地，在引进奖励、成长激励、人才保障、用地支持等方面提出10条支持总部经济发展的具体措施。齐鲁制药、佳怡物流等本地企业踊跃申请认定，全年新增总部企业38家。（周建建）

【概况】 2018年，市属国有经济保持良好发展势头。截至年底，纳入快报统计范围的25户企业资产总额达到8289.68亿元，同比增长11.97%；所有者权益总额1997.83亿元，同比增长20.7%；累计实现营业收入1357.40亿元，同比增长8.87%；累计实现利润总额105.59亿元，同比下降7.17%；上缴税金70.13亿元，同比下降7.42%；成本费用支出总额1277.26亿元，同比增长10.31%。

加快新旧动能转换。实施创新驱动战略，推动传统产业改造升级。全系统共计实施科技创新项目127项，计划完成60项，全年实际完成60项。市属竞争类国有企业研发投入占主营业务收入的2.03%，其中，济南二机床、山东金钟科技集团研发投入占销售收入的比重均超过7%。全系统拥有3家国家级技术中心、10家省级技术中心、6家市级技术中心，1家国家级研究中心、8家省级研究中心、6家市级研究中心，新增轨道集团1家院士工作站。实施项目带动战略。市属国有企业共实施投资项目206项，计划总投资4759.2亿元，当年计划投资791.7亿元，实际完成投资843.6亿元，完成年度投资计划的106.6%，其中，市级重点投资项目37个，2018年完成年度投资计划的115.7%。重汽集团MC发动机智能制造项目完成年度计划的115.8%，轨道交通1号线提前建成通车，城建集团凤凰路北延（大桥）工程项目完成年度计划的135.4%，城投集团山东第一医科大学项目完成年度计划的142.3%。做好与40家省属企业对接服务，已基本确定在济南投资项目68个，计划总投资2938亿元。推进双招双引。加大招商引资力度，2018年市属企业签约招商引资项目67个，总投资824.16亿元，落地项目53个，落地总投资187.46亿元，其中，内资签约项目45个，总投资754.76亿元，内资落地项目33个，落地总投资124.77亿元；外资签约项目22个，总投资约10.24亿美元，外资落地项目20个，落地总投资9.25亿美元。市国资委系统牢固树立“人才是第一资源”的理念，有泰山产业领军人才3人，享受国务院特贴专家22人，山东省有突出贡献中青年专家3人，市级拔尖人才45人，青年学术技术带头人36人。拓宽投融资渠道。2018年市属企业计划融资总额1067.66亿元，实际完成融资935.31亿元，完成年度计划的87.60%。其中，信贷类融资

380.67亿元，占融资总额的40.70%；债券类融资314.54亿元，占融资总额的33.63%；权益类融资71.13亿元，占融资总额的7.60%；政府债券74.26亿元，占融资总额的7.94%；其他类融资94.71亿元，占融资总额的10.13%。

加大改革力度。推动平台市场化转型发展。指导六大投融资集团制定2018~2020年发展规划，建立债券、基金等多元化融资机制。2018年末，六大投融资集团资产总额3582.52亿元，同比增长13.58%；所有者权益总额1115.37亿元，同比增长25.12%；实现营业收入383.15亿元，同比增长0.7%；固定资产投资额103.85亿元，同比增长53.35%。推进企业改革改制。2018年共指导推进42户企业改革改制，已完成31户，程序中推进11户。其中破产终结7户，新设3户，完成公司制改制15户，整合重组6户。完成盐业体制改革，将县区所属盐业公司移交县区管理，市盐业公司移交产业发展投资集团管理。推进混合所有制改革，指导济南金控集团、济南重工股份与亚财资本控股共同发起设立济南金控国际融资租赁有限公司，启动济南城建集团有限公司混改和济南金衢公路勘察设计研究有限公司、济南金诺公路工程监理有限公司整合重组。济南二机床被国务院国资委列为“国企改革双百行动”综合试点企业。加快僵尸企业出清步伐，完成77户僵尸企业出清任务。加快企业资产证券化步伐，研究制定《关于推进市属国有企业上市加快资产证券化工作的指导意见》，配套印发《市属国有企业上市三年行动计划（2018~2020年）》《企业上市政策法规摘编》《济南市国资委下属企业资本运作方案》。举办市属国有企业上市工作培训班，建立上市后备资源库，初步筛选确定15家企业（后备企业10家，储备企业5家）作为上市资源后备库第一批入库企业，实施动态管理，构建起“储备一批、改制一批、辅导一批、申报一批、上市一批”的梯次培育机制和推进格局。完成“三供一业”分离移交任务，专班推进，按时完成64万余户职工家属区供水、供电、供热（供气）、物业管理分离移交工作。制定《关于推动市属国有企业压缩管理层级的实施意见》，指导有关企业分别制定本集团压减管理层级实施方案，推进同类企业合并重组、大力压减企业管理层级，已完成压减管理层级总任务量的55%。

创新监管方式。依据“两法一条例”，在全省率先实行一张清单厘清权责、一套制度规范行为、一套流程提高效能、一个平台提供保障“四个一”监管模式，形成横到边纵到底、系统完善的国资监管工作新机制。加强基础管理工作。制定《市属企业发展战略和规划管理办法》《市属企业投融资监督管理办法》及负面投资清单，引导企业防范投资风险，做强做大主业。制定《市属国有企业实物资产出租管理暂行办法》《市属企业资产评估管理工作指引》《市属企业资产评估项目专家评审办法》等长效机制，强化产权转让进场交易，2018年实物资产交易业务共挂牌45宗，完成28宗，总溢价率63.81%。适应统一监管新变化，修订完善《市属国有企业负责人经营业绩考核与薪酬管理暂行办法》，将企业划分为竞争类、功能类、公益类，实行分类定责、分类考核，强化正向激励。强化监事会监督。在全省第一个制定出台《监事会工作指引》《监事会监督事项清单》，推行“两报告、一跟踪”，外派监事会就派驻企业监督检查情况向市国资委专题汇报2次，累计提交企业全面监督检查报告23份，专项检查报告24份，揭示企业问题或风险点80余条，提出意见建议83余条。按照“市场化选聘、契约化管理、差异化薪酬、市场化退出”的原则，在元首集团、市投资控股集团权属企业开展职业经理人试点，加快推进职业经理人制度。

【市属国有企业人才及外事政策专题培训班举办】 4月17日，市国资委举办市属国有企业人才及外事政策专题培训班。市国资委副局以上领导干部，市属国有企业主要负责人等约200人参加培训。培训班邀请市委组织部、市外侨办专家进行专题辅导，围绕国家“千人计划”“万人计划”，山东“泰山学者”“泰山产业人才工程”，济南“人才新政30条”及其配套政策、“5150工程”等与市属国有企业人才工作密切相关的人才政策，进行讲解。围绕市属国有企业有关人员因公出国如何使用APEC商务卡出访、临时出访实行表格申报、简化审批流程、限时办结等一系列服务国有企业因公出访的便利措施，进行解读。

【专项督查】 4月24日，省委、省政府第一督导组来济南市，就贯彻落实《关于加快推动国有企业改革的十条意见》情况进行专项督查。督查组一行与城市投资集团、轨道交通集团等企业负责人和市委组织部、市委督查室、市国资委部分处室负责同志进行个别访谈交流，查阅了档案资料，赴部分市属企业开展实地督查，对济南市深入贯彻落实《国企十条》、加快推进国有企业改革的做法给予充分肯定。

【济南金控国际融资租赁有限公司成立】 5月8日，济南金融控股集团、亚财资本控股有限公司、济南重工隧道建设装备有限公司签署协议，共同发起设立济南金控国际融资租赁有限公司。公司注册资本5亿元，首期出资5000万，金控集团为公司第一大股东。集团以服务实体经济为出发点，优先发展交通、医疗、教育、环保等产业，主营融资租赁、经营性融资租赁、租赁交易咨询及担保、购买租赁资产、租赁资产的残值处理和维修等，兼营主营业务相关的保理业务，开展供应链金融的全产业链服务以及投资银行业务。

【医卫新材料联合研究院成立】 5月11日，天津工业大学齐鲁化纤集团医卫新材料联合研究院揭牌仪式在济南举行。齐鲁化纤集团与天津工业大学发挥各自优势，推动校企合作，成立医卫新材料联合研究院。研究院是合作双方共同建设的项目研发平台，主要包括研发、检测、认证、知识产权管理、成果转化、技术服务、人才培养等。主要研究方向是高端、功能性新材料，用以满足新材料领域需求，这也是全国战略性新纤维材料的重要组成部分。研究院已完成“中国医卫新材料产业（济南）基地”项目的可行性研究报告，其中“纺粘熔喷医卫新材料项目”和“孖纺医卫新材料项目”在市发改委立项。

【轨道交通1号线首列车接车】 5月17日，轨道交通1号线首列车接车仪式在范村车辆基地举行，四位市民代表与建设者代表共同为首列车揭幕。这是济南市轨道交通建设取得的重大阶段性成果，标志着R1线距离2019年元旦通车迈出了重要一步。车辆到达范村车辆基地后，开始紧张的调试工作，涵盖货检查、静调、动调、列车上线冷热滑、列车上正线试运行，以及一系列整改工作和最后预验收工作，保证车辆设计生产满足运营需求。首列车到来后，剩余的23列车陆续到达。

【“大型全伺服冲压生产线示范工程”项目通过技术验收】 6月27日，济南二机床集团承担的国家科技重大专项“大型全伺服冲压生产线示范工程”项目在武汉通过技术验收。该项目依托上汽通用汽车有限公司武汉分公司研制的国内首条50000KN大型全伺服冲压生产线，实现国产冲压技术的重要突破，彻底打破国外同行在高端市场的垄断。来自工信部、机械联合会、汽车学会、模具协会、锻压协会以及科研院所、汽车用户的20余名专家参加验收会，验收组专家在听取济南二机床技术汇报和清华大学、上汽通用汽车等参与单位的汇报，审查相关验收资料，实地参观产品

济南二机床历史博物馆，入选第二批国家工业遗产，成为济南市唯一入选企业

（济南二机床　供稿）

运行情况，对课题中的有关问题进行质询后，一致同意通过验收。

【济南产权交易中心完成首宗国企采购(服务类)项目】 9月30日，济南金控集团子公司——济南产权交易中心完成济南城建集团有限公司清产核资及财务审计、资产评估、土地评估项目招标公示的质疑阶段，出具成交确认书。标志着首宗国企阳光采购选聘中介机构工作顺利完成，也是国企采购服务改革的首个里程碑。济南产权交易中心是济南市唯一的产权交易机构，金控集团在完成增资及改制工作后，致力于将中心建设成为涵盖非上市企业产权交易的综合服务平台，按照“巩固夯实交易主业，拓展创新交易类型”的运作思路，强化国有资产保值增值基本功能，提高交易服务质量水平，构建综合性资产交易的金融市场平台。

【济南重工“厚德号”盾构机实现首次省外隧道施工】 10月11日，济南重工为中铁集团量身打造、用于福州地铁6号线施工的“厚德号”盾构机起运，标志着济南重工轨道交通装备实现首次跨出省外隧道施工的重大突破。“厚德号”是首台用于省外地铁隧道施工的盾构机，采用辐条面板复合式刀盘，6主梁+6副梁，初装刀48刃滚刀，开口率35%，刀盘开挖直径φ6480毫米，刀盘开口整盘面分布均匀，采用中心隔板固定，配有中心固定搅拌棒兼高压水冲刷通道、高密度膨润土注入系统，整机采用液压驱动、主动铰接形式，同时具备风化岩掘进和软土层掘进能力。可有效防止泥饼形成，稳定掌子面、减少水渗出、防止喷涌发生、降低地表沉降风险。具有安全、顺利通过特殊地段能力，预计工作掘进里程3.2公里。

（秦家鼎）

【概况】 土地资源。根据2017年度土地变更调查结果，济南市土地总面积799841.13公顷。其中：耕地面积355659.09公顷，占土地总面积的44.47%；园地面积25801.06公顷，占土地总面积的3.23%；林地面积84175.23公顷，占土地总面积的10.52%；草地面积57018.33公顷，占土地总面积的7.13%；城镇村及工矿用地面积146819.24公顷，占土地总面积的18.36%；交通运输用地面积29617.11公顷，占土地总面积的3.70%；水域及水利设施用地面积50696.46公顷，占土地总面积的6.34%；其他土地面积50054.61公顷，占土地总面积的6.26%。

矿产资源。截至年底，济南市已发现矿产45种（含亚矿种），主要有煤、石油、天然气、铁、地热和建筑材料等，矿产地296处，占全省已发现矿种的30%。查明矿产22种，占全省已查明矿种81种的27%。在查明的矿产中，能源矿产4种，金属矿产2种（其中钴为伴生），非金属矿产14种，水气矿产2种。目前已查明矿区（床）175处。其中，能源矿产石油3处，天然气2处（伴生），煤炭17处，地热9处；金属矿产39处；非金属矿产60处；水气矿产40处。

【用地服务保障】 保障经济发展用地。对接全市240个重点项目，对省下达的济南市1273.33公顷新增建设用地指标，坚持“突出重点、精打细算”，组织报批建设用地4133.33公顷，保障新旧动能转换先行区、国际医学中心、济青高铁、济青高速扩建等重点片区、重点项目以及一批实体经济、民生项目用地。加强土地供应。制定年度土地供应计划。落实房地产市场调控政策，合理把控用地需求和土地市场形势，推进土地供应工作，全市供地4446.67公顷，其中出让2186.67公顷。市本级供地3046.67公顷，其中出让1133.33公顷。印发实施《关于规范协议出让、划拨工作的意见》，进一步规范供地工作。推动批而未供和闲置土地处置专项行动。市政府成立济南市开展批而未供和闲置土地处置专项行动领导小组，印发《济南市开展批而未供和闲置土地处置专项行动方案》，加强督导检查和业务指导。处置批而未供土地1026.67公顷，完成比例133%，列全省第一位；处置闲置土地232公顷，完成比例286%。做好土地收储。创新土地储备机制和土地熟化模式，编制市本级年度土地储备计划，收储土地262宗、面积866.67公顷，土地补偿费185.7亿元，保障中央商务区、西部新城区、旧城棚户区改造顺利实施。

【耕地和山体资源保护】 加强山体资源保护。《济南市山体保护办法》于2018年5月1日正式颁布实施，市政府印发实施《济南市山体保护规划（2018～2025年）》，将泉水直接补给区、白泉泉域、南部山区325座山体列入重点保护名录，划定保护红线。编制《济南市矿产资源规划（2016～2020年）》和《济南市“中国温泉之都”发展建设总体规划（2018～2022)》，完成商河县6宗地热采矿权审批。保护耕地。印发《济南市县级政府耕地保护责任目标考核办法》，守住35.33万公顷耕地、29.6万公顷基本农田的红线。完成土地开发整理6266.67公顷，新增耕地733.33公顷。落实占补平衡制度，依法补充耕地1733.33公顷，购买易地补充耕地指标2333.33公顷，实现补充耕地数量、质量“双平衡”。推进乡村振兴。制定城乡建设用地增减挂钩、全域土地整治、农村不动产权籍调查等3个促进乡村振兴的实施方案，指导济阳区开展农村宅基地“三权分置”试点。启动第三次国土调查，印发《关于开展第三次土地调查的通知》，章丘、济阳两个省级示范区土地调查工作已基本完成。加强地质灾害防治。成立济南市地质技术服务中心，制定年度防治方案，将256处地质灾害隐患点纳入群测群防体系，连续16年保持地质灾害“零伤亡”。制定《济南市地面沉降防治规划》，完成历下区藏龙洞、市中区七里山、郎茂山、平阴县黑风口山体崩塌治理。

【营商环境优化】 推出支持实体经济用地政策。出台《贯彻落实〈深化“一次办成”改革优化营商环境若干措施〉的实施细则》，明确工业“标准地”出让、工业用地地上建筑物分割转让的操作办法。制定《关于贯彻〈济南市落实打造“十最”营商环境要求支持实体经济项目建设若干措施〉的实施细则（用地管理部分)》，在保障项目用地、降低企业用地成本等方面提出明确措施。创新不动产登记服务。推出不动产登记业务联办、同城通办、流动服务等8项服务新举措。联合税务、房管部门推行“业务联办”模式，婚内析产、个人姓名变更、查封登记、异议登记、抵押权注销登记等业务即时办结，新建商品房转移登记业务2个工作日办结，涉及实体经济企业的，净地首次登记3个工作日办结。承接省政府委托市政府行使历城区、章丘区、济阳县部分农用地转用和土地征收审批权的相关工作。制定支持新旧动能转换征地拆迁政策，统一征地补偿标准，推动先行区征地拆迁顺利开展。优化行政审批服务。按照全市深化“零跑腿”“只跑一次”“你不用跑我来跑”改革要求，将行政权力事项由原来35大项拆分成64项，公共服务事项由原来的4项化拆分为6项，简化工程建设项目审批程序，实行容缺受理。

【执法监察】 “大棚房”问题专项整治。成立全市“大棚房”问题整治工作领导小组和济南市“大棚房”问题专项清理整治行动协调推进小组。市委办公厅、市政府办公厅印发《关于开展农业大棚私建“大棚房”等问题专项整治的通知》，召开全市利用农业大棚私建“大棚房”违法违规问题专项整治部署会议，在全市范围内深入开展“大棚房”问题和设施农用地专项清理整治行动，会同市农业局清理“大棚房”违法违规建设问题23宗，坚持每天一巡查、每天一报告，依法组织拆除违建大棚555个，土地面积6.13公顷，全市23宗违法建设“大棚房”项目全部拆除整改到位。保持国土执法高压态势。开展2017年度土地矿产卫片执法监督检查，组织拆除违法用地152宗，退地面积21.73公顷。加强国土资源执法监管，开展全天候遥感监测和土地矿产新增违法问题专项整治，督导整改土地违法行为63宗，土地面积10.87公顷；立案查处土地违法案件551宗、矿产违法案件35宗，收缴罚款8193万元。抓好中央环保督察问题整改。牵头整改落实中央环保督察反馈的矿山复绿问题和关停露天开采矿山地质环境恢复治理问题，配合整改落实无土地手续化工企业问题。截至年底，矿山复绿项目已有15处完成复绿工程，13处正在开展复绿工作，3处已编制设计方案；露天开采矿山已完成治理2处，已落实资金38处，部分已完成设计编制；全市110家无土地手续化工企业用地问题已经全部完成整改。开展国土资源领域扫黑除恶专项斗争，向市扫黑办移送涉黑涉恶线索10宗，协助纪检、公安部门查办涉黑涉恶案件7宗，移送公安机关追究土地违法责任人刑事责任7人。

（梁国庆）

物价管理

【概况】 深化价格改革。重点推进管道天然气价格改革、供水价格改革，落实上级电价政策。管道天然气价格改革。按照《山东省定价目录》规定，自6月10日起，全市车用天然气销售价格实行市场调节价。制定管道天然气配气价格监管规则，自9月20日起调整管道天然气销售价格。普通居民用户：年用气量216立方米以内（含）第一阶梯气价由每立方米3.00元调整为3.30元；年用气量216~360立方米（含）第二阶梯气价由每立方米3.60元调整为3.90元；年用气量360立方米以上第三阶梯气价由每立方米4.50元调整为4.80元。执行居民气价的学校、托幼园所、社区医疗机构、社会福利机构、城乡社区居委会等非居民用气销售价格由每立方米3.30元调整为3.60元（不包括采暖锅炉用气）。非居民用天然气基准价格由每立方米3.00元调整为3.30元，燃气经营企业可以基准销售价格为基础，在上浮20%、下浮不限的范围内确定具体销售价格。供水价格改革。出台卧虎山水库供水结算价格；推进农业综合水价改革，推进出台农业水价改革实施办法；落实省管理水利工程目录，修订市管理价格水利工程目录；联合水务部门，完善超定额累进加价制度；配合水资源税改革工作，完成污水处理费征收情况调查。落实上级电价政策。落实自备电厂免收备用费政策，全市范围内7个自备电厂已有6个经省审核通过，减免系统备用费77.5万元；落实生物质直燃发电补贴政策，有2个单位获批省“价格治霾”精准补贴，增加企业收入1258万元；开展燃煤背压机组两部制电价试点，对5万吨以下的燃煤取暖机组进行调查，确定1个试点单位；落实合并电价分类、降低电价政策；开展中央商务区供冷接入费及冷价服务工作。

清费治乱减负。继续取消或减免行政事业性收费项目，停征行政事业性收费5项，免征1项。截至6月，全市行政事业性收费项目由2011年的170余项减少为33项（中央立项25项，省级立项8项），其中涉企的保留13项。强化行政事业性收费事中事后监管。会同财政部门，继续实施收费单位年度报告制度，建立行政事业单位收费公示网络平台，形成“济南市行政事业单位收费清单”向社会公示。在普遍审验的基础上，抽取部分单位重点审验。联合教育部门，对全市国办高中学校的学生公寓住宿费收费情况进行专项督导。配合市财政局、市编办，对行政事业性收费、涉企收费、行政审批中介服务收费等进行整理，形成收费清单“一张网”在部门网站公示。已公示行政事业单位收费清单、行政事业性收费目录、小微企业免征的行政事业性收费项目清单等8个清单。

推进稳价安民。规范有线数字电视收费政策。会同有关部门，出台六类低收入用户享受有线数字电视基本收视维护费减免优惠政策，扩大减免范围，优化减免政策。贯彻《山东省物业服务收费管理办法》。全市价格主管部门加大学习宣传和督导力度，督促物业服务企业贯彻执行，并及时梳理概念不清、界限模糊、超出职权范围等难以落实的问题。开展“红顶中介”整治工作。按照全市统一部署，调度42个部门单位所属中介服务机构情况，牵头起草整治文件，推进建立长效机制，强化中介服务监管。降低部分国有景区门票价格，并对主要景区门票实行联票模式。其中，灵岩寺旅游区门票价格调整为50元/人·次；山东济西湿地公园，旺季期调整为40元/人·次；淡季期调整为30元/人·次。推行联票模式，游客自愿选择。其中：济南天下第一泉风景区趵突泉景区、济南千佛山风景名胜区、济南动物园、济南植物园四个景区联票价格为70元/人·次。灵岩寺旅游区、五峰山旅游区、莲台山度假村、大峰山旅游区四个景区联票价格为75元/人·次。此外，调整明确部分医疗服务收费价格，规范非营利性中等及以下民办学历教育及非营利性民办幼儿园收费，对部分收费项目管理政策进行明确。

规范价格秩序。加强市场价格监管。重点对节假日市场进行巡查，完善市场监管联络机制，推进明码标价工作，监制自制商品标价签18家单位，停车场收费公示牌、公园收费公示牌61家单位。按照“一次办好”要求，对标价签监制工作下放至经营者价格行为所在地县（区）价格主管部门；落实明码实价三色标价签制度，对正常销售的商品要求使用明码实价签（蓝色），议价销售的商品使用明码议价签（黄色），降价（打折）销售的商品使用明码降价签（红色）。全面推行双色停车公示牌，实行政府定价、政府指导价的停车场使用蓝色收费公示牌，实行市场调节价的停车场使用橘黄色公示牌，使用智能电子支付系统APP收费的停车场，要在收费软件中醒目告知收费标准。加强专项检查。开展网络市场、春节期间烟酒市场、旅游业、中国卫生信息技术展会期间专项检查。对本市三家电信运营商及其所属营业网点和网上营业厅开展重点检查。对供水、供气、供热的20多家企业进行检查。对部分医院健康查体收费、法院公告费、殡仪馆个性化服务收费、幼儿园收取赞助费和捐资助学费等情况进行调查，规范收费行为。加强价格举报工作。落实各项办理制度，加强协调联动，共受理各类举报、咨询7000余件，均及时办理和回复。推进落实公平竞争审查制度。协调各县区、市政府各部门开展现行排除限制竞争政策措施清理工作。全市全年共自查各类文件6000件。

做好价格服务。服务价格宏观调控。按要求完成数据、信息、分析报告等常规上报工作，完成重要时期重点商品应急价格监测、生猪价格监测报告制度落实、劳动力价格监测点完善、小麦市场情况调查等任务；推进实施平阴马铃薯、章丘大葱、商河蒜薹等蔬菜目标价格保险试点，稳定相关农产品生产和供应。服务三农发展。完成生猪成本、农业生产资料、农产品种植及农民存售粮、农资购买等调查任务，为“三农”决策提供参考。服务行政执法、司法和纪检监察工作。围绕以“涉案财物价格认定”为重点、“价格事务”为依托、“价格认证”为拓展的工作思路，做好涉案物品价格认定工作。

（任春国）

【概况】 市工商局践行市委“当好新时代全省走在前列的排头兵”号召，紧紧围绕全市“1+454”工作体系，按照市局“1+553”的工作思路，把握促进高质量发展的要求，推进“放管服”改革，各项工作有序推进。被评为“济南市2017年度经济社会综合考核先进单位”，顺利通过省级文明单位复审。市场主体总量由上半年的全省第五位升至全省第三位。2018年，全市市场主体超过80万户，实现历史性突破。

【法制建设】 办理行政诉讼案件15件、行政复议案件7件。做好行政处罚案件核审工作，核审案件15件，提出修改意见建议60条。梳理确定行政处罚事项476项、行政处罚自由裁量权1297项、行政处罚文书42件、行政强制事项25项，明确执法人员名单85人。在省行政权力事项动态管理系统中录入行政处罚与行政强制权力事项要素9000余项，形成行政处罚与行政强制权力事项库。

【公平交易执法】 全市公平交易系统（综合执法大队）共查处各类工商案件629件（移送司法机关案件7件），涉案金额517.97万元，入库罚没款1058.15万元。其中：不正当竞争案件105件，传销、违法直销案件5件，商标侵权案件154件，违法广告案件248件，产品质量案件48件，登记类案件38件，消保类案件6件，合同违法案件15件、市场成品油监管案件10件。因新《反不正当竞争法》调整，移交省局一件。

打击传销、规范直销。加强打击传销工作，落实“线上监测、线下实证、多措处置、稳妥善后”工作方法，统筹网络传销和聚集型传销整治工作，共处理涉传举报187件，立案5起。加强直销监管，建立直销企业分支机构档案32件，排查直销经销商138家，开展行政约谈4家。对提出扩面申请直销企业进行二次核查，核查直销企业11家。利用微信公众号、移动电视等新载体开展“五进”活动宣传，共发放各类打击传销宣传手册13000余份、宣传台历200本，张贴宣传画200余张，宣传条幅30个，宣传栏17个，各类宣传活动36次；出动执法人员460人次，接待咨询人员1100多人次。与市公安局联合召开全市网络传销违法犯罪活动联合整治工作部署会议，制定《市公安局、市工商局2018年全市工商和市场监管部门开展网络传销违法犯罪活动整治工作实施方案》。

打击医疗器械和保健食品违法经营行为。联合市食药、发改委、卫计委、质检、公安等部门制发《关于开展违法向老年人推销医疗器械和保健食品专项行动的通知》，对全市的养生馆、健康馆经营场所进行排查，打击各类欺诈消费者权益的违法行为。制作打击违法向老年人推销医疗器械和保健品少年版、老年版公益动画宣传片，受众500万人次以上。专项行动共出动执法人员23000余人（次），排查各类“养生馆”“健康馆”“健康服务中心”类医疗器械和保健食品市场主体20347余户（次），收缴涉嫌夸大宣传资料2000余份，责令整改89家，依法取缔24家，立案查处10起。配合做好工商和市场监管部门参与扫黑除恶专项斗争各项工作任务。

【消费者权益保护】 营造良好营商环境。1月下旬到3月中旬，市工商行政管理局、市消费者协会联合中国消费者协会、中国消费者报共同举办济南市“搜狐焦点杯”消费维权知识竞赛。开展“济南市第十二届消费者满意单位创建活动”。市消协联合八部门开展“济南市第十二届消费者满意单位创建活动”，授予154家企事业单位为“济南市第十二届消费者满意单位”称号。开展市文明旅游志愿服务十进活动，推进市旅游业向“优质旅游”阶段发展。联合市文明办、12345市民服务热线办公室、市旅发委联合主办“3·15旅游消费维权咨询公益活动”和“2018济南旅游啄木鸟鹰眼计划启动仪式”。开展3·15系列活动，与济南广播电视台7大频道联动宣传，联合举办“品质消费、美好生活——济南电视台3·15发布会”。组织参与部分区县消协开展消费维权知识竞赛、红木产品专项质量大检查、3·15志愿服务等系列宣传活动。开展农村消费教育活动。关注特定消费环境消费权益保护，开展“品质消费教育乡村行”活动和农村集贸市场体验调查活动。

维护消费者合法权益。加强流通领域商品质量监管，抽检服装、家电、电线电缆、消防产品、钢材等22类666个批次商品，检验判定不合格商品45批次，全部立案查处，及时发布抽检信息，曝光不合格商品；加大重点领域重点整治，对抽检不合格的商品开展专项整治，共办结不合格商品案件21起。加强消防产品检查，抽检消防产品26批次。组织全系统对全市大型商业流通经营单位集中开展行政约谈。重视12345转办件办理工作，梳理12345工商知识数据库。接收办理12345承办单8474件，工单办结率100%。全市工商和市场监管部门共查处各类经济违法案件11961起，受理各类咨询、投诉、举报11.48万件，为消费者挽回经济损失859.14万元。

【网络商品交易监督管理】 集中整治辖区网络交易平台，组织召开4次指导约谈会议，督促各大电商平台学法用法，加强入住商家审核、商品质量管控。严厉查处网络经营者未按规定“亮照亮标”、利用网络虚假宣传、制售侵权假冒伪劣商品、侵犯注册商标专用权等违法行为。以刷单炒信、违法促销、虚假违法广告、不公平格式合同、订金不退、不依法履行七日无理由退货义务、增加限退条件等为重点，整治突出违法行为。网上检查网站、网店6672个次，实地检查网站、网店经营者699个次，删除违法商品信息495条，责令整改网站295个，查办涉网案件177起，罚没款121.6万元。在春节、“6·18”“双十一”等重要网络促销时间节点组织开展定向监测，对20余个网站实施行政指导、责令整改等措施，立案查处违法案件5起。牵头建立济南市网络市场监管部门联席会议制度，联合印发《济南市网络市场监管部门联席会议制度》，搭建网络市场协同监管平台。为全市网监执法人员开展网络执法办案、电子取证、系统操作等电子商务知识培训班，增强监管执法人员对各种网络交易形态本质及风险的分析研判能力。

【合同监督管理】 推进格式条款整治工作常态化，重点对公用事业类、旅游类、汽车类合同中的不公平格式条款，免除自身责任、加重消费者责任、排除消费者权利的违法违规行为，开展集中整治规范。归纳整理典型不公平格式条款清单，开展“清单式”整治。联合市旅发委开展“五一”旅游市场执法检查活动，对旅游合同中不公平格式条款进行监督检查。共检查11家旅行社，对不公平格式条款较多的2家旅行社进行行政约谈，限期整改，删除文本中不公平格式条款；查处合同违法案件15起，涉案金额2.53万元。对各区县局市场合同科科长及业务骨干100余人进行培训，结合行政审判实践重点解读合同监管中的法律问题以及从行政审判视角分析行政行为的合法性。“守合同重信用”企业公示。对各县（市）区局工作人员进行业务和软件培训，在市局网站发布“守重”企业公示的标准、申报程序、方法步骤和服务企业发展的相关政策，指导企业开展网上申报，共被省局公示企业695家，市局公示企业875家。

【市场主体注册登记】 全市新设各类市场主体188235户，同比增长48.69%，是商事制度改革前新设量的3.53倍，平均每天新设753户；新增注册资本（金）6115.89亿元，同比减少5.76%，是商事制度改革前新增资本的27.14倍。其中，全市新设各类企业69519户，同比增长23.12%，平均每天新设企业278户，继续保持较快增长势头；新增注册资本（金）5978.96亿元，同比减少6.65%。全市新设非企业类市场主体（个体工商户、农民专业合作社）118716户，同比增长69.28%；新增注册资本（金）136.93亿元，同比增长62.05%。2018年全市实有各类市场主体815385户，同比增长22.84%。其中，全市实有各类企业321613户，同比增长19.36%；全市实有个体工商户487104户，同比增长25.58%；全市实有农民专业合作社6668户，同比增长3.81%。

商事制度改革。压缩企业开办时间创出“加速度”，市场主体准入、准营实现同步提速。7月初，全市实现新开办企业营业执照办理、公章备案、涉税办理、社保登记等事项2个工作日内完成，新设立企业登记全部实现当日办结，90%实现即时办结；企业名称申报实现“零跑腿”。在“31证合一”的基础上，进一步整合公安、财政、海关等部门的14项涉企证照事项，实现“45证合一”。推行外资企业商务备案与工商登记“单一窗口、单一表格”受理，实行“一套材料、一张表格、一窗受理”登记模式。对106项涉企行政审批事项，通过取消审批、审批改备案、实行告知承诺和优化准入服务等方式，推行“证照分离”改革。

【市场监督管理】 实现平台与市政务信息资源共享平台的对接，累计推送有效数据1760万余条；连接登录监管平台的单位520家；归集129万户市场主体、5659户行政事业单位、3558户社会组织有效数据达1560万条。完成2018年度省局双随机抽查工作23389户，抽查结果全部公示。完成双随机定向抽查655户，跨部门试点联合抽查30户。全年有298家单位使用双随机抽查系统，录入双随机事项清单2369条、抽查人员8006人，建立抽查主体库1381个，实施抽查任务计划676次，672个抽查计划进行了结果反馈和信息公示。

2018年，列入经营异常名录企业46048户，其中未参加2017年度年报的35388户，因住所登记信息列异的8190户，企业公示信息隐瞒真实情况弄虚作假的2468户；因企业及时改正，移出经营异常名录的11705户。组织实施2018年度查处无照经营专项行动，共检查7586户，取缔34户，引导办照1956户。受理投诉举报367起，对其中冒用他人身份或地址进行虚假注册的70起实施企业撤销登记。

市场规范管理。加强成品油品质抽检工作，全市工商和市场监管系统共开展1次专项行动、12次成品油质量抽检，合计投入检测经费200余万元，对在营的584处加油站点实施913次抽检，站点抽检频次达156%。共抽检1468个汽柴油样品，检出不合格汽柴油样品10个，样品总合格率为99.32%。组织、指导全市市场监管部门抽检农资样品148个批次，其中肥料样品132个批次，农膜16个批次，投入抽检经费14万元，其中肥料抽检不合格样品20个，农膜抽检不合格样品11个，涉案货值10.29万元，罚没款10.17万元。开展精品农贸市场评选活动，市中区郎茂山农产品市场、高新区东城逸家农贸市场等16处农贸市场获2018年度精品示范市场。济南市山东匡山农产品综合交易市场有限公司粮油市场等9处市场，获省工商局、省住建厅“2016～2017年度山东省文明诚信市场”公示。

【广告监督管理】 落实国家和省广告产业发展规划要求，出台《济南市广告产业园区认定管理办法》。11月，认定济南文化广告创意产业园为“济南市广告产业园”。联合市委宣传部、市文明办、市人社局开展“济南市第三届公益广告大赛”。开展“两节”期间、食品和保健食品广告及互联网广告等专项整治活动。活动整治期间，全市工商和市场监管系统共出动执法人员1266人次，办结广告案件151起。加大对广播、电视、报刊、互联网媒介等各类媒体的广告“三级审查”落实情况的督导力度，组织召开11次约谈通报会，约谈相关媒体28家。

【商标管理】 全市新注册商标2.74万件，总量13.79万件，同比增加22.69%。历下区商标注册总量在全省各区县中超越青岛市南区，列全省第一名。商标受理窗口共受理商标注册申请143件，发放商标注册证570件。百户市场主体拥有商标18.01件，同比增长0.94个百分点。新增驰名商标1件，总量达到60件。新增地理标志商标1件，总量达到34件，其中地理标志驰名商标1件。面向在校大学生、商标业务骨干、广大企业负责人，先后开展商标知识讲座、培训15次，参加人员1800余人。组织160多家企业参加国家知识产权局商标局举办的商标注册便利化改革集中宣讲培训。举办全市品牌工作指导站商标品牌基础知识专题培训班。开展以马德里商标国际注册、运用、保护为重点的专项培训，选择重点企业针对性开展马德里商标注册以会代训11次，引导企业通过马德里体系进行商标国际注册。全年相关企业递交马德里商标国际注册申请154件，新注册马德里商标135件，马德里商标国际注册总量达到310件。举办2018山东（济南）推进新旧动能转换重大工程商标品牌战略高端研讨会。落实《优化营商环境促进市场主体快速增长的若干措施》，强化业务指导，推进商标注册网上申报，引导各类市场主体加强商标基础注册。依托产业园区、行业协会、产业联盟及品牌聚集区建立商标品牌指导站，支持2017年度商标品牌指导站资金49万元，共创建品牌指导站25个，商标品牌指导站总量达48个。推荐的重汽、九阳、浪潮、力诺和章丘大葱5家企业被授予山东省商标品牌示范单位称号。

商标品牌运营秩序。共受理相关申诉、举报、咨询2000余人次，其中商标注册受理窗口共接受商标注册咨询5400人次。实时座谈、研讨商标监管中出现的新情况、新问题及复杂案件，参与处置蚂蚁搬家、工业宏济堂等有关侵权事宜。开展商标代理机构专题调研，建立商标代理机构基本信息档案，组织代理机构人员培训，召开代理机构专题座谈会，规范商标代理行为。开展打击使用未注册商标违反《商标法》禁用条款行为“净化”专项行动，共出动检查人员1062人次，检查市场主体374家。落实打击侵犯知识产权和打击制售假冒伪劣商品工作“两法衔接”信息平台案件信息公示制度，规范执法程序，严查商标侵权行为。全系统查办商标侵权案件244起，案值199.64万元，罚没金额234.44万元。

【信息化建设】 服务商事制度改革、“放管服”改革。5月，济南工商微信办照系统面向全市提供微信端的企业注册登记服务。“微信办照”系统延伸了“互联网+政务服务”，将企业登记全程电子化从电脑端延伸至手机端，为全市重点项目提供“店小二+专业式”服务，打造“信息多跑路，企业少跑腿”的信息化惠民格局。济南市市场监管局被国家市场监管总局评为商事制度改革信息化建设表现突出单位，并通报表彰。

（刘松峰）

【概况】 组织全市企业争创国家质量奖和省长质量奖，全市4家企业、7名个人获得山东省省长质量奖，获奖总数位居全省第一；4家企业、1名个人获得山东省省长质量奖提名奖，提名奖总数位居全省前列。组织启动第六届济南市市长质量奖评审工作；推荐济南市符合新旧动能转换和十大千亿产业的147个产品和服务项目申报2018年山东名牌；认定47个产品和30个服务项目为2017年度济南名牌；为企业申请拨付2017年度的品牌创建支持资金1530万元。济南市被省质量强省工作领导小组办公室评为市级政府质量考核A级，位列全省第一。

开展打击侵犯知识产权和制售假冒伪劣产品活动，组织地条钢、农资等28项专项整治行动。利用行政执法电子监察系统办结各类案件11起，及时公开案件信息，系统录入率100%；受理产品质量举报申诉案件及12345热线转办案件522起，转接省局案件业务42起，在规定时间回复率100%。

落实工业产品生产许可证“一企一证”改革，实行“保姆式服务”和“最简化流程”。落实“一次办好”改革，梳理出46项行政许可事项清单和“三跑”清单，纳入“一次办好”事项范围，并将46个事项拆分成201项办理项，便于企业和群众按照申报项目检索和准备，实现所有办理项一次办好。

【产品质量监督】 组织对35类568家企业948批次工业产品进行监督抽查，产品合格率达98.1%，对不合格产品督促整改。持续开展成品油、危化品及其包装物容器、消防产品、车用尿素、型煤、防爆电器等重点产品专项整治。突出抓好食品相关产品的监管和整治，强化工业产品获证企业证后监管。

【特种设备安全监察】 组织对80家特种设备生产单位、571家特种设备使用单位监督检查。修订《济南市特种设备事故应急响应预案》并组织特种设备应急演练。继续开展特种设备大排查快整治严执法活动，组织检查组950个，出动人员10319人次，排查使用单位3992家，查处隐患1122起，立案27起，特种设备事故结案率达100%。全年未发生重大特种设备安全事故。

【标准化管理】 推动建立全市标准化工作协调推进联席会议制度，完成4个重点项目验收。推动全国量子计算与测量标准化技术委员会落户济南，成为全省新旧动能转换项目库第一个完成项目；组织浪潮集团申报国家技术标准创新基地；会同经信委组织申报国家高端装备制造业标准化试点并获国家标准委批复立项。与济南大学共同推动标准化学院建设，教育部正式批复同意设置济南大学标准化工程专业。对全市71家物流企业负责人进行培训，指导物流标准化试点开展体系搭建；引导推动市企事业单位制定国家标准27项、行业标准9项、地方标准322项。组织“曲堤黄瓜”“章丘大葱”“平阴玫瑰”创建国家农业标准化提升工程，组织三涧溪村开展乡村振兴标准化试点。

【计量管理】 加大计量专项监督检查力度，抽检有毒有害可燃气体报警器170台、加油枪1183把、加气枪232把、环境监测用计量器具137台，抽查集贸市场在用衡器14714台、民用“四表”14万只、环境监测用计量器具1441台、出租车计价器4555台、定量包装商品1300批次。重点开展集贸市场、加油站等的诚信计量建设，组织344家加油站、116家集贸市场开展诚信计量自我承诺。开展“质监惠民进社区”活动，举办计量惠民活动20场，发放宣传资料2000份，服务百姓2100余人。推动国家检验检测认证公共服务及管理平台建设，国家认监委批准立项。配合省局对全市44家检验检测机构进行监督抽查，对36家机动车检测机构实现监督检查全覆盖，对15家涉环保类检验检测机构开展监督执法检查，对9家企业管理认证体系进行专项检查。

（王伊娟）

【概况】 2018年，全市食品药品安全形势持续稳定向好。济南市食品药品监督管理局以打造“放心食药+”品牌和走在前列为目标，实施食品药品安全六大工程（基层基础能力提升工程、食用农产品市场监管提升工程、餐饮质量提升工程、检验检测能力提升工程、品牌提升工程、药械质量提升工程），实行项目管理、季度督导和月度跟踪检查，建立任务目标台账和销号机制，守住了不发生系统性区域性食品药品安全风险的底线。截至年底，全市有食品生产企业851家，食品生产加工小作坊1450家；保健食品生产企业19家，经营单位约9600余家；食品流通（批发、零售）业户4.3万余家；餐饮服务单位2.5万余家。全市食品生产经营企业（单位）总计8.3万余家，其中“三小”单位约1.43万余家。全市常年申报药品注册的研发机构50多家，药物临床试验机构9家，通过GLP认证的研发机构4家；全市有药品生产企业58家，药品批发企业127家，零售药店近3000家；医疗器械生产企业209家，经营企业5000余家；全市有化妆品生产企业23家，经营企业8.5万多家。

【食品安全监管】 开展食用农产品市场监管提升工程。委托第三方专业食品检测机构，对全市5大农产品批发市场和9家大型连锁超市食用农产品实施入市检测，开设免费检测窗口，为消费者提供免费快检服务。全年共快检47万余批，合格率99.8%。开展餐饮质量提升工程。加强食品生产经营全链条监管。生产环节，推行食品生产企业自查、飞行检查和第三方协查的“三查”模式，在855家企业实行自查制度，飞行检查21家，对全市100家规模以上企业及高风险企业实施第三方公开评价；流通环节，全市5大食用农产品市场完成“四个一”建设，市场规范化程度进一步提升；餐饮环节，在全国率先推行餐饮服务等级评定工作，并首次将餐饮单位微控指数纳入评价内容。推行网络订餐“食安封签”，定期开展“净网行动”。推行明厨亮灶，80%以上的中央厨房和集体配餐单位实现明厨亮灶，1600余家普通餐饮单位安装电子显示屏。开展检验检测能力提升工程。市食品药品检验检测中心全面完成LIMS系统建设，实现食品、药品、保健食品、化妆品检验检测全方位可追溯管理。食品实验室全面投入使用，开展风险监测和探索性研究。全市完成食品抽检5.3万余批次，达到每千人口7.3份，位居全省前列，监督抽检问题发现率达3.7%，不合格和问题食品核查处置率达100%，抽检信息和不合格产品核查处置公示率均达100%。开展品牌提升工程。开展“食安济南”品牌提升行动，平阴、商河创建省级食品安全先进县，历下、市中、槐荫、天桥四个主城区通过“国家食品安全示范城市”年度检查。济阳被评为全省首家放心食品生产加工示范基地。全市创建国家级“放心肉菜示范超市”4家，省级“放心肉菜示范超市”22家。实施食品安全示范街区建设行动，重点打造宽厚里、花洪路、高新万达金街等7个街区，通过规范提升、等级评定、推行明厨亮灶、信息公开等措施，提升食品安全整体水平。抓好保健食品监管工作。制定全市保健食品风险监测抽验工作方案，组织对全市保健食品生产企业在产品种“全覆盖”抽检，抽检合格率达100%。制定济南市保健食品生产企业定期自查制度，明确自查重点、自查频次、问题整改等内容，敦促企业每半年实施一次自查，强化落实生产企业主体责任。

【药品和医疗器械监管】 开展药械质量提升工程。参与全市千亿产业振兴计划，开展药品生产质量提升行动，全市63个品种启动仿制药一致性评价。推进远程电子处方建设，药品零售连锁企业远程电子普及率达91%。36家制剂生产企业建设追溯体系生产线128条，实现制剂生产企业全覆盖。药品评价性抽检合格率100%。防控化妆品风险隐患。组织对全市化妆品生产企业在产品种“全覆盖”风险监测抽检，重点为非法添加和国家化妆品通用标准检验，抽检合格率达100%。在全市范围内组织开展化妆品经营单位索证索票和台账管理专项整治，集中对全市化妆品经营或使用单位进行索证索票和进销台账专项检查，提升化妆品经营者的质量管控意识和主体责任意识，保障产品可追溯性。

持续开展医疗器械规范提升年活动，5家企业通过省局示范企业验收，20家企业获评市级规范实施示范企业，对生产企业、冷链管理经营企业监督检查实现两个100%。

【专项整治】 抓好食品药品安全风险排查，让监管走在风险前面。坚持风险管理引领食药监管，完善风险排查、研判、交流、处置机制，定期开展风险会商，发出风险预警，实行分级分类监管。深入开展“守护舌尖安全”“食安护佳节”、食品保健食品欺诈和虚假宣传、畜禽水产品、韭菜双证制、散装白酒、乳制品、桶装水、食用植物油、药品生产质量安全“排雷”、中药饮片、化妆品、违法医疗器械等专项整治行动，全年全系统查处食品药品违法案件2396起，涉案货值1027.93万元，罚没款3592.29万元，移送司法机关10起。“两会”、上合青岛峰会等重大会议期间，全面开展风险隐患排查防控，出动执法人员13770人次，排查企业7866家，排查隐患数1362家。全系统承担省市两级重大活动食品安全监管任务80余起，保障就餐人数4.5万余人，出动执法人员500余人次，无重大食品安全事件发生。在全市部署开展疫苗流通使用排查行动，配合疾控部门做好疫苗续种补种工作。

【基层基础建设】 全市10个区县

设立食品药品监管局，133个镇街建立133个食品药品监管所；高新区、南部山区管委会食品药品监管职能由市场监管局承担，6个镇街建立12个市场监管所；全市133个所办公业务用房达到320平方米国家规定标准。12个县区局执法车辆169辆，执法装备总值9678.63万元。推动“1+6”食品检验检测体系建设，市级检验检测中心面积15988平方米，仪器设备总值6855.7万元；6个县级综合检验检测机构食品检验实验室总面积达9870平方米，仪器设备总值超过4919万元。

制定《济南市食品药品监督管理局关于对不再符合生产许可条件的食品生产者撤销许可的若干规定(试行)》和《济南市食品药品违法行为举报奖励实施办法》。开展基层基础能力提升工程。大力推动基层所从硬件建设到综合执法能力、从人海战术到智慧监管、从个别达标到全面达标“三个转变”。自2018年起，市财政连续三年拨付1200万元奖补资金，支持全市每个镇（街道）聘用5名食药专职协管员，每年拨付224万元为基层改善执法设施装备，截至12月31日，各区县802名专职协管员上岗履职。

济南市食品药品监管智慧平台项目经省局推荐入选全国智慧监管典型案例。市食品药品监管局以实施食品药品智慧监管平台项目为契机，依托市政务云计算中心，建成覆盖市、县、镇三级监管机构的应用系统，实现业务上云、数据汇聚、应用创新，为全市食品药品监管系统提供统一的协同工作平台，推动监管工作从“人海战术”向“智慧监管”转变。项目在全国食品药品监管系统中具有一定创新性，走出济南特色的智慧监管路子。投资870万的智慧监管二期基本完成，被济南市评为智慧泉城示范工程。

【服务食品医药产业发展】 开展服务大局、服务企业、服务基层和服务群众“四服务”活动。落实“放管服”改革要求，在全省率先推行“简优办、容缺办、并联办、线上办、接力办”等“五办”工作法，精减审批事项、优化运转流程、压缩办理时限，推行“行政审批服务容缺受理审查制度”。行政审批24个大项共计61个办理项全部实现“一次办成”，18类48个品种的食品生产许可事项按程序下放至区县局。推进“证照分离”，对暂时不能取消审批、不适合采取告知承诺制的事项，推进标准化管理和网上办理，将办理时限压缩至法定时限的50%。全年共受理并办结行政审批服务事项1.4万余件，按时办结率、满意率均为100%。参与生物医药产业振兴、国际医学科学中心和康养名城建设，推动新药研制和仿制药一致性评价。食品药品监督管理局制定资金支持奖励和优先采购使用政策，对全市首批通过仿制药一致性评价的品种发放600万元奖补资金。截至年底，全市共有65个品种开展一致性评价，20个品种已完成研究并上报国家药监局受理，3个品种已经通过国家局的一致性评价评审。齐鲁制药生产的富马酸替诺福韦二吡呋酯片成为山东省首个通过评价的品种，盐酸特比萘芬片成为全国独家通过一致性评价品种，济南市一致性评价通过品种列全省第一。指导帮助山东赛克赛斯医疗器械公司的产品获评全省唯一国家级医疗器械创新产品。围绕校外托管场所问题，牵头开展调研，推动形成“政府主导、属地管理、部门联动、齐抓共管”管理体制。创新投诉举报“三零”服务模式，实现12331与12345并线运行。全年共接收并处置各类公众诉求3万余件，公众诉求按时办结率100%。

（蔡海霞）

【概况】 全市安全生产形势持续稳定，各类安全生产死亡事故同比减少2起、下降0.8%，死亡人数下降1%。

【安全生产领域改革发展】 出台《中共济南市委、济南市人民政府关于深入推进安全生产领域改革发展的实施意见》，着力解决全市安全生产基础薄弱、监管体制机制不完善等问题。组织对市安委会成员单位开展年度安全生产考核，推动部门安全生产责任落实。加大安全生产警示教育力度，制定《济南市安全生产约谈和通报办法》。加强市安委会自身建设。在市安委会框架下，设立交通运输、农林水利、油气管道和民用爆破器材等14个安全生产专业委员会，完善市安委会工作体制。11月，市委、市政府重新调整市安委会组成人员，将市民政局、市供电公司和济南城市建设集团等五个市级投资平台纳入市安委会。

【“双重预防体系”建设】 贯彻落实省政府安委会关于推进安全生产风险分级管控和隐患排查治理体系建设部署要求，采取聘请专家指导、培育标杆企业、组织示范观摩、列入执法检查、纳入目标考核、定期通报进展等措施，加速推进“双重预防体系”建设，完成双重预防体系建设各项目标任务。加快推行安全生产网格化实名制监管步伐。出台《关于进一步加强全市村（居）安全生产规范管理工作的通知》，明确在村（居）设立安全生产管理办公室，配备安全生产检查员，构建村（居）自治性安全生产管理体制，延伸安全监管工作触角。全市已建立责任网格4700余个，登记注册重点监管企业15000余家，辨识风险点12000余个，排查各类隐患40000余条。

【安全生产执法】 打击各类安全生产非法违法行为。开展安全生产风险隐患“大快严”集中行动，制定下发《关于印发〈全市深入开展风险隐患大排查快整治严执法集中行动确保重点行业领域安全生产形势稳定工作方案〉的通知》，在道路交通、建筑、危险化学品等领域开展安全生产大检查。推进安全生产领域集中攻坚行动，成立全市安全生产指挥部，下设非煤矿山组、建设施工组等13个重点行业领域组和其他行业领域组，对岁末年初安全生产工作开展集中攻坚，防范和遏制了较大及以上生产安全事故。开展安全生产综合整治大行动，对前期摸排的85个重点监控风险点派出专人盯防、实施重点管控，要求62家企业停产整顿。加大日常监管执法力度，打出异地执法、过桥执法、排名通报、一案双罚、一票否决五套“组合拳”，打击非法违法行为。2018年，全市共罚款2138.42万元，其中事故罚款1638.37万元，执法罚款500.05万元。

【夯实安全生产基层基础】 开展安全生产宣传教育。6月，以“生命至上、安全发展”为主题，组织第十七个安全生产月活动，开展高空自救逃生、模拟烟雾通道自救逃生等应急演练活动。以抖音为媒介，开展“安全济南、有你有我”短视频大赛活动。以安全生产百万人大培训为抓手，加强安全生产培训力度。在浙江大学举办党的十九大精神暨济南市安全生产监管监察人员综合素质提升培训班，在山东大学举办全市重点企业安全生产警示教育与应急管理培训班和全市安全生产监管执法人员培训班。发挥企业培训主体作用，落实“三类人员”持证上岗制度和企业员工先培训后上岗制度。全年举办各类安全生产考核培训班1100余期，培训企业主要负责人、安全管理人员和特种作业人员26000余人。

【应急管理】 组织专家对《济南市生产安全事故应急预案》进行修订，11月以市政府办公厅名义正式印发。重新修订《济南市生产安全事故应急预案评审专家管理办法》，在全市范围内公开选聘应急专家94名，组成应急预案评审和应急救援专家库，强化应急救援技术支撑力量。加大应急救援演练力度，组织开展应急演练1600余场，动用主要应急装备器材5000多台件，24.9万余人参加演练。加强应急管理宣传教育力度，举办以强化安全发展观念、提升安全素质、生产安全警钟长鸣为主题的安全生产应急救援技能竞赛活动，提高全市涉氨制冷企业、危险化学品企业一线员工的应急救援技能。

（李旭东）

【概况】 全年实现地区生产总值7856.56亿元，比上年增长7.4%。其中，第一产业增加值272.42亿元，增长2.5%；第二产业增加值2829.31亿元，增长7.8%；第三产业增加值4754.83亿元，增长7.5%。三次产业构成为3.5:36.0:60.5。规模以上工业增加值增长7.1%。固定资产投资增长9.6%。社会消费品零售总额4404.5亿元，增长10.0%。一般公共预算收入752.8亿元，增长11.2%。

提高统计服务决策能力。开展统计监测预警，推进“四个中心”统计监测。围绕高质量发展，制定济南市新旧动能转换、十强产业及十大千亿产业、三大攻坚战、乡村振兴战略四大监测方案。加强服务保障，为全市服务企业活动提供统计支持，建立百家重点企业联系制度，形成160余篇调研报告。为纪念改革开放40年，编印出版《用数据说话为济南喝彩——济南改革开放40年》。围绕新旧动能转换、“四新经济”等形成专题统计分析22篇。全年共编发统计信息（分析）227期，被中办、国办采用5篇，被市领导批示21篇次。利用济南统计信息网、《作风监督热线》《政务监督面对面》、12345市民服务热线等平台，推进信息公开。贯彻落实“一网通办”，实现“零跑腿”，做好网上咨询服务。

履行统计改革主体责任。提请市委、市政府办公厅印发《关于深化统计管理体制改革提高统计数据真实性的实施意见》，明确的17项改革任务已全面铺开。与市纪委机关、市信访局联合印发《济南市统计举报信访处理协调协作办法（试行）》，市统计局制发《统计违纪违法举报处理工作制度（试行）》，在统计内、外网公示统计违法案件举报渠道相关信息，健全防范和惩治统计造假弄虚作假责任体系。

夯实统计基础。加强统计数据质量管理，扎实做好联网直报，印发《济南市统计数据质量检查工作方案》，在全市范围内开展数据质量检查。加强名录库维护工作，规范法人和项目入库材料，保障项目真实准确完整。利用中国统计开放日、“12·4”国家宪法日和“12·8”统计法颁布纪念日等时机，开展普法宣传。完善《统计执法“双随机”抽查办法》，按照不少于“四上企业”3%的目标，开展“双随机”抽查，共检查企业533家。完善基层统计机构，印发《关于进一步加强统计基层基础建设的通知》，明确基层统计规范化建设标准、考核办法。建立人才培育机制，会同市委组织部、市财政局、市人力资源和社会保障局，印发《济南市基层统计人才培育工程实施办法》，激发基层统计人才活力。

完成各项调查任务。第三次农业普查工作基本完成。完成2007~2017年农业核算工作，面向全社会公开招标的12个普查研究课题全部结项，普查资料的整理和编制工作基本完成。完成国家统计局《第七次全国人口普查住房试点调查》项目，在年度经济社会发展综合考核创新项目申报答辩中取得优异成绩。组织开展营商环境专项调查、户外广告和牌匾标识整治提升等民意调查。（李　婷）

【第四次经济普查】 认真贯彻落实国务院和省政府有关文件及会议精神，牵头组建济南市第四次全国经济普查领导小组及其办公室，坚持问题导向，突出重点任务，第四次经济普查工作取得阶段性成果，为完成普查任务奠定良好基础。

抓好宣传。9月20日统计开放日，与省经普办在泉城广场联合开展单位清查启动仪式；在市级主要媒体刊发清查通告，播放公益广告和视频；开通四经普宣传网站、“济南经济普查”微信公众号，营造依法普查良好氛围。

扎实培训。全市选调普查指导员和普查员1.2万余名。举办清查业务培训、登记阶段业务培训等培训班，培训累计达千余人次。各区县分期采用小班化教学手段开展“两员”培训，结合实际开展实地演练。

开展试点和清查。6月下旬，在长清区开展为期14天的经济普查综合试点工作。9月起，按照在地原则，采用以块为主、条块结合，地毯式扫描的方式进行为期三个月的清查上门登记。

加强审核。印发《关于贯彻落实〈山东省第四次经济普查单位清查数据审核验收实施方案〉的通知》，召开会议统筹安排数据审核验收工作，对单位清查数据进行全面评估分析。（李　婷）

【国家统计局济南调查队】 济南调查队坚持以“创新、协调、绿色、开放、共享”五大发展理念为指导，以提高数据质量为核心，完成局队业务调整改革，精心打造六大业务体系。对各类分析信息施行模块化管理，将分析信息工作分解为进度分析、调研报告、专题报告和市长专报四大模块。撰写分析信息105篇，其中市委、市政府办公厅采用31篇，省委、省政府办公厅采用5篇。修正《济南调查》季报手册，以队局联合形式做好《济南统计年鉴》《济南统计月报》《济南改革开放40年发展统计报告》等统计资料的编辑出版。

打造以粮食产量、畜牧业调查为主体的农牧业调查体系。建立遥感测量工作站和粮食调查样本室，实现遥感设备统一管理和粮食调查

实割实测工作是济南市农作物对地调查工作的重要环节，以此实现济南市农作物播种面积和粮食产品的全过程检测　（国家统计局济南调查队　供稿）

样本管理规范；创新性建立农牧业调查三项制度，完成农作物面积遥感测量 PDA 调查以及无人机调查；召开农业、畜禽调查培训会议 6 次；济南市 2 名农调骨干顺利取得新的无人机驾驶合格证；按制度要求完成畜禽监测各项调查任务；加大基层保障力度，村级调查点每年补贴增加到 1100 元，为村辅助调查员发放劳保用品。

打造以居民收支和农民工监测为主体的住户调查体系。全市激活电子记账的记账户 982 户，占全部样本的 76.7%；制定《电子记账户管理办法》；顺利完成样本轮换数据衔接，实施数据季度集中会审，对辅调员进行 2 次全覆盖培训；制定农民工市民化调查三项制度；加强直接调查力度，对市中区国家点账本直接调查，为全市 150 名居民收支辅助调查员颁发聘任书，全覆盖核查记账户基础信息。

打造以劳动力调查为主体的居民就业、失业调查体系。熟练掌握居（村）委会建筑物示意图、住宅建筑物清单和住房单元底册绘制办法，加强实地勘察，三级逐级、反复审核；对济南市 20 个居（村）委会所属的 900 栋建筑物和 3.8 万个住房单元进行摸底核实；做好新样本轮换摸底复查；完成劳动力调查常规报表任务。

打造以 CPI、PPI、房价调查、农产品价格调查为主体的价格调查体系。实现生产价格调查（PPI）数据采集全程留痕，加大数据查询、审核力度；对全市 189 家工业生产者调查直报单位进行全面核查；完善企业信息库和项目信息库的维护。建立新建商品住宅价格调研平台，建立全市 162 家资质以上房地产开发企业字典库；建立各环节质量控制标准；人员培训全覆盖，建立辅助调查员管理制度和考评办法；做好统计台账和数据备份；扩大楼盘调研；加强多部门协调机制，完善数据质量评估座谈会和定期工作交流机制。扎实做好 ICP 机械品、建筑品和住房租金部分调查工作，对抽取的大学生、中介公司和辅助调查员进行全面培训。居民消费价格调查坚持“一对一”监督采价模式，强化现场调查和动态监管机制；调研部分服务行业近几年价格变动情况，完成总队布置的茅台酒快速调查等；全部更换采价器，组织新采价器的使用培训；更换采价员 2 人次，召开采价员培训会议 10 次。完成国际比较项目消费价格调查收尾各项工作；严格自查提高数据质量。

打造以采购经理调查、新设立小微企业及个体户跟踪监测调查为主体的企业调查体系。完成采购经理调查工作，开展企业转型升级情况调研，组织开展部分行业非企业法人单位和服务零售结构试调查工作；对新设立小微企业开展“回头看”，对经营状态二次确认；对南部山区所有样本单位入户走访调查；完成企业家专访、企业家对企业发展作用等专题约稿。

打造以文明城市测评、营商环境调查及各类统计调查服务为主体的专项调查体系。根据国家统计局《国务院大督查营商环境调查方案》及山东总队有关调查工作部署要求，扎实做好营商环境调查工作。按时完成 2018 年济南全面从严治党民意调查工作和 2018 年济南国有企业全面从严治党民意调查工作；开展部分行业非企业法人单位和服务零售结构试调查工作。

（李　响）

【概况】 全市2018年共完成审计项目614个，其中计划内审计项目343个，各级交办审计任务271项。查出问题资金583.46亿元，促进整改落实有关问题资金13.59亿元，提出审计建议1106条，移送各类案件、问题线索266起；编发各类信息宣传稿件、审计情况专报（汇报）、审计报告等800余篇次，被各级批示、采用370余篇次。

政策措施贯彻落实跟踪审计。对规范政府举债融资行为防控政府性债务风险、保障性安居工程、义务教育均衡发展等12项重大政策措施落实情况进行跟踪审计。

财政收支（预算执行）审计。对15个市直部门、73个区县部门进行预算执行审计，首次对全市机构编制、人社、食药监和扶贫等4个行业系统进行全面审计。

经济责任审计。对177个部门单位的195名领导干部开展经济责任审计，实施领导干部自然资源资产审计项目7个，查出承担相应责任的问题资金103.47亿元。

固定资产投资审计。对轨道交通、丁字路瓶颈路等建设项目进行审计，揭示在征地拆迁、建设程序、建设资金管理等方面存在的问题。

民生资金和项目审计。重点对拆违拆临建绿透绿、居民养老保险收缴管理、精准扶贫等情况进行审计。

信息化建设。升级改造审计数据中心和审计项目信息化管理系统，组建大数据分析团队，举办济南市审计系统计算机审计技能竞赛，强化审计干部大数据审计应用能力。

审计科研。在济南市社会科学优秀成果评选中获二等奖1项，三等奖1项；在济南市委优秀调研成果评选中获一等奖1项，二等奖2项，在山东省审计青年论坛论文评选中获二等奖1项，三等奖1项。

【2017年度市级预算执行和其他财政收支审计】 2017年，济南市继续深化财税体制改革，市级预算执行情况整体向好，预算管理水平进一步提高。

市级预算资金管理使用审计。市级财政管理审计情况。存在的主要问题：土地收入预算编制质量有待提高，国有土地使用权出让收入预算与实际收入均存在较大差距。部门单位实有资金基本账户结存资金较大，影响资金使用效益。部门单位普遍存在实有资金基本账户结存资金的情况，截至2017年底338个基本账户的余额达31.74亿元。南部山区管委会资金结余结转较多。延伸审计发现，2017年度市财政局拨付南部山区管委会项目资金4.61亿元，当年支出1.59亿元，年末结余结转3.02亿元。截至3月底，仍结余结转2.61亿元，主要包括拆违拆临建绿透绿和河道治理等项目资金。高新区财政实际支出进度不均衡。2017年度，高新区前三季度支出60.71亿元，占全年支出的42.50%，第四季度支出57.50%的资金，影响预算执行进度和财政资金使用效益。地方税收征管审计情况。2017年度，全市地税系统针对“营改增”后地税面临的收入规模萎缩等一系列问题，加大税收征管力度，努力实现挖潜增收，全年组织地税收入423.03亿元，同口径增长23.08%，确保收入平稳较快增长。但延伸审计182户纳税企业发现，由于地税部门监管不力，96户企业少缴各类税费4464.48万元；地税部门延缓征收11户企业各类税费20295.26万元。

部门预算执行和预算绩效管理审计。存在的主要问题：预决算编报不够完整、细化、准确。10个部门单位存在结余结转、支出未编入预算，专项资金未落实到具体项目等问题，涉及资金30690.71万元；2个部门决算草案编制存在少计收支和资产不实等问题994.67万元；济南水务集团未按规定及时上缴污水处理费8915.24万元。预算绩效管理未全面开展，部分资金未发挥应有效益。2个部门未开展绩效管理工作；5个部门单位未编报整体支出或项目绩效目标；4个部门部分项目绩效目标不科学不细化不具体；7个部门单位未开展绩效自评或绩效运行监控；10个部门单位12项资金2224.68万元使用效益不高。“三公”经费等费用制度执行不够严格。4个部门单位超预算列支公务用车运行经费等5.86万元；4个部门单位超预算、无预算列支公务接待费4.55万元；6个部门单位超预算、超范围列支会议费和培训费等147.76万元；4个部门单位超预算列支差旅费或在下属单位报销差旅费43.97万元。

重大政策措施落实审计。煤炭压减政策落实审计调查情况。存在的主要问题：未按要求制定并实施气代煤电代煤工程完成情况第三方机构全面评估制度；气代煤电代煤设备购置补贴3331.10万元和运行补贴9318.84万元未按时发放到位，发放率分别为66.57%、44.55%，涉及居民1.44万户、7.77万户；促进“散乱污”企业搬迁入园、气代煤电代煤改造相关亏损补贴及优惠气价电价等政策均未落实；天桥区气代煤电代煤工程上报的台账数据存在错报、漏报问题。水环境保护和污染防治政策措施落实审计情况。存在的主要问题：黑臭水体整治未及时完成第三方评估；城区雨污分流工作进度仍需加快；入河排污口封堵取缔工作进展较慢。地方公共文化服务体系建设政策措施落实审计调查情况。存在的主要问题：资金使用、管理不到位；文化馆所利用率普遍偏低。医疗精准扶贫政策和扶贫对象动态管理政策落实审计情况。存在的主要问题：资金层层沉淀，医疗扶贫帮扶力度与贫困人口实际需求有一定差距；政策帮扶范围窄、门槛较高；医疗精准扶贫业务系统尚未建立健全，报销结算程序繁杂，政策宣传力度不够，影响医疗精准扶贫政策落实效果；建档立卡贫困人口精准识别和退出工作仍需加强。义务教育均衡发展政策措施推进审计情况。存在的主要问题：基础教育专项规划亟需更新、完善；历史欠账较多，新增需求压力大；教职工编制标准较低，缺编现象严重。

重点工程和重点资金审计调查。轨道交通工程跟踪审计情况。存在的主要问题：未按合同规定支付工程款；部分资金使用效益不高；历城区个别办事处征迁过程中超标准多支出补偿款265.32万元；由于配套政策不完善和前期编研不充分，济南市轨道建设过程中形成地上空间和周边空地开发利用进展缓慢。丁字路、瓶颈路建设项目审计情况。存在的主要问题：项目资金层层沉淀、资金使用效益不高。物流中心建设推进审计调查情况。存在的主要问题：制造业物流薄弱，对物流中心建设支撑力不足；物流企业总体规模偏小，呈现“小、散、乱、弱”特点；财政扶持力度有待提高。居民养老保险收缴管理使用审计调查情况。存在的主要问题：居民基础养老金待遇水平偏低；居民养老保险个人缴费水平偏低，保障能力有限；在被征地农民社会保障资金个人账户落实审批过程中还存在环节多、时间长等问题。

审计移送的违法违纪问题线索。审计中共发现违法违纪问题线索14起，其中移送司法和纪检监察机关11起，移交其他有关部门3起。主要为：挪用公款，套取、骗取财政资金等7起；违规担保、投资，涉嫌国有资产流失等4起；串标、无资质承揽工程等3起。

审计建议。继续优化预算管理制度，提高财政资源配置效率；不断完善政策配套措施，促进重大政策落地见效；切实加强重点领域建设，推动城市发展提质增效。深入抓好民生工程落实，增强居民获得感幸福感。

【2016年度市级预算执行和其他财政收支审计查出问题整改】 相关部门和单位积极采纳审计意见和建议，专题部署审计整改工作，完善内部管理制度，全力保障财政资金安全高效使用。审计工作报告指出的问题中，对资金管理和成本核算方面的问题事项，相关单位已通过收缴资金、调整账务处理等方式整改；对内部管理控制方面的问题事项，已通过完善制度，加强督促检查和补办手续等方式整改；对已经发生但无法追溯调整的问题事项，通过承诺加强事中事后监管，严格制度执行等方式，杜绝类似问题的发生。至2017年底，各部门单位共上缴各类财政资金37007.85万元，通过调整会计账目、规范资金管理等方式落实整改问题金额721524.71万元，能够按金额计量的问题整改率达到99.53%；根据审计意见和建议，共制定完善规章制度15项。审计发现并移送的14起违法违规问题和经济犯罪案件线索中，已有2人受到刑事处分，1人受到党纪处分，5人受到行政处分，4人受到诫勉谈话、通报批评处分，共计追缴财政资金606.67万元，其他案件线索有关部门依纪依法调查处理。

（宋　欣　李建营）

责任编辑　谷　雪

【济南高新技术产业开发区】 全年实现地区生产总值1002亿元，占全市的比重达12.8%，对全市增长贡献率达22.8%；固定资产投资同比增长15.3%；全年公共财政预算收入完成115.1亿元，扣除增值税留抵退税因素影响，实际完成收入117.6亿元，同比增长16.8%，税收比重达92.2%。楼宇经济提升明显，新培育税收"亿元楼"10个，占全市的33.3%。金融业增加值完成27亿元，同比增长7.1%。在全市规模以上企业大幅净减少的背景下，高新区净增56家，逆势超额完成任务目标。浪潮集团、重汽集团两大产业巨头年产值首次突破千亿元大关，填补全市没有千亿级制造企业的空白。 （王雪晶）

【立足项目投入】 做好产业链补链、强链文章，开展精准招商，全年签约项目116个，协议总投资金额1404.9亿元。开展深圳"双招双引"恳谈会，与粤港澳大湾区签约项目15个；参加首届儒商大会签约鲁商新动能科技城等重大项目；承办第四届中德中小企业合作交流大会签约项目27个。引进英国ARM公司智能物联网、医疗手术机器人、米尔斯（Mills）癌症诊疗中心等行业尖端研发项目，银丰国际生物城、山大中美产业园以及阿里、百度创新中心等高质量的平台载体类项目，航加国际航空产业园、富士康8吋和6吋晶圆、博世马勒高端涡轮增压系统等带动力强的产业项目。正威山东总部暨光电子集成先导技术研究院正式启动，富杰产业投资基金注册成立，12吋集成电路制造项目完成签约，全省缺"芯"少"魂"局面实现破题。全年引进世界500强项目9个、中国500强项目10个、百亿元项目3个，超额完成市里下达的大项目招商指标。 （王雪晶）

【实施创新驱动】 创新能力增强。大数据产业基地、量子谷、山东工研院等创新载体规划建设迅速推进，神威E级超算原型机系统在国家超算济南中心正式启用。全国首个量子计算与测量标准化技术委员会批复成立，牵头编制全国第一个量子科技和量子信息产业发展规划；引进量子芯片、量子雷达等核心龙头企业，储备国科量子、量子重力仪等一批项目，量子技术应用开辟新领域。浪潮服务器市场占有率稳居全球前三，新一代（NF8380M5）服务器刷新全球最高性能纪录和最佳性价比世界纪录。重汽全球首款无人驾驶电动卡车投入运营，全省首辆5G通信智能网联无人驾驶公交车完成路测。创新载体完备。全年新增省级研发机构19家，总数达182家；新增高新技术企业166家，总数达680家，占全市比重43.6%；38家企业入围2018国家高新区瞪羚企业，占全省入围企业总数的35.2%，居全省高新区首位。山东省产业技术研究院以及与国科控股、深圳先进院合作的系列项目（山东中科院产业技术协同创新中心、济南中科院新动能创新研究院、山东中科先进技术研究院）相继落户，浪潮大数据双创中心、中英（济南）国际创新中心先后落地，"政产学研金服用"协同创新体系初步建成。人才支撑有力。自主培育全市唯一一个"千人计划"专家，5人入选国家"万人计划"，占全市总量的83.3%；16人入选泰山系列人才工程，占全市总量的64%。拨付各类人才扶持资金1.2亿元，以第一名成绩蝉联全省人才工作先进单位。引进癌症个性化治疗领域世界第一人戈登·米尔斯、比利时皇家医学科学院院士皮特·赫德维恩、植物基因编辑技术专家等国际顶尖人才13人。全国第一家人力资本产业园正式开园，360余家企业申请入驻，“人才有价”评估平台正式上线，人才资本化和市场化实现破题。打造全市首个“拎包入住”的人才公寓422套，人才服务环境更加完备。

（王雪晶）

【推动改革开放】 组织完成全省首批“证照分离”改革试点工作，103项改革事项在高新区落地。全省第一张基于区块链技术办理的数字营业执照和第一张微信办理的营业执照均在高新区诞生，实现“数据多跑路，群众少跑腿”。全年新增市场主体1.55万户，同比增长45.1%。不动产登记大厅年接待超过15万人次，业务量列各区第一位，入选全国百佳示范窗口。全年审批核发建设工程规划许可证109件、812万平方米，“拿地即开工”“四证齐发”成为高新区审批模式新常态。全年进出口总额突破360亿元，进出口总额、出口额、进口额三项指标增速均位居全市第一位。推进国际合作，海外孵化器总数增至7家，海外研发机构总数增至20家。全区自主知识产权软件出口达280份，出口金额5400万美元，占全市比重100%。齐鲁制药在中国生物药研发50强企业中居首位，对美国出口实现119%的大幅增长。

（王雪晶）

【加强建设管理】 高起点规划。聚焦两业融合，高水平完成国际内陆港规划。编制完成孙村次中心产业规划、章锦片区街区规划，开工建设创新谷和临空经济区综合管廊等重大基础设施。快节奏供地155宗、924公顷。完成中心区腾笼换业项目28个、94公顷，完成济钢农场120公顷土地收回工作。全年土地出让收益超过百亿元。高标准建设。在建工程达1300万平方米，“大建设”的热潮已经形成。投资16.3亿元，实施财政投资建设项目267项，道路建设、电力建设完善。推进城市山体修复、水体治理、“三山三水”生态景观工程；推进拆违拆临，全年共拆除违法违章建设1531处、177万平方米，超额完成100万平方米的目标任务；按照即拆即运即清即绿要求，打造机场路、世纪大道、凤凰路等多处街心公园、口袋公园；实施绿化提升工程，突出经十路、经十东路、旅游路、世纪大道等重要节点，完成20余条道路、50万平方米的绿地内裸土整治，实现节点出精品、线上成绿廊、面上见景观，东区25号路成为“网红路”。高要求整改。大气污染防治考核，由2017年的全市倒数第一跨越至全市前茅；河流水质考核全市前列，同比改善幅度全市第一；蓝天保卫战强化督查，通报问题全市最少；中央环保督察回头看、省级环保督察均未发现突出问题。城市管理千分制考核，由市内7区倒数第一，上升到中游水平；城乡环卫一体化由31个省级以上经开区、高新区倒数第五名，也上升至中游水平。

（王雪晶）

【加大民生投入】 新建小学、幼儿园13所，雅文中学、汉峪小学顺利开学。加快学前教育普惠制改革，普惠率从不足60%提升到80.9%，中考成绩高分率由12.6%提升到21.1%。全市第一家托幼机构卓爱婴幼园开园。安置房建设顺利推进，采用“EPC+装配式+BIM”建设模式，开工总量达178万平方米，位居全省第一，被评为省级装配式示范项目。全市第一家市民公共服务综合体完成规划。济南市传染病医院新建项目呼吸楼和专科楼主体结构实现封顶，组建济南高新医疗健康有限公司，医疗机构建设运营模式进一步理顺。被征地农民养老保险改革稳步推进，“老有所养”落到实处。信访维稳成效明显，全年受理信访事项1273件、4483人次，实现源头化解，各级非正常上访案件大幅降低。开展积案攻坚，化解48个信访积案和142个中央巡视反馈案件。高新法院12名员额法官人均结案606.5件，全市排名第一、全省第三。开展扫黑除恶专项斗争，摸排核查线索232条，审办李成田等9人涉恶势力犯罪案件。

（王雪晶）

【明水经济技术开发区】 全年开发区300家规模以上工业企业实现主营业务收入1050.94亿元，同比增长14.1%；完成工业增加值238.61亿元，同比增长14.2%；实现利税88.15亿元，同比增长4.6%；实现利润57.73亿元，同比增长10.7%。

园区建设。按照“产城融合、产业集聚”的要求和“同步规划、分期实施、强力推进”的工作原则，推进济南高层次人才创新创业示范基地、济东智造新城、中小企业转型发展示范园、凤凰山工业园、刁镇中小企业创业创新园5个特色园区建设，总建筑面积86.8万平方米，标准化厂房面积58万平方米。重点实施开发区总部基地排水配套工程（防洪沟一期、二期工程）、济东智造新城起步区规划一路工程、凤凰山工业园横三路工程、世纪大道（四号路以西段）污水整治工程、权庄河疏浚工程、济东智造新城起步区天然气管道迁移工程等配套设施建设。

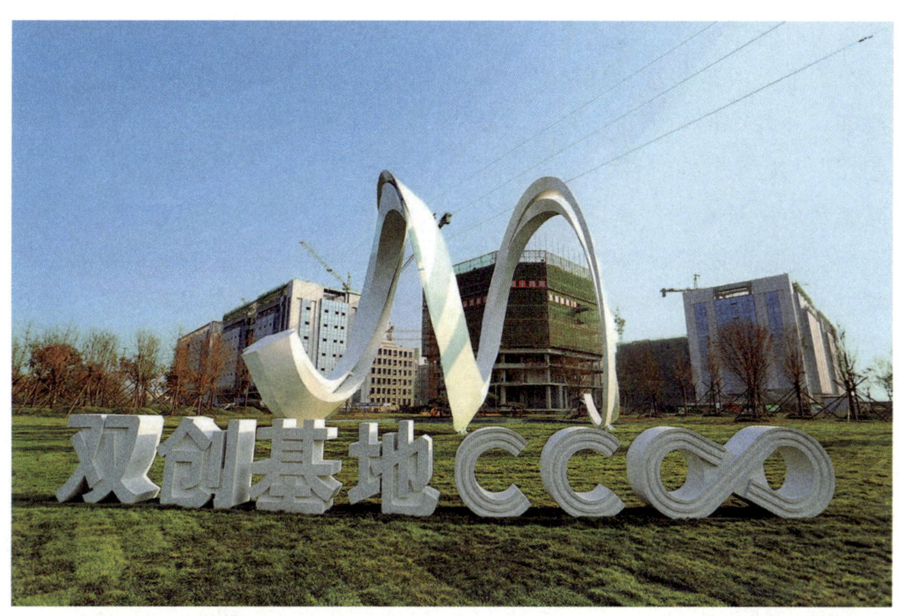

高层次人才创新创业示范基地（明水经济技术开发区　供稿）

招商引资。在招商方式上，坚持传统招商与市场化、社会化、专业化招商相结合，拓宽信息渠道，搜集项目信息；在产业招商方面，坚持传统产业“补链强链”和新兴产业培育两条腿走路，重点在汽车制造、高端装备、生物医药、智能制造、食品饮料、电子商务、新材料等产业上下功夫。全年成功签约投资100亿元的章丘宝能城、投资16亿元的泰和医药和投资1.5亿元的乐氏同仁堂等项目。同时，进行洽谈的项目有投资26亿元的山东新广源汽车产业园、投资20亿元的富力中以产业园、投资5亿元的金刚石线、投资7亿元的联东U谷生态科技谷等项目，重点在谈项目计划总投资额150亿元。

项目建设。全年筛选确定27个项目重点进行推进，计划总投资403亿元，可实现销售收入1428亿元，税收54亿元，工程建筑面积701万平方米。其中，中建八局绿色建筑产业园、济南杭萧钢构一期、伊莱特直径16米环形锻件、中国重汽发动机等7个项目已经投产，永信9万吨生物质新材料、哈工大机器人、蓝海领航等10个项目进行施工，五三所非金属材料主体搬迁、伊莱特50万吨钢球及磁性衬板生产等6个项目准备开工建设。（王　叶）

【济北经济开发区】 全年102家规模以上工业企业完成产值91.2亿元，完成工业增加值25亿元；固定资产投资完成66.5亿元；实际利用外资8370万美元；一般公共预算收入完成8.69亿元，同比增长23%。获“中国食品工业数字化转型示范园区”、全市唯一一家“首批山东省专家服务基地”等称号。

开发区配合市政园林局完成正安路燃气防护工程建设，基本完成济北中小企业科技产业园道路、消防、雨水、污水管道等基础设施建设。配合其他镇（街道）新规划济北智慧家居产业园、济北商贸流通产业园和济北创新智慧产业园3个专业园区，总规划面积1400公顷。国道220东片区、银河路西片区2个片区共计589公顷的控制性详规编制完成，济北生命科技产业园总体发展规划、济北商务区（CBD）规划稳步推进。帮助企业解决水、电、气、用工、道路通行等方面诉求380余件。对辖区内207家工业企业和44个项目建筑工地实行网格化动态监管管理。加大企业遗留问题、僵尸企业、低效用地企业处置力度，遗留问题企业由76家减少为54家，5家僵尸企业22公顷土地已盘活转型投产，对8家低效用地企业进行评估。

开发区承接市投资促进局、济北开发区2批98项审批权限，设立“开发区工业项目窗口”，优化创新审批模式，为园区企业审批、代办300余项手续。落实全市“拿地即开工”改革要求，通过“提前预审、并联审批、压茬进行、容缺办理”，墨海生物科技、台稳精密机械2个项目实现“拿地当日即开工”，创造实体项目快速审批的最高纪录。

全年开发区新签约各类项目76个，合同引资额527亿元，其中过亿元项目19个、过10亿元项目8个、过百亿元项目2个。引进包括投资120亿元的供应链（济南）智慧生态城、投资65亿元的山东数字技术产业园、投资30亿元的济北大河时代通讯智慧产业园等；世界及国内500强项目引进实现新突破，华为、碧桂园、怡亚通先后落户，与三一重工签订框架协议，三一筑工、三一树根互联及住宅等项目正在推进；引进诚壹物流有限公司、坤德物流有限公司、世鑫建设工程有限公司等总部经济项目306家，实现税收1.4亿元。

先后为24个项目、13条市政道路清点清障土地334公顷，涉及群众1400户。阳光拆迁得到群众普遍认可，刷新着“济北速度”。智慧住居、欧克智能家居、大润发物流、济北连城数码港等38个重点项目建设中，其中顶津食品、欧克智能家居、德诺液压设备、好利来等8个项目已投产或试生产。

（何晓艳）

【济南临港经济开发区】 全年济南临港经济开发区发展范围内实现一般公共财政预算收入6.25亿元，同比增长52.66%；固定资产投资82.5亿元，同比增长21.92%；规模以上工业总产值133.89亿元，同比增长28.47%；规模以上工业增加值45.56亿元，同比增长26.65%。

完善园区规划。聘请德勤公司和天津大学城市规划设计研究院，按照“产、城、人”融合发展理念，完成新区产业定位、功能定位和概念性规划策划，确立“一谷四园”即“打造济南生态智谷，打造智能制造产业园、生物医药产业园、济钢四新产业园、高端物流产业园”的总体产业布局，成为全市唯一的土地规划、城市规划、产业规划“三规合一”的产业园区。

2018年3月15日，中电建核电公司项目入园合同签约仪式举行

（济南临港经济开发区　供稿）

招商引资。引进中电建核电创新产业园、临港·智荟瓴、厦门新页科技新能源汽车智能充电装备、荷兰华通汽车零部件研发生产基地、齐鲁国际冷链产品全球采购交易中心、西王壹柒智能航母物流园等21个总部型、外向型、高附加值重点项目，合计总投资约491.8亿元、总用地约541公顷。开发区自新区启动建设至2018年底，已签约引进总投资约553.6亿元、总用地约649公顷的34个重点项目。

优化营商环境。推进上级审批权限下放，提升服务效能，实施审批服务大厅工程，已全面完工，做好承接上级审批权限的各项准备。加大投入力度，完善配套平台，实施总投资约7.6亿元、总长度约12.3公里的14条道路路网工程和总投资约3.5亿元、用地面积约9公顷、建筑面积约12万平方米的临港国际智能制造产业园工程，为入区企业提供高质量的投资发展环境。

加快园区建设。针对用地指标紧缺难题，开发区对上争取，对内挖潜，通过调动企业和自身能动性，破解瓶颈制约，为入区投资企业解决近47公顷用地。中电建核电创新产业园、临港·智荟瓴、博科国际生命科学创新中心、济钢四新产业园等项目地块履行报卷手续。

服务内陆港建设。在推进园区

建设同时，还承担起济南国际内陆港起步区即中央高端物流集聚区近期用地规划设计、地上物清点清理、陆港大厦项目征地等任务。

（赵　凯）

【山东商河经济开发区】 山东商河经济开发区对标济南市“1+454”工作体系及商河县“1+2383”工作体系，以招商引资、项目推进为中心，围绕总量做大、结构做优、平台做实、服务做精，坚持“问题导向”“目标导向”，聚焦“三区建设”和打赢园区建设攻坚战，在明确细化产业定位、加快专业园区建设、优化园区功能配套、打造一流营商环境、抓工作推进和落实等方面实现新突破。

招商引资。围绕医药化工、高端装备制造主导产业，通过以商招商、平台招商和“园中园”招商多种方式，引进一批优质项目，外资项目引进取得突破性进展。全年共签约项目20个（过亿元项目10个），其中外资项目3个，合同利用资金约1.61亿美元。签订框架协议2个，引进项目类型主要集中在生物医药、环保节能领域。

化工园区认定。为做大做强医药化工产业，推动化工产业转型升级和高质量发展，落实全省推动化工企业“入园”发展战略，推进化工园区认定工作并成功获批。将化工园区建设成为规划科学、配套完善、管理精细的一流化工园区。

标准厂房建设。推进特色装备制造工业园、高端原料药产业基地、环保节能材料与装备特色产业基地等特色专业园区50万平方米标准厂房建设。截至12月底，建成面积41.3万平方米，在建面积7.46万平方米，完成投资8亿元。已签约入驻企业17家，其中特色装备制造工业园5家、高端原料药基地9家、节能环保基地3家。

重点项目建设。全年16个重点项目中有15个实现开工并按建设计划顺利推进，项目开工率创商河开发区有史以来最高。

提升硬件设施配套水平。全年完成投资1.48亿元，推进园区基础设施配套建设。推进与绿地博大集团的PPP基础设施配套项目，包括道路、绿化、供水、照明及地形整理等工程；推进化工园区水质观测井、环保安全应急一体化平台、危化品专用道路等配套设施建设；完成清源街、土马河景观、科源街节点等工程。

进出口业务。截至年底，商河开发区共有港、澳、台资企业8家，外商投资企业3家。全年进口额1370万美元，同比增长3.47%；出口额5616万美元，同比增长4.60%。

（崔秀芳）

【山东平阴工业园区】 平阴工业园区以大项目攻坚行动、招商引资突破年和园区综合改革为抓手，突出招商引资、项目建设、载体打造、产业集聚四大重点，各项工作取得新进展。

招商引资工作。引进超过20亿元项目1个、超过10亿元项目3个、超过亿元项目15个，合同引资额90.1亿元。济南伊利高端乳品产业园项目、海升果蔬加工项目、产发置业标准厂房建设项目、锦水高端装备制造产业园琦富环保项目代表平阴县参加2018年全市“动能转换比学赶超”项目建设观摩评议活动，在全市取得第六名的成绩。按照大口径统计，平阴经济开发区108家规模以上工业企业实现总产值261亿元，同比增长17%；实现主营业务收入243亿元，同比增长18%；实现工业利税40亿元，同比增长8%。

标准厂房建设。依据济南产业发展投资集团有限公司与县政府达成的合作协议，确定济南产发置业有限公司为平阴县标准厂房建设主体。全县标准厂房开工建设任务为50万平方米，其中产发置业开工建设琦富环保和产发置业东部新城标准厂房18万平方米，累计完成投资18900万元。

基础设施建设。安排路网建设、管网配套、土地整平、绿化亮化、河道治理和清障补偿6大类17项，完成总投资7953.69万元。管网配套方面，完成投资775万元。220千瓦伏玫瑰变电缆改造工程实施中，累计完成投资150万元。土地整平方面，土地整平场平土地62公顷，累计完成投资6540万元。伊利二期项目整平土地面积12公顷，完成投资900万元；开启食品整平土地面积7公顷，完成投资875万元；清河电气整平土地4公顷，完成投资75万元；富士鑫整平土地面积4公顷，完成投资240万元。产发置业标准厂房土地整平完成投资4450万元。其中，琦富环保项目整平土地面积18.53公顷，完成投资3200万元；产发置业东部产业新城标准厂房整平土地面积16.47公顷，完成投资1250

万元。

管理与服务。对签约落户园区的企业，从签约后、建设期、投产后3个阶段，有针对性实施“全程服务三代模式”。实行审批手续全程代办服务，对进驻园区的企业，从项目办理核名、工商注册登记到竣工投产所有审批手续，全部实行全程代办服务。实行全程代建服务，由园区项目管理公司对标准厂房建设或项目方自行建设的项目进行全程服务，协助项目方解决在建设中的短板，对招商引资定制化厂房实行全程代建。（付媛媛）

【济南槐荫工业园区】 截至年末，园区国内生产总值完成76.87亿元，规模以上工业增加值完成14.47亿元，全社会固定资产投资42.7亿元，辖区全口径税收累计完成7.9亿元，进出口总额完成7594万美元，实际利用外资104万美元。

招商引资。招商引资全年完成5.13亿元，实际到账外资2965万美元。“中国·济南新动能国际高层次人才创新创业大赛”一等奖项目——氢燃料电池车用直流变换器、英国曼彻斯特大学打印机研究院、3D骨骼打印团队、基于CAE工业设计云平台等多个项目与园区达成合作愿景并落地园区。

项目建设。加速已落地项目建设，德迈国际信息产业园一期项目顺利竣工，金恒丰、纽特动力等一批优质企业入驻，项目二、三期已取得用地规划手续；山东永芳互联网+卫品纸品智造新动能项目办公楼主体建设已完成，服务楼建设完成等待验收。

设施环境。以打造“小而美”精品园区为目标，开展基础设施建设提升工作。腊山河西路及天岳南路市政工程建设项目道路工程10月完成验收，电力、交通设施、路灯等配套设施验收收尾工作推进；华润东路南延项目于7月开工建设，年底前完成工程量的60%；德迈产业园10千伏外线供电工程项目完工并完成验收和移交，华润东路雨水箱涵对接工程全部完工。

（张玉熠）

责任编辑　魏添乐

【概况】 全年聚焦数字经济引领、工业优化升级和物流中心提级扩容三大重点任务，培育创新驱动、项目带动、政策促动三大动能，完成各项目标任务，国际内陆港建设被列入2018年创建全国文明城市“十件大事”提名名单。全市经信系统政风行风民主评议位次前移，机关连续11年被评为省级文明机关，新增中小企业服务中心为省级文明单位，全系统省级文明单位达5家。

工业经济量质齐升。全市工业取得难得的成绩，工业增加值增长7.1%，分别高于全国、全省0.9和1.9个百分点，工业经济呈现出稳中有进、稳中提质的态势。实施重点企业形象提升行动，让“名企名牌名家”领跑高质量发展，中国重汽和浪潮集团主营业务收入首次突破千亿元。5家企业（产品）成为全国制造业单项冠军，培育43家“瞪羚企业”、46家“隐形冠军”企业。高新技术产业产值占规模以上工业总产值比重达55.56%，居全省首位。新一代信息技术、智能制造与高端装备两大优势产业带动支撑能力增强，以两大优势产业为主导的济南高新区生产总值首次突破千亿元，济南新一代信息产业集群获评全省唯一支柱产业集群，获批建设全省首个高端数控机床产业基地。新增13家市级、17家省级企业技术中心，总数达到352家；新增3家省级软件工程技术中心，总数达到58家；新增1家省级工业设计基地和6家省级工业设计中心，工业设计平台达到20家；新培育“一企一技术”研发中心11家、创新企业8家，总数分别达到188家和249家。制定出台标准厂房分割转让、工业“零增地”技改等政策，推进工业土地高效利用，加快项目建设速度。按照“投产一批、开工一批、储备一批、谋划一批”的要求，建立“新旧动能转换”项目库，入库项目228个，开工项目182个；年度90个重点项目开工76个，竣工项目31个，新增收入200亿元。

数字经济亮点纷呈。提升软件名城和智慧名城，数字经济规模达2900亿元，占全市经济总量的37%以上。形成大数据与新一代信息技术和智能制造与高端装备两大优势产业集群，规模双双突破3000亿元，软件和信息技术服务业收入占全省半壁江山，稳居全省第一。2家企业入选中国软件业务收入百强企业，24家企业入选全省大数据重点骨干企业，39个软件产品入选山东省首版次高端软件产品名录，数量均居全省首位。国家健康医疗大数据北方中心落户济南，成为全国首个启动国家健康医疗大数据中心建设的试点城市。出台《济南市新型智慧城市建设行动计划（2018-2020）》，创新“一主体两平台”建设模式，推进“6+N”智慧应用专题建设，建成人口、法人、基础地理信息、电子证照基础库，初步整合950万人口数据、30.7万法人数据、564万条基础地理信息数据、833万个证照数据，为智慧城市建设提供数据应用支撑。举办首届新型智慧城市建设国际峰会，形成“智慧城市建设全国聚焦济南”的峰会效应。济南获评2018中国领军智慧城市，中国“智慧城市十大样板工程”。全市189家单位，1023项业务系统在济南政务云计算中心运行，市直部门上云率91.7%，整体业务上云率超过80%，区县上云工作全面开展，65个部门，1520个数据集面向社会开放共享，济南政务云获评国家政务云最高级别评估，政务数据开放指数居全国第五位，成为全国政务云建设的样板。年度企业上云数量突破1万家，上云企业总数居全省首位，培育市级上云标杆企业34家、省级上云标杆企业20家；新增国家级两化融合贯标企业3家，两化融合指数82.12，居全省首位。加强通讯基础设施建设与保护工作，高标准高质量推进通信业发展，通信铁塔统筹建设工作经验在全国推广；80G国际互联网数据专用通道建成开通；4G实现深度覆盖，率先开通5G商用测试。

区域性物流中心建设率先突破。2018年是物流中心建设目标全部完成，实现率先突破。社会物流总额以年均10%以上的速度快速增长，在全省位次由2015年的第五位提升到第三位；国家5A级物流企业11家，国家级示范物流园区2家，均居全省第一位。编制印发《济南市物流专项规划》和《济南市加快推进国际内陆港建设行动计划》，确定“一核、一枢、两园”的物流中心建设功能定位和空间布局规划。坚持规划建设57平方公里的内陆港核心区、13平方公里的中央高端物流集聚区和物流中心标志性建筑——济南国际陆港物流大厦，实现物流中心建设由分散向集聚、由抽象变形象、由量变到质变上的飞跃。首次启运俄罗斯至济南返程中欧班列，济南开往乌兹别克斯坦的首趟中亚班列正式开行，“齐鲁号”欧亚班列顺利首发，比利时至济南的山东首条洲际货运航线正式开通；成立全省首家物流巡回法庭、全省首家物流产业工会，举办第十六届中国物流企业家年会，签约项目近200亿元。

行业服务管理水平提升。推进民爆、油区、煤炭行业安全生产，加强安全风险分级管控和隐患排查治理双重预防体系建设，实现全年零事故。强化节能目标责任考核和激励，在全省17市节能目标责任考核中，济南市获超额完成等级，总得分为99.75分，位列首位。3个绿色工厂列入工信部第二批绿色制造名单，10个项目列入省“工业绿动力”计划。推进防治污染攻坚战、“四减四增”、环保督查、错峰生产等工作。爱城市网上线65项便民应用项目，注册用户突破147万，超额完成目标任务。

企业服务发展能力提升。谋划出台一系列促进先进制造业和数字经济发展的专项政策，发布全省首个新型智慧城市建设行动计划。发布全省首个《智能网联汽车道路测试管理办法》，启动全国首个全5G环境下的智能网联汽车道路测试。创新建立全省首个集中统一高效的服务企业云平台—“济企通”，实现政府与企业从线下到线上全方位、零距离互动对接。培育“小微企业之家”公共服务品牌，新命名12个市级中小企业服务平台，总数达55个，带动各类服务机构500余家，开展特色精品服务400余项，年服务中小微企业达到3万户以上。出台《全市经信系统新时代新担当新作为进一步强化服务企业工作实施意见》，汇总收集合理化问题建议385条，已解决229条。出台《济南市小微企业创业创新基地建设管理办法》，新培育10个市级小型微型企业创业创新示范基地，总数达66个，入驻中小微企业10031家，安置就业12万人。打造政策平台和信息平台，转贷引导基金服务中小企业330家，转贷额度51亿元；贷款风险补偿资金为421家企业发放贷款7.7亿元；开通智慧城市金融服务“一贷通”，帮助小微企业获得贷款4.7亿元。

（文海生）

【概况】 全市主营业务收入2000万元以上工业企业2043个。规模以上企业按经济性质分，公有制企业188个，非公有制企业1855个；按轻重工业分，轻工业企业568个，重工业企业1475个。在规模以上企业中，主营业务收入过亿元企业550个，其中过10亿元企业41个。

工业经济运行平稳。全年全市规模以上工业增加值同比增长7.1%，增幅高于全国0.9个百分点，高于全省1.9个百分点，列全省第六位。实现主营业务收入5171亿元，同比增长6.5%；实现利润303.9亿元，同比增长9.8%；实现利税508.1亿元，同比增长4.7%；主营业务收入利润率为5.9%，较同期提高0.2个百分点。

新旧动能转换加快。高新技术产业产值占规模以上工业总产值比重达到 56%，居全省首位。全市规上工业高技术行业增加值同比增长 17.8%，高于全市工业 10.7 个百分点；铁路及其他运输设备、计算机制造、医药制造、汽车制造等高端行业工业增加值分别增长 19.1%、18.7%、17.9% 和 8.5%。大数据与新一代信息技术、智能制造与高端装备两大产业主营业务收入均突破 3000 亿元；重汽、浪潮两大集团营业收入均突破千亿元。软件和信息技术服务业实现业务收入 2490 亿元，居全省首位；高端服务器、软件、大数据、云计算、人工智能等新兴领域快速增长，新一代信息技术产业集群获评全省唯一支持的支柱产业集群。全年新增上云企业 1 万余家，总数突破 1.4 万家，占全省六分之一。全市 1219 个项目列入 2018 年山东省技术创新项目计划，入选项目数量占全省总数的 21.78%。国家级、省级工业设计中心企业总数达到 20 家，省级企业技术中心数量达到 115 家；省中小企业“隐形冠军”企业达 21 家；众阳软件有限公司、韩都衣舍电子商务集团等 28 家企业入选全省第一和第二批瞪羚企业。

优势骨干企业运行态势良好。全市规上工业企业累计产值超过 10 亿元的企业达到 47 家，其中，42 家实现同比增长，产值同比增长 21.6%，拉动全市产值增长 12.1 个百分点，支撑工业供给侧结构性改革实现动能接续转换。百亿集团济南在地合计实现产值增长 11.8%，贡献率达 48.9%。

（张　涵）

【概况】 全年全市信息技术产业实现主营业务收入超过 3000 亿元，拥有行业相关企业 3000 多家，从业人员 30 多万人，8 家企业入围国家规划布局内重点软件和集成电路设计企业，12 家企业入围全国软件百强或电子信息百强，其中，浪潮集团连续多年入围全国电子和软件“双百强”；山东天岳成为全球第四家可批量供应 4H-Sic 衬底产品的企业。初步形成浪潮、中创等大企业“顶天立地”，天岳、中孚、华天、积成电子等中小企业“铺天盖地”的态势。引进 Arm、世芯电子、联暻半导体、正威光电产业研究院等集成电路项目，弥补“缺芯少魂”现状，初步构建起“材料-设计-制造-封测-设备”完整产业发展链条。成立宽禁带功率半导体、石墨烯改性纤维、集成电路设计、大数据、信息安全等多个产业联盟，拥有 CMMI 认证企业 121 家，ISO27001 认证企业 96 家，获得计算机信息系统集成资质认证企业 216 家，省级软件工程技术中心 63 家，数量均列全省首位。80G 国际互联网数据专用通道建成开通，4G 实现深度覆盖，率先开通 5G 商用测试，通信铁塔统筹建设工作经验在全国推广。率先启动企业上云行动计划和新型智慧城市建设行动计划，通过国家政务云领域最高等级评估，成为全国政务云领域的样板；政务数据开放获“数开丛生奖”，新型智慧城市建设获评 2018 中国领军智慧城市荣誉称号。

（曹志芹）

【概况】 技术创新成绩突出。全市 1219 个项目列入 2018 年山东省技术创新项目计划，入选项目数量占全省总数的 21.78%。

平台建设持续加强。新认定省级企业技术中心 13 家，市级企业技术中心 17 家；3 家企业获批省技术创新示范企业，其中 1 家获批国家技术创新示范企业；3 家企业获批牵头创建省制造业创新中心（第二批）建设试点。

工业设计成果显著。获批 5 家省级工业设计中心和 1 家工业设计基地。截至年末，济南市国家级、省级工业设计中心企业总数达到 20 家。

【促进人工智能产业发展】 组织企业申报国家、省各类人工智能融合示范和技术攻关项目，工信部公布的 106 个项目名单中全市 2 个项目入选，8 个项目（全省共推荐 15 个项目）经省工信厅推荐申报工信部新一代人工智能产业创新重点任务揭榜项目。

（李　莉）

【概况】 2018 年，全市紧紧围绕

“四五三”工作体系和十大千亿产业发展目标，以“高点定位、超前谋划、快干实干、创新发展”的经信理念，促进装备制造业高端化发展，各项经济指标均实现超预期增长，全年全市装备制造业销售收入实现3131.6亿元。

利用政策促进智能制造与高端装备产业发展。出台《关于促进机器人产业发展的指导意见》《济南市智能网联汽车道路测试管理办法》等促进全市智能制造与高端装备发展的文件，为智能制造与高端装备产业发展提供政策支持。

智能制造与高端装备产业发展取得突破。10家企业共11项产品被省经信委认定为首台套技术装备，7家企业共7个项目被认定为山东省智能制造试点示范项目，九阳股份有限公司的智能厨房电器智能制造新模式应用项目和浪潮电子信息产业股份有限公司的高端服务器智能制造新模式应用项目被评为国家智能制造综合标准化与新模式应用。

【智能网联汽车道路测试先行先试】 全省首个智能网联汽车道路测试基地的成立和智能网联汽车道路测试管理规范的出台，已有3种车型获得测试资格并实现5G网络条件下的道路测试。中国重汽生产的智能网联汽车已经在天津港实现运营。

【济南重工盾构机“掘进”外地市场】 2018年，济南重工与福州市地铁项目施工方签订两台盾构机租赁合同，这是济南重工盾构机首次走出济南进入外地市场。

【储能装备成为国家示范】 国际前列山东电工电气设备公司研发的智能储能装备应用镇江电网侧储能电站，该示范工程是全球最大的电化学储能电站、功能最全面的储能电站、首套毫秒级响应的源网荷储系统，标志着山东电工电气在大规模电池储能系统的电网侧应用领域迈出了坚实步伐。

【航空装备深入大飞机配套】 继山东太古飞机、中航637所、中航和辉标准件公司已经与ARJ21支线飞机全面配套后，1月18日，山东太古飞机中标中国商飞上海飞机设计研究院C919舱室综合环境试验室拼接改造项目。

（史洪涛）

【概况】 截至年末，全市规模以上医药企业65家，实现主营业务收入257.9亿元，同比增长11.9%；实现利税72亿元，同比增长5.4%，其中利润54.2亿元，同比增长5.1%。

政策落实有力。落实市政府《关于进一步促进生物医药产业发展意见》（济政发〔2016〕1号）《关于进一步促进生物医药产业发展的补充意见》（济政发〔2018〕19号）有关产业发展政策，引导生物医药企业在固定资产投资、新产品研发及落地等方面申报奖补扶持政策。2018年共奖励扶持生物医药企业10家13个项目，奖补资金1.5002亿元。

（孔德龙）

【概况】 截至年末，全市纺织服装产业规模以上企业88家，累计完成主营业务收入72.3亿元，同比增长-8.7%，实现利润14.6亿元，同比增长-44.5%。

【“纺织工匠”评选活动】 为弘扬工匠精神，营造精益求精的敬业风气，经企业推荐、行业协会研究，授予王同伟等19人济南市“纺织工匠”荣誉称号。

王同伟　齐鲁宏业纺织集团有限公司　电气保全队长

高春敏　韩都衣舍电子商务集团股份有限公司 生产中心物料部副经理

席少飞　韩都衣舍电子商务集团股份有限公司 生产中心绩效管理部经理

乔　斌　韩都衣舍电子商务集团股份有限公司 企划中心经理

杨九龙　山东齐鲁化纺有限公司 纤维一部后纺段长

王立梅　山东齐鲁化纺有限公司 纤维二部检验班班长

张绍静　济南思迈迩制衣有限公司 缝纫工

郑丽娟　济南思迈迩制衣有限公司 缝纫工

田春兰　山东圣梵尼服饰股份有限公司 品控部经理

马军强　山东圣泉新材料股份有限公司 研究所所长

张　健　山东圣泉新材料股份有限公司 面料研发工程师

焦其济　济南三元欧肯服装有限公司　经理

亓素珍　济南雅仕总公司生产车间 主任

王　凤　济南元首针织股份有限公司　编织操作工

郭　钦　济南元首针织股份有限公司　漂染技术员

王光进　济南元首纺织有限责任公司　实验室主管

郭立新　济南元首纺织有限责任公司　细纱保全

张乐申　济南新时代服装设计有限公司 技术主管

杨坤富　济南新时代服装设计有限公司 技术主管

（孔德龙）

【概况】 截至年末，济南市食品工业规模以上企业 177 家，其中农副食品加工业企业 72 家，食品制造业企业 71 家，酒、饮料和精制茶制造业企业 25 家，烟草制品业企业 1 家，水的生产和供应业 9 家。实现主营业务收入 237.2 亿元，同比增长 40.9%，实现利润 16.6 亿元，税金 9.5 亿元。

【召开第十二届中国（山东）糖酒食品交易会】 11 月 16~18 日，山东国际糖酒会在济南高新国际会展中心举办。本届糖酒会 1200 余家企业参展，5000 余个参展品牌，展出面积达 45000 平方米。展会为期三天，接待观众 12 万人次，其中专业观众突破 7 万人次，交易额 15 余亿元，意向订单额突破 22 亿。

【济南食品协会召开第十届会议】 4 月 20 日，济南市食品工业协会第十届会员代表大会召开。会议表决通过《第九届理事会工作报告》《协会章程》《会费收取标准及管理办法》《会员管理办法》《行业自律公约》和第十届理事会组织机构候选人名单。

【百脉泉酒业获布鲁塞尔国际大奖赛四项金奖】 在第十九届布鲁塞尔国际大奖赛上，山东百脉泉酒业股份有限公司选送的“百脉泉齐鲁壹号”“百脉泉泉城壹号”“清照绵柔八年”产品均获金奖。此次大赛有来自 54 个国家和地区的参评样品酒 1315 款，中国以 279 款位列第二大参赛国。

（孔德龙）

【概况】 截至年末，济南市轻工行业有规模以上企业 889 家，全年实现主营业务收入 873.9 亿元，同比增长 0.3%；实现利润 67.6 亿元，同比增长–3%；实现税金 35.6 亿元，同比增长–9.5%。

（孔德龙）

【概况】 开展化工产业安全生产转型升级工作。根据《济南市化工产业安全生产转型升级化工生产企业新一轮评级评价实施方案》（济化安转发〔2017〕4 号），5 月底前完成对 185 家化工生产企业新一轮评级评价工作。经评级评价，总评为“优”的企业 55 家，“中”的企业 55 家，“差”的企业 75 家。危险化学品道路运输、经营企业评级情况。根据《济南市道路危险化学品运输企业评级工作方案》（济化安转发〔2018〕2 号）和《济南市危险化学品经营企业评级工作方案》（济化安转发〔2018〕3 号），年底前完成对 63 家危险化学品道路运输评级工作，优评企业 1 家，中评企业 60 家，差评企业 2 家；完成对 32 家危化品经营企业评级的工作，优评企业 5 家，中评企业 7 家，差评企业 20 家。

推进新材料产业稳步发展。推荐新材料企业在建和拟建项目入选省重点项目库。向省经信委推荐 24 家企业的《山东省新材料产业重点项目申报书》，共计 29 个在建和拟项目,其中在建项目 24 个，拟建项目 5 个。上报项目产品包括树脂复合材料、第三代半导体材料、高性能有机氟、先进陶瓷、石墨烯等新材料。其中以山东天岳、晶正电子、中乌新材料有限公司为代表的先进无机非金属材料，以昊月新材料、华氟化工、久兆新能源科技为代表的先进高分子材料，以圣泉集团、天诺光电、聚源玄武岩为代表的高性能纤维及制品和复合材料等产品，均在国际、国内都处于领先水平。组织企业申报2018年新材料首批次保险补偿工作。依据《关于组织开展2018年度山东省首台（套）技术装备及关键核心零部件、新材料首批次应用、首版次软件保险补偿申报报工作的通知》，山东昊月新材料股份有限公司等5家新材料企业符合申报要求。

（郭景阳）

【电力生产】 全年完成发电量72.48亿千瓦时、供热量1299.13万吉焦、实现上缴税费2亿元，获“华能山东发电有限公司先进企业”称号。

安全生产。截至年末，实现安全生产4106天，创建厂最高纪录。年内没有发生四管泄漏，8号机组实现全年无非停。加大安全教育培训，组织集中培训15次，各级安规抽考3024人次，各种应急演练15次。完成中非合作论坛北京峰会、上合组织青岛峰会等重大活动安全保电工作。全年环保设备运行稳定，烟气全部达到超低排放，机组启动实现全负荷脱硝投运，成为省内首家在各排放口设置标准二维码标识的企业，10号机组脱硫废水旁路烟气蒸发科技示范项目投运。运行30年的7、8号机组，连续两年同时获中电联同类型机组能效对标一等奖；连续五年获山东省节能先进企业。“双重预防体系建设”“安全生产标准化一级企业”“安全应急能力评估”通过评审验收，连续九年保持全国“安康杯”竞赛优胜单位。

供热发展。完成10号机组汽轮机切缸供热改造，成为国内首台切缸的350兆瓦超临界机组。全厂供热能力达4900万平方米，实际供热面积超过4100万平方米，为山东省最大的绿色清洁热源企业。全年供热量完成1299.13万吉焦,同比增加152.53万吉焦，增幅为13.30%。检修公司做好热力检修和运维工作，确保供热安全稳定。黄泰、东泰热力公司建立10个便民供热服务站，新增10部客服电话，市民热线投诉量同比下降60%，工单处结率、回复率和客户满意度全部达到100%。

结构调整。华能济阳生物质热电联产项目（3万千瓦），完成新公司注册。厂区分布式光伏项目（0.091万千瓦）具备建设条件。3号封闭煤场顶棚分布式光伏项目（0.2万千瓦），取得山东省建设项目登记备案。东平豆山（1.5万千瓦）、长清孝里（1.5万千瓦）光伏发电项目，完成可研报告初稿审核和林业摸底调查工作。

社会履责。华能黄台电厂秉承造福社会的文化理念，选派优秀干部到榭疃村担任扶贫第一书记，开展精准扶贫工作。改善榭疃村群众生活条件，将精准扶贫要求和措施落在实处，利用好扶贫资金，为村民办实事、谋福利，向定点扶贫村捐赠扶贫款50.6万元，用于引水设施改扩建。

（刘学杰）

【电力供应】 全市全社会用电量为284.36亿千瓦时，同比增长2.92%。其中,按照新版行业用电分类规则，第一产业用电量为2.45亿千瓦时，同比增长5.40%；第二产业用电量为126.48亿千瓦时，同比下降6.80%；第三产业用电量为88.68亿千瓦时，同比增长13.13%；城乡居民生活用电量为66.75亿千瓦时，同比增长11.52%。

打造供电营商环境。实施报装接电专项治理行动，“精、简、并”业务流程，10千伏业扩平均接电时长较年初缩短45%，业扩报装新增容量同比增长46.8%，160千伏安及以下客户电力接入实现零投资。落实“放管服”“一次办成”要求，进驻政务服务中心，实行“一号申请、一窗受理、一网通办”的集成服务,公司“用电报装”工作在国务院第五次督查中取得优异成绩。完成一般工商业电价降低10%的任务，减轻全市工商业用户电费负担约3.46亿元。电力直接交易电量实现66.59亿千瓦时，同比增加30.57%，为参与市场化交易的472户用户减负7900万余元。

服务精准脱贫攻坚。选派驻村“第一书记”8人，定点帮扶7个乡镇8个贫困村。新建改造10千伏线路1319公里、配变1096台，完成125个贫困村电网升级改造，农村户均容量达到2.2千伏安。推进黄河滩区居民迁建工程，向山东省电力公司专题汇报，争取专项投资5100余万元。简化光伏结算流程，结算周期比年初压降67%。累计投运三批714个光伏扶贫项目，每年可为8000余户贫困户增加收入3000元/户。

助力新兴区域发展。促成山东省电力公司与济南市政府签署战略合作协议，“十三五”后两年规划投资130.8亿元，共同推进智能电网发展。融入济南新旧动能转换先行区、国际医学科学中心和中央商务区等重点区域建设,与先行区管委会、规划院等单位对接50余次，形成先行区变电站情况梳理“一图一表”，47座110千伏至500千伏变电站及“两横两纵”电力廊道规划纳入先行区总规，政企联合将济南电网打造成为“山东窗口、济南名片”。与国际医学科学中心签订电网发展合作协议，争取山东省电力公司支持，第一时间增补启动1座500千伏、1座220千伏、2座110千伏变电站前期工作，确保安全可靠用电。

助力打赢蓝天保卫战。依法依规配合做好“散乱污”企业停电工作。举办济钢能源站“‘电热合力先锋先行’共产党员服务队·暖万家暖冬行动”启动仪式，打造全面服务大气污染防治攻坚战的示范样板。推进电能替代，建成历城华山片区等多能互补电采暖项目13个，惠及居民3.8万户，采暖季期间可减少直燃煤3.47万吨，减排二氧化碳8.57万吨、二氧化硫0.26万吨、氮氧化物及粉尘2.47万吨。加快充电网络布点建设，在117个小区、10.15万个居民停车位开展充电桩配套设施建设，累计建成64座电动汽车充电站，打造中心城区5公里充电服务圈，207辆共享电动汽车安全行驶超过19万公里。 （时　磊）

【浪潮集团有限公司】 2018年6月14日，习近平总书记在济南浪潮集团高端容错计算机生产基地考察，对浪潮寄予厚望。一年来，浪潮集团有限公司围绕云数智，开展技术创新和商业模式创新，申请专利7340项，成为国内第一，集团营收也首次突破千亿大关。

云服务领域。浪潮服务器继续稳居中国第一、全球前三，增速全球第一。浪潮工业互联网平台入选国家八大跨行业、跨领域工业互联网平台。截至年末，浪潮云为160多个省市政府、100万家企业提供云服务，估值达70亿元，成为山东互联网领域的第一个独角兽企业。

大数据方面。推动政府数据从共享开放向授权运营、应用创新升级，为全国100多个省市政府提供数据运营服务。基于政府数据，打造爱城市网、一贷通、质量链等新型互联网应用。爱城市网开通337个城市站点，在济南、天津、石家庄、重庆等60个城市运营，注册用户突破2000万。CCID报告显示，爱城市网位居中国城市服务门户市场占有率第一，并获评“互联网+”城市服务最佳实践。

人工智能方面。浪潮AI服务器市场占有率超过50%，中国人工智能企业100强中有80家与浪潮建立合作关系，覆盖超万亿AI行业市场。2月，浪潮当选SPEC首届机器学习技术委员会主席，这是唯一一个由中国企业担当主席的技术委员会。

智慧城市方面。2018年，济南授权浪潮为智慧泉城运营商，建立智慧泉城运行管理中心和城市大数据中心，并以“一平七通”的浪潮新型智慧城市建设理念，打造智慧泉城。10月，浪潮“智慧城市运营商”打样——“智慧泉城”正式启用。 （浪潮集团）

【济南二机床集团有限公司】 2018年，济南二机床推动高质量发展、加快世界知名品牌建设，坚持“国际一流、世界知名”的战略目标，强化技术研发和管理创新，拓展国内外市场，完成各项生产经营指标，实现经营总收入同比增长5.1%，实现利润同比增长7.1%。

强化品牌塑造。2018年，济南二机床实现逆势增长，新签合同同比增长38%。国内外市场共同发展。国内市场赢得东风本田伺服混合高速冲压线订单，自主知识产权的高速冲压线线首、单臂送料线等自动化新产品实现批量订货，大型冲压生产线保持国内竞争优势。国际市场为福特汽车美国本土四个工厂提供的9条大型冲压生产线投入使用，实现美、日、欧国际高端市场的全面突破。同时，赢得土耳其、阿根廷、罗马尼亚、巴基斯坦、印度、南非、印尼等国家设备订单。截至年末，共13个国家的24个海外项目同步实施。大型五轴联动数控机床实现关键核心技术

济南二机床参展德国汉诺威第 25 届国际金属板材加工技术展览会

（济南二机床集团有限公司　供稿）

的升级换代和自主可控，赢得重型数控龙门镗铣床、五轴联动龙门铣床、汽车模具铣床批量订单，大型五轴卧式加工中心在航天领域取得市场突破。

增强自主创新。企业每年技术研发投入占销售收入的 6%以上，发挥国家级企业技术中心优势，实现关键核心技术与国际同步发展；攻克 330 多项关键技术，完成 245 项省部级以上科技创新计划，制定国家与行业标准 27 项，是山东省首批"企业标准领跑者"企业；承担 14 项国家"高档数控机床与基础制造装备"科技重大专项，其中 11 项高质量完成通过验收，填补国家空白。冲压设备引领市场需求，研制出具有自主知识产权的智能冲压线，为各类用户提供个性化订制、"量体裁衣"的解决方案；配置自主知识产权双摆角铣头的大型五轴联动数控机床，达到世界先进水平，实现高端智能装备从替代进口到批量化、规模化市场应用的跨越发展。企业高端产品销售收入占比达到 80%以上。

加快动能升级。济南二机床加快转型升级，围绕"质量第一、效益优先"，组织实施工信部智能制造新模式应用、国家绿色制造系统集成项目等一系列国家级重点技改项目，累计投入技改资金 18 亿元以上，新增生产面积 20 万平方米，新增各类关键设备、仪器 1500 余台（套）。加快数字化工厂建设，实施焊接自动化和加工数控化、自动化等智能制造应用，建立以 MES 系统为主要应用系统的智能制造车间，集成 PLM、ERP、DNC 等系统，实现设计、工艺、生产、制造、检验一体化协同应用。实施电子图纸、车间电子目视板，实现电子化、流程化、透明化、无纸化应用，在多品种、单件小批量、离散型企业中处于国内领先水平。

提升综合管理。强化"零事故"安全理念，通过国内首批职业健康安全管理 ISO45001 体系审核认证，事故机能损失工作日同比降低 50.5%；批量更新 35 辆国五新车，完善环保治理设施，再次入选济南市绿色环保企业；强化做优标准，设定质量底线，确定国际一流标准"目标值"，提高用户满意度；推进数控加工机床、热处理设备联网，实施打料杆生产线、立体仓库建设，智能制造水平提升。

（吴艳玲）

【齐鲁制药集团】 齐鲁制药集团是中国大型综合性现代制药企业，主要从事肿瘤、心脑血管、感染、精神系统、神经系统、眼科疾病的制剂及原料药的研制、生产与销售。集团建有占地 500 公顷的九大生产基地，下设 13 家子公司，员工 19000 余人，除人用药外还涵盖兽用化学药品、兽用生物制品、生物农药的研制、生产与销售。截至年末，集团年度实现销售收入 228.3 亿元，上缴税金 21.3 亿元，实现出口 6.15 亿美元。

（齐鲁制药总裁办）

【齐鲁制药集团连续第四次进入中国医药工业百强】 2018 年 8 月，第三十五届全国医药工业信息年会发布 2017 年度中国医药工业百强企业榜单，齐鲁制药集团位列第八名，与上年持平。中国医药工业百强企业榜是国内公认的医药行业权威榜单，上榜企业代表国内医药工业的最高发展水平。

（齐鲁制药总裁办）

【齐鲁制药集团骨髓瘤靶向治疗一线特效药齐普乐上市】 2018 年 6 月，齐鲁制药集团骨髓瘤靶向治疗一线特效药齐普乐（注射用硼替佐米）中国上市会暨新闻发布会在济南举行。硼替佐米是骨髓瘤治疗的一线特效靶向药物，齐普乐是齐鲁制药集团历时6年研发的质量更好、价格更合理的骨髓瘤靶向药物。（齐鲁制药总裁办）

【国内首仿吉非替尼片推动原研药品大幅降价】 2018年12月，“4+7城市药品集中采购”招标工作完成，齐鲁制药集团国内首仿上市的国产吉非替尼片（商品名：伊瑞可）促使进口品由招标前的2358元降到547元，较最高时的5000元/盒降价近90%。吉非替尼片是治疗非小细胞肺癌的一线分子靶向特效药物，价格从让人谈之色变到普通工薪患者用得上、用得起。（齐鲁制药总裁办）

【齐鲁制药有限公司获得国家级“绿色工厂”荣誉称号】 2018年11月，国家工信部公布第三批绿色制造名单，齐鲁制药有限公司高分入选绿色工厂名单，成为济南市唯一一家入选企业。近年来，齐鲁制药集团推行“绿色工厂”理念，构建安全高效、环保清洁、节能低碳的绿色制造体系。

（齐鲁制药总裁办）

【齐鲁制药注射用哌拉西林钠他唑巴坦钠首次出口美国】 2018年12月，齐鲁制药集团注射用哌拉西林钠他唑巴坦钠首次出口美国。齐鲁制药这一产品相继实现对欧盟、日本的大规模出口，是国内唯一一家对三大高端法规市场实现这一产品出口的企业。（齐鲁制药总裁办）

【济南圣泉集团股份有限公司】 济南圣泉集团股份有限公司始建于1979年，总部坐落于“一代儒商”孟洛川的故里章丘刁镇，占地180公顷，拥有员工近4000名，是一家专注于各类植物秸秆的研究开发与综合利用，涉足高性能树脂及新型复合材料、生物质综合利用、健康医药、新能源等四大产业的创新型企业集团。2018年实现产值125亿元，利税9.3亿余元。

传统优势产业。2018年，铸造材料产业链持续完善，“3D喷墨打印树脂及配套材料”通过科技成果评价，公司凭借铸造辅助材料入选单项冠军示范企业。酚醛树脂保持快速增长，20万吨酚醛树脂二期扩建项目投产，“固结磨具用绿色高性能酚醛树脂的开发与推广”项目获中国机械工业科学技术奖三等奖，酚醛SMC、绿色轮胎橡胶用酚醛树脂等产品取得突破，“安特福”外墙保温材料销量翻番，圣泉轻芯钢助力济南轨道交通和济青高铁。

稳定有效投资。2月26日，圣泉英赛德欧洲有限公司在西班牙开工建设；2月27日，公司注资控股珠海裕兴光电，进行酚醛树脂、特种环氧树脂在华南地区建厂布局；7月28日，内蒙古圣泉科利源新材料科技有限公司成立，圣泉进军熔炼材料，产业链进一步完善；出资设立霍尔果斯奇妙软件科技有限公司，增资控股山东中大药业有限公司，系列项目将成为新的增长点。此外，新能源电池项目完成整体建设工作，设备和工艺水平国内先进，产品通过ISO9000、TUV、CB、CE认证，市场拓展至北美、欧盟。（路明磊）

【生物质石墨烯产业发展攻难点创亮点】 2018年，推出面向未来的全新运动潮流品牌“YORRO TANG”，开发出生物质石墨烯面膜，并获2018产业杰出贡献奖。公司主办中国石墨烯纤维发展联盟

2018年6月2日，齐鲁制药骨髓瘤靶向治疗一线特效药齐普乐（注射用硼替佐米）中国上市会暨新闻发布会在济南举行（齐鲁制药有限公司 供稿）

年会，启动“中国石墨烯改性纤维发展联盟——新闻万里行活动”，承办中国化学纤维工业协会团体标准工作会议，参加中国国际石墨烯创新大会、中国国际纺织纱线（春夏）展览会等行业展会。

（路明磊）

【创新发展成就多次获央视等国家级媒体报道】 10月3日，央视一套国庆特别节目《40年，我们的创业史》播出《唐一林：让玉米芯造福人类》，全国仅六人入选；11月22日，央视四套《走遍中国》栏目播出《玉米芯炼出高科技》，报道公司发展历程和产业、产品情况。（路明磊）

【山东盖世物流集团有限公司】 山东盖世国际物流集团是一家大型综合物流企业集团，集团总占地面积466公顷，常温仓储面积150万平方米，冷库20万吨，入驻客户3000余家，辐射全国的货运专线1600余条。盖世集团获评首批“国家示范物流园区”，拥有中国驰名商标、中国5A级物流企业、中国物流百强企业、中国物流示范基地、中国物流学会产学研基地等国家品牌。集团凭借丰富的仓储资源和创新发展，“基于大数据的共享仓储系统平台”项目入选中国物流与采购联合会2018年度共享物流创新应用优秀案例，被中国物流与采购联合会列为首批“物流行业守信典型企业”。

项目发展情况。盖世云仓。盖世集团于2015年10月在盖世冠威园区投资建设“盖世云仓电商智能仓配一体化项目”，该项目整合仓储、物流与信息系统等跨行业资源，集约电商、智能化系统与供应链管理组建而成的创新型综合智能化物流服务项目。盖世云仓项目是盖世集团电子商务战略的第一步，在盖世云仓项目发展成熟后，盖世集团向着中长期战略目标迈进：将盖世物流园区建设成电商物流供应链产业聚集示范区以及电商企业孵化园区。盖世冷链。集团从2014年12月份开始，依托20万吨冷库资源，引进“仓配一体化”模式，启动冷链物流配送项目，专注于冷链零担网络化模式、专业的冷链物流第三方模式和冷链物流城市配送模式，为客户提供更专业、更标准、更快捷的优质冷链服务。截至年末，集团冷链配送实现山东省16地市冷链运营网络全覆盖，并开通京、津、沪等省外线路，以济南为中心800千米范围内每天城市班车对发，同时开通济南、青岛、烟台等城市的市内配送，服务客户500余家，包括正大、中粮、雨润、民天等知名企业集团及德克士、华莱士等连锁餐饮企业。

（刘志国）

【山东华凌电缆有限公司】 山东华凌电缆有限公司成立于1997年，是一家集电线电缆的研发、生产、销售、安装、服务于一体的国家级高新技术企业。华凌电缆通过技术创新引领企业健康发展，打造出国内一流的研发平台：中国电线电缆行业唯一一家新能源电缆国家地方联合工程实验室、中国特种电缆领域唯一一家国家级企业技术中心、中国首家核电站电缆院士工作站、中国唯一一家三代核电站电缆技术转化企业，同时将产业延伸至新材料领域，成为中国唯一一家研发高分子材料的电缆企业。

攻克核电电缆技术。华凌电缆紧跟国家核电发展方向，自主研发核电电缆，承接国家核安全局三代核电站用电缆特许研制任务，取得国家核安全局颁发的民用核安全设备设计和制造许可证，实现三代核电电缆的完全国产化，打破国际垄断，替代进口，取得10多项国家专利，产品国产化价格比原有国际采购价格降低5倍以上，为国家后续核电项目的电缆采购成本降低90%以上。

自助研制长寿命电线电缆。华凌电缆在国内首家采用核电技术及理念，研制出70年长寿命电缆，并编写为国家行业标准，打破全国自新中国成立以来电缆25年寿命的标准，使电线电缆的使用寿命达到与建筑物同步。主编国家民用建筑电气设计规程、山东省长寿命电线电缆应用技术规程，参编山东省《居住建筑节能设计标准》《绿色建筑设计规范》。

引进高分子材料技术。华凌电缆联合山东省科学院引进白俄罗斯国家科学院高分子材料技术，研发生产电缆材料，补电线电缆企业不研究材料的行业短板。同时，与山东省科学院共同成立山东科华赛邦新材料股份有限公司，对引进技术进行转移、转化、吸收、应用，广泛应用于轨道交通、汽车制造、航天军工、核电电缆、智能制造等领域。

打造市场难点解决平台。华凌电缆联合山东省科学院、白俄罗斯国家科学院在白俄罗斯共建中白高分子材料协同创新中心。国内与山东科学院、山东大学、中国兵器工业集团五三研究所、圣泉集团等联合组建山东汇智新材料研究院股份有限公司，开展产学研合作，整合国内外顶尖技术专家和企业优势资源，研发世界一流的新材料技术，补齐中国高分子材料产业的短板，突破高分子材料行业的技术瓶颈，打破国外长期技术垄断的局面。

（王艳玲）

【玫德集团有限公司】 玫德集团有限公司始建于1961年，是一家专业从事流体系统连接件、阀门和电力金具铸铁件等产品的高新技术企业。公司的“迈克”产品被广泛应用于迪拜哈利法塔、纽约新世贸中心、上海中心大厦、特高压输电线路和京沪高铁等标志性建筑和工程，销售网络遍布全球130多个国家和地区。2018年，玫德集团及所属成员企业实现营业收入67.7亿元，同比增长10.98%。

推动智能制造。全年新增一二级项目40项，验收创新项目7439项，产生经济效益5200万元，发放奖励超过200万元。过程研发中心实现提效降耗效益2500万元。引进、集成机器人21台，引进和自主研发机械手50台，实现机器代人116人。完成隧道窑一期重大工艺变革，产能提效2.4倍、能耗降低3%以上。全年实现科技创造价值1200万元。推动固废减量，废黑砂等一般固废源头管控，同比减量39%；开展助镀剂在线除铁项目，实现污泥减量一半以上。2018年，公司环保投入超过4100万元。

提高安全管理。在安全操作规程基础上，增加岗位风险告知、岗位风险管控等五大措施培训，由抽象化、教条式培训转化为具体操作内容培训。通过风险分级管控与隐患排查，掌握工作危害分析记录（JHA）和安全检查表（SCL）两种科学的危险源辨识法。从工程技术、管理、劳保用品防护、培训教育、应急管理“五大方面”制订管控措施。

探索物流建设。开发主要物资供应商8家，淘汰劣质供应商38家，全年实现采购降成本10300万元。引入大物流，对国内10条整车运输专线进行招标，整体运价降幅10%以上，全年运输成本节约1400万元。通过内部竞聘上岗、管培生计划、项目跟踪培养等方式，探索年轻干部选拔和任用的新途径。依托玫德大学“雁行计划”等培训平台，构筑梯次培养模式，促进年轻干部员工成长。

助力精准扶贫。2018年是玫德集团实施“515扶贫工程”的第一年，出资的扶贫项目金额为1165万元，其中400万元用于平阴县孝直镇、洪范池镇和玫瑰镇三个光伏发电项目，年收益近50万元，可覆盖1059名贫困人员；425万元用于洪范池镇白雁泉村、大黄村、西池村，孝直镇皇山社区、刘家庄村，孔村镇高路桥村基础设施建设；40万元直接用于救助边缘困难户133户；出资300万元与平阴县东阿镇政府共同建设标准化厂房。

（张岩海）

责任编辑　魏添乐

农　业

农村工作综述

【概况】 2018 年是实施乡村振兴战略的第一年。全市实现第一产业增加值 272.4 亿元、农村居民人均可支配收入 17924 元，较上年分别增长 2.5%和 8%，粮食生产再获丰收。全面贯彻落实中共十九大精神，研究制定系列政策，采取强有力措施，实现乡村振兴开好局、起好步。

编制完成《济南市乡村振兴战略规划（2018～2022 年）》及产业、人才、文化、生态、组织五个振兴工作实施方案，以济发〔2018〕33 号文件印发。战略规划中提出 32 项规划指标体系，其中约束性指标 10 项，预期性指标 22 项；有 25 项指标的年均增速或目标值均超过省规划指标，有 2 项指标与省规划指标持平，充分体现全市实施乡村振兴战略“走在前列”“省会标杆”的目标定位。战略规划、五个方案连同市委 1 号文件，形成推动乡村振兴的“1+1+5+N”政策体系，夯实推动乡村振兴健康有序进行的制度基础。为加快推进实施乡村振兴战略，成立市乡村振兴指挥部，建立“1+6”工作机制，“1”即乡村振兴指挥部办公室，“6”即乡村振兴达标和示范创建活动、乡村产业和人才振兴、农村人居环境整治、乡村组织振兴、乡村文化振兴、扶贫开发等 6 个重点任务专组，集中力量攻坚突破。连续召开全市乡村振兴工作推进会议、全市乡村振兴暨脱贫攻坚工作现场会议、全市乡村振兴齐鲁样板百村示范创建活动现场会议等会议，深入实际解决问题，总结推广先进经验。（李　刚　贾　颖　张行河）

2018 年主要农产品产量

产品名称	单位	产品产量	比上年增长%
粮食	万吨	251.4	-1.6
棉花	万吨	0.47	基本持平
油料	万吨	4.2	15.6
水果	万吨	42.2	-2.2
蔬菜	万吨	527.2	-10.9
肉类	万吨	29.8	-8.3
禽蛋	万吨	33.2	-15.7
奶类	万吨	32.8	24.6
水产品	万吨	3.2	-22.7

【美丽乡村建设】 按照“连点成线、扩线成面、产村结合、融合发展”思路，做好示范村创建布局，科学选村定点，提升规划设计质量，打造 69 个省、市级示范村。涌现出章丘三涧溪、长清马套村、历城段家村等一大批美丽乡村示范村庄。全市 676 个村庄达到美丽乡村建设标准，新提升村庄 229 个，美丽乡村覆盖率 18%。6 月 14 日，习近平总书记到章丘区三涧溪村进行视察。

（李　刚　刘方洲　杨　斌）

【农村实用人才选拔管理】 组织 47 名泉城乡村之星和齐鲁乡村之星赴西安参加在西北农林科技大学举办的济南市泉城乡村之星专题培

训班；开展第八批泉城乡村之星选拔评选工作，评选出34名第八批泉城乡村之星。推荐1名优秀农村实用人才申报全国百名农业科教兴村杰出带头人资助项目。

（王树勇　马立君　李　刚）

【农业生产园区化成果显著】 按照市政府办公厅《关于建设粮食生产功能区和重要农产品生产保护区提高粮食综合生产能力的实施意见》，完成17.7万公顷粮食生产功能区和0.67万公顷重要农产品保护区划定，省级粮食安全责任制考核优秀，全年粮食总产251.4万吨，再获丰收。建设杂粮种植示范基地0.67万公顷，承办全国杂粮绿色高质高效技术观摩交流会。菜篮子产品生产加快由增产导向向提质导向转变，新认定34处蔬菜标准园，打造蔬菜示范区3处、集约化育苗中心9处，实施日光温室高效智能提升项目4处、蔬菜产地冷链设施项目4处，市级以上标准化养殖基地达到258处，渔业标准园及休闲观光园发展到35家，蔬菜产量500万吨，水产品产量3.1万吨，肉蛋奶供应充足。

（王光亮　张陆阳　殷慧宇）

【农村一二三产业融合】 实施载体创建示范工程，提升24家现代农业综合体，济阳现代农业产业园、长清茶道田园综合体均纳入省级示范创建范围，唐王镇、孝直镇入选全国农业产业强镇示范创建名单，平阴县入选全国农村一二三产业融合先导区创建名单。实施农产品加工业提升行动，农产品加工业与农业总产值比3.6:1。打造十八里谷道等一批泉城乡村乐精品观光线，创建齐鲁美丽田园等主体18个，草莓文化节等“农业+”节庆活动影响力扩大，章丘区获评省级休闲农业与乡村旅游示范县，全市休闲农业经营主体发展到1230家，年营业收入达17亿元。扶持23个现代农业体验店，菜篮子直通车进社区销售模式，开通服务社区点600多个，日均销售蔬菜40多万斤、营业额100余万元。

（袁瑞农　徐先锋　李世军）

【产业发展质量提升】 深化农产品质量安全“六要素”监管模式，配备基层农畜产品质量安全协管员968名，完成农产品追溯、农资监管、监测数据三大平台首期建设，启动二期建设，完成部、省、市三级农产品例行监测任务，监测合格率、“三品一标”总量分别达到98%以上和1159个，均位居全省前列。举办山东省暨济南市突发重大动物疫病应急处置模拟演练，坚持外堵、内控、严查，全力做好非洲猪瘟防控。开展“绿剑护农”行动，颁发农药经营许可证1516个，减少农药经营主体55%，立案查处涉农违法案件43起，规范农资市场秩序。实施农产品品牌战略，举办双十佳最受欢迎品牌农产品及包装评选、第一届济南都市农产品博览会等一批推介活动，推出济阳区农产品区域公用品牌“好味知济”，1个农产品区域公用品牌及7个农产品品牌新获评为全省知名品牌，5个品牌在国际展会获金奖，7家企业获绿色食品博览会等展会金

光伏扶贫项目　　（商河县党史研究中心　供稿）

25 亿元打造济南“四好农村路”品牌 （李东　摄）

奖，位居全省前列；章丘大葱品牌价值 32.1 亿元。

（唐玮　于超　田明）

【农业生产环境改善】 做好农业投入品减量工程，建设 0.67 万公顷的农业绿色发展示范区，辐射面积 5.3 万公顷；新增水肥一体化技术推广面积 0.72 万公顷，超额完成省考核任务。做好农业废弃物综合利用，秸秆综合利用率稳定在 97%以上，继续保持环保部遥感卫星“零监测”的优异成绩；规模化养殖场病死动物无害化处理率、粪污处理设施装备配套率和粪污综合利用率分别达到 100%、99.3%和 86.3%；商河县获评省级生态循环农业示范县，14 个园区获评示范基地，数量居全省首位。持续开展“放鱼养水”活动，累计投放鱼种 631.7 万尾，基本覆盖全市全部河流、水库，水体生态环境持续向好。（崔迎松　盖　瑞　吴　岳）

【农业新动能发展】 改造提升市农业高新技术开发区，打造成国家非主要农作物评价展示中心，承办全国蔬菜登记品种现场观摩会，集中展示 1000 多个瓜菜新品种，济南市成为全国蔬菜嫁接苗研发生产中心；实施农业科技创新和转化项目 220 项，开发引进新品种新技术新模式百余项，农业科技进步贡献率超过 67%。推进“两全两高”农业机械化发展，农机总动力 443 万千瓦，主要农作物综合机械化率 97.5%，章丘入选全国主要农作物生产全程机械化示范县名单。启动建设济南省级智慧农业试验区。牵头编制乡村人才振兴实施方案，坚持围绕产业链布局人才链，成立现代高效农业产业跨部门工作专班，构建起以院士、泰山学者等 28 名农业专家学者为成员的智库团队，新培训现代农业农村人才 3910 人、培育新型职业农民 2070 人、认定中高级新型职业农民 109 人。

（王秋堂　徐　波）

【农业农村改革】 按照中共济南市委出台的完善农村土地“三权分置”的实施意见和大力培育新型农业经营主体的 15 条政策举措，基本完成确权登记颁证扫尾工作，市级以上农业龙头企业发展到 402 家，农民合作社、家庭农场分别达到 6627 家和 3112 家，较上年分别增加 293 家和 702 家；农业社会化服务组织超过 300 家，农业适度规模化经营率 46%，位居全省前列。扎实开展农村集体产权制度改革，全市 4747 个涉农村居中，已有 4742 个完成集体资产清产核资；4687 个基本完成改革任务，占比 98.74%，超额完成改革任务。深化农村产权交易、农业融资担保、产权信息管理“三台共建”模式，成交产权项目金额 14.6 亿元，向新型经营主体发放担保贷款 4 亿元。完善全市设施蔬菜保险保障体系，在全国首创天气指数保险，300 余公顷受灾大棚的种植户获理赔，商河县农户入保率 95%以上。

（翟　群　尹朕朕　李瑞欣）

种植业

【粮食生产】 2018 年，济南市粮食生产完善“高标准粮田建设+绿色集成技术推广+适度规模经营”模式，落实完善粮食相关扶持政策，有效保障全市粮食安全生产，在全省粮食安全责任制考核中被评为“优秀”等级。

全年济南市粮食总播种面积 44.4 万公顷，比上年减少 1.6%。全年粮食平均亩产 377.3 公斤，与上年持平。粮食总产量继续稳定在 250 万吨以上，达到 251.4 万吨，比上年减少 1.6%。其中：

夏粮：小麦播种面积 21.38 万

公顷，比上年减少0.2万公顷，下降0.9%。小麦平均亩产379.7公斤，比上年减少2.6公斤/亩，下降0.7%。小麦总产量为121.8万吨，比上年减少2.0万吨，下降1.6%。

秋粮：市秋粮作物播种面积23.1万公顷，比上年减少0.52万公顷，下降2.2%。秋粮平均亩产374.9公斤，比上年增加2.2公斤，增长0.6%。秋粮总产量129.6万吨，比上年减少2.1万吨，下降1.6%。（谢　燕　李瑞欣）

【棉花生产】 2018年全市棉花种植面积近0.37万公顷，比上年减少87公顷，其中纯春棉0.35万公顷，套春棉0.02万公顷。每公顷产1266公斤，与上年基本持平。棉花总产量0.47万吨，比上年减少0.011万吨。（崔全友）

【食用菌生产】 2018年，食用菌生产与上年基本持平，全市食用菌总产量3.33万吨，总产值2.2亿元。全市共有食用菌工厂化生产企业7家，年产2000吨以上的品种有平菇、鸡腿菇、杏鲍菇、海鲜菇、金针菇。（崔全友）

【"两区"划定】 按照中央、省有关决策部署，启动粮食生产功能区和重要农产品生产保护区划定工作。以区县政府为划定工作责任主体，按照"制定方案、确定技术支撑单位、底图资料收集、底图制作、实地勘查、面积量算、分布图编制、公告公示、上图入库、检查验收"十项工作步骤层层推进，截至年底，全市已完成17.7万公顷小麦、玉米生产功能区及0.67万公顷棉花生产保护区的"底图制作、外业勘查、公示公告、上图入库"四项重点环节工作。

（孙礼文　李瑞欣）

【现代农业综合体】 按照构建都市精致农业发展新格局的部署要求，安排专项资金4100万元，围绕十大农业特色产业振兴，突出产业引领型、休闲度假型、旅游观光型、综合园区型四大类，支持有扎实产业基础、社会公认度高、综合效益良好的建设主体，提升30个体制机制创新、生产方式绿色、经济效益明显的现代农业综合体。

（袁瑞农　刘　芳）

【菜篮子工程建设】 印发《济南市"菜篮子"直通车进社区管理细则（试行）》，落实直通车规范化运营措施，新遴选华宝农产品专业合作社、唐荷堂生态农业开发有限公司、锦秀源实业有限公司、济南市农业开发服务有限公司等四家承担单位。"菜篮子"直通车进社区承担单位已开通服务社区点347个，签约直供基地100余家，日均销售蔬菜20多万斤、营业额60余万元。直通车进社区共有车体直营点26个，直营门店33家，配送社区超市288家；配送学校、企事业单位食堂18个，发展会员2万余人。各运营单位还实行直营店模式销售、肉菜店配送等，还进行网络订购，线下配送、送货上门。

（李　明　李世军　周学政）

【惠农政策】 全市小麦种植面积核定工作涉及十个县区和济南高新区、市南部山区管委会。全市小麦种植面积21万公顷，发放耕地地力保护补贴资金3.89亿元。

（亓立发　陈黎明）

【农业保险】 全市种植业保险涉及小麦、玉米、棉花、水稻、花生、大豆、马铃薯、日光温室、济南市日光温室蔬菜寡照指数保险、济南市大中拱棚蔬菜保险十个险种，收取保费0.98亿元。全市小麦入保面积10.23万公顷，入保率85.1%；玉米入保17.12万公顷，入保率85.5%。全市种植业理赔金额0.85亿元，为农民灾后迅速恢复生产提供资金支持。商河县作为全省20个产粮大县之一继续开展中央大灾保险试点，济阳区纳入全省小麦全成本保险4个试点县之一。在全国首创开发"济南市日光温室蔬菜寡照指数保险"，在全省范围内率先制定推出了"济南市大中拱棚蔬菜保险"，全市设施蔬菜保险工作效果显著，被中国之声、中国经济之声等多家央媒采访。

（陈黎明　李瑞欣）

【概况】 2018年，全市渔业养殖面积5228公顷，水产品总量3.19万吨，渔业经济总产值7.88亿元。按养殖模式分，池塘养殖2993公顷，湖泊养殖147公顷，水库养殖2088公顷。按养殖品种分，草鱼养殖11576吨，鲤鱼11695吨，鲢鱼5042吨，鳙鱼1174吨，鲫鱼1768吨，鲶鱼98吨，罗非鱼101吨，南美白对虾56吨，甲鱼112

吨，观赏鱼388.5万尾。

产业结构优化。推动市级及济阳、商河等2个县级养殖水域滩涂规划的编制工作，分别于12月18日、12月30日发布《商河县养殖水域滩涂规划》《济阳区养殖水域滩涂规划》。引进推广泥鳅、小龙虾、水蛭、银鲫、中华绒螯蟹、南美白对虾、黄河鲤、鲟鱼、青蛙等名优特新品种养殖发展，平阴华力的泥鳅苗种繁育规模1亿尾，辐射带动面积66多公顷；济阳连片泥鳅养殖达到13公顷；商河县水蛭养殖5.3公顷，公顷均效益近30万元；长清黄河鲤养殖取得初步成功，养殖的黄河鲤外形、肉质等各项指标均有较大提升，养殖规模5.3公顷；章丘白云湖中华鳖养殖繁育种苗40万尾，成品中华鳖年销量20吨。商河的跑道养鱼、平阴的稻虾养殖、天桥的鱼虾混养、槐荫的湿地生态养蟹均取得突破，工厂化南美白对虾、罗非鱼等养殖规模逐步发展。槐荫的英粮锦鲤连片工厂化设施15000平方米，吸引省内外16家锦鲤养殖企业入驻；长清的再唐锦鲤建成规模10000平方米以上。山东英粮、历城喜顺、鲁泉锦鲤等企业自发举办的锦鲤拍卖会10场次。

示范基地建设。推动市现代渔业示范园建设，完善鱼病医院设备配备15件，启动水产品质量药残检测，开展病防检测和质量检测20批次。引进白鲟、黄鲟等名贵稀有品种并试养成功，其中白鲟种群15条，平均20千克以上。突破挂卵孵化技术攻关，孵化锦鲤20万尾。物联网水质在线监测及增氧控制系统运行。全年接待境外参观人员5000多人次。修订渔业标准园、渔业休闲观赏园认定标准，新认定“两园”15家，对2017年度认定的20家“两园”给予8万元的扶持奖励，集中授牌。

渔业绿色发展。开展“放鱼养水”活动，制定全年“放鱼养水”活动实施方案，在小清河举办全市“放鱼养水”启动仪式，开展大沙河、杜张水库、小清河等“放鱼养水”活动，全年投入150万元，投放鱼种631.7万尾，济南电视台、济南日报、济南时报、舜网等新闻媒体对“放鱼养水”活动进行报道。开展济西湿地“测水配方”试验，新增中华绒螯蟹投放品种，投放扣蟹2万尾，经4个月试验，共捕获3500斤以上，平均规格100克/尾，回捕率70%以上，水生态环境持续向好，经济型品种“放鱼养水”模式的探索取得成功。落实黄河禁渔制度，从4月1日到6月30日首次实施黄河禁渔制度，在黄河沿岸、社区乡村、市场等地张贴《禁渔通告》、宣传条幅等宣传资料2100余份（条），出动执法车辆50车次、渔政执法人员246人次。与济南农业综合执法支队及济南野生动物园联合开展水生生物资源保护科普宣传月活动，办理水生野生动物保护特许证件初审及年审28件。

保障水产品质量安全。与各区县局分管领导签订《水产品安全工作责任状》，落实主体责任及监管责任。印发《关于做好2018年全市水产品质量安全工作的通知》，开展“双随机一公开”检查巡查，重点对“两园”认定单位的“三项记录”落实情况开展监督抽查。制定《水产品质量安全专项整治方案》《水产品质量安全监督抽检和风险监测方案》，启动水产苗种产地检疫工作。加强质量监测，完成农业部、省级抽检10批次158个样品，生产环节省级以上抽检合格率连续5年达到100%。强化投入品使用监管，围绕“放心渔资进乡村　质量兴渔保安全”主题，开展“放心渔资下乡进村宣传周”活动，发放宣传材料2500余份，制作悬挂宣传横幅8条。开展市级培训3次、县级培训8次，培训人员850人次。实施基层推广体系改革，完成济阳、商河两区县基地建设与指导培训任务。

（尹永波　崔迎松）

【概况】　全市农机总动力631.58万千瓦，大中型拖拉机2.56万台，稻麦联合收获机8414台，玉米联合收获机7986台。大中型、复式、智能化机具比例加大，经济作物机械，如水稻、薯类、大葱、大蒜、茶叶、中草药种植机械等不断增加，水产、养殖、林果、植保、农产品初加工等机械保有量也有了快速发展。

全市农作物耕种收综合机械化率85%，农业机械作业已涵盖农林牧副渔各个领域，主要农作物如小麦、玉米等的主要生产过程基本达到机械化，经济作物、设施农业、特色种养、农产品加工、林果养殖等机械化程度都有很大提高，全市农业机械化已迈上全面机械化发展的高级阶段。

“两全两高”农机化创建。6月，市政府办公厅出台《关于加快新旧动能转换 推进“两全两高”农业机械化发展的意见》，提出济南市农业机械化发展的指导思想、工作布局、基本原则、发展目标、主要任务、重点工作、保障措施等。

农机购置补贴。共落实购机补贴资金6650万元，把联合收获机械、保护性耕作机械、深松机械、水稻机械、粮食烘干机械等作为补贴重点，并向农业示范园区、品牌基地和农机专业合作社倾斜。共补贴各类农机具台4600余台（套），受益农民3200余户。

水稻全程机械化。投入市级财政资金400万元，在槐荫、平阴、济阳、高新几个区扩大示范规模，重点以开展社会化服务的方式，扩大推广面积，引导水稻合作社开展水稻种植托管、半托管、“套餐式”“定制化”农机作业服务；以示范区为中心，辐射带动周边区域发展。水稻全程机械化生产面积0.13公顷以上。

机械化深松作业。投入各级财政资金505万元，按照每525元标准进行补贴，共补助深松整地作业面积0.962万公顷。加快深松整地信息化监测步伐，深松监测仪保有量385台。

农机服务体系建设。投入市财政资金60万元，扶持5家农机合作社新建扩建农机库房，引导农机合作社开设托管、半托管、个性化定制等多样化的服务形式，开展农机“家政式”“套餐式”服务，全市农机合作社已登记注册147家。

农作物秸秆综合利用。“三夏、三秋”期间，农业部门与环保部门联合成立6个督导小组，取消节假日，深入一线巡回检查。推广秸秆还田、秸秆青贮、秸秆气化等技术，秸秆综合利用率97%以上。

“三夏、三秋”农机作业。夏秋两季共检修各类农机具9万余台（套），培训机手和修理工1.6万余人。组织跨区机收服务队53个，全市小麦和玉米机收率分别达到99%和98%，机播和机耕率99%，实现主要粮食作物主要生产环节机械化。

农机安全生产工作。全市共排查治理安全隐患469处，纠正违章243起，排查整治农机专业合作社109个，检查治理农机维修网点123个。清理排查异地农机部门核发的变拖号牌1939副，协助异地农机部门收缴变拖号牌154副，开展农机事故演练9次、应急业务培训18次。与市安监局联合评出市级“平安农机”示范区1个、示范镇2个、示范合作社4个、农机监理示范岗位标兵1人。有2个示范镇、4个示范合作社、1个示范岗位标兵被授予省级示范单位和岗位标兵。全年完成拖拉机、联合收割机新车上户1436台，农机安全技术检验2031台，办理驾驶证428本。在第四届“技能兴鲁职业技能竞赛”2018年山东农机职业技能竞赛中，济南市获评团体优胜奖。

（张文亮 吴 岳 李 玉）

畜牧兽医

【概况】 2018年，全市肉蛋奶总产量95.89万吨，畜牧业总产值159.2亿元，占农业总产值的比重27.5%；完成29处国家级示范场、107处省级示范场和255处市级示范场的创建任务，全市市级以上标准化养殖基地136处；畜禽粪污处理利用设施配建99.3%；全市畜禽良种化率95%以上；应免畜禽免疫率100%；全市畜产品检测合格率保持在98%以上，饲料抽检合格率98.7%、兽药抽检合格率98.8%。

精致畜牧业发展。畜禽养殖标准化示范场创建和现代畜牧园区建设加快实施，现代牧业（商河）2万头奶牛基地、山东鼎泰牧业、山东现代畜牧科技示范园、山东超牛、华夏维康等多个现代畜牧业园区发展壮大。培育山东奥克斯畜牧种业有限公司、鼎泰牧业原种种猪场、鑫盛达SPF祖代种鸡等一批科技含量高、自主创新能力强、辐射带动能力大的畜牧种业龙头企业。山东奥克斯畜牧种业有限公司，前三季度共为全国15个省的123规模化奶牛场提供选种选配技术服务，为山东省及周边地区81家奶牛场开展DHI工作，服务奶牛7.1万余头；济南鑫盛达生物工程有限公司前三季度共生产SPF种蛋240多万枚，有效推动SPF禽业产业发展。

畜禽养殖废弃物资源化利用。全面推行畜禽粪污处理设施建设改造，引导养殖场户配建粪污处理设施。推行清洁健康的生态养殖模式，重点推广现代牧业的大型养殖场粪污综合利用模式、商河济玉生态循环农业公司的区域性粪污收集加工处理模式和济南兴商原生态养殖合作社的生态循环模式。

防疫体系建设。开展疫情预警监测，加快推进兽医实验室建设，完善电子出证管理，强制免疫工作顺利完成，应免动物免疫率100%。山东奥克斯畜牧种业有限公司通过中国动物疫病预防控制中心评估专家组的验收，成为山东省首个国家级动物疫病净化示范场。密切关注非洲猪瘟疫情动态，做好疫情监督排查和应急物资储备，加快预备队建设，提高基层动物防疫队伍的实战能力，掌握应急疫情处置工作主动权。

病死畜禽无害化处理工作。全市病死畜禽无害化处理和收集体系加快推进，无害化处理覆盖面扩大，病死畜禽无害化处理补贴和保险联动机制健全，基本实现病死畜禽“统一收集、集中处理”。全市所有区县收集体系建成并投入运行，病死畜禽无害化处理场运转正常，全市病死畜禽集中无害化处理实现全覆盖。畜禽保险与病死畜禽无害化处理相结合，规模化养殖场病死动物集中无害化处理率100%。

畜产品质量安全监管体系建设。健全畜产品质量安全监管体系。基层防管员队伍定额配备全面完成，市县镇村四级网络形成完备防控能力，581名基层防管员已全部到岗到位，规模养殖场、散养户实现防疫、监管网格化覆盖。落实兽药“二维码”标识制度和饲料质量安全管理规范，开展畜牧业投入品专项清理整顿行动，强化监督抽检，实现畜产品质量安全检测全覆盖。 （杨兴西　王鹏飞　王会波）

【造林绿化】 造林力度加大。全年完成新增造林0.34万公顷，建设农田防护林0.07万公顷。推进国道105线平阴段等绿色通道建设，绿化里程120公里。创建省级森林乡镇4个、省级森林村居35个。群众性义务植树活动深入开展，全市共有350万人次以各种形式参加义务植树，共植树1300万株。

林业生态资源保护加强。强化林业有害生物防控，防治作业面积16.52万公顷，美国白蛾有虫株率控制在2%以下，全面完成省主管部门下达的控制指标。加强森林防火基础设施和扑救能力建设，成功扑灭济南、泰安两市交界处“4·17”森林火灾。开展“春雷”“整治非法占用林地”“绿剑2018”“绿盾2018”等执法行动，全面取缔英雄山鸟类非法交易市场，查处涉林案件151起、收缴野生动物及制品379只（件），震慑违法犯罪活动。白云湖创建国家级湿地公园，完成退渔还湖0.11万公顷、疏浚清淤360万立方米，拆除管理房及违建160处、32万余平方米。

【行业支撑水平提升】 全市国有林

治理后的搬倒井立交桥东南角渣土山　　（商河县党史研究中心　供稿）

场主体改革任务基本完成，11处参改林场全部落实公益一类属性。开展林下经济发展调查研究，审定市级林业科技推广示范项目9个、省级林业科技推广示范项目1个，新育苗0.134万公顷，组建平阴玫瑰国家工程技术研究中心。深化“一次办好”改革，依法办理涉林审批事项60件。参加中国林产品交易会获金奖12项、银奖5项。

（张秩通）

【概况】 2018年，全市重点水务工程建设稳步推进，水务行业管理规范高效，水务基础保障能力不断增强，继续保持全国文明单位称号。

抗旱防汛。做好农业灌溉和山区人饮工作，抢饮多蓄黄河水，引黄6.99亿立方米；山丘区利用五小水利工程、水车送水等方式，保障了群众饮水安全。立足于防大汛、抗大灾、抢大险，进一步完善了市、县、镇、村四级防汛责任体系。投资24亿元，实施长平滩区护城堤建设。完成玉符河、绣江河等中小河流年度治理以及小水库、小塘坝除险加固，建设179处城区防汛视频监控、64处水利工程重要防汛节点视频监控，实现可视化实时信息调度。开展道路积水点改造，确定的10处道路积水点改造已全部完工。组织机动抢险队顺利完成支援寿光抗洪抢险工作。汛期济南市出现4次较强降雨过程，通过科学研判、精心调度确保全市安全度汛。

城乡水环境治理。围绕小清河环境综合整治攻坚战，开展小清河生态清淤、雨污混流改造、入河排污口整治等工作，小清河水质持续改善。为提高城市污水处理能力，实施水质净化一厂、二厂等7座污水处理厂站新建扩建工程，每天新增污水处理能力29万吨，已全面完成；完成建成区31条黑臭水体整治任务，通过生态环境部和住建部专项巡查；雨污分流工程全面启动，2018年底完成南大槐树沟、全福河等河道雨污分流工程，建设改造排水管线70公里；加快实施入河排污口整治，按照“一口一策”要求，全市395处入河排污口已完成整治335处；强化对城区排水管网、排水泵站、污水处理站设施运行情况的监督管理，全面河道巡查3200公里，河道清淤26万立方米，疏通管线约1650公里，清运淤泥约8500立方米，保障排水设施安全运行；完成小清河生态清淤工程，完成投资3.7亿元，清淤量214万立方米；大辛河等生态河道治理项目加快实施。

农村水利建设。以大中型灌区节水改造、高标准农田建设、小农水重点县建设、山丘区水源工程为重点，大规模开展农田水利基本建设。章丘区胡家岸灌区续建配套与节水改造工程，工程总投资2000万元，完成总投资的92.5%，完成年度建设任务。商河县营子灌区节水配套改造项目开工建设；平阴、济阳、商河三个县区农田水利项目县建设，建成项目区0.38万公顷；扶持商河县、长清区、南部山区管委会等“五小水利”工程建设，共建设249处。扶持新型经营主体开展高效节水灌溉工程，建成高效节水灌溉面积447公顷，为农业增产、农民增收提供有力保障。

城乡供水保障。白云水库工程加快推进，建成后为东部城区和章丘区提供水资源保障；旅游路、南康、东湖三座水厂进展顺利，项目完成后每天提高东部城区供水能力50万吨；完成汇馨祥和苑、白马家园等6处低压片区升级改造工程，改造老旧管线80公里，提高老城区供水保障能力；完成《济南市饮用优质地下水工程试点工作实施意见》，启动16个试点项目；完成凤凰路原水管线迁改合口停水期间供水保障工作。在平阴县实施农村饮水安全巩固提升工程。工程总投资2012万元，主要实施小屯水厂至县城供水主管网工程及配套加压泵站建设、饮水信息化建设、榆山街道等6个街镇16个村村内管网改造工程，工程完成投资1910万元，进度95%。全市已形成多水源互备、多水厂互调的供水格局。按照市城乡水务局与重庆市武隆区水务局帮扶工作协议确定事项，组织水务集团帮助武隆区建设直饮水点5处，该项目已建成投入运行。

完成水土保持治理。组织实施4条小流域水土保持综合治理工程，总投资3809万元，项目区内水土流失综合治理度90%以上，生态环境向良性循环转化，自然资源特别是水土资源得到有效保护，流域综合防治水平和水源涵养能力大幅提升，林草面积占宜林宜草面积

95%以上，流域泥沙比治理前减少70%以上。

建成水质监测系统。建成省市两级监控预警调度中心和全市95个水质自动监测站，水质在线监控能力由“城市供水”拓展到“城乡水系统”。

水利执法。做好“世界水日”“中国水周”宣传，通过电视、报纸、短信、实地等方式全面开展宣传工作。坚持依法行政，紧紧围绕法治政府、廉洁政府建设要求，建立权力清单、责任清单，推动权力在阳光下运行。在涉水事务行政审批中，推行“一窗受理、集成服务”“拿地即开工”“零跑腿”等服务，全年共受理行政许可事项1209件，办结1200件，实现审批工作零投诉。全面完成公共供水、二次供水、自建设施供水、河道水、中水和污水厂进出水等水质督察检测任务。全年共完成各类检测样品2641个，检测参数43743个，上报各类水质报告79期，受理水质热线工单71件，协助上级部门妥善处理8起水质突发事件。

（尹　涛）

【水资源管理】 坚持以水定城、以水定产、以水定人、以水定地，全力为新旧动能转换先行区、国际医学科学中心等建设提供水资源保障。科学编制《济南市水安全保障规划》《济南市水资源中长期规划》《济南新旧动能转换先行区水务专项规划》等，启动开展了“十库联调，十厂联供”水网体系研究，科学调蓄黄河水、优化配置长江水、合理利用地表水、限制开采地下水，通过实施水源连通、水库水厂工程建设，初步形成了黄河水、长江水、地表水、地下水丰枯调剂、余缺互补的大水网。严格取水许可和水资源论证，强化用水总量控制；实施严格的用水过程监管，加强用水效率控制；加强水资源保护工作，强化水功能区与饮用水水源地监管；强化水资源管理责任考核，推动落实最严格水资源管理制度。全市取水总量控制在16亿立方米以内，全市万元生产总值用水量21立方米，全市万元工业增加值用水量9.5立方米，省级水功能区水质达标率超过80%，各项指标超额完成省下达的目标。在省政府对各设区市政府实行最严格水资源管理制度考核中，济南市获得优秀等次。（尹　涛）

【河长制湖长制】 出台济南市全面实行河长制、湖长制工作方案，建立市、县、镇、村四级河（湖）长制管理体系，全市共设置各级河长4217名。编制完成“一河一策”综合整治方案；借力全市拆违拆临，开展“清河行动”；各级河长累计巡河16000次。顺利通过了水利部、环保部组织的河长制中期评估工作。（尹　涛）

【黄河治理概况】 济南黄河处于窄河段上端，是山东黄河的咽喉河段，上起平阴县东阿镇后姜沟，下至济阳区仁风镇老桑家渡，流经9个县（区），全长183.35公里，纵比降约万分之一，河道上宽下窄，属受工程控制的弯曲型河道。有各类堤防188.78公里，险工23处、888段坝（岸）；控导工程49处、801段坝（岸）；水闸18座，其中引黄水闸11座，设计引水流量225立方米/秒。随着携河发展和山东新旧动能转换先行区建设深入推进，济南逐步由“大明湖时代”向“黄河时代”迈进，黄河已经成为济南的城中河。

2018年，黄河流域来水偏多，整个汛期黄河济南段出现3次洪水过程。7月份洪水历时28天，泺口水文站最高水位30.06米（出现在7月10日8时，相应流量为3400立方米/秒），最大流量3620立方米/秒（相应水位为29.96米）；通过分析洪水涨落时流量及其相应水位变化，河床受冲刷略微降低，同流量（2500立方米/秒）下落时水位较上涨时低18厘米。8月下旬洪水历时12天，最大流量2790立方米/秒，该流量相应水位比7月洪水上涨过程时2790立方米/秒相应水位低40厘米左右；最高水位28.90米（相应流量2740立方米/秒）。9月中旬至10月中旬洪水历时32天，最大流量3380立方米/秒，最高水位29.49米。整个汛期，济南段河势基本平稳，没有发生大的变化，基本符合“小水上提，大水下延”的演变规律。

期间，全市9处黄河河道工程共发生险情20坝次；发生滩岸坍塌2处，长度845米，面积0.236公顷；发生大堤偎水2处，长度最长达800米，偎堤水深最大1.0米。合计抢险用料石方5799立方米，柳料10.58万千克，铅丝840千克，麻绳840千克，机械投入963.6台时，用工1108.5个，耗资195.89万元。

5月15日，济南市防汛抗旱指挥部召开成员（扩大）会议，明确防汛抗旱工作各项任务。6月4日，公布市防指成员单位防汛职责，落实黄河防洪工程行政负责人和技术负责人。全市共签订防汛责任书78份，各级领导检查、认领责任段122人次，落实行政领导包黄河防洪工程65人，新闻媒体公布防汛责任人145人。实行市防指部分成员单位包黄河堤段工程责任制，并纳入防洪预案。黄河河务部门内部实行了全员防汛责任制，形成了纵向到底、横向到边的防汛责任制网络。

共组织落实各类群众防汛队伍71278人，其中一线队伍36190人，二线队伍35088人。共落实石料30.02万立方米、铅丝193.9吨、麻绳62.82吨、编织袋47.65万条、帐篷12顶、土工布42300平方米、覆膜编织布15600平方米、救生衣2277件、冲锋舟6艘、发电机组493.6千瓦、木桩7500根。社会团体和群众备料方面，共落实主要防汛物资铅丝285.1吨，编织袋883444条，绳类207205千克，柳秸料11065235千克，木桩107739根，土工布177848.8平方米，运输车2362辆。

6月1日启动黄河防汛24小时防汛值班，密切监视水情、雨情、工情发展变化。其中，7月洪水过程期间，各水位站实施五级报汛（1天报12次），8月洪水过程期间实施四级报汛（1天报8次）。每天及时向济南市防办报送黄河水情。整个汛期，各类防汛信息报送及时，各类险情及时进行抢护，确保各类防洪工程安全。（孙 凡）

【防洪工程建设与管理】 “十三五”黄河下游防洪工程建设涉及平阴、长清、槐荫、天桥、历城、济阳6个县、区，概算总投资10.1亿元。经过多方协调，妥善解决长清燕刘宋、济阳大柳店工程土地指标问题。统筹兼顾工程进度、质量、安全，超额完成年度工程建设任务，完成投资1.66亿元，土方190.97万立方米，石方5.49万立方米，分别占计划的132%、109%、138%。其中，备受社会关注的堤顶道路翻修工程超计划完成，总长度81.35千米；6处黄河险工、3处黄河控导主体工程如期完工。服务济南携河发展，“三桥一隧”顺利推进，齐鲁大桥、凤凰大桥、泺口黄河隧道开工建设；先行区黄河公园建设进入合规性审查阶段。

防洪工程管理。完成各项黄河工程维修养护任务，完成投资3620.09万元，植树4.68万株。坚持问题导向，制定“一局一策”和“一处工程一个方案”，编制完成工程管理难点整治三年规划。治理工程管理难点16处。完成工程管理大整治任务99项。槐荫段店管理段、天桥老徐庄险工、济阳大柳店险工被评为黄委示范工程。在全河71个水管单位工程管理大检查中，获得较好名次。水利工程划界年度目标任务顺利完成。平阴维修养护政府采购试点改革完成。支持济阳区利用防洪工程建成黄河健身公园，带来显著的社会效益、生态效益。持续对城区段河道环境进行综合治理，开展河道“清四乱”等活动，有效遏制市民反映强烈的河道生态环境问题，工程面貌持续改善。（孙 凡）

【引黄供水】 2018年，济南市共计引黄供水7.33亿立方米。协调水利、农业、气象等单位，对济南市引黄灌区春季旱情进行专项普查，开展春灌前引黄闸全面检查，为沿黄地区农业生产提供可靠水源保障。全年灌溉农田面积约12万公顷，为全市粮食丰收奠定基础。支持水生态文明建设，向小清河、玉符河及卧虎山水库等补源3878万立方米，维护济南生态安全。向胶东应急调水1080万立方米，为保障青岛上合峰会应急用水做出贡献。落实最严格的水资源管理制度，加强取水用途管制，严格两水分供，开展引水督查、飞检21次；全面恢复重点用水户监测系统，提高水资源综合利用效益。（孙 凡）

【长平滩区护城堤建设项目获批复】 长平滩区位于黄河下游济南河段右岸，上自东平湖清河口门，下至槐荫区北店子，河道长94千米，涉及泰安市的东平，济南市的平阴、长清和槐荫四个县（区），滩区面积388.8平方千米（不含东平）。承担着上游洪水的滞洪沉沙任务，对确保泺口以下河段的防洪安全至关重要。长期以来，滩区避洪设施严重不足，已有防洪避洪设施标准低、抗洪能力差、人民生命财产受黄河洪水威胁较大等问题，特别是长清区的老城区和平阴县中心城区均处于洪水淹没线以内。历史上，长平滩区历经1958年、1976年、1982年和1996年洪水的淹没，滩区农业生产、城乡规划建设和经济发展受到很大影响。2017年5月，李克强总理在山东、河南两省调研，对黄河滩区居民迁建工作做出重要指示，指出："自古以来，黄河的安危就事关国家政治安定和经济发展。黄河滩区群众脱贫，事关全国脱贫攻坚大计。"黄委、山东省人民政府认真贯彻落实李克强总理指示精神，推进长平滩区护城堤工程进程。2018年1月15~16日，黄委在郑州组织召开会议，对山东省水利厅、山东省发展和改革委员会报送的《济南市长平滩区护城堤工程实施方案》进行审核，认为尽快修建护城堤工程十分必要，并提出审核意见，标志着护城堤工程正式上马。

根据工程实施方案，长平滩区护城堤堤线整体沿南水北调济平干渠左堤布置，分为平阴段、长清至槐荫段，总长度约33.88千米，设计洪水位采用黄河2000年当年11000立方米/秒洪水的标准，保护面积约65.39平方千米，保护人口约15.97万人，工程永久占地217.01公顷，临时用地47.6公顷。核定工程静态总投资约22.55亿元，总工期22个月。其中，平阴段设防标准50年一遇，堤防标准为2级；长清至槐荫段设防标准100年一遇，堤防标准为1级。工程建设内容包括新建堤防33.88千米及相应附属工程，新建防洪墙、改建堤顶道路265m，新建、改建水闸4座，新建交通涵闸24座、跨济平干渠倒虹吸防洪墙2处、交通闸桥1座，改建压覆灌排建筑物17座/处（水闸8座、倒虹吸6座、压力管道2处、排涝泵站1座），新建上堤辅道35条（长3.04千米）。 （孙　凡）

责任编辑　宣　涛

【商贸概况】 全年社会消费品零售总额4404.5亿元，增长10.0%；货物进出口总额825亿元，增长16.2%；对外承包工程合同额56.5亿美元，同比增长4.8%，完成营业额40.8亿美元，同比增长9.3%；境外实际投资10.24亿美元，增长22%。

提升基础释放潜力，消费升级趋势明显。出台《消费升级行动实施方案》（济商务字〔2018〕40号），举办第三届中国鲁菜美食文化节、2018首届济南都市圈购物节等促消费活动。全市投资额1亿元以上、面积1万平方米以上的批零贸易业重大项目累计共57项。槐荫区迪卡侬、高新区百联奥特莱斯、历城区首创奥特莱斯等商贸新业态项目竣工开业。泉城路在中国步行商业街年会上被评为中国著名商业街；世茂宽厚里在第四届中国商旅文产业年会上被评为“中国商旅文产业发展示范街区”。出台《济南市关于加强新建住宅小区室内副食品市场（菜市场）用房规划、建设、移交管理的通知》，解决社区配建的菜市场用房不按规划用途使用的顽疾。全市新建菜市场14处，面积25000多平方米；试点打造郎茂山国家标准化社区商业中心，2018年11月被全国社区商业工作委员会确定为全省首家标准化社区商业中心示范项目；骨干商贸流通企业新建生鲜连锁店及互联网+便利店113处，累计700余处；新增放心早餐直营连锁店57家，累计350多处。优化济南市电子商务公共服务平台，构建“龙头企业+平台+基地（园区）+展会”的电商发展生态链。全年预计完成电子商务交易额8000亿元，同比增长23%；预计实现网络零售额1200亿元，同比增长25%左右。

破解瓶颈打造品牌，会展业发展提质增速。出台《济南市促进会展业发展的若干措施》《济南市会展业发展三年行动计划》和《济南市促进会展业发展专项资金使用办法》，会展业发展专项资金规模达到3000万元。韩博会升级为东亚博览会，吸引10多个国家和地区的近500家企业参展，成交额和参观人数创历史之最。全年全市新增8个展会获得国际UFI认证，累计达11个，数量占全省近三分之二。

提升服务搭建平台，进出口增幅势头强劲。出台《济南市促进外

2018年3月28日，全市商务工作会议在龙奥大厦召开　（市商务局　供稿）

贸稳定增长的若干措施》，累计超过1500家外贸企业享受到中央、省、市累计达3600多万元的资金扶持。走访重点企业300多家，指导齐鲁制药出口美国的制剂产品实现关税豁免，指导玫德集团、皇冠油墨等5家企业在国际反倾销诉讼中获胜。组织700家企业参加60多个境内外重点展会，签订合同金额30多亿美元。邮政口岸跨境电商出口邮件300万件，贸易额近10亿元。全年共有78家企业、超过200个服务贸易项目获得各级扶持资金3700余万元，全市服务贸易占对外贸易比重居全省首位。全年新增中医药特色园区和“生命科学”出口基地2个“山东省服务贸易特色出口基地”。举办长三角服务外包企业（济南行）服务外包对接会和第16届中日信息服务产业恳谈会。

信息共享抱团出海，走出去步伐加快。全年对外承包工程新签合同额突破50亿美元，位居全省第一；营业额突破40亿美元，位居全省第二；境外投资项目超过50个，投资额近10亿美元，位居全省第三。组织主办“中国—中东欧国家地方合作企业对接会”，中东欧15国驻华商务参赞、商会及重点企业代表参加。分别与塞尔维亚乌济策市、美国纽约州中小企业发展总署、俄罗斯亚洲工业企业家联合会、温哥华经济委员会建立对外经济合作伙伴（城市）关系。山东黄金集团与加拿大巴理克黄金公司合作，共同开发阿根廷贝拉德罗金矿，总投资额9亿美元。山东高速集团在香港设立金融公司，境外融资1亿美元。莫桑比克金属矿产、阿根廷黄金矿产等海外基地实现资源回运，浪潮硅谷、齐鲁制药等研发中心投入使用。

创新机制释放活力，商务改革纵深发展。构建开放型经济新体制综合试点试验共形成案例53个。4项试点经验由商务部向全国推广，“银关保”担保模式由海关总署向全国海关推广。在第三方评估中，全市可复制推广经验、典型案例数量和量化得分居12个试点地区第一位。组织“优化企业营商环境，公益服务面对面”活动，编辑《商务政策问答》。形成“一次办好”事项清单，绘制“最多跑一次”工作流程简图，实现“零跑腿”或“一次办成”。

【王文涛调研济南市节日市场供应情况】 2月9日，省委副书记、市委书记王文涛来到华联超市嘉华店了解节日市场供应工作。全年华联超市推进“生鲜果蔬加强型门店”建设，“华联鲜超”便利店从47家增加到64家，拥有3家百货、23家超市大卖场和1家三星级酒店。

【中国（德国）欧洲境外企业联盟成立】 6月5日，由济南市商务局主导，中车山东机车车辆有限公司、力诺集团、中国重汽集团、鲁电集团等11家企业发起成立中国（德国）欧洲境外企业联盟，在德国法兰克福举行揭牌仪式。联盟旨在形成资源、信息共享，抱团出海一体化合作机制。

【全省商务工作现场观摩会暨商务运行分析会召开】 8月21日，全省商务工作现场观摩会暨商务运行分析会在济南召开。会议重点关注机构改革调整、中美贸易摩擦、开发区体制机制创新、招商引资招才引智、中日韩自贸区谈判和上合组织地方经贸合作示范区建设、外贸政策落地、扩大消费等7个方面工作。

【第二届济南市市长国际经济咨询委员会年会召开】 9月3~4日，第二届济南市市长国际经济咨询委员会年会召开。ENGIE（中国）CEO夏澜和微软（中国）CTO韦青分别带来“全球背景下ENGIE的战略转型与中国发展战略”“数字化转型和‘云计算-物联网-大数据-人工智能’对社会发展的影响”两场精彩演讲。

【第三届中国鲁菜美食文化节举办】 9月2日，“第三届中国鲁菜美食文化节”在济南开幕。此次鲁菜美食文化节主题为“鲁菜故乡地、美食在济南”。各餐饮行业协会联合发出《济南市餐饮服务行业规范化优质服务倡议书》。

【第十三届托盘国际会议召开】 11月22日，第十三届中国托盘国际会议暨2018全球托盘企业家年会在济南召开。来自10多个国家的行业协会及企业代表600多人到会。

【济南市人民政府与中国机械国际合作股份有限公司签署战略合作框架协议】 12月21日，在中国机械国际合作股份有限公司（以下简称中机国际）总部，济南市人民政府与中机国际签署战略合作框架协议。双方按照“优势互补，市场运作，合作共赢”的原则，签署《济南市人民政府与中国机械国际合作股份有限公司战略合作框架协议》。（韩　岳）

【粮油概况】 全市粮食行业以保障粮食安全为中心，聚焦主责主业，深化粮食改革，全年粮食购销总量363.65万吨，粮食工业总产值54.7亿元，利润总额2.7亿元，各项粮食事业取得新成效。

粮食安全责任制考核。开展“全市粮食安全责任考核工作突击月”活动，对14项重点考核事项、27项考核指标、46项目标任务进行逐条落实。经省考核办综合测评，全市在全省综合考核中得分99.28分，位列全省优秀等次前列。

粮食行业营商环境。推进“一次办成”改革，推进网上在线申报与线下大厅“一窗受理”深度融合，实现粮食收购资格认定“只跑一次”。完善优化《粮食收购资格认定服务指南》和相关事中事后监管办法，将《粮食收购许可证》审批时限由法定15个工作日缩减到5个工作日，精简许可变更材料2项，方便企业和个体工商户办证。（张博俊）

【推动粮食产业经济高质量发展】 制定出台《济南市人民政府办公厅关于加快推进农业供给侧结构性改革大力发展粮食产业经济的实施意见》（济政办发〔2018〕22号）。组织全市24家骨干粮食企业参加首届山东粮油产业博览会。深化国有粮食企业改革，支持山东金德利集团稳妥推进混合所有制改革。加大县域粮食企业改革力度，走园区化发展道路，章丘区以荣元食品公司厂房搬迁为契机，将加工厂、馒头车间、地方储备库、粮食收储点有机整合，形成集粮食收购、储存、加工、销售于一体的粮食产业园区。（张博俊）

【烟草专卖】 济南市烟草专卖局（山东济南烟草有限公司）内设15个处室，1个物流配送公司、1个1532公司。全市局（有限公司）系统共有从业人员1136人。总资产281547万元，资产负债率为23.62%。

2018年，全市销售卷烟25.65万箱，单箱销售额29084元，增长0.65%，实现利税18.65亿元，增长3.05%。全年查获涉烟案件1526起、卷烟1909.72万支、案值1359.16万元；拘留69人、逮捕29人、判刑19人。（周　倩）

【卷烟经营】 在稳量提值中优化品类布局，一二类卷烟在易外流品牌下降0.32%的基础上销量增长5.23%，高三类卷烟增长5.17%，四五类卷烟下降17%；细支烟增长23.79%，中支烟增长144.50%，爆珠烟增长8.01%；鲁产烟销量比重达到52.12%、提高0.1个百分点，其中百元以上增长7.6%；全国重点品牌销量占比达到89.03%，比去年提高1.12个百分点，高于全省平均5.82个百分点；库存周转次数提高0.11，社会存销比降至0.8。统筹用好终端建设资金、鲁产烟专项奖励资金和各方资源，撬动零售户投入1600万元，改造终端4958户，建设示范户350户，共更新柜台2800节，打造云POS现代终端1769户，云POS系统累计交易255.78万笔、2.16亿元，注册会员2.36万名。（周　倩）

【专卖管理】 开展烟草领域扫黑除恶专项斗争集中行动和“齐鲁利剑”“护航”战役专项行动，建立打击物流寄递环节涉烟违法犯罪协作机制。全年查获涉烟案件1526起、卷烟1909.72万支、案值1359.16万元，拘留69人，逮捕29人，判刑19人。其中，国标网络案件9起，涉黑涉恶涉乱案件4起，新型卷烟案件2起，5万元以上大要案62起，市中“1·17”案件和历下“9·27”案件分别被确定为部督和省督案件。深化“放管服”改革，推行“3+2”（3天办证、2天入网）“2+1+1”（两天办证、一天办电子结算、一天捆绑访销配送线路）办证入网。受理热线转办信息1018起，处理及时率和结果满意度均为100%。（周　倩）

【石油供应】 2018年，中国石化销售山东济南分公司按照“量效兼顾”的工作要求，提高服务质量，推出旅游季营销活动，推广“爱跑98”品牌汽油，开展加油卡“四进”等活动。全年销售成品油90

万吨、天然气4000万方，非油品营业收入7.15亿元。

做大非油品业务，打造综合服务站。挖掘非油业务潜力，坚持驱动“线上线下”营销。加强电子券、微信券、易积分等与重点商品的有效结合，提高微信关注度、绑卡率及客户黏性。开展内购会、赖茅品鉴会、茶博会等大型营销活动，打造综合服务体1座，探索符合加油站发展实际并具有易捷特色的多元化发展之路。

优化网络结构，打造生命工程。提高网络发展质量，提高网点建设项目质量，完善销售网络。发展联营公司网点，做好与地方企业的战略合作，增加网点数量，实现网络完善。（齐建伟）

【概况】 全年济南市供销社完成销售收入143亿元、利税1.2亿元，市属企业完成项目投资额1320万元，新建、改造经营服务设施1万平方米，其中销售额、市属企业项目投资额分别超出全年工作目标5.1%和10%，市供销社系统所属8家直属企业，主要涉及农业生产资料、再生资源、茶叶、文化用品、资产管理等经营领域。截至年底，直属企业资产总额6.35亿元。继续保持“省级文明单位”称号。

构建农业社会化服务体系。组建县级农民合作社联合社6个、镇级农民合作社联合社44个；领办引办农民专业合作社30个，累计达1268个。依托县区农业服务公司和为农服务中心，开展大田托管和农业生产资料供应。全年建设为农服务中心6处，总数达23处，土地大田托管服务8.6万公顷，组织供应各类农业生产资料26.9亿元。

推进农村流通体系现代化。依托全国总社供销e家平台，探索日用品、农资、农产品“三网”融合对接，县级电商服务公司、涉农乡镇镇级电商运营中心实现全覆盖，村级电商服务站达到290个，完成电子商务交易额10亿元。做好农村经营服务网点建设，累计发展日用品、农资经营服务网点3640个，全年实现销售收入109.9亿元。

做好脱贫攻坚工作。抓好脱贫攻坚工作，推进“农民合作社+贫困户”模式，重点在派驻贫困村基础设施建设，扶贫政策指导、对接、落实等方面做工作。全年向区县拨付行业扶贫专项资金140万元，其中省级32万元、市级108万元；帮助贫困户增收16.34万元，完成省定“两个100%，一个2%”（信息准确率100%、帮扶有效率100%、就业人数比例占帮扶总人数的2%）目标。支持“第一书记”开展精准扶贫，组织机关及社属企业走访慰问贫困群众68户123人。

【举办“2018种子交易博览会”】 10月5~8日，济南市供销社下属企业农资公司在济阳区省农科院试验示范基地举办“2018年种子交易博览会”，共设展区面积1.5万平方米，集中展示玉米、小麦、果蔬、花卉等600多个优良种子品种，设立优新良种展销、优新品种实物及科普宣传等400多个展位，来自全国各地的近千家企业参展参会，参展人数超过1万人，实现交易额1亿元左右。（孙　铮）

【第十三届中国（山东）国际装备制造业博览会】 3月6~8日，第十三届中国国际装备制造业博览会在济南国际会展中心举办。展会展出面积超过5万平方米，折合标准展位2400个，现场成交额2.73亿元，意向合同金额28.1亿元。吸引国内外的专业观众3.7万人到会参观，参观人次为5.3万人次。

（韩　岳）

【第十三届中国（济南）太阳能利用大会暨展览会】 4月2~4日，在济南国际会展中心举办。展会总面积5.3万平方米，展览会共计参展企业440家，2200个国际标准展位，累计参观4.8万人次，现场实现意向签约77.4亿元。（韩　岳）

【济南建博会】 4月20~22日，第24届济南建博会在济南国际会展中心召开，展会启用38000平展示面积，参展企业共827家。济南建博会于2017年9月份正式通过UFI认证，成为济南首个通过UFI认证的展会。（韩　岳）

【2018山东（济南）国际旅游交易会】

5月25~27日，“2018山东（济南）国际旅游交易会”在济南舜耕国际会展中心召开。展会设置607个国际标准展位，来自28个国家和地区的562家旅游机构、2500余名参展商和买家团前来参展。吸引近5万余人次观众入馆参观，签订各类旅游合作意向金额约2.2亿元，其中参与现场售卖的济南市4家重点旅行社和旅游电商收单约1.18万人次，共销售旅游产品3287.7万元，同比增长21.8%。（韩　岳）

【2018东亚博览会暨第六届韩国商品博览会】 7月6日~8日，“2018东亚博览会暨第六届韩国商品博览会”在济南舜耕国际会展中心举办。展会参展企业348家，设置标准展位505个，展览展示面积1.4万平方米，展期共达成现场交易额3.86亿元，意向合作额高达29.97亿元，到会参观观众达6.5万人次。（韩　岳）

【第十一届(济南)国际信息技术博览会】 9月27~29日，第十一届（济南）国际信息技术博览会在济南召开。博览会展示面积达5万平方米，参观人数突破5万人次，专业观众达3万人次。全面展示信息技术在智慧城市、智能制造、网络安全、人工智能、智慧能源等经济和社会发展重要领域的应用。（韩　岳）

【首届新型智慧城市建设国际峰会】 10月10日，首届新型智慧城市建设国际峰会在济南开幕。以“智慧让城市更美好”为主题，围绕“优政、惠民、兴业”三大目标，共同探讨新型智慧城市建设的新思路、新模式、新技术，交流经验做法，共同推动信息化建设。（韩　岳）

【舜耕山庄集团】 2018年，济南舜耕山庄集团推进“1+474”工作体系，按照对标“六个一流”的发展定位（即环境全国一流，硬件设施同星级或同档次一流，管理全省一流，服务全国一流，效益同规模一流，员工福利同行业一流），各项工作均取得长足发展。全年营业收入突破3亿元，实现30600.9万元，超确保指标8.44%，超力争指标3.59%，同比提高14.96%，创历史新高。

经营环境进一步优化。全年投入1574万元，对宾馆67间客房、道路、舜乐厅和卿云堂、舜苑廊庭等进行提升改造。同时筹措资金1400多万元对集团所辖济南国际会展中心展馆的地面、墙体、立柱、顶棚等进行全面粉刷，并对展馆电梯、扶梯、监控、照明系统等设施设备进行维护提升。

输出管理迈出新步伐。全年舜耕山庄酒店管理公司运营长清济南舜耕国际酒店、平阴舜耕玫苑宾馆、菏泽泰舟大酒店、菏泽南湖宾馆、济南水发集团、济南济阳政务中心等项目，为打造和推广“舜耕品牌”赢得良好的社会效益和经济效益。

丰富集团文化资产。5月份，著名学者、教育家、国画大家陈玉圃先生国画巨作落户贵宾楼；山东省青年美协创作室为二区客房创作51幅舜文化主题作品。全年增加当代著名画家的馆藏书画作品109幅。

提高宾客满意度。通过第三方数据分析，网络综合评分持续提升，由2014年的4.4分一年一个台阶，2018年攀升到4.8分，单月得分突破4.9分，宾客推荐率达99%，宾客满意度再创新高。

（高　群）

【承接“中国卫生信息技术交流大会”】 5月，舜耕山庄集团承接“中国卫生信息技术交流大会”，实现创收200余万元。这是会展中心首次承接超6000人的大型展会活动，并在展馆承接4000人同时用餐，创下济南接待服务之最。

（高　群）

【完成青岛上合会议服务接待任务】 6月，舜耕山庄集团作为济南市唯一一家既有厨师又有服务人员组成的服务团队，参加青岛上合会议服务接待工作，南风阁厨师长张永制作的鲁菜《孔府酱烧牛肋排》，受到与会嘉宾和各国宾客的好评，完成各项接待任务，评获上海合作组织青岛峰会宴会服务优秀组织单位。（高　群）

【获评“中国饭店品质金爵奖”等称号】 舜耕山庄全年获评获“中国饭店品质金爵奖”“中国最具魅力主题酒店”“中国会议酒店百强”“山东省饭店行业优秀企业”“山东省饭店行业优质服务创新奖”“山东省服务名牌”等多项荣誉，知名度和业内影响力得到提升。

（高　群）

【概况】 对外贸易。全年进出口总值完成825亿元，同比增长16.2%。其中，出口值519.3亿元，同比增长14.6%；进口值305.7亿元，同比增长19%。进出口、出口、进口增幅分别位列全省第6位、第2位、第6位，分别高于全省8.5、8.5、9.3个百分点。

重点出口企业支撑作用突出。2018年，重汽、浪潮、鲁电国际、玫德集团、裕兴化工等5家重点企业共计完成出口值186.7亿元，同比增长40%，占全市出口总值的36%，比上年同期增加出口53.3亿元，拉动全市出口增幅11.8个百分点。全年新增外贸实绩企业400多家，新增外贸备案企业700多家。

出口产品结构进一步优化。从出口结构看，汽车零部件等机电产品成为出口增长的领头羊。全年机电产品出口372.2亿元，同比增长17.5%，占全市出口比重的71.7%；高新技术产品出口92.9亿元，同比增长65.6%，占全市出口比重的17.9%。

私营企业进出口作用明显。全市私营企业实现出口值363.3亿元，同比增长13.3%，占全市出口值的70%。三资企业实现出口值143.9亿元，同比增长4.7%，占全市出口值的27.7%；国有企业实现出口值41.2亿元，同比增长3.9%，占全市出口值的7.9%。

对外经济合作。全年对外经济合作运行良好，对外承包工程新签合同额56.5亿美元，同比增长4.8%；完成营业额40.8亿美元，同比增长9.3%。境外实际投资10.24亿美元，同比增长22%。对外工程方面，电建总公司新签赞比亚MGC700MW电站项目，合同额10亿美元；电建二公司新签吉布提电站项目，合同额7亿美元；中铁十四局新签阿尔及利亚机场航站楼停机坪项目，阿尔及利亚公路项目，厄瓜多尔铜矿项目，三个项目合同额2.5亿美元；电建总公司沙特阿美燃气站、中铁十局委内瑞拉现代惠生十字港炼油厂场平、中铁十四局厄瓜多尔铜矿等重点在建项目进展顺利，完成营业额13.8亿美元。境外投资方面，山东黄金集团与加拿大巴理克黄金公司合作，共同开发阿根廷贝拉德罗金矿，项目总投资额9亿美元；山东高速集团在香港设立金融公司，实现境外融资1亿美元；浪潮集团在中国香港设立企业，在境外开展投资与贸易达7000万美元。全年全市企业在“一带一路”国家地区投资2.3亿美元，占全年境外投资总量的23%。

（韩　岳）

【招商引资】 2018年，全市招商引资工作进展顺利，在任务指标、机制建设、专业化招商、招商项目、服务水平等方面取得新突破。全年实际使用外资178.15亿元,同比增长41%,实际使用外资增量4.2亿美元,为全省增量贡献比重高达55.7%；引进市外投资增幅22%。招商引资主要指标连续三年实现双位数增长。

完善机制。建立全市双招双引考核体系，助推全市经济高质量发展。全市8个市直部门组建专职招商队伍，在谈、签约项目52个，总投资1505.44亿元。出台《关于进一步完善全市招商引资工作体制机制的实施意见》，明确产业招商职能部门和服务部门的任务分工，确立各司其职的双招双引工作体系。成立市级投资促进中心，全员实行聘任制和KPI考核，开展专业化招商。

精准招商。实施全球招商合伙人行动计划，借助德勤、普华永道、商务部投资促进事务局等高端优势资源，组织层次高、专业强、影响力大的精准招商活动。其中，儒商大会签约项目44个，总投资3262亿元；香港山东周签约项目25个，合同外资额110亿美元；全国工商联主席高端峰会签约项目4个，总投资290亿元。73个项目中，申万宏源玫瑰谷、中能医用电子直线加速器济南基地、泰合资产管理有限公司等21个项目落地。

项目引进。全年全市新签约省外投资项目113个，总投资2233.91亿元，位列全省第二位。引进费斯托全球生产中心、哈工大机器人、浪潮思科交换机、博世马勒等优质项目，特别是富士康8+6晶圆项目、正威国际光电集成电路、云芯国际等重大项目，弥补全市“缺芯少屏”的短板；引进BP石油、西王财务公司、渤海湾港口集团、山东铁路投资控股集团等总部企业；引进优客工厂、科大讯飞、百度创客、每日优鲜等项目，菜鸟物流等项目落地。全市五次赴香港开展专题招商，取得显著成效。2018年，全市新批香港投资项目135个，同比增长128.8%；合同外资314.19亿元，同比增长170.6%。齐鲁高速、山东黄金在港交所主板上市，分别首发融资10.72亿元、42.35亿元。

提升服务。建立“服务大使”工作机制，打造一支由50个单位、100名“服务大使”组成的服务队伍。出台“利用外资若干措施及奖励政策实施办法”，分2批为64个项目兑现奖励资金1.16亿元。制定印发《济南市严格招商政策承诺事项投诉工作机制》，解决麦当劳长途汽车站拆迁补偿投诉等问题。

推介宣传。制作《共赢·济南2018》宣传片中英文及日文版，《投资济南2018》宣传册中、英、日版，《选择济南2018》折页中文、英文版，《投资济南2018政策汇编》等各类招商推介资料。在省、市“两会”和上合组织青岛峰会、儒商大会、跨国公司（济南）高层对话会期间，山东卫视2次专题报道，济南电视台专访4次，中国经济时报、大众日报等中央、省级媒体刊发专题7个版次，累计报道120余篇次。爱济南、济南日报分别开辟" 投资济南" 专题栏目，新媒体阅读量达20万次。拓宽合作渠道，探索音频传播新领域，总收听量在3个月时间内达到50多万次。 （丁　欣）

2018年3月27日，全市招商引资工作大会召开　　（市投资促进局　供稿）

【国际贸易促进工作】　突出贸易促进，投资促进和招商引资工作重心，按照“树品牌、建网络、搭平台、善借力、创一流”的工作思路，围绕“整体创先进、单项争冠军”的总目标，实施“树济南贸促品牌，创一流贸促机构”发展规划。市贸促会连续6年保持省级文明单位称号，国际联络部获评“巾帼文明岗”称号。

贸易促进。组织参加国内展会活动36个，展览面积104万平方米，参会观众113万人次，现场及意向贸易成交62.3亿元。举办5场国际展览项目推介会，参与企业累计约200家。组织上报出国境展览项目104个，总数增长23.8%，补贴额度300多万元，同比增长12.9%。助力企业利用跨境电商平台开拓国际市场，“一达通”“阿里巴巴国际站”“名客来”等新上线入驻企业达597家。

招商引资。完成8个省级园区和2个其他园区招商基础材料的搜集整理工作，整理项目（线索）25个，贸促支会项目21个，在谈项目5个，落地后保持重点服务跟踪项目2个。举办专题招商会两场，联系和重点服务招商引资项目6个，总投资145.8亿元，到位内资资金3.76亿元，外资项目2个，到位资金700万美元，完成注册资本1.7亿元。济南财雨网金融软件外包服务有限公司已提供营业执照和验资报告，到位资金3000万元；法拉利资本中国代表处在济南落户注册；航空零部件产业合作项目，由济南高新区与航加国际控股有限公司经接洽，计划投资100亿元；济南博通工业科技园有限公司小微企业工业化厂房服务平台项目到位资金2亿元；安徽路网轨道交通产业园项目签约商河，总投资约30亿元。

国际联络。与18个国家的7个驻华使领馆、18家国际商协会和3家世界500强企业建立沟通联络渠道，签订商协会合作协议13个。参加“第十二届中拉企业家高峰会”“中美先进制造业对接交流会”等国家级活动。协办“世界教育日大会”，邀请3位诺贝尔奖获得者和40多个国家和地区的教育专家参会。组织巴基斯坦展团参加

“山东省文博会”，成为“一带一路”沿线国家最大规模展区。

法律服务。签发商事证明书、ATA 单证册、代办领事认证等共计 3312 份，原产地证涉及出口货物 FOB 金额 7.3 亿美元，新增注册企业 68 家，累计 1144 家，发布经贸预警信息 220 条，帮助企业维权和解决贸易争议 4 起。完成“一网通办”权力服务事项信息的补充完善、“三跑”清单细化梳理，清单比对、公开公示，完善 12 个项目信息，出口货物原产地证明、ATA 单证册签发、商事认证服务 3 项业务实现“只跑一次”，其他经贸摩擦预警等 6 项业务实现“零跑腿”。举办原产地证政策宣讲等培训 6 场，700 多企业参加培训。

代言工商。编制《2018 年市贸促会赴各县（市）区政府对接服务工作方案》，走访企业、商协会等 100 多次，举办业务培训会 10 多场，1000 多家企业参加培训。撰写《“进企业、解难题、谋良策”擦亮营商环境名片》《关于济南市部分企业受美国加征关税影响情况的报告》《全市制造企业呼吁关注“能源稳定充足供应”》等调研报告。官方网站发布信息 1744 篇，微信公众号发布信息 15 篇。

（贾思军）

【魅力济南商品展系列活动】 在巴基斯坦、柬埔寨、泰国、印尼等国家举办“魅力济南”商品展 8 场，参会企业 80 家，通过签订意向、确定授权、寻求代理等形式，累计达成合作意向 20 多项。

（贾思军）

【2018 中国(济南)国际商协会产业对话】 4 月 27～28 日，“2018 中国（济南）国际商协会产业对话”在济南召开，来自德国、韩国、以色列等 12 个国家和地区的 16 家国际商协会，美国、日本等 8 个国家和地区企业代表 50 余人受邀参会。活动包括济南市投资推介 4 个、对话 1 场、商协会推介 5 个、考察 2 次。与以色列、马来西亚等 7 国商协会签署友好合作协议，签署项目意向 3 个。

（贾思军）

【2018 中国(平阴)玫瑰博览会】 5 月 14～16 日，“2018 中国玫瑰产品博览会”在平阴举办，此次博览会以“以玫瑰之名、向世界发声”为主题，吸引数十家海内外玫瑰产业企业参展。（贾思军）

海关

【概况】 2018 年，驻济南各海关单位（现场业务处、驻机场办事处、驻邮局办事处）共监管进出口货物 85 万吨，进出口货值 236.9 万元，税收入库 14.8 亿元，审结进出口货物报关单 76928 份，监管进出境人员 124.9 万人次，监管运输工具 8579 架次，监管邮递物品 983109 件，监管快递物品 2139246 件。成立专项工作小组，逐票梳理超长报关单产生的原因，12 月份泉城海关整体通关时间为进口 18.58 小时、出口 1.14 小时，超额完成压减整体通关时间三分之一的既定目标；落实海关总署压减核批事项时限的工作部署，梳理内部核批事项 47 项，经办办结业务做到“随到、随办、随结”，平均核批时效缩短 40%；防范业务风险，对 30 家企业开展稽查，查发 10 起，稽查补税 395 万元，对 7 家企业开展核查，办结 7 起，移交缉私 1 起，移交加贸补税 2 起。

【服务地方经济】 参与山东省外贸百强企业、改革开放四十年外贸分析等重要课题，对接开放型经济发展新需求，撰写济南市大企业发展情况、阶段性外贸特点。妥善处置综保区存在的监管问题，初步完成区内企业情况摸底，形成五张清单，推进综保区迁建相关工作。向济南市提出加密加挂班列运力，解决班列通关环节疑难，保障欧亚班列健康运行。制定 5 大类 15 种突发事件应急预案，进行全员演练。峰会保障期间，提高登临航空器检查率，对来自俄罗斯、印度的 10 架次重点航班实行 100%“抄机”检查，共查获政治类违禁印刷品 2 起 6 件，移交案件 1 起。

（冯　勇）

旅游业

【概况】 2018 年，市旅发委落实“1+454”工作部署，围绕发展全域旅游，打造千亿级产业，推进国际旅游目的地建设。全年全市实现旅游消费总额 1129.59 亿元，同比增长 14.13%。游客总人数 8007.68 万人次，同比增长 9.91%。其中接待国内游客 7967.81 万人次，增长

9.93%；国内游客消费 1054.71 亿元；接待入境游客人数 39.87 万人次，同比增长 6.19%；入境游客消费 22285.11 万美元，同比增长 6.93%；本地居民出游前后旅游消费 59.58 亿元。

推动全域旅游发展。全市 8 个门类 16826 项旅游资源纳入旅游资源库，实现立档管理、动态管理。会同宣传部门开展旅游目的地城市建设专题研究，聘请国际知名专家启动编制《济南国际旅游目的地规划》，成立千亿级文化旅游产业工作专班，编制《精品旅游发展规划》。

提升产业发展质量。开展精准招商，全市新增涉旅项目 35 个，新增投资规模 2097 亿元。为 4 个项目争取土地指标 16.6 公顷，为 1 个项目争取国家旅游发展基金。牵头实施“十泉计划”和百花洲文旅融合工程，高峰期日接待游客超过 40 万人。对全市 A 级景区动态暗访，新评定 3A 景区 8 个、2A 景区 9 个，推动景区开放夜场旅游；开展旅游饭店质量提升行动，推动传统文化进饭店，举办旅游饭店服务技能大赛。出台《旅游企业发展奖励办法》，银座旅游进入全国 20 强。

提升城市旅游品牌形象。制作《好客山东·泉城济南》旅游专刊投放到京沪高铁途经济南的 167 趟列车上；在北京地铁投放灯箱广告；推出国内首部航空安全须知旅游创意片，覆盖山航 160 余条航线 3000 万人次旅客。制作新版旅游地图、旅游指南和十大主题旅游产品手册，拍摄旅游宣传片，征集旅游微视频和“声动泉城”旅游音频，针对赏花节、采摘节等 40 余项节庆活动推出旅游指南。在京津冀、长三角等客源市场分别开展面向散客的“自由行分享会”“玩转济南，泉是惊喜”验客推广等营销活动。举办 2018 山东（济南）国际旅交会，企业线上线下交易额同比增长 21.8%；第五届国际定向寻泉赛参与人数创历届之最；首届济南自驾旅游节和中国（济南）自驾旅游大会引爆自驾旅游市场，与全国 20 多家省级自驾游协会形成广泛合作。利用抖音、微博等新媒体平台提升旅游影响力，在喜马拉雅 FM“济南旅游品牌电台”策划推出《解密济南》《晓说济南》网红栏目；发起“享泉水人家慢生活”千万级粉丝微博营销活动；与小米手机合作开展“秀色济南”精准营销活动。

2018 年 5 月 25 日，为期 3 天的 2018 山东（济南）国际旅游交易会在济南舜耕国际会展中心开幕

（市文化和旅游局　供稿）

提升旅游市场综合治理能力。打造“行政监管+社会监督+媒体助力+行业自律+游客自觉”五位一体综合治理新模式；成立全市旅游联合会及 26 个分会，涵盖近千家旅游企业、涉及 10 余万旅游从业人员；开展“旅游啄木鸟行动”，策划举办 30 多场文明旅游和旅游志愿服务活动，与舜井社区开展文明商圈共建活动。举办“泉城旅游法律大讲堂”，培训从业人员 600 人次；利用 3·15 消费者权益保护日、5·19 中国旅游日等，开展旅游普法活动和旅游消费维权法律咨询。实施“鹰眼计划”“利剑行动”“秋冬会战”，对不合理低价游等 10 种行为开展专项整治，出动检查人员 700 余人次，检查企业 140 余家次，实施行政处罚 10 件，处罚旅行社 9 家，罚没款 14.15 万元，责令停业整顿旅行社 5 家。

【增加产业发展新动能】 制订《关于发展乡村旅游助力乡村振兴的实施意见》，实施“十村示范百村振

一湖一环景观图 （王啸 摄）

兴”行动，先期展开6个乡村旅游集聚区和6个乡村旅游示范村建设。加大资金投入，争取省级扶持资金1060万元，市级投入扶持资金1110万元。策划“济南人半价游临沂”“济南万人游湘西”活动，与临沂、湘西扶贫协作成效显著。成立全市工业旅游协会，举办首届工业旅游节，组织工业旅游培训班、赴苏浙沪考察学习，开展“透明工厂”直通车行动，推出10条工业旅游精品线路，全市工业旅游企业达30多家。突出“旅游+”和“+旅游”，全市建成农业旅游示范项目79个、工业旅游示范项目15个、中医药健康项目8个、养老养生项目10个、研学旅行项目11个、滑雪滑水项目10家、低空飞行项目2个，培育大型体育赛事10个。

【健全旅游公共服务水平】 推进100座旅游厕所新建改建工作，推动5A级景区和部分4A级景区建成“第三卫生间”，厕所革命主要做法在全国作典型经验交流发言。建成旅游产业监测监控平台，实现对全市3300家住宿酒店和49家A级景区数据采样分析。整合涉旅部门、网络数据和手机运营商数据，编制47篇旅游数据分析报告。开发集定位、导航、智能语音、导游导览、形象展示、VRAR体验等功能于一体的泉城旅游自助服务系统。在全市海选城市旅游讲解员，讲好济南故事。推进泉城导游义工队伍建设，举办第四届全市导游大赛。

（赵英梅）

【文旅发展集团有限公司】 全年营业收入2.4亿元，比上年增加20%，实现利润3000万元，获2018年市级文明单位的荣誉称号。12月，举行项目集中签约仪式，与39家央企、上市公司、知名企业单位签订战略合作协议和项目合作协议，签约项目和招商项目总金额360亿元。

【“一湖一环”景观照明工程】 “一湖一环”景观照明工程中的“一湖”指大明湖，“一环”指环城公园。工程主要建设内容为结合济南市的历史文化底蕴和天下第一泉风景区内桥梁古建特色，在该区域内设计安装功能性照明及特殊效果灯具，建设统一协调的园区景观照明体系。

【“泉城夜宴·明湖秀”】 “泉城夜宴·明湖秀”是“泉城夜宴”项目的点睛部分，汇集喷泉、喷火、喷雾、矩阵光毯、表演大船、升降亭台、投影激光等综合演绎，演出包括序曲：蝴蝶戏泉；第一幕：黄河育舜帝、双撒珍珠泉；第二幕：海右此亭古、济南名士多；第三幕：明湖如画美、泉水映人家；第四幕：潮涌新时代、泉城筑梦想；尾声：光影流连等。

（文旅发展集团）

责任编辑　魏添乐

财税·金融

财政

【概况】 全年全市一般公共预算收入752.82亿元，完成预期目标738.39亿元的101.95%，比上年增长11.2%，加上级税收返还、各项补助、债券转贷收入、调入预算稳定调节基金、上年结转收入等504.31亿元，收入总计1257.13亿元；全市一般公共预算当年支出1018.25亿元，完成调整预算994.52亿元的102.39%，比上年增长22.08%，加上解省支出、补充预算稳定调节基金、债务还本支出及结转下年支出等238.88亿元，支出总计1257.13亿元，全市收支平衡。

财政收入实现高质量发展。全年财税部门加强财源培植，出台各项扶持经济发展政策措施，落实各项减税降费504亿元，实施18个行业增值税留抵退税政策，共为279家企业退还增值税留抵税额9亿元。成立市一级财税工作领导小组，加强财税工作领导，并推进财政经济大数据与税收征管信息互联共享。全市一般公共预算收入完成752.8亿元，增长11.2%；税收收入完成619.5亿元，增长14.3%；税收比重82.3%，比上年可比提高2.3个百分点；各区县收入均实现高质量发展，3个区收入突破100亿元。

保障“四个中心”建设。“四个中心”建设方面全市总投入资金142.6亿元，出台非公有制经济发展的一系列财税扶持政策，落实国家小微企业“双创示范”城市试点任务，对1400户符合条件的中小微企业融资费用进行财政补贴。在全国率先出台“侨梦苑”扶持政策，“侨梦苑”企业签署8个项目共计4.5亿元的基金和贷款协议。兑现招商引资、利用外资、发展总部经济等奖补资金，落实外经外贸、航线补贴、产业园区合作等支持开放型经济增长的政策，支持新引进世界500强项目13个。加快科技成果转化，落实“创新券”“高校院所协同创新20条”等政策，支持量子科技、植物基因编辑等重大科技专项，扶持山东工研院等新型研发转化机构建设，助推全市综合科技创新水平指数和增幅居全省第一。给予金融机构落户、增资、人才等扶持政策，吸进83家金融企业落户集聚。支持物流园区建设和物流企业做强，国家5A级物流企业达11家，居全省首位。

2018年3月7日，全市财税工作会议召开 （李彦 摄）

支持新旧动能转换。新旧动能转换方面投入资金115.19亿元，组建新旧动能转换基金，重点投向大数据与新一代信息技术、智能制造与高端装备等十大千亿产业领域，侨梦苑产投基金、富士康半导体产业基金等7只基金已完成设立或签订合作意向。扶持产业龙头企业和重点产业项目，支持重汽集团、浪潮集团营业收入突破千亿大关。加大先行区基础设施投入力度，支持先行区运转、“多规合一”编制和“三桥一隧”建设。梳理并用好既有的国家级新区、自主创新示范区和全面创新改革试验区的各项支持政策，国务院批复的山东新旧动能转换综试区8项税收优惠政策，7项已经落地实施。研究新旧动能转换先行区财税扶持政策，支持450平方公里的先行区直管区全面启动建设。

山泉湖河城城市风貌提升。城乡面貌提升方面投入资金436.83亿元，支持开工建设山体公园20处，完成山体绿化提升35座，拆除违法建设3428万平方米。健全南部山区生态补偿机制，推进“山水林田湖草生态保护修复工程”，支持节水保泉、“一环一湖”景观照明及“明湖秀”项目，促进小清河清淤和31条黑臭水体治理。支持快速路闭合延伸、瓶颈路打通和轨道交通1号线开通运营，保障公交优先发展，促进公交新能源汽车更新和线路优化，济南退出全国十大拥堵城市行列。加快中央商务区、医疗康养名城、棚改旧改、“1+5”特色街区综合整治等重大项目建设，推进老旧小区综合整治和加装电梯。支持实施污染源燃气锅炉低氮改造、“四减四增”污染治理项目，落实北方地区冬季清洁取暖试点任务，兑现奖补资金支持在全省率先开展老旧柴油车报废更新，探索建立生活垃圾处理、空气质量生态补偿机制，泉城生态环境明显改善，空气质量在169个城市排名中退出后20。

民生福祉持续改善。按照“幼有所育、学有所教、劳有所得、病有所医、老有所养、住有所居、弱有所扶”的“七有”要求，支持发展民生事业，全市民生和社会重点事业方面投入资金779.94亿元，占一般公共预算总支出的76.6%。教育支出153.07亿元，落实义务教育、高中、中职等阶段经费保障政策，支持实施中心城区基础设施三年建设规划，对学前教育进行综合奖补，切实解决中心城区“入园难”“入学难”及“大班额”问题。实行学前教育、义务教育、高中教育、职业教育、高等教育学生资助全覆盖；医疗卫生支出69.18亿元，加快医疗康养名城建设，深化医疗卫生体制改革，继续实施国家基本药物制度，推动基本公共卫生服务均等化，人均经费保障达55元，将医疗保险政府补助标准由450元提高到490元；社会保障和就业支出132.86亿元，连续14年提高企业退休人员养老待遇，居民养老保险基础养老金实现“八连涨”，提高城乡居民低保和“五保供养”保障水平，支持残疾人康复和就业，落实优抚人员待遇，保障困难群体生活。推进社会、社区、居家养老服务体系建设，对城乡符合条件的高龄老人实行补贴；农林水方面投入86.37亿元，实施光伏扶贫、医疗救助扶贫和产业扶贫，开展特惠保险扶贫，支持实施黄河滩区居民脱贫迁建，全市17.56万现行市定标准贫困人口全部实现脱贫，916个贫困村全部“摘帽”。

（匡　成）

2018年3月16日，全市财政系统党风廉政建设工作会议召开　（李彦　摄）

【政府投融资管理】　围绕“打造四个中心、建设现代泉城”的定位和目标，联合财政局、城市更新局和国开行，推进棚户区改造、轨道交通等重点项目融资工作。2018年，争取国开行给予全市项目授信59.2亿元，签订合同55.9亿元，发放表内外贷款133.68亿元。其中，棚改项目签订合同20.7亿元，发放资金35.2亿元。

加强与国开行对接合作。围绕《开发性金融合作备忘录》中1500亿元的贷款“战略合作协议”落地落实，发挥推动协调作用，牵头协助召集市发改委、市交通运输委、城建集团等单位与国家开发银行山东省分行就新旧动能转换先行区的规划、“三桥一隧”的车流量测算数据、黄河滩区居民迁建和轨道交通项目进行洽谈，为三桥一隧一高速项目评审奠定基础。

创新投融资模式。按照“举全市之力加快推动先行区建设”要求，就“新旧动能转换先行区投融资模式”开展专题研究，赴合肥、西安等地实地学习投融资先进经验，完成高质量调研报告。围绕实施新旧动能转换重大工程决策部署，做好基金组建前期各项筹备工作。开展新旧动能转换基金设立调研，起草《济南市新旧动能转换基金管理办法（征求意见稿）》。

规范推广PPP模式应用。制定《济南市政府和社会资本合作项目绩效评价暂行办法（草稿）》《济南市海绵城市建设政府和社会资本合作项目绩效评价暂行办法（草稿）》和海绵城市PPP项目绩效评价指标体系。建立“济南市本级财政支出、济南市已有PPP项目支出责任”统一模板，节省审批时间。推动PPP项目实施，组织济南市腊山水质净化厂和济南水质净化一厂、二厂“两评一案”评价论证工作。（李　征）

【政府资金集中结算统一核算】 全年市政府资金结算中心共为334个结算单位（含学会、协会），设立会计账套463个，编制会计报表6277张，受理资金结算业务91617笔，审核原始凭证1417264张，装订会计凭证10651册，核算实有资金1696.28亿元，审核国库授权支付金额370.21亿元。提示不合理支出65笔、4171.95万元。办公用品超市办理领用业务8681笔、供应额6596万元。在全年度服务质量满意度问卷调查中，政府资金集中结算统一核算满意度为99.88%，办公用品集中采购与供应满意度为99.52%。

服务全市重点工作。及时、安全保障项目资金结算到位，确保城市建设规划、城市路网建设维护、“1+5”特色街区综合更新工作等城市建设重点项目稳步推进；在首届山东儒商大会筹办期间，对涉及儒商大会的资金结算业务，第一时间受理、第一时间结算；做好招才引智业务资金审核结算工作，以最快的速度保障招才引智资金的支付；服务全市扶贫攻坚，为扶贫攻坚提供支持并保证各项资金支出符合制度规定。

提升结算工作管理水平。修订出台《结算业务内部检查制度》《业务工作服务情况调查实施办法》《政府资金集中结算金融服务承办银行综合考评办法》《工作人员因私出国（境）管理暂行办法》等17项内部管理制度，编印《政府资金集中结算统一核算法规制度汇编》（2015-2017卷）和《行政事业单位公用经费支出实用手册》。加强与结算单位的沟通交流，向单位提出财务管理建议30多条，对单位提出的结算问题，当场答复100多条，通过集体研究答复15条。加强集中结算金融服务管理，印发《政府资金集中结算承办银行综合考评办法》。

建立全方位监督机制。全年审计23家单位，发现问题4类93个。加强结算业务自查，发现并纠正会计核算不规范等122个问题。制定印发《业务工作服务情况调查实施办法》，实施服务满意度问卷调查。

加强信息化建设。全年为审计部门提供380个结算单位，514个账套的财务数据；为纪检监察和巡察部门提供64个结算单位、105个账套的财务数据。

提高办公用品保障水平。开展商品质量、价格检查，对7大类1386个商品的价格进行检测，合格率98.62%；对1044个商品进行质量检测，合格率为100%。规范办公用品超市现场管理，全年共走访50多个结算单位。及时更新办公用品超市商品信息库数据，全年共更新、录入商品信息2130多项。

（田　青　任振霞　张　瑾）

【税收征管】 全市共完成各项收入

2018年3月26日，市税务局举办"学习贯彻全国两会精神 服务新旧动能转换重大工程"专题宣讲会。图为全国人大代表卓长立、陈雪萍参观12366纳税服务中心 （国家税务总局济南市税务局 供稿）

（含海关代征和非税收入，不含出口退税）1276.7亿元，同比增长9.09%，增收106.38亿元。其中，剔除海关代征两税收入10.03亿元和非税收入36.5亿元，国内税收收入完成1230.17亿元，同比增长9.63%，增收108.02亿元。

税收特点。税收与经济协调发展。从税收占财政收入比重看，全年市以下级税收占全市财政一般公共预算收入的82.3%，比上年同期提高2.3个百分点，保障财政收入质量稳步提升。从市以下级税收增幅位次看，在全省17城市排名第6位，在全国15副省级城市排名第四位。各级次收入差异较大。中央级收入完成590.09亿元，同比增长6.17%，增收34.28亿元；省级收入完成18.18亿元，同比下降17.56%，减收3.87亿元；市以下级税收收入完成621.89亿元，同比增长14.26%，增收77.61亿元，增速远高于其他级次税收。六大主体税种增长"四高两低"。占全市税收总量88.03%的六大主体税种中，2个涉房涉地税种增幅最高，契税完成89.73亿元，同比增长40.26%，增收25.76亿元；土地增值税完成56.85亿元，同比增长21.64%，增收10.11亿元。2个所得税增长较快，企业所得税完成306.52亿元，同比增长19.27%，增收49.53亿元；个人所得税完成104.39亿元，同比增长17.08%，增收15.23亿元。2个流转税受税收政策调整和宏观调控影响，增值税完成432.72亿元，同比下降0.06%，减收0.25亿元；消费税完成92.73亿元，同比下降6.27%，减收6.21亿元。六大行业"三升两平一降"。占全市税收82.01%的六大主体行业中，3个行业税收增速较快，房地产业首次跃居为第一大支柱行业，完成314.86亿元，占全市税收的25.59%，同比增长28.41%；建筑业完成税收85.39亿元，占全市税收的6.94%，同比增长35.14%；租赁和商务服务业完成68.98亿元，占全市税收的5.61%，同比增长39.41%。2个行业税收增速平稳，批发零售业完成126.32亿元，占全市税收的10.27%，同比增长4.01%；金融业完成144.08亿元，占全市税收的11.71%，同比增长4.39%。1个行业税收出现下降，制造业税收规模退居第二位，完成269.27亿元，占全市税收的21.89%，同比下降7.32%。

税收改革。国税地税征管体制改革。先后完成新机构挂牌、"三定"规定落实、社保费和非税收入征管职责划转准备等改革任务，实现"事合、人合、力合、心合"的改革目标。税制改革。降低增值税税率减税18.4亿元，4650户增值税一般纳税人转登记为小规模纳税人。落实新修订的个人所得税法，全市入库工薪个人所得税15.6亿元，同比下降18.1%，纳税人数72.9万人，同比下降20.9%。推进环保税和水资源税改革，全市1287户纳税人缴纳环保税4986万元，627户纳税人缴纳水资源税2亿元。

（于光远）

【征管执法】 优化征管方式。制定和落实《关于统一税收征管方式工作实施方案》，推进增值税发票数据应用分析系统、实名办税系统、分类分级管理等征管创新项目。推动全市税收保障平台建设应用，与25个政府部门建立第三方涉税数据提供机制；打造互联网数据管理平台，对9大类229小类互联网涉税数据开展分析应用。规范税收执法。推进行政审批制度改革，推进公职律师制度建设，清理税收规范性文件26份、税收业务制度1669份，应对税务行政复议案件23起、应诉案件9起。开展扫黑除恶专项斗争和宗教工作自查督查，开展打击虚开骗税专项行动，加强对成品油行业、影视行业和废旧物资行业集中整治，严格落实“黑名单”和联合惩戒制度，全年稽查423户，查补入库税收6.9亿元。

（于光远）

【纳税服务】 落实税收优惠政策。及时兑现支持金融资本市场、出口退税、高新技术、小微企业、服务民生等各项税收优惠政策504.2亿元。服务重大工程。精准对接全省十大重点产业和全市十大千亿产业，助推济南新旧动能转换先行区建设；落实增值税留抵退税9.1亿元，退税规模全省第一；落实城镇土地使用税和房产税困难减免9198万元，支持新旧动能转换。优化税收营商环境。服务民营经济发展，通过上门走访、召开座谈会等形式，收集回应纳税人关切问题751条，疏通办税堵点难点78项；助推社会信用体系建设，通过“银税互动”帮助企业获得银行贷款2434笔、308亿元，有效缓解小微企业、创新型企业的融资难问题。

（于光远）

【金融业概况】 金融业税收增幅回升。全年，济南市金融业税收收入152.5亿元（含缓缴税收8.4亿元），居全省首位，同比增长10.5%，同比增幅回升明显，占全市总税收的比重为11.8%，税收贡献仅次于房地产业和制造业，排名第三。

金融业增加值保持稳定增长。全年，全市完成金融业增加值831.1亿元，居全省首位，同比增长3.3%，占全市GDP比重为10.58%。

各项存款增势放缓。截至年末，金融机构本外币存款余额17060.1亿元，居全省首位，同比增长3%，占全省存款余额的比重为17.7%。

各项贷款保持高速增长。截至年末，金融机构本外币各项贷款余额16059.9亿元，居全省第二位，占全省的比重为20.6%，贷款余额同比增长11.9%，比全省高出2.1个百分点。

保费收入持续向好。截至年末，济南市实现保费收入415.6亿元，居全省第二位，同比增长9.1%，占全省比重为14%。其中财产险公司保费收入91.4亿元，同比增长12.9%；人身险公司保费收入324.1亿元，同比增长8%。

资本市场工作。齐鲁高速、山东黄金在港交所主板首发上市。神思电子定向增发融资1.34亿元。截至年末，全市上市企业34家，股票36只。全年新增新三板挂牌企业10家，累计达到163家，居全省首位，副省级城市第九位；完成规范化公司制改制企业274家，累计完成1211家，完成纳入改制2474家企业的48.9%。

直接融资规模迅速增长。近年来全市新增直接融资呈现迅速增长态势，2018年全市新增股权直接融资71.53亿元，债权融资1716.05亿元，全年新增直接融资实现大幅增长，达到1787.58亿元，同比增长159.79%。

地方金融组织稳步发展。全年小额贷款公司、民间融资机构及典当行累计为实体经济提供资金115.5亿元，其中小额贷款公司发放贷款81.5亿元、典当行发放典当金额13.2亿元、民间资本管理机构投资17.6亿元、民间融资登记服务机构对接资金3.2亿元。截至年末，融资性担保机构在保余额64亿元，信用互助业务试点合作社新增互助金额150.3万元。

金融招商引资。全市新增各类金融机构88家，总数达到660家。其中银行49家、证券公司52家、证券营业部87家、期货公司17家、期货营业部37家、保险公司91家、信托公司1家、财务公司10家、汽车金融公司1家、金融租赁公司2家、融资租赁公司181家、资产管理公司5家、其他地方金融组织127家。

【政府金融工作】 产融融合发展。推进新旧动能转换金融创新发展试验区申报。成立工作专班起草完成试验区建设方案，从金融组织、金融市场、金融开放等方面提出20项重点任务。举办中国（济南）产业金融国际论坛。发布2018中国产业金融发展指数，组织“外资金融机构走进济南”“名企名城对话—新华社民族品牌企业走进济南”等特色主旨活动，提升济南产业金融中心影响力。编制完成《济南现代金融产业发展行动计划(2018~2022年)》(济政字〔2018〕81号)。围绕“建成具备强大资源集聚和服务辐射能力的国内重要产业金融中心”的发展目标，确定7大工程、30项行动、111条措施和130个重点项目。

金融机构加快集聚。推进金融集聚区建设。中央商务区5座超高层项目全面开工建设，汉峪金谷配套建设进入尾声并启动二期建设，新金融产业园启动二期工程。截至年末，中央商务区及辐射区内引进金融服务机构近70家，汉峪金谷签约金融与大型企业总部机构30多家，山东新金融产业园聚集股权投资机构100余家，管理基金规模超过1300亿元。做好金融招商。成立金融招商专班，保障金融招商引资工作开展。西王集团财务公司、国元农业保险山东分公司、长城国瑞证券山东分公司等金融机构相继落户。全年新增各类金融机构88家，总数达660家。加强济港金融交流合作。济南金控与香港亚财资本等合资成立金控国际融资租赁公司，济南产业金融中心（香港）工作站、济南中港汇国际金融服务中心正式投入运营。加大政策扶持。兑现2018年市级补助资金1.76亿元支持金融机构及上市挂牌企业发展，惠及148家企业；对原“金九条”进行修订完善，印发《济南市加快现代金融产业发展若干扶持政策》(济政发〔2018〕31号)。

金融支持实体经济发展。全年新增贷款余额1709.6亿元。深化金政企合作，与工行山东省分行、省农信联社签订战略合作协议，协调推动国开行、农发行加大对全市黄河滩区脱贫迁建及乡村振兴金融支持力度；推动银企对接常态化和信息化，为全市企业提供便捷信贷服务，各金融机构通过系统对接企业（项目）311个，对接金额179亿元，新增授信金额197.4亿元；加大保险资金运用力度，引进保险资金62.47亿元，超额完成2018年保险资金运用50亿元目标。

直接融资力度加大。开展企业上市推进年活动。举办济南企业香港上市推进会、国际多层次资本市场研讨会、“走进港交所”济港资本市场合作对接等活动。齐鲁高速、山东黄金在港交所主板上市，分别首发融资10.72亿元、42.35亿元；新增新三板挂牌企业10家，挂牌企业总数达到163家，稳居全省首位。完善支持资本市场发展的政策体系。出台《济南市进一步促进资本市场发展行动计划》《济南市进一步推进企业上市工作若干措施》《关于进一步促进私募投资业健康发展的实施意见》，加大对企

2018年9月20日，市政府与山东省农村信用社联合社签署战略合作协议　（金融办　供稿）

业改制、后备资源培育、并购重组、私募基金业发展等方面的政策扶持力度。加快“四个资源库”建设。打造改制企业库、后备资源企业库、股权投资基金库、中介机构库4个资本市场数据库，全方位覆盖上市企业后备资源和中介资源，助推企业上市挂牌。加大规模企业规范化公司制改制力度。完成规模企业规范化公司制改制274家，累计完成1211家。

金融生态环境。截至年末，全市银行业不良贷款率1.34%，保持全省最低水平；对全市2万余家企业开展企业财务风险排查，对高风险企业实行“一企一策”，天业、山水等企业风险得到化解；开展互联网金融风险专项整治，对所有涉及互联网金融的机构实现现场检查率100%。

【防范和打击非法集资宣传月活动】 5月，在全市范围内集中开展防范和打击非法集资宣传月活动。在银行设立“泉城金融卫士工作站”，在50个社区设立“泉城金融卫士宣传站”；利用泉城金融卫士微信公众号、济南电视台等大众媒体广泛宣传防范非法集资知识。联合市老龄办拍摄防范非法集资宣传片，通过电视台播放，制作光盘下发社区宣传。截至年末，金融办组织防范非法集资大型广场宣传活动7次，县区组织现场宣传25场次，总计32场次。

【举办2018中国（济南）产业金融国际论坛】 10月17～19日，2018中国（济南）产业金融国际论坛在山东大厦举办。来自全国15个副省级城市、山东省其他城市以及济南市相关部门、驻济省、市金融机构及国内外企业、金融业领军人物代表等参加该论坛。

【出台系列金融政策】 为加快济南产业金融中心建设，强化金融支持新旧动能转换的政策驱动力，市政府先后出台《济南现代金融产业发展行动计划（2018—2022年）》《济南市加快现代金融产业发展若干扶持政策》《济南市进一步推进企业上市工作若干措施》《济南市人民政府关于进一步促进私募投资业健康发展的实施意见》等一系列金融政策措施，从顶层设计上对济南现代金融业建设发展作制度安排，为打造济南产业金融中心提供重要保障。 （刘翠翠）

驻济银行名录

国家开发银行山东省分行
中国农业发展银行山东省分行
工商银行山东省分行
农业银行山东省分行
中国银行山东省分行
建设银行山东省分行
交通银行山东省分行
中国邮政储蓄银行股份有限公司山东省分行
中信银行济南分行
光大银行济南分行
华夏银行济南分行
招商银行济南分行
上海浦东发展银行济南分行
兴业银行济南分行
民生银行济南分行
平安银行济南分行
恒丰银行济南分行
渤海银行济南分行
浙商银行济南分行
广发银行济南分行
齐鲁银行
北京银行济南分行
天津银行济南分行
青岛银行济南分行
威海市商业银行济南分行
莱商银行济南分行
日照银行济南分行
东营银行济南分行
齐商银行济南分行
山东省农村信用社联合社
济南农村商业银行
山东济阳农村商业银行
山东章丘农村商业银行
山东平阴农村商业银行
山东商河农村商业银行
章丘齐鲁村镇银行
长清沪农商村镇银行
槐荫沪农商村镇银行
山东历城圆融村镇银行
山东商河汇金村镇银行
济阳北海村镇银行
济南高新北海村镇银行
平阴蓝海村镇银行
汇丰银行济南分行
渣打银行济南分行
东亚银行济南分行
恒生银行济南分行
泰安银行济南分行
中德住房储蓄银行济南分行

驻济保险公司名录

德华安顾人寿保险有限公司
泰山财产保险股份有限公司

和泰人寿保险股份有限公司
人保财险山东省分公司
太平洋财险山东分公司
平安财险山东分公司
天安山东省分公司
太平保险山东分公司
永安财险山东分公司
大地财险山东分公司
中华财险山东分公司
华安财险山东分公司
安邦财险山东分公司
阳光财险山东省分公司
永诚财险山东分公司
安华农险山东分公司
都邦财险山东分公司
渤海财险山东分公司
亚太财险山东分公司
中银保险山东分公司
安盛天平财险山东分公司
长安责任山东省分公司
华泰财险山东分公司
国寿财险山东省分公司
浙商财险山东分公司
英大财险山东分公司
泰山财险山东分公司
紫金财险山东分公司
国任财险山东分公司
国泰财险山东分公司
安诚财险山东分公司
鑫安车险山东分公司
利宝保险山东分公司
华海财险山东分公司
中煤财险山东分公司
长江财险山东分公司
中路财险山东分公司
众诚车险山东分公司
鼎和财险山东分公司
中国人寿山东省分公司
太平洋人寿山东分公司
平安人寿济南分公司
新华人寿山东分公司
泰康人寿山东分公司
太平人寿山东分公司
民生人寿山东分公司
合众人寿山东分公司
长城人寿山东分公司
农银人寿山东分公司
人保健康保险山东分公司
中英人寿山东分公司
中荷人寿山东省分公司
中信保诚人寿山东分公司
同方全球人寿山东分公司
恒安标准人寿山东分公司
北大方正人寿山东分公司
中宏人寿山东分公司
平安养老山东分公司
富德生命人寿山东分公司
华夏人寿山东分公司
人民人寿山东省分公司
华泰人寿山东分公司
国华人寿山东分公司
陆家嘴国泰人寿山东分公司
信泰人寿山东分公司
阳光人寿山东分公司
英大泰和人寿山东分公司
中德安联人寿山东分公司
中意人寿山东省分公司
幸福人寿山东分公司
招商信诺人寿山东分公司
太平养老山东分公司
百年人寿山东分公司
国寿养老山东省分公司
安邦人寿山东分公司
和谐健康山东分公司
泰康养老山东分公司
工银安盛人寿山东分公司
昆仑健康山东分公司
天安人寿山东分公司
建信人寿山东分公司
德华安顾人寿山东分公司
中邮人寿山东分公司
交银康联人寿山东省分公司
利安人寿山东分公司
光大永明人寿山东分公司
复星保德信人寿山东分公司
前海人寿山东分公司
东吴人寿山东分公司
长生人寿山东分公司
国元农业保险山东分公司

驻济证券公司名录

中泰证券股份有限公司
首创证券有限责任公司山东分公司
安信证券股份有限公司山东分公司
兴业证券股份有限公司山东分公司
中邮证券有限责任公司山东分公司
中泰证券股份有限公司电子商务分公司
天风证券股份有限公司山东分公司
长江证券股份有限公司山东分公司
国都证券股份有限公司济南分公司
西南证券股份有限公司济南分公司
爱建证券有限责任公司山东分公司
中山证券有限责任公司山东分公司
华西证券股份有限公司山东分公司
国开证券股份有限公司山东省分公司
中泰证券股份有限公司济南分公司
联讯证券股份有限公司山东分公司
华泰证券股份有限公司山东分公司
华福证券有限责任公司山东分公司
西藏东方财富证券股份有限公司山东分公司
中信建投证券股份有限公司山东分公司
金元证券股份有限公司山东分公司
国信证券股份有限公司山东分公司

广发证券股份有限公司山东分公司
华融证券股份有限公司山东分公司
申万宏源证券有限公司山东分公司
浙商证券股份有限公司山东分公司
中天国富证券有限公司山东分公司
民生证券股份有限公司山东分公司
国融证券股份有限公司山东分公司
华林证券股份有限公司山东分公司
湘财证券有限责任公司山东分公司
招商证券股份有限公司山东分公司
中信证券（山东）有限责任公司济南分公司
联储证券有限责任公司山东分公司
英大证券有限责任公司山东分公司
国盛证券有限责任公司山东分公司
九州证券股份有限公司山东分公司
申港证券股份有限公司山东分公司
长城国瑞证券有限公司山东分公司
广州证券股份有限公司山东分公司
开源证券股份有限公司山东分公司
世纪证券有限责任公司山东分公司
万和证券股份有限公司山东分公司
国海证券股份有限公司山东分公司
东北证券股份有限公司山东分公司
东兴证券股份有限公司济南分公司
西部证券股份有限公司山东分公司
华龙证券股份有限公司山东分公司
中银国际证券股份有限公司山东分公司
方正证券股份有限公司济南分公司
国泰君安证券股份有限公司山东分公司
海通证券股份有限公司山东分公司

驻济上市公司名录

中国山水水泥集团有限公司
东港股份有限公司
九阳股份有限公司
积成电子股份有限公司
华明电力装备股份有限公司
中孚信息股份有限公司
神思电子技术股份有限公司
华熙生物科技有限公司
浪潮国际有限公司
澳华新能源有限公司
山东天业恒基股份有限公司
山东金泰集团股份有限公司
浪潮电子信息产业股份有限公司
中润资源投资股份有限公司
山东胜利股份有限公司
山东省章丘鼓风机股份有限公司
山东省国际信托股份有限公司
山东出版传媒股份有限公司
鲁证期货股份有限公司
山东天鹅棉业机械股份有限公司
银座集团股份有限公司
鲁银投资集团股份有限公司
山东黄金矿业股份有限公司
山东高速股份有限公司
山东钢铁股份有限公司
山东高速路桥集团股份有限公司
山东地矿股份有限公司
齐鲁高速公路股份有限公司
中国重汽（香港）有限公司
中国重汽集团济南卡车股份有限公司
济南大自然新材料股份有限公司
国美通讯设备股份有限公司
华电国际电力股份有限公司
山东航空股份有限公司

（刘翠翠）

【概况】 资产负债规模居全省首位。截至年末，济南市银行业资产总额25025.83亿元，较年初增加1106.50亿元，低于全省银行业资产平均增速1.23个百分点。从全省排名看，济南市资产总额居全省第一位。银行业负债总额24144.05亿元，较年初增加987.59亿元，低于全省银行业负债平均增速1.67个百分点，负债余额居全省第一位。

各项存款增势放缓。2018年，全市本外币存款余额呈现震荡上升趋势，同比增速整体呈下降趋势。截至年末，济南市金融机构本外币存款余额17060.1亿元，同比增长3%。存款结构呈现“一多增、一少增、两下降”。全市住户部门存款余额5067.3亿元，比年初增加542.9亿元，同比多增365.7亿元；全市广义政府存款余额3653亿元，比年初增加94.4亿元，同比少增390.5亿元；全市非银行业金融机构存款余额673亿元，比年初减少35.4亿元；全市非金融企业存款余额7221.3亿元，比年初减少175.9亿元。

各项贷款增量创历史新高。截至年末，全市本外币各项贷款余额16059.9亿元，比年初增加1654.7亿元，同比多增404.6亿元，贷款增量创历史新高，余额同比增长11.9%，增速比上年上升2.3个百分点。全市本外币对公贷款（非金融企业+机关团体）余额10986.6亿元，较年初增加1131.2亿元，创历史新高，增长12.1%，同比多增373.9亿元；住户贷款余额3761.8亿元，较年初增加619.9亿元，增长19.7%，同比少增52.2亿元。

中长期贷款多增，短期贷款下降。截至年末，非金融企业及机关团体中长期贷款余额7242.1亿元，较年初增加1033.7亿元，同比多增41.1亿元，主要投向基础设施领域；短期贷款余额2939.9亿元，较年初减少85.3亿元，同比少增325.6亿元，反映出企业有效信贷需求不足；票据融资余额499.6亿元，较年初增加109.5亿元，同比多增687.1亿元。

基础设施类贷款占比提升，制造业、批发零售业贷款减少。从贷款行业分布看，交通运输、仓储和邮政业，水利、环境和公共设施管理业，房地产业，电力、热力、燃气及水生产和供应业，租赁和商务服务业等贷款增量前五个行业合计994.5亿元，占境内全部行业贷款新增额的96.9%，同比提升8.8个百分点；制造业、批发零售业则较年初减少182亿元、30.7亿元，同比少增191.5亿元、40.9亿元。

大型企业贷款占比上升，中小微企业贷款占比下降。截至年末，全市本外币企业贷款余额10606.3亿元，比年初增加1241.8亿元，同比多增9.7亿元；余额同比增长13.4%，高出全市本外币各项贷款平均增速1.5个百分点。其中，大型企业贷款余额6871.5亿元，较年初增加1012.3亿元，同比多增133.8亿元；余额同比增长17.1%，在全部企业贷款中占比为64.8%，同比提升2.1个百分点。中型企业贷款余额2214.8亿元，较年初增加72.2亿元，同比少增135.2亿元；余额同比增长3.5%，在全部企业贷款中占比为20.9%，同比降低2个百分点。小微型企业贷款余额1520亿元，较年初增加157.3亿元，同比多增11亿元；余额同比增长12.8%，在企业贷款中占比为14.3%，同比下降0.1个百分点。

国有企业贷款增加，民营企业减少。截至年末，国有企业贷款余额8178.4亿元，较年初增加1179.4亿元，同比少增111.1亿元；余额同比增长16.5%，在企业贷款中占比为79.2%，同比上升2.4个百分点。民营企业贷款余额2146.9亿元，较年初增加23.2亿元（去除年初结转增加29.9亿元影响），同比少增31.9亿元；余额同比增长1.1%，在企业贷款中占比为20.8%，同比下降2.4个百分点。

房地产开发贷款多增，个人住房贷款少增。截至年末，全市房地产贷款余额5346亿元，比年初增加1059.6亿元，同比多增223.1亿元。其中，住房开发贷款比年初增加561.3亿元，同比多增212.5亿元，主要是保障性住房开发贷款新增276.8亿元，占住房开发贷款增量的62.2%，同比多增31.5亿元；个人住房贷款比年初增加400.1亿元，同比少增12.8亿元。

企业贷款利率有所回落。人民银行综合运用货币政策工具，全年累计为辖内中小金融机构发放支小再贷款、支农再贷款、再贴现等信贷政策支持资金92.44亿元。截至年末，全市企业贷款加权平均利率为5.06%，较年内最高点3月份下降0.36个百分点。其中，大型企业贷款加权平均利率为4.81%，较8月份下降0.49个百分点；中型企业贷款加权平均利率为5.20%，较8月份下降0.11个百分点；小型企业贷款加权平均利率为5.56%，较8月份下降0.27个百分点；微型企业贷款加权平均利率为5.65%，较8月份下降0.99个百分点。

实体经济发展力度加大。截至年末，金融支持“5+4”产业新旧动能转换企业1044户，比年初增加136个；实现贷款及表外融资总额1213.1亿元，比年初增加236.5亿元，增长24.2%。支持科创企业1110户，比年初增加251户；融资总额248.1亿元，比年初增加55.4亿元，增长28.7%。支持绿色贷款企业280户，比年初增加108户；融资总额742.5亿元，比年初增加247.9亿元，增长50.1%。全市涉农贷款余额2359.5亿元，比年初增加598.2亿元，同比增长32.2%，占全市企业贷款的比重22.2%，提升2.7个百分点。

信用风险防控压力较大。截至年末，全市不良贷款余额215.97亿元，较年初增加81.6亿元，同比多增43.65亿元。不良贷款余额居全省第四位，增量同时居全省第四位。不良贷款率1.34%，较年初上升0.41个百分点，低于全省平均水平2个百分点，不良率居全省末位。（刘翠翠）

【西王集团财务公司入驻济南】 7月18日，西王集团财务有限公司入驻济南揭牌签约仪式举行。作为极具产业金融特征的金融业态，济南市财务公司增至10家，成为济南市金融组织体系中的一大亮点，

数量在全国15个副省级城市中排名第二位。（刘翠翠）

【市政府与省农村信用社联合社签署战略合作协议】 9月20日，市委副书记、市长孙述涛出席市政府与省农信联社战略合作签约活动。根据战略合作协议，未来5年省农村信用社将指导济南市辖属农商银行，为重点企业、重点项目、小微企业以及高端个人客户提供意向性授信1500亿元，为全市提供全方位、便捷优惠的金融服务。

（刘翠翠）

【中国人民银行济南分行营业管理部】 中国人民银行济南分行营业管理部围绕“打造四个中心、建设现代泉城”、建设“大强美富通”现代化国际大都市目标，实现有效履行省会城市央行职责与服务支持地方经济社会发展的同频共振。

精准实施货币信贷政策。制定实施“推进新旧动能转换金融创新发展试点、开展金融服务实体经济改革创新攻坚行动3年规划”，提出金融支持新旧动能转换和实体经济发展的工作措施。运用货币政策工具，精准实施普惠金融定向降准等差别化准备金政策，共释放可用信贷资金约98.6亿元。全年累计为辖内中小金融机构发放支小再贷款、支农再贷款、再贴现等信贷政策支持资金92.44亿元，占全省总量的11.8%，有效发挥人民银行资金对信贷资源的撬动作用。

创新对接模式。搭建驻济财务公司产融结合与协同发展“磋商机制”。组织驻济财务公司对接全省新旧动能转换重点项目19个、投放贷款29亿元，并争取上级行的政策支持，获准为重汽财务公司开办“产业链金融延伸服务”再贴现。搭建“济南市科技与金融协同发展会商机制”。印发“济南市科技金融专项信贷调控管理暂行办法”，引导金融机构创新推出“齐鲁科贷宝”“知识产权质押融资”等科技金融产品，指导齐鲁银行发行的全国首单10亿元“双创金融债”被评选为“山东省新旧动能转换优秀金融产品”。截至年末，全市金融机构支持科创企业1122户，比年初增加251户；融资总额236.7亿元，比年初增加55.1亿元，增长30.3%。推动绿色金融加快发展。截至年末，引导全市金融支持绿色贷款企业280户，比年初增加108户。指导齐鲁银行成功申报绿色金融债60亿元，并实现首期发行30亿元。

落实“一次办成”改革部署。优化人民银行对外审批服务。制定55项“一次办好”事项清单并在市政府门户网站公开，督促对外履职特别是窗口服务部门，严格执行服务标准，兑现服务承诺。推进企业便捷获得信贷服务工作。印发《济南市创新政银企对接模式和信贷产品实施方案》，推广运用“山东省企业融资服务网络系统”，推进实现银企线上实时对接，累计发布济南市企业融资需求信息1438条、融资需求总额7657亿元；对接320条、对接金额179亿元，新增授信197.6亿元。加大应收账款融资服务平台推广力度，推动实现2家重点企业与人民银行征信中心签署合作协议，年内累计通过平台融资成交486笔，融资总额135.3亿元，均列全省第一位。实施“金融专家顾问团”工作机制，通过开展“行长走厂长”活动，实现“多对一”精准对接和全方位融资融智服务。组织开展“小微企业金融服务万户行”活动，与天桥区政府签订“金融服务战略合作框架协议”，举办“天桥区青年企业家金融服务论坛”，现场签订银企授信协议2660万元。定向支持小微民营企业信贷需求，并引导金融机构创新推出“三板贷”“信秒贴”等小微民营企业信贷产品。截至年末，全市小微企业贷款余额1520亿元，比年初增加157.3亿元，同比增长12.8%。优化企业开户服务。在全省率先开展企业开办“一站式”办理试点，组织全市48家银行机构全部接入济南市事中事后监督管理平台、1250个银行机构网点成功上线运行山东省银行结算账户开户信息管理系统，在全省率先实现账户核准“线上办”“不跑腿、不见面”“一次办好”。

助力精准扶贫。依托“山东省金融精准扶贫信息管理系统”，加大对扶贫经营主体和重点项目的金融支持。截至年末，对符合信贷条件的建档立卡贫困户、扶贫经营主体累计发放贷款13.10亿元，贷款余额8.27亿元，覆盖贫困户5991户，帮扶贫困人口16007人。强化支农政策工具运用，年内发放支农再贷款0.47亿元，涉农票据再贴现45.49亿元，带动金融机构扩大支农信贷投放。截至年末，济南市涉农贷款余额2359.5亿元，占全市各项贷款的14.69%，农户贷款余额309.3亿元，比年初增加29.9亿元。

优化金融管理服务。在全市269条公交线路、5600多辆公交车实现手机移动支付、银联IC卡闪付等多样化支付乘车；实现济南“天下第一泉”景区移动支付全覆盖、黄河滩区迁建过程支付和助农取款服务全覆盖、全市金融机构编码登记全覆盖。协调市卫计委等部门研究制定济南市“电子健康卡”资金结算实施方案，推动医疗服务模式创新发展。推行“互联网+”缴税新模式，在全省率先开通微信在线缴税。在全市设立23个商业银行自助查询网点，实现全市各区县全覆盖。通过12363电话受理金融消费投诉咨询807笔，办结率达到100%，有效维护了群众合法权益。

（薛　景）

【中国工商银行山东省分行营业部】截至年末，全行各项存款余额1963.66亿元，较年初增加123.43亿元。各项贷款余额1428.71亿元，较年初增加219.54亿元，同比多增84.85亿元，创历年增量新高，同比提高13.64个百分点。全年实现拨备前利润41.32亿元，同比增加7.08亿元，增幅0.69%；实现净利润32.04亿元，同比增加6.87亿元，增幅27.27%；实现中间业务收入10.32亿元，同比增加0.58亿元。

支持实体经济发展。2018年，全行累计投放公司贷款492.75亿元，余额较年初增加109.7亿元，年末公司贷款余额986.2亿元。其中，新旧动能转换“十大”产业和重大基础设施领域的贷款投放占公司贷款的比重达90%，有效加大对交通、能源、棚户区改造重点领域和重点项目的支持进度。

推动新旧动能转换。为近30家企业量身定做股权、债权融资方案，累计发放表外融资200余亿元，落地债转股项目金额近百亿元，年末表外融资余额207.5亿元，同比增加100.07亿元。全行牵头成立全国首支政银企合作的百亿级债转股基金，是省内落地规模最大、成立速度最快的新旧动能转换基金。

助力小微企业发展。全行在业内率先开办“工商企业通”业务，小微企业可以随时随地实现账户和相关产品服务的线上申请，实现账户开户及产品领取“一次办好”。截至年末，涉农贷款余额50.07亿元，较年初增加20.85亿元。

（刘　军）

【中国银行股份有限公司山东省分行】截至年末，济南地区共有营业网点71个（含济南分行营业部）、布设自助设备299台，遍布全市各区县主要地区。济南地区在岗员工总人数为1641人。本外币各项存款日均余额960.24亿元，本外币各项贷款余额670.61亿元，实现营业净收入22.4亿元。

助力实体经济转型。支持济南市新旧动能转换项目，认缴400亿元投入济南市新旧动能转换基金，对接240个全年济南市重点项目，已与50个项目达成合作意向，拟授信150亿元。加大对小微企业支持力度，与市科技局对接，利用科技局补偿机制，加大对科技型小微企业服务力度。支持“走出去”企业涉外保函业务，全年累计开立保函13.5亿人民币。

推进普惠金融发展。设立普惠金融事业部，在济南成立普惠金融服务中心，开通绿色审批通道，为普惠金融发展提供组织保障。全年累计为济南148家小微企业发放贷款5.66亿元。

打造卓越服务品牌。截至年末，已经发展到以遍布主城区及远郊区县的10家管辖支行、71家营业网点、11家自助银行、40个助农取款服务点。累计投放智能柜台189台，实现营业网点全覆盖。济南地区手机银行用户已达10.45万户。完善个人金融服务体系，服务济南市个人客户185.87万户。

（孙　培）

【中国建设银行山东省分行营业部】截至年末，中国建设银行股份有限公司山东省分行营业部下辖13个部门、16家综合支行、1家智慧银行，132个营业网点，在岗员工2803人，一般性存款余额1785亿元，综合融资余额1618亿元，其中贷款余额988亿元，2018年实现拨备前利润30.66亿元。

服务地方经济。围绕新旧动能转换决策部署，聚焦十大产业和“10+2”重点工程项目，发挥金融对产业结构调整和增长方式转型的促进作用。全年在同业中引入保险公司资管业务，为济南钢铁提供险资类综合融资60亿元；支持各类重点项目10余个，新增投放金额超过50亿元。近三年，支持实体经济及重点项目230余个，信贷投放累计超过1100亿元。

聚焦普惠金融。全年人行口径普惠金融小微企业贷款新增6.4亿元，位居当地国有银行首位。为10万余户居民提供个人住房贷款(余额366亿元)，为近5万居民提供消费贷款。统筹推进网点服务资源对公众开放，在济南130家营业网点启动“劳动者港湾”建设，开放卫生间107家、提供停车服务70家，月平均服务近6万人次。建设村口银行，裕农通支付平台新增633个，与90家农村诊所开展合作。

深耕住房租赁。截至年末，与济南市房管局共同建设“济南市住房租赁综合服务平台”，并面向社会提供服务，企业及共享房源上线13.29万套、政府公租房房源上线1.23万套。将全行闲置资产改造成为建行特色的“CCB建融家园”人才公寓，打造为地方新旧动能转换吸引人才提供服务的特色样板。

筑牢发展底板。严格执行信贷政策，强化贷前、贷中、贷后各岗位、各环节工作职责，确保资产质量稳定。截至年末，不良率0.49%，逾期率0.59%，表外垫款继续保持零余额。开展深化整治银行业市场乱象自查、“合规管理深化年”、合规风险排查专项活动，对员工行为、客户风险、业务风险和管理风险“严排查”，对发现的问题及时进行整改。（张　凯）

【中国农业银行济南分行】 截至年末，中国农业银行济南分行各项存款余额1754亿元，较年初增加41亿元。其中，个人存款余额734.6亿元，较年初增加52.1亿元。各项贷款余额1082.2亿元，较年初增加110亿元。综合绩效考评居中国农业银行山东省分行第一位并获评“济南市五一劳动奖状”。

加大有效信贷投放。与济南新旧动能转换先行区签订全面合作协议，为全市42个新旧动能转换重点项目提供各类信贷支持216.2亿元；与全市“六大投融资平台”合作实现“全覆盖”，为济南城建、济南轨道交通等重点单位累计授信超过150亿元，集中支持“中央商务区道路管廊”、轨道交通1号线、遥墙机场改扩建等57个全市重大建设项目。浪潮集团类永续理财融资、重汽集团债券承销等23个在济南市乃至全省同业，具有示范效应的直接融资项目全部实现投放，总金额达35.5亿元。新增个人贷款43.1亿元，总量达372.2亿元，居全省农行系统第一位。支持驻济医院和高校升级扩容，累计投入贷款5.5亿元。

助推“乡村振兴”战略。全年涉农贷款余额207.9亿元，较年初增加14.1亿元，“三农”贷款增量居工行、农行、建行、中行“四大行”首位。支持农村电网技术改造等重大基础设施建设，以及污水处理、垃圾焚烧发电等重点民生项目35个，累计投放贷款41.9亿元。加大对济南市特色农业支持力度，累计投放特色农业贷款1.8亿元。累计发放精准扶贫贷款3.7亿元，惠及全市贫困人口4100余人。在全市偏远乡镇金融服务“空白点”累计建成“惠农通”服务点、助农取款点3672个，实现农村地区金融服务“全覆盖”。

优化营商环境。在同业中率先推出企业注册、公章备案、银行开户、人行审批“一站式”服务模式，首批15家综合性网点实现代办企业工商注册登记，累计服务新注册成立企业2600余家。出台《便捷获得信贷行动14条工作措施》，增强民营和小微企业服务的获得感。累计服务支持“新三板”客户62户，占全市“新三板”客户总数的38%。全年民营及小微企业客户总数较年初增加133户，小微企业贷款增加1.8亿元。

（陈东林）

【中信银行股份有限公司济南分行】 截至2018年末，中信银行济南分行各项存款余额884亿元，其中自营存款余额820亿元；表内外各项融资规模2109亿元，其中一般性贷款余额743亿元。

公司业务。截至年末，全行对公时点存款614.67亿元，对公人民币一般性贷款余额454.31亿元。总分行级战略客户54家，覆盖区域内大企业、百强企业和主流行业龙头企业。推动信e链业务，解决核心企业上游中小客户融资难的问题。作为中信系统普惠金融业务试点分行，搭建完成审查、审批、放款、贷后管理“四集中”的普惠金融运营管理平台，年末完成小微企业“两增两控”目标。

个人业务。截至年末，分行个人存款规模达205.7亿元，管理资产时点余额561.2亿元；零售客户总量达262万户，其中中高端客户总量达10.5万户。年内，举办9场英国“如意签”活动。组织开展

"金融知识万里行""金融知识进校园"等系列宣传活动，1家支行被评为"千佳"示范单位。拓展各类行业的代收代缴电子化渠道，支持民生类便民支付场景的电子化应用，搭建线上线下一体化的批量获客渠道。全年拥有手机银行客户118.74万、电子银行客户121.89万。

国际业务。全年实现跨境人民币收付汇量88.21亿元，累计为7家跨境企业集团办理跨境双向人民币资金池备案，总备案金额达241.56亿元。

内控管理。通过建立政策、执行、监督相互制衡的内控体系，为业务发展保驾护航。在国家外汇管理局山东省分局年度考核中，中信银行济南分行蝉联股份制银行首位，第八次被评定为最高级别A级。（张　帆）

【中国光大银行股份有限公司济南分行】　截至年底，全行共有员工879人、管理部室20个、营业网点29家、社区支行19家，下辖5家二级分行（淄博、潍坊、泰安、济宁、聊城），资产总额503.2亿元。一般性存款余额488.44亿元，较年初增加15.6亿元；各项贷款余额416亿元，较上年末增加28亿元，其中对公贷款余额达347亿元。

支持新旧动能转换。建立新旧动能客户白名单制度，对入选客户（项目）实行差别定价和个性化优惠服务，扩大与客户合作的广度和深度；加大产品创新力度，除表内外授信项下产品外，利用供应链、现金管理等产品深化合作；重点支持构建区域经济一体化的金融、仓储物流等高附加值的现代服务业发展；做好涉农信贷管理与服务，涉农融资余额143.36亿元，建立健全的涉农信贷管理和服务体制机制。

支持实体经济发展。推进阳光融e链在线融资，通过网银、第三方平台或银企直连等电子平台，为客户提供全流程电子化金融服务。以中建八局二公司为试点单位，与中建旗下的在线供应链金融平台云筑网合作，全系统率先开发云筑网项下在线供应链金融e共赢业务；以租赁公司作为业务媒介，创新推广的"银租信"业务打通企业闲置授信及叙做全额低风险业务新的融资渠道，累计投放金额4亿元。

服务普惠金融。光大银行济南分行优化小微企业贷款流程，成立光大银行济南分行普惠金融委员会，推进普惠金融业务发展。截至年末，全行小微贷款余额70.72亿元，较年初新增17.88亿元；国标小微贷款的增速为33.83%，高于全行贷款平均增速26.57个百分点；小微客户数7760户，较上年同期增加102户；小微申贷获得率94.76%，高于上年同期3.08个百分点。授信1000万元以内普惠金融余额17.19亿元，较年初新增5.86亿元，完成银监口径计划202.07%，授信1000万元以内普惠金融贷款增速51.69%，高于该分行全部贷款增速44.43个百分点；普惠金融客户7694户，较年初新增102户。

发展绿色信贷。发展绿色信贷、能效信贷，支持产业结构调整和企业技术改造升级，促进绿色经济、低碳经济、循环经济发展。落实"绿色信贷一票否决"制，加大对观察类客户，尤其是涉及重金属排放与危险化学品污染等高环境风险领域内客户融资的控制与清退力度，促进行业与客户信贷结构的"绿色"调整。（刘　佳）

【华夏银行股份有限公司济南分行】　截至年末，华夏银行济南分行辖烟台分行、聊城分行、东营分行、临沂分行、潍坊分行、济宁分行、滨州分行和德州分行8家二级分行，支行数量达56家（含12家社区支行）。全行资产总额777.1亿元，一般性存款余额617.56亿元，各项贷款余额663.41亿元，资产质量保持稳定。

服务经济社会发展。截至年末，支持新旧动能转换"十强"产业和四大基础设施类企业户数332户，用信总额223.42亿元，较年初增加36.67亿元。分行绿色金融业务余额折合人民币43亿元，其中京津冀世界银行转贷款产品业务余额折合人民币5.51亿元；缓解民营企业"融资难""融资贵"等问题，累计为196户小微企业发放年审制贷款7.53亿元；夯实客户基础，推进社区、老年、出国、ETC四大生态圈建设，提升转型发展支撑。

提升综合服务质效。坚持优势互补、互利共赢原则，与保险、信托、证券、基金、支付机构和省内中资银行等100多家同业机构建立合作关系；推进金融科技创新，打造精准服务的高速公路。缴费通非税代收项目、省税务局多元化代缴税系统等，为客户提供更便捷高效的服务；发展网络金融业务，分行全年移动银行客户数累计达70.21万户，较年初净增16.17万户；加强厅堂服务管理，优化服务模式，辖属济宁分行营业部成功创建为“2018年银行业文明规范服务千佳单位”。

强化风险管控。调整信贷资产结构，对真实性问题坚持“零容忍”；加强信用风险、流动性风险、市场风险、操作风险、声誉风险、案件风险统筹管理，确保全行平稳运营；加强内控合规建设，做好深化整治银行业市场乱象工作，健全完善洗钱风险管理体系，加强营业场所和员工异常行为管理；立足“风险为本”，强化安全保卫和维稳工作，确保“零案件”工作目标，为全行经营发展营造良好环境。

履行社会责任。做实金融扶贫工作，创新开展小微企业光伏贷业务，实现支农、扶贫、环保等社会效益；关注社会公益事业，在潍坊寿光“温比亚”台风救助中，分行多措并举为灾后重建工作提供支持，走访农户203户、修复大棚80个、累计捐款30余万元；开展金融知识、反洗钱、金融消费者权益保护等主题宣传3000余场次。

(陈崇忠)

2018年11月22日，招商银行落地首个基于区块链的产业互联网项目

(招商银行济南分行 供稿)

【招商银行股份有限公司济南分行】截至年末，招商银行济南分行本部设公司、零售两大事业部及20个职能部门，辖管6家二级分行和52家支行。

公司业务。解决“小微”企业融资难问题。提升“小微”企业业务地位，逐步建立专业服务模式，降低“小微”企业融资成本，落实对“小微”企业的信贷倾斜政策，加大对“小微”企业需求的金融产品和信贷模式创新；提升民生领域金融服务水平。以智慧城市为切入口，嵌入全行各类金融产品，搭建强场景的移动终端应用，在聚焦支付的基础上，迅速构建生态，通过流量经营全面带动负债、资产和客群的同步发展。

零售业务。打造“运营、数据和产品”MAU零售铁三角体系，高科技服务手段给客户带来招行独有的金融体验。以“互联网+”统领业务发展，探索出以“智慧城市”为突破口有效带动多项指标快速增长的全新模式。 (赵光远)

【上海浦东发展银行股份有限公司济南分行】 截至年末，全行本外币一般性存款余额569.12亿元，比年初下降249.94亿元，降幅30.52%。各项贷款余额788.87亿元，比年初下降21.42亿元，降幅2.64%。实现预算口径营业净收入38.08亿元，同比同口径下降3.75亿元，其中实现中间业务净收入14.15亿元，同比同口径下降0.69亿元。全年实现账面利润-34.92亿元，由于资产减值损失同比下降，较上年减亏5.54亿元。

公司业务。实体经济发展。将山东的龙头骨干企业、66家上市公司等1200户企业纳入分行客户视图名单，作为重点支持客群，支持产业升级、行业并购重组以及“走出去”等多种金融服务需求。向总行争取资源支持，年内累计获得总行60亿元专项贷款资源，支持五大新兴产业企业238户，贷款余额79亿元；支持五大传统产业企业163户，贷款余额71亿元；支持基建企业13户，贷款余额17亿元。全年完成非信贷融资216.6

亿元，其中债券承销109.5亿元，代理承销100.4亿元；累计落地现金管理项目35个，拉动流量199亿元；办理银票贴现487亿元，实现价差收益6500万元。科技运营良好。全年完成26项可集约项目，促进网点轻型化和运营减负增效。推进差异化运营服务，柜面业务分流率达87.3%，电子渠道分流率达98.7%。

零售业务。零售人民币一般存款日均余额124.67亿元，较年初增加15.91亿元；零售信贷突破500亿元大关，年末余额511.17亿元，较年初增加53.97亿元；零售营收占比达39.32%，同口径同比提升6.23个百分点。推进网点转型和网点轻型化改造，三星级以上达标网点32家，占比88.9%，超过总行平均水平12.5个百分点。

风险管理。加强风险管控，加快不良处置化解。全年累计收回逾期贷款205.42亿元，实现后四类贷款清收压缩63.63亿元，其中现金清收9.62亿元、打包处置35亿元、常规核销19.01亿元，实现已核销资产现金清收4867万元。

（廖　峰）

【中国民生银行股份有限公司济南分行】 截至年末，民生银行济南分行各项存款余额1044亿元，同比增加52亿元，其中储蓄存款余额218亿元，同比增加9亿元；各项贷款余额877亿元，同比增加6亿元；实现营业收入31.2亿元。

公司业务。与省内一批优秀民营企业建立战略合作关系，打造民企服务首选银行的品牌形象。与信托公司合作，通过信托计划为国网上游供应商解决融资需求，该项目获总行2018年度优秀创新项目一等奖和供应链专项劳动竞赛“民生首创奖”。全年公司业务净收入实现17.93亿元，公司业务金融资产余额1345.85亿元，其中对公贷款余额494.28亿元，对公客户达1.92万户。

个人业务。坚持“做小微企业的银行”战略定位，推行贷款“一站式服务”和“无本续贷”服务，延长小微贷款期限至20年，并实现贷款随借随还、按日计息，降低小微企业融资成本；推广“网乐贷”“纳税网乐贷”等互联网信用类贷款，满足小微企业融资需求。全年，分行实现零售业务净收入10.7亿元；金融资产日均555亿元，同比增加67亿元；零售有效客户数18.2万户，同比增加1.7万户；零售贵宾客户数12.1万户，同比增加1.31万户；私人银行达标客户548户，同比增加35户；个人贷款余额238.2亿元，同比增加3.4亿元，其中小微贷款余额118.2亿元，同比增加17亿元。

国际业务。全年实现国际结算量15.04亿美元，同比增加5.44亿美元。响应国家“一带一路”倡议，为巴基斯坦萨希瓦尔电厂项目的配套项目提供综合服务方案，首批放款1500万美元。为“走出去”企业办理币种为沙特里亚尔的履约保函，金额2000万美元。协助客户实现境外发债资金回流9300万美元，并为其集团公司开立跨境双向人民币资金池账户；协助客户借入境外低成本外债资金4笔，金额8800万美元。

中间业务。承销企业发债规模达193.5亿元，同比增加90.2亿元，在山东债券市场树立良好品牌。助力客户发行1.88亿美元境外债，实现企业境外债券投资的突破。全年共实现中间业务收入4.16亿元，同比增加1.22亿元，中间业务收入占全年营业收入的5.80%。

电子银行业务。利用直销银行、手机银行等电子银行产品，打造“财富云”“网贷云”“支付云”“数据云”，构建“共享自金融平台”，为客户提供更丰富的产品和更智慧的服务。推进移动支付便民示范工程。截至年底，手机银行客户达187万户，同比增加45万户；移动支付交易笔数达24万笔，在系统内排名第二位；直销银行客户66.9万户。

（王华栋　李　新）

【兴业银行股份有限公司济南分行】 兴业银行济南分行落实地方政府经济金融政策，严格遵守监管要求，主动服务实体经济，为省内新旧动能转换、社会经济稳健运行贡献力量。截至年末，本外币各项存款余额498.97亿元，本外币各项贷款余额274.72亿元。

重点项目。全行对接基础设施升级，节能减排改造，人居生态环境改善等项目，加强与济南各级融资平台的战略合作。为全市棚户区改造、公用管网建设、交通路网优化、市政公用、园林景区提升等工作贡献力量。重点客户方面，践行“真诚服务、相伴成长”经营理念，累计为近9500家企业客户提供专业融资、结算及配套服务。

小微企业。全行小企业信用业务坚持在有效防控风险的基础上实现均衡发展，调整优化小企业业务结构，加大对济南市优质产业集群、科技创新企业、商贸及消费民生类小微企业扶持力度。对营销、审批、存续期管理和不良资产管理等流程进行梳理和规范，从各环节流程上明确尽职履责和风险管理要求，体现业务发展和风控的同步。加大在水利资源利用和保护、集中供热、节能环保服务等行业领域的投融资力度，为企业提供包括传统信贷在内的发债、融资租赁等一揽子金融服务。

风险管理。做好不良管控，风险合规管理更趋成熟。发挥行业调研作用，完善沙盘作业，加强信用准入管理，增强尽职调查实效。不良处置取得较大突破，全年完成各类不良资产清收处置1.83亿元，贡献综合收益3700万元。

（孙　强）

【平安银行股份有限公司济南分行】平安银行济南分行坚持以服务实体经济为己任，重点围绕债务融资工具承销、对公综拓、资产托管、结构化融资业务领域，支持实体经济发展。全年债券承销规模突破100亿元，对公综拓新增投融规模突破200亿元，近一半资金用于支持新旧动能转换重点企业拓宽融资渠道、降低融资成本。截至年末，分行接入省级产权交易中心、省级公共资源（国有产权）交易中心、省属国企招标平台等大型招标平台，累计收退保证金2.2万笔、金额合计400亿元。与省级交易市场清算所签订战略合作协议，成为其唯一合作全国性银行，接入省内合规交易市场11家。为推动“智慧城市”项目在山东落地奠定基础。零售AUM、LUM规模增量同比增长实现翻番，零售收入占比提升。2018年，平安银行济南分行2家同城智能新门店启动，济宁分行、潍坊寿光支行、东营西城支行开业，泰安分行、章丘支行获批复。截至年末，平安银行济南分行所辖（含筹建）同城网点15个，二级分行6个，异地网点11个，网点智能化水平提高，客户体验实现提升。

（张　睿）

【齐鲁银行股份有限公司】截至年末，全行总资产达到2657.37亿元，增长12.46%；各项存款余额1844.27亿元，增长12.22%；贷款余额1187.65亿元，增长17.81%；实现经营利润42.86亿元，增长18.18%；实现净利润21.69亿元，增长7.06%。在全省金融企业绩效评价中获得唯一“AAA优秀”等级，在人民银行评级中是全省唯一3级城商行、监管评级保持二级。

支持经济发展。搭建信托、资管、PPP、基金一体化金融服务体系，与山东土地、山东铁投、济南轨交、哈工大机器人等重点项目开展合作，支持济南新东站建设，累计为全市棚改旧改及安置房建设注入资金达100亿元；支持“一带一路”倡议，与海关总署对接实现海关税费电子支付系统，创新“银关保”非融资保函产品，为济南进出口企业提高通关效率、降低财务成本。践行绿色发展理念，获批60亿元绿色金融债，用于绿色产业发展；推进产业金融建设，打造供应链金融平台，领先开展银税合作，民营及小微贷款余额达786亿元；优化企业开户流程，打造“统一结算”模式，年内企业在全行开户增长71%，线上开户占比达77%，时间缩短至20分钟。

2018年6月27日，齐鲁银行烟台分行开业　　（齐鲁银行　供稿）

当好金融管家。全年共发行信用卡11.58万张，推出齐鲁儿童卡，创新纯线上信用贷款“齐鲁市民贷”。个贷余额达288.91亿元，增幅44.82%；借助理财、大额存单等热销产品，全行个人客户金融资产突破1000亿元（1032.12亿元），增长25.85%；持续做好水电暖等公共事业类金融服务。个人存款达655.28亿元，增长22.28%，济南市场份额达11.13%，增量第一。

夯实发展基础。启动IPO上市计划。组织开展中介机构招标、尽职调查、股权梳理、资产评估复核、督导券商更换、股票停牌、辅导备案等工作，迈向主板市场，助力济南区域性金融中心建设。机构建设有序开展。烟台、日照分行顺利开业，全行网点数量达142家（含筹建）。科技支撑能力增强。上线供应链金融、客户管理系统，建设流程银行，搭建大数据平台，业务智能化、精细化程度更高。

（陈　琪）

【济南农村商业银行股份有限公司】截至年末，全行各项存款余额712亿元，实际较年初增加57.17亿元；全行各项贷款余额530.48亿元，实际较年初增加80.27亿元，成立以来累计缴纳各项税收15亿元。全年全行先后获“全国农村金融十佳普惠金融机构”“中国地方金融支持小微企业十佳银行”“年度十佳农商银行转型案例奖”“省级文明单位”“山东省财贸金融系统五一劳动奖状”等称号。

加大实体经济支持力度。济南农商银行支持全市重点产业及重点项目，未来5年向全市重点建设项目和重点产业提供不少于1500亿元的信贷支持。与济南新旧动能转换先行区签订战略合作协议，计划提供200亿元的信贷支持。与政府相关部门沟通对接，向黄河新动能产业基地等8个市级重点项目发放贷款15.7亿元；通过省网络融资服务平台对接客户，向45户企业授信9.39亿元。支持全市战略性新兴行业发展，与市工商联合作全面启动“瞪羚企业成长计划”，与50余家商（协）会签订合作协议，对接各类企业近300户，入围山东省第六批科技成果转化贷款风险补偿合作银行，先后向45家科创企业发放贷款5.6亿元。

支持民营企业发展。创新民营企业担保形式，简化小微企业审批流程，破解小微企业和民营经济融资困境。创新信贷产品，对于单户授信1000万元以内的小微型企业给予重点支持。成立小微企业转贷平台，推出“税贷通”“政银保”“银转通”“续贷通”等信贷产品，拓宽小微企业融资渠道。截至年末，全行民营企业贷款266.4亿元，占公司类贷款的91.1%；民营企业信贷客户数超过6841户，较年初增加299户。

做好社区金融服务。制定印发《济南农商银行支持乡村振兴战略实施方案》，与辖内7个区签署乡村振兴战略合作协议，并启动“文明诚信幸福村（社区）”建设工程。截至年末，已评定村居（社区）176个、授信4809户，签约“家庭银行”客户1.48万户，合计授信余额12亿元。与村集体合作推出富民置业贷款，解决农民变居民生产生计与合规村集体土地项目建设资金问题；助推精准脱贫，推出“富民农户贷”“富民生产贷”两大特色精准扶贫小额贷款，已累计向各类贫困群体、经营主体发放扶贫贷款5270万元。

（辛志强）

【概况】证券交易额下降，期货交易额回升。截至年末，全市共有证券公司总部1家、证券公司分公司51家、证券营业部87家，分支机构家数较上年增加2家；证券经营机构证券交易总金额28482.26亿元。全市共有期货公司总部1家、期货分公司16家、期货营业部37家，期货经营机构代理总交易额79139.12亿元，同比增长9.01%。

企业上市取得进展。2018年，齐鲁高速、山东黄金在港交所主板首发上市，首发募资分别为10.72亿元和46.16亿元。全市上市企业34家、股票36只，上市企业股票融资额累计989.02亿元、总市值2973.86亿元。拟上市企业方面，3家企业（中泰证券、金现代、漱玉平民）在中国证监会待审，15家企业在山东证监局辅导备案。

企业新三板挂牌在全省领先。全市新三板挂牌工作持续保持全省领先地位。企业挂牌7家，外地迁入3家，累计163家，占全省的22.09%，居全省首位，15个副省级城市第九位，另有3家已报股转系统审核。全年17家入选创新层，居全省首位。挂牌企业累计融资130.52亿元，占全省的53.75%。全市区域股权交易市场挂牌企业新增13家，累计141家，多家企业正在与齐鲁股交中心接洽挂牌事宜。挂牌企业累计通过直投基金、股权融资、私募债等直接融资形式累计融资约2亿元。

直接融资规模逆势上扬。2018年新增股权直接融资71.53亿元，债权融资1716.05亿元，全年新增直接融资实现大幅增长，达1787.58亿元，同比增长159.79%。

私募投资基金机构达到163家。截至年末，已登记私募投资基金管理机构163家，较年初增加21家，同比增长登记基金产品数量289只，较年初增加69只。管理基金规模达到622.27亿元，同比增长18.72%。

山东金融资产交易中心业绩翻倍。山东金融资产交易中心深化与长城、华融、省金融资产和中信银行、济南农商行等机构的合作，完成多笔不良金融资产竞价，首次完成3笔异地竞价；优化“鲁金宝”交易结构，实现由“发行模式”向“流转模式”的转变；与富安金融资产联合设立特殊资产处置基金，探索不良资产处置新路径；主要经营指标再创新高，全年交易量2142.71亿元，收入1.13亿元。

【2018年首家新三板挂牌企业】 5月11日，力诺电力集团股份有限公司在全国中小企业股份转让系统挂牌，济南市迎来全年首家新三板挂牌企业。力诺电力集团股份有限公司成立于2002年，注册地位于历城区，注册资本4.2亿元，主营业务为太阳能光伏电站的投资建设、光伏项目设计、咨询、总承包和太阳能光伏应用产品推广应用。

【齐鲁高速在香港联交所主板上市】 7月19日，齐鲁高速公路股份有限公司在香港联合交易所主板上市，股票代码1576.HK，股票简称“齐鲁高速”，本次全球发售5亿H股，发行价格为2.5港元/股，是近十多年来首个在香港联交所上市的高速公路企业。

【举办“走进港交所”活动】 7月23~26日，市金融办举办“走进港交所”济港资本市场合作对接活动，来自济南市平阴县、历城区、槐荫区、高新区的10余家拟赴港上市企业参加活动。

【济南首个私募基金集聚区在历城区揭牌】 12月29日，全市首个私募基金集聚区揭牌仪式在历城金融大厦举行，山东省私募股权投资基金业协会秘书长孙佃民出席揭牌仪式，市、区金融办有关负责人、部分私募投资机构代表参加揭牌仪式。

（刘翠翠）

【概况】 保费收入实现恢复性增长。2018年，全市保险业实现保费收入415.55亿元，增长9.05%，同比下降0.65个百分点。保险密度为5570.1元/人，保险深度达5.3%。保费收入居全省第二位，居15个副省级城市第九位。其中，财产险公司保费91.4亿元，同比增长12.9%；人身险公司保费324.1亿元，同比增长8%。截至年底，驻济保险省级分公司88家，1家中银三星人寿山东分公司在筹；从业人员7.3万人，总资产1024亿元。

行业风险总体可控。全市保险业各项风险指标处于合理区间，人身险公司满期给付金额23.42亿元，增长4.68%；退保金81.08亿元，同比增长38.21%，但增速同比下降29个百分点。

业务结构趋于优化。人身险转型持续深化，人身险公司投资型业务大幅收缩，体现保障功能的健康险同比增长18.8%，高于总体业务增速10个百分点。财产险结构持续优化，车险“一险独大”的状况有所改变。责任险、保证险、农险等政策支持型业务增速分别达30.4%、171.4%和23.5%。

保障服务能力增强。2018年，全市赔付支出预计103.4亿元，同比增长16.61%，承担风险保障责任25.5万亿元。安全生产、环境污染、食品安全等责任险为社会提供1.1万亿元风险保障，增长115.2%。为人民群众养老和医疗积累准备金833.5亿元，为近616.35万人次提供长期健康保险保障。在黄台电厂、济南公租房建设、长清养老社区直接投资项目方面，险资运用余额累计超过340多亿元。

小额贷款保证保险稳妥开展。全年全市严格落实《山东省小额贷款保证保险补贴资金管理暂行办法》（鲁财金〔2016〕42号）政策要求，做好“政银保”模式的小额贷款保证保险推广工作。全市小微企业保证保险、小微企业信用保险提供风险保障4.6亿元。

农业保险支农惠农力度加大。全年全市新增2个财政补贴险种、9个保障覆盖直接物化成本险种。公益林保险转由财政全额承担保费，小麦保险保障覆盖全部生产成本，试点苹果收入、大豆繁育收入、茶叶气象指数等保险。农业保险保费收入1.71亿元，同比增长23.45%，其中种植业1.39亿元、养殖业0.32亿元。赔款支出2.08亿元，同比增长96%，其中种植业1.8亿元，同比增长106.9%；养殖业0.28亿元，同比增长47.4%。（刘翠翠）

【开展保险“助力乡村振兴、打造齐鲁样板”宣传活动】 7月26日，市金融办以保险“助力乡村振兴、打造齐鲁样板”为主题在龙奥大厦开展宣传活动。全市30家保险公司和2家保险经纪公司设立展台，通过宣传展板和手册等形式，介绍各自企业在服务乡村振兴、助力脱贫攻坚等方面采取的具体举措和取得的实际成效。（刘翠翠）

【济南市保险行业协会】 2018年，全市62家会员公司（33家财产险公司、29家人身险公司）保费收入280.01亿元，同比增长12.56%；赔（给）付85.77亿元，同比增长14.9%。其中，财产险保费收入87.37亿元，同比增长16.06%，赔付37.48亿元，同比增长15.41%；人身险保费收入192.63亿元，同比增长11.05%，赔（给）付48.29亿元，同比增长14.5%。

全年受理投诉87件，较上年同比增加14.5%。其中，涉及合同纠纷投诉总量为61件，较上年同比增加48.8%；涉及公司内部管理投诉总量26为件，较上年同比减少25.7%。产险公司投诉总量为33件，较上年同比增加22.2%，寿险公司投诉总量为54件，较上年同比增加10.2%；按渠道来看，来电投诉为45件，12345转办件为件42件。保险协会受平安人寿、中国人寿、太保寿、华夏人寿、同方全球等会员单位委托参与主持投诉调解工作，调解42件，调解成功32件，涉及金额119.45万元，其中涉及退保类案件18件、理赔类14件。建立“济南保险协会”微信公众号，公众号包括业内资讯、监管动态、行业新闻、产品推介、保险知识等版块，推文160篇。配合交警部门做好快处快赔工作。济南保险业33家财险公司通过直接进驻交警事故中心或委托公估公司代理形式参与人伤快处快赔处理，全年完成市中、历下、天桥、槐荫、历城、高新区的设点工作，截至年末，累计处理人伤快处快赔案件1649件，赔付金额833.55万元。（孙士磊）

【“7·8保险公众宣传日”活动】 “7·8保险宣传日”期间，700余名险企同仁共同表演“我为7·8点个赞”手指舞，活动精彩内容即时更新发布到微信公众号并要求各会员公司转发，市协会邀请《山东商报》参加并做报道，引起广泛影响。（孙士磊）

【“打击道路交通事故保险骗赔联动办公室”设立】 12月19日市保险协会召开新闻通报会，举行联动办公室揭牌仪式。联动机制的建立是公安、协会为优化济南险企营商环境的服务创新，也是提高打击骗赔侦破率减少保险行业经济损失的重要举措。（孙士磊）

【中国人民财产保险股份有限公司济南市分公司】 截至年末，公司实现保费收入17.37亿元，同比增长3.22%，累计上缴各项税金2.23亿元。全年为30.28万个人客户、1.52万团体客户提供保险服务，年度累计承担风险保障11000亿元。承保机动车逾42万辆、农田逾22万公顷、家畜逾30万头（只），处理各类赔付案件19.36万件，支付赔款11.02亿元。

保障服务民生。开办产业扶贫保险，为贫困户提供543万元保险保障，放大扶贫资金14至18倍；“温比亚”台风过境山东期间，第一时间赴受灾一线开展查勘救援，预付500余万元理赔款，帮助受灾企业、群众恢复生产生活；发展安全生产责任险、养老服务机构责任险、公立医疗机构医疗责任险、职工大病保险等重点领域民生保险项目；推广家庭财险保险、百万医疗健康险、个人资金账户安全保险等与百姓日常生活密切相关的惠民险种；借助无人机、卫星测亩仪等先进技术和工具，提高农险理赔时效，弥补农户因恶劣天气造成的经济损失。

助力经济建设。保障山东高速、国家电网、中国铁建等多个政府标志性项目；运用保险资金逾40亿元支持城市建设；发展重点新材料首批次应用保险、首台（套）重大技术装备保险、高端软件首版次保险，护航地方龙头制造企业。

提升服务品质。与济南市公安局交警支队联合印发《关于加强警保合作深化交通管理“放管服”改革工作的实施意见》，创新推出12项便民服务举措，实现“案未报，人先到”，快速处理交通事故2868件；开辟道路交通事故人伤救助绿色通道，通过“警保医”直赔案件327件，垫付医疗费1670万元；各行政区划全面挂牌营运警保联动工作室，建立健全交管便民服务网络；开设理赔夜市，延长服务时间至21：00，夜间日均处理事故29起，接待客户咨询24次；创新“交钥匙”理赔一站式服务，推出代步车、酒后代驾惠民利民服务项目。（初　雨）

2018年6月20日，中国人寿济南市分公司召开全市“爱心互助·健康同行”女性安康工程推进会（中国人寿济南市分公司　供稿）

【中国人寿保险股份有限公司济南市分公司】 截至年底，公司拥有1.2万名外勤销售人员，在售新产品209种；实现总保费43.44亿元（不含大病），同比增长6.19%；续期保费29.23亿元，同比增长18.05%；首年期交保费10.56亿元，同比增长31.23%。其中，10年期及以上首年期交保费2.86亿元；保障型10年期保费1.60亿元，同比增长13.10%；短期险保费3.08亿元，同比增长10.64%。总保费市场份额23.45%，稳居市场第一。中国人寿品牌连续12年入选世界品牌实验室发布的《世界品牌500强》，位列第139位，并蝉联世界品牌实验室“2018年（第十五届）中国500最具价值品牌”，位列第五名。

公司业务。全年公司管理有效保单1007万份，累计长险客户数145万人，保全作业量49万件。中国人寿济南公司始终将自身发展置身于经济社会发展的大局之中，发挥保险的经济“减震器”和社会“稳定器”作用。2018年，公司理赔支出18.27亿元，其中死亡给付5610.16万元，伤残给付90.32万元，医疗给付8345.87万元，满期给付9.63亿元，年金给付1.61亿元，赔款支出5.63亿元。

大病统筹。连续6年承办济南市居民大病保险，累计承保2406.15万人次，为20.16万名参保人提供69.01万次大病保险补偿服务，累计支付16.40亿元大病保险补偿金。

精准扶贫。对市建档立卡农村贫困人口实施大病保险精准扶贫，共为1.13万名农村贫困人口累计支付7491.64万元大病保险精准扶贫补偿金。在全国系统内率先以零管理费承办医疗精准扶贫经办项目，共承保建档立卡贫困人口29.6万人次，为5.26万名贫困群众提供医疗精准扶贫帮扶补偿，累计向76家定点医疗机构预拨付扶贫资金3600万元。与市扶贫办公室联合推出商业补充医疗及意外伤害惠民保险，为13.62万名建档立卡贫困群众提供商业补充医疗及商业意外伤害保险服务，累计风险保额超过903.26亿元。（李浩然）

【中国太平洋人寿保险股份有限公司济南中心支公司】 截至年末，太平洋人寿保险股份有限公司济南中心支公司实现保费收入9.98亿元。其中，大个险条线累计标保9.38亿元，期缴1.7亿元；法渠渠道短险累计规模保费4628.86万元；续期条线（服务营销）全年续期实收保费7.2亿元。

业务发展。坚持总公司“高质量发展”转型2.0战略思想，落实“新人提量优增、存量强化健康、机构差异支持、发展回归本源”为重点，加快高质量人力发展；落实“基础管理提率提量、客户经营协同拓新、培训赋能强新夯基、两支队伍培育扶持”为重点，推进产能提升。

客户服务。坚持“以客户需求为导向，专注保险主业，推动和实现可持续的价值增长”的经营理念，形成以“神行太保”“太平洋寿险APP”“太平洋寿险”官微及“科技个险PLUS”四大应用平台为主要构成的企业级移动应用体系。开展“3·15消费者权益日”宣传活动、“7·8全国保险公众宣传日”服务宣传活动、走进“政务监督热线”，与客户面对面，提升服务品质。

合规管理。以“三最一引领”为工作指引，加强基础管理，优化内控机制，高度重视缺陷问题排查整改，推进合规培训，合规风控能力增强，实现“一守三全”的工作目标。（张　珣）

【中国太平洋财产保险股份有限公司济南中心支公司】 2018年，公司实现保费收入6.6亿元，整体超额完成全年任务目标，其中车险实现保费收入5.43亿元、非车险实现保费6777万元、农险1102.31万元。

做优做强车险主业。在车险业务领域，通过品牌和增值服务引导，全年车险增速10.5%，累计承保车辆55万辆，其中家用车25万辆、商用车30万辆，拥有近十万客户。车险理赔服务体系“太好赔”，给予客户“极速、极暖、极易”的全方位服务体验；微信报案、自助查勘的迅速推广得到客户的一致认可。

创新发展非车险。公司与政府相关部门对接，拓展政府主导领域保险业务。9月，公司中标中国重汽集团办公楼及部分厂房设备财产和公众责任保险项目，年保费规模1500余万元；12月，公司与济南轨道交通集团正式签署合作协议，成为济南地铁1号线试运行期保险唯一供应商，为济南首条地铁线路试运行期提供全面风险保障。

拓展农险发展。6月，济阳县遭遇冰雹灾害天气，公司仅用3天时间就完成受损亩数统计、拍照取证、查勘确认等工作，本次冰雹事故涉及347户蔬菜大棚种植户，总受损面积达116公顷，赔款金额约105万元；11月，公司中标商河县“畜牧兽医局生猪政策性保险承保机构资格采购项目”，保费预算200万元，为广大养殖户提供风险保障1925万元。（刘海芳）

【平安产险山东分公司】 2018年，平安产险山东分公司济南地区实现保费收入102264.89万元，同比增长16%；全年承保利润9272.43万，承保利润率为9.06%；平安产险山东分公司济南地区全年纳税合计18937.65万元。各项指标达成优异，实现平稳健康发展。

车险理赔项目工作。深化线上化车险理赔，从作业、管理、经营、服务等方面落地线上化服务项目。全市有150余家合作车商进行自主定损，客户进店后直接由合作车行进行定损，减免客户等待时间；升级电话直赔项目，为全市区客户提供纯车损事故线上理赔服务；提升合作医院拓展，在全市签署包括章丘区人民医院、中德骨科医院等医院为合作医院，解决交通事故中肇事司机和伤者对医疗费垫付问题，优先治疗、零手续垫付等特点，为伤者救治开通绿色通道；以客户服务体验为中心，通过线上化理赔提升理赔客户NPS（用户净推荐值），NPS达成85.1%。

升级客户服务。济南客服部经十路门店再次升级，门店设立智能一体机自助打印保单设施、违章处理机，方便客户查询处理违章，提高业务处理时效。车险业务推行电子化进程，实现保单及投保单的电子化。依托平安好车主APP打造车主生态圈，为客户提供售前、售中、售后、增值服务、门店预约等一系列线上服务。

合规经营管理。提升分公司风险防控能力，自觉提升合规的内在驱动力，开展16项自查自纠专项工作，实现年度36个风险点100%覆盖。（郎　莹）

责任编辑　魏添乐

【概况】 2018年中国铁路济南局集团有限公司（以下简称集团公司）管内干、支、联络线计100条。线路总延长13367公里。集团公司营业里程达到5675.5公里，复线里程4021公里，占营业里程的70%；电气化铁路里程5503.5公里，占营业里程的90%。管内车站329个，其中二等及以上车站57个。

济南市市域铁路营业里程630.189公里，其中，国铁260.084公里，合资铁路370.105公里；高速铁路283.605公里，普速铁路346.584公里。铁路旅客运输量完成3769.2万人，客运周转量完成152.5亿人公里，货物运输量完成443.3万吨，货运周转量完成150.9亿吨公里。

【运输经营】 以安全生产为中心，优化运输组织，全面提升运输效率，完成全年运输生产经营任务。开展货运增量行动，开行中欧中亚班列，开发生产资料配送业务，全年货物发送、运费收入同比增长4.8%、11.9%。推进客运提质计划，配属开行复兴号，全年旅客发送、运费收入同比增长8.5%、7.9%。加快非运输业转型升级，全年运输总收入、非运输业利润同比增长7.3%、23.1%。

【京沪高铁运营管理】 印发《京沪高铁标准示范线建设评估方案的通知》（济铁总函〔2018〕459号），制订《车务系统京沪高铁标准示范线建设评估方案》，自11月23~27日对车务专业京沪高铁标准示范线建设情况进行评估。完善《高速铁路突发事件应急预案》，协调京沪高铁公司为京沪高铁济南局集团公司管内各站配备了与站场信联闭及站场布局一致的计算机联锁和CTC仿真实训平台。

【新线开通】 12月26日济青高铁、石济客专齐河至济南东段开通。济青高铁是国家“八纵八横”高速铁路主通道中的重要组成部分，为山东半岛新增高效便捷的大能力快速铁路通道。济青高铁线路全长307.9公里，西起济南东站、东至青岛市红岛站。

（崔　红　程　腾）

【概况】 全年完成固定资产投资381.5亿元，同比增长20%。其中，

济南东客站综合交通枢纽　（济南轨道交通集团　供稿）

公路完成投资88.2亿元，同比增长2.8%；城市道路完成投资102.32亿元，同比增长25.7%；轨道交通完成投资191亿元，同比增长36.4%。

全市公路营运载客汽车3070辆，客位数120768个。公路客运量完成3298万人，旅客周转量完成54.9亿人公里。客车营运线路665条，其中，省际线路261条，市际线路191条，县际线路162条，县内线路51条。公路货运量完成3.35亿吨，货运周转量完成576.1亿吨公里。

营业性运输货运船舶54艘（减少60艘）、49359载重吨，营业性旅游客运船舶63艘（增加3艘）、1830客位。水路客运量完成73.8万人，水路货运量完成133.5万吨。

机动车维修企业2724户。其中，一类汽车维修企业43户，二类汽车维修企业560户，三类汽车维修企业2121户。机动车驾驶员培训业户72户，全年培训学员16.6万人次。

【城市出租】 全市主城区出租汽车11293辆，客运量1.49亿人次，运营里程10.3亿公里。开展出租车行业文明提升“十大行动”，清除27名驾驶员。规范网约车运营秩序，许可8家平台公司，2277名网约车驾驶员；查处270余辆非法网约车，清理不合规车辆2.5万辆。开展爱心送考等公益活动，助考车辆1600余台，助考3300余人次。

（程　腾）

【公路建设】 全市公路通车里程达到17222. 62公里，公路密度每百平方公里168.1公里。其中，国省干线公路1763.12公里（含高速公路628.8公里），农村公路15459.5公里。“三环十二射”高快一体路网纳入《山东省综合交通网中长期发展规划》（规划总里程约846公里、其中外环全长达272公里）。济青高速改扩建、济泰高速、青兰高速、济乐高速南延等4项113公里高速公路全部完成年度建设任务。实施推进普通国省干线公路5项95公里，其中，国道220长清绕城公路、国道340商河绕城公路、国道220平阴南段建成通车，新增一级公路43.7公里。

【城市道路建设】 主城区城市道路长度1090公里（不含街坊路），其中快速路150公里，主干路390公里，次干路295公里，支路255公里。全年建成城市道路30公里、综合管廊15.56公里。北园大街快速路西延提前建成通车，顺河快速路南延开工建设，新建改造35条主次干道。

【城市道路维护管理】 响应“城市提升十大行动”要求，开展道路环境提升年、道路集中整治提升月等活动，完成快车道坑槽、裂纹、车辙等病害整修约195万余平方米，更换“三防”非标隐患井盖约2.2万个。完成7座人行过街天桥提升工程，建成27条彩色样板路。完善“交通啄木鸟”病害巡查处置机制，强化突发事件快速应急处理。

（程　腾）

2018年续建、新建16条市政道路统计表

序号	道路名称	长度（公里）	项目起止点	建设内容	工程概算总投资（万元）	备注
1	济南市北园大街快速路西延建设工程	5.6	东起二环西路匡山立交桥，西至规划南北三号路	主要建设内容：新建高架快速路、地面快速路、地面道路及桥梁、立交工程，敷设雨污水管线，配套实施给水、燃气、电力、热力、电信、弱电、中水等管线土建工程，同步进行绿化、照明、交通设施、河道整治等建设。	291656.5	完工
2	济南市顺河快速路南延（英雄山立交~南绕城）建设工程	5.1	工程起点位于现状英雄山立交落地点，终点位于南绕城立交	主要建设内容：隧道工程，桥梁工程、地面道路工程、管线综合、排水工程、交通工程、照明工程、景观绿化工程等内容。	300000	按计划推进

续表

序号	道路名称	长度（公里）	项目起止点	建设内容	工程概算总投资(万元)	备注
3	济南市桃园路道路建设工程（经十路—腊山河分洪道）	0.87	北起经十路、南至腊山河分洪道	主要建设内容:道路工程、排水工程,专业管线工程,绿化工程、路灯工程、交通设施工程等建设。	22995.5	完工
4	济南市经十一路（南辛庄西路－阳光新路)道路建设工程	1.97	东起阳光新路,西至南辛庄西路	主要建设内容:新建道路,敷设雨污水管线,配套实施给水、燃气、热力、弱电、电力等土建工程,同步进行道路绿化、路灯、交通设施及海绵城市设施等建设。	13907.9	完工
5	济南市药山西路道路建设工程	1.17	北起二环北路,南至铁路桥北侧现状路	主要建设内容:道路工程、排水工程、管线综合工程、照明工程、交通设施及综合管线的土建部分等,以及相关配套工程。	13981.7	完工
6	济南市蓝翔中路（二环西路－药山西路）道路改造工程	2.6	西起二环西路,东至药山西路	主要建设内容:道路、桥涵拆除重建,新敷设雨污水管线,配套新建给水、燃气、电力、热力、弱电等管线土建工程,同步进行绿化、照明、路灯设施及海绵城市设施等提升改造。	30169.5	完工
7	济南市二环东路南段(旅游路至省地质测绘院)道路整修工程	3.4	北起旅游路，南至省地质测绘院	主要建设内容:道路工程、交通工程、排水工程、管线综合、景观绿化工程、照明工程等。	32482.8	完工
8	济南市彩石片区规划纵二路道路建设工程	2.03	北起经十东路,南至新旅游路	主要建设内容:新建电力沟、雨水、污水、燃气、热力、中水、给水、弱电、路灯等。	13556.5	完工
9	济南市彩石片区港源六路（规划纵二路至蟠龙路）道路建设工程	0.96	西起规划纵二路,东至蟠龙路	主要建设内容:道路工程、管线综合工程、排水工程、道路照明工程、交通设施等。	11227.2	完工
10	济南市白马山东路二期（白马山东路一期–刘长山路）道路建设工程	0.79	南起白马山东路一期,北至刘长山路	主要建设内容:道路工程、排水工程、管线综合工程、照明工程、交通工程、绿化工程。	12005	完工
11	济南市新泺大街桥坝及河道顺接工程	桥长59.84米	奥体中路与奥体西路之间跨大辛河处，所在道路为新泺大街	主要建设内容:新建桥梁,桥长59.84米,桥宽42米,同步实施拦水坝、跌水坝及河道顺接等工程。	5438.5	完工
12	济南市坝王路（响泉路至田园大道）道路建设工程	1.74	坝王路（工业北路至响泉路）	主要建设内容:道路工程、综合管廊、雨污水工程、管线综合工程、照明工程、交通工程及绿化工程。	11695.6	完工
		0.66	响泉路（凤凰路至坝王路）	主要建设内容:道路工程、电力工程、雨污水工程、管线综合工程、照明工程、交通工程和绿化工程		完工

续表

序号	道路名称	长度（公里）	项目起止点	建设内容	工程概算总投资（万元）	备注
13	济南市工业北路郭店立交、机场路口交通优化提升工程	0.47	南起已建成工业北路快速路通车匝道合流点、北至郭店立交东收费站	主要建设内容：对郭店立交现状匝道桥进行拓宽，同时建设连接现状匝道的引道；机场路路口针对交通优化，拆除现状路面，进行交叉口拓宽，同步实施交通标志、标线等。	6697.5	完工
14	济南市2018年打通瓶颈路项目重汽路(G104至重汽集团)道路改造工程	3.2	北起G104，南至中国重汽集团济南卡车公司大门	主要建设内容：道路整修、雨水工程、照明工程、交通工程。	10111	完工
15	济南市刘长山路（二环西路–西十里河东街）道路建设工程	3.5	西起二环西路，东至西十里河东街	主要建设内容：道路、桥梁、隧道、电力、河道、绿化、照明、交通设施等相关工程，设置公交BRT专用道。	304292.6	完工
16	济南市辛祝路道路建设工程	0.88	南起工业北路，北至滨河南路	主要建设内容：雨水、强电、弱电、给水、燃气、热力、污水等市政配套设施。	24785.7	完工

【概况】 改革改制工作顺利推进。根据主辅业务划分和公交线网布局，对改革改制工作进行了顶层设计；实施营运公司、经营保障单位及总部机关部室的整合重组；出台职工安置方案、内部退养办法和以老带新政策，实施转岗分流等工作，企业改革改制保持稳定。优化营商环境，落实一次性办成，电子车票发售网点全部开通退卡业务；简化学生卡审验手续。强化服务管理，驾驶员挂星率88.07%，线路挂星率62.23%，车厢服务合格率99.29%，车辆卫生合格率98.17%，服务设施合格率99.92%。

高峰通勤线路　　　　（济南市公交总公司　供稿）

新旧动能转换卓有成效。拓展移动支付方式和移动充值领域，推出支付宝、微信、银联、京东乘公交等移动支付新模式，增加网上充值功能。移动支付在6000余部公交车辆上实现全覆盖。探索惠民新模式，与商家合作推出“一分钱乘公交”“免费乘公交”“五折乘公交”“京东月权益”等系列便民活动，移动支付渐成市民出行的新选择。济南公交各类移动支付方式运量1.34亿人次。分别于3月、9月推出“绿色出行卡”服务套餐和云公交卡。市民持绿色出行卡可乘坐济南公交所有2元及以下线路的普通车和空调车，有效期内不限次乘车，还可供多人在不同时段内、跨月使用。云公交卡包括1日卡、3日卡、5日卡、15日卡、30日卡，兼具二维码乘车功能。全年使用绿色出行卡和云公交卡的乘客2825万人次。

绿色公交建设加快推进。投入节能与新能源车辆1039辆，公司共有营运车6008辆，包括新能源车3924辆（混合动力车2552辆、纯电动车1266辆、双源无轨电车106辆）、柴油车913辆、CNG车712辆、LNG车465辆，天然气公交车1214辆，清洁能源和新能源车占比85%，车辆结构进一步优化；搭建充电站远程监控平台，唐冶、浆水泉等6座充电站投入使用，增加充电桩64个，充电桩达到207个。加强节能技术研究与推广，车辆总能耗较定额节约7319吨标准煤，济南公交被评为“济南市节能突出贡献单位”；强化节能技术培训，参与举办山东省“技能兴鲁”职业技能大赛，济南公交参赛选手包揽赛事前五名。

企业发展势头良好。建立覆盖公交生产全过程的企业标准体系，通过公交服务标准化国家级验收；起草制定的3项行业标准和4项省级地方标准已获颁布实施。招录管培生15人、驾驶员542人，企业人才储备更加丰富；建立起三级培训架构，选拔兼职培训师167人，全年培训驾驶员、修理工7458人，员工素质和业务能力进一步提升。推进双重预防体系建设，起草《城市公共汽电车客运企业“两个体系”实施指南》作为省级地方标准发布实施，取得交通运输行业省级标杆第一名的好成绩，治安消防、后方安全生产实现零事故，安全管理更加规范。

【城市治堵贡献率持续提升】 开辟优化公交线网，满足市民出行需求。全年新开辟线路44条，优化调整线路48条次，形成“四横五纵”的BRT网络，填补凤凰路、二环南路等公交空白73公里。增设或优化调整站点140处，拓展了高峰通勤快巴和社区公交网络，亚行无轨电车项目进入设计实施阶段，“分区—分层—分级”的公交网络结构逐步形成。

降低线路重复系数，有效提高公交运能。对英雄山路—纬二路—济泺路公交走廊、经十路公交走廊内部分公交线路进行优化整合。将K4路、K35路优化整合为1条线路，并将线路进行延伸，由二环北路公交车场开往分水岭南，提高线路可达性，降低英雄山路—纬二路—济泺路走廊内线路重复系数，缓解道路交通拥堵。结合燕山公交枢纽的建设，整合经十路走廊线路布局，将65路缩至西八公交车场，减少走廊线路重复约13.5公里；303、303支、305、323、325路由燕山立交桥北发车调整为燕山立交桥东发车，缓解二环东路道路拥堵；将306路缩至公交驾校，撤销136路，减少走廊线路重复约25.6公里，减少经十东路道路拥堵。

发展快速公交，常规公交与BRT高效融合提升运行效率。开通BRT9、BRT10、BRT11、BRT12四条快速公交线路，形成“四横五纵”的BRT网络，BRT线路长度达178.6公里，BRT专用道长度达82.8公里，BRT站台数量101个，采用中央岛式站台，有44个站台可以免费换乘，12条线路日均运送乘客16万人次。

开通高峰通勤专线，为缓解拥堵精准发力。经过大数据分析，济南市潮汐客流特点明显，高峰通勤出行交通压力相对较大。共开通高峰通勤线路24条，形成高峰通勤的公交线网。24条线路均在工作日早晚高峰时段运行，结合客流出行规律及客流流向，大站停靠，快速方便，较好的解决中长距离高峰时段客流需求，缓解高峰时段拥挤的难题。

发展“定制公交”，满足个性化出行需求。8月，济南公交推出“定制公交”服务举措，市民根据需求自行设计线路走向、运行时间及停经站点，提升公交分担率。全年开通线路169条，日均客运量实现6500人次。12月，对定制公交的所有乘客开展问卷调查，统计结果表明，定制公交乘客中54.9%原来是非公交出行的，其中原私家车出行的占33.09%，原自行车、电动车出行的占11.1%，原快车、拼车出行的占9.82%。“定制公交”服务举措有效提升公交出行分担率。

延长运营时间，实现公交与高铁精准接驳。延长165余条公交线路的营运时间，平均每条线路延长1小时、日均增加班次700余个，全面提升公交夜间服务保障能力。

6月1日同时延长119条公交线路的营运时间，是济南公交史上延时力度最大、涉及线路最多的一次延时调整。

济南公交按照“高铁不到站，公交不收车”的原则，对途经火车站、济南东站、济南西站的线路均进行延时，济南西站公交枢纽内7条线路发车时间延时至23:45；济南东站公交枢纽内7条线路末班发车时间延至24:00，实现了公交运行时间与高铁列车时刻表的无缝衔接。（崔芳芳　葛红杉）

【概况】 2013年12月，市政府批复设立济南轨道交通集团有限公司，负责全市轨道交通规划设计、融资、建设、管理、运营和物业开发等工作。为完善投融资体制，2017年5月，市政府对市级投融资平台进行整合调整，明确轨道交通集团的功能定位。经过五年多建设发展，轨道交通集团组织架构体系逐步健全，制度标准流程日趋完善，规划发展目标更加清晰，初步形成集规划设计、工程建设、投融资、地铁运营、资源开发等以地铁建设和运营为主体的多个业务版块。投资盾构机、管片制造等轨道交通上下游产业，统筹谋划轨道交通整车装备在内的轨道交通全产业链，定位于打造国内一流的轨道交通企业。

2015年1月，经国务院批准，国家发改委批复济南市轨道交通近期建设规划，包括R1线、R2线一期、R3线一期工程共三条市域快线。统筹考虑线路的科学性、可实施性，对第一期建设规划进行科学调整，2018年11月28日，第一期建设规划调整获国家发改委批复，线路总长84.1公里，总投资500.96亿元。其中，济南轨道交通1号线（R1线）线路全长26.1公里，其中高架段长16.2公里，过渡段长0.2公里，地下段长9.7公里；全线设车站11座，其中地下站4座，高架站7座；全线设范村车辆综合基地1处，控制中心1座；总投资129.37亿元。2015年7月16日开工建设，2018年4月20日成功实现“洞通”；5月入驻范村车辆基地，首列车进场；7月底实现全线“轨通”；8月底实现全线“电通”，12月完成联调联试及项目工程验收。

轨道交通1号线建成通车　（长清区党史研究中心　供稿）

为适应城市新的城市空间布局，充分发挥轨道交通对城市发展的支撑引领作用，支持“北跨”携河发展，启动全域轨道交通线网规划编制工作。全域线网规划方案充分利用“三桥一隧”跨河通道资源，支撑新旧动能转换先行区发展，同时衔接老城区与周边各中心组团，疏解中心城区交通。在全域线网规划的基础上，按照全面覆盖、梯度建设、控制规模、先急后缓的原则，初步拟定第二期建设规划思路，实现主城区客流疏散和引导城市空间发展的双重功能，依据新的城市空间布局，建立串联城市主要枢纽和功能区的骨架网络。

（张　伟）

【轨道交通1号线提前一年建成通车】 轨道交通1号线是济南市首条开工的轨道交通线路，自2015年7月16日开工以来，建设者夜以继日、苦干实干，仅用1265天便实现1号线开通，将原定于2019年底的开通试运营时间提前了一年。轨道交通1号线建成通车，在济南城市发展史上具有里程碑意义，圆了泉城人民多年来期盼已久的地铁梦。建设过程中，轨道交通1号线成功解决盾构机穿越“富水高强灰岩”岩溶区等世界性难题，攻克了下穿京沪高铁、上跨济菏高速桥等重大风险源和技术难关，实现了地铁和泉水的和谐共生。

（吴　昊　袁　媛）

【概况】 2018年济南机场全年完成旅客吞吐量1661.18万人次，同比增长16.0%，客流量在全国229个民用机场中排名第25位，增幅在前25位机场中位列第一，在千万级机场中位列第六。保障飞机起降12.68万架次，同比增长9.8%；完成货邮吞吐量11.36万吨，同比增长19.4%。全年实现航空性收入6.52亿元，同比增长17.93%。新增加密航线64条，引进比利时ASL等5家航空公司；新增南航等3家航空公司投放过夜飞机。新开通张家界、铜仁等航线，基本实现对国内主要城市的全覆盖。恢复香港、首尔航线，新开暹粒航线以及到巴黎的洲际航线。开通比利时全货机航线；与顺丰签署3800平方米库区的场地租赁协议；完成华东地区冬季航班换季协调会承办任务，得到行业内一致认可。

【工程建设】 机场建设加速，多项工作取得进展。2018年10月17日，机场总体规划经省政府常务会议审议通过。国家民航局11月26日组织召开专家评审会，基本确定规划整体框架。扩建二期工程主要包括T2航站楼（约50万平方米）、西飞行区（两条跑道）、综合交通中心（约35万平方米）、新工作区（约60万平方米）建设，占地约0.16万公顷，总投资超过400亿元。推进北指廊、二平滑等在建工程以及职工备勤宿舍等配套工程。

【非航业务】 成立山东机场投资控股公司，打造专业化对外投资团队，开展山东易通信托贷款、山钢资管委托贷款等项目，对外股权、债权投资4.4亿元；加强在投项目管理，受让阳谷电缆所持汇通金租部分股权，持股比例增至22.5%；稳步推进公司债发行。

【服务保障工作】 顺利通过全国文明单位复检，完成全国两会、青岛上合峰会、上海进口博览会等重大保障任务，赢得社会赞誉。各保障单位认真梳理服务流程，加强协调配合，出色完成各项航延保障任务，全年共保障不正常航班961架次，安排1.7万名旅客入住休息，为1.3万名旅客提供延误餐。全年航班平均放行正常率87.69%，位居全国机场第六位。

【信息化建设】 成立山东机场信息科技公司，为机场信息化建设搭建专业化平台。实施创新驱动战略，加快自主创新步伐，打造VR培训平台，研发电子台账系统和行李检查核对系统。推进A—CDM建设；启用“航信通”无纸化通关；打造停车场“无感支付”新模式；推广工程施工BIM技术；完善微信服务号功能，关注量30万人。成功举办全国民航信息化与人工智能高峰论坛，与民航二所、中航信、华为签订战略合作协议，就智慧机场建设建立全面合作关系。

（沈倩雯）

【概况】 2018年，全市邮政业业务收入完成61.61亿元，同比增长26.45%；业务总量累计完成89.76亿元，同比增长38.74%。

全市快递服务企业业务收入完成48.38亿元，同比增长27.85%，其中，同城业务收入完成8.86亿元，同比增长31.22%；异地业务收入完成31.92亿元，同比增长31.09%；国际及港澳台业务收入完成2.11亿元，同比增长18.21%。全市快递服务企业业务量完成4.31亿件，同比增长42.95%，其中，同城业务量完成11561.99万件，同比增长36.45%；异地业务量完成31405.47万件，同比增长45.46%；国际及港澳台业务量完成228.01万件，同比增长49.04%。全市快递业务量在全省排名第1位、全国排名第27位，业务收入在全省排名第2位、全国排名第24位。（赵　一）

【服务“四个中心”建设】 强化政策落实。协调市经信、规划、城建、商务、交通等部门，加快济南市邮政业“十三五”发展规划、《济南市人民政府关于促进邮政和快递服务业发展的实施意见》（济政发〔2017〕23号）的落地。

融入新旧动能转换重大工程。主动对接市规划部门和市新旧动能转换先行区，推动邮政业纳入新旧动能转换先行区发展规划，服务地方经济发展。协助京东物流、品骏物流、顺丰区域总部兼产业园项目在“新动能、新临空”济南高新区临空片区项目中集中签约，服务全市临空经济发展和新旧动能转换。推进快递企业与重汽集团、九阳、海尔等制造业企业建立合作关系，为其提供仓储、运输和配送嵌入式、一体化综合服务。全市共有快递服务制造业项目6个，为全市制造业带来经济产值414亿元，中邮物流成为重汽集团唯一领导型物流企业。引导快递企业入驻韩都衣舍等品牌电商企业，采用销售、仓储、配送等方式融入电商业务流程，优化整合仓储配送资源。苏宁、天猫超市、当当、京东、小米等均在济南市建立大型仓储基地，采用自建快递配送和与其他快递公司合作的方式，实现电子商务产品、货物的落地配送。顺丰、韵达、百世等快递企业新增分拨中心2个，新增场地5.6万平方米、自动化分拣流水线11000米，日均最大处理能力1500万件以上，韵达在长清区规划建设占地13.3万平方米、投资6亿元，集快递、电商、仓储、物流配送于一体的现代化大型转运中心。

快递园区建设。赴贵州、江西等地实地学习园区建设经验，召开快递企业高质量发展专题座谈会，了解企业用地需求，经开区物流园区、刁镇物流园区、崔寨智慧物流园区均为快递企业预留用地，章丘和商河电子商务快递园区正式运营，已有多家快递企业入驻。引导顺丰等品牌快递签约入驻高新区国际物流发展中心。

优化寄递车辆通行环境。与市公安交警部门联合出台快递三轮车通行“十二项规定”，为规范企业末端投递制定规则，保障“最后一公里”配送交通安全，破解快递车辆城区通行难题，为快递末端投递提供便利，公安部交管局全文转发并推广、《人民日报》为“十二条规定”点赞。推进“快递三进”工程，引进第三方收投服务平台，打造近邻宝、递易、E邮站等多个校园快递末端服务中心，推进智能快件箱建设进程，全年新增智能快件箱1503组，新增格口超6万个，智能快件箱设立总数达到3500组，格口总数超14万个，有效解决快递进校园、进社区、进机关难题。

优化许可审批流程。全市新增快递企业及分支机构21家，审批平均办结时限6.2个工作日。扎实开展快递末端网点备案工作，规范末端依法运营，共备案末端快递网点1541家。（赵　一）

【满足社会用邮需求】 中国邮政集团公司济南市分公司共有邮政网点213处，提供普遍服务网点207处，全部普遍服务网点均开办函件、印刷品、包裹、汇兑四项普遍服务业务。其中，城市自办普遍服务网点112处、农村自办普遍服务网点95处，电子化营业场所207处。

履行普服义务。改造普遍服务网点8处，优化网点布局12处。普遍服务网点全部开办4项普遍服务业务，建制村实现100%通邮，县级以上党报党刊当日见报率100%。制定提升普遍服务特殊服务水平三年行动计划，将普遍服务补贴纳入考核。加强网点普服管理。制定《济南邮政普遍服务网点分级管理考核办法》，对207处普遍服务网点实行分级差异化管理。组织普遍服务重点工作、普遍服务重点工作“回头看”、乡镇支局普遍服务工作3个专项检查活动，全市抽检率59.6%，走访邮件接转点代投点171个，寄发测试信76件，查改普遍服务问题292个。

践行央企担当。开展精准扶贫工作。选派第一书记驻村扶贫，制定乡村振兴战略，受到地方党委、政府高度评价。深化电商扶贫工作，电商平台助销农产品92.5万元，已帮助10个贫困户47名贫困人口实现脱贫。推动济南邮政绿色发展与转型升级，制定《绿色邮政建设行动三年规划大纲》（2018~2020年），开展绿色包装、绿色运输、绿色金融三大重点项目及资源集约示范、绿色物流示范、绿色建筑示范、绿色电商示范、生态守护示范、绿色品牌示范六项示范行动。

提升服务水平。先后组织支局班组基础管理工作提升、客户投诉专项整治、“7S”现场管理提升、邮票打假等活动，加大服务质量管控力度。组织营业、投递1680名员工进行服务技能及礼仪培训，提升营投人员服务水平和能力。加强投诉管理，有效投诉同比下降19.3%，客户满意度94.94分，高于全省邮政平均分。（韩　帅）

【助力全市经济文化发展大局】济南邮政围绕地方经济建设与发展，充分发挥邮政全程全网、数据库商函、金融网络、农村电商等优势，加快新旧动能转换，促进邮政与地方经济协调发展。

搭建综合便民服务平台。在县域村镇和城市社区建设3000余处邮政便民服务站。开设银联POS机结算系统、居民水电费缴费系统、通讯费充值、飞机票和火车票代理业务、电商包裹代收及代投服务、报刊订阅业务以及商品代购服务等。各邮政网点开办国税、地税等代征代缴工作，代征税额超1.6亿元。

发展农村电商。借助邮政运输、投递等网络优势，搭建农村邮政电子商务大平台，解决农村电商“最后一公里”“最后100米”的问题。以搭建农村“买卖惠”电商平台为主，强化邮政农村区域优势，围绕消费品下乡、农产品进城、本地生活三大环节服务，搭建“城乡互动、双向流通、融合一体”的城乡现代流通体系和服务体系，解决农村服务散、消费难和销售难问题。已建设包含3000多家农村电商超市、200余家代理商、千余家知名品牌、20000余种商品的B2B农村电子商务网上平台。全市邮政农村电商（农产品进城、工业品下乡）交易额7871万元，其中工业品下乡交易额5330万元，农产品进城交易额946万元，代销农资等服务三农产品1595万元，帮助章丘大葱等济南品牌农产品走出去。

助力文化强市建设。通过发挥邮政资源优势，开发《72名泉》《天下泉城》《山水圣人》等富有泉城文化底蕴和齐鲁文化特色的集邮文化产品，提升省会特色文化品牌影响力。推进文化惠民消费季活动，使用省市两级消费券352.1万元，文化惠民线上平台实现订单5万余笔，拉动惠民消费1719万元。

深化服务三农工作。邮政企业以“惠农扶农”为己任，开展“邮政万亩示范田建设活动”和“济南邮政鸿雁农业种植合作社”建设工作，全市已建设“邮政万亩示范田”66.7万公顷。联合农业技术部门，开展“邮政送科技文化下乡活动”为农村群众提供测土施肥与种植技术指导，为每一户“济南邮政鸿雁农业种植合作社”的社员建立帮扶档案和种植技术档案。全市已建成“鸿雁农业种植合作社”80处，发展“鸿雁农业种植合作社”社员11.5万户。（韩　帅）

【打好三大攻坚战】防范化解重大风险。完成全国两会、青岛峰会等重大活动期间的寄递安全保障任务。开展各类专项治理活动，并获市安委会授予的“安全生产月”优秀组织单位称号。强化安全监管支撑，市邮政业安全中心正式启动运行，积极探索组建章丘等县级邮政监管机构，并取得阶段性进展。

服务精准扶贫。推进“快递向下”工程，EMS、顺丰等企业率先实现行政村快递通达率100%。引导企业以精准扶贫为着力点，运行邮乐特色农产品项目，开展“快递+”品牌工程和快递服务现代农业示范项目建设，推动章丘大葱、龙山小米等“一市一品”农特产品上行项目发展。通过邮乐运作特色农产品项目5个，章丘大葱累计快递业务量12万件。

推进行业绿色发展。按照《济南市打赢蓝天保卫战三年行动方案暨大气污染防治行动计划》要求，推进企业绿色化、减量化和可循环发展，引导企业逐步使用绿色包装材料，加快电子面单和新能源车辆购置使用，全市寄递企业电子面单使用率98%以上，EMS新能源车辆使用率50%。（赵　一）

【强化监管力度】抓好寄递安全主体责任落实。把落实主体责任作为“一把手”工程重点抓，定期召开会议专题研究调度。全市独立法人企业均已配备安全管理机构和人员，共配备机构21个、安全人员216名（其中专职人员102名）。各企业加强主体责任制度和内控机制建设，制定并落实收寄验视奖惩、安全生产例会、安全教育培训、隐患排查、试寄暗访等内控制度，建立了一企一档的安全管理台账，实现“痕迹化”管理。全市品牌快递及独立法人企业监督检查网点4735个，抽查邮件快件71.55万件，对企业自查、抽查发现的问题，内部进行相应处罚，部分快递企业用处罚资金对收寄验视制度执行好的员工进行正向奖励，已奖励8.42万元。市邮政局制定《深入推进寄递安全主体责任落实配档表》，开展高密度和多频次专项检查，先后2次开展试寄工作。编发《济南市重点工作简报》，通报专项检查情况。全面推进实名收寄信息系统应用和过机安检，全市实名收寄信息系统使用率99%以上，各企业已按要求配备安检设备。

开展邮政普遍服务监管工作。严守普遍服务"两条红线"，加强邮政普遍服务、机要通信、纪特邮票、"扫黄打非"专项检查，全年共组织328人次开展执法检查，检查网点79处，下发通报1起、责令整改通知书8份。开展邮政普遍服务网点分级监管工作，将全市邮政普遍服务网点分为三个等级，实行动态管理。

强化对快递市场的监督管理。全年共开展快递、集邮和邮政用品用具市场检查187次，检查企业155家，纠正和查处违法违规行为66起，下达处罚决定56起，停业整顿12起。

加强与各部门的协调联动。市国安局、市经信委、团市委、市公安局物流寄递保卫支队、市公安局反恐支队、市公安局交警支队等部门配合市邮政局开展寄递渠道安全监管、快递园区建设、维护行业从业人员权益、优化车辆通行环境等工作，取得良好的效果。

开展服务质量专项提升行动。各企业对照《快递暂行条例》和《快递服务标准》，结合反映强烈的未经用户同意将快件放置于代收点、智能快件箱、虚假签收、野蛮分拣和抛扔、服务态度恶劣等问题，逐项落实治理措施。完善消费者申诉处理工作。健全邮政业消费者申诉与监管工作联动机制，提高企业申诉处理水平。申诉中心共处理有效申诉957件，同比下降64%，为消费者挽回经济损失58万元，消费者对申诉处理工作满意率97.7%。（赵　一）

【中国联合网络通信有限公司济南市分公司】 2018年，是中国联合网络通信有限公司济南市分公司（以下简称"济南联通"）保持稳定健康的发展态势，实现增长速度行业领先和发展效益全省领先的"双领先"目标。在中国联通北方十省省会城市对标中，济南联通收入同比增幅排名第二，利润收入同比增幅排名第一。1人被评为"中国联通技术能手"、5人被评为"山东联通技术能手"、3人被评为山东联通劳模，50人被评为"中国联通好员工"。在济南市组织开展的各类建功立业竞赛中，先后有8个集体和个人分获"济南市建功立业先进集体""济南市工人先锋号""济南市创新型班组""济南市劳模和工匠人才创新工作室""济南工匠"和"济南市建功立业先进个人"等称号。

经营业绩稳健增长，发展效益显著提升。推进划小承包改革和经营模式转型，适时优化调整渠道、产品、激励等关键发展环节，以融合业务为重点，保存量、扩增量，提升发展质量，控制资费下调带来的冲击，基础业务在行业内保持合理的发展水平。营销发展能力稳步提升。以融合产品为核心的业务营销工作呈现全面突破的新发展态势。智慧家庭工程师营销服务的活力和能力得到有效提升，智慧到家延伸服务在全省率先实现突破。应对市场变化，全渠道聚焦异网用户拓展增量空间，在省公司组织的"蓝海行动""大干一百天""农村复兴攻坚战役"等专项营销活动中，济南联通都取得了较好成绩。渠道效能持续优化。渠道营销模式转型扎实推进，全面实行以收入为核心的考核方式，渠道效能得到优化提升。自有厅渠道围绕增收增利优化厅内主推产品布局，通过厅内内购会和厅外走动营销扩大异网用户触点。社会渠道门店布局优化，通过赋能赋权，实体渠道金融服务与终端营销能力得到有效提升。开展线上渠道效能提升工作，强化手厅、网厅等触点建设，打造线上全方位营销体系。创新业务发展成为拉动公司业务发展的第一驱动力。年初提出的"三个聚焦，两个穿透、两个机制保障"工作方针落地，营销能力全面提升。IDC、IT收入规模突破亿元大关，BPO、云计算、物联网收入突破千万元大关。"云+网+X"助力行业市场稳健发展。云网一体化策略在行业市场有效落地，通过与钉钉和阿里云的"借船出海""借兵打仗"等合作方式带动行业市场基础业务发展。高校市场依托信息化拉动实现校方市场的全面突破，用户发展量、校园流量、忙时连接用户数均创历史新高。

划小改革持续深化，发展活

*力有效迸发。*划小改革全面落地，收入、成本、毛利的概念深入人心，面向一线营销服务中心的服务支撑体系运转流畅，对全年经营业绩起到关键性的支撑作用。划小改革有效激发员工活力，智慧家庭工程师人均移网与宽带发展量较改革前分别提升3.4倍和3.2倍。

*服务支撑能力持续优化，基础管理工作稳步提升。*中台支撑服务能力效果凸显。以中台为核心的响应速度得到全面提升。在全省率先成立创新业务中台，对创新业务从商机发现、项目需求汇总、支撑方案、项目签约、实施、验收等各环节统筹调度，推动创新业务的快速发展。实施网络精准投资，打造精品网络。根据网络负载变化情况，实施动态投资，开展精品网络建设，4G用户覆盖良好率、2I2C用户覆盖良好率居全省前列。完成17所高校的新型室分建设，高校网络覆盖实现较大突破。提升网络效能和服务水平。建立投诉和NPS双驱动的规建维优一体化工作体系，围绕用户感知开展五个场景的专项优化提升工作，4G网络下载速率、2I2C等重点业务质量指标位居全省前列。宽带装移修工作由限时服务向及时服务转型，联系用户及时率提高到99.5%，装移机竣工率提升到96.95%，网络运维考核指标全省排名第一。开展服务提升年活动，移网、宽带NPS在全省率先突破，行业排名第一。

（侯俊玲）

【推动转型升级 助力新旧动能转换】 年初，济南联通携手华为建成中国联通集团首个400G波分环，标志着网络承载能力迈上一个新的台阶，为云计算、大数据、流媒体等新兴技术应用提供强大的带宽支持，在5G/VR/DC时代为用户提供更优质的光宽带产品及服务体验。建设三个全国五星级数据机房，出口带宽11 T，形成强大的云网融合、专享定制、安全可信的云服务能力，能够提供云主机、云存储、云应用、云安全等基于基础设施、平台服务、软件即服务的全线产品。济南市政府于2017年6月实施的《济南市“企业上云”行动计划（2017~2019年）》，是国内首个由省会城市出台的“企业上云”行动计划，济南联通通过网络、服务、产品、实惠“四大”升级，推进企业上云进程，服务对象涵盖政务、教育、医疗、金融和制造等各个行业及国内各大知名互联网企业。以先进的“智慧专云+信息专网”的模式，为企业提供定制化的智慧应用平台和信息高速公路，推动相关产业的转型升级。9月，济南联通与山东中盟商品交易有限公司签订企业上云合作协议，双方基于联通公有云的技术优势，依托平阴玫瑰产业集群优势，打造中国首家以玫瑰产品为主、涵盖阿胶、农林牧副渔等商品的农产品交易服务平台。平台初期可实现平阴玫瑰体系产品的线上交易。推进互联网+政务创新，成立专业团队开发厅务办公系统，在保证信息和网络安全的前提下，实现互联互通和信息资源共享。厅务办公系统专门服务于政企部门，用以信息沟通、事务管理等的信息化数据传递，满足高效快捷的移动办公需求。济南联通运用移动互联网、地理信息、位置服务等技术，综合“人、地、物、情、事、组织”六要素，建立数字化网格，实现基层政务管理的扁平化、可视化，在党建、综治、信访、安监、计生等工作中发挥作用。其中，参与建设的历城区“雪亮工程”成为济南市政府首批示范性项目，该项目是以县、乡、村三级综合中心为指挥平台、以网格化管理为基础、以公安视频监控联网应用为重点的“群众性治安防控工程”。济南市党政机关量子通信专网，是继济南量子通信试验网之后，第一个真正商用化的量子通信专网。量子通信对通信网络质量要求极高，要求全程光路尽可能少的跳接点，且全程损耗小于-15dB。济南联通承担着全网光缆线路的建设调通工作。在两周的时间内，高质量、高效率地完成全网23段光缆线路的建设，为量子通信专网尽早投入商用打下坚实的基础。

（侯俊玲）

【中国电信股份有限公司济南分公司】 *履行企业社会责任。*中国电信济南分公司公司坚持企业与社会、环境及利益相关者和谐共生，认真履行企业社会责任，拉动社会就业人数3000余人。按照工信部和省公司的有关实名制的各项规定，持续完善技术手段，提升身份信息认证能力。2017年实现全国新入网一证五卡限制，增加人脸识别系统；2018年实现活体识别功能，采用动态视频方式进行实人认证。严格执行《网络安全法》、工信部“未备案零容忍”等法律法规及文件的要求，成立了以市公司总经理为组长的信息安全领导小组，制定信息安全应急预案，每年进行不少于2次的信息安全应急演练，并参与公安部门、省管局、集团公司、省公司等上级管理单位组织的多次信息安全应急演练。配合公安机关提高打击治理电信网络诈骗犯罪的成效和水平，电信济南分公司派员进驻在济南市公安局刑警支队设立“济南市反电信网络诈骗犯罪中心”，接入资源专线、赋予相应权限，全力配合公安机关打击电信网络诈骗犯罪。共推送宣传信息32万余次，为近40万济南电信互联网用户进行防、反诈骗宣传，利用短信为特定的财务人员以及公司法人推送防范诈骗信息4万余人次，有效扩大了反诈骗宣传面。落实取消漫游费、提速降费相关政策。移动网方面取消国内流量漫游费。调低套外资费。移动语音不高于0.15元/分钟，套外流量资费单价调至0.03元/兆，套外流量资费下降10倍。宽带方面以单宽主推资费660元包年为例，每兆包年价格由13.2元下降至3.3元，降幅75%。针对存量老用户开展免费普提100兆活动。开展让利于民活动。翼支付联合伊利、鲁花、好利来、稻香村、徐福记、喜旺、顺清柔等厂家结合节日活动，分不同波次开展了针对所有市民的折价购活动，参与活动的商户大幅让利，用户可以在电信营业厅通过翼支付补贴以优于市场价的价格购买活动商品。

提升社会通信水平。扩大光网覆盖，全年投资1.56亿元，用于新建和改造宽带光网络，完善济南的信息网络基础设施。完成FTTB光改工作，实现“全光网”，具备100兆光宽接入能力，为200兆光宽提速战略做好准备，有效提升宽带用户上网体验。让用户拥有超过100兆/分钟的超高峰值速率，是“宽带中国”的重要组成部分。投资1.23亿元改善4G网络质量，加大4G信号覆盖的广度和深度，实现市区、村镇、高铁、高速、重要商务楼宇、大型酒店、超市、车站、医院、高校拥有4G信号；完善800兆频段4G建设工作，以实现4G信号全覆盖。完全实现VoLTE和NB-IoT，提供更高质量的语音服务和强大的物联网业务支撑能力，为用户提供网速更快、使用更安全、消费更自由、产品更贴心、选择更方便的天翼4G服务。

维护通信网络有效运行。实施杆线整治工作。完成199条道路架空光缆整治，完成率97%；入地1355公里，梳理205公里，剪除1355公里，更新光交90个，美化光交582个。已完成整治小区152个，完成率95%；小区入地751公里，梳理405公里，剪除856公里，拔除线杆10根，更新光交16个，美化光交210个。光改工作。提高骨干网络通信质量，降低出省路由延时，提升网络整体性能，对骨干网络进行扩容，全市总出口由原来280G扩容到400G。投资4500万对全市1100个小区进行老旧网络升级，共改造9万宽带端口。免费将原来光纤到楼宇用户由20兆普提到50兆，将光纤入户宽带普提至100兆，使5万电信用户免费提速到100兆以上。全市电信宽带用户的平均速率由60兆提升至80兆。重视网络安全和信息安全，提升应急保障能力，确保安全生产。IP备案率100%，共处理网络威胁及安全漏洞OSS工单277条，处理垃圾邮件776次，垃圾邮件处理及时率保持100%。顺利完成青岛上合峰会、儒商大会、智慧城市、足协杯决赛等7次重要事件安全保障工作及集团和省公司组织的应急演练工作。在省公司统一调度和部署下，多部门配合对域内数字中继线，4008用户、移动网用户开展专项整治工作，异常话务由之前的50次下降至20次以内。

有效提升窗口服务水平。拓宽行业服务渠道。推动线上、线下、新媒体等多种服务渠道建设。打造线上及新媒体服务渠道。为用户提供网厅、欢go客户端、微博、微信、易信、翼支付、微信小程序等多种服务渠道，用户可在线进行业务查询、业务办理、缴费、出国前国漫自检和宽带报障等。开展营业厅服务巡检，抽调部分直营厅店长组成巡检组，开展常态化营业厅服务检测，整体提升营业厅服务水平。每月一次实体渠道服务质量检查，现场检查服务工作落实和服务达标情况，包括实体渠道环境、服务形象、服务人员业务水平、服务人员态度、办理业务方便性、投诉处理及时有效性等服务规范达标和服务职能履行。扩大市公司培推团队人员+区县实体渠道内训师。重点针对直营厅、员工承包厅店长及店员开展人员服务能力提升及赋能培训，夯实基础服务能力，提升营业窗口服务；面向451名装维、店员和营维经理，通过新搭建的实操培训室，围绕提供专业化服务开展人员培推赋能，并完成了191名装维经理、82名店员、14名营维经理的技能认证，提升专业化服务能力。8月，在省公司组织的全省营业窗口技能大赛中取得团体一等奖。

解决服务热点及短板问题。推进渠道规范化建设，提升营业窗口服务。由纵向一体化培推团队，对营业人员开展基础业务、服务礼仪及赋能培训。开展月度营业厅服务质量检查和由独立第三方进行的暗访，每月对营业厅在客户服务工作中存在的问题和亮点进行通报并落实考核。优化业务办理时长。营业操作系统对于常办业务实行打包场景，减少营业员操作步骤，缩短用户办理时长；在人流较大及业务繁忙的营业厅增设临时受理台席，用于客流高峰期业务分流；增设线上一体化叫号平台，用户可微信线上取号预约，减少现场排队时间。推行装维服务举措，提升客户感知。扩大“当日装、当日修、慢必赔”实施范围，建立“当日装、当日修、慢必赔”的服务应急保障，在全市范围内进行调度，确保当日装工单服务承诺及时兑现。宽带装机时长较上年缩短了4小时，当日装履约率98.94%。用户满意度98.17%。（程　莹）

【中国移动通信集团山东有限公司济南分公司】 2018年，中国移动通信集团山东有限公司济南分公司被济南市委、市政府授予“济南市创建全国文明城市先进单位”称号，多年来连续获省级文明单位称号；副总经理张亮荣获山东省劳动模范称号，网络部晓金被授予集团公司优秀共产党员称号；市场部获得中国移动山东公司2018年度最佳实践成果奖。

坚持以客户为中心，将提速降费落到实处。推出大流量、放心用、日租卡等产品，客户流量得到充分释放，全年流量增幅突破191%，4G客户流量单价下降60%。加快有线宽带网络覆盖，预覆盖家庭数突破400万户，融合套餐客户免费赠送宽带，提升宽带品质，年新增宽带用户100%达到100兆以上，为用户构建“一线一盒一生态一点播”的家庭生态系统。落实透明消费。完成“不限量”宣传整改，调整“不限量”宣传内容、宣传口号、资费描述、降速标示等内容，凸显“流量畅享、达量降速”标识，推出短信账单服务，增加套餐内外消费以及增值业务等具体费用情况。取消流量漫游。自2018年7月1日起，中国移动取消流量“漫游”费，新老用户省内流量升级为国内流量（不含港澳台），手机上网平均单价下降60%，国际长途资费下降超90%。规范套餐资费，确保新老同权。对基础资费、在售套餐资费进行梳理，推出8元套餐资费，公示资费供客户自由选择。

强抓服务品质，提升客户满意度。提升窗口服务，解决突出矛盾。针对办理业务等候时间较长的实际问题，公司简化业务办理流程，增设自助设备，增加掌厅的业务办理能力等，为客户提供更加便捷的优质服务。强化一线员工的业务能力，缩短办理业务的时长，减少客户等待时间。在服务窗口，开展“零容忍，必消除”活动，营业人员真心服务，真诚付出，开展多项精细化服务活动，利用各种节假日、客户生日等服务时刻与客户互动，为客户送上关心关爱和关怀。创新服务模式，倾听客户心声。自7月份起，开展“总经理驻厅接待活动”。每周三（法定节假日除外）上午9点至12点，全市10家旗舰营业厅内，都会有各分公司总经理、副总经理亲临现场，处理客户提出的诉求。共接待客户2600余人，现场一次解决率80%，其他问题后期均进行处理并一一回复。公司公开招募社会监督员300余人，形成“一点接入，全网响应”的闭环管理模式，让用户的问题第一时间得到解决。全年济南移动整体客户满意度85.61%，较上年提升1.54个百分点。

加强网络服务支撑和协同，提升客户感知。持续优化无线网络，以省公司“两个提升”竞赛活动为抓手，提升4G网络质量，恢复高干扰小区800余个，从丢包率、接通率、掉话率三个维度进行快速提升VOLTE语音质量，高铁线路开展专项测试与优化，交通干线网络水平提升明显。城区MR覆盖率较年初提升0.84个百分点。完善县城区域现有4G网络覆盖，解决农村区域4G相对对落后小区，进行覆盖增强FDD站点建设。家宽装机方面，提升客户满意度，解决并防范因非正常竣工、客户投诉处理

不及时问题；研发家客集中预约管理平台，提高装机效率。组播开通率从全省倒数第一提升至全省第三名，新装机满意度99%以上。集客专线开通方面，共开通互联网专线、语音专线，数据专线数千条，其中包含跨省跨地市专线数百条。为提高集团客户业务支撑工作效率，集客装机化全面上线。集客全量专线装机化的实施缩短集客建设周期，保证集客专线的高效建设，提升集团客户市场竞争力。传输网络能力提升方面，综合考虑后期无线、集客、家宽高清网络对传输资源的需求，形成针对全专业发展的传输“一区一案”。规划建设数十条PTN环路、汇聚设备，完成老旧的PTN3900替换升级工作，提升传输网络承载能力。覆盖率提升3%。有效解决并降低投诉方面，多部门协同，发布网络故障公告、覆盖信息口径库数千条；开展无线网络攻坚战，每日对投诉处理中故障、纠纷站点进行统一上报，在晨会、周会中进行督办。开展针对家宽投诉TOP100小区的专项压降活动，对小区存在问题进行整体建设优化，新增千余家CDN分发网站。弱光ONU占比由至0.37%，整治弱光ONU数万余个；整治频发故障小区百余个，有效控制且减少高密小区数量50余个；魔百和有线比例增长10%以上。自主开发MR大数据分析平台，输出专利两篇，《家宽一体化调度平台》项目获2018年度中国移动山东公司科技进步及业务服务创新二等奖。三个项目获2018年度全省在岗技术革新二等奖。省公司2018年网络转型竞赛，16人获得个人精英奖，并取得团体第一名的成绩。

（谭振兴 张晓媚 刘 莹）

责任编辑 宣 涛

【城乡建设概况】 加强房地产市场调控。继续严格落实限购限贷限价限售措施，强化商品房销售行为监管，完成住建部对济南市住宅均价和住宅价格指数的“双控指标”，房地产市场保持基本稳定。

推进建筑施工安全治理。创新建筑施工质量安全监管方式和手段，开展危大工程（即危险性较大的分部分项工程）安全专项治理，加快企业安全生产风险分级管控和隐患排查治理体系建设，全年获“鲁班奖”等国家级奖项30项、省级奖项85项，优良率在全省名列前茅。

推进建设扬尘治理。全市规模以上建筑工地在线监测和视频监控实现全覆盖，创新实施工地挂牌管理、县区考核奖惩、责任帮包机制，实行最严信用考核，持续开展常态化督查，对186个（次）问题严重项目进行曝光，对措施不到位的705个（次）项目进行点名批评，对26个示范项目给予奖励，助推全市空气PM10、PM2.5指数同比下降20%。

深化行政审批改革。推进“一次办成”改革，出台18份改革文件。项目建设审批提速，施工许可审批要件、时限分别缩减约三分之二，将消防、人防纳入施工图审，房地产综合验收备案实行供电设施承诺，推行工业实体经济项目“建成即使用”。简化资质审批，推行房地产开发母子公司资质通用，在国家级开发区试点建筑业企业和开发企业资质承诺制审批。证照办理更方便，施工许可等5类证书可生成信息系统证照，实现在“家”打证；建设工程企业和房地产开发企业资质审批实行全程无纸化申报和审批，实现领证“零上门”。用气用热更快捷，简化水气热报装流程，推动天然气直供服务。规范招标投标，推行电子招标投标，实施“一标一评”“标后评估”。放权接权更到位，承接省住建厅14项下放权力事项，将29项工程建设项目权力事项“全链条”下放各区政府。

强化项目服务。研究制定教育设施建设管理办法和导则，推进中心城区385所中小学的建设计划。启动新一轮城市建设历史遗留问题处理，受理项目41个，审结14个。制定公共停车设施建设审批管理办法和鼓励政策，推行重心下移、快速审批、多元投入的建设模式。

推进建筑业提质加速发展。全市新增或增项总承包特级资质企业5家、一级资质企业6家。鼓励企业“走出去”，加快工程组织方式改革，推行设计施工一体化工程总承包模式，全年建筑业实现总产值突破3000亿元。

推进新型城镇化。出台《济南市国家新型城镇化综合试点实施方案》《济南市农业转移人口市民化发展规划》，制定74项落实行动计划；强化技术指导和政策扶持，新生小城市刁镇、重点示范镇玉皇庙镇和10个特色小镇创建取得阶段性成果；完成3254户农村危房改造、13.95万余户无害化卫生厕所改造、209个村庄街巷硬化，超额完成省定、市定任务；4个村入选山东省首批美丽村居建设试点村。

推进重点专项建设。完成海绵城市试点项目39大项，开展海绵城市专项规划修编，编制可复制、可推广经验和试点区域系统方案。完成141条城乡结合部分支路硬化，助力扬尘治理。启动地下管线建设管理和档案归集工作，推进小清河污染源头治理。

提高供热、燃气保障能力。黄河北生物质热电联产项目、浆水泉热源厂、莲花山热源厂等一批新建、改扩建热源厂加快推进，改造移交17个自管站，建设燃气管网180公里，启动3处储气调峰设施建设；城市（县城）新增清洁取暖面积1412万平方米，农村新增清洁取暖用户7.77万户。燃气安全治理持续深化，气热服务更加便民化、标准化、品牌化。

提升公园风景区保护管理品质。高标准实施天下第一泉护城河水环境综合治理、千佛山重点区域环境整治等9项重点工程、14项整治提升项目，年票办理实现移动支付全覆盖，公园景区的服务功能、景观品质进一步提升。

推进绿色建筑发展。2个镇获评省级绿色生态示范镇，24个项目获评省级高星级绿色建筑示范项目，实施既有建筑节能改造880万平方米。推进装配式建筑发展，新开工新国标装配式建筑项目52个、544.91万平方米，9家企业被评为住建部装配式建筑示范基地。全年建筑业、房地产业地税收入增幅均超过36%。（王雅洁）

【勘察设计管理】 提升工程勘察设计质量水平。制定《关于进一步加强工程勘察设计质量管理工作的通知》，重点加大对工程勘察现场记录、土工实验报告等原始数据的检查，明确建设工程的现场勘察作业必须“全程留痕”，记录不全或不合要求的，拿不到施工图审查合格书，且违反规定的勘察、设计等相关单位也将受到停业整顿或吊销证书处罚。

强化对施工图审查的监管力度。依据《济南市房屋建筑和市政基础设施工程施工图设计文件审查管理办法》，对施工图审查机构进行监管。加强对海绵城市建设设计环节的政策审查和业务培训、指导，把海绵城市建设作为施工图审查专篇严格把关。制定并印发《关于设计阶段落实装配式建筑实施要求的通知》，明确设计阶段落实发展装配式建筑的有关要求，自2018年12月1日起报审的图纸需编制装配式建筑设计专篇。

加强政府购买施工图审查服务的有效监管。根据《济南市房屋建筑和市政基础设施工程施工图设计文件审查管理办法》，按照过程评价与结果评价相结合的原则，做好对审查机构的考核评价和资金结算。

推进“多审合一”工作。根据市委、市政府发布《关于印发〈深化“一次办成”改革进一步优化营商环境的若干措施〉的通知》（济发〔2018〕23号），在消防部门、人防主管部门、施工图审查机构、人防审查机构等现有审查机构暂不整合的情况下，整合报审环节、重造报审流程，印发《建设工程施工图设计文件审查指南（试行）》，将消防、人防并入施工图设计文件审查，审查指南公示依据、整合流程、精简材料、规范方式、合并时限并公布机构名单信息，组织消防审查培训、明确审核要点，实现“多审合一”的目标。

加强勘察设计行业信息化管理。对施工图审查工作实行动态管理，进行监督检查和绩效评价，升级数字化审查管理平台，改进数字化审查系统流程和操作界面，扩大数审项目范围。

做好专项设计审查监管。坚持以预防为主，主动做好工程性防御，做好抗震设防监管，将学校、幼儿园、医院等重点设防类工程的抗震设计审查统一纳入施工图审查环节进行专项审查，对重点建设工程项目的抗震超限审查实行容缺受理。参加济南市第十个“全国防灾减灾日”宣传活动，从抗震设防设计、建筑消能减震技术等方面进行科普宣传。

促进工程设计行业转型升级。由点到面推进BIM（建筑信息模型）技术的推广应用，选择适当项目重点推广。调研勘察设计企业，了解全市甲级资质建筑院在BIM技术应用方面及全产业链方面存在的问题，指导企业转型升级。

开展年度评优。有272个项目参评，评出优秀项目136项，其中一等奖28项、二等奖54项、三等奖54项。（吴晓滨）

【村镇建设】 以实施乡村振兴、脱贫攻坚和城乡建设提升为重点，推进小城市培育试点、特色小镇创建和农村贫困户危房改造、无害化卫生厕所改造、村庄街巷硬化三大工程以及美丽村居试点建设。

省级新生小城市、重点示范镇和特色小镇的培育创建。各试点街镇抓住省级试点机遇，探索小城市发展、特色小镇建设的新模式，修编完善规划设计，推进新型工业园区建设，发展特色经济，完善基础配套设施，一批重点项目有序推进。

农村“三大工程”建设。截至年底，全市危房改造的中央和省级任务 893 户，完成 3254 户；计划完成农村改厕 10.73 万户，完成 13.95 万户，完成省定全年目标任务（6.48 万户）的 215%；计划完成村庄街巷试点 200 个村，完成施工 209 个试点村。2018 年，济南市 4 个村入选山东省第一批美丽村居建设试点村。

推进农业转移人口市民化工作。2018 年，济南市常住人口城镇化率 72.1%。围绕国家新型城镇化综合试点工作，印发实施《济南市国家新型城镇化综合试点实施方案》与《济南市农业转移人口市民化发展规划（2016～2020）》，推进全市新型城镇化高质量发展。

（王向东　李昌梅）

【建筑业管理】 全年全市实现建筑业总产值 3217.6 亿元，同比增长 19.1%；实现建筑业增加值 815.4 亿元，同比增长 12.8%；新签合同额 4255.8 亿元，同比增长 21.7%；新开工面积 5581.4 万平方米，同比增长 28.8%，建筑业主要经济指标居全省首位。

推进建筑业劳务用工制度改革。出台《济南市城乡建设委员会关于取消建筑劳务企业资质推进建筑劳务用工制度改革有关事项的通知》《济南市城乡建设委员会关于做好建筑业专业作业企业报送基本信息的通知》，为加快全市建筑劳务用工制度改革提供政策指导。

落实农民工实名制和工资管理制度。出台《关于全面推行建筑工程项目农民工实名制和工资专用账户管理制度执行委托银行按月代发工资办法的实施意见》，为完成国务院确定的到 2018 年底前农民工实名制要覆盖全市 80%以上的在建工程项目、执行按月足额支付工资规定的要覆盖全市 90%以上的在建工程项目的目标任务，迈出关键一步。

扶持企业做大做强。全年有 5 家企业晋升或增项特级资质，6 家企业晋升或增项总承包一级资质。截至年底，全市特级和总承包一级资质企业数量分别达 16 家、58 家。

完善信用体系建设。开展建筑市场主体信用评价工作，全面征集企业信用信息，对 2646 家建筑施工企业和 191 家工程监理企业开展信用综合评价，将信用评价结果按 10%的权重计入采用综合评估法的招标投标项目评分，实施差别化市场准入和分类监管措施，推动全市建筑市场监管从依靠传统行政监管手段向注重运用市场主体信用监管手段转变。

解决拖欠农民工工资问题。对全市建筑施工企业、工程监理企业、造价咨询企业资质标准条件和注册执业人员执业行为等情况开展动态核查检查，要求存在问题的 352 家施工企业、21 家监理企业、7 家造价咨询企业进行整改。全年受理欠薪纠纷投诉案件 163 起，协调解决拖欠金额 7339.8 万元，惠及农民工 5277 人。全面推行实名制管理，建立农民工工资专账专户按月支付制度，从根本上保证农民工工资发放。

（李　菲）

【建筑节能与建设科技】 2018 年，全市县以上城市规划区内新建建筑全面执行居住建筑节能 65%、公共建筑节能 50%的标准，新建成节能建筑 2036 万平方米。截至年底，全市累计建成节能建筑 1.69 亿平方米。

加强新建建筑节能工程监管。全市新建建筑能效全面提升，新建

2018 年 9 月 19 日，“通发杯”济南市第一届装配式建筑设计大赛颁奖仪式举行

（市建委　供稿）

建筑全面执行居住建筑节能75%、公共建筑节能65%的设计标准。健全新建建筑市场准入制度，加强建筑节能闭合式管理，新建建筑从设计、图纸审查、施工许可、现场监管、专项验收、竣工备案等环节严格把关；通过政府采购，委托第三方检测机构，对建筑节能工程及使用的保温材料定时进行“飞行”抽检，加强建筑节能工程及保温材料的动态监管。设计阶段和施工阶段新建建筑节能标准执行率均达100%。

开展既有居住建筑节能改造。不定期到现场督查，了解施工用材，规范施工工艺，及时发现问题，及时督促整改，提升改造质量。全年全市既有居住建筑节能改造立项面积880万平方米，完成705万平方米。

规模化推广绿色建筑。推动绿色建筑发展，新建建筑全部执行绿色建筑设计标准。严格建筑节能专项验收程序，将绿色建筑纳入建筑节能专项验收，不符合绿建标准要求的不得进入竣工验收备案程序。全市有24个项目被列入2018省级高星级绿色建筑示范，居全省首位。济阳县回河镇、平阴县玫瑰镇被列入省级绿色生态示范镇，高新区汉峪片区通过省级绿色示范片区验收。全年完成3954万平方米新建绿色建筑面积的图纸图审，完成15个高星级设计标识项目的省级专家评审、总建筑面积约190万平方米，全面完成年初省住建厅所下达的任务目标。

推进公共建筑节能改造。围绕公共建筑能效提升国家重点城市建设任务，研究制定《济南市公共建筑能效提升重点城市实施方案》，印发《关于组织申报公共建筑效能提升重点城市节能改造的通知》，向社会征集项目，13个项目、119万平方米被列入2018年度公共建筑能效提升节能改造项目计划，年内全部完成。建立完善市级公共建筑能耗监测信息平台，与省平台实时进行数据传输，通过能耗统计、能耗监测、定额管理，加强监管。

推广可再生能源建筑应用。印发《济南市新建高层建筑太阳能热水系统应用监督管理办法》，编制《济南市新建建筑太阳能热水系统应用项目监管工作程序》，对各区县相关机构和企业的800余人进行政策解读和技术培训。全年全市新建住宅建筑和集中应用热水的公共建筑全部一体化设计、安装太阳能热水装置，太阳能建筑应用面积在900万平方米以上。新建建筑可再生能源建筑应用率达50%，提前完成山东省“十三五”确定的目标。

落实国家墙材革新政策。规定建设工程禁用实心黏土砖，新型墙材得到普遍应用。全市有新型墙材和建筑节能产品企业220家、品种34个，年生产能力40亿块标砖。

（刘端国）

【房地产开发管理】 2018年，济南市房地产开发完成投资1369.35亿元，其中住宅完成投资928.54亿元。全市商品房施工面积9112.05万平方米，其中住宅施工面积5932.7万平方米；商品房新开工面积2599.45万平方米，其中住宅新开工面积1605.44万平方米；商品房竣工面积1203.81万平方米，其中住宅竣工面积897.37万平方米；新建商品房销售20.71万套、1526.59万平方米，其中住宅7.9万套、968.06万平方米。全市有房地产开发企业525家，其中一级资质企业15家、二级资质企业57家、三级资质企业99家、暂定资质企业354家。2018年度有AAA级信用企业43家、AA级信用企业25家、A级信用企业438家、B级信用企业19家、C级信用企业20家。

落实调控政策。针对部分热点区域住宅项目存在全款购房、全款优先选房、拒绝使用商业贷款或个人公积金贷款等歧视刚性需求购房者，以及住宅销售捆绑车位、地下室销售等行为，于4月26日出台《关于进一步规范商品房销售行为的通知》，规范扰乱房地产市场秩序的行为。针对“毛坯变装修”变相涨价等相关问题，于7月9日出台《关于规范带装修商品房预售管理的通知》及时进行纠正。

防范房地产领域金融风险。5月22日，印发《关于开展全市房地产领域非法集资风险专项排查工作的通知》，通过自查自纠、重点抽查的方式对房地产开发建设形式、预售房屋形式、分割拆零销售、返本销售、售后包租等形式及利用互联网平台开展房地产金融业务为名的非法集资开展风险专项排查工作。

深化“一次办成”改革。为解决全市房地产开发企业暂定资质数量较多、管理难度大、专业技术人员管理混乱、升级意识不强等问题，推行开发企业资质管理改革。5月14日，《关于房地产开发企业资质管理改革的实施意见（试行）》发布实施，放宽开发企业资质申报条件，推行主体公司资质通用，单独主体认证完成253家，整合企业确定主体75家，含子公司243家。为解决因供电设施验收问题致使部分开发项目无法按期取得《综合验收备案证明》，导致部分项目延期交房或强制交房，业主群体上访事件频繁发生这一难题，优化调整房地产开发项目竣工综合验收备案条件。于6月4日印发《关于进一步调整优化房地产开发项目竣工综合验收备案条件的通知》，明确办理综合验收备案实行供电验收告知承诺制度，对暂未接入正式供电但具备临时用电条件的新建商品房项目，由开发企业法定代表人出具6个月内满足正式供电条件的承诺书，并提供供电施工合同及相关缴费证明，即可先行办理综合验收备案手续。

行政审批联办工作。全年办理预售申请833件、批准预售面积1133.20万平方米，办理开发资质市场行为核查手续520件，办理开发项目综合验收备案173件，办理商品房买卖合同撤销及变更业务约1632件。（李　刚）

【建筑工程质量安全管理】 全年全市有房屋建筑工程在建项目1212个、单体工程9933个，建筑面积10315.88万平方米；在建轨道交通线路3条、全长85公里。截至年底，全市在建工程面积同比增长23%。

完善责任体系。督促工程项目严格执行工程质量终身责任书面承诺、“两书一牌”（法定代表人授权书、工程质量终身责任承诺书和永久性标牌）制度、质量信息档案等制度，明确各方主体质量安全责任。通过开工前技术交底、岗位职责信息现场公示、巡查反馈等形式，督促项目负责人严格落实质量安全责任规定。开展工程项目执业人员到岗履职专项检查，规范从业行为。组织开展质量优秀工程项目观摩交流活动20余次，参加人员6100余人次。

构建管理长效机制。先后修订和出台济南市建筑工程质量监督管理、工程质量监督抽测、质量投诉处理、住宅工程初装修验收、外墙保温质量管理等规范性文件。制定房屋建筑与城市轨道交通安全质量专家管理办法，审核确定轨道交通、深基坑、建筑结构等10个专业、175人的质量安全专家库，工程质量管理制度体系更加完善。研究制定《济南市建筑工程质量管理标准化工作实施方案》，明确目标任务、推进路径、保障措施，9家企业、16个项目被省住建厅确定为质量标准化工作试点。组织开展全市房屋建筑和轨道交通工程市级优秀工法的申报、资料审查、专家评审工作，表彰济南市建设工程优秀工法233个，101项工法被表彰为省级建设工程优秀工法。

建筑施工安全监管。集中开展质量安全春季大检查和专项安全检查活动。加强全国“两会”、春季开复工及上合组织青岛峰会等关键时期工作联动，开展包区（县）督导督查，确保重大安全隐患全部清零。组织区（县）建设主管部门和企业对照全国建筑施工安全专项治理行动方案，在全市在建项目尤其是轨道交通隧道工程项目中，开展排查和专项整治；济南市代表山东省接受住建部建筑施工安全现场督查并获好评。委托第三方检测机构，对全市房屋建筑和轨道交通工程开展质量安全辅助巡查抽测评估。完善安全管理规章制度，印发房屋建筑与轨道交通工程施工项目安全生产标准化考评等规范性文件，编制实施塔式起重机、施工升降机等安全管理标准。对234家企业进行安全生产许可证动态考核。其中，考核合格、列入绿色监管企业184家，考核基本合格、列入黄色监管企业6家，考核不合格、列入红色监管企业8家，规避考核企业36家。

推进安全基础建设。改进建筑工地管理方式，推行精细化管理，规范、美化建筑施工围挡，开展公益广告宣传。建设智慧工地综合监控系统，实现全市规模以上建筑工地远程视频监控系统全覆盖，10个区县和高新区的监控平台全部建成并发挥效能。全市建筑工程、小区获评鲁班奖、泰山杯、省安全文明标准化示范工地、市安全文明标准化示范工地等300余项（次），获奖数量位居全省前列。在全市施工企业开展风险分级管控和隐患排查治理“双重预防体系”建设，培树省、市级标杆企业。推广体验式安全培训教育，指导有条件的企业建立体验式安全培训基地、施工现场建立安全体验区。培育省级建筑施工安全生产体验式教育试点单位2家，省住建厅在济召开体验式教育基地试点建设推进会。

健全安全管理机制。印发《关于在我市建筑施工企业推行安全总监制的通知》《关于推行建筑施工项目专职安全生产管理人员委派制的通知》，指导部署各施工企业健全安全生产管理机构，配备专业安全管理人员，建立健全安全管理网络。推行“两承诺、一公示”管理方式，由建设单位、施工总承包单位、监理单位和项目负责人，分别对其在项目施工现场安全生产中应当履行的职责和承担的责任做出书面承诺，并在现场显著位置公示。

惩处违法违规行为。印发《关于进一步加强和规范全市建筑施工安全生产工作的通知》，按照从重处罚、顶格处理的原则，对发生事故的7家责任企业建议暂扣安全生产许可证，对4名事故责任人建议暂停执业，对2名事故责任人申请吊销从业资质。实行“双随机、一公开”等监督检查方式，专家查隐患、企业抓整改、部门抓监管，对检查发现质量安全隐患、整改不力的企业实施顶格处罚并公开曝光。

制定实行“建成即使用”管理办法。为解决关于工程项目竣工验收即使用的问题，市城乡建设委研究制定《济南市工业实体经济项目“建成即使用”管理办法》，从竣工验收及备案、交叉施工、监督管理、交付使用前提条件等5个方面进行改革，建设项目投产使用周期缩短6~8个月。该《办法》自2019年2月1日起执行。

制定出台降低工程建设成本的实施意见。市城乡建设委牵头协调国土资源、发改委等部门，以市政府办公厅名义印发《关于降低工程建设成本的实施意见》（济政办发〔2019〕1号），通过探索建设用地改革、降低企业用工成本、减轻企业税费负担、深化“一次办成”改革等工作措施，降低工程建设成本，促进建筑业持续健康发展。

（郭　剑）

2018年10月20日，济南市启动重污染天气橙色预警。董家街道十村整合城中村改造安置房项目严格执行二级应急响应，全天候开启喷淋降尘设备

（市建委　供稿）

【建设扬尘治理督查】 全年可吸入颗粒物、细颗粒物、二氧化硫、二氧化氮浓度同比分别改善13.8%、17.5%、32.0%、2.2%，其中可吸入颗粒物浓度112微克/立方米、细颗粒物浓度52微克/立方米；良好以上天数192天，同比增加12天。截至年底，制定文件30项。其中，制定综合督查考核办法2项、工作方案4项、各类通报文件12项，印发各类通知12项。

开展帮包责任考核和扬尘治理考核。对全市10个县区和高新区、南部山区共计1724名帮包责任人进行考核，对成绩优秀的区县、办事处进行资金奖励。对建设工程扬尘污染治理市直配合部门进行大气污染治理“十大措施”工地扬尘治理考核。累计对8687个次工程项目进行督查考核，其中绿牌6324个、黄牌1421个、橙牌131个、红牌811个。对区县政府进行赋分、排名通报、资金奖罚，压实属地管理、行业监管和企业主体责任。

发展科技治尘。推进扬尘在线监测和视频监控系统的建设、优化与升级，增加3500路视频通道，将更多的工程项目现场实时视频接入视频监控平台，将在线监测数据纳入月综合督查考核。因扬尘监测数据过高或恶意干扰、数据造假现象，被亮红牌、罚款的工程项目300余个。无人机应用于扬尘治理督查检查中。

实施以奖代补和诚信挂钩联

动。根据扬尘治理成效，对投入相应人力、物力并取得较好扬尘防治效果的工程实施以奖代补，分别给予5~15万元的资金奖励。2018年分两批对硬件设施到位的67个项目、治理成效较好的26个示范项目、90个优良工程发放以奖代补资金。将扬尘治理纳入企业信用评价体系，分4批对扬尘治理措施落实较好的241个项目、较差的64个项目及其工程参建方进行通报，给予信用加分或扣分。

推行专业化管理。根据市委办公厅、市政府办公厅《关于进一步强化措施做好扬尘污染控制工作的通知》文件要求，印发《关于全市建筑施工现场推行扬尘污染防治专业化管理的通知》，对全市建筑工地施工现场扬尘污染治理实施专业化管理，达到精细化管理效果。

扬尘督查检查。9个督查组持续开展全覆盖、不间断、常态化的扬尘治理督查检查，结合春检对全市建筑工地进行拉网式检查，做好省市及全国“两会”、上合组织青岛峰会、儒商大会等重大活动、重要节点督查保障。日均检查工地约50个，月均督查考核工地约1200个次。市及区县两级共出动督查检查组2321个次、检查人员7736人次，检查项目9648个次。

开展秋冬季攻坚行动。落实京津冀及周边地区2018~2019年秋冬季大气污染综合治理攻坚行动要求，印发《关于2018~2019年秋冬季建设工程扬尘治理攻坚行动有关事宜的通知》《济南市建设扬尘治理攻坚行动方案》，成立6个包区督查攻坚组，实施分区包片督查。

强化舆论监督。建立日报告、周汇总、月考核、季通报的工作机制，编制检查周报47期并通过媒体公布。依据综合检查结果、建设工程扬尘污染治理综合督查考核分类挂牌及施工许可扬尘治理承诺落实情况，进行通报表扬或批评，并纳入诚信评价体系。针对国家和省市级督查、群众举报投诉等问题向责任区县或部门下发督办函196份，处理12345投诉402件，全部督办整改到位。（李　英）

【济南城市建设集团】 2018年，济南城市建设集团完成项目建设、片区开发、棚改旧改、招商引资等任务，保持稳步增长、持续发展态势。截至年底，集团总资产1935.53亿元，同比增长9.68%；实现营业收入231.41亿元，同比增长26.9%；所有者权益680.67亿元，同比增长35.71%；利润总额23.32亿元，同比增长10.22%；实现税金14.07亿元，同比增长140.51%；资产负债率64.83%，同比下降9.42%。

先行区基础设施建设。专门成立城建动能转换开发建设集团，具体负责济南新旧动能转换先行区开发建设相关工作。5月，黄河冠世花园一期工程完工。8月29日，济南新旧动能转换集中签约暨重点项目开工活动举行，集团负责的黄河公园一期、引爆区安置西区一期、引爆区基础设施工程、市政道路及管线工程、泉水浴场五大项目集中开工。

跨黄桥隧工程建设。济南黄河隧道北岸工作井围护结构全部完成，土方开挖基本完成，第一台盾构机完成工厂验收。齐鲁黄河大桥进行桩基施工，钢栈桥率先贯通并投入使用。凤凰黄河大桥推进主桥及桩基、承台等建设工作，水中主墩正式开钻。济乐高速南延项目中，石济客专公铁两用桥各项手续全部完成，代建段桥梁主体结构完成，公路工程部分桥段开始桩基施工。济南黄河公路大桥扩建工程取得《防洪影响评价报告审查同意书》《准予行政许可决定书》等相关文件，项目工可通过评审，立项批复推进中。

重点片区建设。华山片区，约620公顷的华山生态湿地公园基本建成，国庆节期间向市民开放，并举办全市“首届环华山湖国际半程马拉松赛”及“第一届中国济南华山论坛”；片区11.8公里市政道路具备通车条件；230万平方米安置房全部开工建设，其中安置一区、二区部分地块11000多套安置房完成选房工作；华阳宫修缮完毕并重新对外开放。北湖片区、吴家堡片区，湖区开挖、安置房建设等工作有序推进。大学城片区，济南国际园博园完成改造提升并免费对外开放，华谊兄弟电影城一期“老济南街”工程完成主体结构验收，大学城实验学校仅历时8个月就完成主体施工并正式开学。西客站片区，西部会展中心项目展览中心部分主体基本完工，“印象济南”实现开园，迪卡侬项目达到竣工验收条件。济南养老服务中心于5月投入运营，滨河新苑、滨河新居和西部3000套公租房正式移交。

2018年12月建设完成的北园大街快速路西延工程 （房龙飞 摄）

市政工程建设。推进一批重点道路、断头路、瓶颈路等市政工程建设，舜德路北延、舜世路西延、凤鸣路、凤凰路隧道、和平路东延等工程通车，重点民生工程经十一路提前建成通车，北园大街快速路西延工程提前半年竣工通车。飞跃大道综合管廊、新东站二期综合管廊等项目快速推进。

棚改招商。全年承担棚改任务2220套，其中省级棚改任务1200套、市级棚改任务1020套，实际开工2336套，提前、超额完成征收拆迁、棚改旧改任务。全年新签约6个过10亿元项目，实际到账约3.1亿美元的外资，超额完成年度任务指标。

投融资工作。组建成立集团投融资工作领导小组，加大投融资工作风险的防控。发行33亿元企业债，是2018年山东省规模最大、当年度利率最低的企业债券，也是济南市有史以来获批最大规模、当年唯一一笔企业债券。集团所属西城集团退出银监会融资平台名单，成为首家退出银监会地方政府融资平台名单的济南市市级平台。集团率先在全市投融资平台中被评为AAA等级，下属西城集团国内信用评级为AAA级、国际信用评级为BBB级。 （杨方玉）

【济南城市投资集团】 2018年，济南城市投资集团深化企业整合调整和投融资改革，推进国际医学科学中心、中央商务区、济钢片区、环保科技产业园、老商埠片区改造、经十一路棚改旧改等重点项目，做好水、热、气等民生服务保障，参与拆违拆临、环保督察等多项重点工作。全年实现资金投放446.28亿元，实现资金收入352.93亿元；偿还集团项下债务本息83.92亿元，连续14年保持项下债务履约率100%。

片区开发。国际医学科学中心片区年内累计支付土地熟化资金223.26亿元，完成8700户、469万平方米拆迁；山东第一医科大学、质子临床研究中心、国家医疗健康大数据存储中心、高端医疗孵化研究中心等12个项目建筑面积500万平方米已开工。中央商务区片区安置区19栋安置楼全部开工，其中11栋主体封顶；文化服务中心项目竣工；市政道路一期90%以上快车道放开通行，市政道路二期和平路东延项目完成沥青摊铺，解放东路拓宽工程基本完成快车道沥青摊铺，新泺大街、华阳路等完成年度任务；引进金融总部30家、金融服务业机构70家，绿地、华润、平安、中信泰富、复星超高层开工建设。雪山片区村民安置房全部竣工并回迁安置，一、二期市政道路部分路段具备通车条件，龙脊河整治工程全面开工，保障房选址已确定。济钢片区完成济钢集团第一批13宗、386.35公顷《国有土地使用权收回合同》签订工作，城市设计方案基本完成。老商埠区保护与更新方面，确定商埠区保护更新范围，以成丰面粉厂保护性加固修缮项目为试点，为整个商埠区保护更新工作探索路径、积累经验；中山公园、济南宾馆地块加快编制规划方案；推进老商埠核心区内文保、特色建筑收购工作。

棚改旧改。列入2018年度市级棚户区改造计划项目2个，分别为洪翔路东项目、石佛屯董家等村及济西生活区项目，年度计划开工建设安置房4820套。截至年末，完成征收拆迁7633户，开工6573套（含货币化安置3773户），占年度任务的136.37%。提前一年完成经十一路17栋安置房建设。

助力生态环境攻坚。加快济南市东部老工业区搬迁改造，城投集团被市政府确定为济钢片区土地熟化主体，并负责筹措济钢搬迁费用260亿元，年内先行支付济钢100亿元。对长清区马山镇实施全镇域保护开发，统筹考虑全镇域发展，对53个村进行整合，实现乡村振兴。推进新能源和可再生能源利用，济南市（长清马山）生活垃圾暨污水处理厂污泥焚烧发电项目累计完成投资15451万元；逐步削减煤炭消费总量，推进重点领域电代煤、气代煤，济南港华、济南热电、济南热力、山东济华等共完成422.7兆瓦的燃气锅炉开发；推进充电站（桩）等新能源建设，年内确定选址建设36处，建成及在建场站21处（共143桩），待建场站15处。实施黑臭水体治理，历时2年完成原丁家庄沟（中央商务区范围内）和文庄沟黑臭水整治项目，于7月通过中央环保督察组检查，并于10月中旬再次通过国家环保督察组组织的“黑臭水体回头看”检查。

民生保障项目。供水方面，在章丘区建设白云水库，调蓄黄河水和地表水，该工程被纳入2018年济南市重点工程、山东省新旧动能转化重大项目；新建东湖水厂、旅游路水厂、南康水厂，更新老旧供水管网80.47公里，改造低压片区5处，整体提升供水管网设施硬件水平。供气方面，加快高压环网工程，济南能源、济南港华、山东济华高压环网工程开工，已建成148.1公里。推进LNG储气调峰站建设，共建设5座，其中3座已开工，其余2座完成场地初勘。供热方面，新用户开发面积约2300万平方米，其中老城区开户面积约276万平方米，解决了老旧小区居民供热难问题。照明方面，完成新建路灯5627盏，新装路灯变压器61台，112条道路实现路灯亮灯，基本实现城区路灯全覆盖，并向城市外围逐渐扩展的格局。停车场建设方面，新建舜耕山庄地下公共停车场、南辛庄学校操场地下停车场等项目，加强顺河高架桥下停车场运营管理。（李萌萌）

城市规划

【概况】 强化规划空间引领作用。坚持高水平规划、高水平设计，采取“一流团队创作、一流智囊咨询、一流平台支撑”编制模式，邀请大院名家、国内外知名团队参与规划编制，完成数十项规划成果，为城市发展提供科学引领和坚实保障。聚焦影响济南长远发展的重大战略性、宏观性、关键性问题，开展专题座谈30余场，发放调查问卷1万余份，组织技术审查会18次、专家咨询会5次，11项重点课题研究基本结题，已形成初步方案。完成先行区总体规划，完善先行区中心区及引爆区、崔寨高新产业城及起步区、黄河生态景观风貌带规划以及产业等10项专项规划，引导优质医疗教育文化资源向黄河北岸布局。总体规划获市政府批复，完成市政设施和综合交通、地下空间、生态环境等专项规划，促进山东第一医科大学、国家健康医疗大数据北方中心、质子中心等项目实施。优化城市功能布局，完成中央商务区7项专项规划以及“一湖一环”周边、长清大学城、新东站核心区等一批重点地区规划，加快推进济钢片区、南部山区、孙村

经十一路安置房项目 （市城投集团 供稿）

2018年1月25日，《济南新旧动能转换先行区城市总体规划》专家咨询会召开

（市规划局　供稿）

次中心、齐鲁科创走廊等规划，做好山东产业技术研究院、央企城、山东科学城、山东科技城选址。完成物流专项规划，明确国际内陆港空间布局。

提升城市功能品质。完成“城市双修”规划，编制“1+5”特色街区综合更新、城市交通主要出入口环境景观提升策划等专项规划，结合城市提升十大行动，协调部门、区县政府加快推进130余项实施项目，打造全省“城市双修”示范工程。开展总体、重点地区、专项三类城市设计20余项，完成小清河生态景观带城市设计、城市照明总体规划，编制泉城特色风貌带城市设计；建立城市设计管理信息化平台，实现75平方公里精细三维模型和750平方公里实景三维模型入库；出台提高建筑方案设计水平指导意见，制定建筑设计导则，出台城市设计管理办法、城市设计技术标准。贯彻乡村振兴战略，完成市区乡村建设规划、村庄规划编制技术导则、唐王镇乡村振兴规划以及长清黄河滩区迁建65个村庄、2个集中安置社区规划，起草加强全市乡村规划管理工作指导意见。强化市城乡规划委员会职能，组织召开规委会会议4次、审议议题16项，召开规委会专家咨询会议69次、论证项目109项。

提升规划服务效能。制定《济南市规划局优化营商环境若干措施》，9个事项实现窗口直办，19个事项实现“只跑一次腿”“零跑腿”。印发《标准地出让与告知承诺制试点审批工作办法》，大幅提高审查效率。对15项行政权力事项、2项公共服务事项统一规范，为规划审批服务事项办理提供明确指导，最大限度降低审批自由裁量权。累计研究审议复杂疑难项目281个，办理规划意见61个、1300公顷，规划条件41个、560公顷，建设用地规划许可441个、1743公顷，建设工程规划许可524个、3557万平方米，规划核实282个、2229万平方米；全面做好240个市级重点项目审批服务，完成中央商务区五大塔楼建筑方案审定。规范并恢复核发地下管线工程许可。启用“智慧规管”系统，对接市政务服务平台，推动部门间信息共享。启动市级地理国情普查基础性监测。实现基本比例尺地形图按需定期更新，推行大比例尺地形图免费供图，累计为25个建设项目免费供图32.7平方公里。推进地理信息公共服务平台向智慧城市时空大数据与云平台升级，申请推荐济南市列入新型智慧城市时空大数据与云平台建设试点城市。

【济南市新旧动能转换先行区总体规划（2018~2035年）编制完成】目标定位上，形成提升省会城市首位度，带动全省高质量发展的新增长极，建成城河共荣、绿色低碳的生态新区，动能转换、产业创新的智慧新区，传承文脉、以人为本的宜居新区，开放引领、协调共享的现代新区。发展规模上，规划期末（2035年），先行区城镇人口300万人，城镇建设用地约325平方公里；规划远景（2050年），先行区城镇人口335万人，城镇建设用地约360平方公里。空间布局上，形成“一轴两廊、一体两翼”的城乡空间格局。“一轴”即泉城特色风貌轴；“两廊”即沿黄河北岸形成带状组团分布的黄河北岸科创走廊和特色小（城）镇走廊；“一体”即先行区主体，由大桥组团、桑梓店组团、崔寨组团、特色小（城）镇组团、构成；“两翼”即济阳县城和齐河县城。加强黄河生态保护，促进实现城水融合，将黄河打造为两岸发展的纽带，创建黄河国家湿地公园。新旧动能转换上，集聚集约创新要素资源，发展高端高效新兴产业，形成“四新”产业体系，即新智造（交通装备制造、信息技术、医药制造、智能制造）、新科技（氢能源、石墨烯、量子科技）、新服务（智慧物流、科技服务、产业金融、创意设计）、新消费（智慧体验农业、文化旅游休闲产业、医养健康教育产业）。

【济南国际医学科学中心规划编制完成】 规划范围东至腊山河西路、京台高速公路，西至津浦铁路、济西编组站，南至小清河、槐荫区与市中区界，北至黄河、G35高速公路，面积约35平方公里。规划建设用地24.2平方公里，居住人口约24万人。坚持以医疗服务为核心，重点打造“医、教、研、产、养”五大产业集群共生共荣的医疗健康产业生态园。规划形成“两轴四区多廊”的布局结构：在规划范围内南北和东西方向形成“南北生态景观轴、东西文化健康轴”；依托济西湿地及黄河生态廊道等自然资源禀赋，采取组团式发展模式，打造“医疗硅谷、生命科技创新产业区、生态康复颐养示范区、健康智慧生活实践区”四大功能组团；利用现有生态肌理，依托原生态河道绿化，营造多条纵横交织、贯穿城市的生态景观廊道。

【济南市城市照明总体规划编制完成】 规划范围为济南市市域范围，规划重点区域为中心城区、新旧动能转换先行区、空港和章丘区，规划期限至2035年。在市域范围内划定高亮度环境区、中亮度环境区、低亮度环境区、暗天空保护区四类照明分区。分别就城市功能照明、景观照明两方面进行规划。其中，功能照明规划将城市道路按照四级提出亮度等级和功率密度控制要求，景观照明规划对建构筑物亮度、开放空间水平照度、光色和动态效果等方面提出控制要求，照明结构为“两核、三带、五心、多点”（“两核”指老城、中央商务区周边，“三带”指黄河景观风貌带、小清河景观风貌带、南郊山体公园带，“五心”指新旧动能转换先行区、西客站、孙村、新东站、临空经济区，“多点”指12个地区级中心以及长清、章丘2个卫星城中心）。

【推行工业仓储类项目规划审批容缺预审】 2月23日，印发《关于落实打造“十最”营商环境要求推行工业、仓储类项目规划审批容缺预审的意见》，对已出具规划条件，并确定为唯一用地意向单位的工业、仓储类项目，在尚未取得建设项目审批、核准或者备案文件、土地使用权属证件或国有土地使用权出让合同的情况下可以申请容缺预审，大幅缩减工业、仓储类项目规划审批时间。

【济南小清河生态景观带总体规划及景观设计】 10月11日，市城市规划专题会议研究通过小清河生态景观带总体规划及景观设计。规划方案通过协调城与水的关系，构建一幅趣味的城市画卷，让市民生活回归水岸；通过协调旧与新的关系，构建一个时空文化水廊，展示济南特色地域风情；通过协调蓝与绿的关系，构建一片水城相依的美景，形成安全稳定的城市生态网络。通过生态策略、交通策略、功能策略、公共服务设施策略、文化策略五方面技术路径，实现小清河重生，构建“一带四区五园”的规划结构。“一带”即小清河城市发展展示带，“四区”即源水而立、临水而兴、因水而荣、溯水而合四个特色片区，“五园”即清源康养——国际级综合康体旅游基地、悦动山韵——国家级特色赛事承办基地、风华济南——民族工商业风貌展示窗口、泉城印象——“泉城文化”城市名片、齐烟揽华——济南全域旅游集散中心。

【制定《关于提高建筑方案设计水平的指导意见(试行)》】 为进一步提高建筑方案设计水平，塑造良好的建筑外观风貌，提升城市品质，7月20日，市规划局制定出台《关于提高建筑方案设计水平的指导意见（试行）》，就加强城市设计研究、居住类项目配套设置、建设项目布局、建筑色彩、公建平面形式塑造、立面造型变化、建筑顶部处理、建筑外立面材料、标识与牌匾、专家审查与论证制度等10个方面提出具体要求。

【网格化规划编制管理模式】 对应行政区划边界，按照“区—街道—社区”三级划定“网格”，规划按“网格”编、设施按“网格”布、管理按“网格”控。规划编制阶段，将规划管控和设施配套要求全面细化落实到“网格”内，实现控规与专项规划的“控专合一”；规划条件出具阶段，统筹平衡区街网格配套需求，优先保障网格内民生设施落地实施；许可审批阶段，严格把控配套设施，做到“社会民生服务设施未完成建设的，相应区街网格统一建设周期内的商业、住宅项目依法不予规划核实，不予核发后续建设期内的建设工程规划许可证”；对接服务环节，建立常态化的专人包挂联系街镇服务机制，通过座谈会、交流会等形式，加强与部门、区县的沟通协作。

【实行大比例尺地形图免费供图】为优化营商环境，有效提升测绘保障服务质量和效率，市规划局自2018年8月13日起对济南市基础测绘成果范围内的大比例尺地形图实行免费供图，包括1:500比例尺地形图（840平方公里）和1:2000比例尺地形图（1780平方公里）。供图范围为已有基础测绘成果范围内，非军事禁区覆盖范围小于6平方公里的基本比例尺地形图数字化成果。单位申请免费供图后可按需求委托有资质的测绘单位进行修测、补测、工程测绘。

【加强历史文化名城保护规划】济南历史文化名城保护规划已上报省政府审议。2018年4月7日，芙蓉街—百花洲、将军庙、山东大学西校区（原齐鲁大学）3个历史文化街区保护规划获市政府批复，2处历史文化街区及周边城市设计、商埠区街道设计导则形成成果。济南市历史建筑普查名单、首批历史建筑名单经市政府批复并向社会公布，首批历史建筑保护图则向社会公布，完成历史建筑挂牌。开展历史文化名城保护条例、历史建筑保护管理办法调研，形成条例、管理办法草案。

（张　诚）

【城市燃气】全市城镇居民天然气用户187万户，天然气消费量13.8亿立方米，较上年增长19.67%，消费增长速率高于全国平均增速，天然气用气结构逐步趋于合理区间，冬夏季峰谷差有所减小。加快LNG储气调峰设施建设进度，建成1000水立方规模的西泉泸LNG气化站、300水立方规模的董家LNG气化站。10月，开工建设位于章丘区曹范街道办的LNG调峰储配站，工程一期3万水立方LNG储气设施，规划最终形成6万水立方储气规模，折合3600万立方米气态天然气储气能力。加快推进天然气高压外环管网建设，完成长度25千米的高压外环管网东环线北段（济阳—商河段），10月开工建设东环线（曹范—唐王段）。

【城市供热】截至年底，济南市集中供热面积2.08亿平方米，其中主城区集中供热面积1.70亿平方米。启动修编《济南市供热专项规划》，完成专家评审。成立济南市清洁取暖建设推进办公室，先后印发《关于进一步明确我市冬季清洁取暖工程和运行资金补贴有关问题的通知》《济南市2018年冬季清洁取暖实施方案》等文件，完成城市（县城）清洁取暖面积1412万平方米、农村清洁取暖户数7.77万户。完成2017~2018年采暖季集中式气代煤电代煤项目审计，配合市财政部门按政策拨付清洁取暖建设和运行补贴资金。

【海绵城市建设】全市海绵城市试点区域39平方公里，共实施包括城市水系、园林绿地、道路交通、建筑小区、能力建设等工程项目5大类43个，总投资78.31亿元，基本完成各项试点建设任务。通过汛期降水观测，试点区域积水内涝及马路行洪得到极大缓解。落实全面推进海绵城市战略，印发海绵城市专项规划及海绵城市试点区域控制性详细规划。出台海绵城市建设实施安排、规划建设管控、项目竣工验收等39项政策制度，形成海绵城市建设政策制度体系。

【安全生产监督】指导督促燃气、供热行业制定本企业安全生产年度目标并组织实施。市政府办公厅印发《关于加强餐饮场所燃气使用安全管理的通知》《关于进一步落实燃气供热行业反恐怖措施的紧急通知》和《济南市城市燃气突发事件应急预案》。开展各类应急演练42次，开展“查隐患、促整改、保安全”行动，查出一般隐患788处并全部整改完毕。组织燃气、供热企业开展“安全生产月”活动，开展安全教育警示与安全教育培训活动30余次，参与人员1400余人次。

（王海燕）

住房保障和房产管理

【概况】 2018年，济南市住房保障和房产管理局围绕全市优化营商环境的决策部署，规范提升住房保障管理工作，推进“放管服”改革，推出2项“零跑腿”事项和24项“只跑一次”事项，“贴心房管+”品牌更靓。

棚改旧改。全市棚改安置房实际开工71351套，完成年度任务118.55%。其中，省级棚改实际开工46673套，基本建成13499套，分别完成年度任务的113.37%、209.67%；市级棚改实际开工24678套，完成年度任务的129.75%。各区县、平台已签订政策性贷款合同121.31亿元，使用棚改专项债券69.97亿元。按时完成经十一路棚改项目房屋征收和安置房建设务，创造了“济南速度”；零散棚户区改造实现突破性进展，历下零散棚户区改造商定项目推进方案。全年实际签订拆迁补偿协议64794户，拆除面积1550.36万平方米，分别完成年度任务的122.61%、114.18%。

住房保障。公租房基本建成5325套，完成年度目标任务的178%。2014年轮候家庭实现“清零”，2600余户家庭通过资格复审并陆续选房入住；组织2018年度公租房新申请工作，4400多个家庭陆续选房入住，完成省政府下达的分配任务。出台《公共租赁住房使用管理办法》《社会组织建设公共租赁住房管理办法》，起草人才安居办法等政策文件。做好租赁住房补贴发放工作，发放补贴330户、86.9万元。自6月19日至7月18日，全市共受理登记申请家庭16616户，经民政部门低收入认定，并经公示无异议，有7739户申请家庭纳入本次公共租赁住房分配摇号范围；10月19日上午，济南市2018年度公共租赁住房分配摇号活动在市房产大厦举行。

城市更新。全年济南老旧住宅小区整治改造完成462个项目，涉及居民10万余户、761.5万平方米，总量居全省首位。既有住宅增设电梯工作推进超预期，227个单元开工建设，136部电梯竣工，发放财政补助1878万元。特色街区综合更新有序推进，共完成107栋、32.6万平方米建筑立面更新改造，9.3万平方米道路及地面铺装，13.8万平方米绿化更新提升。10月30日，全省老旧住宅小区整治改造工作推进会议在济召开，会议观摩了济南市七里山南村等4个老旧小区改造项目现场，通报全省工作进展情况，济南市住房保障和房产管理局、日照市水务集团等做经验交流发言。（周春竹）

【房产交易】 创新便民服务举措，存量房交易过户实现一次取号、一窗办结；存量房限购核查实现网上办理、“容缺受理”，进一步“减证便民”。印发实施《关于培育和发展住房租赁市场的实施意见》，推动济南市住房租赁交易服务平台建设使用。加大房地产中介行业监管力度，开展打击侵害群众利益违法违规行为专项行动，促进行业自律、规范经营。全市二手房共计网签成交49251套、面积360.39万平方米，同比分别增长-27.19%、-27.95%。其中，二手住房共计网签成交36636套、面积311.14万平方米，同比分别增长-28.27%、-28.71%。（周春竹）

【物业服务行业管理】 开展物业服务行业“标准建设年”活动，规范物业服务，30个项目被市物业协会评为标准化创建示范项目。推进住宅小区综合管理体制建设，加强物业服务监管体系和物业纠纷调处体系建设，将矛盾纠纷化解在基层。抓好全市物业行业安全生产工作，做好危旧直管公房维修防汛、平改坡工程排查整治工作。成立市级住房维修资金管理委员会，建立重大事项上报制度，强化住房维修资金监管；全年共交存维修资金16.97亿元，拨付使用1.25亿元。（周春竹）

【房改工作】 出台《关于清理公有住房出售历史遗留问题的通知》等政策规定，破解困扰房改长达十几年的历史遗留问题及审核难点。开发使用房改售房审核计价系统，实现核准与否、价格多少“电脑说了算”。截至年底，完成房改售房资料审核3109户，归集房改售房资金848.6万元。（周春竹）

【住房公积金管理】 济南住房公积金管理中心积极主动作为，推动住房公积金事业科学健康发展。全年住房公积金缴存额228.17亿元，新增缴存单位4602家，新增缴存职工 17.79 万人；办理公积金提取 169.65 亿元，发放个人住房公积金贷款 1.91 万笔、78.7 亿元。

发挥住房公积金住房保障作用。公积金制度普惠性显著增强，实现对各类劳动者的全覆盖；增加凭租房合同和发票据实提取住房公积金支付房租政策，提取限额大幅增加；提高仅凭无房证明提取支付房租和物业费提取额度，租购并举支持职工改善基本住房条件；严格执法，对所有停缴单位进行核查。从严整治房企拒公贷限公贷行为，在全国率先推出新建楼盘先办理公积金贷款准入后网签等措施，维护职工使用公积金贷款的合法权益。全年 191 个房地产开发企业、279 个项目、1655 个楼座开通可使用个人公积金贷款业务，分别比上年增长 66.08%、67.06%和 76.43%。

加大放管服改革力度。实施“一次办”“网上办”“综合办”改革。网上办业务大扩容，90%以上业务类型实现在线办理，为近 3000 个新注册公积金网厅业务单位邮寄数字证书；破解贷款业务环节多的难题，开发贷款网上申请功能；服务大厅设置综合服务窗口，归集、提取柜面业务一窗办理。推进信息共享减证便民措施，对接数据共享交换平台，实现不动产登记、房查证明、抵押等信息联网核查，简化办理要件。与银行数据链接，全年新增 7 家银行开展商贷按月委托提取业务。截至年末，签约公贷按月委托提取 8.88 万人，签约商贷提取 2.93 万人。 （张小溪）

【住房公积金信息化建设】 国产密码应用试点工作完成。作为济南政务云计算平台国产密码应用试点单位之一，积极进行技术开发，2018 年 10 月，使用数字证书实现对公积金缴存单位的身份认证、电子签章在用户回执上加盖印章 2 项功能。双贯标工作率先在全省通过住建部验收。确立公积金标准数据体系，对公积金业务全账户、全业务、全流程覆盖，公积金资金、业务和财务信息的自动匹配、每笔资金留痕，实现实时监督全部资金交易动态功能，该项目入选智慧泉城十大工程。 （张小溪）

【住房公积金风险防控】 以长期逾期款回收作为重点工作，全年共清收逾期贷款 4.07 万户、4658.83 万元；以双贯标验收为契机，建立公积金归集贷款业务流水账、资金流水账、财务明细账三账平衡匹配的财务结算模式，公积金资金结算安全性、时效性、准确性进一步提升。开展定期风险排查，每月对业务运行风险点进行系统自查并整改，同时发挥审计稽核工作的监督和服务职能。 （张小溪）

城市绿化

【概况】 2018 年，全市林业和城乡绿化系统实施“绿满泉城·美丽济南”城乡绿化行动，推进城市生态绿化提升工程，千方百计增加绿色资源总量，“国家森林城市”“国家园林城市”建设成果得到进一步巩固。年内共裸土覆绿 1700 万平方米，绿化提升山体 35 座，建成山体公园 6 处，建绿透绿 964 处、150.3 万平方米，新建街头游园、口袋公园 103 处，渣土山生态覆绿 166.67 公顷，同比减少主城区飘絮六到七成，新增造林 3386.67 公顷，建设农田防护林 700 公顷，建成绿色通道 120 公里。

截至 2018 年底，全市林地面积 22.92 万公顷，其中有林地面积 18.79 万公顷，森林覆盖率 24.27%；

市中区鳌子山山体公园 （市园林和林业绿化局 供稿）

建成区园林绿地面积 17483 公顷，建成区绿地率 36.01%，建成区绿化覆盖率 40.73%，人均公园绿地面积 12.02 平方米；经济林种植面积 6.50 万公顷，花卉种植面积 0.31 万公顷，林业产值 199.76 亿元；湿地公园 17 处（其中国家级湿地公园 3 处、省级湿地公园 10 处、市级湿地公园 4 处），湿地面积 22011.8 公顷（国土二调数据）；有森林公园 33 处、自然保护区 4 处、国有林场 12 处；建成郊野公园 4 处。

【规划编制】 2018 年，市林业和城乡绿化局坚持规划先行，提请市政府制定出台《开展“绿满泉城·美丽济南”城乡绿化行动的实施意见》《加强湿地保护修复工作的实施意见》《裸露土地绿化工作实施方案》《山体绿化提升和山体公园建设三年行动实施方案》等 6 个规范性文件，进一步统筹谋划省城绿色空间。

【裸土覆绿】 2018 年，市林业和城乡绿化局动员社会各方力量，按照“快、大、全”要求，因地制宜、宜草则草、宜树则树、宜花则花，持续推进裸土覆绿行动，完成裸土覆绿面积 1700 万平方米，绿化高架桥桥柱 3394 根，治理路沿石 26.54 万米。

【飘絮治理】 2018 年，市林业和城乡绿化局研究实施“建、换、控、抑、治”的飘絮治理“五字”工作法，加强市区联防联控，大幅度减少飘絮对市民生产生活的影响。据统计，2018 年城区杨柳飘絮同比减少六到七成。

【山体绿化提升及山体公园建设】 2018 年，市林业和城乡绿化局遵循“生态、自然、野趣，节俭、安全、易游”原则，推进山体绿化提升和山体公园建设，20 处山体公园已完成三年行动任务总量的 55%，其中 6 处已提前完工；35 座山体绿化提升工程全部完工。加快推进郊野公园试点建设，章丘葱岭、长清北大山、平阴环秀、历城云台寺 4 处郊野公园提前完工。

【建绿透绿】 2018 年，为满足市民绿色休闲需求，市林业和城乡绿化局持续推进建绿透绿、见缝插绿、多元增绿，因地制宜建设街头游园、口袋公园。完成建绿透绿地块 964 处、竣工面积 150.3 万平方米；新建街头游园、口袋公园 103 处，其中斜马路口袋公园、牧牛山公园等 20 处公园（游园）被评为“双十佳公园”。

（张秩通）

【概况】 围绕生态文明建设要求和绿色发展理念，全市公园风景区服务管理再上新水平。第十一届中国（郑州）国际园林博览会济南园获室外展园综合金奖和植物配置、展园设计、优质工程、建筑小品等多项专业大奖。

推进风景名胜区规划编制报批，全面启动千佛山国家级风景名胜区总体规划编制工作，推进大明湖省级风景名胜区总体规划修编工作，《济南市属公园、风景区文化发展总体规划》编制工作和公园景区文化策划第三方服务工作稳步推进。制定《济南市风景名胜区重大建设工程项目选址方案核准工作管理办法》，为全市风景名胜区内重大建设工程项目管理提供政策依据。

审修《济南市生态保护红线划

第十二届中国（南宁）国际园林博览会济南园　（市园林和林业绿化局　供稿）

2018 年 2 月 16 日至 3 月 7 日，济南市第三十九届趵突泉迎春花灯会在趵突泉公园举办 （市建委　供稿）

定优化方案》《生态保护红线管理办法（暂行）》（征求意见稿）、《济南市名泉保护总体规划》（征求意见稿）等文件。与省住建厅对接，做好省级行政权力事项调整涉及风景名胜区工作的承接工作。推进公园风景区内名泉泉池保护管理，进一步摸清泉池分布情况及现状，并分类建档，做好名泉申遗、第三届泉水联盟年会、泉水节等相关工作。

【公园风景区建设】 完成千佛山景区重点区域环境整治、英雄山风景区山体生态修复等建设工程，完成第一泉风景区 “一湖一环” 和明湖秀项目的建设任务和前期运营工作。加大公园景区服务建筑、景观照明、给排水、护栏等基础设施改造力度，公园景区服务设施进一步完善。公园景区 14 项绿化整治提升项目全部完工，共栽植乔灌木 11.5 万余株，补植、更新草坪、地被近 5 万平方米。完成 2019 年度年票系统升级维护，年票办理实现移动支付（支付宝和微信支付）全覆盖。推进“互联网+旅游”模式，第一泉新增自助售取票、手机刷码入园等服务，11 处泉水直饮台全部实现二维码免费取水，智慧景区初见成效。全年组织综合检查和专项检查 7 次，发现并整改现场问题 120 余项，各公园、风景区排查并整改安全隐患 200 余项。强化外部监督，继续发挥第三方监督测评机构的专业优势，公园景区园容精细化管理、安全管理和综合服务水平持续提升。

【群众性文化游园活动】 制发《关于加强公园风景区游园活动管理的通知》，明确对文化活动内容、安全、组织的管理。市建委所属各公园风景区围绕“园林新春大拜年”“园林市民文化月”“金秋园林游园会”等系列主题，开展园林特色鲜明、内容丰富多彩的群众性文化游园活动，全年共策划组织文化游园活动 80 余项，其中趵突泉迎春花灯会、大明湖文化庙会、千佛山重阳山会等深受市民游客欢迎。举办菊展、荷展、水仙展等专业展出，发挥动物园、植物园、森林公园等资源优势，举办主题科普活动。

【南宁园博会济南园建成开放】 12 月 6 日，第十二届中国（南宁）国际园林博览会在广西南宁开幕，济南园以“鹊华烟雨”为主题，模拟鹊山与华山景色，再现济南湖光浩渺、山势俊秀的自然风光。展园占地面积 2335 平方米，总投资约 380 万元，于 5 月 17 日开工，10 月 15 日完成竣工验收。共建成水系 680 平方米，园林建筑 6 座，桥 4 座，垒砌假山石 450 吨，栽植乔灌木、水生植物 6500 余株，地被、草坪 2000 平方米。展会期间，济南园作为展示济南城市形象的重要窗口，获得专家和游客的一致好评。

（释　冰　张秩通）

【概况】 2018 年，济南市城市管理局、城市管理行政执法局实施“521”（5 是指拆违拆临决胜战、垃圾死角歼灭战、蓝天保卫战、市容环境攻坚战、作风建设持久战，2 是指城管工作责任制、城管事项考核制，1 是指城管作业标准化）工作体系，全力推进城市提升工程。落实《济南市城市建筑垃圾管理条例》，配套出台《建筑垃圾处置审批管理实施细则》《济南市建

筑垃圾违法处置行为有奖举报细则》《济南市建筑垃圾运输企业考核记分管理办法》《济南市建筑垃圾治理试点工作方案》《关于促进建筑垃圾资源化利用的意见》5个文件，提请印发《济南市人民政府办公厅关于建立济南市建筑垃圾综合治理工作联席会议制度的通知》《济南市人民政府关于加强市区清除冰雪工作的通告》，推进《济南市户外广告设置管理条例》立法修改进程，提请废止《济南市城市机动车辆清洗保洁管理规定》。在省住房和城乡建设厅举办的全省城市管理执法队伍岗位知识和队列竞赛决赛中，济南市岗位知识竞赛代表队获决赛团体一等奖，济南市队列竞赛代表队获决赛第一名并获一等奖。

【拆违拆临】 市城管执法局全年累计拆除违法建设37767处3427.96万平方米、建绿透绿150.3万平方米，分别完成年度任务的103%、167%，拆违总量在全省17地市中排名第一，占全省拆违总量的31.6%；拆除楼顶标识4507处(块)、26万平方米，拆除提升牌匾标识24457处（块）、53.3万平方米，拆除依附公共设施设置的户外广告580余处，拆除出让路段内部绿化带灯箱、人行道灯箱广告和部分立柱广告1271处，拆除条幅、道旗等临时广告7231处。

【垃圾死角歼灭战】 市城管局出台《全市垃圾死角歼灭战实施方案》，召开垃圾死角歼灭战部署会，全年以爱国卫生月、迎国庆、迎春节3个时间节点为重点，开展“垃圾死角歼灭战”集中行动。全年清理整治341处各类垃圾死角，其中生活垃圾189处、大件垃圾51处、建筑和装修垃圾66处、混合垃圾35处。

【市容环境整治】 铁路沿线整治。对铁路沿线重点区域实施样板整治，完成京沪高铁、胶济铁路等沿线30片重点区域的治理和提升，绿化面积约56万平方米；济青高铁和石济客专1365处环境问题全部完成整改。杆线整治工作。全年“梳理、捆扎、入地、剪除”线缆740万米，拔除废弃线杆1472根、更新粉刷光缆交接箱4711个；城区主干道线缆92条30万米，已入地79条24.3万米，主干道线缆入地率81%。非法小广告治理。实施源头打击非法小广告，对3198个通讯号码实施停机处罚；出动清理人员12万人次，清除覆盖乱贴乱画及非法小广告134万处；财政投入200万元专项资金对驻济院校、旅游景点、商业区周边的灯杆进行特殊材料粉刷。占道经营整治。取缔流动商贩34880人次，高峰时段盯守重点部位14708处，规范店外乱摆和“伸舌头”经营26376处；开展11轮专项督查工作，发现违法占道经营问题240余处；设置455处应季西瓜临时销售点和51处白菜临时直销点。

【蓝天保卫战】 道路保洁工作。配置保洁人员1.2万余名，大型道路保洁车辆750余辆、小型电动捡拾车2640余辆，城区道路机械化清扫率达100%；推广洗扫车、洒水车、清洗车联合作业模式，为城市居民提供良好出行环境。露天烧烤整治。将主城区范围内全部划为“禁烧区”，“禁烧区”范围已达86个街办（镇）。建筑渣土整治。制定出台《济南市建筑垃圾治理试点工作实施方案》，开展渣土运输“平槽行动”“净车行动”等，加大对渣土处置运输过程中违法违规行为的打击力度；加快新型智能环保

2018年3月29日，济南市总工会表彰拆违拆临建功立业竞赛活动先进
（刘甲　摄）

渣土车推广，截至年末，全市经核准的建筑渣土运输企业126家，共有核准渣土车3869辆，新车占比达99.3%，机械密闭装置安装率和卫星定位系统安装率均达100%。

【提升环卫水平】 生活垃圾分类。3月28日，市委办公厅、市政府办公厅印发《济南市生活垃圾分类工作总体方案（2018～2020年）》（济厅字〔2018〕14号），对全市生活垃圾分类工作进行部署，成立市生活垃圾分类工作领导小组，办公室设在市城管局。城乡环境整治。全市先后召开4次会议，推进城乡环卫一体化工作，加大对贫困村的扶持力度，提升贫困村环境卫生水平；在南部山区、章丘区、济阳区、长清区100多个村庄开展农村垃圾分类试点工作。环卫设施建设。指导各区按照二类及以上标准建设改造公共卫生间213座；建成济南市首座有害生活垃圾暂存间，年贮有能力达150吨以上；第二生活垃圾填埋场二期工程建成投用，光大生活垃圾焚烧发电扩建项目建成运营，章丘区生活垃圾焚烧发电项目主体工程基本建成，长清马山生活垃圾暨污水处理厂污泥焚烧发电PPP项目有序推进。

【细化城市管理责任制】 作风建设工作。印发《全市城管系统“强基础、转作风、树形象”三年行动方案》，推动全市城管系统建立岗位责任制，组织制定1300多名工作人员岗位职责。行政审批工作。公布市城管局“一次办好”事项目录清单9项，其中行政权力8项、依申请公共服务事项1项；印发《关于工程建设项目行政权力“全链条”下放工作的通知》；开展“只跑一次”办成“事”活动，制定完善“只跑一次腿”实施办法。行政执法。对行政权力清单、责任清单、行政处罚裁量基准进行动态调整，明确行政强制执行权由法律授权的机关依法行使；重新梳理和报送行政权力事项、处罚裁量基准等行政处罚与行政强制权力网络运行工作所需要的相关资料信息。

【智慧城管建设】 市数字化城管中心利用数字化城管平台案件应处置数字化城管系统平台受理案件700925件，应处置560302件，处置559327件，处置率99.83%。推进科技城管、智慧城管建设，与浙江大华技术股份有限公司合作组建智慧城管联合实验室，重点研发人脸识别和违章行为识别2个系统。在监督考评建设方面，采取“数字城管+媒体”模式，对难点、热点问题及典型案件，采取多种方式予以曝光。济南市城肥清运管理二处完成“智慧城肥综合调度指挥平台”研发、测试工作。济南市机械化清扫大队为70余台车辆安装车辆识别定位系统，提升管理智能化。

（张　辉）

【概况】 2018年，济南市空气质量综合指数为6.30，同比改善10.5%，在全国169个重点城市空气质量排名中排倒数第26名，与上年持平。空气质量优良天数192天，优良率52.6%，同比增加12天。6~9月连续4个月PM2.5平均浓度达到国家标准、二氧化硫平均浓度8.5微克（国家标准60微克），4~8月连续5个月二氧化硫平均浓度达到国家标准（40微克），实现历史性突破。全市7个省控以上河流考核断面中，5个实现水质类别提升，省政府考核济南市12处城镇集中式饮用水水源地中，除平阴县前寨凌庄水源地因天然背景值原因总硬度超标外，其他均达到或优于Ⅲ类。承接完成省级下放重点项目环评审批工作，全市共计审批建设项目环评文件2407个，建设项目登记表备案15422个，建设项目环境保护竣工验收1782件。通过149个建设项目的环评文件，同比增加50%；组织对环评机构进行环评文件质量审核。50个水污染物减排项目和87个气污染物减排项目全部完成，化学需氧量、氨氮、二氧化硫和氮氧化物分别较2015年削减8.96%、9.86%、18.32%、16.9%。开展地方法规及政府规章制定工作，修订《济南市扬尘污染防治管理规定》；开展生态环境损害赔偿改革，印发《济南市生态环境损害赔偿改革工作实施方案》；加强信用体系建设，首次对3家严重环保失信企业开展联合惩戒，落实绿色信贷政策。完成2016年大气源清单的补充修订、2017年清单编制，完成空气质量多模式集合预报和重污染天气预警系统的建设；推进济南市臭氧成因解析与控制对策研究专项工作；成功申请1项国家自然科学基金青年基金，7项省自然科学基金通过形式审查。全年共争取中央和省级环保资金、省级专项债券6.84亿元。

【环保督察迎察及问题整改】 中央生态环境保护督察"回头看"督察期间转办济南市32批共641个信访件，比上年减少一半以上，数量仅占全省的13.1%，全部办结；中央环保督察反馈27个问题完成整改13个，1399件信访件完成销号1336件，拆除卧虎山水库一级保护区内画家村等46处建筑和218处农田看护房。稳步推进省级环保督察反馈的50项问题整改。

【大气污染防治】 制定《济南市打赢蓝天保卫战三年行动方案暨大气污染防治行动计划（三期）》。推进扬尘集中整治和大气污染联防联控，加强8位市级领导带队督导及24小时巡查监督，实行考核和末位约谈制度。强化工业企业大气污染防治，开展工业炉窑淘汰、燃气锅炉低氮改造和生物质锅炉超低排放改造，督促闽源钢铁开展有组织和无组织超低排放改造；开展汽车维修拆解、印刷、表面涂装、有机化工行业废气专项整治行动；对全市298个工业企业堆场开展综合整治，严格监管全市369家执行国家特别排放限值单位达标排放，清理整治19家新发现散乱污企业。加强机动车污染防治，开展老旧车柴油车报废更新补贴工作，淘汰国三老旧柴油车10480辆；禁止达不到济南市现行注册登记排放标准外地二手车转入，审核外埠转入机动车4591辆；发布并实施机动车排放检验与维护（I/M）制度；联合路检及停放地监督抽测各类型机动车13.8万辆；对国四以下重型柴油车实施区域禁行，依法查处闯限行违规柴油车6.2万辆；开展公交车辆实况排放检测及分析工作；推进非道路移动机械监管工作，开展监督检查38次；对全市607家加油站开展3次油气回收治理改造，74家加油站安装在线监测系统。组织修订并印发重污染天气应急预案及减排措施清单，组织各成员单位督促各项应急减排措施落实，有效应对6次重污染天气。继续实施工业企业蓝绿名单制度，23家、31家企业分别纳入2018~2019年蓝色、绿色清单。加强秸秆禁烧，夏季实现零火点，秋季未发生大面积焚烧秸秆污染空气现象。

【水污染防治】 推进污水处理厂新建、扩建工程，完成市区污水处理站提标改造工程和小清河生态清淤工作，推进雨污分流改造，小清河干流污水量大幅度减少，污水直排问题得到解决，辛丰庄断面水质明显改善。推进流域水环境质量持续改善，加强市控重点断面水质管理，每月公开县区考核排名和断面达标情况；推进黑臭水体整治，顺利通过两次国家黑臭水体专项督查，31条黑臭水体全部完成整治。加强饮用水源地环境保护，调整集中式饮用水水源地保护区范围，开展集中式饮用水水源地环保专项行动，184个环境违法问题有82个完成整治，基本完成农村分散式和贫困村饮用水水源地保护范围划定工作。开展省定贫困村和黄河滩区饮用水源地保护工作，完成96个贫困村和16处黄河滩区水源保护工程以及保护区清理整治和千吨万人以上水源地调查监测任务。

【自然生态保护】 牵头"土十条"落实、协调、自评工作，落实土壤污染防治责任制，开展农用地土壤污染状况详查，印发《济南市土壤污染治理与修复规划（2018~2020）》；推进济钢、裕兴等污染地块土壤修复工作，开展重点工业企业土壤详查，完成197个村庄环境整治任务。印发《济南市畜禽养殖污染防治规划》，会同畜牧部门组织建立长效监管机制，开展联合督查行动。联合推进自然保护区"绿盾2018"专项行动，省级自然保护区73处环境问题整改全部完成，2处市级自然保护区总体规划编制工作基本完成；通过省政府组织的省级自然保护区专项整治督查。印发《关于全面加强生态环境保护坚决打好污染防治攻坚战的实施意见》，出台《济南市加强污染源头控制推进"四减四增"三年行动方案》，推进小清河综合治理等八大攻坚战，形成多元共治、标本兼治、全力攻坚的环境治理结构；出台《济南市南部山区生态补偿实施方案》，成为全省第一个区域生态补偿实施方案；完成全市生态保护红线划定，继续完善环境总体规划暨三线一单编制（"三线一单"指生态保护红线、环境质量底线、资源利用上线和环境准入负面清单）。推动商河县、济阳区开展生态文明建设示范县创建，济阳区成为全省

为方便市民生活设置白菜临时直销点　　（张辉　摄）

首个通过省级生态文明建设示范区规划论证的区县。

【环保执法监管】 开展2018泉城环保利剑行动，首次实现市、区县联合交叉互查，组织6次专项检查，检查企业426家，发现问题791个。全市共立案查处各类环境违法案件874件，罚款4604万元；对7家环境违法企业实施按日计罚，查封扣押3家；各级环保部门向公安机关移送涉嫌环境污染刑事案件6起、行政拘留案件9起。受理市民服务热线等来电来信来访26852件，办结率100%。办理人大代表、政协提案21件，办结率100%，满意率100%。印发《济南市深化环境监测改革提高环境监测数据质量实施方案》，重点排污单位全面安装自动监控设备，推进污染源总磷、总氮自动监控安装建设，开展挥发性有机物自动监控试点、企业用电量在线监控试点和排污单位开展自行监测。完成2000个空气质量微站建设，实现大气颗粒物公里级网格监控预警。完成屠宰及肉类加工、水处理等行业64家排污单位排污许可证申请核发及56家排污单位排污许可证的变更核发。

【环境风险防控】 开展环境安全大检查和放射源专项检查，检查企业337家，32处一般环境安全隐患完成整改，2处重大环境安全隐患跟踪督办；全市206家环境风险源单位完成企业突发环境事件风险评估系统填报，初步形成全市风险源企业环境应急信息数据库。梳理全市涉重金属重点行业企业，严格控制新增重点重金属排放；核发辐射安全许可证193件，从源头控制核技术利用单位依法从事辐射工作；首次组织召开济南220千伏西河输变电工程行政许可听证会，化解群众矛盾。制定《济南市打好危险废物治理攻坚战作战方案（2018~2020）》，推进腾跃公司二期扩建项目、新建医疗废物处置设施项目。

（王琳瑞）

责任编辑　王　炜

教育

综述

【概况】 全年全市教育工作以回应百姓需求，办“有温度”的教育为目标，以公平、均衡、服务、质量为关键词，深化教育改革，推进教育事业发展。

全面推进基础教育资源优化配置。实施《基础教育设施三年建设规划》，至2020年建设教育设施385所，增加学位34万个。教育千人指标提高20%，用地指标提高30%~50%，每所学校落实到四至边界。出台《教育资源优化配置实施意见》《基础教育设施建设管理导则》，创新五大“卡口”，实现“五同步”。完成110余处小区配套教育设施规划审核，涉及教育设施300余处，在8次国有建设用地使用权招拍挂会议中严格审核配套教育情况，捆绑建设教育设施77处；配合市城乡建设委对不履行教育配建义务的开发商进行整治。

超额完成各专项工作目标。为民办实事。计划开工学生集中就餐场所50所，实际开工129所，完工87所；解决大班额建设中小学26所，全部完工，完工率全省第一；成立黄河滩区迁建教育工作组，实施《黄河滩区脱贫迁建教育专项方案》，完成年度任务，省滩区迁建专项小组办公室、省教育厅推介济南经验；实施高中普及攻坚计划，26所学校纳入教育部专项系统；完成《国民经济社会发展十三五规划》《基本公共服务均等化十三五规划》《城镇化发展十三五规划》中期评估任务。中心城计划开工教育设施105所，实际开工134所，完工81所，新增学位7.1万个；济南大学城实验高中等6所高中及一批重点项目顺利完工投入使用，各直属学校基建维修任务顺利完成；编制下达市属高等学校及中职学校招生计划，中等职业学校招生计划增长5%，其中三二连读计划增长26%。

推进教育事业统计工作标准化。市、区县、学校建立统计领导小组，完善管理制度，开发代码维护、数据采集台账和《教育事业发展监测指标体系》，涉及监测指标221项，组织2轮数据质量核查和统计档案检查，编印《年度统计手册》《教育事业统计应用手册》，对外提供数据90余次。

加强学校安全风险防控，年内全市未发生较大以上校方责任安全事故。聚焦“两个清单”，筑牢安

2018年2月26日，全市教育工作会议召开 （市教育局 供稿）

全防控责任体系。在全省率先实施学校安全风险清单和责任清单，与网格化、实名制管理相衔接，将310个风险点逐一分解，夯实基层基础。聚焦安全素养培育，提高应急处置能力。安全教育在线教学覆盖学校（幼儿园）1916所、17534个班级、735787名学生，覆盖面81.7%，完成率95.3%以上，分别比上年提高8.6、9.1个百分点，排名均列全省第一；“1530”安全警示教育实现制度化、常态化，在全省教育系统进行全面推广。聚焦部门联动，开展欺凌防治、周边综合治理和扫黑除恶专项斗争。联合市多个部门或以市政府名义出台相关文件，制定工作方案，开展联合检查，化解涉校纠纷114起，整治隐患1565处，妥善处置相关学校突发事件。17所学校被评为全省平安校园示范校，183所学校被评为全市星级安全校园。省教育厅在济南市召开全省欺凌防治现场观摩会。聚焦服务创新，多形式破解学生交通安全问题。协调公交公司为61.4万中小学生办理学生乘车优惠卡，年刷卡人数200万人次。定制公交128辆，线路108条，站点439个，解决了5355人上下学问题。发展专用校车692辆（含幼儿专用校车119辆），服务学校395所（含幼儿园114所），服务学生44505人。与公安交警、交通运输部门定期开展联合检查，全年运营68.5万班次无事故。

教育经费投入增加，全面精准落实学生资助工作。增加教育经费投入，落实国家教育经费保障政策。全年全市地方教育经费总投入206.65亿元，比上年的187.81亿元，增加18.84亿元，增长10.03%。财政性教育经费投入167.65亿元，比上年增加14.20亿元，增长9.25%。其中：一般公共预算安排的教育经费160.85亿元，比上年增加10.47亿元，增长6.96%；政府性基金预算安排的教育经费4.44亿元，比上年增加3.53亿元，增长388.25%。非财政性教育经费收入39.01亿元，比上年增加4.65亿元，增长13.53%。一般公共预算教育支出和按在校学生人数平均的一般公共预算教育支出逐步增长。全市一般公共预算教育经费151.13亿元，比上年的143.33亿元增长5.44%；全市各类学校生均一般公共预算教育事业费支出增长情况分别是：幼儿园5883.12元，比上年的4577.42元增长28.52%；普通小学12567.91元，比上年的11019.00元增长14.06%；普通初中18684.57元，比上年的17237.25元增长8.40%；普通高中18661.61元，比上年的14447.03元增长29.17%；中等职业学校22851.34元，比上年的19610.75元增长16.52%；普通高等学校14584.07元，比上年的13852.22元增长5.28%。

提升学前教育经费保障水平，出台学前教育生均公用经费政策。自2018年起，按照公办园、普惠性民办园每生每年分别不低于810元、1000元标准拨付，分别高于省定标准100元、290元，走在全省前列。继续落实城乡义务教育经费保障机制政策，小学、初中每生每年810元、1010元；落实农村寄宿制学校和小规模学校生均公用经费补助政策，对寄宿制学校除正常公用经费拨款外，按生均200元补助公用经费；对农村不足100人按100人补助公用经费；超100不足200人按200人补助公用经费。全年共安排各类义保经费3.9亿元，惠及学生63万余人。

全面落实学生资助政策，全市累计支出各级各类学生资助金2.93亿元，受益学生约13.9万人。其中，学前教育助学金1992万元，资助幼儿16848人；中等职业教育助学金617万元，资助学生3086人；中等职业教育免学费7690万元，资助学生39083人；义务教育学生生活费补助4582万元，资助学生45212人；高中国家助学金1915万元，资助学生9848人；建档立卡免学费2020万元；高校奖、助学金7077万元，资助人数19549人；办理生源地助学贷款3313万元，贷款人数4060人；大学生服兵役学费补偿1163万元，资助人数872人。全力落实脱贫攻坚任务，对建档立卡家庭经济困难学生高标准资助。秋季确定全市建档立卡贫困家庭学生共计7632人，拨付并发放市级资助资金2020万元。

出台师德建设意见，推进教师职称改革。出台《济南市教育局关于加强新时代中小学教师师德师风建设的实施意见》《济南市中小学教师师德考核办法》等文件，健全师德考核机制，强化师德考核结果运用。全年共接到有偿家教投诉举报线索109件，组织查处行动125次，查处有偿补课在职教师83人，处理相关责任人员108人。

深入推进“县管校聘”管理改革。深化中小学职称制度改革，将岗位核定权、中级职称评审权下放区县，提高中小学中、高级职称岗位结构比例，全市共增设中、高级岗位5900多个，17名中小学教师晋升为正高级教师，819名中小学教师晋升为高级教师。3598名教师参加城乡校际教师交流轮岗。

推进乡村教师支持计划，开展两期乡村教师培训。360名乡村骨干和薄弱学科教师参加培训。实施农村学校特级教师岗位计划，为农村义务教育学区设立42个特级教师岗位。实施精准扶贫，开展对口援助，为重庆武隆、湖南湘西、临沂培训骨干校长和教师100名，选派200余名骨干教师、校长和志愿教师赴重庆武隆、湖南湘西支教，选派42名优秀教师参加西部经济隆起带和“三区”人才支持计划开展支教活动，安排1317名师范生到乡村学校实习支教。

推进学校语言文字规范化建设工作。制定《济南市语言文字规范化学校达标建设工作方案》，下发了《关于进一步加强学校语言文字规范化建设工作的意见》。完成1199所学校的达标建设工作，占总达标率的65.52%。率先在全省开展了普通话普及县域验收工作，认定天桥区达到普通话普及县域验收工作的目标要求。

落实督政职责，完成“全面改薄”任务，增加农村教育资源供给。调整成立由孙述涛市长任主任，王桂英副市长任副主任，教育局等11个部门主要负责人为成员的教育督导委员会，有效推动教育方针政策、法律法规和济南教育重点工作的贯彻执行。加快对区县政府履行教育职责评价政策的研究制定工作，拟定了实施方案，细化具体指标，将评价内容细化150项评价点，规范实施程序，强化结果运用。经市政府11个部门会签，报市政府常务会审议通过。完成迎接国家对省政府履行教育职责评价的实地抽查任务。

在上年基本完成改薄任务的基础上，科学调整规划，调整后规划投资10.41亿元，比原规划增加58.23%；校舍建设面积增加12.31万平方米，校园配套设施增加256个项目，设备购置增加0.53亿元。采取周调度、月通报，督导检查进度较慢区县等方式，督促和指导区县加快项目实施进度，2018年底全部完成改薄建设任务，累计完成校舍建设36.35万平方米，校园配套设施1.07亿元，运动场地54.94万平方米，设备购置1.76亿元。农村义务教育学校基本办学条件得到较大改善，进一步缩小了城乡、校际的办学差距。与财务、安全处组成督导组开展全面改薄和中小学冬季取暖专项督导，抽查四个区县32所学校（幼儿园），督促加快改薄项目建设进度，确保“20条底线”达标，落实清洁取暖保障要求，全面改善办学条件。

【招考工作】 全年共组织各类考试26项，组考人数1482602人次，较上年增加近10万人次，创历史新高，总体规模和增幅居全省之首。组考质量处于全省领先地位，所有夏季高考考点全部被评为省级优秀考点，市招考院被评为2018年度空军招飞工作“先进单位”，考试和招生组织工作受到了省、市领导及上级招考委、教育行政部门的充分肯定。

普通高校招生考试。春季高考报名11437人；夏季高考报名36693人，与上年基本持平；组织了73所省外高校艺术类专业测试，累计报考27万人次；高等教育专升本考试报名14878人，比上年增加1881人；完成驻济高校本科走读生计划1060名。其中：济南大学600名、山东财经大学260名、山东建筑大学200名。录取分数线如下（表1）。

2018年，各批次录取控制分数线及资格线如下（表2）。

研究生招生考试。硕士研究生考试报名30159人，比上年增加4612人。

表1 **部分大学录取分数线**

科类 院校	本科录取线			
	全省线		走读线	
	文科	理科	文科	理科
山东财经大学	586	554	561	546
山东建筑大学	556	505	545	486
济南大学	571	539	552	523

表 2　　高考录取控制分数线

批　　次	文　科	理　科
	全省线	全省线
普通本科批录取控制分数线	505	435
自主招生最低录取控制参考线	550	517
艺术类文化课录取控制分数线	483	433
高水平运动员、艺术类(享受65%分值考生)录取控制分数线	328	282
专科(高职)分数线	170	170

成人高校招生考试。高等教育专科升本科考试，报名 14878 人，比上年增加 1881 人。

初中学业水平考试。完成初中学考试题命制、印刷、考试、阅卷及成绩发布等工作任务，共有 120525 名考生报名参考，比上年减少 3426 人。7 月完成高中阶段学校录取工作，全市普通高中计划招生 37530 人，共录取 37352 人，录取率 99.53%。职业学校共录取 13535 人（不含技校 1608 人）。

普通高中学业水平考试。高中学业水平考试报考 120755 人（夏季报考 75136 人，冬季报考 45619 人）。

高等教育自学考试。高等教育自学考试共报考 119379 人，325894 科次；全年共注册新生 18806 人；全年组织自考毕业生申报 9826 人，通过审核取得学历的共有 9094 人，通过率 92.60%，比上年增加 372 人。

成人高考和非学历社会证书考试。成人高考报名 57008 人，较上年增长 21695 人；社会证书考试报考 701768 人，较上年增长 39602。

（王战　孟健　郑红　张有伟）

济南大学城实验高级中学建成招生　　（长清区党史研究中心　供稿）

基础教育

【概况】 *以立德树人为目标，实现教育质量全面提升。*发挥品牌引领作用，推出 20 个德育品牌，激活品牌创建的活力和影响力。推进德育课程一体化改革，12 项学校德育改革经验获山东省德育课程一体化改革典型案例，4 项德育改革成果获教育部 2018 年全国德育中小学工作典型经验，居山东省地市之首。加快实施“领航学校、特色学校、新优学校”创建行动，确定 180 所市级培育校名单，激发学校主动发展的内生动力，促进学校内涵发展和质量提升。推动家校合力育人，联合市财政局出台《济南市中小学（幼儿园）家庭教育指导纲要（试行）》。全市中小学 100%成立学校家委会和九成以上设立的家长学校，为孩子健康成长营造良性发展空间。加强中小学心理健康教育，开展全面调研与心理特色学校建设，7 所学校获评山东省心理健康教育特色学校，居全省之首。

*确保公平，致力义务教育均衡发展。*坚持义务教育招生“双零择”，保证起点公平，在教育部全国招生工作会议上做典型发言。贯彻《义务教育学校管理标准》，充分利用网络管理信息系统，对标研判、依标整改，全市义务教育阶段学校 100%完成自评与核查。出台《济南市教育局关于建立教育发展共同体推进义务教育优质均衡发展的意见》，探索“优质教育集团”

核心经验，并转化分享为“优质教育集团”指导课程，全面推进城乡义务教育学校携手共进，提高人民群众的满意度。完善外来务工人随迁子女入学政策，通过分散设点、一站服务，统一标准、统一排序，尊重实际、科学考虑等措施，提高招生服务水平。

同频共振，强化教育服务功能。全面推进学生“午间就餐和课后延时服务”两项举措。主城区386所学校全部开展“食堂+配餐”及“课后服务”，覆盖率100%，做到学生“早到可进校，进校有事做，做事有指导，晚走有管护”，36.51万名学生受益，切实解决家长后顾之忧，群众教育获得感明显增强，教育部给予充分肯定，央视、新华社纷纷报道点赞。建立家庭教育协同推进机制。在全国率先发布《济南市中小学（幼儿园）家庭教育指导纲要（试行）》，按照四个不同年龄段，分别阐述各个阶段儿童少年身心发展特点、家庭教育重点等方面的具体内容，聚焦调整机制公益化、队伍建设专业化、指导模式多样化，建设完善覆盖城乡的三级家庭教育指导服务体系，中国教育报头版点赞，20多家省市级媒体报道。

【深化普通高中改革】 主动适应新高考改革形式，对接新高考“两依据一参考”招录新模式，出台《济南市2018年初中学生毕业评价及学业水平考试实施意见》和《济南市2018年高中阶段学校招生工作意见》，采取“分数+等级”的多样化评价办法，引导学生全面发展和个性化发展。扩大普通高中学校招生自主权，引导学校建立起符合自身需要的录取制度。积极探索普通高中选课走班模式。以深化考试招生制度改革为契机，以贯彻因材施教原则、促进学生全面而个性发展为导向，探索建立与选课走班模式相适应的教学组织模式，建立和完善选课走班教学管理配套制度，形成适合个性特点的课程修习方案。

【强化特殊教育保障】 联合市编办、发改委、民政、财政、人社、卫计委、残联等7部门出台《济南市第二期特殊教育提升计划（2018~2020年）》，在以经费、管理和信息三要素为核心的保障机制完善方面取得重大突破和创新。大幅度提高特殊教育生均公用经费及生活费补助标准。一揽子解决了免杂费、住宿费、书本费、作业本费、校服费、被褥费，补助生活费、交通费等项目，实现特殊教育全免费。全面落实特殊教育津贴等工资倾斜政策，提高教师待遇。帮助残疾儿童少年提升生活质量，增强社会适应能力，助推家长和社会对残疾儿童少年的接纳和关爱。

【科学指导假期生活】 全国首推以“寒暑假课程”科学指导假期生活。出台《济南市中小学寒暑假课程建设指导意见（试行）》，在国内率先开启“课程化”为主要标志的学生假期生活科学指导方案。对寒暑假加强统筹规划、科学指导、特色推进，开发的3341类（项）学科类、阅读类、综合实践等课程（项目），尽力满足假期中小学生个性化的学习需求。将假期教育的“空白期”变为“可为期”，全面提升学生综合素养。 （李君宁）

【概况】 济南市注册幼儿园1547处，在园幼儿23.45万人，毛入园率111.33%。其中，公办幼儿园803处、民办园744处。全市普惠性幼儿园1314处，占注册幼儿园的85%。在普惠性幼儿园就读幼儿19.1万人，占在园幼儿总数的82%。提前完成2020年规划目标任务。

强化动态管理。开展无证园专项调研。从2月份开始，组织3次摸排，完成分年度整治计划，联合8个部门联合下发《全市集中清理整顿无证幼儿园工作实施方案》（济教行字〔2018〕6号），有计划地开展整治工作，取缔107处、可注册119处、整改276处。开展安全、师德检查活动。3~5月，组织面向幼儿园的安全、师德等检查活动。专项排查幼儿园旱厕并组织整改。规范办园行为大检查活动。组织幼儿园食品安全大检查。9月，组织全市拉网式检查，对1000余处提供餐饮服务的幼儿园食堂管理和饮食安全进行自查、复查和抽查活动。

为推动各区县政府履行学前教育主体责任，首次将学前教育纳入对县区社会经济综合发展考核，主要考核各县区推进幼儿园建设完成情况、各县区学前教育普惠率达标情况、各县区无证幼儿园整治目标任务完成情况、各县区落实生均公用经费财政拨款情况、财政性学前教育经费投入情况。

出台《关于加快学前教育改革发展的实施意见》（济政办字〔2018〕68号），提出到2020年，基本建成“广覆盖、保基本、促公平、有质量”的学前教育公共服务体系，在幼有所育上不断取得新进展。学前教育财政性经费保障能力显著增强，幼儿园教师学历层次和专业水平进一步提高。幼儿园办园行为普遍规范，小学化现象基本消除。

出台《关于济南市学前教育生均公用经费标准有关问题的通知》（济财教〔2018〕35号），对财政性学前教育经费投入比例作出明确规定，建立公办及普惠性民办幼儿园生均公用经费政策。从2018年起，全市公办幼儿园生均公用经费财政基本拨款标准为每生每年不低于810元，普惠性民办幼儿园生均定额补助标准为每生每年不低于1000元。各县区原生均公用经费财政拨款标准高于市定基本拨款标准的，不得降低标准。以后年度，市里适时提高拨款标准，建立公用经费正常增长机制。历下区、市中区、历城区、高新区，所需经费由区级自行承担；市级对天桥区、槐荫区、章丘区按所需经费的20%奖补；市级对长清区、平阴县、济阳县、商河县按所需经费的50%奖补，南山区按现行财政体制由市级全额承担。

下发济南市第三期学前教育三年行动计划，全年完成新建改扩建及提升幼儿园93处，新增学位2万余个。鼓励社会力量举办幼儿园，新建民办幼儿园40余处，新增学位1万余个。 （王　华）

【概况】 坚持立德树人根本任务，推动职教德育工作取得新成效。在中职生中大力践行《中职学校学生公约》，济南艺术学校、济南理工中等职业学校2首原创《中职公约歌》入选教育部推广节目。德育团队建设进一步加强，优化重组中职德育协作组，德育联盟举办首届中职班主任研学提升选拔活动，中职学生获得全省中职“文明风采”竞赛一等奖37个。高职院校辅导员队伍建设和心理健康教育工作取得新成绩，济南工程职院赵勇刚获“2018年全国高校辅导员年度人物”入围奖，济南职业学院学生刘小艺获评首届“全国百佳心理委员”称号。全面开展中职学校学生综合素质评价工作评估，发布实施情况年度报告。济南职业学院、济南工程职院、山东协和学院、历城职专等市属高校多项思政研究课题获得省级、国家级教学成果奖，市属6所职业院校的10篇论文在第四届全国职业院校新时代人文素质教育交流研讨会论文评选中获奖10项，获奖数量位居全国地级市首位。

以省级质量提升项目为抓手，扩大优质职业教育资源。济南电子机械工程学校等3所省示范性中职学校建设项目顺利推进，济南艺术学校、济南三职专等2所省级优质特色中职校建设项目通过中期评估，济南理工中等职业学校、章丘中等职业学校迁入新校区、商河职业中专新增用地5.9公顷，3所学校以高水平建设成果迎接省级规范化中职学校项目验收。指导2所中职学校申报省级示范性中职学校，支持2所市属高校申报省优质高职院校，提升办学水平。济南工程职业技术学院入围“2018亚太职业院校影响力50强”，获评第六届黄炎培职业教育奖。新增28个中高职“三二连读”贯通培养专业点，全市中职三二连读专业点57个。“三二”连读招生计划数1514人，占“三二”连读总招生人数的41.94%，总招生数比去年增长72.2%，建立中职与贯通培养高校宽领域合作交流机制。长清职业中专和长清中学全面探索实施职普融通校际融合发展。省内首创成立济南市中职产教融合、综合素质评价、社会服务、服务县域经济、新工科等五个研究中心，组织专班对制约全市职业教育发展的问题进行研究。

深化产教融合校企合作，创新打造校企行协同育人品牌。创新实施全市中职学校产教融合试点项目培育计划，遴选立项6所现代学徒制试点学校、15个现代学徒制试点培育项目，30个职业体验试点培育项目，23个产教融合试点专业点。落实《职业学校校企合作促进办法》，健全校企协同育人机制，探索实践“订单式”人才培养模式，中高职院校开设校企合作冠名班100余个，合作企业近200家。

加强职业教育集团化办学，主动服务区域经济社会发展。济南市有装备制造、信息技术、现代农业、学前教育、现代建筑、现代服务业、文化艺术、现代物流等职教集团、产业联盟14个。9月，出台《关于进一步加强和改进职业教育集团建设工作的指导意见》，重点支持职业院校与龙头企业牵头组建覆盖全产业链的职教集团或产业联盟和以区域经济主导产业为主攻方向的区域职教集团，提升职业教育服务区域经济发展能力。

以专业和课程建设为抓手，全面推进人才培养质量提升。各职业院校紧跟新产业、新业态及时调整专业布局结构，中职新增康复技术等13个专业点，高职院校新增云计算技术与应用、城市轨道交通通信信号技术等17个专业点、调整撤销12个专业。中职学校立项建设20个市级品牌特色专业，19个专业点入选省级以上品牌特色专业。开展中职专业分级认定工作，规范化以上专业达94个，占专业总数75%。继续加强精品课程立项建设，36门课程入选省级精品资源课。双创工作继续加强，济南市职业院校学生在全国各类创新创业大赛获一等奖49项，山东英才学院获评教育部“2018年度全国创新创业典型经验高校”，济南工程职业技术学院获评“山东省省级大学生创业孵化示范基地”。职业教育教学成果培育取得好成绩，42个项目获省级职业教育教学成果奖（特等奖7项），6个项目获国家级教学成果二等奖。在省级以上各类技能大赛中获奖48个（其中，一等奖24个）。完善教师专业发展机制，充分发挥职教名师、学科带头人、骨干教师和“名师工作室”的模范引领作用。职业院校教学能力大赛获省赛获奖28个（一等奖8个），国赛获奖8个（一等奖2个）。新增省教学名师、教学团队、青年技能名师、名师工作室立项、齐鲁名师（名校长）48个。

健全完善对接驻济高校平台，职业教育服务社会功能深化。承担驻济高校联席会议制度办公室、长清大学城建设提升指挥部等四项联系高校机制相关职能，推动济南市与济南大学、山东建筑大学及长清大学城各高校开展校地合作。开展高校创新联盟服务建设，建立市领导联系驻济高校工作机制。完成驻济高校专业、科研、就业等6项资源调查，为市委市政府提供决策。围绕东西协作、对口援助，精准对接当地需求，有序推进湖南湘西、重庆武隆等西部地区及临沂市的扶贫协作工作。6个对口区县签订了合作项目协议，派出支教干部教师28人次，承接湘西州来济挂职20人次、培训考察18人次，双方开展包括县区人大、政府、教育行政部门等不同层级的洽谈交流11批次。济南三职专与临沂商业学校开展对口交流活动。济南职业学院选派30名学生赴湘西州开展志愿服务，济南幼高专8名教师和60名学生赴湘西支教。

（史永勤）

【城乡社区教育】 全年新建社区教育学院2处，新建集社区教育、试验示范教学基地为一体的自有社区教育中心学校1处，提升20处社区教育中心学校服务能力。

组织开发新版泉城学习网手机客户端，并与济南市教育资源公共服务平台实现了互联互通。完成全市165处泉学e站的量化考核工作。组织开展2018年社区教育示范工程“泉学汇”项目建设工作。示范项目立项46个，约41.7万人次在泉学汇项目中学有所得。

实施“园社协同——家庭教育指导种子教师培养计划”。选送40名教师参加了山师大、济南幼高专合作培养的社区幼儿家庭教育指导骨干教师培训。

全民终身学习活动。济南市、槐荫区、长清区被评为全国“全民终身学习活动周优秀组织单位”；市中区、历下区被评为“成功组织单位”；市中区、历下区、天桥区被评为“全国数字化学习先行区”；天桥区、历城区、市中区社区教育学院被评为国家级“优秀成人教育院校”；济南市选送的“慧爱父母学堂”“乐学章丘”等被评为全国“终身学习品牌项目”；张立等4人被评为全国“百姓学习之星”。

【校外培训机构专项治理】 济南市教育局等五部门成立了民办培训机

构专项整治领导小组，负责统筹全市专项整治工作。全市大部分区县以街镇、村居或中小学校、校外培训机构协作体等形式建立网格化管理摸排或治理体系，完善区县直部门协作共管长效机制，建立横向的区县直部门和纵向的区县、街镇、村居三级联动综合治理体系。济南市各区县已基本完成专项治理任务，共摸排各类教育机构4000余处，其中：符合国家和省规定的整治范围的校外培训机构1982处，发现问题并基本完成整改973处。市教育局制定并印发《济南市校外培训机构设置标准》《济南市校外培训机构负面清单（试行）》；各区县均通过政府网站公布校外培训机构白名单、黑名单和监督举报渠道。省教育厅在全省校外培训机构整改集中调度部署工作会议上和下发的简报中对济南市的治理工作给予了充分肯定，济南完成整改率为100%，各项治理数据统计在全省各市中稳居第一，治理工作进度走在全省前列。为维护学生家长合法权益，通过官方网站、新闻媒体、一封信等形式，及时发布选择民办培训机构黑白名单及培训项目温馨提示。

【民办教育】 落实民办教育新法新政，起草完成《关于鼓励和促进民办教育优质发展的意见》，取得多项制度创新，概况为“一加强二促进三突破五理顺八规范”。完成济阳闻韶中学设立等4项审批，济南外国语开元分校等4所非营利性民办学校认定，顺利迎接教育部对凯文学院升职业类本科调研。

（陈　明）

【学校体育】 开展学校群众体育活动。开展以阳光体育班级联赛为主的学生全员参与的体育活动，组织2018年市县（区）校三级阳光体育班级运动会（联赛）。

校园足球工作的基础得到巩固，水平和质量得到提升。形成具有济南特色的青少年校园足球工作机制，申请创建全国校园足球特色学校22所，济南市共已创建全国校园足球特色学校98所；为加强对校园足球特色学校的管理，市级训练营利用周末和寒暑假安排专家到各县区进行巡回指导；成功举办“一带一路·人文交流”2018中德（济南）第二届青少年足球友谊赛（市中区主办）；根据省教育厅部署，国庆节期间派出不同年龄组的男女共10支足球队，参加全省校园足球联赛，所有队伍全部进入全省前六名，在17个地市中位居第四名。

提高学生体质健康水平。强化《国家学生体质健康标准》的实施水平和指导作用。针对学生的体质状况，市教育局开展2018年全市中小学学生体质健康抽测工作。共抽测学校95所，抽测学生6650名，比上年增加2000名。全市学生体质健康的抽测成绩已从全省的后两名进入全省前六名。

科学筹划赛事活动。校园阳光体育项目得到推广，组织全市“体彩杯”青少年八大体育联赛；举办市级跳绳、毽球等传统体育项目的比赛，举办校园青春健身操比赛、三人篮球班级联赛等群体赛事，普及中小学生校园棋类等活动。

【学校卫生与健康教育】 加强学校卫生管理工作的规范化、科学化、常态化。制定切实做好了学生健康教育和流行性疾病防控工作的相关文件，开展学生牙齿的保护教育，对全市小学二年级的学生进行了牙齿窝沟封闭；视力低下的预防，对全市三个区的20多所学校进行抽查；举办全市500名肥胖学生健康夏令营；针对肺结核、流感、诺如等传染病两次召开专题防控会议，县区和直属学校卫生健康专干人员得到及时培训。配合卫计委积极开展“三减”宣传工作，组织学生参加“我家的健康食谱”评选活动，89名学生，51个学校获市级奖励，20名学生、17名教师获省级奖励；组织学生参加全省“三减辩论赛”，获全省第三名的好成绩。部署健康体检工作，99%的学校和学生开展体检工作；为应对重污染天气，对教育系统应急预案进行重新修订，全年发布通知6次用于启动和解除预警。

加强学校食品卫生安全工作。履行主管责任，全面落实国家和省市对学校食堂餐饮服务食品安全监督管理的要求，与市食药监局开展多次学校食堂食品卫生监督检查，全市所有小学食堂的普查，对配餐学校的抽查，对配餐企业的抽查；

及时处置应对多起食品卫生突发事件；针对学期开学、中高考进行常规检查；针对“黑油事件”“发霉大米事件”开展对全市食堂食用油和进货追溯工作的专项监督检查。印发通知 4 个，召开专题会议 3 次，确保全市校园食品安全工作平稳有序。

全员参与，有效推进垃圾分类工作。聘请专家根据不同年龄段学生的认知水平和成长规律，编写幼儿园、义务教育阶段、高中阶段 3 套教材读本，并且按照垃圾分类倡导的垃圾减量精神宗旨以电子版形式下发各区县教育局、各直属学校，减少了可能形成的新垃圾，节省印制经费 300 余万元。全市共投入资金 500 余万元，配备三分类、四分类垃圾桶 4000 余个，购置大型塑料垃圾桶 25000 余个。

【艺术教育】 开展丰富多彩的班级合唱节活动。开展纪念济南解放 70 周年暨济南市第十三届中小学生（班级）合唱节，全市 806 所中小学校全部参与活动，258 所学校参与市级展演。

参加省级赛事取得优异成绩。推荐 208 件作品参加山东省第六届中小学生艺术展演活动，作品涵盖了艺术表演、艺术作品、优秀案例、工作坊四个大类，包括器乐、舞蹈、声乐在内的 9 种艺术形式，获一等奖 46 个，二等奖 55 个，三等奖 26 个。

开展中小学生艺术测评。全市各县区的所有学校同步开始所有中小学生的艺术素质测评工作，通过课堂教学、课外活动、校园文化、艺术展演四位一体的美育实施体系，帮助学生掌握 1~2 项艺术特长。

举办济南市首届中学生戏剧节。本届中戏节由济南市教育局、共青团济南市委、济南市文化广电新闻出版局、济南市文学艺术界联合会共同主办，共有 50 余部作品参加初选，有 11 个高中阶段学校的 13 个作品、7 个初中阶段学校的 7 个作品进入决赛。

参与全国第五届非遗博览会。市教育局从全市 9 个区县非遗教学示范活动开展较好的中小学中遴选 25 所学校，确定艺术学校和南上山街小学两处现场展示地点。五个县区举办全市学生非物质文化遗产技能展示和比赛、交流活动；市教育局联合市文广新局扶持全市第一批 16 所非物质文化遗产项目试点学校，签署“非遗传承与学校教育融合工程”协议书；评选命名了市中区南上山街小学、历下区趵突泉小学两所全市非物质文化遗产教育传承示范基地，全市已经有近 200 所学校开设了非物质文化遗产校本课程。

【国防教育】 开展国防教育“五个一”活动，组织学生参观纪念济南解放 70 周年全市国防教育主题展；举办 2018 年济南市中小学国防知识竞赛和直属高中阶段学校新生军训汇报展评；参与全省国防教育主题系列活动，在全省中小学国防知识竞赛中获高中组一等奖、小学组二等奖、初中组三等奖的好成绩。遴选推荐 20 所国防教育特色学校和 3 所示范学校。（于召学）

【概况】 立足服务基层，推出因公出国管理新举措。出访取得丰硕成果，与市外侨办联合出台了《济南市关于进一步完善教育领域因公出访工作的实施意见》，增加学校和教科研机构出访计划，延长在外访问时间，简化审批手续，实施出国计划内部调剂使用，推动中外师生互访交流，增强国际交流实效。审批快捷高效，出访规范有序。全年全市教育系统共派出因公出访团组 54 个，出访干部教师共 207 人，学生 629 人，出访了 19 个国家和地区，签署 6 份友好合作协议。

国际学校开始招生，外籍学生大幅增加，国际化办学取得新进展。济南托马斯外籍人员子女学校是市政府重点项目，2018 年 7 月顺利审批，9 月 1 日正式开学。实施外国及港澳台学生在济南市公办学校上学与本市学生同等待遇政策，为国际学生就学提供最大便利。全市共有外国及港澳台学生（幼儿）702 名。

中外人文交流走在全省前列，教育国际化程度显著提高。济南市已有 83 所学校与 22 个国家和地区的 238 所学校建立友好校际关系，其中，2018 年新建国外友好学校 38 所，比上年增加 2 倍。共接待来访团组 104 个，来访官员和师生 1108 人。4 月 10~17 日，法国左拉中学师生访问团一行 27 人第 20 次访问济南外国语校。10 月，芬兰万达副市长率教育代表团来访，两市教育局签署友好合作协议，济南七中与芬兰万达市卢莫高中签署了友好学校协议。全市有181名外籍教师在各级各类学校从事教育教学工作，促进学校教育教学改革，提升学校国际化办学水平。

【与港澳台教育交流】 全年济南市共接待13个台湾教育代表团来访，来访台湾师生127人。第十五届“齐鲁风·两岸情”台湾优秀中学生中华文化研习营活动被省台办评为优秀对台交流项目。7月2~4日，第三届海峡两岸暨香港中学生文艺营活动在山东省济南汇才学校举行，共有来自两岸三地的60多名师生代表参加。中央政府驻澳门联络办组织澳门东南学校教师一行25人，7月18~23日来山东省访问交流，交流团于7月19日访问了舜耕小学。由香港教育工作者联会教育培训交流中心组织的13位校长考察团，5月22日参观济南师范附属小学。4月16~22日，济南三中何仲明等4人赴台参加“首届鲁台家庭教育研讨会”，并参访台湾家庭教育优质教学研究单位、出版社、服务中心及中小学校。12月11~15日，第十二届海峡两岸百名中小学校长论坛在台湾举行，本届论坛的主题为心理健康教育，省实验中学东校何庆利校长参加论坛。 （薛 颖）

【概况】 2018年，教研院富有开创性的教育评价工作在全国、全省教育评价工作现场会上做典型经验推广；教研院在第二届职业教育教学成果奖评选中获国家级二等奖1项，省级特等奖1项，省级一等奖1项；在第二届基础教育教学成果奖评选中获省特等奖1项，省一等奖2项。在全省一师一优课活动中，济南市各学科获一等奖的人数在全省位居前列；全省职业院校技能大赛中获得一等奖7个、二等奖10个、三等奖14个。

做好核心素养背景下的教学改革研究组织“一师一优课”和“一课一名师”研讨交流活动，共审核、评审2440节优课，其中840节优秀课例获得省级优课，位于全省前列。

提供菜单式教研服务，开展帮扶共建，“名师送教，城乡交流”活动，推动城乡优质资源共享，本年度各学段学科组织送教送学送研活动百余次。

建设不同层面、不同类型的发展共同体促进区域、学校均衡发展、提质增效。本年度济南市有市直小学教学共同体、市直初中教学共同体、市直高中发展共同体、全市初中教学共同体、高中选课走班协同攻关共同体等各类发展共同体。

打造教研品牌，挖掘和培育典型，为均衡发展、质量提升提供典型范式和途径。借助全市教育教学品牌推介活动、“教研之道”论坛和学科教研示范学校评选三个途径，重点从教育教学品牌优化、教研机制建设和学科团队培育三个角度，打造富有济南市域特色的教研品牌。组织全市教学品牌现场会、教研之道论坛、学科教研示范学校创建推选。

【加强对高考和学业水平考试的研究】 重视高三教学工作，召开四次全市高三教学工作协调会，2018年全市高考一本上线人数再次实现重大突破。初中9个学科共计开展18次命题培训活动，较好完成2018年初中学业水平考试命题和全部学科网上评卷及高中学考评卷工作。

【借助新平台首次完成课题申报和评审工作】 课题管理首次借助新研发的课题管理平台，完成市级“十三五”规划2018年度课题的申报和立项评审工作，评审确定200项立项为市级课题，并择优推荐86项申报山东省教育教学研究课题。

【教育评价工作】 采用第三方评价方式，进行全市初中阶段学生课业负担监测。发布《济南市2018年中小学教育质量综合评价（初中阶段）学业质量监测征题活动方案》及学科征题方案，实施全市教育质量监测征题活动，开发研制英语、音乐试题以及综合问卷题目，以全市八年级学生为样本组织了教育质量综合评价的学科监测。开展中职学校学生技能抽测，全市17所中职学校、20个专业、1340名学生参加了抽测，同时编制并发布了《济南市中等职业学校技能抽测报告（2018年）》。

（王 战）

责任编辑 宣 涛

【概况】 2018年，全市在全球科研城市200强榜单中排81位、中国25个入围城市18位、全省首位；在《山东省区域科技创新能力评价报告2018》中，济南市的综合科技创新水平指数和增幅均位居全省第一，5个一级指标中有4项全省第一、1项第二。区域性科创中心建设三年行动纲要确定的指标已全部完成，11项指标提前完成2020年目标。高新技术产业产值占规上工业总产值比重达到55.56%，位居全省第一；万人有效发明专利拥有量达到29.28件，位居全省第一；泰山产业领军人才入选数量首次超过青岛、烟台，位居全省第一。重汽国内首台氢燃料汽车成功下线，无人驾驶重卡投入使用，浪潮服务器稳居全球前三，齐鲁制药位居全国生物医药企业研发实力第一。

政策落实。制定出台"科技新11条""高校20条""人才新政30条"等实施细则49项。全年共为430家高企落实所得税减免15.73亿元；1137家企业享受研发费用加计扣除政策，落实额度39.96亿元，同比分别增长73.32%和42.06%，两项指标均居全省前列。争取企业研发投入省级补助经费占全省资金的四分之一，居全省首位。

大所引进。全年引进中科院苏州医工所、工程热物理所、植物基因编辑院士团队等研发和成果转化机构103家。其中，章丘引进中科院计算技术研究所天津分所、白俄罗斯国家科学院（济南章丘）技术转移转化中心等16家，位居各区县首位。全年共引进中科院系重点院所5家，还有3家近期落地，实现历史性跨越。市中区与市科技局共同打造的国家科技领军人才创新创业济南基地正式揭牌。

创新平台。全市高新技术企业总量达1636家，同比增长42.5%，其中高新、历城、历下高新技术企业数量位列各区县前三。省级以上企业研发机构总数达384家。省部共建齐鲁工业大学"生物基材料与绿色造纸"国家重点实验室获批建设。获国家科技进步二等奖2项、省奖65项，约占全省三分之一。山东产业技术研究院、齐鲁科创大走廊、"院士谷"等新型创新平台正在规划建设。量子通信、大数据产业基地、山东工研院等重大项目取得阶段性成果。打造双创孵化载体，全市科技企业孵化器达47家、众创空间160家。

科技金融。依托科技金融大厦（平台），形成集金融服务、成果转化、技术交易于一体的区域性服务中心。引入山东产权交易中心、济南中技科智投资管理有限公司等优质服务机构，建设全国领先的"评、保、贷、投、易"五位一体服务模式，面向全省开展科技成果转化和科技金融服务。省市共建山东省技术成果交易中心揭牌。全年共组织各类银企对接、成果发布活动30余场，累计参与5000人次；科技合作银行共为科技型企业发放贷款905笔，金额43.74亿元。

科技对外开放。实施"走出去、走进去，引进来、融进来"成效显著，新建海外孵化器1家、海外研发机构10家，总数分别达到4家和30家，欧盟板块和欧美亚网状布局基本形成。德国斯图加特中德中小企业协同创新中心孵化企业60余家，一批企业通过该平台实现跨国合作和并购。连续四年举办中德中小企业合作交流会。

区域创新。历城区、天桥区上

2018 年 8 月 16 日，省市共建山东省技术成果交易中心在济揭牌

（市科技局　供稿）

榜入围 2018 年度全国科技创新百强区；平阴县获得中国玫瑰产品博览会永久举办地；历下区依托科技金融大厦，形成双招双引洼地；市中区成为全市唯一获批的“山东省大数据产业集聚区”。在 2018 年度科创中心建设任务完成情况专项考核中，章丘、历下、历城、高新、天桥、市中 6 区县获得满分。其中，R&D 占 GDP 比重，高新区达 8.22%，位列全市第一；长清、天桥和历下经过努力，提升幅度位列全市前三。全市高新技术企业总量达到 1636 家，其中高新、历城、历下高新技术企业数量位列全市前三。技术合同交易额，11 个区县均获得满分，高新、历城、市中总量位列全市前三。年度重点工作完成得分中，高新区全部完成得满分，位列第一，历下、市中、章丘并列第二。

（李明强　何庆春　刘全祥　吕锦程　岳广飞）

【济南综合科技创新水平指数及增幅双居全省第一】 在山东省科技统计分析研究中心发布的《山东省区域科技创新能力评价报告 2018》中，济南综合科技创新水平指数、综合科技创新水平指数增幅均位居全省第 1 名。在 5 个一级指标中，济南创新资源指数、创新产出指数、创新绩效指数、创新环境指数四项指标位居全省第一，企业创新指数位居全省第二。2018 年 11 月，世界著名期刊《自然》杂志推出的增刊《2018 自然指数——科研城市》，发布 2018 年全球科研城市前 200 强名单，济南市排名第 81 位；在全国 25 个入围城市中排 18 位、全省首位。

【中国重汽全球首台无人驾驶电动卡车开启港口试运营】 2018 年 4 月，重汽智造——全球首台无人驾驶电动卡车在天津港开启试运营。该智能汽车采用多传感器融合控制和纯电动直驱技术，结合区域内高清电子地图、5G 通讯和先进的线控底盘技术，实现行车路线智能规划、自主避障、自主变道超车、精准停车以及与港口 TOS 系统功能的无缝信息对接。

【浪潮服务器 NF8380M5 刷新 TPC-H 全球最高性能及最佳性价比双料世界纪录】 2018 年 10 月，在国际权威 TPC-H 测试中，浪潮服务器 NF8380M5 以每小时完成 1100113 次查询的性能成绩，刷新了 3TB 内存配置 10TB 数据规模的 TPC-H 全球最高性能记录。浪潮服务器 NF8380M5 是浪潮最新基于 OCP Project Olympus 规范的四路服务器，不仅具备出色的大规模交易处理及数据分析处理能力，还具备同类产品中最佳的性价比。

【省部共建齐鲁工业大学“生物基材料与绿色造纸”国家重点实验室获批建设】 2018 年 10 月，国家科技部、山东省人民政府联合下发《关于批准建设省部共建生物基材料与绿色造纸国家重点实验的通知》（国科发基〔2018〕224 号），正式批准齐鲁工业大学（山东省科学院）建设省部共建生物基材料与绿色造纸国家重点实验。

【中国(济南)知识产权保护中心获批】 2018 年 10 月，国家知识产权局批复同意济南市建设中国（济南）知识产权保护中心，将实现知识产权快速审查、快速确权、快速维权，为全市重点产业提供知识产权快速协同保护绿色通道。2018年，济南市加大专利行政执法力度，共办理专利行政执法案件832件，2017年度专利行政执法考核在全国161个城市中位列第2位。

【济南高新区跃居国家级高新区综合排名第十一位】 2018年12月，国家科技部火炬中心公布国家级高新区综合评价最新排名，济南高新区在参评的157家国家级高新区中位列第十一位，居全省首位。2018年，济南高新区地区生产总值首次突破1000亿元。

（李明强 何庆春 刘全祥 王颖莉 吕锦程）

【“互联网+”智慧人社服务平台】 完成单位：山大地纬软件股份有限公司。项目简介：该项目针对政务服务行为模型、智能业务流水线、微服务应用软件自动化生产线、医保反欺诈大数据智能学习模型等关键技术进行创新性研究，基于研究成果研发“互联网+”智慧人社服务平台，实现人社业务的标准化经办、自动化协同、透明化监管、数字化考核、科学化决策、主动化服务，解决政务服务过程中存在的群众办事不方便、政务服务人员办事效率低、服务过程不透明、激励机制主观性强等问题，解决传统人社信息化建设中条块分割、烟囱林立、信息孤岛、系统架构差异大、系统功能交叉冗余、运维困难等问题。该项目获得授权发明专利14项，软件著作权33项，发表论文81篇。项日成果覆盖山东、江苏、吉林、新疆、陕西、甘肃、贵州等40余个省、市人社部门，累计销售收入超过3亿元，为3.2亿参保人员提供内容丰富、个性精准的人社服务，为传统人社服务转型升级起到示范作用。

【轨道交通用新型轻质高强阻燃酚醛复合材料及配套树脂研发和产业化】 完成单位：山东圣泉新材料股份有限公司。项目简介：该项目优选采用绿色酚醛树脂合成工艺合成环保型改性酚醛树脂作为产品基材，树脂中单体游离酚含量≤0.5%，游离醛≤0.2%；通过高润湿效果流动助剂获得致密光滑表面，特殊致密光滑风道用面层；通过优化高温稳泡工艺，引入特殊复配表面活性剂，使所制备的轻芯钢具有较高闭孔率，可达90%以上，从而具有较低导热系数，且保持长期稳定性；采用3D设计方法控制不同部位和层次密度，实现高强、低密度效果，提升隔音性。解决3D成型中，结构复杂不易成型问题，满足3D产品局部增强要求，实现不同3D产品成型，通过优选多轴向纤维织物，调整芯层排布和纤维方向，获得高强轻芯钢板材；可根据车型要求一次成型，进行安装件的制作，到厂直接安装，减少繁杂安装工序，有效减少人力资源。该项目获得授权发明专利8项，实用新型2项。项目产品为我国的高铁、飞机、轮船的轻量化奠定坚实基础。

【二次再热超超临界百万千瓦机组建设关键技术及应用】 完成单位：中国电建集团山东电力建设第一工程有限公司。项目简介：该项目研究对象是世界首台再热温度为620℃的二次再热超超临界百万千瓦机组。项目成果突破施工过程中存在的机组结构复杂、荷载较大、设计难度大，建设过程中存在超高空作业多、吊装就位困难、精度要求高、焊接难度大、安装工序复杂等诸多施工技术难题，并首次成功应用二次再热超超临界1000MW机组建设，形成具自主知识产权二次再热超超临界机组建设关键技术。该项目获得授权发明专利12项，实用新型专利29项，取得国际先进水平以上关键技术成果11项，省部级工法8项。项目成果相继在鸳鸯湖电厂二期2×1100MW等工程推广应用，缩短工期，节约成本超数亿元，社会、经济、生态效益显著。

（郑艺颖 侯文涛）

【防震减灾】 2018年，济南市地震局获全国地市级防震减灾工作考核先进单位、全省市级防震减灾工作考核先进单位，创建全国文明城市先进单位称号，保持省级文明单位称号；市地震监测中心保持省级文明单位称号。平阴县地震局获2018年度全国县级防震减灾工作考核先进单位。

地震监测。完成国家地震烈度

速报与预警工程济南地区2个基准站、10个基本站、60个一般站以及24所地震预警示范学校的选址和再确认，实现地震预警信息实时发布及地震烈度快速判定；完成中国地震科学台阵探测项目5处宽频带地震台阵设备安装、巡检和数据回收；对全市测震、强震、前兆监测台网进行1次全面评估，编制《济南市地震台站标准化及监测效能评估报告》。

震情服务。印发年度震情跟踪工作方案，严密监视全市及周边地区的地震活动；开展震情速报50余次，及时发送震情信息报告，高效处置7月10日槐荫吴家堡M1.5级地震事件，完成“两会”、上合青岛峰会等重要时段震情保障工作；开展周（月）会商50余次，年中、年末召开震情趋势会商会。

防震减灾。首批在100个社区中开展防震减灾进社区活动，推行“六个一”标准。社区活动开展率达100%，“六个一”标准完成率达90%，新增宣传志愿者2200人，百个社区110万余居民受益。

地震科普。组织17个涉灾部门单位举行“5·12”纪念汶川地震十周年大型宣传活动；组织全市小学生防震减灾科普知识手抄报大赛、全市中学生防震减灾知识竞赛、全市防震减灾科普宣讲竞赛等3项比赛；开展“防震减灾宣传进公交”，在近200条公交线路的3200辆公交车辆循环播放科普视频；市地震科普馆全年免费开放，接待6000余人次参观；“爱济南”手机客户端宣传专栏阅读量达84万人次，《济南日报》、“济震微讯”微信公众号等刊发原创文章200余篇。

应急指挥。震灾现场无人机调查系统交付使用，完成20余次省、市应急指挥系统联动演练，获评全省地震应急指挥系统技术平台综合考核优秀集体和基础数据单项考核优秀集体2项称号；全市地震系统应急预案备案1158部，组织、指导社区地震应急避险疏散演练100余次，全年各级各类演练5000余次；组织指导区县规范完善应急避难场所13处，超额完成“2018年度济南市文明城市建设百件实事”规范10处的目标任务。对列入全国文明城市复查实地测评点的5处应急避难场所多次进行实地查看。

行政审批。全年为350个建设项目出具抗震设防要求意见书，其中121个项目申请“拿地即开工”审批模式。“地震安全性评价单位登记备案”等3项服务事项在山东政务服务网可以申请办理，实现“零跑腿”；印发《济南市地震局区域地震安全性评价实施办法》，建设项目共享区域地震安全性评价报告（特殊项目除外），不再单独编制地震安全性评价报告；印发《济南市地震局双随机一公开抽查实施方案》，开展2次集中检查，抽查12个项目，比例达5%以上，被抽查建设项目全部按照《山东省建设工程抗震设防条例》规定设防。

（孙　倩）

【气象工作概况】 气象服务。全年全市气象部门启动应急响应63次，发布预警信号499期，发布呈阅件、重要天气报、专报等材料900余期，2次红色预警信号均全网发布。其中“6·25”暴雨过程，市政府依据暴雨红色预警首次发布汛情红色预警，启动防汛Ⅰ级应急响应。在应对“4·17”森林火灾，利用葵花8卫星数据制作火点区域动态监测图，呈报服务材料15次，发布服务专报100期。《推动构建“四个机制”共织济南气象防灾减灾“一张网”》被评为省局2018年度创新项目。完善人工影响能力提升工程，实现作业队伍专业化、作业管理规范化和管理体制属地化；年内作业360轮次，发射增雨（雪）火箭弹1432枚；针对“4·17”森林火灾，高密度增雨作业20轮次。与市环保局、林业和城乡绿化局、国土局、农业局等联合制作发布预报预警，为城管局制作道路洒水预报87期；7月1日起发布“南山区”天气预报；开展“一县一品”都市精致农业气象服务技术研究，打造“一县一品”特色气象服务。

气象现代化建设。开展精细化格点预报和强降雨分区预警，0~72小时晴雨准确率90.55%，暴雨等灾害性天气预警准确率77.38%，提前量达79.7分钟，比上年提升27%。定期召开测报质量分析会，全年观测数据质量100%，观测值班质量99.55%，业务质量综合得分99.82，比上年提升0.11分。完善龟山国家基本气象站综合观测业务运行管理机制，由高新区局全面管理。建设以智能网格预报和雷达监测为核心的“济南智慧气象业务平台”，建成防雷社会化监管平台，完善济南气象APP、微信公众号、一键式发布系统等5个服务业务系统。

气象法制建设。《济南市气象灾害预警信号发布与传播管理办法》于2018年2月1日起施行，多渠道宣传贯彻；采取双随机和日常检查等方式检查84家企业防雷安全，气球施放巡查31次；与有资质的公司和危化企业分别签订雷电防护装置检测、施放气球和防雷安全生产责任书；优化营商环境，气象行政审批实现3项“零跑腿”和1项“你不用跑我来跑”；气象资料、气象证明实现“最多只跑1次”，气象行政审批事项办结率100%。

台站建设。推进综合气象观测网建设，建成微波辐射计、云雷达、雨滴谱仪、风云四号静止气象卫星省级接收站等现代化探测设备，基本完成象山综合气象观测基地山体绿化；章丘区气象局瓦山新址完成主体工程建设，业务如期切换。完成6个国家级台站自动日照观测建设；完成降水平行观测切换工作，正式启用地面、高空、酸雨、辐射等数据流标准观测数据数格式。

气象科普宣传。开展世界气象日、全国防灾减灾日等专题活动，集中向社会公众开展气象科普宣传；进社区、学校举行气象防灾减灾科普知识讲座9次；山东济南科普馆开展服务对口支援项目和研学活动，全年接待参观14880人次；济南市气象局被教育部办公厅命名为全国中小学生研学实践教育基地。 （段 青）

【首部气象政府规章实施】 1月22日，市长王忠林签发《济南市气象灾害预警信号发布与传播管理办法》（济南市人民政府令第259号），自2018年2月1日起实施，是济南市人民政府通过的首部气象政府规章。 （段 青）

【完成济南市1994~2017年夏季城市热岛效应监测评估报告】 济南市气象局联合国家卫星气象中心、北京市气候中心，利用MODIS卫星资料（分辨率1千米）、NOAA卫星资料（分辨率1千米）、Landsat8卫星资料（分辨率30米）以及济南市所辖气象观测站资料，对1994年以来济南夏季城市热岛效应进行逐年动态监测评估。

（段 青）

【被命名为全国中小学生研学实践教育基地】 10月31日，教育部办公厅印发《关于公布2018年全国中小学生研学实践教育基地、营地名单的通知》（教基厅函〔2018〕84号），济南市气象局入选全国中小学生研学实践教育基地。

（殷 青）

【济南市科学技术协会】 2018年，济南市科协获批中国科协“国家海外人才离岸创新创业基地”创建试点单位，获评中国科协全国科普日优秀组织单位、山东省大学生科技节优秀组织单位；由市科协具体负责的济南离岸基地建设试点、院士专家工作站建设两项工作，首次列入《市政府工作报告》和全市人才工作要点；市科协机关连续十年保持“省级文明单位”称号。

济南离岸基地建设试点。6月，中国科协批复在济南设立“国家海外人才离岸创新创业基地”，首批在美洲、欧洲、澳洲建立5个海外创新驿站，征集382个参赛项目，筛选推荐96个项目来济南参加决赛。

服务企业创新发展。新认定院士专家工作站20家，引进院士、高层次专家22人，开展合作项目27个，联合引进培养各类高端专业人才512名；“讲理想、比贡献”等群众性技术创新活动开展，推选杰出工程师50人，征集科技创新项目199项，共1.86万名科技工作者参与，在105家企业中开展科技信息应用服务，帮助企业节约研发成本5000余万元，举办“百名专家进百企”科技报告会40余场，开展各类对接服务活动91次。

创新驱动助力工程。对接8家国家级学会、10家省级学会服务济南创新发展，开展各类活动20余场次，大学生创新创业行动11项科技竞赛列入省科协大学生科技节，国内外100多所高校、25000多名学生参赛，20多家企业支持大赛，5000余名学生获奖。

科技智库建设。收到选题26个，确定将济南大学朱孔来教授的“济南市医养结合现状、问题及对策”等5个调研选题作为市科协全年科技创新智库调研课题。呈报《济南市科技创新智库专报》及专家建议11期。

科普信息化建设。在济南本地

新闻客户端“爱济南”APP设立“泉城科普”专栏，在“泉城科普”微博、微信传播分享“科普中国”优质科普内容1600条，受众60余万人次，开发建设济南社区科普大学“泉城e站”手机客户端，社区科普大学授课2200学时。

基层科协组织。新建市级学会3家、企事业科协51家。截至年末，市级学会80个、高校科协20个、园区科协8个、企事业科协312个、乡镇（街道）科协133个、农村专业技术协会287个。

【主题科普活动深入人心】 开展山东省暨济南市2018年全国科普日活动，140处科普教育基地开展科普活动500余项，开展“科普教育基地一日游”“身边科学—主题巡展”15场。开展青少年科技竞赛活动，参与青少年达10万人次；举办科普大篷车、流动科技馆巡展和青少年科普报告百校行等活动100余次，受益青少年2万人次。科普体验中心免费开放，全年共接待观众3000余人次。

【创建“国家海外人才离岸创新创业基地”】 6月26日，中国科协办公厅批复，同意在济南设立“国家海外人才离岸创新创业基地”（简称“济南离岸基地”）。这标志着国家级“离岸基地”正式落户济南。

【举办“全国科技工作者日”座谈会】 5月29日，济南市“全国科技工作者日”座谈会在济南报业大厦举行。驻济高校、科研单位、区县、企业科技工作者代表及各区县科协、高新区科协、市级学会、协会、研究会主要负责同志200余人参加座谈会。

【选树优秀科技工作者】 开展优秀科技工作者选树工作，选树于秀英等100人为济南市优秀科技工作者，冯强等10人为济南市青年创新先锋。

【第三届亚太地区口腔种植专家高峰论坛在济召开】 9月26日，由亚太区口腔种植协会、济南市科协、济南市牙医协会共同组织的第三届亚太地区口腔种植专家高峰论坛在山东会堂召开。本届论坛围绕口腔种植学术热点和焦点问题展开探讨交流，亚太地区国际知名种植专家及口腔种植专科医师700余人参会。

【院士专家工作站建站取得新成效】 2018年，认定10家院士工作站、10家专家工作站。20家工作站共引进院士、高层次专家22人，开展合作项目27个。工作站计划投入建站经费1.9亿元，三年内课题转化、项目合作累计产值74亿元，取得省部级以上奖项5项，发表出版论文专著80项，新增承担国家级科技项目9项，省部级科技项目27项；承担行业标准、工法编写5项；申请专利、软件著作权110项；联合引进培养各类高端专业人才512名。

（施泉玉　刘宏涛）

【济南市社会科学界联合会】 市社科联带领全市社科工作者开展理论研讨、社科普及、学会建设、社科评奖工作，注重抓品牌培育，抓制度建设，各项工作取得新成效。完成济南市第三十三次社会科学优秀成果奖评选，评出获奖成果80项，其中一等奖10项、二等奖20项、三等奖50项。

社科课题研究。申报《省会城市创建文明城市长效机制研究》等3项山东省人文社科课题并立项。深入市中区建新社区、槐荫区裕园社区等社科普及示范基地开展调研活动，撰写《关于济南市社科普及工作的调研报告》。

社科普及活动。举办以“新时代·新生活·新梦想”为主题的济南市第十五届社会科学普及周活动，社科普及周期间，举办主题讲座、国学讲堂、思维课堂、咨询服务等30余项特色活动，普及社科知识、弘扬先进文化。面向高校大学生、社科普及示范基地、机关社科理论工作者赠送优秀社科读物1000余册。

社科阵地建设。新建立平阴县孝直镇驻地社区等6个社科普及示范基地，投入部分资金资助其开展社科普及活动。推荐长清区马套村评选山东省第十一批社会科学普及教育基地

基层学会管理。指导市图书馆学会进行换届工作，完成市水产发

展与经营协会的脱钩工作，组织 5 个直属学会完成年检工作，依规依章对 4 个基层学会进行整顿，筹备成立济南市语言艺术学会等 2 个新学会。

《社科论坛》刊物编辑。开设“学习习近平新时代中国特色社会主义思想”“学习十九大”专栏，解读和宣传习近平新时代中国特色社会主义思想。新增“新旧动能转换”“乡村振兴”等专题专栏，刊发助力济南政治、经济、社会、文化和生态文明建设有关文章。全年编辑出版《社科论坛》6 期、70 多万字，发表文章 80 余篇。

（苑　红）

【社科界理论骨干培训】 10 月，赴延安、梁家河举办社科界业务骨干培训班，学习党的十九大精神和习近平新时代中国特色社会主义思想，听取《走进新时代、把握新矛盾、践行新思想——深刻学习党的十九大精神》和《党中央在延安十三年》等专题辅导报告。

（苑　红）

【纪念济南解放 70 周年系列活动】 在《社科论坛》开辟“纪念济南解放 70 周年”专栏，组织人员撰写党史专项课题《济南战役伟大精神的历史内涵》，在《人民政协报》《济南日报》《济南画报》刊发，联合历下区盛福花园社区举办“伟大的担责与突破是济南战役及其精神的重要历史内涵”主题报告，坚持传承红色基因，讲好济南故事。

（苑　红）

【济南社会科学院】 济南社科院以建设中国特色新型智库为总目标，实施“科研强院、人才强院、管理强院”战略，深入研究济南经济社会发展重大问题和泉城特色历史文化，不断提升科研创新能力和决策咨询服务水平。

2018 年 6 月 26 日，济南市第十五届社会科学普及周开幕式举办

（市社科联　供稿）

打造智库平台。坚持“一手抓课题研究、一手抓论坛”的工作思路，创办“济南·黄河智库”论坛，通过主办、联办学术论坛、研讨会，打造智库平台，在服务全市中心工作中发出社科专家的声音。按照新型智库建设要求，健全完善课题管理、科研考核、科研激励、人才队伍、学术交流等基础性制度，形成规范完整的制度体系，调动科研工作者积极性主动性创造性。全年编辑出版《济南社会科学》6 期，收录文章 86 篇，共计 90 余万字。

推出科研成果。整合研究资源，协同攻关，完成市领导交办的《弘扬济南历史文化，打造济南文化软实力》《“全面两孩”政策实施后济南市人口发展问题研究》《新时代文明城市创建长效机制研究》3 项课题。其中，张华松主持的《弘扬济南历史文化，打造济南文化软实力》得到市领导肯定性批示。完成 2017 市社科规划重点课题《济南重塑“舜城”文化品牌研究》《基于城市国际化要求的现代泉城建设研究》《济南市文明创建常态化机制研究》《济南市做大做强县域经济中的新“三农”问题研究》《全面建成小康社会之后的文化发展目标和路径》《以人民为中心的发展思想之理论基础及现实意义研究》《习近平总书记关于政治生态重要论述研究》《加强济南哲学社会科学人才队伍建设研究》《济南城市产业空间优化与提升对策研究》9 项。围绕新旧动能转换、现代泉城的现代治理、医养健康等领域确定 33 项院课题，其中重大课题《济水与济南》《城市治理现代化研究》2 项，均全部结题。

（梁永贤）

【《华不注历史文化变迁研究》】 是济南市重大立项课题，自 2015 年 9 月 24 日启动，由济南社会科学院牵头，组织有关专家编写，于

2017年12月由山东教育出版社出版发行。华不注山（简称华山）地处济南东北部，是济南历史上的第一名山，华山与济南的发展紧密相连。

（梁永贤）

【《城市治理现代化理论与实践》】 是市社院2017年重大课题，于2018年9月出版发行。该书从理论与实践两个层面研究城市治理，梳理和界定城市治理现代化的基本理论和概念，对新时期城市治理现代化面临的突出问题做概要性陈述，并以十九大精神为指导，对新时期城市治理现代化提出新思维。

（梁永贤）

【《毛泽东诗词研究史稿》】 该书全三册、63.2万字，由济南社会科学院牵头，梁自洁、董正春编著。自2013年12月启动，2017年12月由中央文献出版社出版发行。全书较全面、客观地把毛泽东诗词“研究之研究”的种种情况反映出来，是一部断代、专题学术史。

【“省会济南打造乡村振兴齐鲁样板”高端论坛】 7月5日，济南社科院与市委农办、章丘区委区政府在章丘区共同举办“省会济南打造乡村振兴齐鲁样板”高端论坛，邀请中国人民大学、中国社科院的知名“三农”问题研究专家和省委农办、省农业厅、山东社科院、山东农业大学等领导和专家，围绕推进乡村振兴的重点难点和实施路径进行研讨和交流，为省会济南打造乡村振兴“齐鲁样板”建言献策。

（梁永贤）

【“黄河文化与黄河流域协作高质量发展”高端论坛】 11月12日，济南社科院与市政协文史委、济南新旧动能转换先行区管委会共同主办“黄河文化与黄河流域协作高质量发展”高端论坛。来自国内知名专家和沿黄省市社科研究机构、政协、高等院校的专家学者，重点围绕黄河文化的科学内涵、时代价值、黄河流域协同发展、黄河经济带、黄河生态文明、黄河旅游开发、新旧动能转换、产业融合等方面进行了交流和研讨，并编辑《黄河文化与黄河流域协作高质量发展研究》文集。（梁永贤）

【“国际城市发展趋势与济南城市国际化的战略选择”高端论坛】 11月30日，济南社科院、市外办共同主办“新时代、新视界、新高地——国际城市发展趋势与济南城市国际化的战略选择”高端论坛。来自国内社科研究机构、高校和公共外交机构的知名专家学者，聚焦改革开放新时代城市国际化发展趋势和实践路径，总结全球主要国际化城市的建设经验，共同探讨济南推进城市国际化、提高城市竞争力、建设“大强美富通”现代化国际大都市的总体思路和有效路径。（梁永贤）

责任编辑　魏添乐

【概况】 出台《关于进一步加强弘扬社会主义核心价值观、主旋律文艺作品创作和文化场馆利用的实施意见》。围绕庆祝改革开放40周年和济南解放70周年等重大时间节点，各级公共文化场馆举办“我们的中国梦”系列展览展演和文化活动。举办第五届中国非遗博览会，参展参演项目达540项，网络直播受众6000万人次，网上浏览量超过1亿人次。完成“儒商大会2018”专场演出，京剧意象杂技剧《粉墨》赢得与会嘉宾赞誉。对外及港澳台文化交流不断扩大，派出16个团208人赴老挝、瑞典等18个国家或地区开展文化交流。全市文化惠民消费季签约企业193家，53家成为第二届山东文化惠民消费季合作企业。在评选出的20个国家文化消费试点城市中，济南排名列第一档次。12个省定贫困村、95个市定贫困村综合性文化服务中心建设以及电视户户通扶贫工程按期完成。

公共文化服务。制发并组织实施《推进2018年全市基层综合性文化服务中心全覆盖建设实施方案》《济南市推进县级文化馆图书馆总分馆制建设工作方案》，全市建成基层综合性文化服务中心3769家，达标率97.6%。儿童剧《戴“星星”的孩子》等4个项目入选国家艺术基金资助项目，京剧《邓恩铭》等10个作品获第四届济南市“泉城文艺奖”，市杂技团分别在法国、西班牙、俄罗斯等举办的国际杂技比赛中获奖。文化成果惠及更多市民。全市公共图书馆接待读者412万人次，市属艺术院团演出2166场，开展“书香泉城”全民阅读节活动120场。全市农村放映公益电影4.5万余场次、观众730余万人次。“曲山艺海星乐汇”周周演、“好客明湖”曲艺专场以及“相约大剧院·欢乐满泉城”文化艺术惠民展演等品牌活动深受欢迎。

文化遗产保护。实施文物“拯救保护行动”。重点开展钟楼寺钟楼台基修缮等十大工程，府学文庙改造提升工程完成并开放。实施重点文物保护项目。华阳宫古建筑群修缮工程完工并开放，城子崖遗址北城垣等工程进展顺利。加强非遗保护工作。开展市级代表性非遗项目和传承人评审工作，开展“非遗月”活动67项240余场，国家级济南百花洲传统工艺工作站挂牌运转。

文化创新创造。文化产业创新发展。征集推荐全省重点文化产业项目37个、总投资382.5亿元。电影小镇第一街区老济南街已承接电视剧《古董局中局》拍摄，星工坊豹纹龙文化产业孵化中心等业态开放。新增城市数字影院6家，电影票房4.04亿元，比上年同期增长12%。行业管理规范有序。推进“多证合一”“证照分离”和“一次办成”改革，全面履行企业住所（经营场所）申报承诺制。推进县级电视台改革，6个县级台标准化建设完成首次考核。加大执法力度，建设“扫黄打非”基层工作站，办结率和满意率均达100%。市“扫黄打非”办公室连续四年被评为全国先进集体。（张新来）

【文化市场管理】 截至年底，全市具有合法经营资格的文化市场经营单位1965家，其中娱乐场所296家、艺术品经营单位416家、互联网上网服务营业场所905家、各类演出团体274家。全年新审批备案各类文化市场经营单位104家。对上年度文化市场数据采集、统计以及审核工作进行安排部署，完成全市1359家文化市场经营主体的录入工作。加强网络游戏服务和从事演艺活动的民办机构监管工作，印发《经营性互联网文化单位告知书》和《对演出经纪机构告知书》。印发《济南市校园及周边治安环境综合治理工作实施方案》，联合开展校园周边环境综合治理工作。开展游戏游艺设备远程实时监控测试试点工作，对游艺娱乐场所经营状况、设备使用等情况进行实时监管。推进互联网上网服务行业转型升级，评选出41家互联网上网服务行业转型升级示范单位。将艺术品规范化经营转型升级与艺术品规范经营示范基地创建工作相结合，制定《济南市艺术品规范化经营转型升级工作方案》，组织开展样板间创建工作。推动、指导有影响力的艺术品经营单位发起筹建济南市艺术品行业协会，推进济南艺术品行业自律体系建设。（秦　鋆）

【文化市场综合行政执法】 2018年，全市文化执法工作着力整治网吧违规接纳未成年人、非法有害及侵权盗版出版物、网络传播非法视听节目等突出问题，不断加大网吧、娱乐演出、文物保护、广电传媒、新闻出版等领域监管力度，开展“扫黄打非”和“扫黑除恶”专项斗争，打击各类违法违规行为，把安全生产隐患排查作为执法检查的一项重要内容，办结案件337件。市文化市场管理和“扫黄打非”工作领导小组办公室被评为2017年度全国、全省“扫黄打非”先进集体，市文化执法局被国家版权局评为2017年度查处侵权盗版案件有功单位一等奖，2家基层工作站被评为全国“扫黄打非”基层示范点。（陈海燕）

【演出市场监管】 在强化日常巡查的基础上，重点打击网吧违规接纳未成年人、超时经营等行为，先后组织开展“两节两会”专项整治、“忠诚卫士·2018春雷行动”、中高考期间护航行动等集中治理行动。推进“山东省互联网上网服务营业场所管理系统”安装和使用，全市网吧安装率达100%，在线率达98%；完善网吧分级分类管理，调整重点监管单位113家。加强网络文化市场、演出市场监管，组织开展互联网文化单位、演出市场联合检查，对互联网文化经营单位进行摸排调研。加强全市演出活动及部分旅游景点现场监管，全年监管涉外大型演出15场，对2起票务、无证违规行为进行处罚。

（陈海燕）

【广电市场整治】 对卫星电视传播秩序、黑广播、网络视听节目、电影放映市场开展全面整治。组织开展境外卫星电视传播秩序专项整治行动，对持有《许可证》用户进行巡查，联合基层文化执法机构对中小宾馆进行清理整治，立案查处擅自安装和使用卫星电视接收设施宾馆54家。巩固拓展无“小耳朵”社区创建活动成果，全市无“小耳朵”社区达到368个，共拆除“小耳朵”663余套（件）。联合市公安、无线电管理部门开展打击“黑广播”执法行动12次，查缴“黑广播”16座。组织开展整治网络非法传播视听节目“绿网2018”专项行动，查处4起通过微信公众号和手机APP从事互联网视听节目服务的案件，清除侵权盗版和低俗内容影视剧2万余部、非法电视频道12个，移交涉及信息安全案件1起。强化电影放映市场监管，检查全市电影放映场所，对某影院涉嫌瞒报销售收入的违法行为进行暗访和执法检查。（陈海燕）

【新闻出版市场管理】 打击各类非法出版物和侵权盗版出版物制售活动，开展“两节两会”期间文化市场和“扫黄打非”专项治理行动、春季打击侵权盗版教材教辅专项行动、校园周边出版物经营场所集中清查、上合峰会期间出版物市场专项治理等专项行动和集中清查，对济南升辉海德印务有限公司等28家印刷发行单位和个人的违规行为进行立案处罚，移交刑事案件2起。加大网络淫秽色情违法信息集中清理整治，共过滤删除淫秽色情等违法有害信息3000余条。

（陈海燕）

【文物、艺术品及游艺娱乐市场执法】 加强文物保护单位执法巡查，对3处石窟寺及石刻、8处古文化遗址、2处古墓葬及各类文保单位进行执法巡查检查；对全市25处文物保护单位进行双随机抽查，督办文保单位受损案件3起，行政罚款85万元人民币。加强艺术品市场执法检查，对全市11家重点艺术品集中经营场所进行检查，针对部分经营单位手续不齐全、经营不合规等问题进行重点治理和查处。

加强文化娱乐场所监管，打击歌舞娱乐场所接纳未成年人、超时经营等违法违规行为，查处国家法定节假日外向未成年人提供电子游戏机的违规经营行为，对8家经营单位现场责令整改，取缔3家无证经营娱乐场所。 （陈海燕）

【“扫黄打非”工作】 制定《济南市2018年“扫黄打非”工作要点》《2018年“扫黄打非”工作考核办法》《2018年济南市文化市场管理和“扫黄打非”行动方案》，安排部署全市“扫黄打非”工作任务，开展“扫黄打非”专项治理行动。推进“扫黄打非”进基层，全市4300余个“扫黄打非”基层工作站全部建设完成；全国、省“扫黄打非”基层示范点培育选拔工作有序开展，市中区杆石桥街道自由大街社区、历下区千佛山街道历山名郡社区2家社区“扫黄打非”基层工作站入选全国第二批“扫黄打非”基层示范点。组织指导各区县“扫黄打非”办公室举办进学校、进社区宣传活动。联合开展专项执法行动，查处各类新闻出版领域违法违规案件30余起，刑事立案7起，打掉地下非法出版物发行窝点6处，取缔无证出版物游商摊点20余处，查缴各类非法出版物19.4万余册。 （陈海燕）

【文化产业】 2018年，济南市国家认定动漫企业5家、省级文化产业示范基地13家。市文化广电新闻出版局组织开展“国家文化消费试点城市暨济南市文化惠民消费春节活动”，引导扩大春节期间城乡居民文化消费。1月15日，山东文化惠民消费季组委会在济南召开会议，市文化广电新闻出版局荣获“首届山东文化惠民消费季优秀组织奖”。市政府办公厅印发《济南市人民政府办公厅关于印发第二届济南文化惠民消费季实施方案的通知》，于8~11月，举办第二届济南文化惠民消费季活动。 （张 宏）

【对外文化交流】 近年来，济南市实施文化“走出去”战略。2018年，市文广新局共有16个团208人先后赴老挝、瑞典等18个国家开展对外文化交流活动，其中济南市杂技团在国外演出600场、收入290万元，增进了济南与国际间的艺术交流，提升了济南的城市形象。 （侯 静）

【概况】 出台《济南市关于推进县级文化馆图书馆总分馆制建设工作方案》。按照《济南市文化扶贫工作方案（2016年~2018年）》工作安排，拨付文化扶贫资金285万元，扶持95个贫困村新建综合性文化服务中心，全市917个贫困村新建或改造提升综合性文化服务中心（文化活动室）任务全部完成。济南市公共文化走进新农村系列活动先后走进各县区，开展专场演出、展示、培训等20余场次，惠及百姓2万余人次。 （邢 杰）

【文化精准扶贫活动】 8月9日，2018年济南市文化精准扶贫暨文化志愿服务走进乡村系列活动启动仪式在南山区管委会西营镇三江广场举行。活动以市文化馆及各县区文化馆为依托，精选一批水平精湛的文艺工作者组建成文化志愿小分队，深入偏远山区，围绕空巢老人、留守儿童、农民工和残疾人等重点群体，开展包含文艺演出、艺术辅导培训、非遗展示展演等在内的各类文化志愿服务活动150余场次，受众4万余人次。 （邢 杰）

【“曲山艺海——星乐汇”系列活动】 1月7日，“我们的中国梦”2018年“曲山艺海——星乐汇”周周演系列活动在市文化馆启动，包括“曲山艺海——星乐汇”小剧场周周演活动、“曲山艺海——星乐汇”济南市曲艺大赛、“曲山艺海——星乐汇”专家辅导讲座三部分，每周日上午在市群众艺术馆多功能厅举行。全年共举办50余场次，受众人数达30余万人次。

（邢 杰）

【第五届中国非物质文化遗产博览会】 9月13~17日，由国家文化和旅游部、省人民政府共同主办，省文化厅、市人民政府共同承办的第五届中国非物质文化遗产博览会在济举办。博览会参展参演非遗项目达540项，其中国家级非遗项目254项，吸引82万人次参观参与，网络直播受众近6000万人次，网上浏览量超过一亿人次，实现了“济南人民身边的博览会”“全国人民看得见的博览会”的办会目标。 （于涟涟）

【百花洲传统工艺工作站成立挂牌】 9月13日，明府城百花洲传统工艺工作站挂牌成立，成为文化和旅游部挂牌的第一家城市工作站。开展研修研习培训、示范引导、品牌培育，提升传统手工艺的市场竞争力。 （于涟涟）

【非遗活态传承八项工程开展生产性保护工作】 4月，与市财政局联合实施非遗活态传承八项工程，加大非遗保护财政支持力度，创新保护举措。历下历山路社区、市中舜雅社区、章丘区三德范村等10个社区被评为市非遗传承示范社区，5个项目列入第二批传统工艺振兴项目库，章丘芯子、济阳鼓子秧歌、商河花棍舞等13个项目列入传统舞蹈活力再现工程项目库，4个项目被列入非遗保护重点资助项目库，25所新开设非遗项目课程的学校与传承人建立长期教学对子。10个项目被列入知名传承人公开招聘学员工程，共招聘学员207人。10个镇20个村被列入市历史文化展示工程示范点，推荐11个历史文化展示工程展馆申报第二批全省县及县以下历史文化展示工程“十百千”示范点，印发《济南市县及县以下历史文化展示工程专项资金管理实施细则》。

（于涟涟）

【开展“山东省非物质文化遗产月”系列活动】 “山东省非物质文化遗产月”系列活动包括纪录片征集展映、启动仪式暨非遗传承成果展演、传统戏剧赏析、非遗项目展示体验、春节民俗展、元宵节民间艺术展演、普法宣传等8项主题活动，开展非遗文化活动67项240余场，参与人数达85万人。

（于涟涟）

【“非遗就在你身边”非遗纪录片征集展映活动】 共征集非遗纪录片80余部，评出一等奖5部、二等奖15部、三等奖25部，其中20余部作品作为第五届中国非遗博览会宣传活动的一部分，在省网络电视台免费播出。推荐部分作品参加全国非遗影像展和全省非遗微视频大赛评选活动，获得全省非遗微视频大赛一等奖1项、三等奖1项、优秀奖2项。 （于涟涟）

2018年山东省“非物质文化遗产月”济南市系列活动——元宵节民间艺术展演

（邓延明 摄）

【非遗传承人群研修研习培训】 组织6人次参加文化部策展研修班培训。组织11名葫芦雕刻学员、6名黑陶制作学员、8名陶瓷烧制学员和5名核木雕学员参加省非遗传承人群研修研习培训。

（于涟涟）

文学艺术

【概况】 2018年，济南市文联坚持以人民为中心的工作导向，履职尽责、积极作为，文联工作和文艺工作取得新的成绩。

开展巡察整改。市文联党组以高度的政治责任感和使命感迎接市委巡察，对市委巡察组查找的问题、提出的意见进行全面整改，先后召开30多次党组会研究部署整改工作，出台《济南市文联关于落实市委第一巡察组反馈意见的整改工作方案》，确保巡察工作取得实效。

加强理论学习。研究制定《市文联学习贯彻党的十九大精神的实施方案》《理论学习中心组2018年理论学习安排意见》《关于加强意识形态工作的实施意见》等，坚持学习理论与指导实践相结合，文联系统工作作风明显改善，干事创业热情明显增强。

推进文联深化改革。按照中国文联和省文联部署要求，借鉴兄弟省市文联改革经验，起草《济南市文联深化改革方案（草案）》；6月，经市深化改革领导小组研究通过，市委正式印发。制定《关于济南市文联所属协会换届工作的实施意见》，严格规范程序，美协、摄协、音协、剧协、曲协、舞协、民协、杂协、评协9个协会完成换届。

开展主题文艺活动。以纪念改革开放40周年和济南解放70周年为主题，先后举办第五届济南国际合唱节、国际抽象艺术展、中阿作家济南对话会、第四届“向阳花”大学流行音乐节、庆祝改革开放40周年书画摄影展、备战全国美展重点作者座谈会等大型主题文艺活动，为省会经济社会发展营造良好文化氛围。

创作生产文艺精品。组织“第四届泉城文艺奖”评选，共评出济南市“泉城文艺奖”文学创作奖21件、艺术作品奖63件、文艺突出贡献奖3人。杂技《转台高椅》获“法兰西共和国总统奖”，散文集《大地的苍茫》《生命之灯》获第八届冰心散文奖，长篇小说《泉子》《风啸山河》、京剧《邓恩铭》、儿童剧《戴星星的孩子》、纪录片《曲山艺海》《文化泉城》、微电影《初心》等一批优秀文艺作品深受好评。市文联的文学期刊《当代小说》成为全国城市文学期刊的知名品牌。

开展文艺惠民活动。举办“放歌新时代”走进南部山区小学文艺志愿慰问演出暨助学捐赠活动、“共驻共建、共建共享”艺术进社区活动、“到人民中去墨香校园”泉城文艺志愿者书法支教活动、书画家“文化下乡”等，为基层群众送去欢乐和祥和，服务人民，回报社会。（周会然）

2018年6月19日，第四届泉城文艺奖颁奖典礼举行　（市文联　供稿）

【市文联五届十一次全委会】 3月23日，市文联五届十一次全委会在济南市环境监测大厦召开。党组书记、副主席刘溪作题为《牢记使命 砥砺前行 努力推动泉城文艺事业繁荣发展》的工作报告。报告充分肯定过去一年在文艺创作、文艺惠民、人才培养、文化交流和文联自身建设等方面取得的丰硕成果，对2018年的工作进行部署。根据市委提名，经济南市文联五届十一次全委会通过，张望兼任济南市文联主席。市文联五届全委会委员、文联机关事业单位全体在职人员共80多人参加会议。（周会然）

【乡村文化振兴调研活动】 为深入贯彻落实习近平总书记在参加十三届全国人大一次会议山东代表团审议时的重要讲话精神，推动“两学一做”学习教育常态化、制度化建设，推进“大学习、大调研、大改进”，市文联领导班子先后6次组织带领机关干部和部分文艺家组成多个调研组赴商河、槐荫、市中、历下等文联和帮扶村开展大调研活动，重点围绕发掘和利用当地文化资源，打造地域特色文化产业项目，振兴乡村文化、推动经济发展进行座谈研讨。（周会然）

【第四届泉城文艺奖评选】 泉城文艺奖是市委、市政府批准设立的全市文学艺术界综合性文艺奖。第四届泉城文艺奖共评出文学创作奖21件、艺术作品奖63件、文艺突出贡献奖3人。其中，长篇小说《大河入海流》、散文《圆凳与野花》、儿童文学《圆桌对面的孩子》等获文学创作奖，国画《祈年》、摄影《英魂归来》、杂技《丰翼流苏》等11件作品获艺术作品奖一等奖，国画《开海》、摄影《建设者》、音乐剧《不一样的焰火》等

22件作品获艺术作品奖二等奖，书法《陆游跋文》、摄影《且听风吟》、歌曲《嘿！济南》等30件作品获艺术作品奖三等奖。任宝桢、王亮朝、杨珀获文艺突出贡献奖。（周会然）

【第五届济南国际合唱节举办】 由市委宣传部、文联等11个部门联合主办的第五届济南国际合唱节于4~8月在济南举行，内容包括合唱比赛、合唱指挥培训、合唱辅导进社区、合唱音乐会等。举办10余场合唱指挥培训班和大师班，培训音乐人才3000多人；邀请省内外音乐家进各区县培训基层音乐人才1万余人。济南国际合唱节，每年一届，每届历时半年，已连续举办5届。（周会然）

【"泉城文艺志愿者"活动】 市文联主办的"放歌新时代·2018山东文艺界'到人民中去——走进南部山区小学'5·23泉城文艺志愿者慰问演出暨助学捐赠仪式"于5月18日在济南市南山管委会仲宫中心小学举行。活动中，文艺志愿者向仲宫中心小学捐赠价值10万元的乐器、3万元培训费及体育器材，为学校义务拍摄反映山区音乐教育的专题纪录片，并将学校设为文艺志愿服务基地，为全校师生送上精彩的文艺演出。（周会然）

【"品质生活·品质阅读"征文暨名家诵读活动】 由省文联、市文联、市中区文联等单位联合举办的"品质生活·品质阅读"征文暨名家诵读活动于11月15日在济南大学启幕。启动仪式上，向济南大学捐赠了散文集《风雅济南》和《遇济南》，山东省朗诵艺术家协会副主席王勇、济南广播电视台广播节目主持人方言、Maggie以及济南大学的师生代表朗诵了散文、诗歌等优秀篇目。（周会然）

【济南美协备战"第十三届全国美展"】 5月31日上午，济南市美术家协会备战"第十三届全国美展"重点作者座谈会在大成美术馆举行，百余名山东美术界相关艺术家参加会议。会上，对第十三届全国美展的总体工作安排、创作方向等进行分析、解读与指导，对第十三届全国美展后期的实施工作进行部署。（周会然）

【首届"小香山杯"葫芦艺术精品展】 12月13日上午，济南市民间文艺家协会、市中区文联等单位联合举办的"首届'小香山杯'中国当代烙画·葫芦艺术精品展"在新世界珠宝古玩城启幕，300余件出自全国各地能工巧匠之手的烙画和葫芦艺术上乘佳作亮相精品展。这次展览汇集全国烙画及葫芦艺术原创精品，为从事烙画、葫芦工艺的艺术家提供了展示艺术成果和相互交流学习的平台。（周会然）

【济南杂技获金奖】 市杂技团受邀参加3月7日~11日在西班牙伊热夫斯克举行的第十一届国际马戏艺术节。市杂技团《勇者无惧——蹬人》和《草帽》三台节目参赛，摘得桂冠，获"金熊奖"。（侯 静）

【孔海涛获法国"明日"世界杂技节金奖】 2月5日，济南市杂技团演员孔海涛凭借在杂技《转台高椅》中的出色表现，获第三十九届法国"明日"世界杂技节金奖及最高奖——法兰西共和国总统奖。（魏洪强）

【吕剧《生命日记》搬上泉城舞台】 由市委宣传部、市文化广电新闻出版局、历下区委、历下区人民政府联合出品、市吕剧院创作演出的现代吕剧《生命日记》，在群星剧场搬上泉城舞台。该剧以"齐鲁时代楷模"、原历下区甸柳第一社区党委书记陈叶翠先进事迹为原型编创，赢得观众们一致好评。（魏洪强）

【儿童剧《戴"星星"的孩子》巡演】 市儿童艺术剧院2018年度国家艺术基金传播交流推广资助项目——儿童剧《戴"星星"的孩子》巡演在江西井冈山影剧院正式启动。本次巡演自9月启动，到2019年5月结束，陆续走进四大革命老区的剧场和山区校园，计划在新中国成立70周年前完成巡回演出70场。（魏洪强）

【首届全国优秀民族乐团展演】 10月24日至11月2日，首届全国优秀民族乐团展演在济南举办。此次展演由文化和旅游部艺术司、省文化厅主办，由中央民族乐团、市文化广电新闻出版局承办。展演以中央民族乐团的民族器乐剧《玄奘西行》开幕，以省歌舞剧院民族乐团的民族音乐会《大道天籁》闭幕，期间共举办10场民乐演出，同时开展一团一评、民乐艺术讲座、下基层演出等系列活动。市文化广电新闻出版局，获优秀组织奖。

（魏洪强）

【“泉荷奖”美术书法作品评比展览活动】 10月13～21日，“泉荷奖”济南市第一届优秀美术书法作品评比展览活动在市美术馆举办。赛事收到来自全市各行各业专业美术书法创作人员报送的作品101幅，经专家评审，精选出其中的67幅进行展览。其中，李静的中国画《夏月》等29件作品获“优秀作品奖”，王永静的书法《录十九大报告》等38件作品获“入围作品奖”。（魏洪强）

【市4件作品在第十一届山东文化艺术节获奖】 10月，省文化和旅游厅公布第十一届山东文化艺术节全省优秀新创群众艺术作品汇演评奖结果，济南市参演作品舞蹈《小巷总理》获第十一届山东文化艺术节群众艺术新创作品优秀奖，舞蹈《丝路——唐锦彩》、群舞《锣鼓齐鸣棍舞花香》、相声《方言杂谈》获第十一届山东文化艺术节群众艺术新创作品入围奖。（邢　杰）

【新闻出版管理】 加强著作权法宣传普及，提高公众版权意识。通过版权知识咨询、版权保护座谈会、版权公益广告、网络宣传等形式，开展版权进机关、进学校、进企业、进社区、进农村“五进”宣传活动。联合省版权局、市文化馆和各县区文化馆，在市文化馆举办第二届“推陈出新”中国传统美术版权作品展。开展版权示范城市、示范单位和示范园（基地）的创建和著作权作品登记工作。发动相关单位和企业参与到创建工作中来。推进版权示范单位和示范园区（基地）在版权产业发展中的示范引领作用。全市4家企业获得省版权局“版权示范单位和示范园区（基地）”的认定。（薛　白）

【农家书屋建设】 各县区对本地农家书屋进行检查整改，明确整改落实的内容措施和完成时限。选好配好农家书屋管理员，加强业务培训、熟悉职责，为农民群众服务。开展“齐鲁农家沁书香”“农家书屋大讲堂”“百校万村——大学生志愿者与农家书屋结队帮扶”、文化助老助残等志愿服务等活动，打造乡村阅读示范点。11月底，全市各县区基本完成对4320个农家书屋出版物的补充更新任务，配送图书28.3万册。（薛　白）

【版权、农家书屋工作观摩会】 3月30日，全市版权、农家书屋工作学习观摩会在平阴召开，要求完善监督机制，抓好政府机关使用正版软件工作；与会代表实地观摩了解农家书屋的建设情况和图书馆总分馆管理系统运营情况。会议向获2017年市版权示范单位授予奖牌，向在全市农家书屋10周年表扬活动中的先进集体、先进个人、示范农家书屋和优秀农家书屋管理员授予证书和奖牌。（薛　白）

【济南出版有限责任公司】 2018年，济南出版有限责任公司销售收入较上年增长55.7%，净利润较上年增长42.7%。形成“中国特色社会主义政治经济学”“当代中国马克思主义政治经济学”两个全国级出版高地，图书被中宣部和国务院发展研究中心指定每年征调。《重读马克思书系》等图书取得良好的社会和经济效益，“讲好济南故事”和“济南文化名片”系列图书获得立项。《小学生小古文100课》累计发售突破530万册，公众号、讲师团、微课堂、全国小学生小古文写作大奖赛均已形成全国性品牌。争取信息网络传播视听节目许可证，组建20个子公司，成立7家分社，打造全省领先的15个平台，在融合发展板块率先破题。文化“走出去”取得良好成效，被评为“山东省新闻出版广播影视业‘走出去’重点企业”。

运营第二届济南文化惠民消费季平台，推进版权进校园活动。承办“中东欧国家地方研讨会”“第五届世界遗产博览会”“第二届全国智能制造应用技术技能大赛决赛”，承办市委主办的“泉水景观城市联盟论坛”“中国济南海外高层次人才创新创业大赛”“改革开放四十周年摄影展”等大型会展。建立慈善工作长效机制，全年累计捐赠17笔，捐赠码洋2312540.2元，“慈心一日捐”募集善款50900元。开展“传统文化进校园”“阅读与写作”主题演讲等公益活动50余场（次）。以文化三下乡为契机，给贫困学生、返乡农民工和大学生赠送图书产品。

（魏高峰）

【济南日报报业集团】 做好习近平总书记视察山东的宣传报道工作，济南日报先后推出12篇大型报道，济南时报推出13个版专题报道，爱济南新闻客户端刊发12篇相关报道，点击量260万+。策划新旧动能转换、双招双引、打造国际医疗康养名城、优化营商环境、纪念济南解放70周年等重大主题报道和“城市提升社长总编区县行”系列报道。完成儒商大会、国研智库·新旧动能转换泉城论坛2018、首届新型智慧城市建设国际峰会等重量级会议报道任务。打造济南市新闻宣传融媒体公共服务平台，与全市13个区县（管委会）签约联手打造“济南市融媒体中心”项目。

推出读者服务月活动。开展开门办报读者用户大调研活动，形成《济南日报报业集团用户调研报告》。与济南12345市民服务热线签署“助力优化营商环境、打造联动平台”协议，共同打造“掌上12345”平台，将12345服务济南市民的渠道进一步延伸。

创新举办各种活动。举办2017“影响济南”年度经济人物评选、第六届济南国际泉水节、“揽阅湖光山色·抒怀天下泉城”中国作家济南行、首届中国新媒体发展年会、首届齐鲁国际医疗康养博览会、纪念《济南日报》创刊70周年等活动。第六届济南国际泉水节首次举行敬泉大典，并将节日上升为国际泉水节。

延伸主业做大产业。与济南轨道交通集团、济南文旅集团达成战略合作，开辟全新运营领域。发展会展、图书电子商务等产业，做好印刷产业延伸，推动物流配送转型升级。同64家驻济企业共同发起成立济南市东西部扶贫协作产业联盟。

（李泉云）

【济南日报】 实施改版提升行动，提高主题特色鲜明的精品新闻和版面占比。结合《济南日报》创刊70周年，打造“为市民读者圆梦”品牌，全年共帮助市民读者圆梦70个。2018年度济南日报获中国新闻奖三等奖1项，山东新闻奖一等奖5项、二等奖8项；获得山东省市地报新闻奖一等奖2项、二等奖3项。

2018年11月，首届齐鲁国际医疗康养博览会暨第二届山东（济南）康养旅游节启动·发布仪式在泉城广场举行

（济南报业集团 供稿）

全国两会期间，推出《习近平参加山东省代表团审议》《习近平当选新一届国家主席中央军委主席》等重大报道。完成上海合作组织青岛峰会期间总书记视察济南系列报道和报纸出版。6月13~15日，推出“牢记总书记嘱托、奋力走在前列”系列报道，将全市重点工作呈现给总书记检阅。结合改革开放40周年和打造“四个中心”、打赢新时代“济南战役”，开设一系列特色栏目。结合济南解放70周年和日报创刊，推出纪念济南解放70周年暨《济南日报》创刊70周年特刊，在重要版面开设“致敬老兵”“不能忘却的纪念”“纪念伟大胜利、传承红色基因”等栏目。推出泉水节特色报道“十泉十美”栏目，每天介绍一处名泉。

开创省内县级融媒体建设先河，与市中区合作建成市中融媒体中心，已由济南市委宣传部推荐入选省级融媒体中心试点。全国两会期间，选派3名骨干记者参与集团融媒报道组，推出“国家战略的济南担当”“乡约北京”“山东团”等栏目，刊发原创稿件125篇，新媒体（两微一端一网）推出稿件211篇。新媒体先后推出4期“号外”，每个地标点击量都在6万次左右。

（李宝玉）

【济南时报】 2018年，时报对标行业先进，推进媒体融合，牢固引领主流舆论声音与导向，经营收入实现近5年来第一次逆势增长。

策划系列新闻特刊。以“诚·品之盟”为主题，联合工商联成立“诚·品企业联盟”，推出“3·15特刊”；推出20个版的纪念特刊《望川——5·12汶川特大地震十周年特刊》；出版“影响济南”年度经济人物评选十周年特刊。策划出版五三惨案90周年纪念活动、父亲节特刊、破立之变改革开放40周年报道、俄罗斯世界杯特刊等。9月3~24日，推出《见证——纪念济南解放70周年》系列专题策划，纪念济南解放70周年，刊登稿件超过40篇，创作了系列济南战役老战士专访、济南战役第一团专访报道、重走济南战役攻城路等一批精品稿件。

济南时报新媒体产品涵盖微信、微博、短视频、网红直播、WAP网站、小程序等各种形态，尤其是短视频产品和直播，已迈入全国报业开办的视频类产品前十强。时报与人民日报合作的人民直播、人民号，成为山东地区头部流量大号；与梨视频、二更视频的内容合作，与一直播进行的百万元知识问答，均产生良好反响和广泛影响。推进“创城公益广告精彩展示”项目，全年刊登彩色公益广告96个。（胡思永）

【都市女报】 2018年是都市女报的“改革之年”，由周六刊调整为每周二、五两期，周二刊内容原则上要求全部原创，减少碎片化信息。将新闻报道进行新媒体多平台多方式呈现，原创稿件通过爱济南女报频道、女报两微、头条号、企鹅号等平台全网发送。

做好全市妇女事业的宣传推广。关注优秀女性人物的挖掘，集中推出一批女性榜样典型，2018年刊发人物专访近80个版。参与组织宣传“男女平等基本国策进媒体”专题讲座，与市妇联启动“好母亲、好家教、好家风”提升工程、联合开展2018年“圆梦大学·春蕾绽放”精准扶贫助学活动，成立“爱心妈妈助学团”。参与创建济南市“爱心妈妈”公益品牌。

多种形式宣传优秀传统文化。策划以传统节日为题材的报道，在春节、清明节、中秋节、重阳节等“我们的节日”前夕推出特刊，展现中国传统节日的风俗习惯和文化内涵、传统节日在现代生活中的变迁。（杜　超）

【人口健康报】 加快推进媒体融合发展，构建一报一微一端的全媒体传播格局。人口健康报微信客户端，推送数量每日5条以上，年推送微信近2000条。手机客户端于2018年8月试运行，设置“医改”“公卫”“计生”“妇幼”“药讯”“卫监”“国医堂”等栏目。

做好重要新闻报道。策划刊印全省卫生计生工作会议特刊。开设“医养结合看山东”专栏，对确定的首批医养结合示范市区的工作经验和亮点进行全方位展示。对国家健康医疗大数据北方中心落户济南、中国健康医疗大数据应用交流大会、省卫生健康委挂牌成立等重大活动进行深入报道。对儒商大会2018医养健康产业论坛、京津冀鲁豫卫生健康协同发展峰会等重大会议进行全方位报道。

专版专题化，设置医改纵横、妇幼视野、国医经典、健康惠民、计生在线等版面。策划出版山东医疗卫生援川抗震救灾十周年特刊、首个中国医师节等特刊或专版。开设“大爱无疆·山东援外医疗50周年”“援疆健康行”等栏目，先后刊发《应着祖国的召唤，山东省医疗团队援塞抗击埃博拉纪实》《“我们一起，为喀什人民健康护航”——山东省创新性试点医疗人才组团式援疆工作纪实》等重点报道。

注重行业典型和社会热点报道，如山东大学齐鲁医学院临床医学院教授、博士生导师宋惠民捐献遗体的稿件《86岁老教授最后的要求》。开设“奋斗者的故事”栏目，刊发《一诺千金 一心为民——记淄博市博山区源泉中心卫生院院长亓庆良》《心尖上的医者——记全国医德标兵、省千佛山医院心内科主任侯应龙》等稿件。针对潍坊寿光等地重大洪灾疫情，刊发《116支卫生防疫队保障灾区无疫情》《众志成城，打赢灾后防疫保卫战》等重点报道。

（李淑芬）

【舜网】 建立新闻奖评制度，每天更新新闻资讯800余条，年度采写原创稿件近5000篇，拍摄原创视频170余期，PC端及移动端日均点击量230万次，济南社区实名用户超过7万人。围绕重大主题活动，利用PC站、移动站、济南新闻客户端、微博、微信等融媒体传播方式进行宣传。在全国两会、济南日报创刊70周年等节点，利用新媒体技术打造互动小游戏、微刊、AE 视频画中画等。2018 年，舜网被评为“山东省文化企业 30 强”“山东省‘一企一技术’研发中心”“舆情信息工作先进单位”“2018 年度最受欢迎电子商务服务机构”。

重点打造全国网络媒体看济南和山东青年微电影大赛品牌活动。网媒看济南活动邀请 60 家全国网络媒体进行采风报道，共计发稿近 800 篇。山东电影回顾盛典现场，牛犇等 10 位表演艺术家为获得第十一届山东青年微电影大赛奖项的选手颁奖。承建济南市人民政府新闻办公室网站，策划举行“中国作家济南行”“济南城市形象宣传用语、形象标识（logo）征集”等活动。承接济南市电子商务公共服务平台和“济南名优农特产品上行”活动。举办“济南市房泽秋志愿服务团组建暨与泉城义工融合发展”“夏日送清凉”等公益活动，协助成立济南市东西部扶贫协作产业联盟。

注重技术创新，已有软件著作权 30 余项。承接人民日报海外版的“海客新闻”客户端建设工作。成立软件研究院，助力济南市新闻宣传融媒体公共服务平台建设，舜网为其中的云宣平台系统提供技术支持，为有关县区的融媒体中心建设提供支撑。中国城市新闻网站联盟授予“云宣融媒体移动采编系统”移动创新精品奖。（周斐斐）

【爱济南新闻客户端】 2018 年，爱济南新闻客户端树立了在本地移动媒体中的龙头地位，重点打造“济南政务信息第一移动发布平台”“智慧济南的移动便民服务平台”“济南民意诉求畅达化解平台”三大平台，跻身全国城市党媒客户端第一方阵，成为济南本地乃至山东用户的“生活标配”。

全国两会期间济南报业集团首次以全媒体记者的形式派出赴京采访团队，在北京搭建演播室。视频、直播、图文、H5、航拍等新媒体手段立体化呈现，报、网、端、微全矩阵传播，相关报道阅读量突破 900 万人次。6 月，济南报业集团设立由党报（《济南日报》）与党端（爱济南新闻客户端）采编人员混编组成的“时政报道融合小组”，实现时政报道的创新突破。

“友善济南、和谐社区”济南市首届文化节由市委宣传部指导，市文明办、济南日报报业集团主办，爱济南新闻客户端承办，走进各社区开展 12 场文化活动，被列为“2018 年度济南市文明城市建设百件实事”之一。承办首届中国新媒体发展年会的主流客户端分论坛，对年会进行全程直播，会上，爱济南获评“全国主流媒体客户端十强”。（景　璟）

【当代健康报】 推出“3·15 健康产业健康发展特刊”“济南市国际医疗康养名城建设”等深度报道和系列活动，重点推出“扁鹊说”系列短视频作品，举办全媒体记者培训，强化“选题制”“三审三校”。举办首届全国健康媒体“国际医疗康养名城”交流会暨全国知名健康媒体济南行活动。活动邀约来自全国各地 20 多家健康媒体负责人，分享济南“国际医疗康养名城”建设成果，共论健康媒体在推进健康中国战略中的作用。

当代健康报与市老龄办联合推出“智慧济南、携老同行”济南市老年人智能生活教育工程。该工程为济南市老龄办 2018 年度十大主题活动之一，主要围绕老年人学习使用智能手机展开，引导老年人学会智能手机的各种玩法，融入现代智能生活。5 月 8 日，《健康济南报》创刊。《健康济南报》由市卫计委、市爱卫会办公室和济南日报报业集团当代健康报社联合出版，每期 8 个版，全彩色印刷。

（杨晓莹）

广播电视电影

【概况】 2018 年，全市广播综合覆盖率 100%、电视综合覆盖率 100%。有调频转播发射台 15 座、电视（转播）发射台 11 座，广播电视节目制作持证机构 225 家。完成 20 套放映设备升级改造，新增数字影院 4 家，9 家规模型影院获准加入全国艺术影院放映联盟，14 家影院获准加入全国人民院线影厅。截至 12 月 31 日，全市电影票房（含服务费）4.64 亿元，同比增长 14.3%；放映场次 64 万场，同比增长 26.5%；观影人次 1180 万人，同比增长 0.2%。举办庆祝改革开放 40 周年、纪念济南解放 70 周年第九届社区广场电影节和“庆祝改革开放 40 周年向劳动者致敬”优秀国产电影展映活动。文化助残“五个一”百场公益电影放映完成，公益电影进机关、进学校、进敬老院有序推进。截至11月底，全市公益电影累计放映1500余场次，观众12余万人次。

推进广播电视公共服务。推进省级广播电视节目无线数字化覆盖工程，申请中央资金200万元。实施电视户户通扶贫工程，与市财政局联合印发《关于进一步推进全市电视户户通扶贫工作的意见》，为全市23013户建档立卡贫困户免费安装有线数字电视，财政投入270.87万元。

推进影视精品创作。组织全市广电系统申报“记录新时代”纪录片创作传播工程、“2018丝绸之路影视桥工程”、少儿节目精品发展专项资金扶持项目，组织开展2018年优秀国产纪录片推荐播映工作，推荐上报省广播电视精品推进计划专项资金项目。济南市山东天麦文化传播公司《红灯记》、山东赤蓝影视文化公司《我们的小康时代》、济南斯坦福传媒公司《鲁菜传奇》三部电视剧入选省重点影视项目。

强化依法管理。对未转播或未在主频道（率）转播新闻节目的市县播出机构进行督查整改，对部分电视节目涉嫌低俗、猎奇等情况进行核查处理。整治违规设置使用广播调频频率5个，查处违规医药广告、超时长广告34条；查处未备案的广播养生类节目14档，完成9档广播养生类节目的审核备案。组织全市播出机构对是否播放“O泡果奶”违规广告、是否播放明令禁播的减肥瘦身产品广告进行自查，对涉嫌非法集资广告资讯信息进行排查清理。推进县级广播电视台标准化建设发展改革，制定《济南市县级台标准化建设工作方案》，完成辖区内县级台标准化建设考核，各县级台均达到一级台标准。开展“整治网络非法传播视听节目·绿网2018专项行动”。

（王　梓　黄宝兰）

2018年8月16日，“庆祝改革开放40周年、纪念解放济南70周年”第九届社区广场电影节启动首映式在济阳县安大城市广场举行　（市文广新局　供稿）

【济南广播电视台】 开设《在习近平新时代中国特色社会主义思想指引下——新时代、新作为、新篇章》等专题专栏，采制编发习近平总书记在山东考察的重要新闻和相关报道。联合市委讲师团，推出系列网络访谈节目《讲习时间》，对十九大精神进行深入浅出的宣传阐释。在央广《新闻和报纸摘要》、央视《新闻联播》等重点栏目发稿近400篇，同比增长40%左右。完成《稳中求进谋发展、跨越赶超有看头——2017济南市“打造四个中心、建设现代泉城”回眸》专题片、《济南招才引智》宣传片、《“新时代的挑山工”担当作为出彩型好干部好团队风采录》《优化发展环境》等摄制。推出《寻找扁鹊传人》《私家车俱乐部》等一批新节目、新版块，摄制城市形象宣传片《泉城夜宴》、大型系列纪录片《悠然见南山》、广播剧《最美济南人》《贴心书记——高淑贞》等，其中3件作品获省精品工程奖、49件作品获省广播影视奖、12件作品获省新闻奖。承办山东文博会及其系列活动，获“最具影响力传播奖”“特殊贡献单位”两项荣誉。聚焦“纪念济南解放70周年”“庆祝改革开放40周年”，推出系列文化活动。提升技术保障能力，完成三级“两会”“上合峰会”等重要安全播出期任务，实现全年广播电视和新媒体节目优质制作与安全播出。

（张　楠）

【推进媒体融合】 树牢以用户为中心的互联网思维。打造“全媒体”融合传播矩阵，构建由7个频率、7个频道、PC端“济南网”和移动端“天下泉城”“无线济南”

“叮咚 FM”“1031 车主服务”，以及遍布城市的 5000 多台公交电视、20 多块城市大屏、1000 台楼宇电视、8500 块出租车屏、835 块地铁电视等组成的全媒体融合传播矩阵。实现一次采集、多种生成、多元传播，小屏带大屏、多屏联受众。“天下泉城”新闻客户端被市委、市政府确定为官方发布平台，济南网世界排名由 15 万位跨入 3 万位，无线济南客户端入围“中国地市广电 APP 十强”。（张　楠）

【深化产业发展】 注册成立山东文博天下国际会展有限公司和山东天下儒商文化传媒有限公司，拓展政务服务、少儿培训、婚庆等产业板块；整合少儿频道经营资源，成立济南青少年广电文化体验基地和广电少儿艺术团，发展教学培训点 7 处，增收 200 多万元。推进济南媒体港建设，注册成立济南媒体港文化传媒有限公司。（张　楠）

【电视问政节目】 12 月，市委、市政府成立“电视问政领导小组”，由市委副书记任组长，市委宣传部部长和市纪委书记任副组长。电视问政平台依托济南电视台《作风监督面对面》栏目建立，每周日 11:00 在济南电视台新闻综合频道播出，作为全市改善营商环境、巩固作风建设成果、密切党群干群关系的重要举措，是全市打造“1+3”监督平台的重要环节。《作风监督面对面》推出两季 11 期直播，聚焦经济发展、拆违拆临、治霾治堵、棚改旧改、扶贫攻坚、营商环境等重点工作；《作风监督热线》民主评议党风政风行风特别节目推出 267 期，160 余家单位上线。（张　楠）

【荣登全国城市电视台十强榜】 7 月 29 日，第八届中国电视满意度博雅榜发布会在哈尔滨举行，济南广播电视台一举揽获三项荣誉，位居全国城市电视台十强榜第三位，《都市新女报》栏目荣登全国地面频道新闻类节目十强榜，《有一说一》栏目荣登地面频道综艺类节目十强榜。（张　楠）

2018 年 9 月 15 日，“放歌济南·声动泉城——2018 时代声音盛典”举办

（济南广播电视台　供稿）

【“放歌济南·声动泉城”2018 时代声音盛典】 为庆祝济南解放 70 周年和改革开放 40 周年，市委宣传部、省音乐家协会、济南广播电视台共同启动“放歌新时代·温暖济南城”——泉城主题歌曲征集活动，参赛歌曲达 1000 余首。9 月 15 日，音乐家们再度聚首，在“放歌济南·声动泉城——2018 时代声音盛典”上，向市民奉献了一场诗歌与音乐的艺术佳酿。（张　楠）

【纪念济南解放 70 周年文艺晚会】 “不忘初心 砥砺奋进——纪念济南解放 70 周年文艺演出”于 9 月 24 日（济南解放纪念日）推出。演出以济南战役为切入点，按照建设新中国、改革开放、十八大和十九大等几个时期的典型人物的感人故事为主线，通过古城解放、英雄如山、时代楷模、砥砺奋进、放歌泉城 5 个篇章，体现中国共产党人始终为中国人民谋幸福、为中华民族谋复兴、为人类谋和平发展的初心和使命，也表达了大家对祖国、对济南的美好祝福。（张　楠）

【成立天下儒商·赢商会平台】 9 月 27 日，天下儒商·赢商会平台正式成立。由市委宣传部、市委统战部支持，省工商联、市工商联、济南广播电视台主办，市企业家协会、市外商投资企业协会协办。该平台以“共建、共赢、共享”为主题，旨在建设企业家队伍，打造政企交

流平台，优化营商环境，发挥儒商重要作用，助力济南招商引资、招才引智。（张 楠）

【大型公益宣传平台——《榜样》】 8月24日，大型公益宣传平台——《榜样》正式启动，通过现代化、全媒体手段和抓特点、讲故事的形式，及时宣传报道各行各业的优秀代表。《榜样》平台推出后广播电视收听收视率和网络、移动端点击量均取得很好的效果。（张 楠）

【“2018唱响泉城”颁奖盛典】 10月18日，济南广播电视台演播厅举办“2018唱响泉城——改革开放四十年·影视金曲大家唱”颁奖盛典。此次活动是市委宣传部为纪念改革开放40周年，联合济南广播电视台等单位开展的大型群众音乐竞技活动。活动历时6个月，组织30余场海选、5场对抗赛，吸引2000余名音乐爱好者参与。在颁奖盛典上，颁出“年度最佳歌手”“最具特色节目奖”“最具人气奖”“最佳组织奖”“年度亚军”“年度冠军”六大奖项。

（张 楠）

【廉志飞入选中国好人榜】 济南广播电视台都市频道编导廉志飞跪地救人的先进事迹被各大媒体广为传诵，先后被评为济南好人、山东好人之星，2018年11月荣登中国好人榜。（张 楠）

【电影创作生产】 全市共有18部电影作品向省局备案，7部电影作品参加“第四届泉城文艺奖”和“文艺精品工程奖”评选。组织相关单位申报山东新闻出版影视产业重点项目。其中，华谊兄弟电影城获批入选2018年山东新闻出版影视产业重点园区项目，山东青台阶影视公司重大军事题材电影《父亲的平型关》、济南鸿景文化产业有限公司儿童电影《哈利与来生》获电影类重点项目。推荐《麦豆的夏天》《大刺客之夺命戈》等4部影片申报山东省影视产业重点项目资金和山东影视精品资金扶持。推荐电影《中国推销员》《血证1928》等7部电影参加“泉城文艺奖”和“文艺精品工程奖”评选，其中《中国推销员》获“文艺精品工程奖”电影类特别奖。（黄宝兰）

【农村公益电影放映】 2018年，全市农村累计放映公益电影4.5万余场次，观众750余万人次。完成对全市4548个行政村放映点定位测算和262名放映员信息采集工作。对全市在册农村电影放映员进行业务培训和考核。全年举办业务看片会4次，发放《农村群众观影需求调查问卷》7443份，征集意见建议100余条。订购影片175部、8.5万场次，其中新片订购率82%。（黄宝兰）

【影视基地(园区)建设】 华谊兄弟电影城（济南）项目电影小镇第一街区老济南街建设进展顺利，已完成投资额11856.21万元，项目入选2018年山东省新闻出版影视产业重点项目库。星工坊豹纹龙文化产业孵化中心、中国工业艺术馆、山影·星工坊演艺星学院、星工坊国际艺术家驻留中心等面向公众开放。推进山东广电“星动小镇”影视运动休闲欢乐城项目。章丘朱家裕影视拍摄旅游地被列入《山东省影视产业发展规划（2018~2022)》。（黄宝兰）

【第二届国际戏剧影像展开幕】 10月11日，由市文化广电新闻出版局、北京奥哲维文化传播有限公司、百老汇电影中心主办，济南百丽宫影院承办的第二届国际戏剧影像展济南站展映活动，在百丽宫影院开幕。本届影像展展映了来自英国、美国、法国、俄罗斯4个国家，包括《威尼斯商人》《哈姆雷特》《简·爱》等10部世界顶级戏剧艺术作品。（黄宝兰）

【第七届香港主题电影展济南站开幕】 由香港特别行政区政府驻北京办事处、市文化广电新闻出版局、北京百老汇电影中心主办，济南百丽宫影城承办的2018第七届香港主题电影展，8月10日晚在济南百丽宫影城开幕。本届影展的主题是“岁月留声、港影港乐”，以电影音乐为坐标，精选《大话西游之大圣娶亲》《赌神》等16部在电影配乐方面印象深刻或内容主题与音乐相关的影片。（黄宝兰）

【概况】 2018年，济南市档案部门围绕服务乡村振兴，制定印发《关于贯彻落实〈村级档案管理办法〉、服务乡村振兴战略的实施意

见》，在章丘区和平阴县开展服务乡村振兴档案工作试点建设。创新重点建设项目档案工作，全年共登记191项市属重点建设项目，对轨道交通、济泺路穿黄隧道等重点建设项目印发《重点建设项目档案管理监督书》。为纪念济南解放70周年，编辑出版《济南解放档案史料选编》，共收录珍贵档案文献39条约27万字。做好全市机构改革档案工作，以市委明电印发《关于在机构改革中加强档案工作的通知》，对机构改革中涉及单位档案的处置和监管工作提出明确要求。

市和区县档案新馆建设取得重要突破，市档案馆新馆建设选址已确定，项目前期工作资金200万元已到位。对区县档案新馆建设进行奖励补助，济阳、平阴、商河、历下、高新区、长清档案新馆均已正式开工，其他区全部完成选址，进入设计阶段。市档案馆接收进馆档案8900卷、34万件，完成馆藏172万件档案的鉴定划控任务，编纂90万字的接待利用工具书，编辑编研资料8册108万字，顺利接受国家档案局组织的现场评价。

探索形成“中心工作+档案”的农业农村档案管理新模式，突出抓好农村集体产权改革、精准扶贫等档案工作，向全市推广平阴县“开发档案数据、助力精准扶贫”的经验做法。抓好村（社区）“两委”换届期间档案工作，开展专项档案执法检查，368个行政村新达到示范村标准。企业档案工作有序推进，组织企业参加省档案局创新案例评选，获得一等奖1项。完成市属国有企业档案管理登记，共计103家企事业单位进行档案情况登记，登记档案64万卷件。完成2017年度市直机关档案整理验收工作，应验收单位111个，已验收通过110个，共验收文书档案件67436、照片档案8881张、其他档案5万余卷（件）。

档案资源体系建设成效明显，“三个体系建设”迈上新台阶。赴日本开展档案征集工作，共征集各类济南历史档案资料近200件3000余页。拍摄录制全市经济工作会议等111个市级重大活动视频2900多分钟、照片8000余张，采录济南新闻等视频124小时。市档案馆开展馆藏档案鉴定划控工作，完成商会档案2280件和知青、招工等涉及民生档案49700条数据的开放鉴定工作，完成8个全宗113568条目录的开放鉴定工作。市及各区县档案馆共接待查档利用者14万人次，其中市档案馆接待查档利用者近6000人次，利用档案1.3万卷件。

【市数字档案馆通过“全国示范数字档案馆”测评】 11月28日，市档案馆数字档案馆系统以95.14分的高分，通过国家档案局组织的测试，在全国47个副省级以上档案馆中率先达到全国示范标准，在省会城市中第一个通过“全国示范数字档案馆”验收，走在了全国前列。数字档案馆配备标准计算机机房，建成5个应用系统、4个计算机网络以及涵盖全部馆藏档案的393万条档案目录数据库、3100万页档案全文数据库、5.9万幅照片档案数据库、675小时视频资料数据库。

【“血色记忆——‘五三’惨案90周年档案资料图片展”】 5月3日，市档案局（馆）联合市委市直机关工委、市委党史研究室、市政协文史委共同举办“血色记忆——‘五三’惨案90周年档案资料图片展”。展览通过34个版面、220余幅图片，较为清晰完整地再现了惨案的历史背景、具体经过以及在国际国内引起的强烈反响。展览中部分图片资料，以往尚未大范围对社会公开，特别是“死亡调查表”，详细记载了死难者遇害时间、地点、情形以及调查者姓名，是日本军国主义残害中国人民的铁证，有力地驳斥了部分右翼分子否认历史的谎言。

【“兰台晶略”档案主题展览】 市档案局（馆）作为第七届山东文化产业博览交易会执委会成员单位，精心筹办“兰台晶略”档案主题展览。展览以市档案馆馆藏为基础，分为史海遗珍、红色记忆、古城新生、社情高风、泉韵美景、文明城市六大版块，展示面积150平方米，展出自清中期到21世纪初叶的档案精品图片230余幅，吸引近万人次参观，市档案局（馆）被组委会授予“优秀组织奖”和“优秀展示奖”。

【口述档案专项征集活动】 为纪念改革开放40周年，市档案局（馆）与《生活日报》联合开展“芳华40——济南改革开放历史口述档案”征集活动，先后采录赵可正、常金月等13位具有代表性人物的口述档案，再现济南城市规划历程、茶业市场变革、民间自发护泉活动、文化市场的变迁、章丘铁匠的嬗变等历史脉络，见证改革开放40年泉城济南的发展变化。

（宋建青）

【概况】 制定2018～2020文物“拯救保护行动”三年工作计划，组织开展钟楼寺钟楼台基、长春观、府学文庙、槐荫峨嵋山古建筑群、天桥刘恩生故宅、平阴于慎行墓地、济阳卢氏旧居、平阴东阿古城修缮保护等十大工程。组织实施全市乡村不可移动文物专题调查工作，共登录乡村不可移动文物468处，其中古建筑207处、古墓葬108处、传统民居119处、革命文物34处。组织专业力量对黄河滩区脱贫迁建范围内的文物情况进行调查，共登录不可移动文物74处。印发《济南市文物安全检查巡查制度》《济南市文物安全事故及违法事件报告制度》和《济南市文物安全案件督察督办管理制度》。市博物馆申报的《古城辉煌——济南历史暨馆藏文物展览》入选“全省博物馆十大精品陈列展览”，受到省文物局表彰。支持济阳区、商河县实施野外文物保护及监控设施建设工程。择取风险性较高、没有专门管理机构的重要古遗址、古墓葬、石窟寺及石刻、古建筑等野外文物保护单位，建立以视频监控系统为基础的技防设施，对野外文物保护单位24小时巡查防护。配合工程建设，对12处遗址墓地进行发掘。共发掘墓葬近130座，发掘遗址面积4000余平方米，出土各类文物800余件。（杨　琨　郭俊峰）

【牛推官南遗址发掘】 1～4月，为配合省道S102章丘绕城段工程，市考古研究所对章丘牛推官南遗址进行考古发掘。发掘面积约500平方米，清理房址8处、灰坑145处，出土自西周早期到战国时期各类文物160余件。房址均为半地穴式，不见柱洞，面积较小，室内地面不见加工，每处房址拥有不少于两处灶，尤其是有两处灰坑在底部建有灶穴。这是省内首次发现室内完整的灶址并保留陶鬲摆放的使用场景。经过初步陶器陶片分析，此次发掘陶器带有明显的夷人文化因素，属齐国文化。

（何　利　丁文慧）

【孙家东墓地发掘】 为配合章丘区引黄补源工程，市考古研究所1～3月对工程开挖管道沟占压孙家东遗址区域进行考古发掘。此次发掘共清理墓葬127座，出土器物630余件（组）。其中以战国、西汉墓葬为主，另有少量新莽、东汉、宋元和清代墓葬。此次发掘表明孙家庄一带存在一个面积大、延续时间长的墓地，丰富了济南地区战国至清代的墓葬资料。

（房　振　刘秀玲）

【章丘电厂墓地发掘】 为配合华电章丘2×F级（450-490MW）燃气——蒸汽联合循环热电联产建设项目，市考古研究所对该项目墓葬区域进行考古发掘。共发现小型墓葬21座，其形制有土坑洞室墓8座、圆形砖室墓6座、土坑竖穴墓3座、长方形砖室墓2座，三合土夯筑单室墓1座，另有1座仅存墓道形制不详。此次发掘的墓葬均为小型墓葬，其墓葬形制和随葬品组合与之前发现的济南地区宋代、明清时期墓葬形制基本一致。同一时期墓葬分布比较集中，其中宋元墓葬相对集中，方向基本一致，布局有一定规律，可能为同一家族墓地。

（刘秀玲　房　振）

【章丘郑家遗址发掘】 为配合省道S102章丘绕城段，市考古研究所于4～6月对章丘区郑家遗址进行考古发掘。共发掘面积约1000平方米，清理各类灰坑100处、路基1处、窑址1处、灰沟1处、井2处，出土自北齐到唐初时期各类文物160余件。此次发掘对郑家遗址的性质、范围及文化内涵等有了新认识，使遗址包含的文化内涵由大汶口文化时期扩大到北齐到唐时期。（何　利　丁文慧）

责任编辑　谷　雪

卫生·体育

卫生事业综述

【概况】 截至2018年底，全市辖区内共有各级各类医疗机构6030所，其中三级医疗机构31所，委属医院（含门诊部）17所，县区属医院18所；妇幼保健机构12所，疾病预防控制机构13所，卫生计生监督机构12所，采供血机构2所，专科疾病防治院（所、站）10所，社区卫生服务机构315所（其中社区卫生服务中心99所，社区卫生服务站216所），乡镇卫生院42所，村卫生室2925所。共有医疗床位5.75万张；在岗卫生技术人员8.28万人，其中在岗执业（助理）医师3.21万人，在岗注册护士3.75万人；每千人口拥有床位7.70张、在岗卫生技术人员11.10人、在岗执业（助理）医师4.31人、在岗注册护士5.03人；全市医疗机构完成总诊疗人次5959万人次（含省属/管医疗机构床位、人员、诊疗人次数）。

【深化医药卫生体制改革】 印发《济南市“十三五”深化医药卫生体制改革规划》（济政发〔2018〕6号），就“十三五”期间深化医药卫生体制改革作出总体部署。印发《关于进一步深化医药卫生体制改革的实施意见》（济办发〔2018〕35号），提出深化医改37条具体举措。

公立医院综合改革有序推进。确定章丘区为综合改革示范区，市第五人民医院、市妇幼保健院为示范单位。市卫计委会同8部门联合出台《关于进一步巩固破除以药补医成果 持续深化公立医院综合改革的实施意见》（济卫办发〔2018〕7号），健全科学补偿机制，适当调整公立医疗机构专家诊察费等医疗服务价格，并按规定纳入医保支付范围。以市第三人民医院、市口腔医院、市机关医院为试点单位，探索薪酬制度改革。推行总额控制下的多元复合式医保支付方式，按病种付费病种185个，推进中医优势病种支付方式改革。公立医疗机构医务性收入占医疗收入的29.67%，同比提高1.78个百分点；住院次均费用9645.85元，同比下降1.29个百分点；药占比28.12%，同比下降3.74个百分点。

分级诊疗制度建设深入开展。印发《济南市城市医疗集团建设规划》，市级三级综合医院牵头建设4个城市医疗集团；市卫计委会同人社、财政、物价等部门印发《关于全面推进县域医疗共同体建设的实施意见》（济卫医发〔2018〕38号），建设平阴县、商河县、章丘区、济阳区4个县域医共体；成立齐鲁儿童医疗集团、济南妇幼联盟、脐疗联盟、疮疡病中医药诊疗联盟等专科联盟；建成远程医疗协作网14个，覆盖各级各类医疗机构369家；新增5家社会办医疗机构参与医联体建设。做优做实家庭医生签约服务，共建立家庭医生服务团队2421个，服务居民签约率36.58%，其中重点人群签约率70.17%，65岁及以上常住居民签约率66.28%。

药品供应保障和管理不断加强。实施《国家基本药物目录（2018年版）》，基本药物品种由452个增加至535个，规范上下级医疗卫生机构配备使用基本药物工作。全面实施“两票制”，38家县级以上医院采购到货金额23.54亿元。开展联合议价降低药价，省内率先成立济南地区公立医院药品采购联合体和济青威跨区域公立医院药品采购联合体，以量换价。建立部门联席会议制度，开展短缺药品监测。推进基本药物全额保障，为章丘区、历城区、长清区、平阴县、南部山区19个乡镇街道的贫困患者免费发放慢病药2万盒。

服务环境持续优化。出台《支持社会办医疗机构发展 助推国际医疗康养名城建设的若干措施》，17条举措助力社会办医发展。作为全国社会办中医试点城市，编制办事指南及十问十答，全年备案中医诊所210家，备案数居全国前列。完善行政许可事项17项、网上政务服务事项要素76项，确定“零跑腿”事项33项、“只跑一次”事项38项，实行“马上办”，全面推开“证照分离”改革，持续优化服务环境。

槐荫人民医院医生到槐荫区尊尚老年公寓开展义诊活动，为行动不便老人进行床前诊疗 （市卫生和健康委员会 供稿）

【助力国际医疗康养名城建设】 市发改委、卫计委协同有关部门，拟定《济南市关于建设国际医疗康养名城的意见》，并以市委、市政府名义印发。科学谋划卫计领域工作，全力实施高端康养、特色康养、普惠康养、智慧康养四大工程，打造“齐鲁医学”“扁鹊故里、齐鲁中医”“健康普惠”“智慧健康”四大品牌。

医疗康养产业稳步发展。签约中能医用电子直线加速器济南基地、华为智慧城市（山东）、鲁商新动能科技城、海尔金控集团等康养项目，总投资额近300亿元。在全国首家获得健康医疗大数据北方中心及产业园建设授权。济南国际医学科学中心管委会、市卫计委协同推进健康医疗大数据北方中心建设，建设规模2万机架的存储中心开工。完成38家公立医院、25家社会办医院及健康相关部门的全量数据汇集，汇集整合数据140TB。承办中国卫生信息技术大会，成果丰硕，社会广泛关注。作为国家电子健康卡试点城市，全省首家、副省级城市中第三家完成电子健康卡首发，推动实现跨机构跨地域“一卡通”，逐步满足群众“互联网+医疗健康”服务需求。信息专网实现市县乡村“横到边纵到底”全覆盖。平阴县、章丘区健康信息平台在省内率先通过国家互联互通标准化成熟度四级甲等测评。

医养结合工作示范先行。济南市首批入选全省医养结合示范先行市，商河县、历下区、槐荫区、天桥区、长清区、章丘区、济阳区7区县为示范先行区（县）。印发《济南市建设全省医养结合示范先行市工作方案》，深化融合式、嵌入式、一体式医养结合工作模式。精心培育43个区县及以下医养结合样板点，建立市级医养结合特色项目库，15类88个项目入库精准扶持。5家机构获评第二批省医养结合示范单位。济南市（一家机构）在第一届中日医养健康（介护）高峰论坛上做典型发言。

【医疗服务工作】 基层网底夯实。市卫计委、国土资源局、规划局、城乡建设委联合印发《关于加强社区卫生服务设施用房规划建设和移交管理的通知》，新建小区社区卫生服务设施用房明确作为社会公益事业配套设施硬性指标，明确规划建设和移交管理事项。完成55家基层医疗卫生服务机构的新建、改扩建任务。启动乡镇卫生院评价工作，完成首批9家镇卫生院的现场评估。投入1500万元为镇卫生院配备医疗设备214台件。组织齐鲁基层名医推荐，9名基层卫生人员获“齐鲁基层名医”称号。

医疗服务水平持续提升。启动

新一轮改善医疗服务行动计划，推动6项制度落实和11项医疗服务模式创新，新增市级医疗质量控制中心11个。开展“八大中心”建设，完善重点疾病防治康复体系，市中心医院成为济南地区唯一一家国家级标准版胸痛中心、三家高级卒中中心建设单位之一。强化专科建设，评选公布16个专业46个市级临床重点专科，市儿童医院儿童呼吸介入获评省级临床精品特色专科。全市二级以上医院推行“品管圈”，优质护理服务实现三级医院全覆盖、二级医院覆盖80%以上病区。启动二级医疗机构复审工作，市中心医院通过三甲复审。完成医疗机构设置12家、登记注册45家、事项变更131次、校验53家、注销1家。完成区县卫计局医疗机构78家设置、67家登记注册的备案工作。启动院前急救与院内急诊一体化建设，强化血液供保管理。评选全市“十佳医师”“十佳护士”，38名医师分获省市“优秀医师”称号，市中心医院孙玉萍获中国医师奖。

【中医药工作】 服务体系不断健全。市中医医院东院区建设项目列入国家“中医药传承创新工程项目”储备库。市中医医院、章丘区中医院通过三级中医医院评审。开展基层机构中医特色技术挖掘提升项目，为每个实施单位配备经费8万元。强化学科建设和质量控制，遴选建设27个中医专科专病诊疗中心，新增中医药质控中心9个。3名老中医获批全省名老中医药专家传承工作室，4人获批全国中医药特色技术传承人才培训项目培养对象。

特色优势进一步发挥。深化“中医药+养老康复”，市卫计委、省老年产业协会合作建立全省首个中医健康养老护理员培训基地，批准注册登记全省首个中医护理院。推广“中医药+体育健身”，成立市全民中医健康管理中心。打造“中医药+健康旅游”，评选中医药健康旅游示范点7家。创新“中医药+戒断治疗”，与省济东强制隔离戒毒所联合创办全省首家中医食疗戒毒科研基地。

唱响“扁鹊故里、齐鲁中医”品牌。市卫计委、济南电视台联合制作《寻访扁鹊传人》栏目，成立“泉城扁鹊”中医药科普巡讲团，开展中医中药“九进”活动，遴选建设扁鹊小镇、玫瑰小镇、阿胶小镇等25家中医药康养小镇，宣传扁鹊文化，普及中医药知识，推广适宜技术。联合山东中医药大学承办世界中联外治方法技术专业委员会、中国针灸学会针药结合专业委员会学术年会，召开“互联网+中医药传承”高峰论坛，推动传承发展。

【公共卫生工作】 疾病预防控制工作持续强化。市传染病医院、精神卫生中心等建设项目均有进展。市县两级疾控中心增编419个，年度实验室装备项目任务按期完成。年内重点传染病疫情平稳，无重大传染病暴发流行。免疫预防服务能力进一步提升，全市八苗全程接种率90.76%，建成数字化接种门诊162家（覆盖率87.57%）。稳妥应对问题疫苗事件，做好疫苗续种补种、受种者损害认定等工作。市第四人民医院建立省内首家全天候“四位一体”成人预防接种门诊。慢病防治工作深入开展，依托市中心医院和市第五人民医院成立市癌症中心、市老年慢病中心，市中区通过省级慢病综合防治示范区市级初审。继续开展健康济南·全民健康生活方式——“一评二控三减四健”专项行动。加强精神卫生防治工作，严重精神障碍在册患者规范管理率、治疗率、规律服药率、面访率均大幅度提高。

综合监督能力不断增强。实现市区两级国家卫生计生监督信息报告系统应用全覆盖，移动执法终端全配备，监督执法全程记录。济南市代表队获得全省卫生健康监督执法技能竞赛团体一等奖。开展专项执法行动，共监督检查19197户次，立案查处违法行为1543起，人均办案5.47起。完成国家“双随机、一公开”抽查任务。强化食品安全风险监测，共检测食品及相关样品1971份，向市食安办通报异常监测结果2批次。食源性疾病监测哨点单位由42家增至174家，上报食源性疾病暴发事件69起、监测病例14460例，采集病例标本574份。省内首家出台新的《济南市食品安全企业标准备案工作程序》，备案食品安全企业标准249份。规范开展相关从业人员免费健康查体工作，预防性健康体检机构增至32家。

基本公共卫生服务均等化水平不断提升。财政补助标准提高至人均55元，提供14项国家基本公共卫生服务项目。累计建立居民电子健康档案540.61万份，孕产妇早孕建册率、产后访视率分别达到86.09%、91.72%，0～6岁儿童健康管理率达到89.70%，高血压、糖尿病、严重精神障碍患者健康管理人数分别达到50.99万、18.69万、2.19万，规范管理率分别达到64.97%、63.82%、86.63%。老年人、0~36个月儿童中医药健康管理率分别达到51.89%、64.19%。

健康城市建设深入推进。省级健康示范乡镇（街道）、村（居）试点增至28个。开展健康“细胞”工程建设评选，2463个健康“细胞”工程步入先进行列。加强病媒生物防制和标准体系建设，完成96个街道办事处的四害密度监测，B级以上达到68.75%。

卫生应急处置有力。修编《济南市突发事件紧急医学救援应急预案》《济南市突发公共卫生事件应急预案》，完善《济南市灾后防病卫生应急预案》，开展培训演练。强化突发事件卫生应急处置，做好“4·17”西营镇藕池村森林大火等突发事件卫生应急保障工作。

【第十三届中国卫生信息技术/健康医疗大数据应用交流大会举办】 5月17～18日，2018第十三届中国卫生信息技术/健康医疗大数据应用交流大会暨软硬件与健康医疗产品展览会在济南举办。大会有主题演讲6场、平行论坛19场、拓导培训6场、卫星会议4场、技术交流峰会1场，还有区域和医院信息互联互通标准化成熟度测评授牌仪式、全民健康信息化标准知识竞赛启动仪式以及全民健康信息化IT软硬件产品、健康医疗产业产品成果展，参展厂商136家、布展面积5.2万平方米，注册代表16126人，创造大会举办以来参展人数之多、来宾规格之高、成效成果之丰、社会关注之广的四个第一。

【在全国首家获得国家健康医疗大数据北方中心和产业园建设授权】 4月27日，国家健康医疗大数据北方中心及产业园在济签约，成为首家被国家卫生健康委授予健康医疗大数据的采集、存储、开发利用、安全保障、开放共享、管理、互联网+服务及运营等权责的试点市。

市委、市政府建立健全“六个一”机制（一名市领导牵头，一个专班推进，一个规划引领，一个智库支持，一个联盟助力，一个基金保障）推进该项工作。探索建立健康医疗大数据标准体系，加快数据采集、汇聚、治理、存储、应用和交易工作，推动实现跨部门、跨区域共享。建设国家健康医疗大数据北方中心产业园，催生健康医疗大数据新兴业态。

【健康扶贫工作】 市卫计委、市扶贫办联合修订出台《济南市医疗精准扶贫实施办法（试行）》，取消门诊和住院治疗病种限制和门诊帮扶起付线，提高报销比例。慢性病帮扶病种由8种增至10种，目录内用药自付比例由20%调整为全部免费。市卫计委协同市扶贫办、人社局，全面实现“一站式”即时结算。实施预防出生缺陷健康宝贝三年计划，为贫困低保、残疾家庭孕产妇和新生儿提供预防出生缺陷免费筛查系列服务。截至年底，累计实施医疗精准扶贫16.6万人次，减轻就医负担近6000万元。

（李　兰）

【概况】 打造新时代公共体育服务体系，市民幸福感指数不断提升。在全省群先表彰会上，群众体育处等18个单位获“2014~2017年度全省群众体育先进单位”称号，27名体育工作者被评为“2014～2017年度全省群众体育先进个人”。活动引领，不断提升市民健康水平。举办第八届全民健身运动会，市、区（县）、街道办事处（乡镇）、居委会（村）四级联动，设22个比赛项目，各区县设项达到8个以上，历时近9个月。举办了第六届济南市冬季畅游泉水国际邀请赛、2018第二届法国尼斯体育嘉年华等一批中高端国际群众体育赛事。全市共举办较大规模的市级全民健身活动59项次、区县级全民健身活动234项次，参与群众约20万人次。借势而为，推动全民健身设施建设。以建设“国际医疗康养名城”“美丽乡村”为契机，投资1800万元，为320处公共场所配备更新维护体育健身器材1200多件；投入市级体彩公益金2630万元，为698个美丽乡村建设村配建健身设施。全年总计投入

2000多万元，建设一大批公共健身场地，满足市民健身需求。长清区投资1.3亿元，建设建筑面积2.1万平方米的全民健身中心。加强引导，完善全民健身服务组织体系。全年举办二级、三级社会体育指导员培训班33期，培训社会体育指导员3200余人，全市社会体育指导员达到2.2万人。建设晨晚练体育活动点3164个，健身气功活动站点183个，市民健身更加方便快捷。加强基层体育总会建设，全市10个县（区）共建立乡镇体育总会135个，村级体育总会235个；新成立协会2家，14家协会完成换届；济南市信鸽协会、风筝协会、体育舞蹈协会、汽车摩托车协会等4家协会已完成脱钩工作。以“国际医疗康养名城”建设为突破口，推进科学健身指导。成立“济南市全民中医健康管理中心”，推进康体、体医融合，整合中医诊疗、体质监测、运动能力评估等服务，助力济南国际医疗康养名城建设。开展志愿服务活动，全年开展技能展示进社区、进农村、进企业、进机关的全民健身志愿服务系列“四进”活动100余场；济南市20~69岁人群4500例样本的体育健身活动和体质状况抽测完成，抽测范围首次覆盖济南全部县区，抽测过程首次融入科学健身指导服务。

完成省运会参赛任务，体育竞技水平稳步提高。济南市运动员在国内外赛场上共夺得金牌54枚，全年向上级运动队输送运动员100余人，审批二级运动员200余人，审批二级裁判员300余人，培训教练员600余人次。完成省运会参赛任务。山东省第24届运动会9月在青岛市举办。本届省运会共设29个大项，840个小项，共产生金牌1130枚，济南市1100余名运动员参加26个大项的比赛，获金牌210枚、银牌139枚、铜牌138枚，金牌总数、奖牌总数均列全省第二位，并获体育道德风尚奖。发展青少年体育。与市教育局在全市中小学共同开展“阳光体育运动”，全年共举办市级各类青少年赛事、体育联赛27项，注册运动员9000余人。开展市级青少年八大项目体育联赛，来自全市各县区的数百所学校、数千名运动员参与比赛。8月组织举办健康夏令营活动，全市500名超体重中小学生参与；强化游泳项目培训，吸引全市5000名中小学生参加，受到广泛赞誉。

打造精品体育赛事，体育产业实现高质量发展。培育精品赛事。精心策划2019济南城市马拉松，赛事获市政府批准，相关运营单位招标工作已启动；参与环华山湖国际半程马拉松赛事筹备和服务保障工作，该项赛事是济南市首次举办的由中国田协注册的国际性大型马拉松赛事，10月28日开赛，来自海内外的6000多名选手参赛。2017年全市体育产业总规模统计完成。2017年体育产业总规模为233.48亿元，占全省体育产业总产出的9.9%；体育产业增加值为80.13亿元，占全省增加值10.4%、占全市GDP的1.12%。结合全国第四次经济普查，提前统一购买第三方统计服务，已完成济南市体育产业企业名录库建设，整理入库体育专营单位3000余家，兼营单位2万余家。加强产业引导资金项目管理。全年完成28个体育产业引导资金项目（执行时间为2017年度）审计与绩效考核，其中，2016年使用体育产业引导资金共计24家，2015年引导资金需整改的有4家，涉及总金额超过400万元，拉动社会投资总额超过2000万元，多数项目运营良好、经济效益显著，一批优秀体育企业快速发展。启动2017年度引导资金项目审计与绩效考核工作；草拟《济南市体育产业发展专项资金管理暂行办法》。进行体彩销售及场馆运营。体彩销量再创历史新高，全年体彩销量总计37.5亿元、同比增长约35%。市属体育场馆运营情况良好，济南奥体中心、济南市全民健身中心充分发挥公益属性，坚持体育惠民，打造精品群众体育赛事，推进国民体质监测和科学健身指导服务，全年累计实现运营收入7809万元，接待健身市民260万余人次，举办国际和国家级体育赛事40余场次。

（逄淑友）

【第六届济南市冬季畅游泉水国际邀请赛】 1月14日在大明湖风景名胜区举行。本届比赛以“现代泉城济南，最美泉水冬泳”为主题，由济南市政府主办，市体育局等单位承办，国际冬泳联合会副主席埃里克斯等出席开幕式。中国、美国、俄罗斯、英国、法国、德国、意大利、澳大利亚、加拿大、西班牙、芬兰、爱沙尼亚、拉脱维亚、捷克、智利等21个国家和地区68个代表队在两天时间里，参加大明湖公开水域竞速赛和10个大项的泳池竞速赛。俄罗斯阿卡维斯冬泳联合会、武汉水线队、湖北水线队、东莞善泳者游泳俱乐部、蒙古鄂勒本北塔冬泳队、俄罗斯海参崴队等分别获得公开水域竞速赛和泳池项目男、女各年龄组金牌，中国水线联队、东莞善泳者游泳俱乐部、济南市中冬泳队获得泳池项目竞速赛团体总分前三名。“济南冬泳比赛”是国内规格最高、参赛国家和地区最多的国际冬泳赛会活动，也成为国际、国内知名品牌冬泳赛事。

【济南市第八届全民健身运动会】 4月21日在章丘区文博中心举行。本届全民健身运动会开幕式由济南市政府主办，济南市体育局、章丘区政府承办。开幕式上，全民健身队伍进行鼓舞、太极扇、街舞、泉水叮咚广场舞、拉丁舞、健美操、动感单车等6个全民健身项目的展演。第八届全民健身运动会从3月底拉开序幕，到11月底结束，历时八个多月，设立比赛项目119项，直接参与总人数逾20万人次。

【第十届济南市全民运动纪录挑战赛】 首站活动4月14日在历下区甸柳文化广场开赛。该项赛事由济南市体育局、济南时报主办，市体育竞赛管理中心承办，在全市各县(市)、区、驻济高校、大型社区健身广场等总共举办16场分站赛及总决赛。挑战赛全年参与人数6000余人，已经成为全市全民健身的重要活动之一。由于门槛低、不收费、老少皆宜、健身性和娱乐性强等特点，广受市民欢迎，成为泉城市民的“小全运”。

【济南市第八届全民健身运动会体质达人联赛】 5月5日在济南市全民健身中心南广场启动。比赛由市体育局主办，济南市全民健身中心、济南市社会体育指导员协会承办，济南小藤体育俱乐部协办。全年共完成6个专场的比赛，设置了亲子组（4~5岁）、儿童组（7~12岁）、青年组（20~39岁）、中年组(40~59岁)、老年组（60~69岁）。比赛融入青春奉献、全家一起、精准扶贫、体医融合等主题，延伸到社区，方便群众参与；延伸到贫困村，带动扶贫；延伸到不同行业和系统，满足群众参加体育赛事和获得科学健身指导的双重期盼。整个比赛历时6个月，场均参赛人数超过300人，总参赛人数达2000余人，辐射受众万人。

【2018中国·济南第三届国际山地持杖徒步大会】 9月8日在济南奥林匹克体育中心开走。本次活动由中国登山协会、山东省体育总会主办，济南市体育局、济南市体育总会承办，济南奥林匹克体育中心协办。本次活动大会分为全程组(15公里)、迷你组（5公里)、亲子组（5公里)，共吸引来自墨西哥、俄罗斯、泰国、南非、肯尼亚等11个国家的61名外籍选手和全国各地7000余名徒步爱好者参加。中央电视台体育频道和山东电视台体育频道等众多媒体对赛事进行报道宣传。

【第二届“法国尼斯国际体育嘉年华”济南行活动】 9月22日开启。本届尼斯国际体育嘉年华主要包括“国际足球嘉年华总决赛盛会”“城市体育公园微型马拉松赛”“城市趣味定向赛”“国际体育产业与健康论坛”及“健身气功交流展示活动”五大主题活动。

9月22日上午8:30，城市体育公园微型马拉松赛在泉城公园鸣枪开跑，近2000名参赛选手齐聚泉城公园和济南市全民健身中心的跑道上，比赛分10公里微型马拉松赛和5公里健身跑。10公里微型马拉松赛男子组前三名田华东、徐统帅、张淞琳，女子组前三名周霞、蹇穆华、唐辉分别获得5000元、3000元、1000元奖金，他们作为优胜者成为法国尼斯国际马拉松接力赛的济南市民代表。

9月23日18时，尼斯国际体育嘉年华济南行的压轴盛会——国际足球嘉年华总决赛在槐荫区体育场举行。通过层层选拔出来的22名普通市民组成的足球队与世界足球先生里瓦尔多、法国传奇巨星鲁多维奇·久利、弗里德里克·德胡等领衔的国际足球明星联队同场竞技，共同演绎足球运动的魅力。

【济南市第一届冬季全民健身运动会】 12月22日在济南贵和购物中心（领秀城店）世纪星滑冰场启幕。比赛由市体育局主办，市全民健身中心承办。本次比赛吸引济南市12个区县多支队伍参加，共设8个竞赛项目。其中冰上项目3个，包括花样滑冰、冰上速度绕桩、冰上花式绕桩；雪上项目5个，包括双板滑雪、雪地拔河、雪地五人制足球、雪地托球跑、雪地掷沙包。运动会采取“冰上开幕、雪上闭幕”的方式，注重竞赛与推广普及相结合、互动体验与观赏娱乐相结合，全市1000余名运动员参赛。章丘区代表队获得团体总分第一名、市中区代表队获得团体总分第二名、槐荫区代表队获得团体总分第三名。

（逄淑友）

【世界和洲际比赛成绩】 第七届女子划艇世界杯赛5月14~15日在匈牙利赛格德举行，张雅珏获女子青年组200米单人划艇第一名、2000米单人划艇第二名。

U17亚洲女排锦标赛5月在瑞士举行，王文涵、张可凡获亚军。

环地中海世界游泳系列比赛5月3日在巴塞罗那举行，毕雯馨获400米自由泳第二名。

射箭世界杯美国站6月在美国举行，孙权获男子射箭团体淘汰赛亚军、个人第五名。

世界女排联赛决赛6月在南京举行，王梦洁获季军。

环地中海世界游泳系列比赛6月18日在摩洛哥举行，毕雯馨获400米自由泳第一名。

金砖国家运动会排球U21比赛7月在约翰内斯堡举行，张新奕获亚军。

第52届世界射击锦标赛9月在韩国举行，孙雅姝获女子青年飞碟双向团体赛冠军，个人第五名。

世界女排锦标赛9月在日本举行，王梦洁获季军。

第八届亚洲飞碟锦标赛11月在韩国举行，孙雅姝获女子青年飞碟双向个人赛冠军。

【第十八届亚运会成绩】 8月18日至9月2日在印度尼西亚雅加达举行。赵景滨获2000米赛艇男子双人单桨冠军；张敏获2000米赛艇女子四人单桨冠军；刘效菡获女子4×100米自由泳接力第二名；郑雨获羽毛球项目比赛第二名；孙权获男子射箭团体淘汰赛季军；王梦洁在女排决赛中获冠军。

【全国比赛成绩】 2018年全国春季游泳锦标赛（北区）。1月22日在烟台举行，郭思秀获100米仰泳第二名、200米仰泳第一名；程龙获400米自由泳第一名；刘绍锋获50米自由泳第三名、100米自由泳第三名、200米自由泳第三名。

2018年全国跳水冠军赛2月在郑州举行，李子琪获乙A组一米半第一名；柯普、张来浩获乙组双人五米台第二名；杨栩东、李鲲宇获甲C组双人五米台第三名；刘宇轩获甲B组五米台第三名；刘宇轩、宋昱均获甲B组双人五米台第二名。

2018年全国射箭冠军赛3月在南京举行，孙权获单人全能赛冠军，第一双轮排名赛第二名；孙权与齐翔硕联手获团体淘汰赛第三名。

2018年全国市内田径锦标赛3月7日在南京举行，谢雷获男子跳远比赛第一名。

2018年全国青年武术散打锦标赛暨第七届世界青少年武术锦标赛选拔赛4月在辽宁朝阳举行，赵孝鲁获男子48公斤级季军，米展获男子39公斤级季军，刘魁获得男子42公斤级季军，高瑞磊获男子48公斤级季军，冯昌征获男子56公斤级季军。

2018年全国游泳冠军赛4月13日在太原举行，程龙获男子1500米自由泳第三名；刘宗毓、刘绍锋获男子4×100米混合泳接力第一名。

2018年中国场地自行车联赛第一站4月在长兴举行，于晓晓、靳佳丽联手获麦迪逊赛冠军。

全国七人制橄榄球锦标赛4月21日在广州举行，马冲、刘鲁达获男子组第一名。

2018年全国男子举重锦标赛4月23日在宜昌举行，杨哲获105公斤抓举、总成绩两项冠军，挺举亚军。

2018年全国男子柔道锦标赛4月12日在河北迁安举行，商义获60公斤级冠军。

2018年全国青年U19沙滩排球锦标赛4月在海南海口举行，刘金秋获男子组冠军、董颉获女子组冠军。

2018年全国青年跆拳道锦标系列赛（第一站）4月在河北迁安举行，刘朝阳获男子73公斤级冠军；王世龙获男子63公斤级亚军。

“星辰杯”2018年全国射箭U18（重点城市）锦标赛5月在天津举行。朱彦彦、金思静、李琰获女子团体淘汰赛冠军，金思静获该项目个人冠军，朱彦彦获亚军。赵常彬、李志超、王嘉轩获男子团体淘汰赛冠军，李志超获该项目个人亚军。

2018年全国青年（U20）田径锦标赛暨世青赛选拔5月10日在江西南昌举行，靳梦飞在男子4×400米接力比赛中获第一名；赵家龙在男子撑竿跳高比赛中获第二名；李沛勋在男子链球比赛中获第二名。

全国游泳马拉松冠军赛5月11日在福鼎举行，辛鑫获男子10公里马拉松第一名。辛鑫、储旭获10公里马拉松团体第二名；程龙、可天宇获10公里马拉松团体第三名。

2018年全国少年（U18）田径锦标赛5月13日在辽宁锦州举行，柴万达、安东、宋科在男子4×400米接力比赛中获第一名；宋凯旋在女子4×400米接力比赛中获第二名；孔予在女子撑竿跳高比赛中获第一名；葛萌在女子撑竿跳高比赛中获第三名。

2018年全国男排冠军赛6月在河南省漯河市举行，耿鑫、崔箫、李学林、张新奕获季军。

2018年全国男子柔道公开赛6月在呼和浩特举行，商义获60公斤级冠军。

2018年全国女子拳击锦标赛6月在河南鹤壁举行，吕磊获57公斤级冠军。

2018年全国竞走冠军赛7月2日在内蒙古赤峰举行，孙松、李传伟在男子竞走团体比赛中获第一名；张小乐在女子青年组10公里竞走比赛中获第二名；孙松男子成年组20公里竞走比赛中获第二名；朱坤雨在女子竞走团体比赛中获第三名。

2018年全国青少年U17排球锦标赛8月在潍坊市举行，顾峻华等获男子组冠军。

2018年全国女子排球锦标赛9月在广东省江门举行，宋欣瑜、梅笑寒、宋立琪、孙杰获亚军。

2018年全国排球锦标赛9月在四川内江举行，耿鑫、崔箫、王友林获男子组亚军。

2018全国竞走锦标赛9月7日在陕西渭南举行，孙松、李传伟在男子竞走团体比赛中获第二名；孙松在男子成年组20公里竞走比赛中获第二名；朱坤雨、孙文茹在女子竞走团体比赛中获第三名。

2018年全国田径锦标赛9月14日在山西太原举行，薛长锐获男子撑竿跳高第三名。

2018年全国男子柔道冠军赛10月在西安举行，商义获60公斤级冠军。

2018年青年U18沙滩排球锦标赛11月在深圳举行，刘金秋获男子组冠军，周广成、张世宇获男子组季军。

（逄淑友）

2018年济南选手国际大赛成绩表

项　目	姓　名	性别	比赛名称	比赛时间	比赛地点	级别	成绩
射击	孙雅姝	女	2018第52届世界射击锦标赛	2018.09	韩国	国际	1
皮划艇	张雅珏	女	第四届女子划艇世界杯	2018.05	匈牙利	国际	1
游泳	毕雯馨	女	2018年环地中海世界游泳系列比赛	2018.06	摩洛哥	国际	1
游泳	毕雯馨	女	2018年环地中海世界游泳系列比赛	2018.05	西班牙	国际	2
射箭	孙　权	男	2018年射箭世界杯美国站	2018.06	美国	国际	2
排球	张新奕	男	2018年金砖国家运动会排球U21比赛	2018.07	南非	国际	2
皮划艇	张雅珏	女	第四届女子划艇世界杯	2018.05	匈牙利	国际	2
游泳	毕雯馨	女	2018年环地中海世界游泳系列比赛	2018.06	卡内	国际	3

续表

项　目	姓　名	性别	比赛名称	比赛时间	比赛地点	级别	成绩
排球	王梦洁	女	2018年世界女排锦标赛	2018.09	日本	国际	3
排球	王梦洁	女	世界女排联赛决赛	2018.06	南京	国际	3
赛艇	赛　艇	女	第18届亚运会赛艇比赛	2018.08	雅加达	亚洲	1
赛艇	赛　艇	男	第18届亚运会赛艇比赛	2018.08	雅加达	亚洲	1
排球	王梦洁	女	第18届亚运会女排比赛	2018.08	印度尼西亚	亚洲	1
射击	孙雅姝	女	2018年第八届亚洲飞碟锦标赛	2018.11	韩国	亚洲	1
排球	王文涵、张可凡	女	U17亚洲女排锦标赛	2018.05	泰国佛统府	亚洲	2
游泳	刘效菡	女	第18届亚运会游泳比赛女子接力	2018.08	雅加达	亚洲	2
羽毛球	郑　雨	女	第18届亚运会羽毛球比赛女子团体	2018.08	雅加达	亚洲	2
射箭	孙　权	男	第18届亚运会射箭男子团体	2018.08	雅加达	亚洲	3

责任编辑　宣　涛

【概况】 聚焦人口政策落实，推动计生服务转型发展，全市妇幼健康服务体系日臻完善，全面两孩政策稳妥有序实施，家庭发展支持体系渐趋健全，流动人口基本公共卫生计生服务均等化水平稳步提高。全年全市出生71575人，出生人口性别比107.5:100。

【妇幼健康服务能力提升】 妇幼保健机构标准化建设实现突破。市儿童医院新病房大楼年内启用，市妇幼保健院迁建新址纳入市政府规划，平阴县、济阳区、长清区妇幼保健机构已开工建设。妇幼健康信息系统覆盖全市妇幼保健机构、助产机构和基层建册机构，基本实现孕妇建册、产前检查、高危妊娠管理、产后访视等生育全程服务管理。

全面启动2018~2020年母婴安全和健康儿童行动计划。落实保障母婴安全五项制度，推动市县级危重孕产妇、危重儿童和新生儿救治中心建设，市儿童医院挂牌山东省危重儿童和新生儿救治中心，市妇幼保健院获评全国母婴安全优质服务单位。出生缺陷三级预防扩面提标，新生儿遗传代谢性疾病由原“4病”筛查扩展至“40病”筛查；完成免费产前筛查4.83万人，实施产前干预3312例；多部门联合开展面向贫困、低保、残疾家庭的预防出生缺陷健康宝贝三年行动计划。免费发放《0~3岁婴幼儿科学喂养》书籍10万册。举办全市基层妇幼健康服务技能竞赛，济南市在全省基层妇幼健康服务技能决赛中获团体第一名。

辅助生殖技术实现突破。市中心医院体外受精——胚胎移植及卵胞浆内单精子显微注射（“试管婴儿”）技术通过国家卫生健康委现场评审，填补市级医疗机构在该领域的空白。

【全面两孩政策稳妥有序实施】 改革完善生育服务管理制度，实行两孩生育免费登记和再生育审批制度，简化减少生育登记材料，实行一次性告知、个人承诺和限时办结制，实现部门数据共享。全市出生上报71575人，同比减少10072人，减幅为12.3%，其中一孩出生25962人，占出生总数的36.3%，二孩出生42235人，占出生总数的59%，人口出生情况符合预期。出生婴儿性别比为107.5:100。认真落实人口目标管理责任制，对全市340个单位和158名个人提出“一票否决”建议。

推进母婴室建设，6部门联合下文按照“谁建设，谁管理”的原则，建立健全母婴室运行管理制度，完成127所大型公共场所母婴室建设任务。开展乡村卫生计生资源整合，144个乡镇（街道）计生科（办）更名为卫生计生科（办），4398个村级卫生计生服务室更名或服务资源实现共享共用，并承担卫生计生行政服务管理职能。

【扶持计生家庭发展】 全面完成2017年底以前的特扶人员信息采集、建立档案、信息录入工作，对所有女方35岁以上的计生特殊家庭建立双联系人制度，每月至少联系一次。为2018年新产生的计生特殊家庭建立档案、录入系统。

提高计划生育特殊家庭扶助标准，失独家庭从每人每月500元提高到610元，独生子女三级以上伤残家庭从每人每月400元提高到480元。按时完成全市计生家庭奖励扶助发放工作，为16.92万各类符合政策的人员发放奖扶资金约2.46亿元，为新增计划生育特殊家庭发放一次性抚慰金547.8万元。完成180家省属企业181名职工的申报、资格认定和资金发放，共发放一次性养老补助297.1万元，为21名2016年1月22日前市属企业中的社会退休人员补发一次性养老补助28.2万元，为19316名城镇其他居民独生子女父母落实奖励补助金共计2250万元。重大节假日期间，市、区县走访慰问计生特扶家庭人员共5051户、8186人。

加大出生人口性别比综合治理力度，全年查处“两非”案件19例。

【流动人口基本公共卫生计生服务均等化】 认真做好流动人口动态监测调查，按时间节点完成2000份个人调查问卷和100份村居调查问卷的数据录入、审核和上传工作。加强日常服务管理，全市纳入管理的育龄妇女17.4万余人；加强流动人口聚焦区的重点传染病监测与流调工作，及时发现处置传染病疫情；广泛开展流动人口健康教育和促进行动，持续提升流动人口的健康素养和卫生意识；认真开展“把健康带回家”流动人口卫生健康关怀关爱专项行动，覆盖人数4.8万人；流动人口健康档案、儿童预防接种、孕产妇和儿童保健、计划生育和严重精神障碍患者管理服务等工作有效落实，切实维护和保障流动人口健康权益，促进流动人口及其家庭全面发展。

（李　兰）

【婚姻登记】 开展“泉城·爱帮”婚姻登记服务品牌创建工作，推行婚姻登记“四个一”服务。全市依法办理居民结婚登记51293对，离婚登记25364对；办理济南居民与外国人、华侨、港澳台居民结婚登记81对，离婚登记18对。

【收养登记】 全年共办理收养登记71件。

【殡葬管理】 强化殡葬管理服务，全年共火化遗体45402具，完成清明节文明祭扫服务保障任务。出台生态葬奖补政策，大力推行生态殡葬，举办第一届黄河入海口生态葬活动。开展殡葬领域突出问题专项整治，调研全市公墓建设管理和散埋乱葬情况，城区公益性公墓专项规划基本编制完成。推进移风易俗，举办新时代移风易俗专题培训班，启动新时代移风易俗实践活动。

（李　涛）

【就业再就业】 加大创业支持力度。为2003家小微企业发放创业补贴4807.2万元，为8165家个体工商户发放创业补贴2377.5万元，为农村自主创业农民发放担保贷款7.84亿元。打造多元化创业载体，新认定12家市级创业孵化基地，全市创业孵化基地已达116家，吸纳就业人员近10万人。实施泉城创业行动计划，免除市大学生创业孵化中心孵化期内的企业（项目）房租。与山东大学共建“大学生创新创业孵化平台”，探索建立覆盖孵化基地和大学园区的创业孵化服务网络。举办济南2018创业大赛，300多家企业参赛。实施援企稳岗“护航行动”，发放稳岗补贴4022万元。实施失业保险支持技能提升“展翅行动”，为5580名职工发放补贴753万元。失业保险费率降至1.0%，工伤保险费率下调50%，为企业减轻负担7.6亿元。做好重点群体就业。把高校毕业生放在就业工作的首位。面向济南地域内700多家企业征集就业岗位3万余个。举办高校毕业生专场招聘会。“三支一扶”计划重点向扶贫领域倾斜。市级大学生就业见习基地200余家，毕业生留用就业率60%以上。重新启用济南人才市场，举办招聘会29场，提供岗位近6万个。援助就业困难人员2万人，城镇零就业家庭实现动态清零。开展“春风行动”等主题招聘和“招聘夜市”“赶招聘大集”等各类招聘会近300场，提供就业岗位25万余个，推动农村富余劳动力转移就业。推进就业精准扶贫。基本完成就业脱贫任务，转移贫困劳动力就业7431人。打造“就业扶贫车间”23个，吸纳建档立卡贫困劳动力238人。东西扶贫协作取得进展，与湘西方面，组织扶贫协作招聘会15场，山东蓝翔技师学院十八洞分院落户湘西花垣，转移湖南籍贫困人口就业364人，超额完成市定标准300人任务。与重庆武隆方面，举办劳务扶贫协作招聘会2场，组织特色家政培训班3期，转移重庆籍贫困人口就业247人，超额完成100人任务；创新扶贫协作长效机制，建立济南–武隆劳务扶贫协作工作站。济南市劳务协作扶贫经验被《人民日报》宣传推广。加强职业技能培训。加大培训力度积极化解结构性矛盾，就业技能培训3.3万人。在全省率先试点开展职业技能自主评价，对取得《职业技能合格证书》的，给予800元/人的培训补贴。试点开展个人申领职业培训补贴直补模式。创新推动农民工工作。完善农民工五级服务体系和网上服务（维权）平台功能。帮助农民工追讨回工资近3900万元。开展春季送岗位、夏季送清凉、秋季送健康、冬季送温暖等“情系农民工”系列主题活动。举办第四届“劳动者之歌”2018济南外来务工（农民工）才艺大赛。

【劳动关系】 强化劳动用工备案和劳务派遣监管。以非公有制企业和中小企业为重点，在建筑业等流动性大、季节性强、用工时间短的行业推行简易劳动合同示范文本。强化备案系统与社会保险系统的数据共享和业务联动，督促用人单位与职工依法签订劳动合同，劳动用工备案单位4.76万家，涉及职工145.9万人，劳动合同签订率99.27%。强化企业收入分配宏观调控。济南市最低工资标准调整为每月市内五区1910元、其他县（区）1730元，增幅5.5%。加强对用人单位执行最低工资标准情况的监督检查。全市法人单位在岗职工平均工资基准线增长7%，上下线分别增长11%和3%。推进市属国有企业负责人薪酬制度改革，制定济南市市属国有企业负责人经营业绩考核与薪酬管理办法。开展劳务派遣年度核验工作，重点对劳务派遣单位经营、劳务派遣协议签订、职工工资发放和社保缴纳等进行监督检查。抓好劳动人事调解仲裁工作。依法公正处理劳动人事争议，全年立案受理7542件，当期结案率100%，调解成功率70.16%，为劳动者挽回经济损失1.97亿元。完善多元化解矛盾纠纷机制，加强部门联动，出台《济南市劳动人事争议调解工作办法》。加强专业性调解工作，健全完善调解组织网络，全市146个乡镇（街道）调解组织实现全覆盖，大中型企业调解委员会组建率95%以上，科教文卫事业单位、非公企业组建率90%，成立乡镇（街道）、国有企业、非公有企业等劳动人事调解组织3257个。加强裁审衔接工作机制建设，加大终局裁决力度，出台《关于劳动人事争议案件适用终局裁决的指导意见》。推行简易办案，规范集体争议处理程序，推广要素式仲裁办案模式，开展仲裁办案质量评查活动，提升仲裁办案质效。加强信息化建设，推进调解仲裁网络管理系统整合，实现全市调解仲裁管理工作的信息共享和实名制管理。推广运用办案系统，线上办案率100%。强化劳动保障监察。突出重点用人单位的日常监管，开展日常巡视检查，重点加强对农民工工资支付、人力资源市场秩序、落实防暑降温规定、劳动用工、社会保险缴纳的专项检查，建立市保障农民工工资支付会商机制和联席会议制度，检查用人单位4024家，立案查处1859件，为1.2万名农民工清欠工资1.57亿元。全面启动济南市劳动保障监察大数据建设，大数据系统研发通过专家验收，在历下区、章丘区开展试点。

（毛可超）

【概况】 社会保障覆盖面扩大。职工养老、医疗、失业、工伤、生育保险参保人数分别达331.66万、241.54万、158.29万、220.47万、163.97万，居民养老、医疗保险参保人数分别达244.76万、408.14万，均创历史新高。被征地农民参保工作实现突破，落实社保资金34.07亿元。社保待遇提升。连续14年调整提高企业退休人员基本养老金待遇，人均达到每月3053元。居民养老保险基础养老金8连涨，达到每月120元。提高精减退职老职工及遗属生活困难补助费标准，月人均分别增加130元和70元。失业保险金标准提高到每月1211元和1337元。居民医保补助标准提高至490元，省（部）三级医院住院和门规报销比例提高5个百分点；扩大职工医保门诊统筹报销范围，支付限额提高至3000元；

对在基层医疗机构签约的参保人，免费提供治疗高血压、糖尿病、冠心病等慢性疾病的部分基本药物。连续14年提高工伤保险三项定期待遇标准，伤残津贴平均增长159.5元。8.3万名贫困人员养老保险全部实现财政代缴，2000多名农村贫困失能老人每月领取300元医疗护理补贴。社保改革不断深入。机关事业单位与企业养老保险从“双轨制”向“单轨制”实现根本转变，各项改革指标居全省前列。推进事业单位转企改制配套改革，统筹解决事转企单位工作人员划转社会保险问题。实施职工医保大额医疗费二次报销政策。深化基本医疗保险支付方式改革，建立健全适应不同疾病、不同服务特点、激励与约束并重的多元复合式医保支付方式，按病种付费病种数量达到185个。扩大按项目参加工伤保险范围，从建筑业扩展至交通运输8个行业，参保率100%。将全市两级机关公务员全部纳入工伤保险参保范围，全市所有用人单位统一缴费、统一待遇、统一工伤保险基金管理，实现了工伤保险制度全覆盖。充实调整劳动能力鉴定专家库，新增3个专业。强化基金管理。依托网络监管系统，加强对重点经办业务、关键环节的监督，及时比对数据，查找风险点，做到早发现、早核查、早处理。核查处理1000余人跨省、跨统筹区域重复参保、重复享受待遇、死亡冒领等问题。（毛可超）

【退役士兵权益保障和接收安置】启动退役军人和其他优抚对象信息采集工作，对符合条件退役士兵进行安置。深化退役士兵政策落实，接听退役士兵电话3000余个，回复12345热线400余条，办理信访件10批次，帮助其解决合理诉求。市民政局被省国防动员委员会授予“2018年度山东省关心国防建设十佳单位”。（李　涛）

【军队离退休干部安置和管理】全年共接收安置军休干部187人，全面落实军休干部“两个待遇”，组织各类文体活动，丰富军休干部的精神文化生活。（李　涛）

【优抚工作】提高优抚保障水平，上调抚恤补助金标准，惠及4.2万优抚对象。将义务兵家庭优待金标准提高到每户16594元，对进藏、进疆义务兵家庭优待金增发1倍。推动优抚对象医疗待遇和报销“一站式结算”，救助困难优抚对象2378人，组织轮流休养2000余人。开展清明节烈士纪念活动，走访烈属200余人次。完成济南战役纪念馆改陈布展和园区改造提升工程，协助举办“纪念伟大胜利，传承红色基因”主题教育、“9.30”烈士公祭日纪念等活动。

（李　涛）

【城乡最低生活保障和农村五保供养】城乡低保和农村特困人员供养保障标准继续提高，城乡低保标准分别提高到616元/月、4928元/年；首次将农村特困人员供养标准分为基本生活标准和照料护理标准，基本生活标准提高到6406元/年/人，照料护理标准分三档，不能自理人员提高到6552元/年/人、半自理人员提高到3276元/年/人、自理人员提高到1968元/年/人。全年共发放低保金3.6亿元，保障低保对象54285户、77617人；发放特困供养资金4076万元，为5353名特困供养人员购买人身意外伤害保险。开展农村敬老院集中整治，关停15处，剩余59处全部取得养老许可。

（李　涛）

【防灾减灾】推进防灾减灾救灾工作，强化灾情统计、汇总和上报，全年共落实救灾资金686.4万元。

（李　涛）

【阳光救助】严格落实《社会救助工作责任追究办法》，对社会救助工作中的违规违纪行为进行严厉责任追究。开展农村低保专项治理行动，配合有关部门查处社会救助领域腐败问题11起。开展救助核对工作，全年共开展低收入家庭经济核对29.85万人次，实现“凡进必核、在保必核”。（李　涛）

【专项社会救助】推进医疗、临时救助，强化医疗救助“一站式”信息结算平台建设，将低保和特困人员范围内住院救助比例提高到70%以上，落实医疗、临时救助资金9493.8万元，救助17943人次；落实取暖补贴资金2773.16万元，保障6.12万户困难群众温暖过冬；落实低保家庭高校新生入学救助资金29.6万元，保障74名低保家庭高校新生顺利入学。（李　涛）

【流浪乞讨人员救助】做好流浪乞讨人员救助工作，启动市救助管理站改造项目，开展寒冬送温暖和

“夏季送清凉”专项救助行动，全市共救助流浪乞讨人员70219人次。（李　涛）

【福利彩票发行】 2018年全市福利彩票销售额13.17亿元，同比增长1.07%。（李　涛）

【慈善事业】 2018年全市共募集善款（物）9025.43万元，市慈善总会募集善款（物）2554.1万元；全市共支出善款（物）9155.98万元，市慈善总会支出善款（物）3114.27万元；全市共惠及困难群众19.34万人次。（李　涛）

【养老服务】 加快养老服务转型升级，出台小区配建养老服务设施用房规划、建设和移交管理规定，《养老服务设施建设专项规划》通过专家论证。开展养老院服务质量建设专项行动，整治5家不合格养老机构，整治合格率100%。落实省、市养老服务业发展专项资金3850余万元，培训养老管理人员、养老护理员等4800余人次。以优异成绩通过国家居家和社区养老服务改革试点城市中期考核，举办济南市养老服务论坛，成立市养老服务业专家指导委员会，在全省社区居家养老服务现场观摩会上作典型发言，山东济南养老服务中心全面投入运营。落实老年人福利政策，发放各类老年人津贴补贴3044万元，保障城市“三无”老年人133人。出台《关于加快推进农村养老工作的意见》《关于进一步做好农村留守老年人关爱服务工作的通知》，开展特困老年人筛查摸底，加强农村老年人关爱服务。（李　涛）

【留守儿童关爱保护和孤儿保障】 开展孤弃儿童大排查，保障孤困儿童1053名，摸排登记留守儿童1657人，全部签订《委托监护责任确认书》。（李　涛）

【残疾人保障】 严格落实困难残疾人生活补贴和重度残疾人护理补贴制度，实行残疾分级补贴，全年共落实残疾人“两项补贴”1.18亿元，惠及85450人。（李　涛）

济南市红十字会

【概况】 2018年，济南市红十字会全面推进红十字会各项工作落细落实，全市红十字会系统募集资金物资数为近年来最多，造血干细胞捐献数创历年来之最，志愿服务在全国红十字会系统会议上作典型发言，宣传工作获全国红十字会先进集体特等奖。

基层组织建设。博爱家园项目按照“规范管理、强化监督、稳步推进、注重实效、突出亮点”的工作思路，加大项目社区、村督导力度，确保项目实效。发展5家博爱村为市级博爱家园项目村。以红十字学校创建为引领，加大红十字学校建设力度，制定《关于进一步加强学校红十字会工作的指导意见》，对区县红十字会进行专门培训。重点打造“红十字模范校”——济南市堤口路小学，发挥其典型示范作用，在学校中进一步传播红十字知识，普及自救互救知识和技能，提高青少年安全意识和自我保护意识。

参与养老服务。市红十字会到济南医院、绿景社区卫生服务中心、舜康养老护理院、祝甸社区综合养老服务中心、苇沟村博爱幸福院等实地调研，通过以志愿服务、人道救助、养老照护培训等为切入

2018年10月31日，中国红十字会总会纳米比亚灾害管理研修班学员来济考察社区红十字工作（李克利　摄）

点，发挥红十字会优势项目参与助力养老工作。与济南阳光大姐家政服务公司合作，开展家政人员岗前应急救护、养老照护技能知识培训，培训家政人员1000多人。

红十字志愿服务。贯彻《志愿服务条例》，结合实际制定《济南市红十字志愿服务管理细则》《济南市红十字志愿服务基地建设规范》《中国南丁格尔志愿护理服务队济南分队管理办法》等制度，召开志愿服务工作季度调度会和业务培训会，开展最佳红十字志愿服务组织、最美红十字志愿者、最佳红十字志愿服务项目表彰及志愿者星级评定工作，建立省千佛山医院、山东剧院、山东省实验初级中学、省济东戒毒所等4处红十字志愿服务基地，建立“济南红十字志愿服务”微信公众号，及时发布活动通知，提高服务效能。全市新发展红十字志愿者1489人，新建立市红十字人道资源动员志愿服务队等队伍9支。“3·5学雷锋”“5·8世界红十字日”“12·5国际志愿者日”等节点期间，组织红十字志愿服务队开展造血干细胞捐献采集、志愿服务推广、救援演练、道德宣讲等活动，清明、五一、十一假期期间，在曲水亭街设立热心姊妹花博爱志愿服务岗，组织志愿者为游客提供紧急伤害处理、救护知识宣传等服务。组织市红十字山东建筑大学志愿服务队，到济阳区小李家村开展为期15天的义务支教活动。在全国31个省（区、市）红十字会、省会城市红十字会参加的中国红十字会组织宣传工作研讨班上，市红十字会以《志愿服务“聚”人道力量，典型榜样“耀”博爱泉城》为题作典型发言，得到中国红十字会领导及与会代表的好评。

红十字宣传传播。结合世界红十字日、防震减灾日、无偿献血日等重要纪念日，围绕红十字会宗旨和任务，组织市县两级红十字会开展红十字宣传活动。组织10000余人参加“全国红十字防灾避险知识竞赛”答题活动，获先进集体一等奖。开展“朗读者·讲红十字故事”活动，通过与大众网、济南日报、济南广播电视台、爱济南等媒体合作，面向社会征集红十字故事近400篇，经严格评审，评选出成人组、儿童组优秀作品各49篇以及最佳网络人气奖10篇，活动关注度36万余人次，提高了红十字会的影响力。与济南经济广播（FM90.9）合作，制作播出“济南市红十字会故事展播”专题广播节目，收听百万人次。组织基层红十字宣传骨干、红十字精神传播志愿者，开展新闻写作培训、业务宣传交流、活动宣传策划等活动10余次，业务素养得到提升。发挥红十字精神传播志愿服务队生力军作用，开展新闻采访、多媒体制作、摄影摄像、诗歌朗诵等形式多样的红十字人道传播活动。发挥新媒体宣传优势，构建新媒体网络平台、红十字志愿者网上朋友圈、公益大微宣传平台“三位一体”的网络宣传体系。在报纸、电台、电视台、网站、新闻客户端等发布新闻稿件3000余篇次，编辑印刷《优秀新闻作品集》《“汇聚人道力量，共建博爱泉城”红十字宣传集》《“爱的经纬线”红十字宣传视频》等多个红十字宣传作品，获2018年全国红十字会报刊宣传工作先进集体特等奖，红十字会社会知晓率和影响力显著提升。

【救灾备灾和应急救援】 在夏季“温比亚”台风救灾工作中，全市红十字会系统第一时间向社会各界发出呼吁，开展向灾区募捐活动，募集救灾款物56.04万元支援潍坊寿光灾区建设，被评为全省红十字系统抗灾救灾工作先进集体。向遭受强降雨灾害的历城区、平阴县调拨价值15万元的家庭包、T恤等救灾物资，向受灾群众提供及时有效的援助。在南部山区森林火灾救援中，为一线救灾灭火人员支援救灾包100个，急救包50个，第一时间将物资送到救灾现场，受到市政府的通报表扬。加强救灾备灾仓库建设，使用市财政彩票公益金项目，采购储备价值60万元的救灾备灾物资，提高物资应急保障能力。参加由市防震减灾工作领导小组办公室举办的全市第十个“全国防灾减灾日”大型宣传活动，集中展示红十字会在自然灾害、事故灾难等突发事件中开展救灾救援工作的重要职能。加强红十字应急救援队伍能力建设，在南部山区组织野外宿营、山地搜救等救援演练，设立周三公益大讲堂，请专业人员为救援队员普及救援和红十字知识，提升救援能力。市红十字应急救援队参与110救援10次，营救遇险群众12人，被群众誉为“泉城市民生命安全保护使者”。开展危险山区设标2次，为赛事提供公益保障14次，受益群众万人，首次跨区域为2018泰山100国际越野赛提供赛事保障，并应省地震应急救援中心邀请参加防震减灾宣传活动。

【人道救助帮扶】 全市红十字会系统募集救助款物1420.72万元，受益群众4.5万人次（含救助救灾），是近年来增长幅度最大、数量最多的一年。持续开展“博爱泉城送温暖”“春天行动”“助青春—圆梦大学”“大病救助”“贫困尿毒症患者救助”“天使基金”等助困助学助医项目。与济南新视界眼科医院合作，设立“红十字光明行”白内障公益复明工程专项基金，发放救助金111.43万元，426名白内障患者受益。联合济南报业集团，对在济南医院接受治疗和康复训练的困难家庭自闭症、唐氏综合症及脑瘫儿童进行救助，助力儿童康复事业发展。与济南血管瘤医院合作，设立“佑爱”血管瘤基金，对贫困家庭血管瘤患者进行救助。推进中央东西部扶贫帮扶工作，全市红十字会系统向湖南湘西州捐赠款物356.8万元，为市直部门帮扶力度最大单位，并与湘西州红十字会签署对口帮扶框架协议，从人才培养、物资援助、资金支持等方面进行全方位帮扶。做好“派驻村党支部书记”工作，加大对济阳区垛石镇小李家村的帮扶力度。参加全国红十字系统电商创业扶贫大赛，获山东区域赛一等奖和三等奖，一名选手被推荐参加中国红十字会淘宝公益基金全国“魔豆妈妈”创业扶贫大赛。

【应急救护培训】 全面推进应急救护培训“五进”活动，严格执行“四统一”标准，推进旅游、民航、铁路、电力、公安、企业、高校等重点行业、重点人群的培训工作，山东省红十字应急救护比赛一等奖。制定《济南市红十字会应急救护培训项目书》，为区县红十字会提供应急救护专项资金22.1万元，以项目形式推动救护培训工作全面开展。公益性普及培训37280人次，救护员培训2803人次。联合市文明办和市应急办，举办首届市红十字应急救护大赛，来自红十字会、医疗卫生、高校、铁路等系统的18支队伍共120余名队员参加比赛。比赛以“爱‘救’在身边”为主题，分为救护场景演练、演讲、理论答题等环节，中国铁路济南局集团有限公司获一等奖，槐荫区红十字会、市红十字会救灾备灾中心获二等奖，章丘区红十字会、齐鲁关爱生命健康志愿服务队、历下区红十字会获三等奖。从参赛队伍中选拔优秀成员充实到应急救护培训师资队伍，成立市红十字应急救护师资志愿服务队，成为应急救护培训工作的又一支骨干力量。在由市旅发委、市文明办、市妇联、市总工会、团市委、市红十字会联合举办的“济南市第四届导游大赛”中，为进入决赛的选手进行应急救护员培训，提升导游全面素质。为山东力明科技职业学院师生开展应急救护员培训，广受师生欢迎。

【捐献造血干细胞、遗体（角膜）、器官工作】 志愿捐献工作细化工作程序，控制意外风险，社会知晓率和参与度显著提高。造血干细胞捐献工作逐步形成市红会负责跟踪动员协调和高分体检保障、县区红会负责入库宣传、志愿者主导捐献服务的工作模式。举行清明节捐献者追思会，缅怀为医学教育和科研进步做出贡献的志愿捐献者。以遗体捐献志愿服务登记工作站为依托，推动遗体（角膜）器官捐献志愿服务队常规化活动，每周末值班，固定参与志愿者20人左右，开启志愿者为志愿者服务的新模式。联合市文明办、市民政局、市财政局，对遗体捐献者给予4000元的奖补，济南市成为全省第一个、全国第三个出台对遗体捐献者进行奖补政策的城市，奖补资金数额全国最高。全市共采集造血干细胞血样969份，捐献实现15例，创全市年度捐献数新高，位列全省年度捐献数第一位；遗体捐献登记304人，实现捐献76人；角膜捐献登记258人，实现捐献55人；见证器官捐献63例。

（苏　毅）

【居民收入】 2018年，全市居民人均可支配收入39944元，同比增长8.3%。城镇居民人均可支配收入50146元，增长7.5%，与全省持平；农村居民人均可支配收入17924元，增长8.0%，比全省平均高0.2个百分点。工资性收入是居民收入的主要来源。全市居民人均工资性收入22438元，增长7.8%，占可支配收入的比重为56.2%，拉动可支配收入增长4.4个百分点。城镇居民人均工资性收入28108元，增长6.9%；农村居民人均工资性收入10200元，增长7.6%。经营净收入稳定增长。全市居民人均经营净收入3878元，增长6.8%，占可支配收入的比重为9.7%。城镇居民人均经营净收入2758元，增长6.5%；农村居民人均经营净收入6295元，增长8.6%。财产净收入快速增长。全市居民人均财产净收入6719元，增长11.0%，占可支配收入的比重为16.8%，拉动可支配收入增长1.8个百分点。城镇居民人均财产净收入9616元，增长9.9%；农村居民人均财产净收入465元，增长2.4%。转移净收入较快增长。全市居民人均转移净收入6910元，增长8.5%，占可支配收入的比重为17.3%，拉动可支配收入增长1.5个百分点。城镇居民人均转移净收入9664元，增长7.2%；农村居民人均转移净收入965元，增长11.0%。

【居民消费】 2018年，全市居民可支配收入平稳增长、消费环境逐步改善，消费支出继续保持稳定增长，居民消费信心持续提升。全市居民人均消费支出26073元，同比增长8.2%。城镇居民人均消费支出32977元，增长7.3%；农村居民人均消费支出11172元，增长8.2%。从消费支出构成看，八大类消费支出除衣着类支出略有降低，生活用品及服务类支出基本持平外，其他均有平稳较快增长。全市居民人均食品烟酒支出6381元，增长7.5%，占消费支出的比重为24.5%；人均衣着支出1480元，下降1.2%，占消费支出的比重为5.7%；人均居住支出7893元，增长10.7%，占消费支出的比重为30.3%；人均生活用品及服务支出1900元，增长0.6%，占消费支出的比重为7.3%；人均交通通信支出3513元，增长7.7%，占消费支出的比重为13.5%；人均教育文化娱乐支出2682元，增长12.5%，占消费支出的比重为10.3%；人均医疗保健支出1693元，增长11.8%，占消费支出的比重为6.5%；人均其他用品和服务支出532元，增长10.4%，占消费支出的比重2.0%。

（徐　宁　郭　威）

2018年济南市居民生活消费比重　　单位：%

项　目	城　镇		农　村	
	2018年	比上年±%	2018年	比上年±%
消费支出	100.0	–	100.0	–
食品烟酒	23.5	0.0	30.5	–1.0
衣着	5.8	–0.6	4.9	–0.4
居住	31.4	0.4	22.8	1.9
生活用品及服务	7.4	–0.5	6.5	–0.7
交通通信	13.2	0.0	15.5	–0.4
教育文化娱乐	10.3	0.4	9.9	0.3
医疗保健	6.2	0.2	8.3	0.2
其他用品和服务	2.1	0.0	1.6	0.1

【概况】 主题系列活动全部完成。2018年市老龄委在全市开展了“老年人权益保障促进年”主题系列活动，承诺为老年人办10项实事，内容涵盖提高高龄津贴和养老金标准、提升老年人宜行环境、为老年人看病就医提供便利、关心关爱老年人、增强老年人防诈骗意识、丰富老年人文化生活等21件具体事项。主题活动全部展开，其中提高高龄津贴和养老金标准、落实老年人优待规定、开辟老年人创业登记绿色通道、提升老年人宜行环境水平等活动已完成，完成率100%。

老年文化活动丰富多彩。开展“泉映晚霞”老年人才艺展示文化广场活动。活动以庆祝改革开放四十年、迎接济南解放70周年为主题，内容丰富、形式多样，各区县组织各类老年文化活动1270场，近10万名老年人参与了活动。启动《“我们的芳华”2018济南电视中老年梦想秀》主题大赛。海选节目500个多项，全市近400个老年文艺团体参加，15000多名老年人报名参与。9月5~6日在槐苑广场举办了济南市第十二届“泉映晚霞”老年鹊桥会。活动期间，免费为单身老年人提供婚介服务，共2000多名单身老年人参与。组织参加山东省“读敬老书做敬老事写敬老文”主题征文活动，共报送作品70篇，弘扬老敬老中华民族传统美德。向优秀老年志愿者赠阅了500份老年生活报、300份当代健康报、150份生活日报。

实施惠老工程。“银龄安康工程”是为老年人得实惠搭建的载体和平台。为老年人在遭受意外时提供保障，是一项小保险大保障的民生工程，是养老保障体系的重要组成部分，提高老年人生活质量。根据国家24部委《关于开展老年人意外伤害保险的指导意见》有关要求，市老龄办推动各级政府、企事业单位为老年人购买意外伤害保险，鼓励老年人自我购买，投保老年人数64.07万人，投保率占应保老年人的50.04%，全市老年人投保金额2415.01万元，人均保费37.69元，同比增长25.67 %。组织开展“骨健康阳光助老工程”。联合济南中德骨科医院，深入到社区村居，组织20多场免费义诊，为5000多名老年人进行体检，赠送骨健康手册4500余本，为老年人节省近60多万元诊疗费用。

老年人维权创新。联合市公安局、市金融办、济南出版有限责任公司联合制作30集老年人防诈骗防非法集资系列讲座电视专题片，于11月份在济南家庭电视老年大学播出。10月28日，市老龄办联合市公安局、市金融办、律师协会等单位在大明湖畔超然楼广场举行老年人防诈骗防非法集资宣传教育活动，发放防范电信网络诈骗资料2000余份，解答群众咨询500余人次。受理老年人来电来访和12345热线转办件39件，办结率100%，老年人满意率100%。推动宣讲活动进社区、进村居，组织邀请专家分别赴历下、市中、历城等重点社区，为老年人面对面讲解防范电信网络诈骗，宣讲防范非法集资、防范电信诈骗、防范非法直销及传销等要点及风险防范技能。协调市发改委、市工商局查处2起涉嫌诈骗老年人的违法医疗广告，从源头上斩断了伸向老年人的黑手。

老龄信息宣传扎实有效。年初召开了各区县老龄办与新闻媒体宣传信息工作座谈会，部署宣传信息工作，对20个先进单位和个人进行了通报表彰。年内，组织3次省市多家媒体进行基层行采风活动，集中宣传报告高龄津贴发放、全省十大孝星、省级敬老文明号和敬老文化教育基地的事迹和经验，各大媒体分别以头条、封面故事、特别报道的形式连续先进典型的风采，社会各界纷纷给予点赞鼓掌。济南日报、当代健康报全年完成“泉城老龄”工作专版40期、济南电视台“泉城老龄”专栏播出262期，《济南老龄工作简报》11期，向市委、市政府报送工作信息23条，泉城老龄网上发布老龄工作信息6800余条。市老龄办与市政协文史委联合组织了挖掘济南孝文化工作，弘扬传统美德和孝道文化。《孝行济南》和《百岁老人风采录》已制作完成，免费赠送给百岁老人、区县和市直机关各部门。

老年协会建设推进迅速。为贯彻落实习近平总书记“要保证城乡社区老龄工作有人抓、老年人事情有人管、老年人困难有人帮”的指示精神，市老龄办把推进城乡社区老年协会建设作为应对人口老龄化、加强和创新社会管理、推动和谐社会建设、助力乡村振兴的具体措施，纳入全年的工作重点。1月，与市民政局联合印发《关于加强城乡社区老年协会建设的实施方案》，明确城乡社区老年协会建设的指导思想和主要内容，提出到2018年底实现城乡社区老年协会全覆盖的工作目标，并明确“试点先行，全面推进”的工作思路。5月11日在历下区召开全市城乡社区老年协会建设现场推进会，观摩学习示范点建设，总结交流推广典型经验。为基层老年协会配送153台“E农移动影库”。全市共建成老年协会4647个，建会率95%，老年人入会人数41.8万多人。

【老年教育事业】 召开2018年度济南家庭电视老年大学工作部署会，按照每个老年人随时都可参与进来学习、每堂课都能有所收获的原则，结合老年人的现实需求，新学期开设了文化艺术、养生保健等六类课程。大幅提高参加学习的老年人数。全市25万名老年人报名注册参加学习，受到老年人的欢迎和社会各界的一致好评。举办济南家庭电视老年大学开播三周年成果展。表彰了一批老年教育先进单位、先进个人、优秀学员。

为加大济南家庭电视老年大学工作力度，市老龄办协调节目组招聘了6名联络员，负责社区宣传、推广、活动策划、活动实施等工作。对章丘区、天桥区、槐荫区、平阴县的济南家庭电视老年大学工作开展情况进行调研，了解济南家庭电视老年大学宣传、扩大、推广报名及组织老年人学习情况，查找推广工作中的问题，提出相应的解决方案。与当代健康报联合开展“济南市老年人智能生活教育工程”，帮助老年人学智能手机，全年完成培训5000余名老年人。向20家老年人活动场所和日间照料中心，赠阅图书2000本，图书管理器材20套。

【健全高龄津贴制度】 市老龄办印发《关于发放80-89周岁高龄津贴的通知》《关于进一步加强高龄津贴发放工作的通知》，明确发放标准和主体。各区县老龄办结合实际出台具体的实施方案和细则，通过登记公示、档案管理和社会监督等各项措施严格对发放工作进行监管。自2018年1月1日起，为年龄80~89周岁、无离退休金的老人每人每月发放100元。全年共发放人数为12.6万人，发放金额2亿元。其中，80~89周岁高龄津贴发放人数为10.7万人，发放金额1.48亿元。

【敬老月活动】 以“孝行泉城·德润济南”为主题下达《关于开展2018年“敬老月”活动的通知》，以走访慰问、文化活动、权益维护、老年教育、媒体宣传等5个方面13项工作为重点，部署“敬老月”系列活动。市委、市政府、市人大、市政协主要领导集中走访慰问养老机构和百岁老人、高龄老人。重阳节期间，市领导王忠林、孙述涛、殷鲁谦、苏树伟、李好臣等分别走访养老机构和老年人。重阳节前后，全国老龄办常务副主任王建军、山东省副省长孙继业等走访慰问老年人和养老机构。全市各级党政机关、企事业单位、社会组织以及其他社会力量，广泛开展敬老爱老助老活动，走访慰问老年人，为老年人送温暖、办实事、做好事、解难事，增强老年人的获得感和幸福感。全市共慰问老年人39989人次，发放价值1111.5万元慰问金和慰问品。

【百岁老人】 截至2018年12月底，全市百岁老人共215人，其中年龄最大的是张永贵，112岁，女，历下区，1906年11月23日生。

（张磊　王昆）

2018年济南市百岁老人统计表

姓　名	性别	出生年月	年龄	姓　名	性别	出生年月	年龄
李景新	男	1918-06-05	100	孙步新	女	1916-10-13	102
单盛甫	男	1916-04-12	102	朱　方	女	1915-03-28	103
王鲁夫	男	1916-09-11	102	商凤英	女	1918-06-13	100
柏天安	男	1918-08-09	100	叶成志	女	1917-11-25	101
刘福昌	男	1917-03-17	101	郑乃芬	女	1918-08-14	100
李陆平	男	1916-01-01	102	臧修英	女	1918-05-02	100
李兆庚	男	1917-11-24	101	韦珍瑶	女	1918-11-03	100
姜　敏	男	1917-01-10	101	杨绪英	女	1915-04-04	103
左士秀	男	1918-10-28	100	杨忠成	女	1914-10-07	104
孙延海	男	1913-06-29	105	张永贵	女	1906-11-23	112

续表

姓　名	性别	出生年月	年龄	姓　名	性别	出生年月	年龄
李作桂	男	1918-12-19	100	崔玉兰	女	1917-05-03	101
李寿凯	男	1917-01-27	101	李兴林	女	1915-12-30	103
黎茂俊	男	1918/12/22	100	薛景兰	女	1918-10-13	100
陈振家	男	1918-11-01	100	管敦英	女	1918-05-30	100
田名章	男	1918-12-24	100	李秀莲	女	1918-12-13	100
王允升	男	1913-10-16	105	高占兰	女	1918-10-17	100
郭有忠	男	1915-06-15	103	丁玉兰	女	1917-03-15	101
苏毅然	男	1918-11-01	100	罗　明	女	1917-04-14	101
黄　需	男	1914-03-12	104	刘清琴	女	1918-07-28	100
王子俊	男	1918-03-21	100	张桂芝	女	1917-11-19	101
黄凤祥	男	1918-10-26	100	李振庸	女	1918-03-12	100
陈同寿	男	1916-10-13	102	阎桂兰	女	1918-01-25	100
高庆恩	男	1916-07-11	102	步和生	女	1915-05-18	103
芦树松	男	1918-04-19	100	宋王氏	女	1917-01-08	101
孟照其	男	1913-06-20	105	赵叔慧	女	1918-12-14	100
李荷亭	男	1917-01-16	101	张洁民	女	1917-11-19	101
宋广奎	男	1918-03-21	100	刘润生	女	1918-08-31	100
王承洪	男	1918-06-26	100	于蕴兰	女	1916-06-15	102
张宝林	男	1918-04-19	100	徐淑贞	女	1918-10-05	100
张义滨	男	1918-07-28	100	董校兰	女	1917-05-10	101
杨洪光	男	1917-03-21	101	孙兆英	女	1918-02-03	100
房恩多	男	1917-12-25	101	吕希芳	女	1918-10-25	100
马兆祥	男	1915-11-11	103	刘玉英	女	1917-05-28	101
孔宪普	男	1917-08-13	101	鲍月华	女	1917-11-11	101
庄玉俭	男	1918-06-18	100	朱桂兰	女	1917-06-15	101
于致强	男	1917-11-19	101	于文慧	女	1918-07-09	100
颜景钰	男	1917-10-17	101	刘吉兰	女	1917-07-28	101
冯家义	男	1918-08-29	100	焦桂荣	女	1915-02-13	103
高宪忠	男	1913-02-19	105	颜世贞	女	1915-05-27	103
赵继堂	男	1917-01-04	101	陈文儒	女	1916-09-09	102

续表

姓　名	性别	出生年月	年龄	姓　名	性别	出生年月	年龄
潘洪时	男	1918-12-31	100	丁淑蓉	女	1917-03-11	101
张业福	男	1917-01-03	101	张秀英	女	1914-02-27	104
刘维要	男	1913-01-16	105	宋其敏	女	1916-09-25	102
王宗之	男	1918-11-05	100	王玉珍	女	1917-09-29	101
程学思	男	1918-03-25	100	王静君	女	1915-03-22	103
席余良	男	1918-02-10	100	高玉臣	女	1915-11-15	103
丛养正	男	1915-02-21	103	李秀章	女	1917-01-07	101
冯玉水	男	1918-06-07	100	许玉贞	女	1917-05-22	101
李敦星	男	1918-12-24	100	金淑明	女	1918-11-03	100
辛阳和	男	1916-08-16	102	李桂芝	女	1918-10-29	100
付文清	男	1918-11-02	100	郭文娥	女	1917-08-12	101
陈登岭	男	1913-09-12	104	赵广英	女	1918-11-02	100
董吉孟	男	1918-07-27	100	杨云环	女	1916-08-17	101
王成河	男	1918-11-16	100	苑培善	女	1917-02-05	101
袁召论	男	1915-04-05	103	于何兰	女	1917-09-12	101
唐桂兰	女	1918-01-31	100	于　梅	女	1915-11-08	102
张兆贞	女	1917-11-20	101	游玉英	女	1917-05-16	101
马高氏	女	1915-02-09	103	杨松美	女	1917-02-20	101
于长英	女	1917-11-05	101	何俊英	女	1918-07-29	100
王玉兰	女	1918-01-09	100	田淑芬	女	1915-03-15	103
吴兰英	女	1918-07-13	100	王沛云	女	1914-04-08	104
曹金芝	女	1918-10-28	100	程振英	女	1917-08-11	101
杨惠萍	女	1917-09-25	101	杨惠萍	女	1917-09-25	101
刘桂英	女	1918-02-26	100	杨教英	女	1916-11-24	102
白秀坤	女	1917-02-23	101	石秀英	女	1917-02-25	101
张炳芳	女	1918-07-25	100	王庆芳	女	1918-08-11	100
玄先美	女	1918-12-08	100	刘月芳	女	1916-12-06	102
韩玉美	女	1913-10-14	104	于载吾	女	1916-09-15	102
穆泳娟	女	1914-06-14	103	程俊兰	女	1917-02-18	101
赵树家	女	1914-11-28	103	牛桂兰	女	1914-06-10	104

续表

姓　名	性别	出生年月	年龄	姓　名	性别	出生年月	年龄
田延珍	女	1915-10-26	102	巩凤娥	女	1915-07-10	103
王金华	女	1917-10-23	101	许眉云	女	1916-03-22	102
贺桂香	女	1917-11-30	101	李考英	女	1916-10-03	102
朱经兰	女	1917-12-02	101	丁金兰	女	1918-02-28	100
王殿英	女	1918-01-18	100	赵凤英	女	1918-06-10	100
张桂英	女	1918-01-13	100	程子芬	女	1918-10-21	100
李玉兰	女	1918-07-24	100	张慧芳	女	1918-11-08	100
刘玉英	女	1918-10-04	100	周曹氏	女	1918-10-21	100
谷秀兰	女	1918-12-03	100	蔡永和	女	1918-11-05	100
王凤珍	女	1911-07-20	107	李秀贞	女	1917-11-24	102
薛树贞	女	1918-03-22	100	毕于桂	女	1916-08-15	102
代传玉	女	1918-06-20	100	张成均	女	1916-09-28	102
杨丙兰	女	1918-10-04	100	车长英	女	1918-09-09	100
姬广风	女	1918-04-09	100	伦玉芳	女	1917-10-06	101
杜更玉	女	1918-10-27	100	于圣连	女	1917-01-10	101
董文玉	女	1915-02-15	103	仁秀英	女	1917-12-29	101
孙景玉	女	1916-04-26	102	张代英	女	1918-10-17	100
边庆美	女	1918-09-28	100	赵周氏	女	1915-10-27	103
陈永莲	女	1918-10-10	100	潘荣花	女	1917-12-07	101
兰培英	女	1913-11-11	105	王昌英	女	1918-09-19	100
李兆兰	女	1916-07-17	102	张清兰	女	1917-12-11	101
朱兴英	女	1915-10-30	103	杨俊青	女	1917-02-13	101
郭家英	女	1918-05-27	100	阎秀英	女	1913-10-23	105
周云昌	女	1916-05-16	102	孙传美	女	1917-12-21	101
周顺英	女	1915-11-12	103	李英文	女	1918-10-22	100
张凤英	女	1916-08-06	102	单桂英	女	1912-12-08	106
刘秀兰	女	1913-02-28	105	张延俊	女	1918-07-20	100
吴法云	女	1914-09-28	104	秦会英	女	1918-06-21	100
刘元兰	女	1916-01-25	102	张会玉	女	1918-11-30	100
吴法英	女	1916-03-06	102	刘万玉	女	1913-04-29	105

续表

姓　名	性别	出生年月	年龄	姓　名	性别	出生年月	年龄
梁秀英	女	1916-08-29	102	郭宗英	女	1913-06-10	105
肖　氏	女	1916-09-18	102	李　媛	女	1915-01-15	103
李秀芳	女	1917-02-12	101	丁宗兰	女	1916-11-13	102
魏化风	女	1917-02-12	101	翟化英	女	1913-10-28	105
孙传英	女	1917-06-15	101	李玉梅	女	1916-02-06	102
柏绪英	女	1917-07-14	101	席树英	女	1918-07-27	100
赵玉贞	女	1917-09-08	101	董孟兰	女	1918-10-13	100
刘乃芳	女	1918-05-06	100	陈兴英	女	1910-08-05	108
洪风英	女	1918-05-13	100	王在兰	女	1915-05-15	103
刘西英	女	1918-08-13	100	张殿新	女	1916-08-29	102
卢庆英	女	1918-08-15	100	周庆莲	女	1917-01-04	101
王四芹	女	1918-09-19	100	崔养霞	女	1918-03-25	100
鲁庆兰	女	1918-09-21	100	刘绪英	女	1918-01-02	100
朱秀英	女	1918-10-05	100	王长英	女	1917-03-23	101
赵文英	女	1918-11-13	100	张殿珍	女	1907-11-16	111
张镇兰	女	1918-12-10	100	贾吉荣	女	1917-11-21	101
张九英	女	1918-12-26	100	尹燕荣	女	1917-08-13	101
盛其英	女	1918-10-28	100	李恒英	女	1918-06-24	100
王明凤	女	1916-04-04	102	贾武氏	女	1918-11-14	100
王秀荣	女	1917-06-25	101	王好连	女	1915-06-10	103
楚俊锡	女	1916-10-29	102	沈德英	女	1916-10-02	102
张秋云	女	1915-08-17	103	王俊田	女	1915-01-26	103
邵兰芬	女	1913-07-15	105	郭桂兰	女	1917-12-03	101
秦立英	女	1916-10-26	102	李传香	女	1916-02-12	102
吕朝芹	女	1918-07-13	100	刘张氏	女	1918-05-03	100
车尹氏	女	1914-05-29	104	苗秀云	女	1915-09-22	103
曹丕荣	女	1910-08-06	108	齐庆秀	女	1918-01-25	100
窦青云	女	1917-08-04	101	宋业青	女	1918-10-12	100

续表

姓　名	性别	出生年月	年龄	姓　名	性别	出生年月	年龄
韩彭氏	女	1917-06-18	101	王　氏	女	1916-07-16	102
李段氏	女	1918-08-18	100	王秀兰	女	1917-09-07	101
李　氏	女	1918-05-06	100	王英兰	女	1917-04-02	101
刘　氏	女	1915-07-15	103	魏习纯	女	1913-03-12	105
张李氏	女	1918-07-13	100	张上兰	女	1916-10-20	102

（王昆　张磊）

残疾人事业

【概况】 市残联以走在全省残疾人工作前列为目标，以助推残疾人脱贫解困为主线，以实施创新工作项目化管理为抓手，以打造“廉洁残联”和过硬残疾人工作者队伍为保障，全市残疾人工作实现新突破。

社会保障，逐步提高残疾人民生活水平。全面落实残疾人“两项补贴”政策，推动“两项补贴”逐步提标扩面。贫困残疾人生活补贴每人每月不少于100元、重度残疾人护理补贴每人每月不少于80元，明确建档立卡贫困残疾人护理补贴每人每月100元。全市28823名贫困残疾人领取生活补贴，56627名重度残疾人领取护理补贴，对符合现行政策的建档立卡贫困残疾人全部纳入“两项补贴”发放范围，总计发放“两项补贴”11773.24万元。为全市14万残疾人购买每人30元的意外伤害保险，理赔1231人次，赔付保险金额278万元。

教育救助，保障残疾人受教育权力。发放救助资金607.43万元，救助和奖励残疾学生和贫困残疾人家庭子女2498人。探索送教上门和康教结合新模式。商河县提出“送康教上门”服务新模式，为本地30名不能或不便离家的中、重度残疾儿童提供上门教学与康复服务。章丘区黄河镇试点开启“爱心之家”服务项目，依托农家书屋，建设贫困残疾家庭留守儿童托管站，设置扶贫教育互助公益岗，每个托管站聘用2名有爱心和一定康复、幼教知识的人员对残疾家庭或者本身有残疾的留守儿童进行教育托管，为孩子们辅导功课。

培训就业，促进残疾人通过劳动脱贫增收。实施“量体裁衣”式个性化培训，优先满足建档立卡贫困残疾人的培训需求，提高职业技能培训的精准性。全年培训残疾人4802人次。协调用人单位优先安置建档立卡贫困残疾人，推动残疾人个体创业扶持项目。规范管理残疾人就业创业基地，优先辐射带动建档立卡贫困残疾人家庭，创建就业创业基地26处，共安置残疾人246人、辐射带动375个残疾人家庭，实现残疾人就近就便就业脱贫。全年实现新增残疾人就业2169人。征收残保金3.1亿元。

精准康复，基本实现“残疾人人人享有康复服务”。作为市政府2018年为民办18件实事之一，已为37021名残疾人实施精准康复服务，任务完成率123%，康复服务率100%，其中康复救助残疾儿童1457名，为5982名贫困精神残疾人提供服药补贴、为369名贫困精神残疾人提供住院医疗救助，为5725名残疾人实施辅具补贴，为1413名残疾人实施个性化辅具适配，购买社区残疾人康复训练成果5063例，为17011名残疾人提供支持性康复服务，超额完成精准康复服务任务目标。

托养救助，探索政府购买服务新模式。实现托养服务与脱贫解困无缝衔接，减轻残疾人家庭负担，加大对残疾人托养服务机构扶持力度，补贴标准由每人每月400元提高至寄宿托养每人每月800元、日间托养每人每月600元。全市现有托养机构17处，机构托养残疾人372人。多形式多渠道推进残疾人居家托养服务，推广市中区农村留守妇女助残、志愿助残等居家托养服务试点工作经验，并根据各区（县）实际多种形式推进居家托养试点工作，全市居家托养残疾人

2064 人。

权益保障，维护残疾人合法权益。拓宽残疾人信访渠道，推进残疾人家庭无障碍改造，提升志愿助残服务内容，全年受理信访事项 1136 件次，为残疾人提供志愿服务 5.1 万人次，为 5229 户残疾人家庭实施了无障碍设施改造。协调做好残疾人驾照考证工作，有 104 名残疾人学习汽车驾驶并取得 C5 驾照；制定实施残疾人机动车免费停车牌管理办法，对符合条件的 1013 名残疾人发放了机动车免费停放标识牌；落实残疾人免费乘车意外伤害保险工作，为 3.2 万名残疾人办理了免费乘车“爱心卡”和意外伤害保险。

“一次办好”，优化残疾人证办理流程。落实“放管服”要求，从“畅通道、减距离、缩时限、送上门”四个环节着手，采取“一站办理”“你不跑我来跑”和“网上办理”三种服务模式，实现残疾人办证“一次办好”。建立“上门办理”服务制度，实现特殊困难残疾人办证从“你来跑”到“我来跑”的改变。举办“全市残疾人证办证人员和评残医生培训班”，提高全市评残医生的残疾评定水平。全年办理残疾人证 14335 件，其中上门办证 1586 件。省残联在全省推广了残疾人证历城“网上办理”和平阴“一站办理”模式。

政策保障，逐步提升残疾人救助标准。坚持“尽力而为、量力而行”原则，多方协调，提升助残政策保障水平。市政府印发《关于建立残疾儿童康复救助制度的通知》，走在了全国副省级城市和全省前列。残疾儿童康复救助标准从每人每年 1.2 万元提高到 2 万元，增幅 67%；0~9 岁残疾儿童家庭享受每月 500 元的送训补贴；开展“机构+社区+家庭”康复训练，每人每年补助训练费 1 万元；救助范围扩大到 0~17 岁非持证残疾儿童和有济南市居住证的非济南市户籍的残疾儿童。修订完善《济南市残疾人教育救助和奖励办法》，将救助范围扩大为残疾学生和残疾人家庭子女，基本实现残疾学生和残疾人家庭子女教育救助全覆盖。印发《济南市“共享阳光·助盲奔康”三年行动计划（2018~2020 年）实施方案》，为助盲奔康行动提供政策保障。8 月，在中国残联“助盲就业脱贫行动”工作推进会上，济南市介绍了经验做法。

【基层残疾人组织建设】 加强基层残疾人组织建设，选好配强各级残联队伍，提高服务残疾人的能力。履行市残联对县区残联班子的协管职能，确保班子坚强、团结、稳定，更好履行“一线指挥部”作用。健全县区、镇办、村居基层残疾人网络，健全镇办理事长领导下的“一专两员”组织框架，配备够用、高效的“一专两员”队伍，改善办公条件，逐步提高待遇问题，选准配强村居残疾人专职委员，适当发放误工补贴；推进镇办考核模式，增加残疾人工作内容。

【济南市残疾人联合会第七次代表大会】 5 月 8~9 日，全市残疾人联合会第七次代表大会在舜耕会堂举行。市委副书记、市长王忠林，省残联党组书记、理事长邹斌芳出席开幕式并讲话；市总工会常务副主席傅金峰代表群团部门致贺词。出席开幕式的还有市领导殷鲁谦、苏树伟、蒋晓光、王桂英、李好臣、刘梦海及市群团部门主要负责人和市直各有关部门推荐的特邀代表。大会正式代表 364 名，特邀代表 40 名，大会听取和审议了市残联第六届主席团工作报告，召开残疾人专门协会会议，选举产生了新一届领导班子。

【文化助残“五个一”活动】 联合文化广电新闻出版局、济南日报报业集团、济南广播电视台、济南出版有限责任公司组织开展文化助残“五个一”活动，活跃了基层特别是偏远乡村的残疾人文化生活。印制 1 万册《残疾人的济南故事》送到残疾人手中，为基层残疾人放映 100 场反映新时代改革开放风貌的电影，为基层残疾人送去精彩纷呈的 20 场文艺演出。

【残疾人职业技能竞赛】 10 月 12~14 日，由山东省残疾人联合会、省人力资源和社会保障厅、山东省总工会主办的山东省第四届“技能兴鲁”职业技能大赛省第六届残疾人职业技能竞赛在泰安市举行。大赛共设 4 大类 15 个项目，全省 17 个地市和省特教学院组成 18 个代表队，共 230 名选手参加竞赛。济南市 15 名选手在 15 个项目的竞赛中，全部进入前 6 名，实现历史性突破，获金牌总数、奖牌总数和团体总分均为第一的优异成绩。

【残疾人体育事业】 10月，济南市派代表团参加山东省第十届残疾人运动会，获金牌总数第二名，并获“体育道德风尚奖”；济南市残疾人运动员参加雅加达亚残运会，获2枚金牌；在全国各分项锦标赛上获12枚金牌、8枚银牌、4枚铜牌。实现残疾人体育竞赛成绩和精神文明双丰收。

（李　凯）

【民族工作概况】 济南市有回、满、蒙古、哈尼、朝鲜、苗、壮等少数民族52个，人口约12.6万人，占全市总人口的1.86%。其中，回族人口约10.7万人，占少数民族人口的85%。全市少数民族人口超过1万人的县区7个，民族村（社区）45个。

打好少数民族脱贫攻坚战。继续推进全市6个少数民族贫困村的脱贫攻坚工作，重点帮扶贫困民族村发展特色产业和改善提升村民生产生活条件。规范少数民族扶持资金管理，与市财政局联合出台《济南市少数民族扶持资金管理办法》，制定《济南市少数民族扶持资金因素法分配办法》等配套制度，少数民族文化、体育、教育、医疗等基础设施有了较大改善。

推进民族团结进步宣传教育和创建工作。举办省暨济南市民族宗教界迎春茶话会，连续18年开展民族团结进步宣传月活动，在加强中小学民族团结教育方面进行探索和创新，会同山东省戏剧创作室、济南市儿童剧院联合打造校园民族团结主题儿童剧《加油！不完美小孩》。组织济南代表团参加全省第十届少数民族运动会，取得2金13银13铜的好成绩并获体育道德风尚奖。参加全省民族团结进步事业成果图片展，展现全市少数民族社会事业蓬勃发展的良好局面。深化民族团结进步创建工作，命名市中区大观园街道办事处等14家单位为2018年度“全市民族团结进步创建活动示范单位”，市中区泺源街道被国家民委命名为“全国民族团结进步创建活动示范单位”。

加强和改进城市民族工作。提升少数民族流动人口服务管理工作水平，举办外来少数民族流动人口法律知识培训班，建立新疆籍务工经商人员服务站，并举办普通话培训班。会同市有关部门对经营清真食品的农贸市场、摊点、商场、超市等进行清真食品执法检查，纠正违规问题，规范清真食品生产经营秩序。

【宗教工作概况】 济南市有佛教、道教、伊斯兰教、天主教和基督教5种宗教，信教群众20余万人。有认定备案的宗教教职人员727人，合法登记的宗教活动场所458处，其中寺观教堂131处，其他固定处所327处。全市共有宗教团体18个，其中全市性爱国宗教团体6个，县区爱国宗教团体12个。

推进宗教政策法规学习宣传。学习贯彻习近平总书记关于宗教工作重要论述，会同市委统战部举办新修订《宗教事务条例》培训班，市、县区两级进行为期2个月宗教政策法规大宣讲活动，共组织宣讲87场，向各级党政干部发放《宗教工作基础知识读本》2600余册。各县区民宗局、各宗教团体结合实际，采取座谈讨论、辅导培训、宣传展板、撰写笔记、在线答题等多种方式学习宣传《宗教事务条例》，推动法治宣传教育进基层社区、进宗教团体、进宗教活动场所。依据新修订《宗教事务条例》和国家宗教局配套办法，调整优化行政权力事项清单，全面推进政务服务“一次办好”事项“上网进厅”“一网通办”工作，简化优化办理流程，运用新技术实现数据共享，完成全市宗教活动场所社会信用代码赋码工作。

开展宗教方面突出问题专项治理工作。贯彻落实中央十二部门《关于进一步治理佛教道教商业化问题的若干意见》精神，对涉及宗教领域的重点难点问题进行专项治理。发挥统战、民宗、公安、安全部门宗教工作联席会议机制作用，加强信息沟通，及时研判形势，依法依规查处违法宗教活动。

支持宗教界加强自身建设。深化宗教活动场所示范单位创建活动，清真南大寺等19处场所被评为“全市宗教活动场所示范单位”。坚持宗教团体联席会议制度和宗教团体领导班子年度民主测评考核制度，推动规范化管理水平不断提高。加大对宗教人才培养培训力度，会同市委统战部举办宗教界人士进修班，组织宗教界代表人士到枣庄、济宁、菏泽开展爱国主义教育活动。引导宗教界坚持我国宗教中国化方向的研究与实践，以“走进新时代、开启新征程”为主题开展征文活动。引导宗教界开展“国旗、宪法和法律法规、社会主义核心价值观、中华优秀传统文化”进宗教活动场所活动，市伊协率先在全省开展“四进”清真寺活动，市天主教爱国会、市基督教两会、市佛协、市道协相继举行“四进”活动启动仪式，全市宗教活动场所普遍开展“四进”活动，取得良好社会效益。支持宗教界发挥优势特色，开展形式多样的公益慈善活动。

做好民族宗教领域安全稳定工作。制定全市民族宗教领域安全稳定工作方案，细化责任分工，落实安保维稳工作24小时值班制度。在全市范围内深入开展宗教领域矛盾纠纷大排查大调处专项行动，加强宗教活动场所和宗教活动安全监管，确保全市宗教界的和谐稳定。

济南市市级爱国宗教团体负责人

济南市天主教爱国会第十一届委员会
主　任　张宪旺
济南市基督教三自爱国运动委员会第十届委员会
主　任　赵克玉
济南市基督教协会第七届委员会
会　长　李赋真
济南市伊斯兰教协会第七届委员会
会　长　马　杰
济南市佛教协会第五届理事会
会　长　弘　庵
济南市道教协会第一届理事会
会　长　李宗清

（曹成群　张文娟）

责任编辑　宣　涛

【概况】 春秋战国时属齐国，因在历山之下而得名。1955 年 9 月始称历下区。历下区位于济南市区东部，面积 100.89 平方公里。辖 14 个街道办事处（舜华路街道由济南市高新技术开发区管理）、99 个社区居委会、21 个行政村。2018 年末常住人口 75 万人，男女性别比 107.495∶100，出生人口 6335 人，有回、满、蒙古、朝鲜、土家、苗族等少数民族。全年实现地区生产总值 1494.8 亿元，同比增长 8.9%；服务业增加值完成 1261.7 亿元，同比增长 8.0%；完成一般公共预算收入 144.19 亿元，同比增长 10.3%。

中共历下区委

书　记　马玉星

副书记　谢兆村　尹红梅（女）

常　委　马玉星　谢兆村　尹红梅（女）
　　　　刘海峰　纪　亮　杨传军
　　　　续　明　杜宝现　李乐军　王海清
　　　　李　克　周　雷*（挂职）
　　　　靳祥锋（挂职）

历下区人大常委会

主　任　韩宏伟（女）

副主任　邓向东　栾　杰（女）郭向平（女）
　　　　郭宝龙　荆甫荣

历下区人民政府

区　长　谢兆村

副区长　杨传军　刘　佳（女，满族）
　　　　张　涛　丁晓红（女）　石永先
　　　　霍建平*（挂职）
　　　　于　超*（挂职）
　　　　徐爱田*（挂职）　　王禄山(挂职)

政协历下区委员会

主　席　曹　辛

副主席　胡秀成　房玉萍（女）　刘　岩（女）
　　　　刘　军（回族）　　郭振南
　　　　曾素燕（女）

中共历下区纪委

书　记　刘海峰

历下区人民法院

院　长　牟宗伟

历下区人民检察院

检察长　曲立春

历下区人民武装部

部　长　刘　雷*　苏圣泳

政　委　李　克

工业　全区规模以上工业企业 30 家，增加值增幅 20.8%，居全市第一。实现工业总产值 313.17 亿元，完成主营业务收入 317.38 亿元，利税 78.91 亿元。固定资产投资同比增长 15.4%。持续推进“上云”计划实施，累计新增“上云”企业 2575 家，全区市级“上云”标杆企业总数 20 家，位居全市首

注：组织机构名单由各相关单位提供，统计时间截至 2018 年末。* 示 2018 年内离职。

2018 年 11 月 7 日，“魅力历下　创业沃土”历下区第七届创业大赛决赛暨首届山东省大学生创业文化节在山东大学落幕　（历下区党史研究中心　供稿）

位。全年完成物流业营业收入 52.72 亿元，同比增长 17.9%。新增规模以上物流企业 4 家。

贸易财政金融　全年完成财政收入 144.19 亿元，在全省 137 个县（市）区中，总量排名第三，在全市 11 个县市区中，总量稳居首位。实现社会消费品零售总额 1057.10 亿元，同比增长 10.4%；限额以上社会消费品零售额 511.25 亿元，同比增长 9.7%，净增限上企业 18 家。全区进出口总额完成 67.18 亿元，同比增长 5.5%。依托利宝互助产业园，成立全市首家产业互联网联盟。电子商务交易额 1200 亿元，增长 37.9%。传统商贸提档升级，争创国家级特色街区取得突破。世贸宽厚里和泉城路商业街先后获评“中国商旅文产业发展示范街区”和“中国著名商业街”荣誉称号。燕山大厦园区营业收入突破 70 亿元，CBD 核心园区启动建设。154 座 5000 平方米以上商务楼宇全部纳入楼宇经济信息平台智能管理，全区税收亿元楼达 33 座，月亿楼 2 座。全年实现招商引资 146 亿元，实际利用外资 33.92 亿元人民币，举办招商活动 42 场，引进各类项目 341 个。甲骨文新旧动能转换中心、高层次人才项目山东加速器顺利入驻科技创新服务平台。山东人工智能产业园引入亚马逊运营平台，签约意向入驻企业 32 家。山东铁投集团、渤海湾港口集团等大型省属企业顺利入驻，鲁民投、东明石化等知名民企聚集，BP 石油等世界 500 强、优客工场等“独角兽”公司相继落户，为 161 家企业兑现奖励扶持资金 2.2 亿元。全年实现金融业增加值 350.6 亿元，增幅 3.6%；金融业税收 62.63 亿元，增幅 6.2%。各类金融机构 700 余家，其中市级以上金融机构 203 家，普惠资产总额 333.44 亿元。新三板挂牌企业 3 家，济南易通城市建设集团有限公司作为济南市首家政府平台类企业在新三板挂牌。成立全省首家金融企业联盟，首批成员单位达 75 家，新增西王集团财务公司、济南金控国际融资租赁公司、渣打银行等金融机构 18 家。

建设环保　68 个区重点项目累计完成投资 360 亿元，占年计划的 116%。其中历下区总部商务中心、中央商务区合作开发项目等 17 个项目实现开工；山大路 197 号地块（天泰中心）、恒大帝景等 8 个项目已竣工；博鳌（山东）大厦、奥体金融中心 BC 座等 21 个项目主体封顶，其他项目进行基础或主体施工。19 个市重点项目累计完成投资 245.47 亿元，8 个新项目全部开工，11 个续建项目中 5 个项目主体封顶。长岭山数智科创城等 6 个项目、东郊饭店等 18 个项目分别列入省、市新旧动能转换重点项目储备库。“山泉湖河城”五座超高层建筑全部开工，中国人寿、齐鲁银行等 4 个项目基本完工；CBD 文化服务中心竣工，国际金融城、历下总部商务服务中心启动建设。开展建设扬尘和渣土治理，新增空气质量监测微型站点 110 处，空气质量良好以上天数增加 12 天。全面落实河长制、湖长制，加快推进小清河流域综合整治，东泺河等 9 条河道治理工作加快，全福河等 3 条河道完成雨污分流，全区水质监测断面全面达标。对山大路、经十路、千佛山西路等 30 余条主次干道进行高标准绿化提升，打造精品节点 10 处，实施裸土覆绿 10.5 万平方米，全区绿化覆盖率 45%。拆除违建 1756 处、149 万平方米。对泺河、正觉寺等 133 个老旧小区实施综合整治，整治面积 168.2 万平方米，加装电梯 83 部。实施既有建筑节能改造 150 万平方米，安装双气 1 万余户。打通山大路北段、名仕北路等 9 条瓶颈路，和平路东延彻底打通。经十路、旅游路等 7 条道路完成亮化工程，点亮楼体 89 座。

教科文卫体　历下区有小学 29 所，初中 10 所，九年一贯制学校 13 所。在校生 73730 人。高中阶段学校 3 所，在校生 5661 人。辖区内注册学校 190 所，济南市 5A 级学校 4 所，4A 级学校 13 所，3A 级学校 65 所。全区在册幼儿园 104 处，公办、普惠性幼儿园 88 处，占 85%；在园幼儿 2.83 万人，其中普惠园人数 2.25 万人，占 79.5%；学前三年和学前一年入园率 100%。编制完成基础教育设施三年建设规划。首年度 27 所学校全面开工，历山双语、甸新佳园等 5 所学校、幼儿园投入使用。全国青少年校园足球特色学校 15 所，辅仁学校代表国家队获跳绳世界杯冠军。历下区被评为“全国数字化先行区”，“慧爱父母讲堂”评为国家级全民终身学习品牌。认定高新技术企业 93 家，全区累计达到 183 家。历下区科技创新服务平台正式运营。发明专利申请 4864 件，列全省第二；发明专利授权量达 1894 件，列全省第二；万人有效发明专利拥有量达 101.84 件。全区技术合同成交额 12.4 亿元。全区 3 人获济南专业技术拔尖人才称号，2 人获济南市青年学术技术带头人称号。区属文化馆 1 处，街道综合文化站 13 处，区级图书馆 1 处，全年新购图书 2.07 万册，馆藏图书 49.04 万册。全区图书分馆 100 个。打造公益文化大讲堂品牌，组织评审区级非遗代表性项目名录 9 项、代表性传承人 28 名。济南百花洲传统工艺工作站成为文化和旅游部在全国设立的 13 处工作站之一，是省会城市建站的首例。全年接待旅游者 1847.21 万人次，同比增长 9.03%，实现旅游消费总额 271.66 亿元，同比增长 13.04%。打造“健康历下”品牌，新建社区卫生服务机构 5 所，整合医疗惠民服务项目，家庭医生签约服务覆盖人群 16 万人。区级养老服务中心与历下三院医养结合项目开工建设，新增街道综合养老中心 4 处，改造提升社区日间照料中心 25 处。新建社区健身场所 3 个、健身路径 30 条，举办大型文体活动 14 场。

人民生活　实现新增城镇就业 6.7 万人，城镇登记失业率 1.89%，低于 2%的控制目标，继续保持全市首位。发放就业援助各类补贴 1893.6 万元；为 3.1 万名村民落实征地社保补贴 9000 余万元；为 2543 名劳动者追讨工资、保险、经济补偿金等 328.18 万元。居民基本养老保险参保人数 3.06 万人，享受政府代缴政策的低保及残疾人员累计达到 1348 人；灵活就业人员医疗保险累计参保 2.978 万人，占参加养老保险总人数的 90%。累计投入民生和社会事业资金 60.4 亿元，40 件民生实事基本完成。发放各类救助补贴 8781 万元，惠及低保、残疾等困难群众 3 万人次。简化大病救助程序，发放医疗救助资金 454 万元，惠及 692 名大病患者，医院垫付救助 1.2 万人次，垫付金额 1997 万元。为低保及低保边缘家庭、环卫工人等群体免费查体 5267 人次，门诊就医 7.7 万人次。全区现有养老机构 9 家，养老床位 843 张，入住老年人 613 名。探索“X+1”模式，对 1400 余名困难老人实行政府托底居家养老服务，对接收的退役士兵进行登记，推荐安置公益性岗位 15 批 1315 人，为 868 人申请公租房，救助生活困难 1293 人。

【双招双引】 历下区发掘资源、深化合作，吸引万宝盛华、智睿、安德普翰等全球人力资源十强机构入驻园区；与山东大学全面对接，确定光电信息、医养健康、跨境电商、文化旅游四大校地协同发展板块；与北大经济、光华等四大院系达成战略合作协议；与中国科学院大学合作成立国科济南先导信息科技有限公司，打造全省首家区域产业发展招引机构——济南历下产业发展研究院。融入“一带一路”倡议，发起成立济南国合信用研究院，举办首届国际合作城市信用联盟高峰会议，济南区域性签证中心确定入驻。全年实现招商引资 146 亿元，实际利用外资 33.92 亿元人民币，签约成立西雅图“中美企业协同创新中心”，与苏黎世保险等知名企业达成合作意向 37 个，累计引进过亿元企业 180 余家，500 强项目 10 个。山东铁投集团、渤海湾港口集团等大型省属企业顺利入驻，鲁民投、东明石化等知名民企聚集，每日优鲜、优客工场等“独角兽”企业相继落户。金融招商引资聚集效应凸显。西王集团财务公司、渣打银行（中国）济南分行、国任财产保险股份有限公司山东分公司、亚太财产保险有限公司济南中心支公司、济南金控国际融资租赁有限公司等18家金融机构入驻发展，恒丰银行牵手历下，成为首家落户济南的全国性股份制商业银行。截至年底中央商务区核心及辐射区内聚集各类金融企业70余家。实施“跨突”人才强区战略，引进培养“千人计划”、泰山产业领军人才等600余人。全年引进院士、泰山产业领军人才等省级以上重点人才工程人选20余人，重点产业紧缺人才560余人。投入5000万元打造 “人才之家”。在全市“双招双引”专项考核中获一等奖。

【“一次办成”改革】 全面落实“放管服”改革“一次办成”部署要求，创新“一窗受理、集成服务”审批模式，扎实推进“多证合一”，企业登记注册缩短至3天，全区综合审批时限压缩43%。优化服务流程，对审批事项再清理、再精简，实施流程再改造。转变服务意识，让数据多跑路，企业少跑腿、不跑腿。制定“零跑腿”“只跑一次”和“你不用跑我来跑”服务事项清单，进行企业登记流程再造。开通电脑端电子营业执照和手机端微信办照，申请人与登记注册人员“零见面”即可办理。预审、核审无积压，窗口前无排队，实现服务效能大提速。推进执照领取方式多样化，无介质在线电子营业执照、窗口领取营业执照、自助服务终端机直接打印及免费邮递四种方式可供选择。自7月1日实施“一次办成”改革以来，历下区新设立企业245家，同比增长80%。

【“山泉湖河城”五座超高层建筑全部开工】 历下区聚焦中央商务区及周边区域，以“山泉湖河城”五座超高层塔楼为带动，加力加速重点项目建设。五座塔楼位于CBD核心区域，呈月牙状环抱中央绸带公园，分别象征济南“山、泉、湖、河、城”的独特自然资源，塑造泉城新地标。截至年底“山泉湖河城”五座超高层建筑全部开工建设，中央商务区开发全面提速。由绿地集团开发的绿地山东国际金融中心420米超高“山”位于绸带公园东侧、新泺大街南侧，是中央商务区中心的最高建筑。A1超高层主塔楼完成地上一层结构施工，核心筒钢结构至三层，顶升平台安装完成50%，百米塔楼地上四层结构施工完成，爬架安装完成80%，展开面的地库施工至正负零；由华润置地开发的济南万象天地项目230米超高层“泉”位于绸带公园西侧，东西景观轴北侧，A1超高层处于基础阶段；由复星集团开发的复星CBD商业综合体项目260米超高层“湖”位于绸带公园西侧、茂岭二号路东侧，A1地块完成地上土方外运；由平安集团开发的济南平安金融中心360米超高层“河”位于绸带公园东侧、礼耕路南侧，桩基施工进行中；由中信泰富开发的济南中信泰富中央商务区项目330米超高层“城”位于绸带公园东侧、新泺大街北侧，A1地块土方外运施工。

（李　燕）

【概况】 市中区因地处济南市主城区中南部而得名。全区总面积281.5平方公里。辖17个街道办事处、116个居委会、77个行政村，全区常住人口77.41万人，男女性别比例为104.7:100。除汉族外有回族、满族、藏族等36个少数民族。全区生产总值完成1042.8亿元，比上年增长9.3%。其中第一、二、三次产业分别完成2.3亿元、213.2亿元和827.3亿元，同比分别增长-2.4%、9.1%、9.4%。一、二、三产业比例为0.22:20.44:79.34。

中共市中区委

书　记　宋永祥*

副书记　韩永军　于　红（女、回族）*　李冬利

常　委　宋永祥*　韩永军

于　红（女、回族）*　李冬利

王国顺*　闫培胜　王书信　史宏捷

王友进　程　伟　陈国华（满族）

王云刚　姚栋才（挂职）*

朱清彬（挂职）　李海永

魏忠东（挂职）

市中区人大常委会

主 任 邵登功

副主任 钱 城 王盛元 赵延生 董德海 苗 萌（女）

市中区人民政府

区 长 韩永军

副区长 程 伟 朱清彬（挂职） 李咸梁 孟庆顺 付 华（女） 潘建军 梁晓华（女，挂职）* 张宇翔（挂职）* 王玉亮（挂职） 贺今朝（挂职）

政协市中区委员会

主 席 王其广

副主席 孙振华 陈淑平（女） 刘秀才 管延勇 刘 健

中共市中区纪委

书 记 史宏捷

市中区监委

主 任 史宏捷

市中区人民法院

院 长 温 磊

市中区人民检察院

检察长 韩秉林

市中区人民武装部

部 长 董 凯

政 委 李海永

工业 全年规模以上工业企业29家，实现规模以上工业增加值比上年增长8.4%；实现主营业务收入679.3亿元，比上年增长22.4%；实现利税53.2亿元，增长31.8%。实现利润37.9亿元，增长42.6%。高新技术产值占规模以上工业总产值的88.83%，居全市首位。新发展个体工商户8887户，累计达到42873户；新发展私营企业7538家，累计达到34734家。

农业及农村经济 农业增加值2.3亿元，农作物播种面积5100.8公顷，粮食总产量1.95万吨；油料总产35.19吨，下降20.7%；蔬菜总产0.77万吨，增长4.9%；水果总产0.35万吨；肉类总产0.15万吨；奶总产0.08万吨；禽蛋总产0.11万吨。畜牧业占一产增加值的比重为35.3%。全区有省级农业龙头企业2家，市级龙头企业11家，家庭农场51家，现代农业园区20家，其中市级园区已达18家，市级现代农业综合体1家，各园区和现代农业综合体建设投资和步伐不断加快，成效显著。全区农产品“三品”已获得认证单位6家，已获得认证农产品数量16个，其中，绿色食品8个，无公害农产品8个。建立区农村产权交易服务大厅。在全区20个社区设立了“菜篮子”直通车进社区配送销售点，解决市民买菜难、买菜贵的问题。投资30万元对兴隆街道办事处侯家、王家窝坡两个贫困村进行绿化提升，提高贫困村村容村貌及环境质量。

贸易财政金融 社会消费品零售总额580.2亿元，同比增长12%。三产增加值占生产总值的比重79.34%。服务业增加值827.3亿元，增长9.4%。新引进千万元以上项目1080个，认缴资金728.5亿元，其中亿元以上项目132个，认缴资金542.1亿元，实现出口创汇20.7亿元，减少23.3%，合同利用外资61.9亿元，增长542.4%，实际利用外资26.4亿元，增长196.6%。实现地方财政收入93.4亿元，增长9.4%。辖区有金融机构约400家，其中，银行总部和区域总部16家、保险公司区域总部33家、证券期货总部及区域总部26家，新金融、类金融机构120余家，包括地方金融组织13家，股权投资机构70余家。金融业完成增加值261.5亿元，同比增长2.2 %。普惠农牧融资担保有限公司实现增资2.5亿元，增资后注册资本增至5.5亿元，成为仅有的完成市里要求的新成立一家3~5亿元政策性融资担保公司任务的区县。新金融产业加速崛起，中俄能源合作投资基金管理有限公司、济南同济新动能股权投资基金管理公司等入驻山东新金融产业园，累计入驻金融、类金融机构140余家，管理基金规模超过1300亿元。

建设环保 全社会固定资产投资增长10.3%。房地产开发完成投资183.9亿元。分批实施28个旧村改造和31个棚户区改造项目，开工建设安置房588套，加快推进83个征收拆迁项目，累计签订房屋征迁协议4422份、151.1万平方米，收储国有土地

42.7公顷，出让和划拨土地149公顷。推进国华时代广场总部基地、南北康片区商务楼宇等321个重点项目。14个市级重点项目上报投资203.5亿元，完成年度计划的119%。参加全市擂台赛的6个新开工项目按期开工率100%，完成投资83.7亿元，占年度计划的113%。改造提升老旧小区20个、总面积164万平方米，七里山、岔路街项目被省住建厅列为全市唯一新旧动能转换重大小区整治项目。全区绿化覆盖率、绿地率和人均公共绿地面积分别为44.2%、42.9%和16.4平方米，均位居全市第一。全区空气质量良好以上天数207天。

教科文卫体　有区属学校82所，在校生7.4万人，其中小学59所（含特教学校1所）、初中23所（含九年一贯制学校12所）。现有幼儿园169所，在园幼儿2.8万人，其中区属公办及公办性质幼儿园86所、民办园83所，普惠幼儿园占比81.7%。全区共有教职工5902人，其中编内教师4666人、编外1236人。全区适龄儿童少年入学率100%，小学在校生巩固率、按时毕业率均为100%；初中在校生巩固率为99.8%。有11所学校与美国、加拿大、新加坡、法国、韩国、澳大利亚、英国、德国、奥地利等国家的42所学校建立了校际友好合作与交流关系。组织申报高新技术企业49家，通过认定39家，申报数量和新认定数量均创历年新高，全区高企突破75家，增幅102.6%。全区备案众创空间16家，国家级1个、省级众创空间5个，市级众创空间8个。国家科技领军人才创新创业基地（济南）8月投入使用。全区发明专利申请量2090件，发明专利授权量858件。有效发明专利拥有量3404件，增长24.23%。建设图书馆分馆10家，配送图书20000余册，改造提升基层综合性文化服务中心10个、农家书屋10个、文化大院2个，举办“非遗”展示活动2次。成立家庭医生团队200个，基本公共卫生服务经费标准由50元提高到55元，共拨付经费3390.33万元。开展各类群众体育活动20次，建成球类场地3处、健身活动节点6处，为英雄山片区及相关山体公园配备健身器材190余件，为全区各街道办事处配备安装健身路径50余条。

人民生活　扩大社保覆盖面，居民基本养老保险实际参保9.64万人，完成率130%。居民医保参保23.46万人，完成率105%。机关事业单位保险参保人数1.48万人，参保率100%。居民基础养老金待遇由每人每月110元提高至120元，居民基本医疗保险财政补助标准由年人均450元提高至490元，机关事业单位退休人员基本养老金待遇每月人均增加220元。落实被征地农民社保资金2.99余亿元。落实就业创业政策，新增就业20058人，4608人参加了就业创业培训，为26000余人发放各类补贴5000余万元。农村最低生活保障标准由每人每年4277元提高到4928元，农村低保对象773户，1095人，累计发放农村低保金568.1万元。城市最低生活保障标准由每月596元提高到616元，城市低保对象1545户，2284人，累计发放城市低保金1444万元。新增养老服务设施18处，包括区社会福利服务中心1处，街道综合养老服务中心4处，社区老年人日间照料中心10处，农村幸福院3处。

【大聚集区协同发展推动产业转型升级】　以获“2018年山东省现代服务业聚集示范区”称号为契机，规划辐射省会城市群经济圈、在全省具有重要影响力的8大现代服务业发展集聚区，形成以科创园区为核心竞争力，工业设计园区和金融园区为两大助推器，智能制造园区为依托，其他园区为支撑的发展体系。智能制造及高端物流集聚区，强力推动中国重汽小镇建设，依托重卡制造吸引聚集上下游产业链，打造千亿级别的先进制造业集群。信息通讯产业集聚区，借助中国移动、联通、铁塔省市公司在市中发展积累的产业优势，重点发展物联网、云计算、大数据、人工智能等新兴产业。科技创新产业集聚区，与海尔集团合作打造白马·国际创智谷，推进国家科技领军人才双创基地建设，3~5年新兴产业营业收入突破100亿元。金融商务集聚区，开辟特色金融服务领域，重点发展股权投资、民间资本管理、股权众筹等新兴金融产业，提高金融服务实体经济能力。文化创意产业集聚区，做大做强济南国际创新设计产业园，打造江北最大的以工业设计为主导的综合设计产业园。以泉城国际文化创意产业园为依托，推进产业转型升级，发展创意设计、影视制作、出版发行等文化产业。总部经济集聚区，对大纬二路沿线高端楼宇进行腾笼换业，引进“结算中心、财务中心”等总部机构，打造新动能总部企业聚集示范基地。现代特色商贸集聚区，串联“三经四纬”百年商埠文化传承区和英雄山国家特色商业街区，打造独具特色的商贸集聚区。休闲旅游文化集聚区，推动千佛山国家级风景区提升、大涧沟生态旅游综合体、复兴生态示范区规划建设，做美玉符河沿线自然景观带，扮靓济南南大门。

【举行第十六届山东省旅游商品创新设计大赛】 8月17日，第十六届山东省旅游商品创新设计大赛暨山东省乡村旅游后备箱工程示范基地农副产品展示、“好客山东·山东有礼”品牌旅游商品展示系列活动在融汇济南老商埠举行。第十六届山东省旅游商品创新设计大赛系列活动由三大部分组成，其中大赛以“十大文化旅游目的地品牌”“乡村旅游后备箱工程”“好客山东·山东好礼”为主题分类，共收到参赛作品1159个系列。经过专家评审，三孔文创诗礼传家系列等共16件作品获大赛金奖，姜不老姜粉蜜系列等共32件作品获银奖，琅琊台酒系列旅游商品等共50件作品获铜奖。

【非遗传承育新人】 秀文社区和舜雅社区入选济南市非遗传承示范社区。大力开展非遗社区建设，支持和鼓励非遗贴近民众，形成人人传承发展中华传统优秀文化的生动局面，提高非遗社区传承普及率，扩大非遗传承群体，提升非遗在群众中的影响力，让非遗在民间生发新的活力。2013年鲁能领秀城秀文社区彩蝶纷飞剪纸艺术团成立伊始，精彩的剪纸课程就吸引了大批居民和外国友人前来学习，培训的人员500人次。组织参与社区文化艺术节宣传展示、孔子学堂民俗体验活动、小学生剪纸体验、国外留学生民俗文化体验等中外文化交流活动，让人们感受到中国传统民间文化的艺术魅力，增进感情交流，在区、市级及全国廉政剪纸展、市手工技能大赛均取得好成绩。

【区教育局承办全市集团化办学推广现场会】 为加快推进县域城乡义务教育优质均衡发展，破解教育发展的不均衡和不充分的现实问题，6月4日，济南市教育局在济南十四中学组织召开深化集团化办学实施城乡义务教育发展共同体行动现场交流会，向全市推广济南市市中区集团化办学及平阴县域教育均衡发展经验，就如何把握教育发展共同体的实质内涵，在深层次和关键性问题聚焦发力，全面推进义务教育向高位优质均衡发展提出意见。来自全市各区县共计200余人参加会议。市中区从为什么、是什么、追问与思考三个维度向大家分享市中区集团化办学经验，阐述了“133334”市中集团理论模型。5年间，市中区集团化办学“做实、做大、做强”，区委、区政府累计投入集团化办学专项资金6000万元，让全区6.8万名居民子女在家门口享受到更有品质的教育。全市集团化办学“市中样本”有六个突出特点：探索起步早，县域全覆盖，机制动力足，推进模式多，内涵品质高，社会效果好。集团化办学形成政府、教育的强大合力，赢得社会、家长的广泛赞誉，让辖区所有城乡学校学生实实在在的受益，也成为市中教育、济南教育的一个品牌，走在全省的前列，在全国范围具有广泛影响。

【区政务服务中心管理办公室成为政务服务行业认证认可标准化工作第一批试点单位】 为配合“十三五”国家重点研发计划项目《服务认证关键技术研究与应用》和政务服务行业认证认可标准化工作，中国质量认证中心选取济南市市中区政务服务中心管理办公室作为第一批试点单位。中国质量认证中心试点评审会于6月21~22日在区政务服务中心管理办公室召开认证体系建设研讨会，从服务资源、服务过程和服务特性三个方面，对政务中心的服务质量进行评价，正式邀请区政务服务中心管理办公室作为《服务认证——政务服务中心服务要求》国家标准起草单位，参与国家标准制定，以验证认证认可行业标准草案的科学性和普适性。

（刘　静）

【概况】 槐荫区位于济南市区西部，1955年，将以槐树命名的街巷较多的第六区改称为槐荫区。土地面积151.61平方公里，辖16个街道办事处、94个居委会、93个行政村。户籍人口42.9万人，增长率34.0‰。有回、满等28个少数民族，少数民族人口1.7万人。完成地区生产总值531.7亿元，比上年增长7.4%；其中，第一、二、三产业增加值分别为2.6亿元、151.8亿元、377.2亿元，分别比上年增长-2.4%、8.0%和7.2%，三次产业比例为0.4:28.6:71.0。固定资产投资增长18.6%。

中共槐荫区委

书　记　国承彦（女）

副书记　朱玉明　周　敬（女，回族）

常　委　国承彦（女）　朱玉明
周　敬（女，回族）　胡民安
熊高翔　赵晨光　李　强　肖　骏
张新村　李国华　刘鹏飞（挂职）*
郭　凯（挂职）　高太吉
肖　云（女，挂职）

槐荫区人大常委会

主　任　孟宪伟

副主任　董传师　印　东（女）　汪　浩
朱庆胜　李　刚

槐荫区人民政府

区　长　朱玉明

副区长　胡民安　刘惠恩　朱　军（女）
张士东　陈　锐
徐　磊（女，挂职）*
王　玮（挂职）
梁　弘（女，挂职）

政协槐荫区委员会

主　席　徐　宾

副主席　赵宏海　马厚强　吕红艳（女）
李庆甲　米卫东（回族）　李宗孝

中共槐荫区纪委

书　记　李　强

槐荫区人民法院

院　长　刘文明

槐荫区人民检察院

检察长　郭一星（女）

槐荫区人民武装部

部　长　朱华建*　李军杰

政　委　高太吉

工业 全区规模以上工业企业53家，规模以上工业增加值同比增长8.2%，实现主营业务收入199.4亿元，实现利税23.7亿元。高新技术企业96家，高新技术产业产值占规模以上工业总产值比重59.4%。对接山东省实施新旧动能转换工程“十强”产业和济南市“十大千亿产业”振兴计划，天岳晶体、国网山东送变电等29个项目列入济南市新旧动能转换重大项目库，占全市项目总量的10.8%。以九阳、二机床、天岳、中车山东为龙头的智能制造企业稳健发展，以国家“侨梦苑”、济南槐荫经济开发区、德迈国际信息产业园为载体的新材料、工业数码、3D打印等行业领军产业加快发展。启动全省首家“宽禁带半导体产业特色小镇”建设，拉开以创新为引领的宽禁带半导体产业集群发展框架。二机床成为全市首个国家级工业遗产，连续十年入选“中国机械工业百强”企业；九阳成为山东唯一入选国家绿色供应链管理示范企业的制造企业，山东天岳被认定为国家知识产权优势企业、省瞪羚示范企业。济南槐荫工业园区国内生产总值完成76.87亿元，完成招商引资5.13亿元，社会固定资产投资42.7亿元，规模以上工业增加值完成14.47亿元。

农业及农村经济 完成农业增加值2.7亿元。农、林、牧、渔、服务业增加值分别为18390万元、3407万元、1756万元、2759万元、459万元。农作物播种面积2598.8公顷，其中，粮食作物播种面积2304.8公顷，经济作物播种面积294公顷。粮食总产量12239吨，蔬菜14201吨，肉类171吨，禽蛋858吨，奶类21吨，水产品1600吨。猪、牛、羊年出栏总数为4731头。新增1家省级农业龙头企业，全区市级以上农业龙头企业17家（其中国家级1家，省级3家）、农民专业合作社60家。全区有24个无公害农（水）产品（农产品13个、水产品11个）、9个A级绿色食品。开展乡村振兴齐鲁样板百村示范创建活动，完成23个省级美丽乡村建设任务，91个村居集体产权制度改革进展顺利。

商贸投资　社会消费品零售总额535.8亿元，比上年增长9.3%。其中，商品零售528.9亿元，增长9.3%；餐饮收入6.8亿元，增长3.7%。限额以上贸易单位累计实现销售额567.1亿元，增长5.2%；实现零售额291.1亿元，增长2.8%。全区各类市场主体7.32万户，企业法人3.16万家。

全年完成实际到账外资64292万元，比上年增长40.2%。实现进出口总额289656万元，实现出口210109万元。打造山东嵘裕新旧动能转换产业服务基地。远大购物广场项目实现百亿项目当年接洽、当年落地，成为西客站片区启动的首个商业综合体项目。浪潮山东健康医疗大数据、水滴集团、开创上云孵化器等一批重大招商产业项目相继落地。全年签约双招双引项目63个，协议引资1008亿元。全区重点项目143个，全年完成投资约330亿元。市级重点项目20个，开工率100%，完成投资181.6亿元，完成年度投资计划的116.8%。全年新认定市级总部企业3家，华润山东医药获得国家5A级物流企业资质。恒大国际金融中心、中开院济南创业街、山东第一医科大学、山东省肿瘤医院质子临床研究中心、国家健康医疗大数据北方中心、齐鲁大道北延等重大项目相继开工建设，西部会展中心主体接近完工。

财政金融　全区一般公共预算收入50.3亿元，同比增长10.7%；一般公共预算支出42.3亿元，增长5.6%。辖区有各类银行及经营网点156家，其中区域性银行总部1家、法人银行1家、市级分行1家。保险分支机构6家，证券公司7家，小额贷款公司2家，担保公司4家，民间资本管理机构1家。平安银行槐荫支行、首科华辰商业保理有限公司等6个金融项目落地。

城建环保　完成棚户区旧改重点项目13个，老旧小区整治项目53个。开展征收拆迁遗留户百日攻坚行动，强力推进13个重点棚改旧改项目。启动实施铅笔厂、经一纬十二东三角地等棚改项目，经十一路片区17栋安置楼提前一年竣工，3045户居民回迁。新选址建设公厕8处，提升改造29处。全区共拆除违建临建351万平方米，户外广告4.2万平方米。新建口袋公园、街头游园8处，机车新村健身广场入选全市十个“最受市民喜欢的街头花园”，腊山、匡山公园被评为全市十佳山体公园。新建绿地面积77万平方米，绿化覆盖率42.4%，绿地率36.1%，人均公园绿地面积11.3平方米。打通经十一路等5条断头路、瓶颈路。兴济河商城拆除，并启动兴济河生态综合治理工程建设。新增由匡山小区到省肿瘤医院的K191线路以及T12等4条高峰通勤线路。轨道交通1号线开始试运行，北园高架西延快速路通车。完成100.3万平方米既有居住建筑节能改造，超额完成清洁能源替代任务。工地扬尘防治成效居全市前列，超额完成冬季清洁采暖“气代煤、电代煤”工作任务，空气质量持续改善。完成低水河、陡沟河等河段黑臭水体整治，腊山水质净化厂项目和玉符河治理工程基本建成。

教科文卫体　全区有各级各类中小学65所，在校生63546人，毕业生10841人，专任教师4405人。义务教育阶段学校共64所，其中小学47所（含民办小学1所），初中11所，九年一贯制学校5所，特殊教育学校1所。中等职业学校1所。幼儿园106所，在园幼儿23308人。全区小学、初中在校生巩固率分别为100%、99%，残疾儿童入学效率100%。新建6所公办幼儿园，新增学位2340个。有院士工作站3家，国家级重点实验室1家，国家级科技企业孵化器1家，省级以上各级各类研发平台32家。国家众创空间2家，省级众创空间6家，泉城众创空间4家。全年受理专利申请3528件，授权专利2596件。有文化馆1处，公共图书馆1处，综合文化站16个，农家书屋93个（包括37个拆迁村），规范化社区文化中心141个，规范化农村文化大院56个。有国家AAAA级旅游景区1处，AAA级2处，AA级1处。济西湿地开园准备工作有序推进。全年接待省内外游客1500万人次，增幅50%，旅游相关产业收入突破90亿元，增幅13%。有各类卫生机构504处，其中医院、卫生院25处，区卫生服务中心12个，社区卫生服务站27个，疾病预防控制机构2处，妇幼保健院1处；共有床位9298个，卫生技术人员18157人，其中执业医师、执业助理医师6507人，注册护士9296人。有体育场1座，各类健身场馆174处，健身场地总建设面积4.7万平方米。输送93名运动员代表济南参加第24届全省运动会，夺得金牌21枚。

人民生活　城镇居民人均可支配收入49815元。全区民生支出32.7亿元，占区级财政支出的77.3%。城镇居民社会养老保险参保8.1万人，城镇居民医疗保险参保16.2万人。全区居民养老保险基础养老金标准由每人每月110元提高到每人每月120元。全年新增城镇就业1.76万人，城镇登记失业率2.5%。开展低收入人群、困难群体救助和城乡低保家庭救助、医疗救助等，累计发放救助金3400万元。农村“五保”供养对象52人，其中集中供养39人。有敬老院1处，入住39人，床位104张；老年公寓15处，入住660人，床位1146张。全区社区日间照料中心共25处、农村幸福院共17处。

【济南国际医学科学中心建设全面起步】　2018年，济南国际医学科学中心规划获市政府正式批复，规划范围东至腊山河西路、京台高速公路，西至津浦铁路、济西编组站，南至小清河、槐荫区与市中区界，北至黄河、G35高速公路，面积约35平方公里；规划建设用地24.2平方公里，规划居住人口约24万人。山东第一医科大学、省肿瘤医院质子临床研究中心、国家健康医疗大数据北方中心存储中心和安置区等重点项目开工建设。济南国际医学科学中心精准医学孵化器启动，68个储备项目签约入驻；国家人类遗传资源创新中心、英国曼彻斯特健康和运动科学研究中心等20余个医疗康养研发项目相继落户。完成25个村9700余户集体土地房屋拆迁，基本完成国有土地房屋签约和省淡水养殖研究院等3家国有单位搬迁。

【国家健康医疗大数据北方中心存储中心开工】　9月5日，国家健康医疗大数据北方中心存储中心项目开工活动在槐荫区吴家堡街道举行。国家健康医疗大数据北方中心存储中心项目总建筑面积约14万平方米，投资约15亿元，终期建设规模20000机架，包括1栋监控中心、4栋机房楼，以及变电站等机电配套。机房楼地上8层，地下1层，高度近60米。整个项目在3年内建成，分两个阶段建设，先期启动建设规模4万平方米，5000机架，投资约3亿元；第二阶段建设根据第一阶段建设进度适时启动。

【济南槐荫·北京招商引智推介会在京举办】　10月29日，“康养名城·活力槐荫——2018济南槐荫·北京招商引资招才引智推介会”在北京新世界大酒店举办。推介会结合槐荫区“医养健康、文化旅游、商务会展、消费物流、智能制造”五大主导产业，邀请签约企业代表，驻京央企、国企、优质民企100余家代表，以及已落地槐荫的北京企业代表等参加活动。山东健康医疗大数据总部项目、华润济南医养健康城、保利文化产业综合体等20个重点项目集中签约，投资意向额471亿元。

【印象济南·泉世界开园】　9月21日，印象济南·泉世界建成开园。“印象济南·泉世界”是一处集“食、住、娱、购、文、礼”为一体的综合性文化创意产业园。园区内的建筑仿照济南老街巷，以白墙灰瓦的仿古建筑为主，在东侧街区仿建济南老火车站、商埠百年老邮局等老建筑，打造具有老济南街巷肌理与古建筑特色的古朴商业街区。通过酒店客栈区、七十二工坊、酒肆茶街、老字号美食区、民间博物馆区、婚庆街、欧风商店街、欧风美食街等主题，18景游览动线、36主题客栈、七十二工坊、108名士景观打造济南西部文化旅游、休闲生活新中心。

【槐荫农民工服务中心正式投入使用】　12月27日，济南面积最大的农民工服务中心——槐荫农民工服务中心正式投入使用。市、区相关单位和农民工共百余人参加启用仪式，市、区领导与农民工代表共同为农民工服务中心、党支部、工会揭牌。槐荫农民工服务中心位于段店北路191号，占地1公顷，建筑面积6000平方米，设置管理办公区、综合服务区、待工区、餐饮区等配套设施，为农民工提供招工、维权、培训等相关就业服务。（彭丁山）

【概况】 天桥区以横跨胶济、津浦两铁路的立交桥—天桥而得名。位于济南市区北部，跨黄河两岸，区境四周与济南市历下区、历城区、市中区、槐荫区、济阳区及德州市齐河县相邻。地理坐标为北纬36°40′00″至36°45′00″，东经116°56′15″至117°03′00″。面积258.97平方公里，辖15个街道，142个居民委员会。120个行政村。年末全区总人口52.66万人。全年实现生产总值529.54亿元，同比增长7.10%。其中，第一产业增加值3.69亿元，同比增长5.30%；第二产业增加值143.22亿元，同比增长14.70%；第三产业增加值382.63亿元，同比增长4.40%。全区固定资产投资同比增长14.10%，增幅全市居第八位。实现财政总收入75.05亿元，增长19.6%；地方财政一般预算收入45.17亿元，增长10%。

中共天桥区委

书　记　刘程华

副书记　窦　虎　亓　伟

常　委　刘程华　窦　虎　亓　伟　叶　辉（女）　韩利师　程　松　田俊林　张建明　赵　博　张永强　王宏田（挂职）

天桥区人大常委会

主　任　刘建忠

副主任　宋光强　李　建（回族）　陈乐敏（女）　候庆水　毕思忠

天桥区人民政府

区　长　窦　虎

副区长　韩利师　王　睿　刘敬涛　刘可鑫　李向峰（女）

政协天桥区委员会

主　席　樊　瑞（回族）

副主席　马敬民　仲　涛　王洪新（女）　上官生　陈士阳　刘群群（女）

中共天桥区纪委

书　记　赵　博

天桥区人民法院

院　长　沈　迎

天桥区人民检察院

检察长　马建华

天桥区人民武装部

部　长　李正文

政　委　张　庆

工业　全年实现工业增加值58.54亿元，同比增长12.00%，其中，规模以上工业增加值同比增长10.80%。实现规模以上工业主营业务收入90.57亿元，增长13.70%；实现利税-1.48亿元，实现利润4.09亿元。年末规模以上工业企业70家，比上年增加16家。过亿工业企业18家，实现主营业务收入69.53亿元，占规模以上工业收入的76.80%。

农业及农村经济　全区实现农业总增加值3.72亿元，同比增长5.30%；粮食播种面积13866.67公顷，同比增长7.40%；粮食总产量8.50万吨，同比增长5.30%；棉花产量58.50吨，同比减少67%；油量484.20吨，同比减少7.20%；蔬菜产量1.87万吨，同比减少8.70%；水果产量1921吨，同比增长14.40%；肉、蛋、奶产量分别为4354吨、4919吨和305吨；猪、牛、羊存栏量分别为6948头、493头、6635只。

贸易财政金融旅游　全区完成进出口总额32.60亿元，同比下降2.30%，其中，出口总额30.20亿元，同比下降2.70%；进口2.40亿元，同比增长0.40%。新批准设立外商投资企业15家，实现合同利用外资6.14亿元，同比增长90.3%，实际到账外资3亿元，同比增长10.10%。全年实现社会消费品零售总额486.50亿元，同比增长10.50%。限额以上批发零售住宿餐饮业单位227家，实现零售额60.64亿元，增长11%。实现限额以上批发零售住宿餐饮业销售（营业额）364.5 亿元，增长 2.90%。一般公共预算收入 45.17 亿元，增长 10.20%。其中税收收入完成 36.18 亿元，增长 11.51%，税收比重 80.11%。一般公共预算支出 37.77 亿元，同比增长 1.96%。实现税收总额 68.44 亿元，同比增长 18.90%。新增金融机构 11 家，包括北京银行滨河支行、天津银行滨河支行 2 家银行支行，2 家创业投资管理公司，3 家保险代理、保险经纪机构，4 家商业保理机构。完成金融业增加值 36.30 亿元，完成金融业税收 5.32 亿元。

建设 环保　全区有资质等级的建筑业企业 41 家，实现建筑业增加值 84.68 亿元，同比增长 16.70%；实现建筑业总产值 450.19 亿元，同比增长 26.50%；房屋施工面积 1336.26 万平方米，同比增长 44.20%；房屋新开工面积 586.21 万平方米，同比增长 75.20%；房屋竣工面积 252.72 万平方米，同比增长 11.00%；其中，住宅 185.84 万平方米，同比增长 19.90% 。全年实现房地产业增加值 54.33 亿元，同比增长 14.10%。实现房地产开发投资 90.61 亿元，同比增长 23.70%，新开工房屋面积 252.72 万平方米，竣工面积 81.04 万平方米，实现商品房销售面积 166.70 万平方米，同比增长 43.10%；商品房销售额 194.39 亿元。同比增长 107.50%。房屋销售价格同比增长 33.00% 。全年济南化工厂站点良好率 52.90%；蓝翔技校站点良好率 43.80%。 全区安静居住小区省级 3 个、市级 28 个、区级 8 个；绿色社区省级 11 个、市级 23 个、区级 15 个。打造“口袋公园” 11 处，完成裸土覆绿 26.10 万平方米、建绿透绿 10.20 万平方米。

教科文卫体　全区各类学校在校生 77012 人，普通中学在校生 12568 人，小学在校生 41171 人，幼儿园在校生 23201 人，特殊教育学校在校生 72 人。基础教育专任教师 5616 人，普通中学专任教师 1236 人，小学 2650 人，幼儿园 1703 人，特殊教育学校 27 人。全区国家高新技术企业共有 104 家，同比增长 67.70%，创历史新高。有省、市级工程技术研究中心 42 家。省、市级科技企业孵化器 4 家。高新技术产业产值同比增长 21.50%，占规模以上工业比重 48.48%，比上年增长 9.90%。有驻区医疗机构 553 家，疾病控制预防机构 1 所，卫生监督机构 1 所，妇幼保健机构 1 所，社区卫生服务机构 52 家。驻区医疗机构中卫计委发证医院 1 家（山东大学第二附属医院），省级医院 2 家（山东省立三院、山东省医科院附属医院），部队医院 1 家（中国人民解放军第九六〇医院），市卫计委发证民营医院 22 家，区卫计局发证民营医院 14 家，诊所 517 家，建立居民电子健康档案 53.95 万份，建档率 77.80%。培养三级社会体育指导员 299 人。在山东省第二十四届运动会上获金牌 20 枚、银牌 4 枚、铜牌 2 枚。济南市运动会锦标赛上获金牌 23 枚、银牌 26 枚、铜牌 19 枚。

人民生活　居民人均可支配收入 4.61 万元，同比增长 7.70%；在岗职工平均工资 7.36 万元，同比增长 2.20%。城市居民最低生活保障发放 3.70 万户 5.50 万人，发放保障金 2660 万元。农村居民最低生活保障发放 1.10 万户，1.70 万人，发放保障金 575 万元。农村五保集中、分散供养发放 4965 人，发放保障金 247 万元。分散 3512 人、169.03 万元，集中 1453 人、77.54 万元。

【人才择用走在全市前列】　坚持正确的选人用人导向，坚持以事择人、人事相宜，一切按照规矩选干部，全年累计调整干部 87 人，干部选拔任用工作水平和选人用人公信度进一步提高。2018 年底反馈的干部选拔任用工作“一报告两评议”结果，选人用人工作总体评价获得 100 分。全区 14 个基层党组织、10 名基层党组织书记获省市命名表彰，“象霞社区群众工作方法”被民政部列为全国推广的 100 个优秀社区群众工作法之一，田象霞被表彰为“全省担当作为好书记”并荣记一等功，中组部共产党员网站、微信公众号集中宣传其先进事迹。加大高端人才引育力度，实施“凤栖天桥”高层次人才集聚工程，柔性引进院士 3 人、泰山学者 1 人、泰山产业领军人才 2 人；新增泰山产业领军人才 1 人，齐鲁系列实用人才 6 人，7 人入选泉城“5150”引才倍增计划、泉城产业领军人才，8 人入选济南市第十二批专业技术拔尖人才，全年新增高层次人才数量超过历年总和。在市对区人才工作目标责任考核中，高层次人才新增数量考核获得满分。

【区域性经济中心建设】 发挥全区区域性经济中心建设工作牵头部门作用，区发展改革委定期调度全区各项任务指标的完成进度，对运行中出现的苗头性、倾向性问题提出对策建议，每季度定期撰写分析报告，为区领导科学决策提供信息资料。在全年全市区域性经济中心建设专项考核中，天桥区取得第四名的好成绩。抓落实，做好重点项目建设工作。全区65个重点项目全面展开、加速推进，在全市“动能转换比学赶超”项目建设观摩评议活动中，天桥区获全市第五名的历史最好成绩，实现赶超进位。围绕打造金牌营商环境，承接并有序开展行政审批工作。主动到上级相关部门学习审批流程、操作程序和业务要求。编制完成《天桥区发改委行政审批事项服务指南汇编》，梳理程序、明确要件、优化流程，确保行政许可事项提速增效。规范机构设置，突破重点难点问题，纬北路街道牵头成立火车站区域综合整治办公室，通过“一岗多责”“定岗定责”工作模式，制定实施《火车站区域日常管理制度》多项常态化管理制度，形成多方联动区域环境综合管理机制，窗口形象得到明显提升。完成7.40万平方米老旧小区改造提升和4个小区供暖节能改造工程；新修建3处2200余平方米的居民休闲广场，新建群众体育健身场所5处，建成聚贤社区日间照料中心和刘家庄社区日间照料中心，实现社区日间照料零的突破。开展“千家百网十团”工程，走访联系辖区居民近千户，以“五识”访千家，以《居闻识记》为记录载体，构建“社区——网格长——网格员”的“1+5+N”三级社区治理平台，发展备案社会组织38个。

【建设大美药山】 招商引资动能充沛。药山街道办事处签订时代总部基地、鲁能康桥、汽车城、黄岗城中村改造等6个项目合作协议，总投资达154亿元；新开工项目2个，其中市级重点项目万城建材开工建设，总投资18亿元，首期投资6亿元；全市重点民生工程水质净化二厂扩建项目总投资5.90亿元，已投资3.50亿元。创新驱动成果丰硕。以鼎安检测为依托成立中国科学院院士工作站；鑫贝西生物技术有限公司建博士后创新实践工作站。鼎安检测和天鹅棉机成功申报2018年度泉城“5150”和泉城产业领军人才支持计划；天鹅棉机和三星灯饰分别被评为省级和市级“厚道儒商”。营商环境持续优化。为小微企业申请一次性创业补贴122.40万元，小额贷款750万元；引进金融机构中国邮政储蓄银行药山支行，全方位促进金融机构与企业对接。

【确定龙头项目】 济南新材料产业园区抓住携河北跨和新旧动能转换先行区建设机遇，以项目建设为龙头，加大招商引资、招才引智力度，全年园区各项经济指标稳步提升，完成地区生产总值52.55亿元，完成公共财政预算收入6.01亿元，完成规模以上工业增加值10.36亿元，培育新增规模以上企业7家，新增注册企业568家。全年园区签约项目50个，签约合同额内资122.39亿元、外资7779万美元。引进中关村海创园济南新动能产业基地、山东中科科技园、时代硅谷等3个投资10亿元以上大项目，巴夫洛济南天桥创新物流园、荷美乐贵金属材料合成及精密制造、澳新源融资租赁等3个外资项目落地，集聚一批符合“四新”产业要求的智能制造企业和行业高层次人才。推进人才服务体系建设，制定《济南新材料产业园区人才支撑新旧动能转换实施意见》，加强人才服务对接，实施园区安居工程，为园区引进高层次人才提供保障性住房，推行“店小二”人才服务模式，开辟高层次人才服务“绿色通道”。

（夏丰远）

【概况】 西汉景帝四年（前153年）设历城县，因处历山（千佛山）下而得名，1987年撤县建历城区。位于济南市东、南部，面积1298.57平方公里。年末辖19个街道办事处、2个镇，74个社区居民委员会，646个行政村。全区共34.42万户，人口103.57

万人，性别比例98:100。地区生产总值927.64亿元，其中第一、二、三产业增加值分别为38.7亿元、314.3亿元、574.6亿元。

中共历城区委

书　记　吴承丙

副书记　刘　科　边祥为　徐　蓓（女，挂职）

常　委　吴承丙　刘　科　边祥为

　　　　徐　蓓（女，挂职）　齐怀栋

　　　　张庆国　温洪军　孙建广

　　　　潘广臣　孟祥民　申世平（女）

　　　　李春迎　马云鹏（挂职）

　　　　刘建利（挂职）*

历城区人大常委会

主　任　孙德顺

副主任　王长元　王连平　张书才

　　　　李云爱（女）　张宝贤

历城区人民政府

区　长　刘　科

副区长　张庆国　李金国　付修琍（女）

　　　　韩延才*　尹少华　孔天骄（女，挂职）*

　　　　周广旭（挂职）　韩　萌（女，挂职）

政协历城区委员会

主　席　寇少杰

副主席　张福胜　贺光幸　宫玉玲（女）

　　　　王钢城　时连勇　吕大海

中共历城区纪委

书　记　齐怀栋

历城区人民法院

院　长　李忠林

历城区人民检察院

检察长　刘　建

历城区人民武装部

部　长　卢国华

政　委　李春迎

工业　规模以上工业增加值79.7亿元。规模以上工业企业112个，从业人员2.2万人，增加值79.7亿元，主营业务收入270.1亿元，实现利税40.9亿元，利润29.8亿元。

农业及农村经济　农业增加值19.3亿元，其中农、林、牧、渔业增加值分别为14.5亿元、1.5亿元、1.6亿元、0.3亿元。猪、牛、羊年出栏数分别为1.14万头、0.11万头、0.87万只。肉、蛋、奶、水产品产量分别为0.24万吨、0.44万吨、0.71万吨、0.05万吨。农业机械总动力53万千瓦。

贸易财政金融　社会消费品零售总额500.8亿元，其中限额以上社会消费品零售额115.8亿元。进出口总额101.3亿元。合同利用外资24.1亿元，实际利用外资14.9亿元。一般公共预算收入104.12亿元，一般公共预算支出68.57亿元。

交通邮电　全区公路通车总里程680.77公里。其中，高速公路4条102.5公里，国道1条（309线）14.7公里，省道1条（102线）13.8公里，县道44.15公里，乡道主干道路81.65公里，村道423.97公里。有交通建设、客货运输、车辆维修、驾驶员培训等交通企业1000多家，营运货车14963辆，吨位87025.16吨。建制村公交车通车率99.2%。邮政业务总量5811万元。

2018年11月，改造后的花园路　（王震　摄）

建设环保　完成拆迁面积350万平方米，新开工村民安置房13287户，其中货币化安置1487户。有环境卫生机械443辆，环卫职工2900人，垃圾转运站22座，全年清运垃圾总量29.96万吨，马路保洁面积1487万平方米。新增绿地共计509.21万平方米，其中公共绿地349.9万平方米，道路绿地121.4万平方米，拆违建绿37.91万平方米。完成山体绿化提升437.4公顷。

教科文卫体　有小学66所，教学点3个，在校生54555人，入学率100%，巩固率100%；初中20所，在校生19702人；普通高中3所，在校生7520人；职业学校1所，在校生2466人。特殊教育学校1所。有注册幼儿园145所，共有在园幼儿27267人，教职工4057人。高新技术企业138家，其中新申报高新企业家数35家；新增省级以上企业研发机构3个；省级众创空间备案7家，市级众创空间备案1家；高新技术产业产值占规模以上工业产值比重47%；万人有效发明专利拥有量52.6个。有文化馆1处，博物馆1处，图书馆1处、藏书量13.2万册，电影放映单位1个。有区属医疗卫生计生机构624个。其中医院19个，社区卫生服务中心（站）34个，卫生院3个，门诊部、诊所、医务室、村卫生室564个，妇幼保健院（所、站）1个，其他类别1个，卫生专业技术人员576人。有体育场馆2处，完成3处笼式足球场地、69套村居健身设施安装，有社会体育指导员2675名，国家级63名，一级298名，二级367名，三级1947名。

人民生活　新增城镇就业15448人，城镇登记失业率2.74%。新增农村劳动力转移5974人；城镇居民人均可支配收入46188元，农村居民人均可支配收入19781元。城镇职工养老保险参保26.73万人，保费收入19.46亿元；城镇职工失业保险参保14.2万人，保费收入6509万元；城镇职工医疗保险参保16.8万人，保费收入8.49亿元；城乡居民医疗保险参保33.44万人，保费收入2.32亿元；机关事业单位养老保险参保1.67万人，保费收入2.37亿元；城乡居民养老保险参保20.75万人，保费收入7.2亿元；城乡居民最低生活保障25359人（次），其中城镇保障资金346.07万元，农村低保资金668.3万元。有五保对象339人，五保对象救济金144.86万元。

【入围3个全国百强榜】　2018年中国中小城市指数研究成果由中国中小城市发展指数研究课题组、中小城市发展战略研究院、中城国研智库联合发布。2018年中国中小城市科学发展指数研究成果包括2018年度全国中小城市综合实力百强县市、2018年度全国中小城市绿色发展百强区、2018年度全国中小城市投资潜力百强县市等多个榜单。历城区上榜2018年度全国综合实力百强区、2018年度全国绿色发展百强区和2018年度全国投资潜力百强区3个榜单。

【25个重点项目集中签约】　4月10日，历城区举办项目集中签约仪式，与中国电建集团的核电研发及装备生产项目、中铁二十一局山东总部项目、时代总部基地——“临港·智荟瓴”项目、方正证券省级区域总部项目、山东沃赋民间资本管理有限公司项目等25个总投资281.5亿元项目集中签约。

【举办首届中小学体育节】　10月13~14日，历城区首届中小学体育节暨2018年中小学田径运动会举办。体育节以“运动、团结、快乐、成长”为主题，以班级为平台、以学校为单位，分校级比赛、片区联赛、邀请赛、友谊赛和区级决赛等形式，共有93所学校5万余人次参加10大类100余项的比赛。

（张吉强）

【概况】　长清因境内齐长城和清水而得名。隋开皇十四年（594年）始置长清县。2001年6月26日，经国务院批准，山东省撤销长清县设立济南市长清区。长清区位于济南市西南部，总面积1178平方公里。2018年，长清区辖街道7个、镇3个，行政村（社区居委会）639个，共17.9万户，总人口56.8万人，男女性别比例99.2:100，人口出生率12.62‰，人口死亡率8.38‰，自然增长率4.25‰。完成地区生产总值366.9亿元，比上年增长9.2%，其中一、

二、三产业增加值分别为31.1亿元、153.4亿元、182.4亿元，分别增长4.5%、10%、9.7%。人均地区生产总值61818元，比上年增长8.4%。

中共长清区委

书　记　王勤光

副书记　赵居安　曹　军　徐龙义（挂职）

常　委　王勤光　赵居安　曹　军

徐龙义（挂职）　孙　静*（女）

李广霞（女）　董庆哲　曲京鹏

李成刚　魏宏新　亓　明　刘广东

李志学（挂职）*　葛永宏（挂职）

张　峰　夏红军（挂职）

长清区人大常委会

主　任　刘延文

副主任　李本文　时华勤（女）　卢云成

周　杰　呼　强

长清区人民政府

区　长　赵居安

副区长　董庆哲　葛永宏（挂职）　潘兴华

梁艳玲（女）　刘永亭

周　波　李轶峰（挂职）

张永刚（挂职）　朱其远（挂职）*

政协长清区委员会

主　席　张昭森

副主席　马训生　张　勇　郭卫东

赵　洁（女）　张春阳　刘宝林

中共长清区纪委

书　记　刘广东

长清区人民法院

院　长　毕惠岩（女）

长清区人民检察院

检察长　王文

长清区人民武装部

部　长　陈晓军

政　委　张　峰

工业　全区工业增加值实现93亿元，比上年增长7.6%。新增规模以上企业11家，累计188家，全区完成规模以上增加值43.4亿元，比上年增长8.9%，主营业务收入194.9亿元，实现利税14.4亿元，工业利税增幅居全市首位。工业转型升级步伐加快，推进标准化工业厂房建设，济南新路昌试验机有限公司、沃德发动机气门生产线等项目建成投产，山东北辰集团有限公司新能源装备基地、广汇力德国ABB机器人装配生产线等项目主体完工。全区特级总承包资质企业3家，全区建筑业总产值完成228.09亿元，施工面积1450万平方米，缴纳建筑业税款5.16亿元。

农业及农村经济　全区完成农业增加值31.1亿元，比上年增长4.5%。农作物播种面积5.89万公顷，其中粮食作物播种面积4.47公顷，粮食总产量24.8万吨，油料总产1.9万吨，水果总产6.42万吨。肉、蛋、奶、菜产量分别达3.66万吨、2.71万吨、3.87万吨、52.55万吨，全区生猪、大牲畜、羊、家禽年存栏量分别为18.19万头、4.3万头、18.13万只、255.6万只，其中奶牛存栏1.25万头。依托52家农业园区、850家农民专业合作社、168家农业龙头企业、327家家庭农场和216个“三品一标”特色农产品，促进现代农业提质增效，农业产业化水平提高。实施特色品牌战略，长清寿茶入选全市十大特色农业品牌，全国杂粮绿色高产高效技术观摩交流会在长清区举办。完成100个省级美丽乡村达标村建设，马套村入选首批全省美丽村居建设试点村。长清区被评为全省农产品质量安全示范区。

贸易财政金融　全区社会消费品零售总额165亿元，比上年增长9%。限额以上批发零售企业66家，其中批发业24家，零售业42家。服务业实现增加值182.4亿元，新增规模以上企业4家。长清区制定鼓励投资促进发展政策措施，举办首届儒商大会和“轻轨新时代、秀美长清”北京招商引资推介会，新签约引进马山金港汽车小镇、圣丰军民融合等招商引资项目75个，总签约额突破1000亿元，13个项目实现当年签约当年开工。制定《关于促进政银企深度融合发展的意见》，政银企深度融合发展会议现场签约38.8亿元。全年完成进出口总额88444万元，同比增长15.2%。新增银行金融机构1家，全区各项存贷款余额419亿元和206亿元。

大学城科研成果转化服务中心　　（长清区党史研究中心　供稿）

旅游　全区有各级文物保护单位243处，其中全国重点文物保护单位6处，省级文物保护单位16处，市级文物保护单位25处，县级文物保护单位47处，依法登记单位15处，第三次全国文物普查新发现登录公布文物保护单位134处。全区共有A级旅游景区8处，其中4A级旅游景区2处（灵岩寺、济南园博园）、3A级旅游景区4处（五峰山、莲台山、大峰山齐长城、马套将军山）、2A级旅游景区2处（卧龙峪、茶博园）。旅游业提档升级，发展全域旅游。4月28日起，第七届中国（济南）国际园林花卉博览会会址园博园正式对外免费开放。马山慢城开园纳客，推出万德“齐鲁8号风情线”、张夏“三十里玉杏谷”、孝里“古风孝里、乡村漫行”等精品线路，其中“齐鲁8号风情线”入选全国100条乡村旅游精品线路。全年接待游客865万人次，实现旅游收入84.7亿元。

交通　全区通车总里程1775.226公里，其中高速公路81.503公里，国省道187.984公里，县道156.275公里，乡道275.643公里，村道1059.562公里。4月25日，济南轨道交通R1线全线贯通。6月21日，山东济南长清黄河大桥建成通车。11月25日，S105济聊线长清绕城段建成通车。12月7日，济广高速互通立交开工建设。郑济高铁在长清设站。G220东深线长清至平阴界段改建工程，全长25.79公里，路基宽25.5米，双向四车道，设置大、中、小桥15座，分离式立交1处，隧道1处，项目规划已批复。大学路东延纳入全市路网规划，中川街改造、五峰路南段、牛山路建成通车，莲台山路南段主体完工。完成农村公路网化工程总长324公里。

建设环保　全社会固定资产投资比上年增长19.6%。区域发展规划编制确立山水知识城、创新创业谷的总体发展思路和一城、两轴、多镇的发展框架。城市片区熟化开发取得突破，全年拆迁3274户，拆除面积107万平方米，新开工安置房5144套。黄河滩区迁建加快推进，外迁安置工程归德社区84幢楼、孝里社区149幢楼全部开工建设，总建筑面积200万平方米。开展城市提升工程“十大行动”，完成老旧小区16个、背街小巷23条、街头公园4处、“三高”沿线的236处整治提升。长清区创建国家级生态镇2个、省级生态镇6个；创建国家级生态村2个、省级生态村9个、市级生态村481个。污水集中处理率95%，工业废水排放达标率95%，城市空气质量良好率51.2%，饮用水源水质达标率100%。

教科文卫体　大学科技园有山东师范大学、齐鲁工业大学、山东中医药大学、山东艺术学院等高校12所，在校师生20余万人，每年大学毕业生4万人以上。全区共有各级各类学校115所，在校生52932人，教职工4587人。学前3年幼儿入园率91.02%，适龄儿童入学率100%，小学生在校生巩固率100%，初中在校生巩固率99.5%，初中毕业生升学率50%（升入普通高中）。全年发明专利申请量903件，授权量247件，有效发明专利拥有量901件。新增省级以上研发机构4家，新增高新技术企业14家，累计63家。投资5000余万元的济南大峰山党性教育基地建成开馆。新建文化馆、图书馆分馆10处，基层综合文化服务中心基本实现全覆盖，被评为第三届山东省文化强省建设先进区。全区各类卫生机构481个，床位1454张，卫生技术人员1352人。大学城三甲医院一期主体竣工，新建改造农村卫生室12处，市精神卫生中心项目落户。国家基本公共卫生服务项目经费达到人均55元，全省医养结合示范先行区创建通过中期评估。成立各类体育协会12个、俱乐部1个，群众自发性健身站点200余个、健身气功站点9个。9月23日，2018首届济南（长清）国际马拉松赛举办。在省级体育比赛中获金牌5块、银牌4块、铜牌9块。

人民生活　城镇居民人均可支配收入39214元，农村居民人均可支配收入17820元。全区新增城镇就业人员2979人，新增劳动力转移就业8415人，城镇登记失业率2.53%。企业养老保险参保单位2525户，参保人数60596人，征缴企业基本养老保险费4.78亿元。机关事业保险参保单位340个，收缴养老保险费32642万元，发放养老金32465万元。城乡居民养老保险参保31.82万人，收缴保费5972.75万元。全年实施医疗救助881人，发放救助金454万元；临时救助121人，发放救助金41.09万元；全区城乡最低生活保障6934户、10356人，发放低保金及补贴3882.69万元；保障五保对象670人，发放供养资金35.78万元，发放护理补贴18.01万元。

【济南大峰山党性教育基地】 大峰山是泰西地区（泰安、肥城、平阴、长清等区域）中国共产党领导人民抗击日本侵略者的中心。大峰山革命根据地在山东根据地建设史上占有重要地位，罗荣桓、徐向前、万里等老一辈革命家都曾在这里工作战斗。

济南大峰山党性教育基地由大峰山革命根据地纪念馆、初心广场、烈士陵园和大峰山独立营（中共长清县委）旧址四部分组成。基地项目位于长清区孝里镇大峰山林场内，占地面积2万平方米，总投资5000万元。1月该项目开工，9月“一馆一园一广场一旧址”的主体工程建设完成，10月完成布展并具备办学条件。大峰山革命根据地纪念馆以声光电、雕塑、实物、图片、文字等方式全方位介绍当年革命根据地的状况。围绕教学课程体系建设，设计党性教育专题课7堂，打造根据地纪念馆、南黄崖村、刘成德事迹展览馆等现场教学点12个，采用现场教学、体验式教学模式，设计1~3天不同特色培训套餐，形成信仰如山、群众工作、榜样引领三大特色教学模块，为大规模开展党性教育奠定基础。（参见“中国共产党济南市委员会·组织工作【济南大峰山党性教育基地】条目”）

【济南轨道交通1号线全面建成】 年内，济南轨道交通1号线全面建成。济南轨道交通1号线南北向贯穿西部城区，将济南西站片区、济南经济开发区、长清大学城连在一起。全程运营里程26公里，南起工研院站，途经长清区、市中区、槐荫区，北至方特站，全线设车站11座，其中地下站4座、高架站7座（其中在长清区境内设6座），设范村车辆基地1处、控制中心1座，总投资129亿元，是全市轨交线网中贯穿南北的一条主干线。

【山东济南长清黄河大桥建成通车】 6月21日，山东济南长清黄河公路大桥正式通车运营。该项目为山东省、济南市重点建设项目，长清黄河公路大桥起自济南市长清区老城西北角中川街，止于德州市齐河县孔官庄西，是省道S105的重要组成部分，全长8800米，主线为双向四车道一级公路标准，设计速度100公里/小时，总投资15.2亿元，2014年9月开工建设，历时3年，2017年9月通过交工验收。大桥采用“钢桁梁与桥面板共同作用”的设计理念，主桥为主跨168米、主桁宽27米的变高下承式钢桁梁桥。大桥通车后，长清区成为承接济南、德州、聊城黄河两岸的桥头堡，将济南、德州、聊城融入1小时经济圈，济南到聊城的距离拉近约60公里，从长清到聊城，只需40分钟就可到达。

【济南大学城实验高级中学、济南市长清大学城实验学校揭牌】 9月3日，济南大学城实验高级中学、济南市长清大学城实验学校揭牌活动举行。学校位于济菏高速公路以东、海棠路以西、瓦特路以北、紫薇路以南。2017年10月31日，奠基动工。2018年9月，建成招生。总投资9.5亿元，总建筑面积14万平方米。实现长清大学城片区从小学、初中、高中到大学全方位无缝隙全链条优质教育。

济南大学城实验高级中学，是济南市教育局直属的公办高中，是山东省实验中学教育集团核心学校，占地面积11.1万平方米，规划教学班60个，在校生规模3000人，总建筑面积8.4万平方米，全部实行寄宿制。济南市长清大学城实验学校，是长清区直属九年一贯制公办学校，小学、初中设计规模分别为36班。

【华东师范大学济南实验学校开学】 9月9日，华东师范大学济南实验学校开学典礼在学校孔子广场举行。华东师范大学济南实验学校位于济南市长清区大学科技园，办学规模初定为42个民办班级和12个公办班级（片区内本地生）。学校为九年一贯制义务教育非营利性民办学校，由长清区人民政府、华东师范大学及上海慧刚教育科技有限公司成立学校理事会共同管理。

【全国杂粮绿色高产高效技术观摩交流会召开】 8月15~16日，全国（全省）杂粮绿色高产高效模式观摩交流会在长清区召开，来自全国15个省市区的农业领域代表及相关专家学者300余人参加会议。15日，观摩长清区重点打造的孝里镇杂粮试验示范基地，该基地占地面积15公顷，主要种植谷子、黍子、高粱、绿豆、红小豆、薏米等共计108个品种，安排谷子品种对比筛选试验、谷子油菜压青抗重茬高产栽培试验、绿豆对比种植示范、红小豆对比种植示范及黍子、大豆、薏米、高粱、甘薯等作物品种种植示范等15类栽培方式。其中，“金谷一号”品种“孝里小米”被济南市农科院、农业局评为金奖。观摩交流会上，与会专家围绕“国际杂粮销售形势分析研讨”“谷子绿色轻简高效栽培技术”等主题作报告。

（边绍林 邢 菊）

【概况】 章丘因章丘山（女郎山）而得名。位于济南市东部，东连淄博市，南交泰安、莱芜，东北与邹平县接壤。全区总面积1719平方公里，辖15个街道，3个镇，890个行政村。2018年末常住总人口105.2万人，人口自然增长率3.55‰。有少数民族34个，9910人。全年实现生产总值1072.7亿元，比上年增长11.1%。其中，第一产业增加值76.5亿元，第二产业增加值615.7亿元，第三产业增加值380.6亿元。全社会固定资产投资421.89亿元。

中共章丘区委

书　记　刘天东

副书记　韩　伟　孟学峰　石　颖（女，挂职）*　郭依坤（挂职）

常　委　刘天东　韩　伟　孟学峰　石　颖（女，挂职）*　郭依坤（挂职）　魏志胜　李宝燕（女）　肖　辉*　王士强　滕永军　刘红军　董运峰*　郎咸颖（挂职）*　李会军*　王　勇

章丘区人大常委会

主　任　王继民

副主任　程秋霞（女）　李兴贵　李忠新　柴启德　王　勇

章丘区人民政府

区　长　韩　伟

副区长　肖　辉*　王士强　王　勇　滕培汤　王玉洁（女）　徐曙光（挂职）*　唐兴振　蒋　奇（挂职）

政协章丘区委员会

主　席　赵立元

副主席　韩　军　林　虎　刘乃娟（女）　牛凤学（女）　李会德

中共章丘区纪委

书　记　魏志胜

章丘区人民法院

院　长　赵悦红（女）

章丘区人民检察院

检察长　王　成

章丘区人民武装部

部　长　吴继鹏

政　委　李会军*　董庆海

工业　全年规模以上工业增加值比上年增长

13.0%。主营业务收入1410亿元，增长13.9%；利税129.2亿元，增长3.6%；利润82.5亿元，增长10.3%。

农业及农村经济　全年粮食总产量70万吨，比上年减少4.2%。其中夏粮31.1万吨，下降9%；秋粮38.9万吨，增长0.1%。油料产量0.6万吨，下降0.7%。肉类总产量10万吨，增长0.8%。蛋类产量18.1万吨，下降1.6%。水果产量7.3万吨，增长1.6%。水产品产量0.5万吨。农业机械化稳步提升，大中型拖拉机5560台，联合收获机3050台。主要农作物生产实现全程机械化。全年秸秆综合利用面积10.5万公顷，利用率98.8%以上。

贸易财政　全区实现社会消费品零售总额464.5亿元，比上年增长11.0%。其中限额以上单位实现零售额43.8亿元，增长11.5%。全区进出口总额58.4亿元，比上年增长14.0%。其中，出口总额49.5亿元，进口总额8.9亿元。利用外资水平大幅提高。全年实际使用外资7.3亿元，比上年增长60.5%。合同外资28.7亿元，增长843.8%。全区境内公共预算财政收入92.5亿元。其中一般公共预算收入60.3亿元，税收比重为83.56%，同比提高2.93个百分点。全区一般公共预算支出70.7亿元，全年地域税收84.9亿元。年末全区银行业金融机构人民币各项存款余额803.8亿元，比年初增加106.7亿元；其中住户存款余额509.4亿元，比年初增加74.3亿元。金融机构人民币各项贷款余额478.4亿元，比年初增加89.5亿元。全年固定资产投资421.9亿元。年末计划总投资亿元以上在建项目203个，完成投资增长49.2%。

建设环保　省道102绕城段、南外环东延、潘王路等框架路新建改建顺利实施，唐王山路东延、绣水大街北延等8条骨干道路建成通车。小东山、唐王山等一批湿地公园和山体公园建成开放。全民健身中心建成启用。完成黄旗山二号路等9条新建道路亮化以及双山大街、开先大道老旧路灯提升。完成城区雨污水管网普查，建成GS系统。规范整治城区门头牌匾3.5万平方米。完成13个老旧小区整治提升、65个小区建筑节能改造。启动6处城区停车场建设，总停车位1200个，其中4处建成启用，总车位数700个。累计完成农村改厕3.5万户，街巷硬化48个村。全年自来水供水量0.4万吨，比上年增长2.8%。集中供热面积1384万平方米，增长6.5%。天然气供气总量1.6亿立方米，液化石油气供气总量0.5万吨。环保成效明显，持续关停取缔“散乱污”企业，整治158家排放挥发性有机物企业，落实重污染天气减煤、抑尘、控车等各项措施，全年空气优良天数达到212天，同比增加31天。

交通邮电旅游　全年公路客运量2967万人，比上年增长10.3%；公路货运量3254万吨，增长4.9%。公交车266台，其中LNG 70台、纯电动车80台、混合动力50台、柴油车66台。出租车318辆。全年邮政业务收入1.3亿元，比上年增长10.0%，其中快递业务收入1148万元，增长31.6%。电信业务总量2.9亿元。年末固定电话用户12.1万户。移动电话用户117.3万户，增长14.4%，其中3G、4G电话用户95.2万户，增长43.9%。互联网宽带接入用户36.3万户，增长23.1%。旅游业发展加快，明水古城项目、济南华侨城、三涧溪田园综合体项目启动。全区A级景区17家，省级旅游强镇11个、旅游特色村19个，省级农业旅游示范点20个，省级工业旅游景区2家、工业旅游示范点4家，旅行社13家。

教育文化卫生　教育办学质量提升，完成诺德初中部、中等职业学校等6处中小学建设，枫叶（济南）国际学校、清照小学、鲁能实验小学启动建设。12所学校入围济南市“领航学校、特色学校、新优学校”，4所学校入选济南市中小学德育品牌学校，章丘四中被确定为清华大学优质生源基地、被新浪网和山东省教育学会评为山东省最具综合实力学校，东山小学被评为国家防震减灾科普示范学校。达到自主招生线人数1433人，比上年增加78人，本科上线4135人，比上年增加143人，全区文化课、艺体、春招本科上线共计4761人。文化事业繁荣发展，村级综合文化服务中心、贫困村文化大院覆盖达标率100%。实施文艺“六百”工程，建立章丘“文化e点通”云平台。开展文化惠民活动，放映公益电影9792场。成功承办“首届山东剧场院线演艺产品交易会”，申报章丘铁锅制作技艺等4个济南市级非遗项目及传承示范社区。焦家遗址入选“全国十大考古新发现”。区博物馆晋级国家二级馆。卫生服务水平提高，东部医疗中心、眼科医院新门诊病房综合楼完成主体，北部医疗综合服务中心进展顺利。建成10处中心卫生室，整合、新建城区社区卫生服务站4处。全民健康科普馆正式运行。疫苗接种率99%以上，基础“八苗”接种率95.19%。年末卫生机构34所、床位4600张，卫生技术人员3791人，其中执业医师及执业助理医师2889人。顺利通过国家健康促进示范区评估验收、全国基层中医药工作先进单位复审，被确定为省级医养结合示范先行区。

人民生活　全区居民人均可支配收入30151元，比上年增长8.5%。其中城镇居民人均可支配收入38942元，增长8.2%；人均消费性支出24651元，增长8.1%。城镇居民恩格尔系数为28.9%，下降0.1个百分点。农村居民人均可支配收入21012元，增长8.1%；人均消费性支出13930元，增长8.0%。农村居民恩格尔系数为29.8%，下降0.2个百分点。城镇居民人均住宅使用面积43.9平方米，比上年增加1.0平方米；农村居民人均生活用房面积51.1平方米，增加0.5平方米。新建街道综合养老服务中心4处、城市社区日间照料中心9处、农村幸福院16处，已累计建成养老服务设施267处。新建农村社区服务中心3处，已累计建成农村社区服务中心43处。全区城镇职工基本养老、基本医疗、失业、工伤、生育保险参保人数分别达到16万人、14.8万人、11.6万人、13.7万人和10.7万人；居民养老保险、医疗保险参保人数达到53万人、75万人。

【明水古城项目正式开工】　3月28日上午，乌镇陈向宏团队负责规划建设的山东省重大文旅项目——明水古城国际泉水度假区正式开工。由明水古城旅游发展公司具体建设运营。项目坚持山东第一、国内一流、国际知名的定位，彰显人舟流转、村舍俨然、农商辉映、稻荷飘香、古今交融的独特魅力。项目计划3年内全部建成核心区并投入运营。

【济青高铁章丘北站投入使用】　12月26日，济青高铁章丘北站正式投入使用。济青高铁项目章丘段共34公里，途经龙山、宁家埠、绣惠、相公庄4个街道。章丘北站作为中间站，上行方向距济南东站里程DK30+600公里，下行方向距邹平站里程DK23+150公里，章丘北站站房东西长136.5米，南北宽38.8米，建筑总面积约10000平方米，车站最高聚集人数300人，属中型铁路旅客站。章丘北站站场规模2台4线（近期）6线（中期），车站等级为二等高架车站，轨道距地面11.5米，东西长约1.5公里，到发线长度为650米，可到发大编组16节高铁动车组列车，或串联式16节高铁动车组列车。车站采用高站台乘降列车，线侧候车、线上进站、线下出站。

【“昆仑决”章丘激情开战】　5月13日，昆仑决世界极限格斗大赛系列赛74在章丘打响。“昆仑决”是一项由中国原创的世界级职业搏击赛事，是世界第一大自由搏击推广项目。此次赛事在章丘举办，为章丘打造“体育+文化+旅游”全新模式，带来全新的活力与激情。　（王　波）

【概况】　平阴因地处古东原之阴而得名。位于济南市西南部，面积715平方公里，辖2个街道、6个镇，24个社区、336个行政村。有人口37.49万人。男女性别比为100.3:100，人口出生率11.94‰，死亡率5.7‰，人口自然增长率6.24‰。有少数民族24个，人口411人。完成生产总值284.89亿元，按可比价格计算，增长8.5%。其中第一、二、三产业增加值分别为29.93亿元、162.37亿元、92.59亿元，分别比上年增长5.4%、10.9%、5.1%。三次产业比例为10.5:57.0:32.5。

中共平阴县委

书　记　朱云生

副书记　焦卫星　翟立波　李广霞（女，挂职）*
　　　　孟克非（挂职）
常　委　朱云生　焦卫星　翟立波
　　　　李广霞（女，挂职）*
　　　　孟克非（挂职）
　　　　李子元　于瑞民`　王　欢（女）
　　　　尚海成　刘忠亮　张吉忠
　　　　王相强（挂职）　舒启东

平阴县人大常委会

主　任　宋广炎
副主任　陈士新　付　丽（女）　邢学忠
　　　　李文波　陈万昌

平阴县人民政府

县　长　焦卫星
副县长　于瑞民　赵　锋　董泽勇　张　军
　　　　侯秀贞（女）　毛岩鹏（挂职）*
　　　　沈雪灏（挂职）*　高　博（挂职）*
　　　　司洪宇（挂职）*　孙志磊（挂职）
　　　　巩　震（挂职）

政协平阴县委员会

主　席　赵敬成
副主席　刘玉霞（女）　孟庆华　宫建泉
　　　　崔召龙　　　　李希义

中共平阴县纪委

书　记　王　欢（女）

平阴县人民法院

院　长　司继月

平阴县人民检察院

检察长　刘爱国

平阴县人民武装部

部　长　杨春田*　赵开利
政　委　舒启东

工业　工业投资下降12.2%。全县205家规模以上工业企业（年主营业务收入2000万元以上）实现主营业务收入278.19亿元，增长15.1%；实现利税42.88亿元，增长5.6%；实现利润31.22亿元，增长6.2%。实现规模以上工业增加值84.86亿元，增长8.8%。全年工业用电量124702万千瓦时，同比增长16.6%。新增国家高新技术企业9家，高新技术企业达到31家。规模以上高新技术产业企业实现产值增长24.4%，占规模以上工业产值的56.4%，同比上升6.2个百分点。

农业及农村经济　农、林、牧、渔业实现总产值57.26亿元，减少1.5%；农、林、牧、渔业增加值32.27亿元，增长3.5%。粮食播种面积3.36万公顷，增长5.4%；总产17.2万吨，减少5.0%。棉花632公顷，增长0.6%；总产633吨，增长1.4%。油料2325公顷，减少0.9%；总产9181万吨，减少0.8%。蔬菜8576公顷，与上年持平；总产65.64万吨，增长2.3%。水果总产9.98万吨，减少0.4%。玫瑰花面积1678公顷，增长0.3%；总产1704吨。蔬菜大棚7630个。肉类产量4.22万吨，禽蛋产量4.33万吨，奶牛存栏2.32万头，减少1.3%。农业机械总动力41.3万千瓦（不含农用运输车），增长5%。全县市级以上农业龙头企业发展到35家，农业合作社530家（其中市级以上示范社73家），家庭农场387家（其中市级以上示范家庭农场36家）。认证无公害农产品112个，绿色食品25个，农产品地理标志登记产品3个，有效期内三品一标数量达到140个。

商贸旅游　社会消费品零售总额108.01亿元，增长7.5%。实现出口创汇（海关口径）65.35亿元，增长29.6%。实际利用外资2.29亿元，增长23.3%。全年完成固定资产投资增长0.1%。其中第一产业投资增长2.4%；第二产业投资下降9.3%；第三产业投资增长6.0%。三次产业投资比重分别为8.9:33.3:57.8。青兰高速、220国道和105国道升级改造三个投资项目完成投资19.7亿元。高耗能高污染投资大幅减少，以生产健康营养乳制品的济南伊利项目、以现代高效农业为代表的优然牧业项目等十强产业投资大幅增长。主要旅游景点有：玫瑰园、翠屏山、云翠山（国家2A级景区）、大寨山、洪范泉群、书院泉（国家2A级景区）、圣母山农业观光园（国家3A级景区）、黄河玫瑰湖国家湿地公园、中共平阴县委旧址纪念馆等。

财政金融保险　实现地域财政收入45.64亿元，增长29.7%，一般公共财政预算收入21.89亿元，增长9.1%。一般公共财政预算支出43.1亿元，增长

34.3%。完成税收总额29.48亿元，增收1.99亿元，增长7.2%。年末，金融机构各项存款余额214.59亿元，比年初增加21.14亿元，增长10.9%。住户存款余额135.5亿元，比年初增加7.25亿元，同比增长5.7%。金融机构各项贷款余额138.09亿元，比年初增加21.19亿元，同比增长18.1%。各保险机构实现保费收入5.55亿元，下降5.3%；赔付金额1.34亿元，增长21.0%。证券机构实现交易额39.13亿元。

交通邮电　公路通车里程904公里。行政村通沥青（水泥）路率100%。年末机动车保有量6.94万辆，其中小型汽车5.50万辆；营运载货汽车2796辆，总吨位25327吨；营运载客汽车72辆，总客位2119个；市内公交车105辆，总客位2395个。完成邮政业务总量2532万元，同比增长10.1%；报刊流转额746万元，同比增长25.0%。

建设环保　完成建筑业增加值16.19亿元，增长12.1%。房屋施工面积210.89万平方米，增长35.2%；房屋竣工面积67.53万平方米，增长146.8%。全县有开发经营活动的房地产开发企业32家，完成房地产开发投资13.32亿元，增长48.4%。县城建成区面积17.46平方公里，城市道路长度和面积分别达到92.4公里和240.23万平方米。环境空气中PM10、PM2.5、二氧化硫、二氧化氮平均浓度分别为131、60、28、43微克/立方米；空气质量综合指数为6.83。比上年同期空气质量综合指数下降9.9%，PM10、PM2.5、SO_2浓度分别下降11.5%、18.5%、24.3%。空气质量优良天数179天，比上年增加32天。

教科文卫体　全县教育系统在岗职工共有在编职工3779人，非在编职工2193人。各类学校在校学生3.76万人，其中普通高中在校学生6280人，中职在校生2918人，初中在校学生9937人，小学在校学生1.85万人，适龄儿童入学率100%。完成“全面改薄”规划任务，累计完成总投资2.1亿元，新增校舍面积6.74万平方米、运动场地面积2.76万平方米，购置设备13.6万台（件、套）。实施各类科技计划57项。引进泰山学者李天铎，成功申报泉城领军创业人才计划。发明专利申请总量59件，发明专利授权量31件，累计有效发明专利202件。全县科技特派员共有46人，其中贫困村科技特派员31名，为全县112个贫困村开展科技服务工作，实现了贫困村科技特派员服务全覆盖。年末拥有文化馆、文化宫、博物馆、图书馆各1个。“你读书我买单”年内办理读书卡1.4万个，借阅3.37万册，培训118班次，电影放映4095场次。广播人口覆盖率和电视人口覆盖率均97%。有医疗卫生机构97个，其中医院11个，医疗卫生机构拥有病床1812张；各类卫生技术人员1456人。全年卫生机构诊疗98.8万人次，住院6.64万人次，健康检查13.5万人次。全年共接纳各类健身人群16万人次。组织1000多名运动员参加了中小学生球类比赛。初中生、小学生体质健康及格率分别达到94%、97%。组织184名中小学生参加济南市田径运动会，初中组获得第一名，小学组获得第三名。平阴县运动员在市级以上比赛中获奖牌45枚，其中省级金牌44枚，市级金牌1枚。

人民生活　全县转移农村劳动力6397人，安置城镇就业4156人。开展创业培训和技能培训2848人。城镇登记失业率控制在3.2%以内。企业养老保险参保人数5.57万人，征缴企业基本养老保险费4.46亿元；支付1.30万名离退休人员养老金及1161名遗属补助金4.35亿元。收缴工伤保险金1712万元，支付2760万元。参加机关事业单位养老保险人数1.5万人，收缴养老保险费1.80亿元，支付离退休人员养老金2.67亿元。参加城乡居民养老保险人数20.59万人，征缴养老保险费3929万元，支出养老保险费11457万元。城镇职工医疗保险基金收缴2.80亿元，支出2.40亿元。收缴失业保险金2189万元，支付2106名失业职工失业保险金2212万元。居民基本医疗保险参保人数24.18万人，收缴保费2.29亿元，支付医疗费用2.30亿元。城镇低保标准每人每月616元，农村低保标准每人每年4928元。城乡最低生活保障救助4203人，其中城镇175人、农村4028人，全年发放低保金1818万元。城镇居民人均可支配收入28508元，增长7.4%；人均消费性支出18245元，恩格尔系数21.4%。农村居民人均可支配收入14787元，增长7.6%；人均生活消费支出11798元，恩格尔系数29.2%。

【G220东郑线陶庄至东平界段改建工程通车】 12月16日，经过19个月艰苦奋战，国道220东郑线陶庄至平阴东平界段改建工程提前7个月建成全线通车。该工程全长19.4千米，投资约6.54亿元，路线起自G220东郑线平阴陶庄村，途经高店村、刘店村、郭套村，采用隧道穿越黑风口山体，经太和村至东阿镇，跨越浪溪河，止于平阴东平界。全线设大桥2座，中桥6座，小桥3座，涵洞53道，隧道1座，天桥1座，分离立交1座，新建养护工区1处。全线采用双向四车道一级公路标准建设，设计速度80千米/小时。平阴隧道是整个项目的关键性节点工程，位于大套村附近，作为济南市国省道干线公路第一条隧道，隧道分左右两幅，长度440米，两幅隧道间净距约13米，双向四车道，一级公路标准，洞顶最大埋深约71米。隧道进口端采用端墙式洞门，出口端采用削竹式洞门，风格简洁明快、进出洞自然顺畅。

【全面完成全省农村产权制度改革试点县工作】 1月，平阴县作为全省农村产权制度改革试点县，97个试点村改革工作全面结束，全部成立集体股份经济合作社。探索出具有平阴特色的“3231”工作模式，被中央改革办列为地方案例，其中改革试点村榆山街道翟庄村和孝直镇付庄村村民变股民实施分红属全市首次，翟庄村分红109万元，股民最多1户获利8925元，最少为1100元。

【举办首届中国玫瑰产品博览会】 5月4日，“以玫瑰之名、向世界发声”为主题的2018中国玫瑰产品博览会在平阴县开幕。博览会设玫瑰商品、玫瑰加工设备、玫瑰小镇旅游产品、玫瑰花木制品、名优特林产品等5个展区、61个展厅。数十家海内外玫瑰产业企业参展，百余家玫瑰产业上下游企业齐聚“玫瑰之乡”，千余家玫瑰商品销售企业到场展示。《中国绿色时报》《济南日报》、山东广播电视台、济南广播电视台、新华网、爱济南客户端、天下泉城客户端等数十家新闻媒体报道博览会盛况，点击浏览量超过2000万人次。

【创建省级园林城市（县城）】 9月30日，山东省住房和城乡建设厅发布《关于对2018年省级园林城市（县城）评价情况的通报》。根据《山东省城市（县城）园林绿化评价办法》（鲁建城建字〔2017〕18号），平阴县成功入选省级园林城市（县城）。全县以打造宜居宜业的生活环境，改善平阴县人居环境和生态质量为目标，通过拆违拆临、建绿透绿和裸露土地治理，相继新建、改建玫瑰湖湿地公园、锦水河公园、中土绿地等25处公园游园、街头绿地，并全部免费对市民开放，逐步完善建成区绿化景观通道和林荫道路网络，打造“一路一景、一街一品”城市道路绿化景观。“人在花中、车在树中、城在林中”宜居宜业新平阴已然形成。

【获全国基层中医药工作先进单位称号】 1月，经专家复审和现场考核，平阴县被复审确认为全国基层中医药工作先进单位。县委、县政府将其纳入全县社会经济发展整体规划，出台《全县中医药事业发展规划》《在深化医药卫生体制改革中充分发挥中医药作用的实施办法》等一系列政策，完善体系，打造优质服务平台。尝试社会办医新路子，与新华医疗联合建设中医医院，更新装备，改善环境。做大做强中医特色专科。县中医院针灸科、心血管病科、肿瘤科、儿科、骨伤科等被评为省市中医药重点专科；中医护理开展耳穴压豆、刮痧、拔罐、蜡疗等多项中医适宜技术。县医院开展中药饮片、中成药、针灸、推拿、康复等多种中医药服务，在慈善总会专门设立康复理疗中心，设置中医床位。投入3000余万元，对所有镇卫生院和村卫生室实施改扩建和新建。镇卫生院全部建设启用“国医堂”，设立中医诊疗室和中药房，添置中医诊疗设备，开展中医理疗、针灸、康复、煎药等中医药服务，形成独立的中医诊疗区，提升中医药服务能力。组建紧密型医联体，县医院、县中医院分别与6处镇卫生院建立责权利统一、双向互补、互利共赢的紧密型医联体，实现优质医疗资源下沉。制定老年人、儿童、亚健康人群、孕产妇等中医药保健方案，结合建立居民健康档案，对重点人群和慢病患者开展中医体质辨识、中医养生保健指导。开展高血压、糖尿病、冠

心病、脑卒中中医健康管理和中医药行为干预，取得良好效果。　（付媛媛　翟恒民）

【概况】 金太宗天会七年（1129年）置县，因其处于古济水之北而得名。2018年撤县建济阳区。位于济南市东北部，面积1098.81平方公里，辖4个镇，6个街道，811个行政村，46个社区居委会。年末有居民17.4万户，人口59.2万人，男女性别比为101.1:100。有回、蒙古、藏、朝鲜、维吾尔等23个少数民族。全年完成地区生产总值295.7亿元。其中，第一产业增加值39.6亿元，下降7.4%；第二产业增加值145.4亿元，下降13.5%；第三产业增加值110.8亿元，下降2.8%。三次产业比例为13.4:49.1:37.5。人均地区生产总值53264元。

中共济阳区委

书　记　孙　斌（兼）

副书记　孙战宇　王秀成　黄凯东

常　委　孙　斌　孙战宇　王秀成　黄凯东　高继锋　李　莉（女）　呼廷贵　宋　琳　吴　海　张　方　李光耀　周俊龙　张良通（挂职）*　苏卫东（挂职）

济阳区人大常委会

主　任　孙良才

副主任　王向军　杨玉美（女，回族）　董树村　马庆军　李　勇

济阳区人民政府

区　长　孙战宇

副区长　高继锋　郭冬梅（女）*　李永军　纪东明　白宝强　谢冀松（挂职）*　田　勇（挂职）*　贾峻峰（挂职）　丁启军（挂职）

政协济阳区委员会

主　席　任道胜

副主席　张乃杰　张学兰（女）　卢士平　魏长亭　乔红兵　于爱华（女）

中共济阳区纪委

书　记　吴　海

济阳区人民法院

院　长　韩　刚

济阳区人民检察院

检察长　赵性雨

济阳区人民武装部

部　长　荣　光

政　委　周俊龙

工业　全区规模以上工业237家，实现增加值42.9亿元；主营业务收入139.6亿元；实现利税18.2亿元；利润12.4亿元。高新技术产业产值45.9亿元%，占总产值的比重30.4%。全年规模以上工业企业主营业务收入139.6亿元，实现利税18.2亿元，利润12.4亿元。工业用电量6.3亿千瓦时。设立工业经济发展专项资金，完成规模企业规范化改制21家。全年新签约项目63个，合同投资额1085.6亿元，其中过百亿元项目5个、500强项目6个。济北经济开发区获评“中国食品工业数字化转型升级示范园区”，济阳首次进入中国县域成长竞争力50强和全国县域投资潜力100强榜单。达沃通信等智慧数字产业园成功签约，有住智能家居、拓展智能装备等一批产业项目开工建设，为推动高质量发展储备新动能。济北开发区获批成为全市唯一一家省级专家服务基地。

农业及农村经济　农、林、牧、渔增加值40.6亿元，其中农、林、牧、渔业分别实现增加值30.2亿元、1.0亿元、7.3亿元、1.1亿元。粮食面积9.98万公顷，总产57.4万吨。棉花面积0.006万公顷，总产0.009万吨。油料面积0.07万公顷，总产0.37万吨。蔬菜播种面积1.56万公顷，产量99.9万吨。水果总产1.93万吨。肉类产量3.09万吨。禽蛋产量1.9万吨。牛奶产量2.69万吨。年末全区农业机械总动力96.4万千瓦。全年机耕面积6.9万公顷。农作

物机播面积12.27万公顷。农业用电量0.5亿千瓦时。建成村级电商服务点640余个，新增市级以上农业专业合作社7家、农业龙头企业8家、家庭农场6家、蔬菜标准园3家，带动流转土地0.1万公顷。新增植树造林面积0.07万公顷，成功申报省级森林镇1个、森林村8个，省级经济林标准化示范园1处。新增市级以上农业专业合作社7家、农业龙头企业8家、家庭农场6家、蔬菜标准园3家。获批创建省级农业产业园。承办全省首届庆祝“中国农民丰收节”主会场大型直播活动，发布推出“好味知济”农产品区域公用品牌，被命名为“山东省农产品质量安全县”。完成“两区”划定，实施农业综合开发、新增千亿斤粮食产能提升等一批基础建设项目，建成高标准农田0.61万公顷，粮食生产保持稳定。粮食总产实现十七连丰。

贸易财政金融　社会消费品零售总额146.7亿元，其中限额以上单位零售额6.1亿元，限额以上批发和零售业6.0亿元；限额以上住宿和餐饮业665万元。进出口总额19.3亿元，其中进口总额6.2亿元，出口总额13.1亿元。合同利用外资4.8亿元，实际使用外资5.8亿元。一般公共预算收入完成25.1亿元，一般公共预算支出完成46.3亿元。地域税收实现33.8亿元，其中国税收入19.2亿元，地税收入14.6亿元。金融机构人民币各项存款余额284.7亿元，其中住户存款168.9亿元；金融机构人民币各项贷款余额148.4亿元。全年新增外贸进出口实绩企业5家。加快保险服务创新示范区建设，新引进中路财险、守勘保险等11家保险机构，金融业新三板挂牌企业6家。

交通邮电　年末全区拥有民用汽车11.4万辆，出租汽车152辆。年末公交线路19路，公交营运车辆84辆，全年公路客运量161万人次。全年邮政业务总量6788万元。年末固定电话用户3.63万户。移动电话用户50.2万户；互联网宽带用户17.4万户。全年改造提升农村公路103公里。

建设环保　房地产开发企业新增固定资产21亿元。房地产开发投资59.3亿元。商品房销售面积92.76万平方米，其中住宅销售73.61万平方米。商品房销售额79.7亿元，其中住宅销售额54.7亿元。商品房待售面积3.9万平方米。济北智造小镇（一期）41栋厂房建设完成，首批36家企业签约入驻，涉及4285户、1.2万余人、总面积80多万平方米的棚改旧改二期工程竣工。拆违拆临260万平方米，城区内主要道路、重点片区违法建设基本“清零”。建成开放黄河健身公园、安澜湖公园、新元大街景观河公园，新增绿化面积近百万平方米。创建美丽乡村示范村6个，仁风镇获批实施国家新型城镇化综合试点工程；启动实施农村土地综合整治工程，首批6个试点社区完成前期工作。第二污水处理厂开工建设，城区4座分布式污水处理站建成运行。推广清洁燃煤2.5万户，改造“气代煤、电代煤”6800余户。关停化工企业7家，规范餐饮业户520余家，畜禽规模养殖治污设施配建率97%以上。全年优良以上天数同比增加38天。

教科文卫体　全区共有中小学学校45所，其中普通高中3所，初中17所，小学25所。学前幼儿园130所；中等职业学校1所，特殊教育学校1所。普通高中在校生10326人；普通初中在校生17511人；小学在校生38208人。济北中学办学集团组建成立。新元学校、闻韶中学建成启用，13所学校被列入全市首批“三类学校”创建培育名单，“四点半课堂”延伸至农村中小学。促成科技成果转化30项，受理专利申请667件，授权专利431件。制定“人才新政”配套细则重奖人才，获批全市唯一一家省级专家服务基地，引进德国生物科技博士团队、工信部人才交流中心合作项目，招才引智取得重大突破。拥有文化馆（站）及群众艺术馆1个、博物馆1个、档案馆1个、公共图书馆1个。有线电视用户4.3万户。拥有各类卫生机构19个，其中医院、卫生院6个。卫生机构床位1848张，卫生技术人员1776人。妇女儿童医院开工建设，中医院新病房楼投入使用，省级医养结合示范先行区创建通过中期评估。文体中心综合场馆建设完成。拥有体育场地547个，篮球场210个，足球场46个，羽毛球场80个，乒乓球场360个。等级裁判员80个，等级运动员18人。全年组织运动会47次，参加运动会运动员1.2万人，获市以上金牌26枚、银牌68枚、铜牌72枚。

人民生活　全年居民人均可支配收入21179元。

城镇居民人均可支配收入31721元；农村居民人均可支配收入16754元。年末居民基本养老保险参保人数30.2万人，基本医疗参保人数44.3万人。城镇职工基本养老保险参保人数5.7万人，基本医疗保险参保人数5.6万人。城镇居民最低生活保障平均标准每人616元/月，农村居民最低生活保障平均标准每人4928元/年。新增城镇就业4025人，农村劳动力转移人数13017人。城乡低保标准分别提高到年人均7392元、4928元，五保集中供养率75.5%。开展低保、五保、医疗、福利、慈善等系列救助，发放各类救助金7200余万元。

【济阳撤县设区】 济阳于公元1129年置县，1990年1月1日由德州市划归济南市，经济社会各项事业发展取得长足进步。2018年10月1日，济阳县撤县设区，济阳区正式挂牌。（参见“济南概貌·政区【济阳撤县设区】条目”）

【棚改旧改工作进展良好】 2018年是济阳棚改旧改第二年，从补偿、奖励、安置各方面给予被征迁户优惠，保障被征迁户的利益。坚持群众事无小事，群众拥护拆迁、主动配合拆迁。截至11月，老城片区二期总户数1694户，签约1682户，签约率99.3%，拆除率97%；滨河新区集体土地住宅类总户数1865户，签约1844户，签约率98.8%，拆除率98%。非住宅房屋334户，签约318户，签约率95.21%，拆除率93.11%。

【在全市率先实现“拿地即开工”】 7月26日，市委、市政府出台《工程建设项目“拿地即开工”审批模式的实施意见》后，济阳召开专题会议，研究破解工作推进过程中存在的问题。选取位于济北开发区的墨海生物科技及山东台稳精密机械2个小优项目作为试点，提高审批效率，深化“一次办成”改革，优化营商环境，在全市率先实现了“拿地即开工”。

【“一站式”结算让贫困人口住院“零跑腿、少花钱”】 济阳区整合各相关职能部门扶贫政策，开发贫困人口住院“一站式”即时结算系统软件，将人社部门的居民基本医保、民政部门的大病救助保险和民政救助、卫计部门的精准医疗扶贫救助、人寿公司的医疗商业补充保险4个部门的多种救助和保险办理手续集成一体，在救助医院专门设置办理窗口，实现“一站式”结算，改变原先贫困群众因住院报销分别往返多个部门提供多份证明材料的境况。

【举办2018济南新旧动能转换·济北智能制造发展峰会】 4月13日，由山东省互联网传媒集团、山东省电子商会、山东省中小企业服务机构促进会、大众网、连城·济北智造小镇、济南济北经济开发区管委会共同主办的2018济南新旧动能转换·济北智能制造发展峰会在山东大厦举办。峰会上，省、市及相关部门领导、企业精英、知名专家500余人参会，来自互联网、机械工程学、智能制造、房地产等领域的多位专家学者进行主题演讲。并围绕“新旧动能转换加速背景下智能制造发展趋势研讨”主题进行圆桌论坛，问道智能制造未来发展趋势。

【超60亿元项目落户济阳】 9月28日，“至诚儒商聚泉城”恳谈交流暨项目签约活动在山东大厦举行，总投资57亿元的海涛国际（香港）自动化高档服装生产项目和山东达沃通信智慧产业园两大项目签约落户济阳。两大项目的签约落户，壮大济阳区实体经济规模，推动产业结构优化升级，为推动新旧动能转换、济南北部新城的快速崛起奠定扎实基础。

（孙长根）

【概况】 因有滴河水流经取名滴河县，1086年改为商河县。位于济南市东北部，面积1162.9平方公里，辖11镇、1个办事处，948个行政村，14个居委会。全县年末户籍总人口64.3万人，男女性别比为103.26:100，人口出生率14.27‰，人口自然增长率6.66‰。有回、满、蒙古、朝鲜、维吾尔24个少数民族。全县实现地区生产总值180.8亿元，按可比价格计算，比上年下降10.2 %，其中第一、二、三产业增加值分别为43.4亿元、69.8亿元、67.6亿元。三次产业结构由上年同期的24.0:39.6:36.4调整为24.0:38.6:37.4。人均生产总值31176元，比上年下降10.3%。

中共商河县委

书　记　陈勇

副书记　郅　颂（女）　李冬利*　王　磊
　　　　张　琛（挂职）

常　委　陈　勇　郅　颂（女）　李冬利*
　　　　王　磊　张　琛（挂职）
　　　　陈晓东　孟庆华　张连福　闫志强
　　　　白承君　许崇勇*　王文华（挂职）*
　　　　余晓虎　张才林

商河县人大常委会

主　任　李方金

副主任　李东武　丙　翠（女）　张明亮
　　　　赵纯豹　张林堂

商河县人民政府

县　长　郅　颂（女）

副县长　陈晓东　崔泽花（女）　霍仁禄
　　　　刘　动　张才林*
　　　　张广传（挂职）*
　　　　倪寿清（挂职）*
　　　　李曰兵（挂职）
　　　　张成伟　王　帅（挂职）

政协商河县委员会

主　席　王玉忠

副主席　孙德祥　张立森　任道庆
　　　　康建华（女）　李和敏

中共商河县纪委

书　记　白承君

商河县人民法院

院　长　孙维民

商河县人民检察院

检察长　高成华

商河县人民武装部

部　长　王建朝

政　委　余晓虎

工业　全县规模以上工业企业190家，完成工业总产值101.6亿元，实现工业增加值22.0亿元，实现主营业务收入98.4亿元，实现利税5.3亿元，实现利润2.9亿元。战略性新兴产业总产值累计完成15.4亿元，增长18.4%，占全部规模以上工业总产值的比重为15.2%，比上年提高4.8%。

农业及农村经济　全年农林牧渔业实现总产值95.5亿元。农作物播种面积13.6万公顷，其中粮食作物播种面积11.9万公顷，增长1.6%，全年粮食总产74.2万吨，增长2.3%，粮食单产416.1公斤/亩，增长0.8%；蔬菜1.5万公顷，下降6.5%，蔬菜总产量92.8万吨，与上年基本持平；棉花0.09万公顷，棉花总产0.1万吨。肉类总产量7.7万吨，禽蛋产量4.6万吨，奶类产量13.1万吨，水产品产量10389万吨。农业机械总动力86.9万千瓦。全年完成造林0.14万公顷，全县林地面积1.11万公顷。全县农村自来水入村率100%，入户率100 %，城乡供水一体化率100%。

贸易财政金融　社会消费品零售总额105.2亿元，比上年增长7.4 %。其中，限额以上单位实现零售额11.5亿元，下降27.7%。全县共拥有农产品交易市场1处，占地面积5.3公顷，从业人员2000余人，年交易额超过2.5亿元。拥有农村集贸市场55处。批准设立外资企业32家，对外贸易经营者备案登记企业66家，有出口实绩的企业35家，全年实现外贸进出口总额9.0亿元，增长9.6%，其中出口6.7亿元，增长2.3%，进口2.3亿元，增长38.6%；合同利用外资6.3亿元，增长215.8%，实际利用外资5.0亿元，增长2773.3%。全县地域一般公共财政预算收入17.0亿元。地方一般公共预算收入累计完成12.3亿元，增长22.4%。地方公共财政预算支出42.0亿元，增长17.8%。年末全社会金融机构各项存款余额201.5亿元，各项贷款余额123.4亿元，分别比年初增长9.7%和10.6%。

交通邮电　全年改建县乡村公路25公里，全县公路通车总里程达2373公里。全县948个行政村全部通上了柏油路。机动车保有量129416辆，其中，大型车 2952 辆，小型车 95447 辆。拥有载客汽车 277 辆，载货汽车 2292 辆；年客运量 428 万人次，旅客周转量 10019 万人公里。邮政业务总量 7867 万元，比上年增长 19.5%。年末固定电话用户 3.6 万户，下降 18.1%；移动电话用户 47.8 万户，增长 26.5%；全县登记注册的互联网业务用户 12.9 万户，增长 61.2%。

建设环保　2018 年，全县固定资产投资增长 15.4%，全县建筑业增加值 12.8 亿元。城区绿化覆盖率 46.5%，人均公园绿地面积 22.68 平方米。

教科文卫体　全县有各级各类学校 89 所，其中小学 64 所，九年一贯制 8 所，初级中学 11 所，普通高中 2 所，完全中学 1 所，教师进修学校、职业中专、聋哑学校各 1 所。共有在校生 8.93 万人，其中小学 4.14 万人，初中 1.88 万人，高中 1.21 万人，专任教师 5836 人。成人教育机构 1 处。幼儿园 194 所，在园幼儿 1.69 万人，在任教师 1049 人。3 岁以上幼儿入园率 96%，适龄儿童入学率。小学及初中在校生巩固率均为 100%。全县小学、初中、高中专任教师学历达标率分别达到 100%、100%、100%。共组织各类科研计划 81 项。专利申请量 435 件。有专业表演艺术团体 8 个，公共图书馆、文化馆、档案馆各 1 处，影剧院 2 处，庄户剧团 10 个。全县共有文化站 12 个，提升改造文化大院为基层综合性文化服务中心，实现全县村（居）全覆盖。全县有线广播电视用户 48594 户。有各类卫生机构 461 处，其中县级医疗卫生机构 6 处，镇卫生院 11 处，社区卫生服务中心 1 处，城市社区卫生服务站 9 个，村卫生室 346 处。卫生从业人员 2250 人，其中卫生技术人员 1919 人，乡村医生 716 人。有体校 1 所，标准体育场 3 处。

人民生活　居民人均可支配收入 18380 元，农民人均可支配收入 14815 元，城镇居民人均可支配收入 27862 元。城镇参加养老保险人数 5.6 万人，增加 0.4 万人。居民养老保险参保人数 38.2 万人，增加 0.2 万人。城镇参加失业保险人数 1.6 万人，增加 0.1 万人。城镇职工医疗保险参保人数 4.2 万人，增加 0.3 万人。全县城镇职工养老保险、工伤保险参保人数分别达 5.6 万人、4.6 万人，分别增加 0.4 万人、1.2 万人。有敬老院 12 处，集中供养五保对象 372 人、标准为年人均 6406 元，建成农村幸福院 150 处。

清水湖公园　　（商河县党史研究中心　供稿）

【第四届济南花卉园艺博览会暨第一届济南都市农产品博览会】 9月28日至10月7日，第四届济南花卉园艺博览会暨第一届济南都市农产品博览会在花卉苗木大世界举办。展会共吸引来自欧洲、亚洲、非洲的12个国家29家国际企业和全国各地的140余家知名企业参展。

【国家级非遗项目秧歌汇演】 9月10日，第五届中国非物质文化遗产博览会“国家级非遗项目秧歌汇演”在济南市商河县开幕。来自全国各地的16支秧歌队参加汇演，在济南市尚属首次。

【商河绕城公路正式通车】 12月16日，G340东子线及S240盐济线商河绕城段改建工程正式通车。全长21.528公里，双向四车道一级公路标准，路基宽度25.5米，设计速度为80千米每小时，设停车区1处，总投资6.38亿元。该项目是省市交通公路部门确定的全市第一条绿色生态路，也是商河县第一条国、省道绕城通道。

【获山东省首批农村饮水安全示范县称号】 12月，山东省水利厅下发了《关于表彰农村饮水安全示范县的通报》，全省共有13个县（市、区）获批，商河县获山东省首批农村饮水安全示范县称号，为全市首个省级农村饮水安全示范县。

【获“省级园林城市（县城）”称号】 1月，山东省住房和城乡建设厅发布《关于对2017年省级园林城市（县城）评价结果的通报》。商河县达到省级园林城市（县城）标准，获“省级园林城市（县城）”称号。

（蔡海林　宋　静）

责任编辑　宣　涛

【概况】 汉代置莱芜县，因治所设在淄水流域的莱芜谷而得名。位于山东省中部，北邻济南市章丘区，东邻淄博市博山区和沂源县，南临泰安市所辖的新泰市，西邻泰安市岱岳区。

全市总面积 2246 平方公里，2018 年末常住总人口 137.9 万人，增加 0.30 万人。其中，城镇人口为 87.87 万人，增加 1.76 万人，城镇人口占总人口比重为 63.72%，提高 1.14 个百分点。

全年实现地区生产总值 1005.65 亿元，按可比价格计算，比上年增长 7.2%。分产业看，第一产业增加值 60.31 亿元，增长 3.9%；第二产业增加值 566.08 亿元，增长 7.0%；第三产业增加值 379.26 亿元，增长 8.1%。三次产业结构为 6.0∶56.3∶37.7。实现一般公共预算收入 62.6 亿元，增长 11.7%。其中，税收收入 50.4 亿元，增长 16.2%。一般公共预算支出 100.4 亿元，增长 13.1%。社会消费品零售额完成 373.2 亿元，增长 8.8%。货物进出口总额 111.4 亿元。其中，进口 39 亿元，出口 72.4 亿元。金融机构本外币存款余额 1033.8 亿元，金融机构本外币贷款余额 825.3 亿元。

创建国家和省级标准化生产基地 135 个，认证“三品一标”301 个，一村一品专业村达到 230 个、专业镇 7 个。完成造林面积 666.67 公顷，退耕还果还林面积 1800 公顷。规模以上工业实现增加值增长 8.3%；实现主营业务收入 2093.9 亿元，增长 11.5%；利润总额 90.4 亿元，增长 39.8%。完成固定资产投资增长 7.2%。化解煤炭过剩产能 30 万吨，工业品产销率达到 98.9%。私营企业和个体工商户总量达到 2.9 万家和 7.9 万户。完成城中村拆迁 32.5 万平方米，整治改造 14 个老旧小区。

社会研发投入占 GDP 比重达到 2.57%，万人拥有有效发明专利量达到 9.09 件。食品抽检合格率达到 98.3%，药品抽检合格率达到100%。国内外游客人数达到 1230.4 万人次，旅游消费总额 76.2 亿元。

人均 GDP 达到 73005 元，增长 7.1%。城镇居民人均可支配收入 37401 元，增长 7.2%；人均消费支出 21304 元，增长 7.0%。农村居民人均可支配收入 17468 元，增长 8.2%；人均消费支出 12263 元，增长 8.4%。完成农村改厕 2.8 万户，村村通油路、通自来水率达到 100%，38 个村镇被评为国家级、省级文明村镇。城镇新增就业 1.84 万人，农村劳动力转移就业 2.24 万人，扶持自主创业 5600 人，城镇登记失业率控制在 2.7%以内。城乡低保标准分别提高到每人每月 510 元、每人每年 4200 元，农村特困基本生活供养标准达到每人每年 5470 元。

【“三重”建设取得显著成效】 莱芜市坚持将重点产业集群、重点产业项目、重点基础设施项目建设作为新旧动能转换的突破口，精选细分精品钢、汽车零部件、高端装备制造、粉末冶金、生物医药、精细化工等 15 个特色优势产业集群，研究谋划支撑性、带动性强的十大重点产业项目和十大重点基础设施项目，以重点突破带动全局工作开展。围绕推进“三重”建设，建立完善一个工作推进专班、一个工作计划、一个专项规划、一个协同创新平台等“十个一”工作推进机制。在“三重”建设有力推动下，

10万吨高性能合金特种粉末等6个项目入选全省新旧动能转换重大项目库，15个重点产业集群实现主营业务收入1860亿元、纳税36亿元，分别增长12%和18%。

【农高区晋升为国家农业科技园区】11月24日，在国家科学技术部公布的第八批国家农业科技园区名单中，莱芜农高区在全国32个参评园区中以总成绩第一名成功入围。农高区总规划面积194.8平方公里，在今后3年的创建规划期内，园区将建成国内领先的姜蒜产业创新创业新高地、品牌型农业科技园区、国内标志性特色农业可持续发展试验区，农业增加值达到150亿元，姜蒜主导产业占60%以上。

【通过“国家卫生城市”复审】 2018年，莱芜市大力开展国家卫生城市迎审工作，以迎审工作为抓手，全面推动各项工作开展。扎实做好环境卫生整治、硬件设施提升、行业卫生管理等工作，集中解决“十乱”“七小”等一批突出问题，城市面貌得到进一步提升，巩固了国家卫生城市创建成果，顺利通过2018年国家卫生城市复审验收。

【济南莱芜区划调整获国务院批复】12月26日，国务院批复同意山东省调整济南市莱芜市行政区划，撤销地级莱芜市，将其所辖区域划归济南市管辖；设立济南市莱芜区，以原莱芜市莱城区的行政区域为莱芜区的行政区域；设立济南市钢城区，以原莱芜市钢城区的行政区域为钢城区的行政区域。地级莱芜市自1992年组建以来，特别是党的十八大以来，历届领导班子坚决贯彻党的路线、方针、政策，按照省委、省政府的部署要求，团结带领全市130多万人民，牢记使命、抢抓机遇，艰苦创业、开拓创新，立足优势、争先发展，全面加强党的建设，培植做强主导产业，强化生态文明建设，推动城乡协调发展，努力保障改善民生，经济社会发展发生深刻变化，取得显著成就，为山东省经济社会发展做出了积极努力和重要贡献。

（吴昊　袁媛）

【概况】 莱芜区因地处莱芜谷而得名。北临济南市章丘区，东靠淄博市博山区，南接济南市钢城区和泰安市所辖的新泰市，西连泰安市岱岳区。2018年，全区总面积1739.61平方公里（含莱芜高新技术产业开发区97.49平方公里、莱芜雪野旅游区540.24平方公里、莱芜经济开发区67.46平方公里、莱芜农业高新技术产业示范区196.04平方公里）。辖15个镇（街道），842个村（居）。全区户籍人口52.99万人，男女性别比101.74:100，人口出生率8.5‰，人口自然增长率2.6‰。全年实现生产总值398.86亿元，比上年增长7.2%。其中，第一产业增加值30.76亿元，第二产业增加值195.56亿元，第三产业增加值172.54亿元。一、二、三产业比例为7.7:49.0:43.3。人均生产总值67634.42元。年内获全国第四届万步有约健走激励大赛健走示范城市、省级食品安全区、省级农产品质量安全区、全省数字化智能化试点区、全省群众体育先进区等称号。

工业。全区规模以上工业企业209家，实现工业总产值648.8亿元、工业增加值125.2亿元、主营业务收入667.19亿元、利税28.77亿元、利润21.61亿元。全区实现建筑业总产值39.45亿元。全年房屋建筑施工面积145万平方米，房屋竣工面积16.3万平方米，其中住宅竣工面积10.8万平方米。全年新增个体工商户4804户，新增私营企业2277家。

农业及农村经济。农业增加值30.78亿元，粮食作物种植面积21726.67公顷，总产量16.13万吨。蔬菜种植面积10466.67公顷，总产量58.31万吨。生姜种植面积1373.33公顷，总产量7.49万吨。大蒜种植面积4533.33公顷，总产量16.44万吨。大葱种植面积913.33公顷，总产量8.01万吨。莱芜花生总产量2.40万吨。水果总产量7.91万吨。生猪出栏量39.01万头，畜禽存养量352.57万头（万只），肉类总产量3.81万吨，禽蛋产量2.00万吨，牛奶产量0.16万吨。水产品总产量0.340万吨。新增国家级示范社2家、国家级星创天地1家，认定省级农业龙头企业2家、农产品加工业示范企业2家、农业“新六产”示范主体2家。

商贸投资。社会消费品零售总额163.4亿元，增长8.7%。贸易业实现销售额382.59亿元，增长

61.8%。其中批发行业完成销售额343.83亿元，增长72.9%；零售行业完成销售额37.53亿元，增长3.55%；住宿行业完成销售额0.78亿元，下降10.86%；餐饮行业完成销售额0.45亿元，下降7.23%。规模以上服务业实现营业收入17.7亿元，下降11.51%。莱城工业区商贸物流园被列为省级重点服务业园区，雪野镇获批山东省电商小镇。雪野湖健康旅游小镇、雪野航空运动休闲小镇、金融小镇加快建设，韩硕物流园、阳光物流园快速推进。全年货物进出口总额48.39亿元，其中出口26.8亿元、进口21.6亿元，贸易顺差5.2亿元。全区实际到账外资7100万元。全区固定资产投资项目226个。其中，5000万元及以上投资项目74个，新开工47个。完成规模以上固定资产投资140.28亿元，增长8.4%，5000万元以上大项目全年新纳入47个，完成投资额83.74亿元。

财政金融。全年公共财政预算收入21.13亿元，增长13.44%，其中税收占比90.16%。公共财政支出27.38亿元，增长8.8%。金融机构人民币存款余额596.69亿元，增长8.54%；金融机构人民币贷款余额457.63亿元，增长12.44%。新挂牌上市企业5家，总数达到22家，累计引进股权投资3.5亿元，兑现市挂牌奖励资金300万元、区挂牌奖励资金100万元。

交通旅游。全区公路通车里程1535.41公里（含区、乡及村道），其中一级公路50.91公里、二级公路134.85公里。公路密度达到183.15公里/百平方公里（含县、乡及村道）。改造提升农村道路178.7公里、危桥2座，完成县乡道安防工程97.6公里。全区A级景区4家（其中3A级景区3家）、国家级农业旅游示范点1家、省级农业旅游示范点2家、山东省旅游强乡镇2个、山东省旅游特色村2个。全年共接待国内游客385万人次，实现国内旅游收入7.26亿元。

建设环保。城中村改造稳步推进，完成拆迁29万平方米，开工建设安置房72万平方米。拆除违建69.5万平方米。210个老旧小区实行全天候、无缝隙管理。旅游大道4条支线竣工通车，709文化产业园入选省特色影视园区。实施乡村亮化、绿化、美化项目10个，完成农村改厕11740户，启动农村污水处理一体化试点，建成示范村9个、集中居住区48处，新增美丽乡村40个。完成钢铁行业深度治理项目6个，整治验收工业窑炉14家，推广清洁煤炭4709吨、炉具2070台，二氧化硫、氮氧化物、PM10、PM2.5同比改善27.6%、7.5%、9.6%和1.7%。关停退出砂石矿山企业20家，升级改造9家。新增造林绿化2.2万亩，创建省级森林村（居）3个，市级绿化模范镇1个、模范村40个，城区绿化率43.3%，全区森林覆盖率提高2.56%。

教科文卫体。全区共有各级各类学校214所，其中普通中学18所、小学42所、幼儿园154所；各级各类学校在校中小学生人数5.83万人。城镇中小学“大班额”销控基本完成，2所学校投入使用。全年专利申请2108件，发明专利授权91件，有效发明专利保有量337件，新增国家高新技术企业11家，总数达到29家；新增省级创新平台6家，总数达19家。阿尔普尔获批院士工作站，医药产业园获批省级科技企业孵化器，E时代创客之家获批省级众创空间。高新技术产业产值占比达到28.8%，增长2%。医疗卫生机构523个，其中医院（卫生院）8个，拥有病床床位756张、卫生技术人员1198人。深化“1+7”医联体建设和“200元包住院”政策落实，推进医疗卫生资源整合、优质资源下沉，1.6万名群众从中获益，累计减免费用600多万元。实施文体惠民工程，建设完善农村健身广场33个，实施特色古建筑抢救性维修保护工程9处，举办文化惠民演出150余场。全年参加省级及以上体育比赛共获奖牌11枚，其中参加国家级体育比赛获奖牌5枚。

人民生活。全年新增城镇就业5154人、失业人员再就业2373人、转移农村劳动力8750人。全区城乡居民基本养老保险参保人数达到21.16万人，全区医疗、失业、工伤、生育保险参保人数分别达到5.19万人、2.4万人、5.69万人和3.42万人，新型农村合作医疗参合率达到99%。城乡居民医疗保险补助标准由每人每年460元提高到490元，基本公共服务补助标准由每人每年50元提高到55元。城乡低保月保障标准分别由485元提高到510元，每人每年3642元提高到4200元。全体居民人均可支配收入为27374元，其中城镇居民人均可支配收入35077元、农村居民人均可支配收入16981元。

【加快新旧动能转换】 坚持以新旧动能转换重大工程为统领，以实施“三重”建设为突破口，不断加快产业优化升级换代。新兴产业加速发力，医药产业园一期入驻企业17家，二期完成主体建设，获批省级科技企业孵化器；朗润医疗列入山东省厅市会商及新旧动能转换项目，中德清洁能源小镇等7个项目入选全省新旧动能转换重大工程项目库，阿尔普尔被评为省级瞪羚示范企业，奔速电梯与世界500强施耐德电气公司合作共建亚洲施耐德电梯有限公司，在“一带一路”沿线叫响“莱城智造”品牌，高端装备制造产业集群入选省级产业集群，碳纤维材料、纳米材料和聚乳酸材料研发生产实现重要突破，纳米纤维系列产品成功上市。全区高新技术产业产值占比达到28.8%，增长2%。传统产业加快升级，加快改造提升传统产业，拉长产业链、改造工艺链、提升价值链。全年实施重点技改项目43个，完成投资33亿元，九羊集团智能提升，正泰线缆强势起步，生态洁成功重组，泰莱电气、阳光冶金、鲁中啤酒等企业焕发新活力。

【加快推进乡村振兴】 规划编制，2018年聘请山东社会科学院编制《莱城区乡村振兴战略规划（2018~2022年）》和5个专项工作方案，明确全区实施乡村振兴战略的路线图、施工图和时间表。生态振兴，创新实施“6+5”一体化新模式，打造独具莱城特色的“农村生活污水一体化处理”新路径。在模式选择上，坚持因地制宜、因户施策、一步到位，在建设时序上，坚持试点先行；分步实施、全域覆盖，以8个试点村、56个集中居住区为主体的“8+56”格局全面形成，受益群众达到1.7万户。9月27日承办全省污水处理一体化现场会，“生态优先、五位一体”的实践得到与会专家的肯定，成文报至中国社会科学院和省政府发展研究中心，形成《国情调研报告》呈报中办、国办，在新华社《高管信息》上刊登，央视七套“聚焦三农”栏目以《厕所革命再升级》作专题报道，省委书记刘家义、省长龚正、农业农村部副部长韩俊均做出批示在全省、全国推广。美丽乡村，投资2100万元打造省级美丽乡村3个、市级美丽乡村23个、区级美丽乡村14个。杨庄镇入选国家农业产业强镇示范名单，牛泉镇获批全省特色产业镇“乡村振兴示范镇”，口镇、羊里镇、寨里镇获批乡村振兴“百千万”工程示范镇。脱贫攻坚，全年实施托管、光伏等项目16个，1318人实现脱贫，8个市级贫困村摘帽退出。

【“三招三引”添活力】 招才引智，研究出台《高层次人才创新创业扶持办法》，创新实施“青年人才归莱行动”“智慧能源聚莱城千人计划莱城行”洽谈会等灵活多样的引才活动，广聚天下英才。全年新引进院士3名，“千人计划”专家、泰山学者等高层次人才8名，累计引进院士27名，“千人计划”专家、泰山学者等35名，博士、硕士、本科生1400名。招商引资，全年洽谈引进项目231个，形成固定资产71.6亿元。全年新开工大项目81个，竣工投产项目72个，在建大项目120个，总投资394亿元，单体平均投资3.3亿元。招宾引客，全年完成招宾引客5万人次，莱城美誉度和影响力得到全面提升。

【莱芜南部旅游区】 2018年，莱芜南部旅游区与盈科旅游、长鹿集团等文旅企业达成合作意向，高标准打造709小三线纪念园、山东省工委旧址等红色旅游景点，其中山东省工委旧址被确定为省直机关首个党性教育基地；全长30.5公里的旅游大道以及4条支线顺利通车，高庄街道、牛泉镇等21个景区村实现融会贯通、一体提升，“一脉连三山”格局初步形成，“云台莲花境，齐鲁古长城”的生态旅游名片越来越靓。

【深化改革破解难题】 围绕深化“放管服”改革，深化“一次办好”改革，编制公布“一次办好”事项清单776项，推出“零跑腿”和“只跑一次”事项66项，取消10项施工前置审批，实现“一次办好”全覆盖；深入推进“多证合一”登记改革，加大企业“降槛减负”力度，实现工商登记“45证合一”；加快简政放权步伐，行政审批时限压缩至37个工作日，所有审批部门进新城、所有审批事项进大厅，最大限度释放政策红利，赢得发展先机。围绕深化投融资改革，与威海商业银行合作，成立莱城区科技支行，为阿尔普尔等14

家企业融资2.54亿元；中小企业贷款保证保险试点，开展政银保贷款业务，为丰田节水等8家企业提供3000万元融资支持；新型农业经营主体融资增信试点，为东兴源等15家新型农业经营主体提供银行融资支持2600万元，既能“锦上添花”，更能“雪中送炭”。

【生态莱芜建设】 深入开展“建设生态莱芜，讲好莱芜故事”系列活动，南部旅游区红色旅游发展经验编纂成文登上《人民日报》；成功举办山东省“一二三四奔健康”宣传月暨第三届“万步有约”职业人群健走激励大奖赛启动仪式，成功申办全国第四届“万步有约”健走激励大赛主办城市，登上全国舞台、树起莱芜形象、传播莱芜声音。加快公共法律服务体系建设，创新开展“法治宣传进校园”“五个一、两结合”法治进乡村等活动，法治宣传实现全覆盖；开展法律援助精准扶贫活动，49名律师、3名公证员、32名法律服务工作者为全区414个村（居）担任法律顾问，提供法律咨询5867人次，村级法律顾问实现全覆盖；提升基层法律服务水平，7个司法所达到省级规范化建设标准，建成414个村级司法行政工作室，基层法律服务体系不断健全。

（刘少波）

钢城区

【概况】 钢城区位于山东省济南市东南部。北面、西面接莱芜区，东连沂源县，南邻新泰市。全区总面积506.42平方公里，辖5个镇（街道）、230个村（社区）。年末，常住总人口32.58万人，人口自然增长率2.2‰。全年实现生产总值260.87亿元，比上年增长7.40%。其中，第一产业增加值9.17亿元，第二产业增加值161.373亿元，第三产业增加值90.33亿元。年内，钢城区顺利通过国家卫生城市和全国文明城市复审，被评为省级创业型城市，获评全省群众体育先进单位，列入全省30个“四好农村路”示范县名单，柳桥峪村列入全省第一批美丽村居建设试点村。

产业培育。新旧动能转换重大工程扎实推进。编制完成实施规划，储备重大项目51个，智能搬运机器人等3个项目列入全省新旧动能转换重大项目库，10万吨高性能合金特种粉末等2个项目列入重大项目库第一批优选项目，兆瓦级海上风电主轴产业化项目确定为全省新旧动能转换集中开工重大项目，鲁碧绿建新材料产业基地一期项目列入全省重点项目。主导产业支撑作用凸显。“六七八”产业发展工程加速推进，钢铁生产及深加工、汽车零部件、粉末冶金等七大当家产业主营业务收入占比达到74%，较上年提高4.5个百分点。工业经济持续向好。新增规模以上工业企业16家，完成规范化公司制改制企业6家，实现主营业务收入821亿元、增加值133亿元，分别增长18%、9%。现代服务业稳步发展。新增重点服务业企业5家、限额以上批零住餐企业49家，实现服务业增加值95亿元，增长7%。电子商务迅猛发展，各类网店达到3000多家，跨境企业电商达到12家。旅游业发展势头良好，棋山索道建成运营，棋山温泉小镇知名度显著提升，“9363”红色教育基地投入使用，冠世桃花源被评为国家3A级旅游景区。房地产市场健康发展，商品房成交量和区域房价实现双增。现代农业加快发展。扩大“三黑”养殖规模，莱黑牧业繁育生产加工基地加快建设，金三黑繁育基地建成使用。新发展九龙药谷、秦菊等各类优质农产品基地466.67公顷，新增市级以上龙头企业4家、现代农业示范园区3个、农民专业合作社41家，新认证“三品一标”8个，推广水肥一体化6000亩，实现农业增加值8.9亿元，增长4%。

项目建设。项目引建质效增强。扎实开展“重点项目推进年”活动，累计实施各类项目231个，完成投资123亿元。莱钢新旧动能转换、粉体新材料产业谷、智能停车产业园等8个重点项目加速推进，延伸带动起汽车零部件产业园、昊坤果业等15个产业项目，高强度轻量化异形结构件等45个项目竣工投产。大力实施团队招商、产业招商，开展各类推介活动21次，新引进项目74个，其中投资过5亿元项目6个，完成招商引资额68亿元。企业发展亮点纷呈。新增私营企业1100家、个体工商户2430户，全区产值过亿元企业达到22家，纳税过百万元企业达到156家。汇锋传动、金鼎电子上市工作有序推进。莱钢粉末等3家企业入选全省制造业单项冠军，汇锋传动入选全省瞪羚标杆企业，金雷风电入选全省企业品牌价值百强榜，温岭精锻被评为全省中小企业隐形冠军企业。为企业提供应急转贷资金2亿元，争取各类扶持资金4100万元。重视企业家培训，累计培训企业人员200多人次。承载能力明显提升。开发区投资6400万元实施“十大环境综合提升工程”，改造道路7.3公里，铺设各类管网6公里，主干道路实现亮化提质、绿化提档，新增“七通一平”面积2.1平方公里，成为全区重点项目建设的主战场，被评为“省级中小企业创新创业升级特色载体”。高新区启动工业污水处理厂建设，铺设供水管网9公里，敷设供气管网11公里。工业区开工建设污水管网10公里，完成路网绿化8公里。京沪高速改扩建工程开工建设，服务协调工作扎实高效。生产要素保障有力。坚持问题导向，树立系统性思维，对人才、资金、土地、供电、供热、供水、供气、环境容量、污水处理、道路交通、产业工人、中介服务12大类生产要素逐一分析研究，加快组织实施14项电力工程，建立企业用工、金融政策支持等服务机制，各类短板加快补齐。

企地合作。高效抓好服务协调。全力支持莱钢新旧动能转换重点项目建设，焦化厂环保项目顺利开工，特钢高端中轧、65兆瓦发电项目竣工投产，小里辛87户搬迁顺利完成。重点做好莱钢“三供一业”和企业办社会职能移交。支持鲁碧建材加快发展，协调做好鲁碧矿山整治提升，冯家庄和玥庄村搬迁稳妥推进。合力推进项目建设。深化钢结构装配式建筑产业发展的共识，共同谋划论证项目，鲁碧绿建新材料、钢结构构件加工项目建成投产，成功创建为全国首批装配式建筑产业基地和全省装配式建筑示范城市，金水河学校列入省级装配式建筑示范工程。深化融合发展机制。加快推进融合发展，7大类24项合作项目落地见效。加大对接沟通力度，召开协调会议80余次，解决各类问题350个。企地联合开展招商，制定出台相关政策，引进一批产业链配套项目。联手做好国家卫生城市复审工作，全面深化企地平安共建，协作水平不断提升。

城乡建设。规划体系逐步健全。完成城市双修规划编制，启动核心区设计和乡村振兴总体规划，编制13项片区控规、3个专项规划和16个村庄规划。功能配套逐步完善。综合治理城区生活污水，实施雨污分流工程，新建改造污水管网9.6公里。友谊大街中段、金水河学校道路、桃花路东延汶源段实现铺油通车，实验学校北路启动建设。区档案史志馆加快建设，“智慧钢城”运营中心投入使用。新增天然气用户3000户、供热面积38.5万平方米，新建城区公厕4处。管理水平逐步提升。加大城市综合整治力度，组建小区业主委员会12个，规范烧烤、洗车和轿车维修布局，拆除违章建筑9100平方米，净化城市立面1.6万平方米。以空前的力度抓好国家卫生城市复审、全国文明城市复审和全省食品安全先进区创建，坚决向城市顽症“亮剑”，探索实施“街长制”“门前三包”长效机制，“三城”联创取得显著成效。农村环境逐步优化。实施农村危房改造70户，打造美丽乡村19个，完成连片治理9个村，整治农村小街小巷65个村。深入实施“农村公路网化示范县”项目，新建改造道路50公里，完成道路安全生命防护工程83公里，整治校车线路23公里。钢城列入全省30个“四好农村路”示范县名单，柳桥峪村列入全省第一批美丽村居建设试点村。

生态发展。问题整治成效明显。深入开展“绿水青山建设年”活动，编制“四减四增”三年行动方案，下大气力抓好中央、省环保督察“回头看”反馈问题整改，44批127件转办件按时办结。改造露天砂石矿山9处，关闭退出11处，盘活闲置低效用地38公顷，矿山地质环境、“大棚房”问题清理和潘西煤矿区域环境整治行动取得阶段性成果。空气质量明显好转。持续铁腕治理大气污染，新增气代煤用户446户、清洁取暖2500户，关停取缔“散乱污”企业92家，全区二氧化硫、PM2.5平均浓度分别改善26.7%、15.3%，蓝天白云天数达到318天，增加42天。水体环境明显改善。全面落实“河长制”“湖长制”，加密巡河频次，开展清河行动“回头看”和“清四乱”行动，整改问题43项。推进乔店水库水源地综合整治，拆除周边饭店13家，建成5个村污水处理设施。金水河水库成功蓄水，牟汶河（颜庄段）生态修复工程加快推进，寨子桥上游人工湿地水质净化工程建成，全区出境断面水质稳定达标。绿色创建取得实效。实施“绿满城乡·美丽钢城”绿化行动，启动山水林田湖草生态保护和修复工程，新增绿化面积933.33公顷，创建省森林乡镇1个、省级森林村2个、市级绿化模范村22个。

改革创新。大力推进各项改革。深入实施“一次办好”改革，推行“便民零距离”改革，推动447项区级、164项镇级审批服务事项入驻政务服务大厅。探索实施扩权强镇工程，下放区级审批事项14项、行政处罚事项87项，颜庄镇被确定为全省经济发达镇行政管理体制改革镇。扎实推进农村产权制度改革，完成清产核资231个村，流转土地140公顷。稳步推进机构改革、社保费征收体制改革、国资国企改革和民兵调整改革，顺利完成国地税体制改革、事业单位公车改革、“县管校聘”教师管理体制改革。组建退役军人事务局。城投、经投公司市场化融资新增4.2亿元。大力提升创新能力。新增高新技术企业12家，新发展省级创新平台7家，获省科技进步奖2项，万人拥有有效发明专利达到28件。全社会研发经费投入7.9亿元，占生产总值的比重达到3.6%。企业主导参与制定国家、行业标准8个，争创山东名牌10个。任启华、朱传宝入选第三批国家“万人计划”领军人才，洽谈引进国家高层次人才18名。成功入选全省20个人才工作创新优秀案例，鹤来集团在英国建立离岸研发平台。大力加快开放步伐。对外贸易稳步增长，完成进出口总额18.4亿元，增长33.9%。对上争取力度加大，争取上级专项资金4.1亿元，增长18.7%。对外交流持续深入，承办全国围棋、象棋甲级联赛，举办各类文体和研讨交流活动1100余次。

民生保障。脱贫攻坚成效明显。创新兴办“幸福食堂”50处，惠及困难群众590人。为贫困户免费定制“一键解困”扶贫手机795个，完成2个省级贫困村自来水改造和8户贫困户危房改造。实施扶贫产业项目8个，减贫330人，基本完成脱贫任务。社会保障更加有力。争取就业创业补助资金300万元，就业创业培训1960人，新增城镇就业2920人，农村劳动力转移就业3100人，被评为省级创业型城市。各类保险扩面2850人，城乡居民养老保险参保率达99.6%。城乡低保、农村五保补助标准分别提高到6120元、4200元、5470元，居民医疗补助标准提高到490元。免费为所有家庭投保自然灾害意外伤害保险和家庭房屋财产损失保险。新建社区日间照料中心2处、农村幸福院5处，为1160名残疾人做好康复服务。发放各类救助金2400万元，救助困难群众1.1万人次。为民办的10件实事顺利完成。社会事业全面发展。新改扩建幼儿园8处，清理整顿民办幼儿园23家，新建塑胶操场4处，标准化厕所实现全覆盖，金水河学校投入使用，1.2万名小学生喝上优质放心奶。四中高考本科上线752人，上线率达到82.1%，再创历史新高。区人民医院升格为二级医院，为民健康查体中心启用，建设标准化卫生室25个。打造3个放心肉菜示范超市、2条餐饮示范街、9个食品安全社区。建成村居综合性文化服务中心208处，推出电视剧《二妮的山村梦》等一批文艺作品，获评全省群众体育先进单位。深化群众性精神文明创建活动，挂牌成立区新时代文明实践中心和一批实践基地。全面启动第四次经济普查。圆满完成村（社区）委员会换届选举。社会治理更加有效。深入开展安全生产隐患“大快严”集中行动，深化重点行业领域专项治理，狠抓化工行业转型升级，安全生产形势持续稳定。打掉黑恶犯罪集团2个、涉恶团伙3个，破获案件27起，“扫黑除恶”专项斗争取得阶段性成效。实施“雪亮工程”，网格化服务管理实现全覆盖。开展公开接访、矛盾纠纷排查、积案化解活动，创建为全省无非访县（市区）。国防动员、民兵预备役、双拥共建和人民防空工作成效明显，妇女、儿童、青少年和老年人权益得到较好保障，粮食、物价、供销、对台事务、民族宗教、人口计生、应急管理、防汛防火、机关事务管理等工作取得新进展。

（陈建新 高 涛）

经济开发园区

【莱芜雪野旅游区】 2010年11月，莱芜雪野旅游区被省政府批复为省级旅游度假区。2018年，莱芜雪野旅游区牢固树立绿水青山就是金山银山的发展理念，紧紧抓住全省建设新旧动能转换综合试验区重大机遇，围绕创建国家级旅游度假区，坚持全区一体规划、一体建设、一体发展，科学编制乡村振兴总体规划、镇域总体发展规划等，加快打造雪野高端滨湖度假区、茶业口齐长城乡村民俗度假区、大王庄大峡谷生态养生度假区“三大板块”，构建一线五村、房干、香山、龙山“四大片区”，形成龙头带动、区域一体、差异发展、协同联动的全域发展格局。全年旅游区完成地区生产总值29.16亿元，同比增长6.6%；完成社会消费品零售总额27.6亿元，同比增长8.8%；完成固定资产投资46.7亿元，同比增长1.9%；完成地方财政收入2.69亿元，同比增长5.39%。

文化旅游业发展快速。按照“全域启动、板块互补、重点突破、多维发展”的思路，把雪野打造成特色鲜明、人人向往的旅游目的地。重点旅游项目，乐嬉谷、卧云铺、香山景区等8个旅游龙头项目加快建设，天宫人家、文昌休闲渔业公园、九龙大峡谷玻璃天桥等6个旅游体验项目投入使用，恒大、绿地、桃花源美利亚等高端滨湖酒店集群加速推进，新增国家3A级景区1家、市级非物质文化遗产2处。乡村旅游，坚持串点成线、连线成面，加快打造卧云铺、竹园子等6个A级景区村落，竹园子、王石门、香山田园综合体被列为山东省休闲农业和乡村旅游示范创建单位。旅游服务，环湖旅游公交开通运行，聘请苏州大学专家团队对环湖重点区域进行景观提升设计，建成旅游厕所30余处、停车场10余处，安装旅游导示牌300余处，雪野旅游度假区被省旅发委评为省级精品旅游示范基地。成功举办耳立音乐节、樱桃文化节、雪野美食大赛、齐鲁赛车英雄会、环雪野湖半程马拉松等活动139项，累计完成招宾引客7万人，完成年度计划的140%，为实现高质量发展聚集更多优质资源。全年接待游客550万人次，同比增长10%；实现旅游消费总额27.8亿元，同比增长25%。

通航产业发展成效明显。依托航空产业园，借助航空节的品牌优势，推进国家级雪野航空运动休闲小镇建设，小镇规划已完成。年内新引进鹰飞跳伞、山东欣亚、远航航空等通航企业5家，培训飞行员900余人。其中，重庆鹰飞跳伞项目自5月开业以来，接待体验游客900多名，填补山东乃至北方地区无跳伞基地项目的空白。

医养健康发展势头良好。抓住全省医养健康产业发展机遇，发挥绿色、生态、资源和环境优势，推动医养健康产业快速发展。雪野湖健康旅游小镇项目累计完成投资8.5亿元，雪莱不夜城展示中心、游客体验中心、集散中心、花田酒店已建成并对外开放。雪野养生休闲度假小镇被省住建厅列为省级特色小镇。 （刘　波）

【莱芜经济开发区（泰钢不锈钢生态产业园）】 1992年12月，经省政府批准设立莱芜经济开发区。2001年5月，正式启动莱芜经济开发区建设。2002年9月，经省政府批准，莱芜经济开发区增列为省级高新技术产业开发区。2012年3月，分设莱芜经济开发区（泰钢不锈钢生态产业园）。2018年，开发区完成地区生产总值94.71亿元，同比增长6.5%；规模以上工业企业完成主营业务收入413.89亿元，同比增长15.37%；完成社会消费品零售总额24.4亿元，同比增长8.9%；完成地方财政收入2.57亿元，同比增长18.08%。

“四基地一中心”建设。千亿级不锈钢精深加工产业基地，不锈钢制品产业园可行性研究报告编制完成；泰嘉冷轧板材一期竣工投产；100万吨废钢综合利用项目实现试生产；鲁中不锈钢商城投入使用，不锈钢产业链条不断延伸。泰钢集团2018年实现产值237亿元、利税17.55亿元。百亿级现代物流产业基地，同华源城市物流中心项目已完成立项及公司注册；乾硕物流园项目环评和安评手续办理中；将山物流项目已落地开展业务；中通快递物流园项目形成快递产业园建议书，全区物流产业集群格局逐渐成形。五十亿级高端装备制造业基地，茂盛管业、科林光电、九佳紧固件等企业发展势头迅猛，带动全区高端装备制造业规模以上企业主营业务收入同比增长62%，税收同比增长270%。十亿级医养健康产业基地，与浙江大学、浙江清华长三角研究院就规划编制进行磋商交流；与华润集团、润达集团、浪潮集团、万里云等医疗健康企业达成项目推进意见；与市人民医院、莱矿医院沟通交流，开展选址、规划等前期准备工作。十亿级现代服务业中心，完成对元新街商业圈的成本分析测算，进行初步规划设计；齐鲁文化产业园项目正开展土地清表；信誉楼商厦2018实现年销售额5.56亿元、利税7017万元。

“三招三引”工作。招商引资，以拉长“四基地一中心”五大产业链条为核心目标，先后赴北京、广东揭阳、济南高新区等地开展招商推介活动30余次，引进亚达保温、金脉再生资源、无机纤维生产等过亿元大项目6个，形成固定资产投资17.4亿元。招宾引客，实现招宾引客15321人次。招才引智，成立区招才局，全面统领招才引智工作。围绕“产业链”打造“人才链”，千方百计“攀高枝、结贵亲”，全年引进中国工程院院士1人、泰山学者1人，并与企业签订合作协议，助推企业转型升级。

基础设施建设。道路建设，永兴路、规划一路、规划四路均已完成路基回填，进行桥桩及管道施工。路灯工程，鹿鸣路北段、嘶马河沿河路灯均已投入使用。污水管网工程，莱新花苑片区污水管网已安装700米，梁坡片区污水管网将开工建设。乡村振兴，全区45个村已完成农村集体产权制度改革系统录入工作，36个村已完成组织成员身份确认工作，保障农村财产权益，壮大集体经济；污水治理，疏通污水管网1.5公里，清理农村积存垃圾1600余方，补齐农村环境短板，高标准打造开发区美丽乡村。（王明启源）

【莱芜农业高新技术产业示范区】 2008年11月，省政府批复成立莱芜省级农业高新技术产业示范区，是全省第四家省级农业高新技术产业示范区。2018年12月，莱芜农业高新技术产业示范区成功入选第八批国家农业科技园区，并获批创建首批省级现代农业产业园。全年农高区完成地区生产总值58亿元，同比增长6.8%；完成规模以上工业增加值16亿元，同比增长9%；完成社会消费品零售总额37亿元，同比增长9.6%；完成地方财政收入1.46亿元，同比增长8%。

招商引资。聚焦智慧农业、新材料、新能源、生物制药等新兴产业，开展招商引资、招才引智、招宾引客，引进资金密集度高、科技含量高、产业集群化程度高、财政贡献能力强的大项目、好项目。全区储备项目32个，符合省“十强”产业的项目27个，全年完成招商引资18亿元、完成招宾引客2万人。制定出台《农高区关于促进高新产业发展、引进创新型人才政策规定》等一系列政策，对重大项目实行“一事一议”，探索“一个产业、一个研究所、一个创业团队、一个评估团队、一个服务团队”和1个“一事一议”精准扶持政策的“双招双引”体制机制，引进“国家万人计划”以上领军人才14名，培养农村乡土人才、农业技术人才、农村经营管理人才300多人次。

项目建设。创新“亩产率+科技+创新”的项目论证体系，对所有引进项目都聘请专家团队进行综合论证，按照亩产值不低于2000万元要求，加快引进先进生产要素，全力培育健康食品产业、新能源汽车产业、大数据农业产业、智能制造和新材料产业4个百亿级高端高新产业集群。按照全区“一盘棋”理念，在完成全区发展战略研究、三镇城镇总体规划以及11项园区专项规划的基础上，加快辛大铁路司家岭等工程建设。投资5600多万元铺开健康食品谷和智能制造产业园“两纵两横”道路建设，完成6.1公里路基、排水等“七通一平”基础建设。

乡村振兴。推动“农业强”方面，在保护好、培育好、拓展好姜蒜特色农产品地标性品牌的基础上，突出“智慧化、工业化、融合化”发展导向，以科白智慧农业、坦途科技等项目为依托，加快推动乡村经济高质量发展。推动“农村美”，加大美丽乡村建设力度，积极推进合村并居，已启动寨里镇公王社区、杨庄镇高家店、方下镇方北等试点工作，切实推动农民就近市民化。推动“农民富”，加快农村产权制度改革，开展土地规模流转，提高土地规模效益，加快农业产业化发展步伐。其中，通过深化与中粮健康研究院合作，组织实施29.33公顷莱芜小黄姜抢救性、恢复性绿色种植；通过与广东农科院蚕业与农产品加工研究所合作，加快黑色食品的种植与研发；通过与中国医学科学院等单位合作，建设珍稀濒危药用植物组培中心、药用植物园等平台载体，加大中药种植和生物医药产业的发展。依托莱芜科源农业科技开发有限公司，新流转土地120公顷。（逯柏龙）

【莱城工业区】 2006年3月，经省政府批准设立莱城工业区。2018年工业区实现规模以上工业产值85亿元、主营业务收入76亿元，利税2.4亿元，完成固定资产投资55亿元，实现地方财政收入2.1亿元。

改革创新。充分发挥新兴产业集聚优势，引进高水平院士团队到工业区创新创业。全年引进院士3名、千人计划特聘专家4名、泰山学者1名，阿尔普尔院士工作站获批，希格斯周震获得省留学人员回国创业奖，奔速电梯获得泰山领军人才项目扶持资金，新增省级研发平台6个。推进传统项目技改，完成16.8亿元的东岳重型车桥升级改造等19个重点技改项目，新增规模以上工业企业10家，泰丰食品、一品农产品分别在西班牙巴塞罗那、布鲁塞尔展览会上荣获奖项。工业区成功获批全省绿色园区和全省小微企业双创基地。

项目推进。按照“扶优促强、创建特色产业集群”的原则，主攻京津冀、苏浙沪，着力引进一批推动新旧动能转换的大项目、好项目。全年引进世界500强企业2家、过亿元大项目19个，完成招商引资任务35亿元。按照“一个项目、一套班子、一包到底”的原则，做好全方位、保姆式服务，全力推进项目快开工、快建设、快投产。2018年在建项目达到40个，20个项目建成投产。

特色小镇建设。按照“宜居、宜业、宜游”现代化新城定位，完善功能配套，打造精品城市。畅通道路网络，建成金安街、龙马河南路、化工园区路等5条道路，共计4.6公里，进一步提升承载能力。提升绿化水平，完成莱城大道等7个节点的绿化提升，种植花卉4.5万平方米、铺设草皮2万平方米，栽种树木4000余株，设置“孔子观礼”“千年矿冶”“一带一路”3处景观小品，彰显文化底蕴。完善公共配套，千佛山医院莱芜院区主体建设完成，嬴城步行街等一批重点公共服务工程相继建成并投入使用。推进“三通一连”，新城水厂投入使用，保障供水能力；供暖供气工程贯通，保障居民取暖和企业用气；污水主管网全面贯通，产城一体速度进一步加快。（吕振欣）

【钢城经济开发区】 钢城经济开发区总面积64.76平方千米。辖31个村（社区）。常住总人口37109人，地方财政收入21399万元，增长5.6%。规模以上工业增加值39.94亿元，增长5.92%。有私营企业1258家、个体工商户2273户。

项目建设。全年新开工大项目18个，占全年目标任务的112%；其中过亿元项目11个，占目标任务的122%；竣工投产项目13个，占目标任务的118%。

对外招引。始终把“三招三引”作为区域发展的“一号工程”，突出以商招商、产业招商等方式加大项目招引。参加2018北京世界粉末冶金大会，先后赴北京、上海、深圳等地开展专题招商活动20多次，完成招商引资任务20亿元；引进总部经济项目3个，形成税收1480万元。全力推进招商引资。以全产业链条的招引和打造为目标，注重从招商到选商的转变，落实项目准入制度，洽谈推进总投资10亿元的高铁轨道板项目、总投资5亿元的无机非金属新材料产业园、总投资5亿元的奥瑞克电梯项目、总投资1亿元的车桥项目、投资5亿元的发泡轻质墙板、投资5亿元的平直混凝土搅拌车等23个产业链项目，形成动能转换的项目梯队。聚力招才引智。引导企业与行业顶尖科研院所合作，与行业龙头联姻，引导企业创新品种、提升品质、打造品牌，增强综合竞争能力。2018年，引进中国科学院金属研究所研究员、中科院百人计划专家李殿中，山东大学机械工程学院陈颂英，东北大学冶金学院李广田等高层次人才，柔性引进中国科学院博士10名。在莱芜市第三届“嬴牟产业领军人才”评选中，任启华、朱传宝评选为科技创业个人，李辉带领的金雷风电新能源和节能环保团队评为产业创新团队，杨亚峰评为产业创新个人。鹤来集团与英国帝国理工学院林建国院士、北京科技大学王宝雨教授团队强化合作，建立离岸研发中心。加大对上争取力度。持续跟踪信息，提前谋划对接，全力争取上级政策支持。被评为“省级中小企业创新创业升级特色载体”，争取“大中小企业融通型”省级资金2000万元，争取独立工矿区专项资金1100万元，为项目落地和企业发展提供财力保障。组建产业基金，提升项目落地支撑。联合财金集团与北京中菊资产管理有限公司成立莱芜中菊财金股权投资管理中心（有限合伙），设立总规模50亿元的产业基金，加快粉体新材料产业谷建设。积极联合莱芜财金集团与钢研集团、鲁银投资、安泰科技洽谈，推进成立粉末冶金产业专项基金，9月18日，三方在北京签订设立粉体新材料产业基金合作协议。

企业质效提升。以培育行业龙头为突破口，实施“123”计划，遴选10个主导骨干企业、20个创新型企业、30个成长型企业给予支持，确保生产要素等向实体经济、高端新兴产业倾斜，推动企业装备升级、规模扩张。全年规模以上工业增加值40.5亿元、限额以上批发业商品销售额36亿元，分别增长11%、26%；新增规模以上工业企业3家，规模以上工业企业总数达到45家。强化政策支撑。严格落实和兑现相关扶持政策，助推企业快速发展。2018年累计兑现鲁中物流、鼎盛豪迈等企业优惠政策631万元；落实金雷风电、鲁碧绿建、钢宝科贸、精永机械、新艺粉末等企业扶持政策2090万元。围绕加快新旧动能转换步伐，为莱钢节能环保、亨格尔等企业退税减负1493万元。提升创新平台。九龙耐火材料公司铁水系统高温材料工程技术研究中心、岱荣节能环保科技公司工业装备节能环保协同控制工程技术研究中心、莱钢金鼎轧辊公司高性能复合轧辊工程技术研究中心成为莱芜市工程技术研究中心；金雷风电科技有限公司均质化大型锻件实验室成为莱芜市重点实验室，科技支撑和示范带动作用明显增强。

功能配套完善。投资6400余万元实施“十大环境综合提升工程”，主干道实现亮化提质、绿化提档。其中，投资1275万元完成汽车零部件配套产业园研发中心和基础设施建设；投资460万元完成钢城大街、华圣路道路提升改造，安装花岗岩路缘石11600米，铺装人行道16000㎡，砌筑雨水检查井186个，新建龙门1座；投资350万元实施河道生态修复工程和鸣翔大街节点提升，进一步改善发展环境；投资1330万元增加“七通一平”面积2.1平方公里，进一步提升园区承载能力；投资280万元高标准实施莱钢大道、鸣翔大街、双元大街增亮增绿工程，安装LED路灯208盏，栽植樱花1100棵、雪松671株、柳树647棵、法桐340棵；投资260万元铺设供水管网1600米、污水管网4385米；投资45万元对莱钢大道鲁中物流节点处进行高标准绿化美化，新增绿化面积2508平方米，新建飞天膜广场一处；投资20万元安装监控设施19处，营造安全的发展环境。

民生福祉改善。重点抓实“十大民生工程”。里辛中小道路建设工程，投资400余万元开工建设里辛中小育才路，路桥基础现已基本完成，进一步方便学生通行及群众生产生活。村庄综合整治工程，投资270万元新增10个村3万平方米的小街小巷综合整治已全部完成，进一步改善村居环境。精准扶贫工程，落实扶贫资金221.72万元，通过实施社会弱势群体救助、城乡低保、优抚补助，构建长效机制，全力推进扶贫攻坚。园区安全工程，投资30万元在主要路口增加监控设备30处、交通信号灯4处，区域实现安全网络全覆盖。教育教学设施改造提升工程，投资560万元完成黄羊山幼儿园和双泉路学校塑胶操场建设，进一步改善办学条件。奖学助学工程，成立60万元的奖学助学金，8月16日组织开展开发区“奖学助学”工程暨金雷奖学金、温岭助学金发放活动，对辖区内当年所有新录取的86名本科大学生每人奖励1000元；对98名困难学生进行每人1000元的救助。助企引才就业工程，9月26日举办钢城经济开发区第一届（2018）企业人才·用工对接招聘会，80多家规模以上企业集中推出就业岗位1000多个，600余人与用工企业达成就业意向，对签订劳动合同连续工作6个月以上的发放岗位政府补贴。便民服务亭建设工程，投资60余万元在钢城大街、华圣路等主要路段设立3处便民服务亭，“零距离”为群众服务。村庄规划编制工程，里辛控制性详细规划获得批复，完成石家岭、潘家庄等8个村庄规划编制，为村居建设和项目落地创造条件。民生保障扩面提标工程，完善就业扶持政策，新增城镇就业人数589人，367名失业人员实现再就业；全面落实优待抚恤政策，发放各类补助经费100余万元。社会治安持续稳定，办理侦破案件16起，调解纠纷40余起，为企业生产和区域发展发挥保驾护航的重要作用。

（陈建新 高 涛）

责任编辑 王 炜

人物

新任领导人

王忠林 男，汉族，1962年8月生，山东费县人，1984年7月参加工作，1984年6月加入中国共产党，在职研究生学历，管理学博士。2018年5月任山东省委常委，济南市委书记、市委党校校长。

1980年9月至1984年7月在华东政法学院法律系刑法专业学习；1984年7月至1989年12月任枣庄市公安局法律研究室、政治部办事员、干事；1989年12月至1994年7月任枣庄市公安局政治部副科级侦察员、副主任、正科级侦察员；1994年7月至1995年11月任枣庄市公安局山亭区分局局长、党委书记；1995年11月至1996年10月任枣庄市公安局交警支队支队长、政委（副县级）；1996年10月至1999年1月任枣庄市公安局交警支队支队长（副县级）；1999年1月至2000年12月任枣庄市公安局党委委员、交警支队支队长；2000年12月至2001年4月任枣庄市检察院副检察长、党组成员（正县级）；2001年4月至2002年1月任枣庄市峄城区委副书记、副区长、代区长（1999年8月至2001年7月在中国人民大学法学院刑法学专业研究生课程进修班学习）；2002年1月至2003年1月任枣庄市峄城区委副书记、区长；2003年1月至2006年6月任枣庄市市中区委副书记、区长（其间：2004年7月至2005年1月参加山东省中青年干部赴美国马里兰大学培训班学习）；2006年6月至2006年12月任枣庄市峄城区委书记兼区委党校校长；2006年12月至2007年3月任滕州市委书记；2007年3月至2011年11月任枣庄市委常委、滕州市委书记兼市委党校校长（其间：2008年9月至2011年6月在中国海洋大学管理学院农业经济管理专业学习，获管理学博士学位）；2011年11月至2011年12月任枣庄市委常委；2011年12月至2013年3月任聊城市委副书记；2013年3月至2015年7月任聊城市委副书记、市长；2015年7月至2015年8月任山东省发展和改革委员会主任、党组书记兼省委全面深化改革领导小组办公室副主任；2015年8月至2016年11月任山东省发展和改革委员会主任、党组书记兼省区域发展战略推进办公室（山东半岛蓝色经济区建设办公室、省黄河三角洲高效生态经济区建设办公室）主任，省委全面深化改革领导小组办公室副主任；2016年11月至2017年4月任济南市委副书记、代市长，市政府党组书记；2017年4月任济南市委副书记、市长，市政府党组书记。2018年5月任山东省委常委，济南市委书记、市委党校校长。

九届枣庄市委委员，十一、十二届聊城市委委员，十、十一届济南市委委员。山东省九、十次党代会代表，山东省十、十二届人大代表，十一届山东省委委员。

孙述涛 男，汉族，1965年1月生，山东高密人，1987年7月参加工作，1985年11月加入中国共产党，研究生学历，农学博士。2018年6月任济南市委副书记、市长，市政府党组书记。

1983 年 9 月至 1987 年 7 月在山东农业大学林学专业学习；1987 年 7 月至 1990 年 1 月任山东农业大学林学系辅导员；1990 年 1 月至 1991 年 9 月任山东农业大学林学系团总支副书记；1991 年 9 月至 1994 年 7 月攻读南京林业大学资源与环境学院森林经理专业硕士研究生；1994 年 7 月至 1997 年 7 月攻读南京林业大学森林资源与环境学院造林学专业博士研究生；1997 年 7 月至 1997 年 10 月任山东农业大学林学院教师；1997 年 10 月至 2001 年 1 月任山东农业大学林学院院长（其间：1999 年 9 月至 2000 年 9 月在省委党校一年制中青年干部培训班学习，2000 年 6 月至 2001 年 1 月挂职任菏泽地区行署专员助理）；2001 年 1 月至 2001 年 2 月任菏泽市副市长；2001 年 2 月至 2007 年 7 月任省委组织部副部长；2007 年 7 月至 2008 年 2 月任省委组织部副部长兼省干部学院院长；2008 年 2 月至 2008 年 7 月任威海市委副书记、副市长、代市长；2008 年 7 月至 2011 年 12 月任威海市委副书记、市长；2011 年 12 月至 2012 年 4 月任威海市委书记兼市委党校校长；2012 年 4 月至 2017 年 3 月任威海市委书记、市人大常委会主任兼市委党校校长（其间：2015 年 3 月至 2015 年 7 月在中央党校第三十八期中青年干部培训班学习）；2017 年 3 月至 2018 年 1 月任威海市委书记兼市委党校校长；2018 年 1 月至 2018 年 2 月任山东省副省长，威海市委书记兼市委党校校长；2018 年 2 月至 2018 年 3 月任山东省副省长、省政府党组成员，威海市委书记兼市委党校校长；2018 年 3 月至 2018 年 5 月任山东省副省长、省政府党组成员；2018 年 5 月至 2018 年 6 月任济南市委副书记、副市长、代市长，市政府党组书记；2018 年 6 月任济南市委副书记、市长，市政府党组书记。

十一届省委委员。

程德智　男，汉族，1970 年 4 月生，山东利津人，1992 年 8 月参加工作，1992 年 3 月加入中国共产党，中央党校研究生学历，工程硕士。2018 年 1 月任济南市委常委、市纪委书记、市监察委主任。

1989 年 9 月至 1993 年 7 月在曲阜师范大学政治系政治教育专业学习（其间：1992 年 8 月至 1993 年 8 月在山东省学联驻会锻炼）；1993 年 8 月至 1994 年 12 月任山东省政协联合报社助理编辑；1994 年 12 月至 1996 年 3 月任山东省政协联合报社经济部编辑、记者；1996 年 3 月至 1998 年 11 月任山东省政协办公厅秘书处副主任科员；1998 年 11 月至 2000 年 9 月任山东省政协办公厅秘书处主任科员；2000 年 9 月至 2005 年 7 月任山东省政协人口资源环境委员会办公室副主任（其间：2002 年 9 月至 2005 年 7 月在中央党校研究生院在职研究生班经济管理专业学习）；2005 年 7 月至 2010 年 12 月任山东省政协人口资源环境委员会办公室主任（其间：2007 年 6～11 月参加山东省中青年干部赴美国马里兰大学培训班学习；2009 年 2～7 月在省委党校第十九期中青年干部培训班学习）；2010 年 12 月至 2011 年 12 月任山东省政协经济委员会副主任委员（副厅级）；2011 年 12 月至 2012 年 2 月任烟台市委常委；2012 年 2 月至 2013 年 6 月任烟台市委常委、统战部部长，市社会主义学院院长；2013 年 6 月至 2015 年 9 月任烟台市委常委、统战部部长、政法委书记，市社会主义学院院长（2012 年 3 月至 2015 年 6 月在北京理工大学软件学院软件工程领域工程硕士专业学习，获工程硕士学位）；2015 年 9～11 月任山东省纪委常委；2015 年 11 月至 2017 年 1 月任山东省纪委常委、秘书长；2017 年 1～6 月任山东省纪委常委，济南市委常委、市纪委书记；2017 年 6 月至 2018 年 1 月任济南市委常委、市纪委书记；2018 年 1 月任济南市委常委、市纪委书记、市监察委主任。

十、十一届省纪委委员，十、十一届市委委员，十、十一届市纪委委员。

卢　江　女，汉族，1965 年 8 月生，江苏淮阴人，1989 年 7 月参加工作，1987 年 12 月加入中国共产党，研究生学历，医学博士。2018 年 1 月挂职任济南市委常委、副市长，市政府党组成员（时间2年）。

1984年9月至1989年7月在哈尔滨医科大学卫生系预防医学专业学习；1989年7月至1990年7月在黑龙江省卫生防疫站见习；1990年7月至1992年9月任黑龙江省卫生防疫站医师；1992年9月至1995年7月在哈尔滨医科大学公共卫生学院营养与食品专业攻读硕士研究生；1995年7月至1997年4月任黑龙江省卫生防疫站主管医师；1997年4月至1999年5月任黑龙江省卫生防疫站办公室副主任；1999年5月至2001年5月任黑龙江省卫生防疫站办公室主任（1999年9月被评为副主任医师）；2001年5月至2002年12月任黑龙江省卫生厅卫生监督所科长（2002年9月被评为主任医师）；2002年12月至2006年3月任黑龙江省卫生厅卫生监督所副所长；2006年3月至2008年2月任黑龙江省卫生厅贷款办公室主任（其间：2004年9月至2007年6月在哈尔滨医科大学公共卫生学院营养与食品卫生专业攻读博士研究生）；2008年2月至2011年5月任卫生部卫生监督中心综合处处长（其间：2007年11月至2010年12月为黑龙江中医药大学中医药学博士后）；2011年5月至2015年1月任卫生部卫生监督中心副主任（2014年7月更名为国家卫生和计划生育委员会卫生和计划生育监督中心）（其间：2013年10月至2014年1月在中央党校中央国家机关分校司局级干部进修班学习）；2015年1~7月任国家食品安全风险评估中心副主任、党委副书记（主持党委工作）；2015年7月至2016年2月任国家食品安全风险评估中心党委书记、副主任；2016年2~8月任国家食品安全风险评估中心主任、党委书记（其间：2016年5~7月在中央党校第六十六期厅局级干部进修班学习）；2016年8月至2017年11月任国家食品安全风险评估中心主任、党委书记，挂职任福建省厦门市副市长；2017年11月至2018年1月挂职任济南市委常委（时间2年）；2018年1月挂职任济南市委常委、副市长，市政府党组成员（时间2年）。

孙　斌　男，汉族，1969年3月生，山东宁阳人，1988年7月参加工作，1993年10月加入中国共产党，省委党校研究生学历。2018年12月任济南市副市长、市政府党组成员。

1986年9月至1988年7月在山东省财政学校财政专业学习；1988年7月至1988年10月任济南市市中区财政局会计；1988年10月至1989年7月任市中区政府办公室会计；1989年7月至1991年4月任市中区机关行政事务管理局会计；1991年4月至1995年9月任市中区人事局科员（1990年9月至1993年7月在山东大学函授专科班中文专业学习）；1995年9月至1997年8月任市中区委组织部干部科副主任科员（1994年9月至1996年12月在省委党校业余本科班公关文秘专业学习）；1997年8月至1997年11月任市中区委组织部干部科科长；1997年11月至1998年11月任市中区委干部培训中心副主任；1998年11月至1999年4月任市中区馆驿街街道党委副书记、办事处副主任（1998年9月至1999年3月在市委党校第九期中青年干部培训班学习）；1999年4月至2000年8月任济南市市中区馆驿街街道办事处主任、党委副书记；2000年8月至2001年2月任市中区馆驿街街道办事处主任、党工委副书记；2001年2月至2003年3月任市中区政府办公室主任、政府党组成员；2003年3月至2004年6月任市中区委常委、区委办公室主任（2000年9月至2003年6月在省委党校在职干部研究生班经济管理专业学习）；2004年6月至2005年12月任市中区委常委、区委办公室主任，援藏任白朗县委副书记；2005年12月至2007年8月任市中区委常委，援藏任白朗县委副书记；2007年8月至2008年2月任市中区委常委（正区级）；2008年2月至2008年3月任历城区委常委（正区级）；2008年3月至2011年7月任历城区委常委（正区级）、副区长（其间：2011年3月至2011年5月在市委党校第二十四期县市区领导干部培训班学习）；2011年7月至2011年8月任商河县委副书记（正区级）；2011年8月至2012年1月任商河

县委副书记、副县长、代县长（正区级）；2012 年 1 月至 2015 年 9 月任商河县委副书记、县长（正区级）；2015 年 9 月至 2016 年 9 月任商河县委书记（正区级）、县委党校校长；2016 年 9 月至 2017 年 12 月任济阳县委书记（正区级）、县委党校校长；2017 年 12 月至 2018 年 1 月任济南市政府党组成员，济阳县委书记、县委党校校长；2018 年 1 月至 2018 年 12 月任济南市副市长、市政府党组成员，济阳县委书记、县委党校校长；2018 年 12 月任济南市副市长、市政府党组成员。

十九大党代表，省十一届党代表，十一届市委委员。

（市委组织部）

于　伟　男，中国重汽集团济南卡车股份有限公司车身部副主办技师，2018 年 4 月获全国五一劳动奖章。

他实现技术创新成果 10 余项，实现经济效益 500 余万元。自创具有行业领先水平的“模具精快研配法”，具有研配精度高、速度快的特点，使工作效率提高 1 倍；发明的“模具故障快速诊断法”，能够快速、精确地解决产品易拉裂问题，提高效率 5 倍；自创“工具箱盖装配法”，提高产品装配件的装配精度及效率；先后培养几十名徒弟，均能全面掌握模具维修技术。他被评为 2016 年度产业技能类“泰山领军人才”，获全国技术能手、省富民兴鲁劳动奖章等荣誉。

曲　鹏　男，济南市公安局槐荫区分局兴福派出所所长，2018 年 4 月获全国五一劳动奖章。

自 2014 年任职兴福派出所所长职务以来，努力打造一支忠诚、为民、干净、担当的公安队伍，派出所连续 4 年在分局综合考评中名列第一，先后被授予公安部“一级派出所”“全国青年文明号”和省厅集体二等功等荣誉。

李　莉　女，国网山东省电力公司济南供电公司电力调度控制中心方式计划室副主管，2018 年 4 月获全国五一劳动奖章。

参加工作后，她一直在电力调度岗位无私奉献、精益求精、敢于创新。累计编制 6000 余条日停电检修申请措施、500 余项电网停电风险分析；主笔编写 2012 年以来济南电网运行方式、迎峰度夏（冬）方案，为济南电网安全运行 5400 余天提供有力支撑。全力推动电网发展和检修安全，配合济南电网先后建设的 1000 千伏济南特高压工程和两座 500 千伏变电站，梳理停送电时序，校核风险，解决济南东部电网负荷增长受限的问题；配合济南市中央商务区、二环西路南延等市政工程的电网线路迁改，编制 50 多项电网风险预警通知单，保证电网安全稳定运行；研究电力系统智能紧急控制方法，获山东省科学技术进步一等奖；提出基于广域测量信息的失步解列判据与控制系统方案，有效防止事故蔓延，获山东省电力科学技术一等奖。她主笔的《地县一体、全源支撑，构建大型城市电网无功电压全周期管控体系》入围国家电网公司典型经验库，《基于大数据多维度任务池的大型供电企业生产计划智能管控体系》获国家电网公司优秀卓越管理案例；编制济南电网新能源并网运行的五项标准规定，增强新能源消纳能力，提升新能源利用效率；主持多项质量管理创新活动，获山东省优秀质量管理小组、山东省企业管理现代化创新二等奖、济南市质量管理成果一等奖等；发表 SCI 及核心期刊论文 30 余篇。她先后取得国家电网公司高级工程师、高级技师、运营专家等资格称号，获山东省富民兴鲁劳动奖章、山东省十佳女职工建功立业标兵等 30 余项荣誉。

吴昌征　男，山东省建设建工集团劳务管理有限公司劳务负责人，高级技师，2018 年 4 月获全国五一劳动奖章。

他从事镶贴及抹灰专业施工21年，技术精湛；

自主创新工艺，改进传统水平靠尺靠瓦冲筋的老办法，创造出“垂直和平整双向挂线冲筋”的新工法，提高了劳动生产率，在施工中广泛应用；具有强烈的企业责任感，主动带徒弟，主动承担起公司岗位培训工作，担任技术教练，是新时期高技能复合型人才的缩影。他先后获济南市建筑业职业技能大赛镶贴工金奖、济南市“青年岗位操作能手”、济南市杰出技术能手、济南市首席技师、济南工匠、济南市五一劳动奖章、山东省建筑行业职业技能大赛镶贴工银奖、山东省建筑行业技术标兵、山东省“青年岗位操作能手”“山东省技术能手”、济南市突出贡献技师、山东省建筑行业首席技师等荣誉。

（市总工会）

姚敦义（1933.8~2018.8.19）男，政协济南市第八届委员会常委，第九届、十届委员会副主席。浙江湖州人，1953年8月参加工作，民盟盟员。历任

山东师范大学生物系副主任、主任，山东师范大学科研处处长，民盟山东省委第六届委员会副主任委员，民盟济南市委第八届、九届主委，政协济南市第八届、九届、十届委员会委员、副主席等职。曾当选政协山东省委第八届委员会常委。2018年8月19日因病医治无效，在济南逝世。

（隋文慧）

张明山（1933.3~2018.9.15）男，政协济南市第八届委员会副主席，第九届委员会副主席、党组副书记。山东齐河人，1951年8月参加革命工作，中共党员。历任济南市六区政府文书，槐荫区区委组织员、秘书，济南食品厂党支部副书记、书记，济

南冶金矿山设备厂党总支书记，槐荫区委办公室副主任，槐荫区委副书记，市委办公室综合组组长，市委副秘书长，西藏自治区日喀则地委、行署副秘书长，市委副秘书长兼研究室主任，市委秘书长，市委统战部部长，济南市委常委，政协济南市第八届委员会副主席，政协济南市第九届委员会副主席、党组副书记等职。曾当选政协山东省第七届委员会委员，中国共产党济南市第二次、第四次代表大会代表，济南市第十届人民代表大会代表。1997年11月退休。2018年9月15日因病医治无效，在济南逝世。

（贾东安　王江峰）

诸葛士廉（1928.8~2018.9.16）男，政协济南市第七届、第八届委员会副主席。山东省莒南县人，1944年9月参加革命工作，中共党员。历任沂水县

政府文教科文书、会计，滨海县行署财政处科员；1949年1月起历任济南市政府秘书处股长，市财政局股长，市政府、市委秘书，市委办公室一科副科长、科长，市委办公室副主任，槐荫区委副书记、区长、区委书记，中共济南市委文教部副部长，宣传部副部长，市革委会政治部秘书组副组长，市蔬菜办公室副主任，市革委办公室主任，市革委副秘书长，市政府秘书长兼办公室主任，市委副秘书长，市政府秘书长，市委党史资料征集研究委员会主任，政协济南市第七届、第八届委员会副主席等职。曾当选中共山东省第二次代表大会代表，山东省第三届人民代表大会代表，中共济南市第二次代表大会代表，中共济南市第四次代表大会代表、委员，济南市第四届、第九届人民代表大会代表。1993年12月离休。2018年9月16日因病医治无效，在济南逝世。

（贾东安　王江峰）

唐升华（1922.4~2018.10.3）男，政协济南市第

六届、七届委员会副主席。山东莒县人，1939年6月参加革命工作，中共党员。历任莒县夏庄镇唐家湖村农救会长、小学教员，莒县七区动委会工作员，莒县夏庄区各救会长、区委委员，莒县夏庄区委书记、各救会长，莒临边县苗蒋区委书记、工委委员、宣传部部长，莒临边县苗蒋区委书记、县委宣传部部长、县委委员，莒县县委宣传部副部长、部长、县委委员，东海县委宣传部部长、县委副书记、代书记，邳县县委副书记兼县长、代书记，济南市直属机关党委书记，中共山东省委第一初级党校副校长、党委常委，中共济南市委党校校长、党委书记，“五七”干校核心领导小组成员，济南市“五七”办公室主任、党的核心小组组长，中共济南市委党校副校长、党委副书记，济南市革命委员会政治部联络组副组长，中共济南市委统战部副部长、部长，济南市政协副主席、党组副书记等职。曾当选政协山东省第四届、五届委员会委员。1990年10月离休。2018年10月3日因病医治无效，在济南逝世。

（尹永俊）

山东省劳动模范（先进工作者）

（81人）

刁统武　中国重型汽车集团济南卡车股份有限公司车身部钳工

马立军　济南农村商业银行股份有限公司党委书记、董事长

马林军　济南热电有限公司工会主席

王　勇　山东麦德森文化传媒有限公司董事长

王　涛　中建八局第二建设有限公司党委书记、董事长

王文涛　济钢集团有限公司规划发展部部长

王明梅（女）　中国邮政集团公司济南市分公司投递局投递员

王金祥　山东山水水泥集团有限公司生产监控部部长

亓明轩　平阴县孝直镇付庄村党支部书记

孔令海　山东平安建设集团有限公司副总经理

田象霞（女）　济南市天桥区工人新村南村街道办事处西区社区党委书记

冯继军（女）　济南华建地产开发有限公司副经理

刘　勇　济南茶叶批发市场集团有限公司总经理

刘云香（女）　济南市槐荫区中大槐树街道办事处裕园社区党委书记、居委会主任

刘立民　济南利民种禽有限公司总经理

刘官君　商河县龙桑寺镇刘集村党支部书记、村民委员会主任

刘建波　济南席庄大米专业合作社理事长

刘宪红（女）　济南市章丘金宝园蔬菜种植专业合作社理事长

闫洪枚（女）　山东金钟科技集团股份有限公司副总经理

江英茂　济南市历城区全福街道办事处南全福社区党支部书记、居委会主任

安　琪（女）　山东茂昌世纪投资有限公司财务经理

孙庆法　山东力诺特种玻璃股份有限公司董事长

孙绪江　积成电子股份有限公司电网自动化事业部经理

杜　亮　中国石油化工股份有限公司济南分公司设备主管师

李云虎　玫德集团有限公司设计员

杨　铧　山东福牌阿胶股份有限公司董事、董事会秘书

杨传银　华能济南黄台发电有限公司锅炉专工

杨京涛　山东华艺物业管理有限公司维修工

杨赵河　济阳百事得农民养猪专业合作社理事长

肖　衡　山东省建设建工（集团）有限责任公司项目经理

肖舒荣　济南市长清区万德街道办事处马套村党支部书记

宋洪润　山东济南烟草有限公司总经理

张　英（女）　济南华鲁食品有限公司农产品采购员
张　亮　中国移动通信集团山东有限公司济南分公司副总经理
张　健　国网山东济南市历城区供电公司发展建设部主任
张　超　济南超意兴餐饮有限公司总经理
张玉斌　中车山东机车车辆有限公司工艺技术部转向架工区焊工
张明习　中国航空工业集团公司济南特种结构研究所所长
张明生　济南黄河路桥建设集团有限公司党委书记、董事长
张恒斌　山东小鸭零售设备有限公司板材车间主任
张宪伟　山东百脉泉酒业有限公司机电车间主任
张道山　济南市长清区龙凤庄园果树种植专业合作社理事长
陈锡忠　济南华联商厦集团股份有限公司执行总裁
陈德国　济南西城高科农业发展有限公司首席农业技师
邵广超　济南长兴建设集团有限公司工程部质检组长
林　力（女）　国网山东省电力公司济南供电公司营业室主管
明建建（女）　济南元首针织股份有限公司内销成衣车间副主任
孟庆华　山东中烟工业有限责任公司济南卷烟厂厂长、党委副书记
赵　才　山东广信工程试验检测集团有限公司隧道部经理
赵世超　济南西区建设工程项目管理有限公司项目经理
修春海　济南轨道交通集团有限公司总经理
秦翠慧（女）　济南阳光大姐服务有限责任公司居家养老服务员
贾虎平　济南市历城区港沟街道芦南农业开发专业合作社理事长
高　卫　山东中烟工业有限责任公司济南卷烟厂制丝车间电气技术主管
郭经顺　中国重型汽车集团有限公司技术发展中心副主任
盛　虎　华电章丘发电有限公司基建部主任
崔　刚　济南出版有限责任公司党委书记、董事长
梁志银（女）　山东华凌电缆有限公司董事长
董文祥　中建八局第一建设有限公司党委书记、董事长
蒋世波　济南市历城区鲁泉养殖场场长
潘　杰　山东圣义律师事务所主任
潘世英　济南热力集团有限公司党委书记、董事长
山　清（女）　山东省济南市中国家税务局纳税服务科科长
王秀荣（女）　济阳县人民医院查体中心主任
王幸福　山东省商河县第一中学党总支书记、校长
孔海涛　济南市杂技团演员
冯雪梅（女）　济南市地方税务局历下分局征收科科长
刘鸿顺　济南市市政重点道路推进办公室二环西路南延工程项目部主任
李绍斌　济南市公安局市中区分局四里村派出所所长
李肇元　济南市口腔医院院长
杨金平　济南市生活废弃物处理中心主任
杨金勇　济阳县职业中等专业学校校长
辛沙沙（女）　济南市殡仪馆火化工
张风礼　济南市公安局交通警察支队槐荫区大队交通肇事处理中队中队长
张金波　济南市地方税务局市中分局二七新村中心税务所主任科员
周俊英（女）　中国共产党济南市委市直机关工作委员会工勤
赵庆国　平阴县总工会党组书记、常务副主席
胡爱红（女）　济南市舜耕小学校长
韩　东　山东省济南回民中学组织人事科科长
韩晓爽（女）　济南市市中区人民法院十六里河人民法庭庭长
韩爱民（女）　济南市青龙街小学校长

济南市五一劳动奖章获得者

（148 人）

一、项目建设劳动竞赛

李成华　济南市历城区发展和改革委员会主任

封秀焕（女）　济南市历下区发展和改革委员会主任
郭庆伟　济南市市政重点道路推进办公室顺河高架南延工程建设项目部工程师
秦　松　中共济南市委督查室督查二处副处长
张红军　济南市公安局重点工程保卫支队支队长
魏　涛　济南市城乡建设委员会质量安全管理处处长
周　倩（女）　山东鲁信置地有限公司总经理
孙福祥　济南市章丘区发展和改革委员会副调研员
王彦成　济南市环境保护局副处长
安　炜　济南市发展和改革委员会能源交通处调研员

二、招商引资劳动竞赛

李　凯　济南市高新区投资促进中心招商服务部副部长
贺旭艳（女）　济南市投资促进局投资推广处处长
丁　芳（女）　山东平阴工业园区管理委员会投资促进中心主任
艾　军　济阳县投资促进服务中心主任
于志毅　济南市统计局投资处处长
孙　蕾（女）　济南市历下区投资促进服务中心副主任
姜晓林　中信证券（山东）有限责任公司董事长
徐　立　济南市槐荫区投资促进服务中心综合科（办公室）科长
陈　滢　济南市历城区投资促进服务中心投资服务科科长
李经国　济南市章丘区投资促进服务中心主任
王利建　济南市政府驻北京办事处工作人员

三、科创中心劳动竞赛

丁云龙　浪潮世科（山东）信息技术有限公司国际业务拓展总监
江丽华　山东省农业科学院农业资源与环境研究所学科带头人
李惠民　山东网聪信息科技有限公司董事长
杨　蓓（女）　济南市历城区科技局局长
单东日　齐鲁工业大学教授
孔　杰　济南邦德激光股份有限公司董事长
赵　明　济南市市中区科技局副调研员
谢德仁　山东师范大学科学技术处副处长
张　明　济南市天桥区科学技术局局长
张善良　济阳县科学技术局知识产权局局长

四、物流中心劳动竞赛

夏　庆　济南市物流办公室处长
刘　佳（女）　山东三际电子商务有限公司副总裁
葛金田　山东物流发展研究中心主任
赵　宁　济南苏宁物流有限公司经营副总监
付兴斌　山东顺丰速运有限公司公共事务部负责人
娄新珍（女）　漱玉平民大药房连锁股份有限公司电商事业部总经理
胡文兵　济南市物流办公室副处长
王增鑫　济南维尔康实业集团有限公司副总裁
耿　磊　山东高速国储物流有公司总经理
于志敏　济南广友物流配送集团有限公司副总经理

五、金融中心建设劳动竞赛

胡宗惠（女）　工商银行济南经二路支行副行长
马恒波　济南合信民间资本管理有限公司总经理
范钦键　济南农村商业银行股份有限公司党委副书记
杨兴存　济南高新区服务业促进局局长
郑录军　中国人民银行济南分行金融研究处处长
韩明华　山东商河汇金村镇银行股份有限公司董事长
朱洪权　济南市人民政府金融工作办公室资本市场处副处长
刘运之　鲁证期货股份有限公司副总经理
王胜进　中泰证券股份有限公司济南分公司总经理
刘　鹏　中国人寿济南市分公司营销五部经理

六、棚改旧改劳动竞赛

高　军　济南市住房保障和房产管理局（市城市更新局）主任科员
冯　毅　济南市历下区姚家街道办事处党工委书记
张敬轩　济南市市中区党家街道办事处党工委书记
龚文华　济南市槐荫区房屋征收服务中心副主任
燕建广　济南市天桥区房屋征收服务中心主任
刘　猛　济南市历城区住房和城乡建设委员会科长
费　忠　济南市长清区文昌街道办事处武装部部长
王　霞（女）　济南高新区管理委员会国土规划建设管理局副局长
王永强　济南市章丘区明水街道办事处建管办主任
杨　晶　济阳县曲堤镇人民政府科员

七、拆违拆临劳动竞赛

乔小松　济南市历下区趵突泉街道办事处副主任
张　磊　济南市市中区综合行政执法局副局长
甘宪阳　济南市槐荫区城市管理行政执法局副科长
武　波　济南市天桥区城市管理行政执法局执法大队大队长
谢　健　济南市历城区综合行政执法局主任科员
秦成国　济南市长清区城市管理行政执法局执法大队副大队长
郭　明　济南市章丘区明水街道办事处城市管理办公室主任
杨军杰　济南高新区城市管理局执法大队三中队中队长
张书忠　济南市南部山区管委会综合管理执法局科员
刘召朋　济南市城市管理行政执法支队一大队主任科员

八、治霾劳动竞赛

高冰洁　济南市纪委第一纪检监察室正科级检查员
姬广青　济南市环境保护局污染防治处副主任科员
张　铬　济南市天桥区环境保护局副局长
朱春晖　济南市环境保护局高新区分局副局长
吕拥军　济南市环境监察支队监察二大队主任科员
季宝峰　济南市机动车污染防治监控中心副科长
江　海　中共济南市委宣传部宣传处处长
吴楠楠（女）　济南市党员干部现代远程教育中心综合处调研员
阮振宇　济南市长清区环境监测站站长
季　钢　济南市历城区环境监察大队大队长

九、治堵劳动竞赛

杨　峰　济南市城乡交通运输委员会铁路和航空协调处处长
许　庚　济南城建集团有限公司总工程师
范立振　济南市文明办文明单位管理处处长
赵　民　济南市委宣传部新闻出版处处长
李晓斌　济南市公安局交警支队历下大队交通科副科长
伊　兵　济南市公安局交警支队天桥大队堤口路中队中队长
李绅鹏　济南市公安局交警支队历城大队秘书科副科长
徐全波　济南市公安局交警支队综合办民警
郭传恩　济南市公安局交警支队综合办民警
解　明　济南市公安局交警支队槐荫大队经六路中队中队长

十、扶贫开发劳动竞赛

姜崇辉　济南市教育局技术装备与学校安全处副调研员
刘晓东　济南市扶贫开发领导小组办公室督查考核组组长
王濯缨　济南市扶贫开发领导小组办公室综合协调组组长
史庆利　济南市长清区万德街道办事处扶贫开发领导小组办公室主任
商佩东　济南市章丘区农业局扶贫开发领导小组办公室主任
杨永军　济南市历城区扶贫开发领导小组办公室信息组临时召集人
李　静（女）　商河县扶贫开发领导小组办公室督查考核组组长
陈骁男　济南市南部山区扶贫开发领导小组办公室项目考核组组长
任　涛　济阳县扶贫开发领导小组办公室信息统计组组长
张铨民　平阴县扶贫开发领导小组办公室主任科员

十一、中央商务区建设劳动竞赛

孟祥民　济南市历下区智远街道办事处党工委书记
路　浩　济南市城市建设投资服务中心有限公司总经理助理
刘　华　济南市城市建设投资服务中心有限公司总经理助理
王允东　中建八局第二建设有限公司项目经理
沈廷伟　山东建院工程监理咨询有限公司项目总监理工程师
黄智焱　济南城市投资集团有限公司项目三部负责人
杨明玉　济南城市投资集团有限公司企划部副部长
张　敬（女）　济南城市投资集团有限公司董事会（党委）办公室副主任
李　毅　济南城市投资集团有限公司工程管理部部长

马少军　济南城市投资集团有限公司土地开发及规划部部长

十二、轨道交通建设劳动竞赛

彭新民　中铁四局集团轨道交通 R3 线三标项目部项目经理

董俊瑞　中铁十二局集团轨道交通 R3 线五标项目部项目经理

崔建波　中铁十四局集团轨道交通 R3 线一期土建二标项目总工程师

刘桂东　中铁四局集团第三建设有限公司总工程师

修乃锐　济南城建集团有限公司项目经理

尹燕奎　中铁济南工程建设监理有限公司总监

马万国　中建八局第二建设有限公司项目经理

李克金　中铁十四局集团隧道公司副总经理兼项目经理

李建国　中铁二局工程有限公司济南地铁项目经理

胥海江　中铁上海工程局集团第一工程有限公司项目执行经理

十三、二环快速路建设劳动竞赛

黄　河　山东顺河路桥工程有限公司经理

厉建川　济南市城市道路桥梁管理处副处长

刘洪武　山东高速济莱城际公路有限公司董事长

王　芃　济南黄河路桥建设集团有限公司同晟路桥子公司经理

王扬亭　济南市城乡交通运输委员会财务审计处副处长

袁安东　济南市公路管理局市郊公路管理处副处长

丁　泉　济南市城乡交通运输委交通设施建设与管理处调研员

吕守明　济南城建集团有限公司副总经理

孙培梁　济南市城乡交通运输委员会交通综治处处长

王秀林　济南通达公路工程有限公司党支部书记

十四、西部新城和华山片区建设劳动竞赛

李培杰　济南城市建设集团有限公司总经理

胡　娟（女）　济南城市建设集团有限公司投融资部部长

李　彦　济南城市建设集团有限公司规划开发部部长

李景越　济南滨河天成建设开发有限公司经理

翟　彬　济南华建地产开发有限公司经理

郝艳艳（女）　济南城市建设集团有限公司财务部部长

杜连平　济南西区建设工程项目管理有限公司副总经理

张庆忠　山东济西湿地生态农场有限公司经理

谢拔勋　济南黄河路桥建设集团有限公司副书记

张洪运（女）　济南市政公用资产管理运营有限公司总会计师

十五、人防工程建设劳动竞赛

方　勇　济南市人防指挥信息保障中心高级工程师

赵　强　济南市人防安全应急救援中心高级工程师

潘　伟　济南市人防安全应急救援中心工程师

刘　军　济南市人防安全应急救援中心科长

王胜华　济南市人防指挥信息保障中心副高级工程师

十六、创建全国文明城市

刘　玲（女）　市文明办综合协调处主任科员

范华阳　市文明办创建活动指导处处长

（市总工会）

责任编辑　张　阳

中共济南市委 济南市人民政府关于印发《深化“一次办成”改革进一步优化营商环境的若干措施》的通知

各县区党委和人民政府，市委各部门，市级国家机关各部门，各人民团体，市属各企事业单位：

《深化“一次办成”改革进一步优化营商环境的若干措施》已经市委、市政府同意，现印发给你们，请结合实际认真贯彻落实。

中共济南市委
济南市人民政府
2018年6月19日

深化“一次办成”改革进一步优化营商环境的若干措施

为深入贯彻落实习近平新时代中国特色社会主义思想和党的十九大精神，贯彻落实习近平总书记考察山东重要讲话精神，针对我市营商环境存在的突出问题，对标先进城市，加大改革力度，深化“一次办成”改革，提效率、增便利、激活力，进一步优化我市营商环境，现制定如下措施。

一、推进商事登记便利化

1. 企业开办“一次办成”。优化工商登记办理流程，实行企业登记注册“一人受理审核制”，由登记窗口的同一工作人员负责受理、审核全过程业务，通过网络化手段在后台进行公安、银行、税务、社会保障等部门间数据的实时共享交换，在材料齐全符合法定形式的前提下，新开办企业3个工作日内完成营业执照办理、公章刻制、银行开户、涉税办理、社保登记等事项。（牵头单位：市工商局、市公安局、人民银行济南分行营业管理部、市国税局、市地税局、市人力资源社会保障局、市政务服务中心管理办公室）

2. 简化分支机构设立程序。对快递、连锁商业等需在多县区设立分支网点的行业，可以自愿选择在市工商局或所在县区局登记，具备条件的，可以实行“一照多址”，简化设立分支机构的备案手续，完善末端网点备案制度。（牵头单位：市工商局）

3. 实行住所（经营场所）申报承诺制。商事登记申请人就住所（经营场所）产权权属、使用功能及法定用途做出符合事实和规定的承诺，凭住所

(经营场所)承诺书申请登记，不需提交其他证明材料。登记机关不再审查其产权权属、使用功能及法定用途。审批监管部门应加强对市场主体住所(经营场所)的事中、事后监管，查处违法违规、违反承诺行为。(牵头单位：市工商局、相关审批监管部门)

4. 实施工业产品生产许可证“一企一证”。对具有营业执照的生产企业同时申请生产多种纳入工业产品生产许可证管理目录的产品，由审批发证部门一并实施审查并颁发一张工业产品生产许可证，变“一企多证”为“一企一证”。(牵头单位：市质监局)

5. 压缩不动产登记办理时限。对夫妻间析产、个人姓名变更、不动产查封登记、异议登记等实行即时办结；对新建商品房类买卖涉及的税收、不动产登记实行2个工作日内办结；对涉及实体经济企业的不动产登记实行3个工作日内办结。对因法定事宜或纠纷确需延长办理时限的，必须明确告知申请人办理依据、办结时限等信息。(牵头单位：市国土资源局、市地税局)

二、提高建设项目审批效率

6. 推行“拿地即开工”审批模式。企业投资项目在办理用地手续的“时段”，实行容缺受理，提前介入进行审核、审批，待建设单位取得建设工程用地规划许可证或土地移交书后，即可办理施工许可。采取“拿地即开工”模式，从取得使用土地批准文件到获取施工许可证为止，工业项目政府审批时间不超过15个工作日，其他投资建设项目不超过30个工作日。(牵头单位：市政务服务中心管理办公室)

7. 精简审批事项和条件。参照国务院办公厅开展工程建设项目审批制度改革试点要求，精简不合理、不必要的审批事项，取消施工合同备案、建筑节能设计审查备案等事项，将消防、人防等设计并入施工图设计文件审查。(牵头单位：市编办、市政务服务中心管理办公室、市法制办)

8. 扩大区域综合评价适用范围。在各开发区、功能区和连片开发区域，对环境影响评价、水土保持方案、地质灾害危险性评估、地震安全性评价、雷电灾害评价、节能评价、文物保护、交通影响评价、泉水影响评价等事项，全面推行区域综合评价评估，由建设单位“逐一”编报，变为由各功能区、开发区或连片开发区“统一”编报，实现区域整体评价评估成果区域内建设项目共享共用。(牵头单位：各县区政府、各开发区)

9. 实施工业“零土地”技改项目建设承诺制。对工业企业在不涉及新增建设用地和原有土地上改建、扩建的单体建筑面积不超过20%的前提下建设的技术改造项目，由企业作出符合消防、安全、节能等国家强制性要求以及规划审批要求、产业准入条件的承诺，并办理质量安全监督手续后，依法依规自主进行建设施工，竣工后接受相关行政部门验收。(牵头单位：市政务服务中心管理办公室)

10. 试点企业投资项目建设承诺制。在济南新旧动能转换先行区试点项目建设承诺制，企业在获得用地后对建设工程做出符合消防、安全、节能等国家强制性要求及产业准入条件的承诺，依法依规自主开展勘察、设计，通过技术性审查合格并办理质量安全监督手续后允许建设施工，施工过程接受动态监督，竣工后接受相关行政部门验收。(牵头单位：济南新旧动能转换先行区管委会)

11. 推行建设项目联合验收。按照企业自愿申请、部门各负其责，工作并联推动、验测合一进行的原则，对具备竣工验收条件的建设工程涉及的综合验收事项，实施统一受理、统一现场验收、统一送达验收文件。对于验收涉及的测量工作，实行“一次委托、统一测绘、成果共享”。(牵头单位：市政务服务中心管理办公室)

三、构建高效政务管理体制

12. 成立统一的市场监管机构。根据党政机构改革部署和时限要求，组建专门市场监管机构，实施企业注册到经营全过程统一监管，从根本上解决多头管理、重复执法问题。(牵头单位：市编办)

13. 成立统一的电子政务与数据资源管理机构。根据党政机构改革部署和时限要求，组建专门的电子政务与数据资源管理机构，负责指导全市电子政务、政务公开和大数据发展职责，协调推进全市政务数据和公共数据资源目录制定、归集管理、整理利用、共享开放，建设完善“一网通办”的市级政

务服务平台和电子证照信息库，推动数据资源在政府管理和社会治理领域的共享应用。（牵头单位：市编办）

14. 开展“全链条”审批服务模式。大力推进“一次办成”改革，把分散在不同部门的事项按链条进行优化整合，实现“一件事情一链办理”。在户籍办理、车辆和驾驶人证照办理、事物公证、社保缴纳、劳动就业、民政救助、残疾人证办理、养老机构设立、民办教育机构设立、个体诊所设立、药品零售企业设立等领域，推行“一份服务指南、一张申请表单、一套申报材料、一次完成一件事情多项审批服务”的“全链条”审批服务模式。（牵头单位：市政务服务中心管理办公室）

四、加强企业经营要素保障

15. 探索工业“标准地”出让。在各开发区、功能区和连片开发区域，前期已经完成区域综合评价的土地，挂牌出让时明确公告规划建设标准、固定资产投资强度、年土地亩均产出、年土地亩均税收、能耗标准、环境标准等指标体系。以承诺制代替审批制，企业取得“标准地”并做出承诺后即可开工建设。（牵头单位：各县区政府、各开发区、市国土资源局、市规划局）

16. 大力推进工业标准厂房建设。由政府主导，在各开发区、功能区统一规划建设具有通用性、配套性、集约性等特点的标准厂房，给予免除城市基础设施综合配套费等优惠政策，采取限价、限销售对象等方式对外租售，为工业企业集聚发展和外来工业投资项目提供生产经营场所，实现工业项目“拎包入住”。允许工业企业按栋、按层购买标准厂房或先租后买，所交租金可抵扣房款。（牵头单位：各县区政府）

17. 允许工业用地地上建筑物分割转让。工业项目在接受投资、合资、对外投资合作中，确需建筑物产权分割转让的，允许以楼层为最小单位办理分割确权。（牵头单位：市国土资源局）

18. 解决中小微企业融资难融资贵问题。建立“政银”信贷风险分担机制，对合作银行对支持小微企业贷款产生的风险给予补偿，最高给予合作银行本金损失40%的补偿。单户企业由风险资金给予补偿的贷款额上限为300万元。实施中小微企业融资费用补助，对中小微企业流动资金贷款按年度实际融资费用的40%（小微企业按照50%）给予补助，单户企业年补贴额最高不超过30万元。（牵头单位：市经济和信息化委、市财政局）

19. 加大担保机构业务补助及奖励力度。支持担保机构发展，降低融资担保费用，对为我市中小微企业提供融资担保服务的担保机构，给予不超过200万元的业务补助，并按照当年新增中小微企业担保业务增量给予不超过200万元的奖励，政府性融资担保机构年化担保费率原则上不超过1.8%。（牵头单位：市财政局、市经济和信息化委）

20. 方便企业获得电力。简化企业用电申请环节，压缩用电报装时限，低压用户合并现场勘查和装表接电环节，普通高压用户取消设计审查和中间检查环节，高压用户在竣工验收时仅需提供用电工程竣工报告和交接试验报告。根据省电力体制改革安排，推动企业参与省内或跨省区电力交易市场，开展增量配电网改革试点，降低企业用电成本。（牵头单位：济南供电公司）

21.方便企业获得天然气。压缩报建时间，将集中报建客户报建办理时限压缩至5个工作日以内。主城区小型工商客户在15个工作日内完成安装并通气，普通工商客户在30个工作日内完成安装并通气；各区县距离中压管道1km范围内，50个工作日内完成工程并交验，距离中压管道1km以外范围，90个工作日内完成工程并交验。研究制定天然气直供政策，推动天然气生产管输企业向工业集中区等用户提供直供服务，对直供用户天然气价格可在政府定价基础上由供需双方协商下浮。（牵头单位：市城乡建设委）

22.方便企业获得供水。进一步压缩办理时限，在报装手续、现场勘查、工程设计、工程安装等环节逐项承诺时限，将企业供水办理全流程时间缩短至60个工作日以内。（牵头单位：市城乡水务局）

23. 改善物流车辆通行条件。研究物流车辆市区通行分类管理措施，加大对新能源物流车、冷链配送车辆、标准化配送车辆的便利通行支持力度。协调解决物流车辆过黄河收费问题。（牵头单位：市交

通运输委）

五、减轻企业税费负担

24. 加强税收优惠支持。不折不扣落实国家出台的系列税收优惠政策，对符合政策的纳税人实行即报即享、应享尽享。实施新旧动能转换重大工程税收优惠，按程序先行先试临时性的期末留抵退税政策、去产能和产业升级企业停产期间城镇土地使用税政策、海关特殊监管区内企业享受“内销选择性征税”政策或一般纳税人资格政策、科技人员职务科技成果3年内获得的现金奖励减半计入工资薪金所得计征个人所得税政策、技术先进型服务企业减按15%的优惠税率征收企业所得税政策。（牵头单位：市国税局、市地税局）

25. 简化报税程序。推广涉税事项表证单书要素化管理、提供预填式一键申报，缩短企业办税时长。简化纳税人优惠备案和合同备案，税收优惠资料由报送税务机关改为纳税人留存备查为主。探索简并纳税申报期限，对房产税、城镇土地使用税申报实行一年一报，对商事登记制度改革后的新办企业首次货物劳务税及附加推行有税申报。对无税控设备的纳税人推行简易注销方式，实现纳税人在线自行申报和办理注销。（牵头单位：市国税局、市地税局、市财政局）

26. 减轻涉企收费负担。实行涉企行政事业性收费目录清单制度，除清单目录内13项收费外，其他一律不得征收。取消一批市定涉企保证金，清理规范行政审批过程中的各类中介服务事项和收费，杜绝供电、供热、供气、供水等公共事业、垄断行业向市场主体乱收费行为。（牵头单位：市财政局、市编办、市物价局）

27. 全面实施政府采购信用担保。在政府采购过程中，取消企业以现金形式缴纳投标（报价）保证金、履约保证金的做法，全面开展投标担保、履约担保、融资担保等信用担保方式，降低企业参与政府采购的成本。（牵头单位：市财政局）

六、建设诚信法治环境

28. 严格兑现招商承诺。由市投资促进局和县区投资促进局牵头，统一受理各类招商政策兑现方面的投诉要求，协调财政、规划、国土等部门按照职责兑现依法签订的招商引资承诺。因公共利益或者其他法定事由确需撤回或者变更的，应当依照法定权限和程序进行。（牵头单位：市投资促进局）

29. 加强企业信用监管。加强市场主体信用信息收集、储存和应用，加大企业信用信息公示力度，建立信用联合惩戒机制、经营异常名录、失信企业黑名单等制度。企业设立、项目建设、“标准地”出让等采取承诺制审批的企业承诺，全部上网进行公示，未能达到承诺要求的，依法停止事项并予以处罚。（牵头单位：市工商局、市发改委）

30. 严厉打击破坏营商环境犯罪行为。依法打击借征地、拆迁、补偿向投资者索要钱物、强揽工程、强行供料、强买强卖、阻挠建设等妨碍企业正常经营、侵害企业正当权益等违法犯罪行为。对属于涉黑恶犯罪团伙，组织专案力量实施打击。（牵头单位：市公安局）

31. 包容审慎监管新经济、新业态。对网络社交、跨境电商、无人零售、社交电商、无车承运人、快递、养老等新经济业态，实行包容审慎监管，采取建议、提醒、约谈等方式，督促市场主体合法经营，预防和避免违法行为发生；对轻微违法，但未对社会、人身造成危害的行为实施柔性执法，依法减轻或免于行政处罚。（牵头单位：相关监管部门）

32. 维护企业家合法权益。支持企业家探索创新，宽容企业家合法经营中的失误，依法慎用查封、扣押、冻结等强制措施，规范涉案财产处置。建立我市企业家参与涉企政策制定制度，凡是政府部门制定的涉企政策性文件，都要征求企业家意见或请企业家代表参与制定。（牵头单位：市法院、市工商联、有关政策制定部门）

七、完善评估惩戒体系

33. 建立营商环境监测评价体系。参照世界银行营商环境评价指标体系，从企业全生命周期、企业投资环境、城市高质量发展水平等方面，选取开办企业、办理施工许可、市场开放度等指标，建立我市营商环境监测评价体系，全面系统进行测评、分析，深入查找问题症结，推进相关部门进一步减环节、优流程、压时限、提效率。（牵头单位：市发改委、市统计局）

34.建立营商环境投诉举报平台。依托12345市民服务热线组建全市统一的营商环境投诉平台，精准发现影响和破坏营商环境的问题，加强督促整改、反馈落实和跟踪监控。企业对损害营商环境的投诉举报，在5个工作日内予以答复，并建立与纪检监察机关的信息共享、线索移交、查处曝光机制。(牵头单位：12345市民服务热线办公室)

35. 建立营商环境问责惩戒机制。纪检监察机关加强对优化营商环境落实情况的监督检查，坚决查处有令不行、有禁不止，上有政策、下有对策等行为。加大对不担当、不作为、乱作为等突出问题的整治力度，问责情况纳入党风政风行风正风肃纪民主评议，对典型问题进行通报曝光。(牵头单位：市纪委监委机关)

以上改革措施自发布之日起施行，此前有关规定与此不一致的，以此为准。

2018年济南市国民经济和社会发展统计公报[1]

济南市统计局
国家统计局济南调查队

2018年，在市委市政府坚强领导下，全市上下以习近平新时代中国特色社会主义思想为指导，全面贯彻党的十九大和十九届二中、三中全会精神，坚持稳中求进工作总基调，坚定践行新发展理念，着力推动高质量发展，以供给侧结构性改革为主线，围绕加快打造“四个中心”、建设“大强美富通”现代化国际大都市，砥砺奋进，顽强拼搏，经济综合实力显著增强，产业转型升级加速推进，质量效益持续提升,创新驱动能力持续增强，城市形象持续改善提升，改革开放力度持续加大，民生保障持续加快改善,开创了省会经济社会发展新局面。

一、综合

经济运行稳中有进。初步核算，全年全市地区生产总值[2]7856.56亿元，比上年增长7.4%。其中,第一产业增加值272.42亿元，增长2.5%；第二产业增加值2829.31亿元，增长7.8%；第三产业增加值4754.83亿元，增长7.5%。三次产业构成为3.5:36.0:60.5。人均地区生产总值[3]106302元，增长5.7%，按年均汇率折算为16064美元。

人口保持平稳增长。年末常住人口746.04万人，比上年末增长1.90%。户籍人口655.90万人，增长1.91%。申报出生率14.57‰，申报死亡率6.98‰，人口自然增长率7.59‰。

就业保持良好态势。全年新增城镇就业18.95万人，年末城镇登记失业率2.06%。

物价水平温和上涨。全年居民消费价格上涨2.6%，其中，食品烟酒类价格上涨3.2%。工业生产者出厂价格上涨4.8%，工业生产者购进价格上涨8.3%。

新建住宅销售价格指数环比涨幅基本保持稳定。

现代服务业[4]增速较快。全年现代服务业实现增加值2767.38亿元，增长12.8%,占服务业比重为58.2%。

非公有经济稳定发展。全年非公有经济增加值3237.50亿元，增长3.6%，占GDP比重为41.2%。其中，民营经济增加值2833.58亿元，增长3.7%，占GDP比重为36.1%。

2018年居民消费价格指数(以上年为100)

指　标	全　市
居民消费价格指数	102.6
食品烟酒	103.2
衣着	103.8
居住	103.5
生活用品及服务	100.6
交通和通信	102.1
教育文化和娱乐	99.6
医疗保健	104.7
其他用品和服务	99.6

重点改革成效显著。深入实施“三去一降一补”，加快东部老工业区搬迁改造，新搬迁改造或关停腾退企业10家，累计完成66家。全面实施“一次办成”改革，优化提升营商环境，创造性实施“立体式”监督、“点穴式”察访、“清单式”整改、“靶向式”问责，“拿地即开工”审批模式被国务院在全国复制推广，市场主体总量突破80万户。大力推进“放管服”改革，济南公共数据开放网已开放65个部门1405项

数据集，下放市级行政权力事项 19 项，实现了“四十五证合一”。打造对外开放新高地，构建“双招双引”新格局，先后承办了儒商大会 2018、青年企业家创新创业国际峰会、第七届文博会、首届全国工商联主席高端峰会等重大国际性会议。创新创业活力不断释放，省市共建山东省技术成果交易中心挂牌成立，全市科技企业孵化器达 47 家，众创空间达 186 家，新增各级知识产权企业 178 家。在 2018 年全国文明城市年度测评中居省会（首府）、副省级城市第一位。

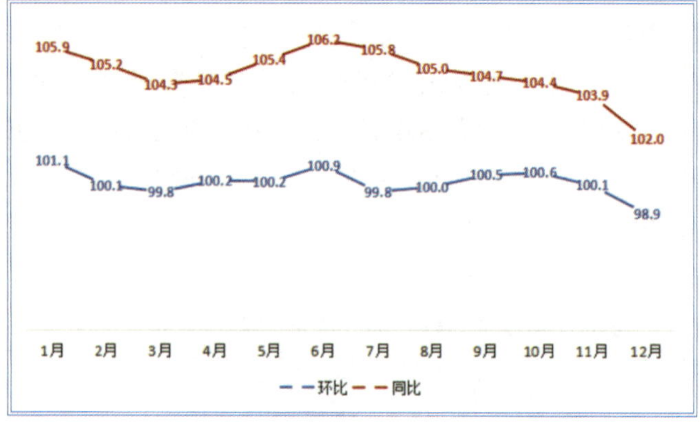

2018 年工业生产者生产价格指数(%)

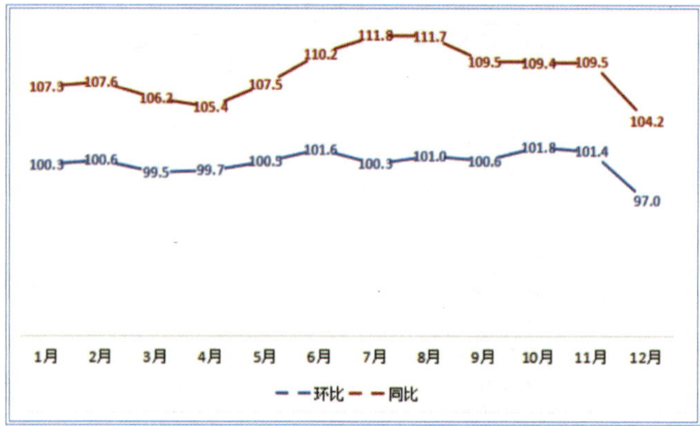

2018 年工业生产者购进价格指数(%)

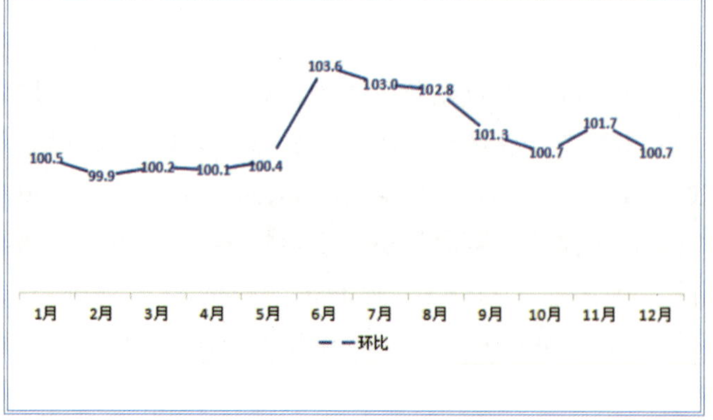

2018 年新建住宅销售价格指数(%)

新旧动能转换加快推进。全年新经济增加值[5]比重达到 26.5%，居全省第 3 位，提高 1.7 个百分点。规模以上高技术制造业增加值增长 17.8%，累计实现主营业务收入 968.8 亿元，增长 15.3%。高端装备制造产业增加值实现增长 11.1%。新兴产品中，生产电子工业专用设备和工业机器人产量分别增长 52.0%、38.9%，传统耗能产品中，粗钢、钢材产量分别下降 64.4%、45.5%。限额以上单位通过互联网实现商品零售额 63.2 亿元，增长 28.0%，高于限额以上零售额平均增幅 20.3 个百分点。

二、“四五四”工作

“四个中心”建设实现历史性突破。1、区域性经济中心建设。全年全市地区生产总值占全省比重达到 10.27%，居全省第 2 位；一般公共预算收入占比 11.61%，居第 2 位；固定资产投资增速居第 1 位；社会消费品零售总额居第 2 位；第三产业增加值占 GDP 比重 60.5%，居第 1 位。2、区域性金融中心建设。金融业增加值 831.11 亿元，增长 3.3%。年末金融机构本外币各项存款余额居全省第 1 位，金融机构本外币各项贷款余额居全省第 2 位。新增新三板挂牌公司 7 家，总数达到 163 家（其中 17 家进入创新层），占全省比重 22.1%。新三板挂牌公司通过定向发行股票、发行优先股、发行公司债等形式累计融资 130.5 亿元。3、区域性物流中心建设。国家 5A 级物流企业达到 11 家、国家级示范物流园区 2 家，均居全省第 1 位。重点物流企业 256 个，营业收入 265.3 亿元，增长 9.6%。成功入选国家物流枢纽承载城市，荣获“改革开放 40 年城市物流发展成就奖”。4、区域性科技创新中心建设。高新技术企业达到 1547 家，新认定高新技术企业 683 家。规模以上工业高新技术企业 741 家，实现产值增长 13.4%，占规模以上工业总产值的比重为 56.12%。国家级企业技术中心（分中心）27 家，省级工程实验室（工程研究中心）77 家，省级（示范）工程技术研究中心 161 家。建成国家、省级企业重点实验室 16 家。R&D 经费投入 185.15 亿元，占 GDP 比重为 2.59%，比上年提高 0.21 个百分点。

五项重点工作成果丰硕。1、招商引资。引进市外投资增长22.7%，引进世界500强项目23个、大院大所和高端研发机构103家，泰山产业领军人才新入选数量全省第一，城市创新环境竞争力排名全国第九。2、项目建设。240个重点项目开工237个，开工率98.8%，完成投资2958.7亿元，占计划投资的105.1%，其中，36个项目已竣工。3、棚改旧改征收拆迁。棚改安置房开工71351套，其中，省级棚改开工46673套，提前超额完成省定任务。整治改造老旧住宅小区761.5万平方米，既有住宅加装电梯竣工186部、占全省80%以上。完成农村危房改造3254户、无害化卫生厕所改造13.95万户、村庄街巷硬化209个。4、拆违拆临建绿透绿。拆除违法建设3428万平方米，建绿透绿150.3万平方米，建成口袋公园、街头游园103处，开工建设山体公园20处，完成35座山体绿化提升项目。5、城市更新。“1+5”特色街区综合更新、“一湖一环”景观照明和“明湖秀”项目点亮泉城，完成31条黑臭水体治理任务，华山人水和谐生态治理模式在全国复制推广。

四大攻坚战不断克难。1、治霾。完成农村地区清洁取暖户数7.8万户，城市（县城）清洁取暖项目完工1412万平方米。新能源发电装机总容量75.2万千瓦，占发电总装机容量的18.3%。其中，生物质发电装机7.9万千瓦，太阳能发电装机31.9万千瓦，风力发电装机35.5万千瓦。购置新能源公交车1039辆。报废更新国三老旧柴油车10361辆，兑付补贴资金1.3亿元。2、治堵。轨道交通R1、R2、R3线完成投资分别为39.4亿元、37.5亿元、34.0亿元。轨道交通1号线提前建成通车。北园大街西延高架提前开通。当年开工当年打通28条瓶颈路，150公里BRT走廊成网运行，一举退出全国十大拥堵城市行列。3、脱贫攻坚。完成了减贫计划，实现脱贫0.16万人，2个贫困村摘帽退出，巩固提升已脱贫贫困人口10.16万人，基本完成现行标准下脱贫任务。分类推进贫困村实施产业项目270个，发放富民生产贷、富民农户贷0.28亿元。转移就业贫困群众3.90万人次。享受到教育资助的贫困学生数达2.46万人次。贫困村饮水安全工程全部完成,贫困户危房改造3254户。4、新旧动能转换先行区建设。坚持多规合一，编制完成先行区总体规划和50余项专项规划。450平方公里的新旧动能转换先行区直管区全面启动建设，加快建设“三桥一隧”，总投资约1500亿元的高端装备制造产业园、国际会展中心等八大引领支撑性重点项目全面开工，120余个“高精尖”项目纳入储备项目库。

三、农业

农业综合生产能力保持稳定。全年农林牧渔业增加值286.4亿元，比上年增长2.8%。粮食总产量251.4万吨,减少1.6%；油料产量4.2万吨，增长15.6%；蔬菜产量527.2万吨，减少10.9%；水果产量42.2万吨,减少2.2%。

林牧渔“一升两降”，畜牧业产能有所下降。全年新造林面积4902公顷，经济林种植面积65033公顷，植树造林1306万株。肉类总产量29.8万吨，减少8.3%；禽蛋产量33.2万吨，减少15.7%；奶类产量32.8万吨，增长24.6%。水产品产量3.2万吨，减少22.7%。

农业产业化水平持续提高。市级农业龙头企业402家，新认定31家；农民专业合作社6632家，新登记216家。新创建国家级畜禽养殖标准化示范场1处。农机总动力达到454.6万千瓦，主要农作物综合机械化率达到90%。

四、工业、建筑业

工业生产平稳增长。全年全部工业增加值比上年增长7.0%。规模以上工业增加值增长7.1%，分经济类型看，公有制经济增长9.2%，非公有制经济增长5.3%；分轻重工业看，轻工业增长5.6%，重工业增长7.6%。

全部行业增长面保持稳定。规模以上工业41个大类行业中，有24个行业增加值实现增长，增长面为58.5%。

半数以上工业产品实现增长。全年规模以上工业产品产品销售率为97.5%。所生产的147种大类产品中，有82种产品产量实现增长，增长面为55.8%。其中，增幅超过30%的产品有20种，占比为13.6%，较上年提高0.8个百分点。

工业经济效益持续改善。全年规模以上工业主营业务收入5171.0亿元，增长6.5%。重点行业中，石

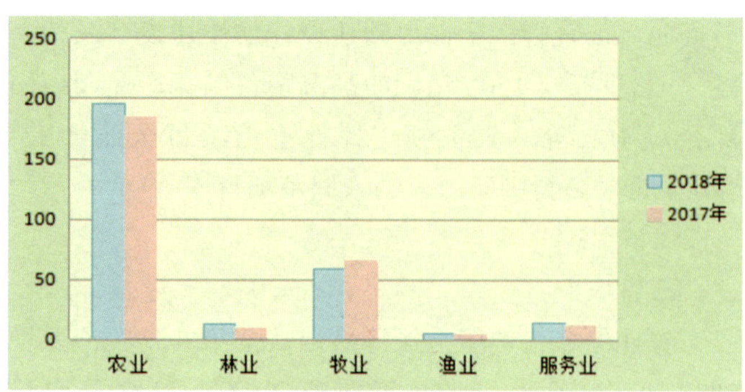

农林牧渔业增加值

2018 年规模以上工业重点行业增加值增长速度

行业名称	比上年增长(%)
汽车制造业	8.5
计算机、通信和其他电子设备制造业	18.7
医药制造业	17.9
石油、煤炭及其他燃料加工业	22.3
通用设备制造业	6.7
非金属矿物制品业	23.3
金属制品业	-11.2
化学原料和化学制品制造业	7.0
专用设备制造业	0.8
电气机械和器材制造业	-3.1

油、煤炭及其他燃料加工业增长 36.1%，汽车制造业增长 22.8%，计算机通信和其他电子设备制造业、化学原料和化学制品业、医药制造业分别增长 18.4%、14.8%、11.9%。

建筑业较快发展。全年建筑业增加值 688.3 亿元，增长 11.1%，占 GDP 比重为 8.8%。在建工程总施工面积达到 12984.0 万平方米。具有资质等级的建筑业企业 507 家，增加 3 家。实现建筑业总产值 2823.5 亿元，增长 27.2%，其中，国有及国有控股企业产值 2205.9 亿元，增长 31.7%。签订合同额 6820.6 亿元，增长 17.3%，其中，本年新签合同额 3640.2 亿元，增长 36.1%。

2018 年规模以上工业企业[6]主要产品产量及增长速度

	产品名称	单位	产量	比上年增长(%)
支柱产品	载货汽车	万辆	17.6	-3.8
	服务器	万台	99.6	76.3
	原油加工量	万吨	442.1	21.0
	化学药品原药	吨	9630.3	17.3
	发电量	亿千瓦时	152.8	-5.2
	初级形态塑料	万吨	57.7	6.3
	钢材	万吨	223.3	-45.5
	铁路货车	辆	4998	5.7
	农用氮、磷、钾化学肥料(折纯)	万吨	20.8	-1.0
	矿山专用设备	万吨	4.3	-10.4
	金属切削机床	台	5964	15.9
	变压器	万千伏安	15845	3.9
	石墨及碳素制品	万吨	191.3	3.6
	气动元件	万件	292.1	17.5
	乳制品	万吨	46.9	1.1
	锻件	万吨	71.4	5.6
	水泥	万吨	604.3	0.7
	家用洗衣机	万台	65.0	173.1
	饮料酒	万千升	26.4	-7.7
	鲜、冷藏肉	万吨	8.4	5.0
	发动机	万千瓦	3172.6	-23.6
	化学农药原药(折有效成分 100%)	吨	8942.1	8.3
其他新兴产品	电子计算机整机	万台	101.4	27.8
	工业机器人	套	1003	38.9
	电力电缆	万千米	13.4	3.9
	电子元件	亿只	31.7	-13.9

五、固定资产投资

投资结构继续优化。全年固定资产投资比上年增长9.6%。分产业看，第一产业投资增长9.8%；第二产业投资下降10.1%；第三产业投资增长14.3%。年末亿元以上固定资产投资项目872个，增加128个。分项目规模看，五十亿元以上项目19个，增加3个，完成投资增长21.0%；十亿元以上至五十亿元项目147个，增加41个，完成投资下降0.9%；亿元以上至十亿元投资项目706个，增加84个，完成投资增长34.0%。民间投资增长8.5%，基础设施投资增长10.2%，实体经济投资增长8.4%。

服务业投资较快增长。全年服务业投资增长14.4%。其中，高技术服务投资增长7.8%，物流业投资增长2.8%。

房地产投资平稳发展。全年房地产开发完成投资1369.3亿元，增长11.1%，其中，住宅完成投资928.5亿元，增长12.9%。房屋施工面积9112.1万平方米，增长13.8%，其中，住宅施工面积5932.7万平方米，增长11.3%。房屋竣工面积1203.8万平方米，增长90.7%，其中，住宅竣工面积897.4万平方米，增长82.7%。商品房销售面积1234.6万平方米，增长1.6%，其中，住宅销售面积963.6万平方米，下降1.0%。商品房销售额1473.8亿元，增长25.7%，其中，住宅销售额1172.8亿元，增长23.9%。

六、国内贸易

消费品市场平稳运行。全年社会消费品零售总额4404.5亿元，比上年增长10.0%。其中，商品零售3717.7亿元，增长10.0%；餐饮收入686.8亿元，增长9.9%。分城乡看，城镇社会消费品零售额4003.1亿元，增长10.0%；乡村社会消费品零售额401.4亿元，增长9.4%。限额以上单位[7]实现零售额1334.4亿元，增长7.7%。

主要商品销势良好。在限额以上单位商品零售中，粮油、食品类151.5亿元，增长6.4%；服装、鞋帽、针纺织品类113.2亿元，增长6.0%；金银珠宝类33.0亿元，增长20.4%；家用电器和音像器材类74.6亿元，增长10.4%；通讯器材类67.8亿元，增长22.0%。

2018年限额以上批发和零售业单位商品零售额及增长速度

商品类别	零售额（亿元）	比上年增长（%）
粮油、食品类	151.5	6.4
饮料类	11.9	2.8
烟酒类	22.3	–0.2
服装、鞋帽、针纺织品类	113.2	6.0
化妆品类	20.7	5.0
金银珠宝类	33.0	20.4
日用品类	36.1	–5.7
家用电器和音像器材类	74.6	10.4
中西药品类	46.3	4.9
文化办公用品类	36.2	–1.6
通讯器材类	67.8	22.0
石油及制品类	151.2	6.4
汽车类	390.2	0.7

七、开放型经济

对外贸易增长较快。全年货物进出口总额825.0亿元，比上年增长16.2%。其中，出口519.3亿元，增长14.6%；进口305.7亿元，增长19.0%。出口市场中，对欧洲国家和地区出口增长16.8%，对韩国、日本出口分别下降13.3%和增长7.7%，对美国出口增长39.6%。主要出口商品中，机电产品出口372.2亿元，增长17.5%；高新技术产品出口92.2亿元，增长65.6%。

利用外资水平大幅提高。全年实际使用外资178.2亿元，增长41.0%，其中，制造业使用外资51.5亿元，服务业使用外资123.0亿元。总投资过亿美元的项目41个，合同外资261.3亿元。世界500强企业投资项目23个，实际使用外资99.8亿元。

对外经济合作积极拓展。全年备案设立境外企业

(机构) 51 家，派出各类劳务人员 6254 人。

经济外向度进一步扩大。全年经济外向度 10.5%，提高 0.7 个百分点。

八、交通、邮电、旅游和会展

交通运输保持稳定。年末公路通车里程 12637.7 公里，其中，境内高速公路 488.5 公里。公路客运量完成 3149.0 万人，下降 1.3%；旅客周转量完成 52.9 亿人公里，增长 0.5%。公路货运量完成 2.6 亿吨，增长 6.3%；货运周转量完成 474.0 亿吨公里，增长 3.1%。年末拥有民用机动车 230.4 万辆，其中，民用汽车 216.1 万辆。年末公交线路 386 条，增加 54 条；线路总长度 7388.1 公里，增加 1066.9 公里；旅客运输量 7.7 亿人次，与上年持平。济南机场累计保障起降 12.7 万架次，增长 9.8%；完成旅客吞吐量 1661.2 万人次，增长 16.0%；完成货邮吞吐量 11.4 万吨，增长 19.4%。

邮电通信业快速增长。全年邮政企业和快递服务企业业务收入（不包括邮政储蓄银行直接营业收入）累计完成 61.6 亿元，增长 26.4%；业务总量完成 89.8 亿元，增长 38.7%。快递服务企业业务收入完成 48.4 亿元，增长 27.9%；业务量完成 43195.5 万件，增长 43.0%。年末移动电话用户 1013.7 万户，其中，4G 电话用户 725.0 万户、增长 16.3%。

旅游业稳步发展。全年接待国内外游客 8007.7 万人次，增长 9.9%，其中，接待国内游客 7967.8 万人次，增长 9.9%；接待入境游客 39.9 万人次，增长 6.2%。实现旅游消费总额 1129.6 亿元，其中，国内游客消费额 1054.7 亿元，入境游客消费额 22285.1 万美元。共有 A 级旅游景区 62 家，其中，5A 级景区 1 家，4A 级景区 13 家。省级旅游强乡镇 30 个，省级旅游特色村 82 个，省级以上旅游度假区 1 家。

会展业加快发展。全年举办会展 196 场，其中，国际性展会 12 场。

九、财政和金融

财政收支健康运行。全年一般公共预算收入 752.8 亿元，比上年增长 11.2%。其中，税收收入 619.5 亿元，增长 14.3%；占一般公共预算收入比重为 82.3%，提高 2.3 个百分点。一般公共预算支出 1018.3 亿元，增长 22.1%。其中，教育支出 153.1 亿元，增长 6.8%；社会保障和就业支出 132.9 亿元，增长 17.2%；城乡社区支出 246.4 亿元，增长 33.8%。

金融机构数量稳步增加。年末金融机构单位数 660 家，增加 88 家。其中，银行 49 家，保险公司 91 家，证券公司及营业部 139 家，期货公司及营业部 54 家，财务公司 10 家，其他各类机构 317 家。

金融存贷款规模持续扩大。年末金融机构本外币各项存款余额 17060.1 亿元，增长 3.0%。金融机构本外币各项贷款余额 16059.9 亿元，增长 11.9%。

资本市场相对活跃。全年完成证券交易额 2.8 万亿元。期货营业部代理交易额 7.9 万亿元，增长 9.0%；新增直接融资 1787.6 亿元，增长 159.8%。年末全市区域内上市公司 34 家，股票 36 只；私募投资基金机构新增 21 家，总数达到 163 家。

保险业保持稳定增长。全年保费收入 415.6 亿元，增长 9.1%。其中，财产险公司保费收入 91.4 亿元，增长 12.9%；人身险公司保费收入 324.1 亿元，增长 8.0%。各项赔款与给付 103.4 亿元，增长 16.6%。

十、科技、教育、文化、卫生和体育事业

科技发明成果显著。全年万人有效发明专利拥有量 29.3 件，比上年增长 14.5%。技术合同实现交易额 130.6 亿元，增长 54.2%。规模以上工业企业研发人员数量 5.47 万人。规模以上工业企业办研发机构 366 个。全市获省科技进步一等奖 2 项、二等奖 10 项。专利申请量 36027 件，其中，发明专利申请量 13685 件。专利授权量 20636 件，其中，发明专利授权量 4887 件。

教育事业扎实推进。高等学校 51 所，中等职业学校 34 所，技工学校[8]19 所，普通中学 251 所，小学 575 所，特殊教育学校 12 所。新建、改扩建幼儿园 93 处，新增学位 2 万余个，新建改扩建 129 处学生集中就餐场所。学龄儿童入学率和小学毕业生升学率均为 100%。编制完成《济南市高中阶段教育普及攻坚计划》，全市 26 所学校纳入高中普及攻坚计划。

文化事业繁荣发展。年末（国有）艺术表演团体 195 个，文化馆（站）及群众艺术馆 150 个，档案馆

15 个，公共图书馆 14 个。市级以上文物保护单位 374 处，其中，国家级 21 处。城市可统计票房数字影院 54 家，放映 64.0 万场，观众 1180.9 万人次，票房收入 4.6 亿元。年末广播人口混合覆盖率和电视人口混合覆盖率均为 100%。完成文化产业投资增长 18.3%。扶持新建贫困村综合文化服务中心（文化大院）95 家。新创建 40 个基层群众文化示范点，基层群众文化活动示范点达到 240 个。

卫生服务水平持续提升。年末拥有卫生机构 6030 个，增加 259 家，增长 4.5%，其中，医院、卫生院 293 家（三甲医院 21 家、民营医院 154 家）。卫生机构床位 5.8 万张，增长 4.7%。各类卫生技术人员 8.3 万人，增长 8.5%；执业（助理）医师 3.2 万人，增长 10.7%。按常住人口计算，每千人拥有病床 7.7 张，增长 2.8%；每千人拥有执业（助理）医师 4.3 人，增长 8.6%。

全民体育健身深入开展。成立体育社会组织 108 个，培训社会体育指导员 3845 人。组织各类全民健身活动（赛事）59 次，参与人数 20 万人次。建设体育活动点 3347 个。获省级及以上金牌 496 枚，银牌 358 枚，铜牌 332 枚。

十一、城乡建设、环境和安全生产

城市建设[9]水平明显提升。年末城市建成区面积 561.0 平方公里，比上年增加 22.7 平方公里。建成区绿化覆盖率 40.6%，人均公园绿地面积 12.7 平方米。全年天然气供气量 11.4 亿立方米，增长 25.6%；液化石油气供气量 4.1 万吨，减少 17.7%。集中供热面积 19833.8 万平方米，增长 9.1%。自来水供水量 3.9 亿吨，增长 9.8%。垃圾无害化处理率 100%。

新型城镇化进展顺利。年末常住人口城镇化率达到 72.10%，提高 1.57 个百分点。济阳实现撤县设区。

生态环境进一步改善。全年市区空气质量良好以上天数达到 203 天，增加 18 天。城区环境空气中可吸入颗粒物（PM10）年均浓度 112 微克/立方米，下降 13.8%；细颗粒物（PM2.5）52 微克/立方米，下降 17.5%；二氧化硫 17 微克/立方米，下降 32.0%；二氧化氮 45 微克/立方米，下降 2.2%。区域环境噪声昼间平均等效声级 53.3 分贝，市区道路交通噪声平均等效声级 69.5 分贝。

平安济南建设深入推进。全年刑事案件立案 18594 件。破获当年刑事案件 7103 件。受理社会治安案件 75393 件。实现 301 天街面“两抢”零发案，打掉涉黑涉恶组织团伙 165 个，抓获涉黑涉恶违法犯罪团伙成员 1125 名。

安全生产形势保持总体稳定。全年发生各类安全生产死亡事故 258 起，死亡 280 人，重伤 50 人。亿元国内生产总值生产安全事故死亡率[10]0.036。

十二、居民生活和社会保障

居民生活持续改善。全年城镇居民人均可支配收入 50146 元，比上年增长 7.5%；城镇居民人均生活

2018 年城镇、农村居民人均可支配收入及增长速度

指 标	城镇居民		农村居民	
	2018 年（元）	比上年增长(%)	2018 年（元）	比上年增长(%)
可支配收入	50146	7.5	17924	8.0
工资性收入	28108	6.9	10200	7.6
经营净收入	2758	6.5	6295	8.6
财产净收入	9616	9.9	465	2.4
转移净收入	9664	7.2	965	11.0

2018 年末每百户居民家庭主要耐用消费品拥有量[12]

指 标	单位	城镇居民	农村居民
家用汽车	辆	53.7	42.2
电冰箱(柜)	台	103.2	97.4
洗衣机	台	99.3	94.6
热水器	台	101.1	87.3
空调	台	172.8	87.2
彩色电视机	台	106.0	114.1
照相机	台	36.4	6.2
计算机	台	80.6	41.5
移动电话	部	219.5	244.9

消费支出32977元，增长7.3%。农村居民人均可支配收入17924元，增长8.0%；农村居民人均生活消费支出11172元，增长8.2%。城乡居民收入比由上年的2.81:1缩小为2.80:1。城镇居民恩格尔系数[11]23.5%，农村居民恩格尔系数30.5%。

社会保障更加健全。年末城镇职工基本养老保险参保人数331.66万，增加27.03万；职工医疗保险参保人数241.54万，增加12.86万；失业保险参保人数158.29万，增加11.10万；工伤保险参保人数220.47万，增加32.96万；生育保险参保人数163.97万，增加11.24万。居民养老保险和医疗保险参保人数分别达到244.76万和408.14万。

最低生活保障标准进一步提高。城市最低生活保障标准由上年人均每月596元提高到616元，享受城镇最低生活保障的城镇居民0.90万户、1.33万人，发放最低生活保障金及各类补贴0.96亿元。农村最低生活保障标准由年人均不低于4277元提高到4928元，享受农村最低生活保障的农村居民4.53万户、6.43万人，发放最低生活保障金及各类补贴2.64亿元。农村特困人员基本生活标准每人每年6406元；照料护理标准按照自理、半自理和完全不能自理人员分三种档次，每人每年分别为1968元、3276元、6552元。

社会救助事业稳定发展。共有救助管理站1处，流浪未成年人保护中心1处，救助0.25万人次。城乡医疗救助资金支出5569.8万元，救助1.59万人次。培训残疾人4802人次，安置残疾人员就业2169人，帮扶救助残疾人投入资金1.4亿元。

十三、原莱芜市国民经济和社会发展情况

初步核算，全年实现地区生产总值1005.65亿元，按可比价格计算，比上年增长7.2%。分产业看，第一产业增加值60.31亿元，增长3.9%；第二产业增加值566.08亿元，增长7.0%；第三产业增加值379.26亿元，增长8.1%。三次产业结构为6.0:56.3:37.7。人均GDP达到73005元，增长7.1%。年末全市常住人口为137.90万人，增加0.30万人。其中，城镇人口为87.87万人，增加1.76万人，城镇人口占总人口比重为63.72%，提高1.14个百分点。规模以上工业实现增加值增长8.3%；实现主营业务收入2093.9亿元，增长11.5%；利润总额90.4亿元，增长39.8%。完成固定资产投资增长7.2%。社会消费品零售额完成373.2亿元，增长8.8%。实现一般公共预算收入62.6亿元，增长11.7%。其中，税收收入50.4亿元，增长16.2%。一般公共预算支出100.4亿元，增长13.1%。城镇居民人均可支配收入37401元，增长7.2%；人均消费支出21304元，增长7.0%。农村居民人均可支配收入17468元，增长8.2%；人均消费支出12263元，增长8.4%。

注释：

[1] 2018年统计数据为统计快报数或初步核算数，正式数据以出版的《济南统计年鉴–2019》为准。根据数据发布统一要求，2018年数据按照济南市、莱芜市两个城市分别发布。

[2] 全市地区生产总值、各产业增加值绝对数按现价计算，增长速度按不变价格计算。

[3] 人均地区生产总值按年均常住人口计算。

[4] 现代服务业包括：信息传输、软件和信息技术服务业，金融业，房地产业，租赁和商务服务业，科学研究和技术服务业，水利、环境和公共设施管理业，居民服务、修理和其他服务业，教育，卫生和社会工作，文化、体育和娱乐业。

[5] 按照制度要求，涉及新经济增加值指标错年使用2017年数据。

[6] 规模以上工业企业指年主营业务收入2000万元及以上的工业法人单位。

[7] 限额以上单位是指年主营业务收入2000万元及以上的批发业单位、500万元及以上的零售业单位、200万元及以上的住宿和餐饮业单位。单位包括法人企业、产业活动单位和个体户。

[8] 技工学校自2017年起统计口径调整为济南市属技工学校。

[9] 城市建设指标口径为包含两县的整个济南地区。

[10] 亿元国内生产总值生产安全事故死亡率是指安全生产事故死亡人数与亿元GDP之比。

[11] 恩格尔系数是指食品支出在消费支出中的比重。

[12] 数据来自于住户收支与生活状况调查。

资料来源：本公报中社会治安数据来自公安部门；财政数据来自财政部门；城镇新增就业、新增农村劳动力转移就业、登记失业率、城镇职工各类保险参保数据、人才数据来自人力资源社会保障部门；安全生产数据来自应急管理部门；淘汰落后产能相关数据来自工业和信息化部门；水产品产量、农业数据来自农业农村部门；林业数据、建绿透绿数据来自园林和林业部门；外资数据来自投资促进部门；进出口、对外承包工程、新设境外企业、外派劳务人员、会展数据来自商务部门；公路里程、公交数据、公路运输数据来自交通运输部门；邮政、快递数据来自邮政管理部门；保险、证券数据来自地方金融管理部门；旅游、文化数据来自文化和旅游部门；教育数据来自教育部门；科技数据来自科技部门；新认定国家级企业技术中心数据、新增省级工程实验室（工程研究中心）数据来自发展改革部门；卫生数据、新型农村合作医疗相关数据来自卫生健康部门；体育数据来自体育部门；棚改旧改、城市更新、城市建设相关数据来自住房城乡建设部门；环境保护相关数据来自生态环境部门；拆违拆临数据来自城管部门；城乡最低生活保障、农村特困人员救助供养相关数据来自民政部门；全面深化改革数据来自市委全面深化改革领导小组办公室、发展改革委；扶贫数据来自市扶贫开发领导小组办公室；残疾人保障数据来自残联；居民收入与支出数据、恩格尔系数、价格指数、粮食产量来自国家统计局济南调查队；新旧动能转换先行区建设数据来自新旧动能转换先行区管委会；其他数据均来自市统计局。

责任校对　宣涛　谷雪

索引

说明：

本索引为综合性主题索引，标示正文部分30个栏目的内容。索引标目按汉语拼音字母顺序，同音字按声调顺序，同音同声调者按笔画顺序排列。标目后数字为页码，字母a为左栏，b为中栏（两栏者为右栏），c为右栏。

A

B

C

D

E

F

G

H

J

K

L

S

T

W

X

Y

Z